TU VOIS,
JE N'AI PAS
OUBLIÉ

DES MÊMES AUTEURS

L'Affaire Alata
Pourquoi on interdit un livre en France
Seuil, coll. « L'histoire immédiate », 1977

Les Porteurs de valises
La Résistance française à la guerre d'Algérie
Albin Michel, 1979
Seuil, coll. « Points Histoire », n° 59

L'Effet Rocard
Stock, 1980

Les Intellocrates
Expédition en haute intelligentsia
Ramsay, 1981
Complexe poche, 1985

La Deuxième Gauche
Histoire intellectuelle et politique de la CFDT
Ramsay, 1982
Seuil, coll. « Points Politique », n° 122

Tant qu'il y aura des profs
Prix de l'Association des journalistes universitaires
Seuil, coll. « L'épreuve des faits », 1984
et coll. « Points Actuels », n° 76

Génération
T. 1 Les Années de rêve
Prix Gutenberg
Seuil, 1987
et coll. « Points Actuels », n° 90
T. 2 Les Années de poudre
Seuil, 1988
et coll. « Points Actuels », n° 91

Hervé Hamon
Patrick Rotman

TU VOIS, JE N'AI PAS OUBLIÉ

Fayard / Seuil

Le titre de cet ouvrage est extrait de la chanson *Les Feuilles mortes*
(paroles de Jacques Prévert, musique de Joseph Kosma)

TEXTE INTÉGRAL

ISBN 2-02-033325-2
(ISBN 2-02-013359-8, 1re publication poche
ISBN 2-02-012486-6, édition brochée
ISBN 2-02-012634-6, édition reliée)

Précautions

Un livre sur Montand, un livre avec Montand. Qui ne rêverait d'un tel voyage, depuis les collines de sa Toscane originelle jusqu'au Metropolitan Opera de New York, de l'Alcazar de Marseille aux studios d'Hollywood, des cabarets de l'Occupation au Kremlin de Nikita Khrouchtchev ? Un sacré parcours, que celui du petit « Rital » de la Cabucelle, où défilent, sous les feux de la rampe, les cinglés du music-hall, les fanatiques des salles obscures, les mordus de mille causes, les martyrs de Prague ou de Santiago, et deux locataires de la Maison Blanche…

« C'est une chanson qui nous ressemble… », dirait Prévert. « Montand de mon temps », répondrait Averty. Tant de rôles se mêlent en un seul personnage que le suivre à la trace, c'est retrouver, à l'amont, notre histoire. Le chanteur-acteur constate dans ce livre qu'il est un homme qui a traversé le temps. Il parle du spectacle sous toutes ses formes, de son répertoire, mais pas seulement. De Stalingrad à Soljenitsyne, une génération — ou plutôt deux — ont lentement broyé, comme lui, les « terrifiants pépins de la réalité ».

Ce projet, voilà dix années que nous le ruminions. Mais il y eut d'abord un livre écrit de loin, et puis un autre, celui d'un proche, Jorge Semprun. Très loin, très près : ce n'était pas notre longueur, notre « bonne distance ». Alors, nous avons attendu.

Nous ne connaissions pas personnellement Yves Montand lorsque nous lui avons écrit, en 1988, pour exposer notre projet. Il nous téléphona aussitôt, et se décida peu après : il ne rédigerait jamais de « Mémoires », expliqua-t-il, mais acceptait enfin de se raconter, de produire ses archives, ne réservant que la part d'intime qui appartient à chacun.

Nous avions besoin de lui : rien ne remplacerait deux cents heures d'entretiens, ni cette profusion de notes, de carnets, de lettres, de documents soigneusement conservés et classés. Mais la générosité de notre interlocuteur engendrait fatalement un problème : comment découvrir l'homme sans se laisser dévorer, « corrompre » ?

Comment nouer des liens et n'être pas prisonniers ?

En menant, parallèlement, une enquête selon les classiques et austères canons du genre : interview des témoins, des amis et de ceux qui ne le sont pas ou plus, dépouillement de toutes les sources imaginables, vérification des faits, des dates, des récits. Nous avons, aussi soigneusement que possible, confronté les souvenirs de Montand avec le contenu de nos dossiers. Et nous nous sommes interdit les facilités du « vraisemblable » (aucun dialogue n'est ici consigné, par exemple, qui ne nous ait été fourni et dont nous ne puissions attester la source).

Avons-nous, pour autant, atteint le « vrai » ? Au lecteur de juger. Ce type de travail, par essence, nous semble hybride. C'est une biographie et — nous l'espérons — plus qu'une biographie. Il intègre *également* l'autobiographie d'Yves Montand, qui s'exprime directement à intervalles réguliers. Beaucoup de nos sources nous ont mis en garde, nous ont avertis que notre « personnage » réagirait violemment à telle analyse, telle épithète, telle péripétie. C'était, pour lui et pour nous, le risque à courir. Montand, tout au long de ce travail, nous a laissés libres. Sa confiance nous honore : elle ne nous engage pas.

Toute biographie est une imposture : Montand partage avec nous cette conviction. Six cents pages sont fort peu en regard de l'épaisseur d'une vie — surtout de cette vie-là. Nous les espérons, à tout le moins, honnêtes.

H.H., P.R.,
juin 1990.

P.-S. : Que soient très vivement remerciés les nombreux témoins qui ont bien voulu répondre à nos questions (et dont on trouvera la liste en annexe). *Les citations dépourvues de référence, au long de ce livre, proviennent de ces entretiens inédits.*

Entre maintes dettes que nous ne pourrons toutes acquitter, nous voudrions exprimer notre gratitude à Anne Sastourné, qui a assuré le décryptage de nos longues conversations avec Yves Montand, à Diane d'Ormesson, qui nous a aidés à étoffer notre documentation, à Anne Rousseau, qui a traduit pour nous la presse soviétique de 1956, et à Dominique de Libera, qui a révisé notre manuscrit.

1

Les sources d'eau chaude et les grottes fécondes en jets de vapeur qui attirent les amateurs de tourisme thermal ont permis à la petite ville de Monsummano d'accoler *Terme* à son nom. Pourtant, avec son allure moderne, Monsummano ne ressemble guère à une ville d'eaux ; quelques kilomètres plus loin, Montecatini Terme, l'une des stations les plus importantes d'Europe, lui mène, il est vrai, une rude concurrence.

Autrefois, Monsummano Terme s'appelait Monsummano *Basso*, par opposition au village haut. Mais, aujourd'hui, la précision tombe en désuétude, car Monsummano *Alto* a disparu. Il faut tourner longtemps autour de l'église du XVIIIe siècle, chercher laborieusement son chemin, avant de découvrir presque par hasard un panneau qui indique la *via Castello di Monsummano Alto*.

La route, étroite et sinueuse, grimpe au milieu des oliveraies. Après quelques kilomètres, on est tenté de renoncer lorsque surgissent, au bout de ce qui est devenu un chemin de pierre, les restes d'une tour pentagonale à demi écroulée et envahie par la végétation. C'est tout ce qui subsiste du *castello*. Un guide touristique signale des vestiges de remparts médiévaux : éboulis de pierres nivelés par le temps, absorbés par la nature. Du haut de ce piton, le regard embrasse les collines toscanes ondulant à perte de vue dans cette lumière unique qui a défié et séduit tous les pinceaux. L'urbanisation a cependant peu à peu grignoté, gâché le paysage. Les taches claires des maisons récentes brisent l'harmonie des couleurs. Dans la vallée, en bas, grouille l'*autostrada* Florence-Pise, flot ininterrompu de voitures et de camions. Mais, à cette altitude, survolant le grondement du fleuve, règne un silence que même les cigales ne troublent point.

A partir de la tour écroulée, une voie caillouteuse s'élève entre les arbres. Au bout de deux cents mètres environ, elle débouche sur une petite place bordée de maisons. Les façades de pierre semblent solides, les volets verts sont tirés. Rien ne bouge. En face, une église romane, petite, intacte, ramassée contre son campanile trapu, attend des fidèles qui ne viendront plus. Et à gauche, sur la première maison, un panneau quasi effacé laisse deviner des lettres délavées : c'était le café de Monsummano Alto, village trop perché, maintenant abandonné. Sur la place, l'herbe pousse dans les interstices de la roche. Des chats vifs et maigres guettent les oiseaux imprudents. Sur un toit, une antenne de télévision signale qu'avant de se retirer la civilisation moderne est montée jusqu'ici.

Le cimetière est à droite quand on redescend vers le *castello*. Rares arpents de terre, à mi-chemin du ciel : beaucoup de tombes semblent abandonnées, et les plaques indiquent des décès anciens. Certaines, à l'évidence, continuent toutefois de recevoir quelques visites. Au centre du cimetière se dresse une chapelle funéraire qui ne mérite guère le statut de « monument ». Sur ses murs décrépis sont fixées diverses plaques de marbre : la mieux conservée, juste à gauche de la porte, rappelle au passant la mémoire de la famille Livi.

De ce côté-ci du piton, la nature a su se prémunir contre l'envahissement des hommes; les collines hérissées de cyprès au garde-à-vous, vêtues, à l'apogée, d'oliviers vert-gris, laissent apparaître, plus bas, la terre ocre du pays. Le paysage a oublié de vieillir, figé tel qu'il était voilà un siècle, lorsque des Livi grattaient le sol ambré de la Toscane. Dans Monsummano, il y a *mano*, main.

Giovanni Livi est né le 15 novembre 1891. Son père mourut deux ans plus tard à l'âge de vingt-cinq ans. On retrouva son corps au fond d'un trou qu'il creusait pour planter un cerisier. Mort d'épuisement. Il laissait à sa femme Arduina, vingt-deux ans, trois garçons de trois, deux et un an. Arduina, qui était une beauté, partit un peu plus tard avec un jeune homme de dix-huit ans, abandonnant sa progéniture. Giovanni et ses deux frères, Giuseppino et Virgilio, furent donc élevés par leur grand-père, Carlo, que tout le monde appelait Carlino. Fait exceptionnel pour un paysan à cette époque, Carlo savait lire et écrire. Il en tirait une légitime fierté, et la chose lui valait, dans tout le *poggio*, une renommée teintée ici ou là de jalousie. Le grand-père Carlino possédait des livres de Dante Alighieri, de Torquato Tasso, de Victor Hugo, qu'il racontait à ses trois petits-enfants. Bien plus tard, Giovanni Livi confiera : « On était en adoration devant lui parce qu'il nous apprenait toutes ces histoires fantastiques. »

Les temps sont rudes, et les Livi, comme les autres paysans, oscillent entre la pauvreté et la misère. La maison familiale est comble. Outre le grand-père Carlo et la grand-mère Maria vit encore sous le même toit un oncle que sa méchanceté a affublé d'un surnom : *il Lupo*. « Le loup », lui aussi, a trois enfants — et la main leste. Plus d'une fois, sa jeune sœur Lizena doit s'interposer pour protéger ses neveux. Les trois orphelins dorment dans le grenier, avec des sacs à blé pour couverture. Afin que leurs bouches parviennent au niveau des assiettes, ils mangent à genoux sur le banc...

Dès l'âge de sept ans, Giovanni Livi travaille aux champs. Quand il pleut ou neige, il fréquente avec ses frères l'école de Monsummano Alto. Scolarité à éclipses climatiques, mais scolarité néanmoins. Le grand-père, qui a des principes, honore l'instruction et répète souvent : « Plus on est ignorant, plus on dit n'importe quoi. »

Les préceptes de pépé Carlino sont écoutés. Habile de ses doigts, Virgilio, l'aîné des trois garçons Livi, reproduit une batteuse miniature qu'il fabrique avec des petits bouts de bois. Carlino, fier de son petit-fils, expédie l'objet à Florence, où quelque concours est ouvert : Virgilio obtient le premier prix. Plus tard, il partira pour Livourne et deviendra sous-directeur d'une usine de camions. Giuseppino, le petit dernier, possède une belle voix. Il a appris à jouer de la guitare et de la mandoline. Bientôt, on le demandera dans tout le pays pour chanter et animer les fêtes.

Giovanni, lui, reste à la terre. Lorsqu'il atteint ses vingt ans, l'armée l'enrôle durant trente-six mois. En 1912, l'Italie, qui rêve de se tailler un empire colonial, tente l'aventure en Libye. 40 000 hommes sont envoyés « pacifier » les Arabes. Giovanni Livi quitte son village pour la première fois et découvre l'abomination des combats. Il revient ébranlé, mûri — traumatisé d'avoir dû, en sa qualité de caporal, transmettre à ses hommes l'ordre imbécile de monter à un poste d'observation où ils se faisaient descendre l'un après l'autre.

En 1914, il épouse Giuseppina Simoni.

L'histoire des Livi, c'est du Zola. Celle des Simoni, ce serait plutôt du Dickens. Un talentueux romancier porté sur le mélo ne manquerait pas ici d'humecter les yeux de son lecteur. On imagine sans peine quelles scènes il pourrait brosser, fort d'une si « efficace » matière première. Mais les auteurs de cette enquête n'ont point pour propos de faire sortir les mouchoirs ; ils entendent repérer les jalons d'une vie, d'une vie façonnée par son époque, et se borneront, pour l'heure, à transcrire ce qu'ils ont constaté : la réalité est assez éloquente.

Olympia Ramoni est une enfant abandonnée. Olympia n'est pas son nom, que nul ne connaît, mais celui que lui donnèrent vers 1850 — impossible d'être plus précis — les religieuses qui la recueillirent. A Florence, en ce temps-là, quand les orphelines atteignaient l'âge adulte, elles étaient placées sur une sorte de manège qui tournait : c'était le « tour » où les hommes venaient choisir une épouse. Leopoldo Simoni vit Olympia, s'avisa qu'elle était charmante d'allure, d'apparence robuste, susceptible de travailler aux champs et, surtout, apte à procréer.

Leopoldo et Olympia se marièrent et eurent beaucoup d'enfants. Dix exactement. Cinq garçons : Luigi (dit Gigi), Giulio, Paolino, Guido, Nencino ; et cinq filles : Paolina, Giulia, Ottanina, Giuseppina et Marina. Leopoldo, pieux comme un moine, était persuadé que, le jour du Jugement dernier, on lui reprocherait une progéniture trop étriquée... La branche Simoni, c'est du chêne. Leopoldo vivra jusqu'à soixante-dix-huit ans, Olympia jusqu'à quatre-vingt-six. Tous les enfants sont de grande taille : les garçons dépassent le mètre quatre-vingts, les filles un mètre soixante-dix.

Leopoldo Simoni prend un métayage à Monsummano Alto. La terre produit peu, et le meilleur, selon l'usage, est réservé au propriétaire. Chez les Simoni, l'ordinaire est vraiment ordinaire. La tradition orale a porté jusqu'à nous des récits misérabilistes, sans doute tristement véridiques, où Leopoldo, devant le feu de cheminée, distribue aux dix enfants alignés à la queue leu leu par ordre de taille les morceaux de sardines salées qui constituent l'essentiel du repas. Giuseppina, l'avant-dernière — sa mère Olympia avait déjà quarante-cinq ans lorsqu'elle est née, en 1893 —, rencontra Giovanni Livi à l'école de Monsummano, quand les rigueurs du temps interdisaient le travail aux champs. Là encore, la plume pourrait broder sur ces amours enfantines dans la campagne toscane. La vérité contraint à écrire simplement qu'ils se marièrent en 1914. Une bonne année ! Giovanni a vingt-trois ans, il revient de Libye.

C'est un homme râblé, costaud, de taille moyenne (1,65 mètre). Une boule de force. Il compense le manque de culture générale par l'acuité vigilante des gens de l'intérieur. Les Toscans sont réservés et « fiers », ils écoutent plus qu'ils ne parlent. Courtois mais distants, ils manient facilement l'ironie. Est-ce l'humour de Giovanni ou sa réelle gentillesse qui séduit Giuseppina, « Beppina », dont le visage ovale offre une beauté classiquement florentine ?

L'Italie eut l'excellente idée de différer son entrée dans la Grande Guerre, ce qui laissa à Giovanni le temps de faire un enfant. La petite Lidia Fedora naît le 25 mars 1915 — mais toute la famille n'a conservé l'usage que du premier prénom, qui sera francisé en Lydia. Elle possède une mémoire vertigineuse, Lydia. Soixante-dix ans plus tard, elle se souvient avec une précision stupéfiante de sa petite enfance. Une chance pour les escaladeurs d'arbres généalogiques et les explorateurs du passé.

Giovanni et Giuseppina n'avaient pas vraiment prévu la naissance de Lydia. Pire, ils n'en voulaient point. Cette dernière attendra l'âge de quarante-neuf ans pour découvrir le secret honteux de la famille : sa mère essaya par tous les moyens de provoquer un avortement. Elle se jeta même du haut d'un arbre et resta une demi-heure évanouie. Lydia résista au traitement. De cette combativité originelle (entre autres explications légendaires), elle conserve une force, une opiniâtreté, une volonté que tous décrivent avec admiration. Lydia, chez les Livi, c'est une figure sacrée, la sainte de la tribu.

Comme tout Italien qui se respecte, Giovanni veut un fils. Il est à nouveau mobilisé, mais une maladie des yeux contractée en Libye lui épargne les tranchées. Il profite d'une permission pour engendrer Giuliano (Julien), qui naît le 2 novembre 1917. A Petrograd, les bolcheviques s'emparent du pouvoir. Fortuite coïncidence, mais clin d'œil du destin : l'existence entière de Julien Livi sera placée sous le signe de la révolution d'Octobre.

A l'époque, les pauvres sevraient très vite leurs nouveau-nés : la mère donnait son lait à un autre rejeton, pris en nourrice. Julien est ainsi doté d'un frère de lait avec lequel il partage la tétée et le couffin. Giuseppina, affaiblie par ses deux grossesses successives, victime de sous-alimentation, dépérit. Elle se plaint de douleurs au ventre, si bien que le médecin, qui doit tenir sa science de la contemplation des astres plus que de la faculté, lui recommande de mettre d'urgence au monde un troisième bébé. L'enfantement, affirme-t-il, balaiera toutes ses souffrances intestines.

Ivo naquit le 13 octobre 1921. L'accouchement dura treize heures et fut terrible. La petite Lydia, six ans à l'époque, se blottit entre les jambes de sa tante Marina, qui lui bouche les oreilles pour qu'elle n'entende pas les hurlements de sa mère. Quatre hommes maîtrisent Giuseppina à grand-peine. Vers 11 heures du soir, l'enfant paraît. Il pèse cinq kilos et demi. La coutume veut que la sœur aînée soit la première à embrasser le nouveau venu. Lydia est autorisée à monter dans la chambre. Le bébé est tellement gros qu'elle doit s'asseoir pour le prendre dans ses bras.

Aujourd'hui encore, Lydia pleure lorsqu'elle évoque cet épisode que, par un curieux soubresaut du temps, elle revivra presque sept décennies plus tard, quand Carole Amiel — la compagne de son cadet, devenu Yves Montand — accouchera d'un fils. « J'ai appelé Carole au téléphone. Je lui ai dit : "Je ne l'ai pas vu, ton petit, mais je vais te le décrire : il a les cheveux bruns assez longs, des lèvres bien dessinées, un teint rose..." Je lui dépeignais mon frère tel que je l'avais découvert à sa naissance, et elle m'a répondu : "C'est exactement cela !" » Lydia écrira aussi, en 1987, dans une lettre adressée à Montand : « Tous les habitants de Monsummano et des environs sont venus te voir. On avait rarement vu un bébé aussi beau. » Et elle ajoute : « Je te jure que c'est vrai. » *Vrai* est souligné trois fois.

Giovanni avait choisi d'appeler son rejeton Ivo — prénom peu répandu en Italie — parce qu'il voulait que ce dernier devînt avocat. Yves est le saint patron des défenseurs du juste (pour s'être attaché la clientèle des pires clients, les sans-le-sou, il fut canonisé en 1347; mais il était natif de Tréguier, fort loin de la Toscane). Montand plaisantera souvent à ce sujet avec son père, l'homme qu'il a chéri entre tous : fallait-il être naïf pour croire qu'on a quelque chance de gagner sa vie en brassant des paroles ? Il ne manquait en fait à ces paroles qu'un brin de musique... Mais n'anticipons pas, même si ne plane ici aucun suspense : nul n'ignore qu'Ivo Livi est plus connu sous le pseudonyme d'Yves Montand. Lequel Montand ne naîtra que dix-sept ans plus tard...

Ce 13 octobre 1921, quand Ivo Livi salue la planète pour la première fois, *Le Petit Parisien*, « le plus fort tirage des journaux du monde entier », annonce en première page l'arrestation des cambrioleurs de la bijouterie Lévi, boulevard Saint-Martin, à Paris. Livi, Lévi, Lévy... Viendra une période où la confusion des voyelles ne sera pas sans conséquences.

Sur leur lopin de terre, les Livi cultivent juste de quoi subsister. Les enfants ne crèvent pas de faim, mais la *polenta*, sorte de galette à base de farine de maïs, constitue l'essentiel de l'alimentation. On ramasse aussi les légumes, bettes, petits pois, haricots, noyés dans un breuvage baptisé soupe, faute de mieux. Le dimanche, on fait le pain et on cuisine les abats de porc ou de bœuf qu'à présent nos bouchers réservent aux chats. Si un enfant est malade, il a droit à un œuf. La viande, denrée rare, n'est servie que pour les fêtes.

Julien Livi : « Je n'ai pas le souvenir d'avoir souffert de la faim, mais d'une frustration permanente. Par exemple, on mettait un peu d'huile sur la *polenta*. Mais ma mère avait écrasé le bec verseur de l'huilier afin que le filet soit encore plus ténu. On avait l'illusion de mettre de l'huile... Le dessert, un vrai régal, c'étaient les châtaignes passées au four. »

La pudeur reste une qualité première chez les Livi. On a trop de fierté pour teindre d'une noirceur geignarde les conditions de vie familiale communes à la plupart des paysans de la région en ce temps-là. Lydia, la grande sœur, préfère évoquer l'ordinaire des habitants du village : « Ils travaillaient dur. Les gens grattaient la terre à la bêche, les enfants de dix ans ramassaient des légumes sauvages à quatre pattes, ma mère coupait le blé à la faucille. Dans les environs, quelqu'un possédait un bœuf qu'il prêtait parfois pour le labour. Les autres paysans élevaient des poules et des lapins. Une fois par semaine, ils descendaient au grand marché, à Monsummano Basso, et y vendaient leurs œufs, leurs lapins, que les femmes portaient dans de vastes paniers sur la tête (ma mère était superbe lorsqu'elle se tenait ainsi très droite). Les gens achetaient du sel au bar-tabac ; le sel était très cher et rationné. Et puis, on se procurait de la morue, au plus bas prix. Je n'ai jamais compris pourquoi on ne mangeait pas les lapins plutôt que de les vendre afin d'acheter de la morue. C'était comme cela, c'était la tradition. Avec la morue salée, on confectionnait une infinité de plats... »

La vie des tranchées mêle des millions d'Italiens, et pourtant les clivages sociaux et régionaux perdurent. Près de la moitié des 670 000 tués au front sont d'extraction paysanne. La jeunesse a été massacrée, les rescapés trouvent un pays affaibli, meurtri, où les difficultés quotidiennes avivent les injustices. Il semble que c'est à son retour de la Grande Guerre que Giovanni Livi devient socialiste — ou qu'à tout le moins il fait siennes les idées socialisantes. Le Parti socialiste italien est alors un cas à part en Europe : il est la seule formation membre de la IIe Internationale à avoir refusé de pratiquer l'« union sacrée », luttant jusqu'au bout contre la guerre. Plusieurs de ses dirigeants ont été emprisonnés parce qu'ils prônaient la non-intervention.

Au lendemain du carnage, dans un pays dévasté par la guerre, les socialistes italiens hésitent entre deux attitudes : la voie traditionnelle, réformiste et légaliste, et l'autre, révolutionnaire, fortement inspirée de l'exemple soviétique que beaucoup rêvent d'imiter. Dans son immense majorité, le parti retient la deuxième option et se révèle, à son congrès de Bologne, le 5 octobre 1919, « maximaliste ». Les deux textes en présence — le plus radical emporte les trois quarts des suffrages — affirment de la même manière l'imminence de la révolution, récusent la collaboration avec le « pouvoir bourgeois » et préconisent le passage à la « dictature du prolétariat ». Les congressistes expriment leur soutien à la révolution russe et votent par acclamations l'adhésion à la IIIe Internationale qui vient de se fonder à Moscou.

La subversion gronde en Allemagne, la Hongrie se dote de conseils ouvriers, l'Armée rouge avance sur Varsovie. Le vent d'est qui balaie l'Europe pousse ses rafales jusqu'à la Péninsule. Il faut prendre soigneusement garde au sens des mots : s'afficher socialiste dans l'Italie de ce début du siècle, c'est se proclamer révolutionnaire. On ignore par quels chemins exacts Giovanni Livi en est arrivé à cet engagement. Des esprits mécanistes pourraient déduire un tel itinéraire des conditions de vie qu'il a subies depuis l'enfance et de l'injustice qu'il constatait autour de lui. Sans doute, mais l'existence ne détermine pas aussi sommairement la conscience.

Il est vraisemblable que, comme chez des millions de jeunes gens de sa génération, c'est le traumatisme de la guerre qui a provoqué, dans l'esprit de ce pacifiste, mobilisé pratiquement depuis 1911, le déclic fondamental. Son fils Julien confirme qu'à l'armée Giovanni Livi a eu des discussions politiques avec des citadins. On est en droit d'imaginer qu'il a rencontré sous l'uniforme des militants qui apportèrent une cohérence, un fil conducteur aux intuitions qu'il éprouvait confusément. Et puis, le Parti socialiste représente une force considérable et attirante. Aux élections de 1919, sans programme précis, en prêchant simplement l'idéal révolutionnaire, il recueille un tiers des suffrages et obtient 156 députés, élus pour la plupart dans le Nord. Il contrôle également un tiers des communes, un tiers des conseils provinciaux, 8 000 coopératives. En 1920, il compte 216 000 adhérents. A l'automne de cette même année, un fort mouvement de grèves paralyse les usines, qui sont occupées. L'agitation gagne les campagnes. Les paysans hissent le drapeau rouge, revendiquent la terre. Les propriétaires effrayés cherchent des appuis. L'Italie est sur le point de basculer dans une situation révolutionnaire.

C'est, semble-t-il, à ce stade que Giovanni Livi abandonne

sa condition de paysan. Le père du « frère de lait » de Julien possède une petite fabrique de balais ; Livi trouve à s'y employer. Mais, bientôt, l'entreprise périclite : Giovanni est licencié. Il décide alors de s'installer à son compte : il a appris à fabriquer des balais en sorgho ; dans la cour, devant la maison, il construit une cabane de planches et de toiles goudronnées. Son atelier.

« La "fabrique" ? Le mot est risible, se souvient Lydia. Une *favela*, plutôt. Une petite cabane — mais très propre — où l'on stockait les pailles de sorgho. Il fallait le travailler, le soufrer. Mon père a emprunté pour se lancer. A la fin de la semaine, il était affolé à l'idée de ne pas pouvoir payer ses remboursements. Il avait deux ou trois ouvriers, plus nous, les enfants. Moi, dès que j'ai eu l'âge, j'ai travaillé la paille, j'enlevais les épis courts, sélectionnais ceux qui étaient suffisamment longs pour faire le tour du balai. »

Une photographie prise à l'été 1921 montre Giovanni Livi devant sa « fabrique ». Bardé d'un ample et épais tablier, il tient sur ses genoux un spécimen de sa production. Une dizaine de femmes et d'enfants l'entourent. Pour meubler l'espace, devant l'objectif, le photographe a installé Julien et Lydia au premier rang. Ivo est présent, lui aussi, mais on ne le voit pas. Il est dans le ventre de sa mère qui dissimule sa grossesse derrière les épaules du père. Les uns et les autres n'ont pas l'air malheureux, même si les visages sont graves et les sourires rares (il est vrai que l'instant de la photographie est par définition solennel). Ils expriment collectivement une sorte de sérénité, de dignité. Quoi qu'il advienne, on fera face. Certitude éphémère, fragile répit avant que la tourmente ne s'abatte sur l'Italie et, accessoirement — mais principalement pour notre histoire —, sur les Livi.

Le 15 janvier 1921 s'ouvre, au théâtre Goldoni de Livourne, le congrès du Parti socialiste italien. Trois tendances s'affrontent. La première, très minoritaire, s'affirme réformiste, sociale-démocrate. Les deux autres se réclament du communisme et acceptent les vingt et une conditions draconiennes édictées par Lénine pour rejoindre la IIIe Internationale. Mais les envoyés de Moscou, notamment le « camarade » Rakosi, qui régnera sur la Hongrie stalinienne des années cinquante, imposent la scission entre les deux courants, pourtant idéologiquement très proches. Le plus nombreux, qualifié d'« unitaire », réaffirme, quoique désavoué, son attachement à l'Internationale communiste par un vote unanime et adopte pour emblèmes la faucille et le marteau, auxquels est ajouté un livre. Les tenants de cette orientation gardent le nom de Parti socialiste. Les autres, avec Antonio Gramsci, fondent aussitôt le Parti communiste.

Giovanni Livi se réclame de la tendance la plus radicale. A Monsummano, il est l'un des créateurs de la cellule communiste locale qui prend le nom d'Armando Bordigha, le leader le plus gauchiste. Livi se révèle un militant actif. Il est assidu aux réunions publiques, à la Casa del Popolo, diffuse le matériel de propagande. Le 1er mai, on sort le drapeau rouge et on manifeste en chantant *Bandiera rossa*. Cette activité modeste mais régulière vaut à Giovanni, dans le pays, la réputation d'un responsable communiste.

Les Livi habitent tout en haut de Monsummano, après l'église. Pour atteindre leur maison, force est de franchir un passage étroit, plongé dans l'obscurité. Un soir de novembre 1921, alors qu'il rentre chez lui, le « révolutionnaire » est attendu par trois hommes qui le frappent avec des nerfs de bœuf. Giovanni hurle et parvient, malgré un coup sur la nuque qui l'estourbit, à gagner en se traînant une zone éclairée par un lampadaire. La lumière le sauve. « Avec ma mère, raconte Lydia, on l'a entendu crier au secours, et puis il est arrivé. Il avait les yeux hors de la tête. Des marques violacées, semblables à de gros vers de terre, barraient son visage, son cou. Il était comme fou. Ce qui le traumatisait le plus, c'est que, sous le lampadaire, il avait reconnu deux de ses assaillants. Deux anciens camarades socialistes qui avaient rallié Mussolini. »

Benito Mussolini, fils d'un forgeron socialiste, a épousé les idées de son père. Son activité antimilitariste, qui l'expédie en prison pendant la guerre de Libye, son attitude farouchement anticléricale attirent l'attention des leaders socialistes qui l'appellent, en 1912, à Milan pour diriger le quotidien du parti, *Avanti*. Jusqu'à la guerre mondiale, dans ses articles incendiaires, il affiche des convictions intransigeantes, hostiles au réformisme, à tout compromis. Lors du déclenchement des hostilités, il se prononce d'abord pour la neutralité, puis change complètement d'opinion et prêche l'intervention — il est alors exclu du parti.

En 1919, dans une salle prêtée par le Cercle des intérêts industriels et commerciaux, près de la Piazza San Sepolcro à Milan, il fonde, avec une cinquantaine d'adeptes, les « Faisceaux italiens de combat ». Un groupuscule comme en compte beaucoup l'Italie troublée. L'idéologie du mouvement est plutôt floue, si l'on en croit la lecture d'un article de Mussolini dans le *Popolo d'Italia* qui annonce, le 23 mars, la naissance de son organisation : « Nous nous permettons le luxe d'être aristocrates et démocrates, conservateurs et progressistes, réactionnaires et révolutionnaires, légalistes et illégalistes, selon les circonstances, le lieu et le cadre dans lesquels nous sommes contraints de vivre et d'agir. » Trois ans plus tard, Mussolini s'empare du pouvoir.

Les débuts ont cependant été laborieux. 5 000 voix seulement sur les 268 000 électeurs que compte Milan aux élections de 1919 ! A la fin de cette même année, les *Fasci* rassemblent 17 000 partisans. C'est l'échec des grèves de 1920 qui précipite, par réaction, l'ascension de Mussolini. Dans les campagnes, les propriétaires terriens se concertent, créent les *squadri*, escouades d'hommes armés chargés de contrecarrer les revendications des métayers. Le fascisme rural se développe rapidement et s'attaque aux socialistes. Durant l'année 1921, les affrontements connaissent une extrême brutalité.

La pression des hommes de Mussolini commence dans la vallée du Pô et en Toscane. Leur violence menace particulièrement les institutions animées par le courant socialiste-réformiste, telles les bourses du travail, qui coordonnent la vie économique de la région, ou les coopératives, qui regroupent les petits paysans. L'expédition punitive devient la forme d'action privilégiée des *Fasci*. Lancée à partir d'un centre urbain, elle ravage la campagne. Les Chemises noires débarquent dans un village « rouge » et frappent tous ceux qui ne se soumettent pas, s'attaquent à la bourse du travail, à la maison du syndicat, à la coopérative ou à la maison du peuple. On pille. On brûle.

Et puis on traque les chefs afin de les punir, de les obliger à se renier publiquement. Pour les humilier, on leur administre de force lampée sur lampée d'huile de ricin. Lydia a été témoin de pareilles scènes : « C'était atroce. Les fascistes obligeaient leurs victimes, sous la menace du revolver, à avaler la purge devant tous les curieux qui regardaient sans protester. Les enfants rigolaient parce que le malheureux suppliait qu'on mette fin à son calvaire. Il vomissait sur son costume, faisait sur lui, et on le promenait dans cet état autour de la place en le bousculant et en le frappant, jusqu'à ce qu'il crie "Vive Mussolini !" J'ai même vu, un jour, un prêtre subir ce traitement. »

L'agression contre Giovanni Livi ne constitue donc pas un acte singulier, œuvre de quelques détraqués ou adversaires locaux. Les attaques visent le moindre hameau. Déjà, quelques semaines plus tôt, la Casa del Popolo de Monsummano a été incendiée. Livi, qui avait bénévolement participé à sa construction, réussit à s'échapper par une petite fenêtre qu'il avait repérée pendant les travaux. Plusieurs de ses camarades ont péri dans le brasier.

Militant communiste notoire, Giovanni doit fatalement affronter la vindicte des émules de Mussolini. Mais, pour lui, la bataille politique se double d'un drame familial : le chef fasciste local, celui qui a vraisemblablement commandité le coup de main contre lui, est son propre beau-frère.

Luigi, que tout le monde appelle Gigi, est l'aîné des dix enfants Simoni. Il est de haute taille, comme tous les Simoni, et lui seul, selon la tradition d'alors, a suivi des études. Jeune, il voulait être prêtre, mais un voyage en Afrique a retourné sa vocation et il a changé d'habit : à défaut de soutane, il porte l'uniforme. Au lendemain de la Grande Guerre, des milliers de jeunes Italiens démobilisés, vaincus, humiliés, rentrent avec une solide haine de la classe politique qui les a expédiés au « casse-pipe ». Ils rêvent d'un ordre nouveau qui leur rendra leur fierté, applaudissent aux exploits légendaires de Gabriele D'Annunzio qui flattent leur romantisme guerrier. Ces demi-solde, ces laissés-pour-compte, fourniront à Mussolini son infanterie.

Luigi Simoni épouse ce banal parcours, inversement symétrique de celui qu'a choisi son beau-frère Giovanni Livi ; ainsi le même village, le même milieu, la même famille, la même misère sont-ils susceptibles de produire des destins contrastés.

Le grand frère Gigi tente de convaincre sa sœur Giuseppina, croyante comme lui, de l'influence pernicieuse qu'exerce son communiste de mari sur ses enfants. En Russie, les enfants ne sont-ils pas massacrés par les bolcheviques ? Ces Livi ne sont-ils pas des êtres sans foi ni morale ? La mère de Giovanni, une putain, ne l'a-t-elle pas abandonné en bas âge, ainsi que ses deux frères, pour s'enfuir avec un inconnu ? Giuseppina tremble devant l'aîné, immense, costaud, sanglé dans son uniforme noir, qui se déplace avec une petite escouade de braillards. Mais, quoique déchirée, elle résiste, car elle tient par-dessus tout à son Giovanni. Ne reste plus à Gigi que le recours à l'intimidation et à la violence. Et comme la bastonnade n'a pas suffi...

Une nuit de novembre 1921, alors qu'un vent fort fait miauler la toiture, Giovanni Livi est alerté par une étrange lueur qui filtre au travers des volets. Il se précipite à la fenêtre : dans la cour, la petite cabane qui sert de « fabrique » pour les balais est dévorée par les flammes — qui lèchent déjà la façade de la maison. En bas, dans la fumée, il distingue vaguement des ombres qui s'agitent... et ne peut retenir un cri de terreur. Julien Livi : « Nous avons été réveillés en sursaut par le hurlement de mon père. Il nous a pris tous les trois (Yves avait un mois) et s'est précipité dans l'escalier. Il poussait ma mère en répétant : "Beppina, *vai, vai!*" — sors, sors ! Il nous a éloignés de la maison et nous a remis entre les mains d'un voisin. J'avais quatre ans et demi. Presque soixante-dix ans plus tard, j'ai toujours dans l'oreille le hurlement de mon père, dans la tête l'image de l'incendie. Elle ne m'a jamais quitté. Quand j'étais prisonnier en Allemagne pendant la guerre, j'ai vu le bombardement de Hambourg avec les bombes au phosphore. Le souvenir de la baraque en flammes m'est revenu. »

Au petit matin, parmi les débris de l'atelier calciné, Giovanni Livi découvre une inscription tracée avec le goudron qui a servi à enflammer la bicoque : « *A morte comunisti !* »

L'attentat n'est pas formellement revendiqué, mais il est signé. Il n'existe aucune preuve que l'oncle Gigi ait lui-même donné l'ordre, mais, en tant que chef du *Fascio* local, il ne pouvait ignorer les exactions de ses hommes. Quelques jours après, il dira devant un voisin qui était intervenu pour éteindre l'incendie : « Il fallait les laisser brûler, comme cela on aurait été débarrassé de toute cette mauvaise graine. » De l'intimidation à l'« exécution », la marge est étroite.

Pourtant, la parole dépasse l'acte effectif. S'ils avaient voulu assassiner la famille Livi, les auteurs de l'attentat auraient mis le feu à la maison principale où elle dormait et non à la cabane, quelques mètres plus loin. L'incendie semble l'ultime avertissement d'un Gigi aveuglé par une haine tribale et idéologique.

En cet automne 1921, les Chemises noires de Mussolini ne reculent guère devant le crime. La liste de leurs méfaits ne cesse de s'allonger par tout le pays. A la tribune de la Chambre, le député socialiste Giacomo Matteotti — qui sera assassiné trois ans plus tard — dresse un effrayant bilan de l'activité nocturne des Faisceaux : « En pleine nuit, les camions des fascistes arrivent dans les petits villages, dans les hameaux de quelques centaines d'habitants. Ils arrivent devant une petite maison. Ils sont vingt, ils sont cent hommes armés de fusils et de revolvers. On appelle le chef de la ligue, on lui ordonne de descendre : "Si tu ne descends pas, on brûle la maison avec ta femme et les enfants !" S'il ouvre la porte, ils le saisissent, l'attachent, le hissent sur le camion, le soumettent aux tortures les plus invraisemblables. S'il n'ouvre pas, alors c'est l'assassinat immédiat[1]. »

Bien des chefs socialistes ou communistes sont abattus sur le pas de leur porte. Beaucoup, afin d'éviter ce spectacle à leur famille, acceptent de se laisser enlever et sont liquidés dans la campagne. En Toscane, région où plus de la moitié de la population agricole travaille sous le régime du métayage, les propriétaires terriens font largement appel aux escouades de Mussolini. « Rien n'a peut-être dépassé en violence et en cruauté l'action du fascisme dans la *gentil Toscana* »,

1. Discours à la Chambre, 10 mars 1921, in *Critica sociale*, n° 7.

affirme Angelo Tasca[2], un des fondateurs du Parti communiste italien, qui sera ultérieurement exclu pour déviationnisme.

A Florence, on se bat au moyen de bombes et de fusils, voire de mitrailleuses. A Sienne, le 4 mars, la maison du peuple est attaquée à coups de canon et incendiée. Les bourses du travail de Lucques, d'Arezzo, de Grosseto sont également brûlées au cours du printemps ; selon des données rassemblées par Chiurco, historien officiel du Parti fasciste, on comptabilise dans la seule Toscane, pour ce même printemps 1921, les incendies de 11 maisons du peuple, 15 bourses du travail, 70 sections communistes ou socialistes, 24 cercles ouvriers. Tasca, qui cite ces chiffres, précise qu'il faut y ajouter, pour la période considérée, des milliers d'expéditions punitives, d'actes de violence contre des individus isolés. A l'automne 1921, outre la Vénétie, la vallée du Pô, la terreur fasciste pèse sur la majeure partie de la Toscane. Monsummano et la famille Livi sont donc au cœur de la bourrasque, et le malheur qui les frappe est le sort commun des antifascistes.

Plus aucune force ne semble désormais en mesure de freiner l'ascension de Benito Mussolini. Agressés, assaillis, les partis de gauche se disloquent et se déchirent. En novembre 1921, lors du IIe congrès des *Fasci*, Mussolini résume sa pensée d'une phrase : « Nous, libéraux en économie, nous ne le serons point en politique[3]. » Le parti « noir » compte alors 320 000 inscrits. Au printemps suivant, ce chiffre a doublé. Le 26 octobre 1922, 20 000 Chemises noires marchent sur Rome et adressent un ultimatum au roi Victor-Emmanuel III. Deux jours après, Benito Mussolini est chargé de former le gouvernement. Ivo Livi a un an.

La famille Livi a été traumatisée par l'incendie de la « fabrique ». Durant des semaines, Lydia et Julien revivent cette nuit où ils crurent venue la fin du monde. Le choc est tel que Julien réagit par une éruption de gros boutons furonculeux. Quant à Giovanni, il sait que séjourner normalement au village de

2. *Naissance du fascisme*, Paris, Gallimard, 1967.

3. Cité par Pierre Milza et Serge Bernstein, *Le Fascisme italien*, Paris, Éd. du Seuil, coll. « Points », 1980.

Monsummano est maintenant impossible. Lydia se rappelle avoir entendu son père s'alarmer : « Nous sommes ruinés, Beppina, comment va-t-on faire avec les trois petits ? Il ne nous reste rien. Personne ne voudra me donner du travail. » Et la mère : « On ira en *America*, en *America...* » Giovanni trouve à s'employer comme aide-jardinier à la villa Martini, la plus grande exploitation du pays. Il cultive des pommes de terre sur son propre lopin pour nourrir la famille, qui subsiste ainsi quelques mois.

Après la prise du pouvoir par Mussolini, la violence s'institutionnalise. Le climat devient insupportable pour les opposants, qui sont systématiquement harcelés. Gigi Simoni maintient la pression sur son beau-frère. Un jour, il envoie ses sbires convoquer Giovanni au *Fascio*. Le siège du Parti fasciste de Monsummano Basso est situé sous les arcades de la place principale. Giovanni hésite à s'y rendre. Sa femme, persuadée qu'on veut tuer son mari, tente de le dissuader. Mais lui a reçu des menaces précises et sait que, s'il n'obtempère pas, il sera abattu. Il descend donc au *Fascio*, où un responsable lui assène un discours édifiant : un gars courageux et travailleur comme lui a toute sa place dans l'Italie nouvelle. On l'aidera à reconstruire une fabrique beaucoup plus grande, en pierre.

— Qu'est-ce que je dois faire ? interroge Livi.

— Il suffit que, le soir, précise son interlocuteur, tu accompagnes les Chemises noires dans leurs expéditions.

La nuit, les habitants de Monsummano Alto observent aisément l'itinéraire des *squadri* en regardant, sur les collines d'en face, à Montecatini Alto ou dans d'autres villages, s'allumer les incendies qui trouent l'obscurité.

Prudent, Giovanni demande à réfléchir. Mais, de retour chez lui, il a compris qu'il n'a plus le choix. Il est obligé de fuir. Il parle longuement à Beppina et lui annonce sa décision : il va partir en Amérique, et la famille le rejoindra dès que possible.

« Je me souviens qu'un soir il nous a embrassés très fort. Il avait les larmes aux yeux alors qu'il n'est pas du genre expansif. » Comme Julien, alors âgé de six ans, Lydia, presque neuf ans à l'époque, a gardé en mémoire cette soirée — dans les derniers jours de janvier 1924 : « C'était la nuit, il faisait très froid. Maman et moi, nous étions cramponnées à lui et nous pleurions. Il s'est arraché à notre étreinte et il est parti à pied. » Giovanni Livi fuit clandestinement sans demander de visa. Il est vraisemblable qu'il a pris le train jusqu'aux abords de la frontière française, où il avait un contact avec un passeur qui, pour 100 lires, accepterait de le guider jusqu'à l'autre côté. A cet effet, Giovanni a emprunté 150 lires avant son départ. Et il en a laissé 15 à son épouse.

Le passage de la frontière s'effectue la nuit. C'est l'hiver, la température est fort basse, et Giovanni, enrhumé, n'arrête pas de tousser. Le passeur le menace, s'il fait trop de bruit, de l'expédier au fond du ravin. Selon une variante, que racontera Montand dans un livre d'entretiens[4], son père, abandonné par le passeur en pleine montagne, tombe nez à nez avec un douanier italien. Pour se tirer de ce mauvais pas, Giovanni Livi prétend qu'il est peintre et qu'il repère des paysages pour de futurs tableaux. « Peintre ? s'écrie le douanier. Moi aussi. » Et les deux hommes de discourir sur les couleurs et beautés de la montagne au soleil levant. On aimerait rapporter le dialogue entre le petit paysan italien qui ignore tout des secrets de la palette et le douanier émule de Rousseau, amateur éclairé et certainement prolixe. Ce serait franchir la limite qui sépare l'enquête du roman. Même si le récit frise ici le roman. Ou le film burlesque. Une autre version, comme inspirée de Charlot, voudrait en effet que Livi ait franchi la frontière en feignant de dessiner. Assis sur une caisse devant un chevalet de fortune, il se serait approché petit à petit du poste de douane jusqu'à le dépasser, le crayon en l'air.

Un fait est acquis : Giovanni Livi est arrivé à Marseille le 2 février 1924. Dans son maigre baluchon, au départ de Monsummano, il a précieusement serré le gros livre de Torquato Tasso, à couverture rouge, que le grand-père Carlo lui lisait le soir et qu'il lui a légué. Sur la page de garde de *La Gerusalemme liberata*, l'exilé a écrit, en haut à gauche : « *Arri-*

4. *Du soleil plein la tête. Souvenirs recueillis par Jean Denys*, Paris, Éditeurs français réunis, 1955.

vato a Marseille li 2 febbraio 1924. » Lydia a conservé l'ouvrage, illustré par un certain Edoardo Matania et publié à Milan, en 1895, aux Éditions Sonzogno. Soixante ans plus tard, elle le montrera à l'écrivain Jorge Semprun, qui préparait alors un livre sur son ami Montand[5]. Et l'évocation des gravures de *La Jérusalem délivrée* réveillera, tout au fond de la mémoire du chanteur-comédien, quelques lambeaux de souvenirs du temps où Ivo regardait ces images guerrières sur les genoux de Giovanni Livi.

Dans l'esprit de ce dernier, Marseille n'est qu'une étape. Il veut s'embarquer pour l'Amérique, mais, quand il se présente au consulat américain, il découvre que, depuis vingt-quatre heures, les visas sont supprimés et les conditions d'entrée aux États-Unis sévèrement restreintes. A un jour près, Ivo Livi aurait peut-être connu le destin des De Niro, Sinatra, Coppola... Giovanni ne se décourage pas; il a de la famille à Marseille : sa jeune tante Lizena qui le protégeait lorsque, après la mort de son père, l'oncle *Lupo* menaçait de le frapper. Elle a épousé un Italien nommé Parlanti, et ils l'hébergent, c'est-à-dire qu'il dort par terre sur une natte. Giovanni empile des pavés, accepte les pires tâches de manœuvre, mais, grâce au mari de sa tante, contremaître dans une huilerie, il réussit à décrocher une embauche. Le poste est épouvantable, tuant, mais, au bout de trois mois, Livi possède un contrat de travail et peut inviter les siens à prendre la route.

Après le départ de Giovanni, la situation de sa femme et de ses enfants s'est encore aggravée à Monsummano. Ils n'ont strictement plus rien à manger. Des tantes charitables « volent » de la farine chez elles et l'apportent en cachette. Maria Simoni, la sœur jumelle de Giuseppina, confirmera cette extrême détresse, cinquante ans plus tard, à un magazine italien : « Ma sœur essayait d'élever ses enfants. Elle n'avait pas beaucoup de lait pour Ivo et c'est ainsi que je l'ai nourri moi-même. Si vous saviez comme il était laid : une figure d'adulte, pleine de rides... »

Gigi veille. A plusieurs reprises, la nuit, des coups violents ébranlent la porte : « *Carabinieri*, ouvrez ! » La mère se réfu-

5. *Montand. La vie continue*, Paris, Denoël/Joseph Clims, 1983.

gie dans la cuisine, serre ses enfants autour d'elle pendant que les hommes en uniforme noir éventrent les matelas, fouillent partout dans l'espoir de dénicher une lettre de Giovanni. Le lendemain, Gigi apparaît, menace : « Alors, ton communiste t'a abandonnée... » Giuseppina se tait. Elle a fait la leçon à Lydia et à Julien : même si on les terrorise dans la rue, ils ne doivent jamais dire où est leur père.

Un matin de mai 1924, Giuseppina et ses trois enfants, Lydia, Julien et Ivo, quittent la maison de Monsummano. Ivo a deux ans et demi et n'en garde aucun souvenir. Trente ans plus tard, alors qu'il tourne un film en Italie, il remontera vers Monsummano Alto, parcourra le village encore vivant. Il visitera la maison aux murs de torchis, foulera le sol recouvert d'un dallage rouge, courbera la tête pour éviter de se cogner aux poutres. Mais il ne ressentira qu'une émotion diffuse, pas un véritable choc.

La description du départ, brossée soixante-cinq ans après par Lydia, évoque ces photos jaunies où les émigrants, quels qu'ils soient, sourient douloureusement à l'objectif. Les Livi ne possèdent pas de valises, et Giuseppina a empilé leurs pauvres richesses dans des sacs de jute. Lydia tient son frère Julien par la main, et Ivo est dans les bras de sa mère, qui porte un paquet. On l'a coiffé, Ivo, d'un curieux bonnet à pompon que Giuseppina a tricoté elle-même et qui parodie bizarrement le couvre-chef des fascistes. A la frontière française, il faut changer de train, mais les transfuges ratent la correspondance et attendent jusqu'à l'aube, assis parmi leurs baluchons, sur le quai. « Quand des fascistes en uniforme passaient près de nous, raconte Lydia, ma mère me pinçait, tellement elle avait peur. Et je les entendais qui parlaient entre eux. Plusieurs fois, ils ont dit : elle a de la chance, celle-là, que le petit porte un bonnet qui nous plaît. On tremblait. Nous n'avons vraiment été rassurés que lorsque nous sommes arrivés en France. »

L'épopée familiale, c'est un peu du western. Les hommes qui ont été capables de traverser les États-Unis dans des carrioles en bois au milieu des pires difficultés sont devenus forts, opiniâtres. Dans de telles conditions, ou tu gagnes, ou tu crèves. Toutes proportions gardées, chez les paysans italiens, ou n'importe où autour de la Méditerranée, la loi était analogue : si tu n'étais pas très résistant, tu ne survivais pas. L'adversité rencontrée dès l'enfance, cela endurcit presque toujours. L'Italie, c'est d'abord, à mes yeux, le combat de mon père, un combat pour la survie qui nous a tous marqués. Petit enfant, j'ai ressenti ce qu'étaient l'oppression, la lutte, l'humiliation, la dignité. C'est ma vie première et entière.

Aujourd'hui, quand j'entends parler italien, je fonds, cela me bouleverse, parce que j'entends mon père. Je suis français, je me suis toujours senti profondément français, mais d'être né en Toscane, d'être aussi rattaché à la civilisation de là-bas, celle de Michelangelo, de Leonardo da Vinci, n'est pas pour me déplaire. J'aime la courtoisie, la gentillesse, l'élégance des Italiens. Leur côté gesticulatoire, parfois ostentatoire, m'agace un peu, mais cela reste superficiel, conventionnel. Sous cet aspect « machiste », m'as-tu-vu, courent une authenticité, une vraie chaleur.

Giovanni attendait à la gare Saint-Charles. Quand il aperçut les rescapés, sales, couverts de poussière de charbon, traînant des sacs trop lourds, il s'effondra en pleurs. Et, comme Ivo boudait cet homme qu'il n'avait pas vu depuis trois mois, les pleurs redoublèrent.

— Mon fils ne me reconnaît plus..., gémissait Giovanni.

2

Marseille, dans les années vingt, est encore une ville composite, formée d'une juxtaposition de villages. L'agglomération, trois fois plus étendue que Paris, offre une succession de quartiers fort disparates. Un puzzle de plus de cent pièces étonnamment contrastées. Les unes, tournées vers la mer et la pêche, ont les pieds dans l'eau; d'autres, depuis les collines, discernent à peine la Méditerranée dans le lointain. Cette dualité symbolise les deux vocations de Marseille : l'une ouvre sur la mer, répond à l'appel du large; l'autre s'enracine dans l'arrière-pays. La ville s'est construite par avancées successives, grignotant la campagne dont elle laisse subsister de larges enclaves. Chaque bourgade possède ses traditions, sa culture, ses fêtes et presque sa gastronomie. Avant d'être marseillais, on est de l'Estaque ou de la Belle-de-Mai.

Les Marseillais vont aux champs sans sortir de leur cité. Chacun vit sur son territoire, voire son terroir, et regarde de loin et de haut les villageois d'à côté. On travaille là où on habite, et les transhumances sont rares. Descendre jusqu'au centre, dévaler la Canebière, cette frontière naturelle entre la ville populaire et les « beaux quartiers », se baguenauder sur le Vieux-Port, c'est toute une expédition. Et celui qui s'y lance est salué en intrépide aventurier. L'apparition puis le développement rapide, au début de ce siècle, du tramway électrique provoquent cependant une réelle mutation. Trimballant sur leur toit des réclames pour la réglisse Zan ou les pâtes Rivoire et Carret, les wagons dévalent les rues dans un fracas métallique, lançant de grands coups de trompe qui, vers les docks, rivalisent avec les cornes des cargos. L'engin est dépourvu de pare-brise : l'hiver, les wattmen se protègent sous une pelisse. Pour quelques sous, désormais, on traverse la ville — ou pour rien du tout, si, comme les gamins, on s'accroche aux garde-fous extérieurs.

La première image que Lydia Livi a conservée de son arrivée à Marseille, ce sont ces grappes de bras qui enserrent la plate-forme, les groupes de gosses agglutinés sur les marchepieds. La petite paysanne découvre la ville par la fenêtre du « tram » jaune paille qui tangue sur les rails en grimpant vers sa nouvelle demeure. Car Giovanni Livi n'a pas seulement trouvé du travail, il a aussi déniché une maison.

En fait, c'est une bicoque exiguë, à moitié en ruine, perdue dans les collines de Verduron-Haut, où passe le boulevard du Plateau, et qui semble aux émigrants un refuge paradisiaque. Comble du luxe : l'eau courante est disponible à l'évier. Giovanni a pris la peine d'équiper la maison. Il existait à cette époque, rue de la République, un magasin, « Au Bon Génie », où, sur la vue d'un contrat de travail, le crédit était pratiqué (mais les articles, du coup, se payaient deux fois plus cher qu'ailleurs). Livi s'y est procuré des lits métalliques, un poêle, des casseroles. Il a même décoré les caisses qui servent d'armoires ou de tables. Tout autour de la maison, le maquis, les odeurs de thym, les oliviers rappellent d'autres collines aux jeunes Toscans qui s'étonnent de voir scintiller, très loin, une flaque bleue aux contours déchiquetés. La mer est très loin, mais elle sent très fort...

Inutile, aujourd'hui, de rechercher le cabanon égaré dans ce bout de campagne. Il faut consulter le cadastre pour retrouver l'emplacement ancien, sous les rocades d'autoroutes et les murs bétonnés des cités HLM.

A partir d'octobre, Lydia et Julien fréquentent l'école de Saint-Antoine. Giovanni travaille de nuit à l'huilerie Darrier de Rouffio, boulevard Oddo. Giuseppina garde Ivo à la maison. Julien, tout juste âgé de sept ans, est terrorisé lorsque, dans l'obscurité, il emprunte un chemin empierré qui serpente entre des arbres grimaçants ; l'endroit s'appelle le Moulin du diable, des crimes y furent commis autrefois. C'est avec soulagement qu'il voit briller les lumières de l'école, mais, dès le début de l'après-midi, l'angoisse du retour l'étreint. En quelques mois, pourtant, grâce à la communale, les deux « grands » apprennent le français.

Montand n'a gardé de Verduron que quelques souvenirs

éclatés : l'image d'une pastèque qui rafraîchit dans une bassine, un petit moulin en bois, bricolé par son père, qui tourne dans l'eau d'une source proche, un chien, celui du voisin, qui hurle lugubrement, battu par son maître puis attaché à une sorte de croc. Et encore les bas de laine noire censés protéger ses jambes couvertes de boutons. Un pin parasol. Enfin, des senteurs méditerranéennes — lavande et romarin mêlés — échappées de la garrigue et qui traversent le temps : fragments épars qui ne suffisent guère à reconstituer l'épaisseur d'une existence.

Giovanni abandonne bientôt l'huilerie; l'oncle Parlanti, le bon Samaritain qui l'a hébergé après son arrivée, a parlé de lui à un ami corse du nom de Malberti : enjolivant, avec la faconde propre aux Méridionaux, ce que furent ses activités passées à Monsummano, il a présenté Livi comme un petit entrepreneur. Malberti possède une maison de deux étages, au 42 de l'avenue Félix-Zaccola, dans le quartier dit des Crottes, et il est disposé à prêter l'entresol et à avancer quelque argent pour que Giovanni relance son affaire de balais. Offre qui bouleverse la vie des enfants : désormais, le père et la mère partent dès l'aube pour ce réduit qui sert d'atelier, et les trois gosses restent seuls toute la journée.

Ivo est inscrit à l'école maternelle de Saint-Antoine; il n'a que trois ans et ne saurait accomplir à pied les quatre kilomètres quotidiennement requis. Encore, à l'aller, cela descend-il, mais pour le retour, le soir, Lydia peine : « Le remonter de l'école, c'était pénible. Il était grand et lourd; il me suppliait de le prendre dans mes bras, mais j'étais incapable de le porter. Alors j'avais inventé un système : je me plaçais derrière lui et je le poussais... » Cela ne dure pas. En classe, Ivo pleure continuellement et, quand Lydia le récupère, les larmes ont tracé de larges rigoles sur ses joues maculées par la poussière pourpre de la cour. Les Livi tiennent un conseil de famille, et Giovanni, la mort dans l'âme, décide que Lydia n'ira plus en classe qu'à mi-temps afin de garder son petit frère. Pour l'émigré italien attaché à l'instruction — lui-même apprend le français grâce à des cours du soir —, semblable résolution est un déchirement. Mais les larmes d'Ivo... Ce ne sera pas le dernier sacrifice de la grande sœur. La voici, à dix ans, responsable de la famille et chargée de gérer la pénurie.

Ces mois sentent le ventre creux ; les balais, éternelle obsession de Giovanni, ne rapportent pas encore grand-chose. Les enfants ont faim. Tous les ouvrages consacrés à Montand relatent les affres des trois petits qui doivent se contenter d'un œuf unique pour tout repas. Julien confirme : « On avait un bol de lait, coupé d'eau, contenant en réalité plus d'eau que de lait, où flottaient des morceaux de pain. Je ne vous raconterai pas l'histoire de l'œuf pour trois. Elle a beaucoup servi, mais ce n'est pas de la légende, c'est vrai. Ma sœur le partageait, et l'on sauçait dans l'assiette l'huile vaguement colorée de jaune. »

En 1927, la tribu Livi déménage pour le quartier des Crottes. Juste à côté de son atelier, Giovanni a repéré un appartement (au hasard d'une conversation entendue dans le café voisin tenu par des Espagnols). Un jeune homme, Henri Bartolini, serait prêt à partager son assez vaste logement avec une famille italienne qui le nourrirait et paierait une partie du loyer. Les Livi s'installent ainsi au numéro 20 de la rue Saint-Jean-Baptiste, qui sera « laïcisée », durant leur séjour, en rue Edgar-Quinet. Le quartier pue la tristesse, une tristesse irrémédiable, brutale. Soixante ans plus tard, pour les besoins de ce livre, Lydia, revenue sur les lieux, parcourra le quadrilatère de rues mornes en répétant sans cesse : « Cela n'a pas changé. Non, cela n'a pas changé. J'ai l'impression que je viens d'arriver. »

Les environs, au-delà du pâté de maisons, ont, eux, subi quelque métamorphose. Tout près coulait à ciel ouvert le *biau*, le canal, c'est-à-dire une petite rivière couleur de plomb charriant des immondices. Les enfants jouaient là, non loin de l'usine d'engrais chimiques qui dégageait une odeur abominable. Depuis, l'égout a été recouvert. En outre, au bas de la rue, à l'endroit où s'est aujourd'hui implantée une gare de triage, s'étendait le terrain vague, le *bachas*, principale aire d'aventures des enfants pendant la journée. La nuit, la mauvaise réputation du *bachas*, d'où parvenaient des bruits mystérieux et quelquefois des cris d'effroi, en interdisait strictement l'abord.

Quartier sans soleil, même quand brillait ce dernier, quartier pauvre, les Crottes, au nom prédestiné, était aussi un quartier vivant qui s'offrait à lui-même en spectacle, retranché, replié. Les soirs d'été, les habitants prenaient le frais, assis sur des chaises devant leurs portes : les conciliabules se prolongeaient jusqu'à ce que l'air fraîchisse et permette d'aller se coucher. Au début, Ivo, trop jeune, n'était pas autorisé à descendre se mêler aux grands ; il a toutefois conservé la mémoire des éclats de voix et de rire qui lui parvenaient par la fenêtre ouverte, tandis que la pénombre obscurcissait la chambre.

La rue Edgar-Quinet est étroite, bordée de caniveaux où ruisselle une eau douteuse. La maison, de nos jours, arbore la même façade grisâtre que jadis, zébrée de grosses gouttières, percée d'étroites et rares fenêtres. L'appartement, au troisième étage, comprend trois pièces. Il fallut, lors de l'arrivée des Livi, entamer une méthodique chasse aux punaises qui jaillissaient du moindre trou. Giuseppina, façonnée par les règles toscanes de vigilante propreté, n'avait jamais vu semblables bestioles, et leur grouillement l'obséda longtemps. Ivo et Julien partageront le même lit dans une pièce que divise un morceau de tissu, et Lydia dormira de l'autre côté.

Les WC sont en bas, au fond de la cour, et, le matin, les voisins descendent à tour de rôle vider leurs tinettes. L'électricité n'est pas installée, on s'éclaire avec des lampes à pétrole…

La maison fait l'angle de la rue Edgar-Quinet et d'une ruelle portant le nom d'Antoine-Carial, où fonctionne une petite fabrique de boîtes métalliques. Vingt-cinq femmes travaillent là pour le compte d'un certain Orienti. De temps en temps, un hurlement avertit qu'une des ouvrières vient d'avoir un doigt cisaillé par la machine.

A l'exception d'Ivo, qui fréquente l'école maternelle, toute la famille Livi s'active à confectionner des balais. Lydia, depuis ses onze ans, a définitivement abandonné la classe — au grand désespoir de sa maîtresse. Quant à Julien, il décroche son certificat d'études avec la mention très bien. Giovanni, fier de ce brillant résultat, l'embauche aux balais sitôt la prouesse accomplie. Giuseppina, elle aussi, manie la paille de sorgho, mais elle tient parallèlement la maison et s'occupe de Bertolini, le locataire qu'il est convenu de nourrir et de blanchir. Ce dernier a effectué son service militaire dans la marine et donne volontiers ses anciens costumes de grosse laine dans lesquels Giuseppina retaille des vêtements pour ses fils. Le tissu râpeux provoque des rougeurs et des démangeaisons insupportables.

A la longue, la présence du jeune homme s'avère pesante. Lydia grandit, devient une jeune fille, et la *mamma* supporte mal la promiscuité qu'impose l'étroitesse des lieux. Giovanni trouve alors une maisonnette dans le quartier de la Cabucelle. Après deux ans et demi passés aux Crottes, les Livi déménagent. Juste auparavant, Giovanni éprouve la plus grande joie de sa vie. Le 8 janvier 1929, Gaston Doumergue, président de la République, signe l'acte de naturalisation des Livi, en application de la loi du 10 août 1927. Le décret paraît au *Journal officiel* du 20 janvier.

A huit ans, Ivo Livi reçoit ainsi la nationalité française.

L'impasse des Mûriers est une venelle qui sépare des petits « pavillons » (pour employer le langage d'aujourd'hui) précédés d'un bout de terrain. Le jardinet qu'annonce le numéro 7 est un peu plus large qu'un couloir d'immeuble. La maison offre quatre pièces. A l'arrière, les chambres donnent sur une sorte de monticule qui barre la vue et restreint la lumière. Mais, côté jardin, les anciens propriétaires ont aménagé une minuscule terrasse recouverte d'un goudron qui fond en été. Si modeste soit leur demeure, et si étriqué le rectangle de verdure attenant, les Livi ont le sentiment de changer d'univers. Et pourtant, l'impasse n'est pas asphaltée, et les gosses barbotent dans la rigole que creusent les eaux usées en absence de tout-à-l'égout. Plus tard, beaucoup plus tard, Montand songera au corbillard recouvert de fleurs blanches qui, presque chaque mois, transportait au cimetière un enfant victime de la diphtérie.

La rive de l'impasse qui arbore les numéros impairs longe un vaste terrain vague jusqu'à une petite place où s'élève un café, le bar des Mûriers — lequel existe encore aujourd'hui. Modeste bistrot autour duquel s'organise la vie du quartier, l'établissement appartient à un Piémontais fortuné nommé Garone et connu pour nourrir des sympathies envers Mussolini. Il possède même une voiture, le « richissime » Garone, et s'amènera un jour au volant d'une des premières tractions avant Citroën : l'événement provoquera un émoi certain.

Au-delà, cette enclave d'allure plutôt campagnarde est cernée par des usines. Car entreprises et entrepôts ont peu à peu envahi la Cabucelle. En contrebas, les Messageries maritimes alignent d'immenses bâtisses, et à l'opposé, en haut de la côte, les abattoirs sont annoncés par une pompeuse tour de brique rouge. Entre ces extrêmes, l'huilerie Agricola, la cheminée de la gigantesque fournaise où crament les ordures de la cité, une usine de traitement du plomb, des conserveries, et, un peu plus loin vers la rue de Lyon, les raffineries de la Générale Sucrière.

Toutes les odeurs, toutes les fumées, toutes les émanations, toutes les poussières s'associent pour ne plus former qu'une atmosphère poisseuse, compacte, un remugle qui devient intolérable lorsque le vent s'en mêle. Au beau milieu de l'agglomérat industriel, l'impasse des Mûriers paraît une oasis dérisoire dont la sérénité toute relative est déchirée, dès l'aube, par le bruit des sirènes qui convoquent les ouvriers à la pointeuse. C'est l'heure où les quartiers ouvriers de Marseille se colorent en bleu — le bleu foncé des prolétaires.

Impasse des Mûriers, comme naguère aux Crottes ou à Verduron, les habitants sont presque tous des immigrés. Depuis longtemps, la ville se développe grâce à l'afflux régulier de main-d'œuvre importée que réclament ses industries : « Marseille, on le sait, est toute grouillante de populations étrangères ; le cosmopolitisme y est un état traditionnel. Il est inhérent à la nature même de la ville, à ses origines et à ses fonctions[1]. » Ces fortes affirmations, qui datent de 1934, ne paraissent guère contestables. A l'époque, la cité phocéenne compte en effet 250 000 étrangers sur 650 000 habitants. On recense des Grecs, des Maltais, des Espagnols, des Levantins et même des voyageurs venus du froid, britanniques ou germaniques ; mais ce sont les Italiens qui fournissent les principaux contingents de ces émigrés chassés par la faim, la répression, ou tenaillés par l'irrépressible désir de refaire leur vie.

1. Gaston Rambert, *Marseille. La formation d'une grande cité moderne*, Paris, Maupetit, 1934.

Ils débarquent un jour sur quelque quai de la Joliette, se croyant en route pour l'Amérique qu'ils n'atteindront jamais, descendent d'un train au terminus de Saint-Charles ou surgissent par la route en traînant les pieds et leurs paquetages. La vague initiale, gonflée par la misère, déferle à la fin du XIXe siècle. Juste avant la Première Guerre mondiale, 100 000 Italiens habitent Marseille et 100 000 autres viennent d'être naturalisés depuis peu ; en tout, près d'un tiers de la population de la ville est d'origine transalpine.

La Grande Guerre est cause d'une terrible saignée, car maints arrivants se portent volontaires et combattent sous l'uniforme français dans l'espoir d'être à leur tour naturalisés. Un sur deux ne survivra pas. Au début des années vingt enfle la deuxième vague de ceux qui, tels les Livi, ont fui les persécutions. Marseille est une ville refuge pour les victimes de Mussolini comme pour les dizaines de milliers d'Arméniens rescapés du génocide perpétré par les Turcs.

Les nouveaux venus se regroupent suivant leurs origines ; les *babis*, Italiens du Nord, et les *nabos*, ceux du Sud (*nabo* dérive de « Napolitain »), s'assemblent par migrations successives et « colonisent » des quartiers entiers. Celui de la Belle-de-Mai est surnommé « la petite Italie » ; celui de Saint-Mauron, « la petite Sicile ». Le célèbre journaliste Albert Londres, fasciné comme tant d'autres par cette métropole grouillante, consacre un de ses grands reportages à Marseille. Frappé par l'omniprésence italienne, il s'en amuse et doit, dit-il, acheter un livre de géographie pour vérifier que Marseille est bien dans les Bouches-du-Rhône et non point plus bas. Toute la journée, il ne rencontre que des Italiens : la femme de chambre à l'hôtel, le garçon d'ascenseur, le sommelier du restaurant, le prêtre de l'église voisine — qui prêche dans sa langue. Albert Londres finit par questionner le maire, Flaissières :

« Monsieur le maire, je crois être perdu, mais puisque vous voici, vous ne me refuserez pas une précision. De quelle ville, au fait, êtes-vous maire ?

« M. Flaissières me pria de me promener dix minutes en sa compagnie.

— Écoutez, me disait-il, chemin faisant.

— Je n'entends que la langue italienne.

— Eh bien ! maintenant, vous êtes fixé ?

— Cela ne me dit pas de quelle ville vous êtes le premier magistrat.

— Allons, votre esprit est encore lourd ce matin, vous voyez bien que je suis maire de Naples[2] ! »

La présence massive des « Ritals » suscite en retour un assez puissant courant de xénophobie contre les « bouffeurs de macaronis » qui viennent voler le travail des « vrais » Français. Mais les gamins qui vivent entre eux ressentent moins le racisme alentour.

Je ne percevais pas vraiment que j'étais un immigré. J'entendais bien, ici ou là, des injures telles que « sale macaroni » ou « babi *de con ». Mais je n'en saisissais ni la cause ni le but. Cela me passait au-dessus de la tête et je me disais : « Qu'est-ce qu'il raconte cet imbécile ? » A l'école, nous n'étions que des enfants d'immigrés. Le maître pouvait à bon droit demander : « Qui est français, ici ? » Tous les noms avaient des consonances étrangères... Le racisme ne signifiait rien de concret, rien de compréhensible ou de menaçant à mes yeux, puisque tous mes copains étaient italiens, arméniens, grecs ou espagnols. Notre quartier, c'était un total melting-pot de nationalités. Reste — j'utilise le mot* a posteriori *— que certains Français avaient un comportement raciste, parfois même très marqué. Je me souviens d'un flic qui habitait non loin de chez nous et s'appelait Coste, M. Coste. Il portait de belles bottes à lacets et une veste en cuir. Le soir, quand il rentrait à vélo, généralement éméché, il provoquait par pure bêtise toutes les personnes un peu basanées qu'il rencontrait, les frappait avec son ceinturon, les insultait. Un jour, on l'a retrouvé dans la rue fort amoché. C'était le châtiment collectif qu'avaient décidé de lui infliger les gens du quartier.*

2. Albert Londres, *Marseille, porte du Sud*, 1927 ; rééd., Jeanne Lafitte, Marseille, 1980.

Dans leur impasse, la maison mitoyenne de celle des Livi est habitée par des Arméniens. En fait, c'est une cabane qu'ils ont construite eux-mêmes, formée de deux pièces minuscules mais impeccables. Les lits ne sont que des planches accolées, mais Ivo, qui s'est lié avec les enfants, est étonné de découvrir une carafe d'eau sur un napperon blanc brodé à la main — une caisse à savon retournée sert de table de nuit. Il a tôt fait d'apprendre quelques mots d'arménien, en priorité ceux qui ont trait au sexe. Progressivement, il maîtrisera suffisamment de bribes pour fredonner des chants d'Arménie (qu'il sait encore aujourd'hui) et comprendre les récits du génocide. A la Cabucelle, on se côtoie sans racisme affiché ni pensé, mais il existe néanmoins une hiérarchie implicite entre les diverses provenances. Ivo va chez les Arméniens, ces derniers ne viennent pas chez lui. Giovanni, lui, n'est pas loin de juger les voisins mal dégrossis : certains se mouchent avec les doigts et ne dissimulent point des pratiques qui heurtent la coutume latine. Ainsi, le samedi, la cabane aux planches disjointes qui, en semaine, tient lieu de lavoir collectif est-elle réservée à la toilette des hommes. Nus, pudiquement accroupis dans une grande bassine en zinc, ils se font frotter le dos par leurs épouses. Et le contraste est spectaculaire entre ces dos blancs ici et là marqués de bleus — laissés par les sacs de coprah, de ciment — et les avant-bras que le soleil a cuits.

Ce ne sont certes pas les « Ritals » qui se livreraient à pareille « exhibition ». Eux, les Luchesi, les Lotti, les Innocenti, les Turchi, les Campanini, tous ces compatriotes des Livi, originaires de Toscane ou du Piémont, ont ressuscité leurs coutumes antérieures. Ils aiment taper le carton chez l'un ou l'autre, jouer aux boules sur l'esplanade du bar des Mûriers, palabrer le dimanche. Ivo demeure près de son père et il écoute les expéditives tirades politiques dont Luchesi, un grand sec avec une petite moustache, coiffé d'un large feutre noir, se rend fréquemment coupable :

— Moi, je vous le dis : tous des fumiers, ces députés. Il faudrait monter là-haut, à la Chambre, et les pendre tous !

Et Luchesi quête l'approbation sur le visage de Turchi, le marchand de vin, qui ne comprend rien et opine toujours. Giovanni Livi, que l'on écoute et respecte pour son bon sens tranquille, l'interrompt, suggère qu'il existe peut-être d'autres solutions que la pendaison des élus du peuple. Luchesi sent qu'il perd l'avantage, le petit groupe se détourne de lui ; il feint alors une subite et atroce quinte de toux, semble étouffer. Congestionné, il articule avec peine, en se frappant la poitrine :

— Les gaz, faites pas attention, ce sont les gaz...

Aussitôt, l'héroïque poilu gazé pendant la Grande Guerre récupère la sympathie de l'auditoire. Chaque fois, la scène se reproduit, les rôles sont immuablement distribués et chacun se régale.

Ivo admire aussi Campanini, un vieux Toscan qui habite tout à côté. Immense, le visage raviné encadré par des oreilles éléphantesques, il cache deux yeux noirs pétillants sous un chapeau délavé, rabattu sur le front. Campanini porte une veste de velours épais, se lève avant les autres, avalant en guise de petit déjeuner des oignons ou de l'ail, du fromage de chèvre ou du parmesan. C'est de ce Campanini que Montand se souviendra un demi-siècle plus tard pour composer le personnage du « Papet » dans *Jean de Florette* et *Manon des sources*.

Le dimanche est un jour autre. Les sirènes des usines se taisent ; malgré le silence inhabituel, conditionné par des milliers de réveils matinaux, on se lève à la même heure que d'habitude. Mais, le dimanche, on a le temps : de se prélasser au lit, de prendre des petits déjeuners, de parler, simplement. C'est aussi le jour où l'ouvrier accomplit une toilette soigneuse. La maisonnette des Livi comporte, au rez-de-chaussée, un lavoir : la famille y défile en bon ordre. Puis les hommes revêtent la chemise blanche et le pantalon foncé. Giovanni Livi se montre particulièrement coquet. Il porte la cravate avec une perle, fausse bien entendu. Un stylo dépasse même de la poche supérieure de sa veste (mais il n'en possède, au vrai, que le capuchon). Et il déambule à travers le quartier, saluant son monde d'amples coups de chapeau, princier comme Jules Berry.

Le déjeuner du dimanche est une étape solennelle chez les Livi comme dans les autres familles italiennes. Au fond de son jardinet, Giovanni a installé une cage où il élève une dizaine de lapins et une demi-douzaine de poulets. Ces animaux constituent la base du festin dominical, et Giuseppina connaît mille recettes pour les accommoder (mais une bestiole assure plusieurs repas : la *mamma* brasse habilement des morceaux de poulet et de légumes également panés, si bien que les convives ont quelques instants l'illusion, lorsqu'ils aperçoivent cette montagne dorée, qu'ils vont se goinfrer de volaille; les restes serviront le soir et donneront goût à la soupe du lendemain — rien ne se perd). Naturellement, le déjeuner a commencé par les spaghettis que papa Livi a préparés avec la gravité requise, selon un cérémonial minutieux qu'aujourd'hui encore Montand perpétue, consultant Lydia dans les cas difficiles.

A table, Giovanni, en bon chef de famille, monopolise la parole. Il réitère souvent son obsession d'arriver à décoller, de lutter pour plus et mieux que la seule survie. Depuis les Crottes, la situation matérielle s'est améliorée. On ne manque plus jamais de pain — que les enfants consomment en abondance. De sa vie, Montand ne pourra quitter cette habitude, fille de la nécessité : il mange du pain avec tout, même avec les pâtes. En semaine, la mère fabrique toujours la *polenta*, cette énorme boule de maïs qu'on découpe par en dessous avec un fil et dont on arrose les tranches de quelque reste de sauce. Bref, on n'a plus faim — mais Giovanni ne se tranquillise pas au fond de lui-même. Il n'empêche : ces repas sont gais, certainement. On plaisante, on se moque, on rit.

Montand a gardé de la chaleur que sécrétait le groupe familial une nostalgie qu'il cherchera d'ailleurs à raviver en logeant, vingt ans plus tard, son frère Julien et sa belle-sœur à son domicile de la place Dauphine. Dans cette fidélité affective, scellée, s'enracine un des traits fondamentaux de sa personnalité. Le petit Ivo, qui n'a nullement disparu, quémande la protection du nid; le chemin et la psychologie de Montand sont inaccessibles hors de cette référence dont il tirera une force vitale étonnante (et une soudaine fragilité si le lien vient à être entamé). Gérard Depardieu, qui sera, un demi-siècle après, son partenaire dans *Jean de Florette*, devinera la profondeur de ces racines : «Un personnage comme le Papet, cela vient de loin. Il l'a nourri de tout son itinéraire. Personne n'aurait pu le jouer comme lui. Quand j'ai connu Montand, j'ai flairé chez lui ce qui m'avait tant manqué :

les origines, une famille et la permanence de cette famille. On perçoit derrière lui une force, une force de survie. Ce qui me touche, et qui me touchera toujours, chez Yves, c'est cette appartenance à un clan. Montand, c'est un vrai homme du voyage. Je veux dire que demeure chez lui l'enfant qu'il a été. »

Leurs cafés lentement bus, les hommes s'acheminent vers les terrains de boules, les parties de cartes ou les tables du bistrot où l'on pontifie avec générosité et force gestes. Ivo est le témoin attentif de ces infinies palabres.

Pendant que les hommes parlent, les femmes travaillent. Elles reprisent les chaussettes, recousent les bleus, les chemises. Lydia ne se rappelle pas un seul instant de véritable repos. Parfois, l'après-midi, les « Ritals » de la Cabucelle se rendent en groupe chez des compatriotes qui ont réussi et possèdent une propriété avec jardin. Là, on propose aux enfants un goûter, mais, d'un froncement de sourcils, Giuseppina interdit à Ivo de répondre par l'affirmative. Un Livi n'a pas faim. Un Livi ne quémande pas. Les hommes, entre eux, jouent aux cartes ou aux boules tandis que les femmes s'essaient au loto. Plutôt que d'employer le nom des chiffres, elles les baptisent à leur manière : le 1 s'appelle *tout nu*, le 22 *les 2 poulettos*, le 44 *caracaca*. Et, lorsque le 69 sort, il provoque des gloussements que le jeune Ivo ne comprend pas. Mais, le plus souvent, le dimanche des femmes italiennes s'épuise en tâches ménagères.

Quand je rentrais à la maison, le dimanche, vers 5 heures, je trouvais ma mère devant une montagne de linge, en train de repasser ou bien de repriser. Je m'asseyais sur une chaise et je la regardais. C'était un moment où l'on commençait à sentir la tristesse du jour qui tombe. La fête est finie. Demain, il faudra remettre ça. Et là, avec ma mère, je me sentais bien. Elle était tendre — alors que, d'habitude, elle se montrait plutôt rude — et se mettait à chantonner rêveusement. Je garde la vision de cette femme dont le beau visage commençait à épaissir, et qui fredonnait : « Comme la mère pleurera quand on aura assassiné ses fils qui sont tombés pour la liberté... »

Brefs moments de grâce. Giuseppina, accablée de travail, ne manifeste pas, d'ordinaire, une humeur enjouée. Avec ses garçons, elle est fréquemment autoritaire. C'est cela aussi, la *mamma*. Julien : « Je crois avoir reçu d'elle plus de gifles que du reste de la terre. Il ne se passait pas un jour sans que je reçoive une torgnole. Elle était dure mais formidable. Lorsqu'il était petit, mon frère pleurait énormément, et ma mère croyait toujours que c'était ma faute. Et pan ! Le coup du petit dernier... » Le sourire attendri de Julien Livi évoquant ce souvenir laisse penser que l'impasse des Mûriers ne devait pas être une maison de correction. D'autant qu'il y a Giovanni. Lui est de tempérament conciliateur, persuadé que tous les malentendus peuvent se dissiper, les différends s'atténuer, les obstacles se franchir. « Il disait sans cesse : ''Je vais vous arranger la situation'', témoigne Julien. Cette phrase : ''Je vais arranger la situation'', je l'ai mille fois entendue. On ne saurait lui en faire reproche tant son optimisme était sincère. »

En tout cas, ses enfants lui portent une vénération qui ne s'est pas démentie avec le temps. Quand ils parlent de leur père, Lydia, Julien ou Yves adoptent la même expression mi-amusée mi-sérieuse, émue, admirative sous l'anecdote plaisante. Papa Giovanni, pour Montand, sera et demeurera une souriante statue du Commandeur, un modèle qu'il sera fier d'ébahir à son tour.

Les parents parlent italien et les enfants répondent en français. Alors que les trois rejetons ont assimilé rapidement cette nouvelle langue, Giovanni éprouve de réelles difficultés et emploie souvent un mot pour un autre, comme le révèle cette histoire dont la famille s'amusera pendant des années. La scène se déroule au temps où les Livi habitent Verduron. Le matin, Giovanni a pris le tramway pour aller travailler. La plate-forme est bondée et, à côté de lui, deux Marseillais conversent. Tout à coup, l'un des deux se retourne et interroge :

— Mais où est mon ami Paul avec qui je parlais voilà deux minutes ?

Et Giovanni, qui a vu descendre le dénommé Paul à la station précédente :

— Il est *tombé* boulevard Oddo...

Quant à Giuseppina, elle « italianise » les termes français en ajoutant un *o* ou un *i* à la fin du mot. Elle prononce ainsi *lapino*, alors qu'en italien le lapin se dit *coniglio*. Un jour, à table, elle se tourne vers la mère de Giovanni (celle-là même qui avait abandonné ses enfants en bas âge et qui rend visite aux siens pour quelque temps) :

— Passe-moi la « loucha ».

— *Que* « loucha » ?

La louche, en italien, se dit *ramaiolo*, alors que *lucia*, en patois, désigne une dinde. Inutile de préciser qu'aucun volatile n'est prévu ce jour-là au dîner. Le soir, Giuseppina hèle par la fenêtre son fils qui traîne dans la rue : « *Ivo, monta !* » Monter, de l'autre côté des Alpes, se dit *salire*, mais la *mamma* goûte cette formulation qui roule, sonore, au-dessus des toits :

— *Ivo, montaaaAAA !*

Giovanni Livi est farouchement anticlérical. Giuseppina Livi est profondément croyante. Ce mariage, traditionnel dans les familles italiennes, de la faucille et du goupillon, s'accompagne d'un solide parti pris de tolérance. En Toscane, les trois enfants ont été baptisés (Giuseppina avait en cachette amené au prêtre le petit Ivo enveloppé dans une robe brodée de sa main ; c'est cette robe que Valentin-Giovanni Livi portera lors de son baptême, le 27 mars 1989, à l'église Saint-Germain-l'Auxerrois). Lydia a même fait sa communion à Monsummano, avant l'exil, car sa mère croyait que, sur le sol français, communier était un délit — héritage de la Révolution. Giovanni laisse sa fille fréquenter le catéchisme. Un jour, pourtant, le prêtre questionne l'adolescente : son père ne serait-il pas un « rouge » ? Lydia se tait et, d'elle-même, coupe les amarres.

La pratique religieuse des Livi est donc modérée, mais dans

la chambre des parents, entre les chromos de saint Joseph (pour Giuseppina) et de saint Jean (pour Giovanni), trône un crucifix orné d'un rameau de buis. C'est la concession de Giovanni au « mysticisme » de sa femme. En revanche, ni Julien ni Ivo ne reçoivent la moindre éducation religieuse. Parfois, Ivo se présente le jeudi après-midi à une sorte de patronage, au coin du boulevard des Italiens, animé par un jeune abbé proche de la Jeunesse ouvrière chrétienne. Il y joue au ping-pong sans subir aucune pression ni ne ressentir aucun appel. De même, il assistera, fasciné, dans la cour voisine de l'église du boulevard Denis-Papin, à la projection d'une vie du Christ en seize millimètres, inoffensif péplum qui ne suscite en lui nulle Pentecôte.

Giovanni n'aime pas la calotte, mais il n'empêche personne de croire. Sa femme n'en parle jamais, mais avoue sa foi par de furtifs signes de croix. Si elle pratique peu, elle observe toutefois ses rites à elle, issus du tréfonds méditerranéen : le jour de la Toussaint, elle dispose sur la cheminée les photos des proches disparus et allume deux lumignons flottant dans un bol. Toute la journée brûle ainsi la flamme du souvenir.

Giuseppina est pieuse, austère, rigoriste. Ivo n'a pas été initié aux mystères sacrés, mais pèse sur lui le poids de la culpabilité judéo-chrétienne ; le péché originel n'a pas fini de le torturer. Et le sexe, plus qu'autre chose, est tabou.

Je devais avoir quatre ans quand j'ai découvert en toute innocence le sexe d'une petite fille. Nous sommes assis tous les deux, bien sages, dans la cour, et ma main touche sa pacholete. *C'est doux, tendre, et nous restons ainsi heureux, avec un sourire béat. Tout à coup, la maîtresse survient et crie : « Mais qu'est-ce que tu fais ? » Je suis déjà traumatisé, car je ne comprends pas les raisons de cette colère ; quand ma mère arrive, l'institutrice la met au courant du « forfait ». Elle me prend le bras et le secoue presque à me le décrocher : « Si tu recommences ce genre de chose, je le dirai à Papa »...*

Et puis, un peu plus tard, aux Crottes, je suis dans la cour de l'immeuble avec un petit voisin et on se regarde la quiquette. *Maman m'aperçoit depuis la fenêtre du troisième étage. Elle se penche et me lance : « Qu'est-ce que tu fais ? Monte immédiatement ! » J'obéis, et elle me tire par l'oreille : « Essaie encore, et je le dis à la police... » J'ai six ou sept ans et, là non plus, je ne saisis pas la gravité de ma faute. Mais la peur a été telle que j'attrape une jaunisse.*

Impasse des Mûriers, une des filles des voisins, Thérèse, accepte un jour de se laisser caresser dans le corridor de son immeuble à condition que je lui achète une bouchée en chocolat avec des noisettes dessus, qui coûtait 13 sous. J'accepte le marché. Je ne me rappelle plus comment j'ai trouvé l'argent, mais je suis allé « aux comestibles », un magasin tenu par deux sœurs empaquetées dans des robes noires bien proprettes, et qui ne vendaient jamais rien parce que c'était trop cher. Je suis revenu avec mon trophée et j'ai attendu pendant une heure, mais Thérèse n'est pas descendue. J'ai mangé le chocolat : du haut de mes huit ans, j'ai songé que je me mêlais peut-être de choses interdites.

A la maison, je ne me suis jamais baladé nu devant mon père. On ne parlait pas de sexe dans les familles italiennes. Jamais. Sauf pour exorciser le péché : la masturbation, cela rendait fou. Vers l'âge de douze ans, une nuit où je m'adonne dans le secret de mon lit à ce plaisir interdit, je ressens d'un coup une vive douleur. Le prépuce, complètement descendu, enserre le gland et ne veut plus remonter. Je commence à paniquer, à geindre, je n'ose pas me plaindre trop fort, et puis la douleur est trop vive. Je crie : ma mère arrive et constate les dégâts. Elle ne dit pas un mot, file à la cuisine chercher de l'huile, me badigeonne, et remet les choses en place. Quelle gêne et quelle honte ! Mais, curieusement, ma mère ne fit aucune menace. Tout revint à la normale. Enfin, pas vraiment, car, après ce décalottage brutal, je suis resté comme circoncis. Je mesurerai, bien plus tard, ce qu'aurait pu me coûter cette péripétie, pendant la guerre.

Ivo fréquente l'école communale du 52, boulevard Viala ; après l'interruption forcée des études de Lydia et de Julien, il représente l'ultime espoir de la tribu (son père l'imagine toujours en robe d'avocat). Mais le petit dernier n'aime pas l'école ; il se révèle incapable d'écouter, cloué sur une chaise, un monsieur qui parle. Et, comme il ne peut s'en aller, il rêve tout en fixant attentivement l'instituteur. Ce dernier avoue sa perplexité à Lydia, venue aux nouvelles : « C'est curieux, il écoute, il écoute très sagement. Mais il ne comprend rien, rien de rien. » Les résultats sont à la mesure de l'effort déployé. S'il obtient des notes correctes en histoire-géographie, en calcul il est plus que médiocre. Giovanni s'inquiète à son tour :

— Pourquoi tu es étourdi, Ivo ? Pourquoi tu n'écoutes pas ce que dit le maître ?

— Je ne sais pas. Quand il parle, je le regarde : il croit que j'ai compris, mais je suis parti, en Afrique, en Amérique. Je ne retiens rien, je m'ennuie...

— Ivo, si tu ne fais pas un effort, tu seras aussi pauvre que nous, aussi malheureux. Tu ne t'en sortiras pas.

— J'aimerais bien aimer l'école, mais je ne peux pas.

Le Montand d'aujourd'hui juge que l'inégalité fondamentale est là, entre ceux qui assimilent aisément et ceux qui peinent sur les bancs de l'école, qui fonctionnent d'une autre manière.

Ivo a l'esprit ailleurs et gamberge. Cette présence-absence qui déconcerte ses professeurs est une attitude typique de Montand, que ses proches observeront tout au long de sa vie. Une capacité de s'abstraire pour penser à autre chose, assurément à quelque chose. Sans cesse, il rumine — une idée, une scène, un spectacle.

C'est à l'école du boulevard Viala que le petit Livi voit pour la première fois un avion. Il est dans la cour étriquée, plantée de deux arbres rabougris, et il tient par le cou un copain de son âge. Tous les gosses pointent le doigt vers le ciel et crient en chœur : « Un aréoplane, un aréoplane ! » Au même instant, le copain lui confie :

— Il faudrait que les autres meurent et qu'on reste tous les deux...

Montand parle de ses bons maîtres, « hussards » de la IIIe République, avec reconnaissance. Ce sont eux qui favorisaient l'intégration du flot de petits immigrés déversé dans leur classe. M. Florian, un anarchiste qui n'oubliait pas de célébrer l'anniversaire de la Commune de Paris, avait apposé de grandes affiches sur les murs. L'une d'entre elles figurait un tas de cercueils dépassant la hauteur du mont Blanc, avec cette légende : « Ce que représentent les morts de la guerre de 14-18. »

Un second enseignant, Bondu, ancien poilu, entendait inculquer la morale républicaine à ses jeunes élèves. Quand ils entraient en classe, ils trouvaient une phrase écrite sur le tableau noir, qu'ils devaient commenter. Ainsi : « Un coup de lance vaut mieux qu'un coup de langue. » Les gosses se grattaient la tête, saisis par la perplexité. Et Bondu d'expliquer les ravages de la calomnie, qui est susceptible de salir et de détruire quelqu'un. Parfois, le maître apportait un phonographe afin de leur apprendre à reconnaître les différents instruments de musique. Ce Bondu, prototype de l'instituteur des temps héroïques, allait même jusqu'à donner gratuitement des cours particuliers aux élèves qui en avaient besoin. Ivo était du lot et sacrifiait son jeudi après-midi, se rendant chez le maître qui habitait juste à côté de chez lui. D'autres enseignants, adeptes de la pédagogie de la taloche, recouraient à des méthodes plus expéditives, telle cette institutrice qui tapait avec sa règle sur les doigts joints et parfois engourdis par le gel. Les tentatives des uns et des autres ne servirent pas à grand-chose. Ivo n'était pas taillé pour l'étude. D'ailleurs, en grandissant, l'école qu'il se mit à préférer fut l'école buissonnière.

Sur la route de la Calade s'étendait une propriété abandonnée, entourée d'un parc avec bassin, que les enfants de la Cabucelle avaient élue pour territoire de leurs expéditions. Ils l'appelaient la « campagne Murialdo ». C'est là que, fort souvent, Ivo Livi se rendait à l'école. Il visitait les salons anciens, les vastes pièces que des vandales avaient saccagées. Il grimpait également tout en haut d'un arbre d'où l'on apercevait le port, la mer, la gare de triage. Un après-midi où il était juché sur la plus haute branche, une voix stridente le fit sursauter :

— Qu'est-ce que tu fabriques ?

C'était sa mère qui, nourrissant quelque soupçon sur son assiduité, l'avait suivi. Ivo dégringola plus vite qu'un écureuil et réussit à esquiver Giuseppina qui s'égosillait :

— Je le dirai à Papa !

Le soir, Giovanni roula des yeux féroces et fit mine de frapper son garnement de fils (le père, de toute son enfance, ne lui porta jamais le moindre coup). Il en fallut davantage pour dissuader Ivo d'interrompre ses escapades. D'autant que, vers l'âge de dix ans, il découvrit un nouvel et immense terrain d'aventures : le port.

« C'est un port, l'un des plus beaux du bord des eaux ; il est illustre sur tous les parallèles. A tout instant du jour et de la nuit, des bateaux labourent pour lui au plus loin des mers. Il est l'un des grands seigneurs du large. Phare français, il balaye de sa lumière les cinq parties de la terre. Il s'appelle le port de Marseille. » Albert Londres commence par ces phrases lyriques son reportage sur la cité phocéenne[3]. Dans l'entre-deux-guerres, la ville, dont le développement repose sur le commerce maritime, vit au rythme du port. Sur ses kilomètres de quais accostent des navires lestés d'arrivages du monde entier. Ainsi que l'écrivait déjà au XIXe siècle un journaliste marseillais, « l'Afrique est son faubourg, l'Inde sa banlieue, l'Amérique sa voisine[4] ».

Marseille est bien la porte de l'Orient. En 1927, le président de la République, Gaston Doumergue, inaugure l'escalier monumental de la gare Saint-Charles : les marches sont encadrées par deux statues de femmes assises à la proue d'un navire. Celle de gauche, c'est l'allégorie de Marseille, porte de l'Orient. Mais Marseille, c'est surtout la porte de l'empire. Les deux tiers du trafic du port s'effectuent avec les colonies ; en 1929, plus d'un tiers des denrées agricoles importées par la France proviennent de l'empire. Ce chiffre atteindra 70% en 1938 ; une bonne partie du cacao, du café, de l'arachide, des sucres d'outre-mer transitent par Marseille. D'ailleurs, en 1922, la tenue d'une exposition coloniale glorifie ce rôle et, sur la Canebière, on parla longtemps du corps

3. *Ibid*.

4. Cité par Philippe Joutard, « Marseille, porte de l'Orient », in *L'Histoire*, n° 69, 1984.

de ballet cambodgien évoluant sous la lumière des projecteurs.

De la Cabucelle, Ivo n'a que quelques centaines de mètres à dévaler pour humer les senteurs exotiques. Avec son copain Marius Cereda, compagnon du fond de la classe et complice d'escapade, il se perd parmi les ballots déchargés des navires, contemple le spectacle inouï de la Joliette, la frénésie des hommes et des machines dans les mugissements des sirènes et les cris des dockers. On devine — le cliché est rituel, il n'en est pas moins légitime — où vogue l'imagination des deux mômes lorsque les paquebots, qu'on jurerait presque immobiles, décroissent à l'horizon. Comme l'a écrit Jorge Semprun[5] : « Un port, la mer au large, des bateaux : pas la peine d'en dire plus long. On sait ce que c'est. La chanson populaire, le cinéma *idem*, ont assez traité ce sujet. Pour Ivo Livi, c'est le rêve du départ, bien évidemment. Mais ce rêve a un nom, l'Amérique... L'Amérique c'est le rêve de la liberté. La liberté du rêve. »

Quand Montand aura traversé un demi-siècle de music-hall, sautant de succès en succès jusqu'à ce soir de 1982 où il atteindra le sommet sur la scène du Metropolitan Opera, à New York, il songera, flageolant d'émotion devant ce parterre de stars américaines qui l'acclament interminablement, au gamin en culottes courtes qui rêvait de franchir l'Atlantique.

Ivo échafaude avec Cereda mille projets de fuite vers le large et la statue de la Liberté. Les deux gamins se piquent au jeu, guettent les failles dans la surveillance des navires, repèrent les voies et les moments favorables pour se glisser à bord. Projets d'évasion sans suite, bien sûr. L'Amérique attendra encore trente ans que le fils de Giovanni la prenne à l'abordage.

Montand a gardé de ses équipées sur la Joliette avec son compère Cereda et d'autres moutards de la Cabucelle assez de détails vivaces, d'anecdotes colorées pour emplir deux chapitres.

De cette boîte magique où il puise à volonté (ces moments-là furent manifestement heureux), il suffit d'extraire l'histoire du violoniste qu'il a lui-même narrée dans *Du soleil plein la tête*[6] : « Autour des navires qui faisaient escale, une vie

5. *Montand. La vie continue, op. cit.*
6. *Op. cit.*

grouillante s'établissait. Des marchands criards couraient en tous sens, agaçant les touristes aux trognes optimistes. C'est alors qu'apparaissaient le musicien ambulant et son complice... Le musicien escaladait une caisse et sortait de son étui un violon qu'il mettait longtemps à accorder. Les grincements qu'il en tirait avaient déjà le don d'énerver notablement tous ces gens en proie aux délires du proche départ. Il commençait ensuite à jouer horriblement faux, en prenant des airs tourmentés. Pendant qu'il se préparait, son compère avait eu le loisir de grimper dans les coursives, chargé de cageots d'oranges avariées. Il vendait ces fruits aux passagers, en leur glissant à l'oreille qu'ils pouvaient s'en servir de projectiles contre le piteux musicien. Lui-même donnait le signal du vaste jeu de massacre dont il était le machiavélique instigateur. C'étaient d'abord quelques jets timides, mal dirigés, trop courts. Les projectiles devenaient plus nombreux et l'un d'eux atteignait l'homme, l'éclaboussant d'un jet sanguinolent. Des applaudissements saluaient ce coup au but et l'émulation faisait monter le prix des munitions. En quelques minutes une véritable pluie s'abattait sur l'infortuné... Dérapant sur les débris, couvert lui-même d'un liquide gluant, l'homme sautait de sa caisse, ramassait son argent, son chapeau et son violon, et prenait la fuite, poursuivi par les tirs de harcèlement des athlètes du bord. »

Même aujourd'hui, quand il raconte la scène pour la millième fois, Montand s'y croit, se lève, mime les personnages, pleure de rire (« C'est du Charlot ! ») et jure qu'il a vu les deux associés recommencer leur manège à satiété. Il arrivait souvent, en effet, que les gamins surprennent, dans un bistrot du port, le violoniste et le marchand d'agrumes en train de se partager les bénéfices du lucratif jeu de massacre — ils gagnaient ainsi fort convenablement leur journée. Jorge Semprun n'a pas tort d'écrire que « sur les quais, à cause du violoneux et de son complice, Montand découvrit certaines lois fondamentales du spectacle. De tout spectacle ».

D'autres jeux sont moins innocents. La petite bande de la Cabucelle, Ivo Livi en tête, profite aussi de ses excursions portuaires pour améliorer son niveau de vie. Tant de marchandises étalées : la tentation démange les gosses privés de tout. Du reste, la surveillance est assez lâche — trop de bateaux, trop d'entrepôts, trop de monde. Les mômes entament les régimes de bananes encore vertes et entourées de paille, fauchent des oranges, des épices. A l'occasion, quelques marins les prennent en chasse et leur procurent, par surcroît, un tressaillement d'émotions délicieuses. Les chapardeurs guettent également les camions chargés de sucre brut qui, sortis du port, ralentissent en grimpant le boulevard Barnabo vers la raffinerie. Ils s'accrochent aux bennes, donnent un coup de couteau dans un sac et récoltent la poudre brune dont ils s'emplissent les poches. Inutile de préciser que la fauche apparaît aux galopins de la Cabucelle comme un sport légitime et naturel : « Il faut prendre là où il y a à prendre. » Morale certes un peu fruste, dont le Montand d'aujourd'hui estime que, dans semblable contexte, elle n'était toutefois point dépourvue de fondement.

Pour atteindre le grand frisson, l'imagination d'Ivo Livi et de ses copains ne recule pas devant l'extrême témérité : le pire (ou le meilleur), c'est le « jeu du train ». L'exercice consiste à s'élancer dans le tunnel Mirabeau, juste avant qu'un convoi ne s'y engage, et à cavaler comme un dératé jusqu'à la sortie, sans se retourner. Derrière, la locomotive crache et fulmine, dans un vacarme amplifié par le tunnel. Le coureur la sent haleter. Un faux pas sur le ballast, une simple erreur, et l'écrabouillage est garanti. Mais quel triomphe de déboucher à l'air libre, vainqueur du monstre assassin, de plonger dans le fossé, à bout de souffle, hilare, tandis que le mécanicien lance une bordée d'injures ! Ultérieurement, le cinéphile Montand contemplera d'un œil expert James Dean fonçant au volant de sa voiture vers le précipice, dans *La Fureur de vivre*, et se dira que le meilleur des scénaristes n'est jamais qu'un homme qui se souvient.

Lorsqu'il ne descend pas au port, Ivo Livi monte en direction des abattoirs. Il ne se lasse guère du spectacle troublant des milliers de têtes courant vers leur destin. Le bétail arrive d'Afrique du Nord, puis parcourt la route à pied, poursuivi par des hommes qui les piquent, avec un bâton, autour des parties. Les « chevillards », vêtus d'amples blouses grises, chapeau sur la tête et canne à la main, sont gros, rougeauds, parlent fort et claquent les fesses des ouvrières de la boyauderie. Ces femmes travaillent en plein air, été comme hiver, les mains dans le sang, dans les intestins, les excréments, au milieu de vapeurs fusantes, d'odeurs qui emportent le nez. Plus loin, Ivo contemple, terrifié et fasciné, l'œuvre de mort : les agneaux dont le bêlement semble un pleur d'enfant, les cochons qu'on égorge avant de les précipiter à moitié vivants dans un bassin bouillant, les bœufs qu'on abat à la masse, les chevaux qu'on achève en leur couvrant la tête d'un masque noir afin qu'ils ne reculent pas devant le bourreau qui leur enfoncera un casse-tête muni d'un tube d'acier creux entre les yeux. Il entend le raclement des sabots qui se dérobent quand l'animal s'affaisse brutalement. A la pause, les hommes éclaboussés de rouge dévorent de la charcutaille.

Leçon d'humanité à l'aube des années trente.

Ivo Livi, *babi* fraîchement naturalisé, a dix ans. Il n'apprend pas le monde dans les livres, mais dans les rues des quartiers nord. Il grandit parmi la grande famille des « Ritals », blottis, enroulés sur eux-mêmes comme les spaghettis autour de la fourchette, mais nullement prisonniers d'un ghetto. Si l'enfant est le père de l'homme, Montand demeurera un enfant de la Cabucelle, même — surtout — quand il roulera au volant de sa Ferrari.

Quelques mois après l'emménagement des Livi impasse des Mûriers, au début de 1930, Giovanni décide de rapatrier l'atelier de balais qui continuait de fonctionner aux Crottes. Il ne s'entend plus avec Malberti, le propriétaire, et construit donc, dans le jardin du 7, une cabane où il installe un four pour soufrer la paille de sorgho. Toute la famille l'aide, le travail est pénible, les vapeurs de soufre obligent à officier dehors le plus possible. La production redémarre cahin-caha. Giovanni, toutefois, n'est pas satisfait : il aimerait fabriquer aussi des balais de coco. Il embauche une ouvrière compétente qui a pratiqué cette technique en usine et qui l'apprend à son employeur. Pendant une année, l'« entreprise » Livi produit des balais de sorgho et de coco, mais la confection demeure lente et artisanale, entièrement à la main.

En 1931, Giovanni Livi souhaite passer à la vitesse supérieure. Un expert est consulté et persuade aisément son interlocuteur de mieux s'équiper. Giovanni achète alors à crédit une splendide machine qui coûte 15 000 francs — une fortune, mais il compte bien rentabiliser très vite son investissement. Et comme, décidément, il voit grand, sent la réussite proche, il commande un wagon entier de paille de sorgho. D'un strict point de vue commercial, cette acquisition semble pertinente : la paille de sorgho augmente en effet de 50 % chaque année. Cette fois, Giovanni pense toucher au but : « Tu verras, Beppina, cela va marcher, on va rembourser les dettes, on va gagner de l'argent, les enfants seront heureux. » Prédiction optimiste qu'a entendue Lydia, durant cette période, à plusieurs reprises. Emporté par ses rêves d'ascension sociale ou, plus simplement, de mieux-être, Giovanni Livi n'a pas prêté attention à un événement qui, pourtant, a ébranlé l'Amérique, cette Amérique où il désirait s'exiler, et qui va le ruiner.

Quand, le 23 octobre 1929, les boursiers de Wall Street constatèrent, impuissants, une chute vertigineuse des cours, ils ne prévoyaient pas que le krach de ce Jeudi noir allait à ce point secouer l'économie mondiale et, par paliers successifs, la plonger dans une profonde dépression. Il faut deux années pour que l'onde de choc atteigne la France. En septembre 1931, la dévaluation de la livre sterling précipite l'effondrement des monnaies dans tout le Commonwealth, l'Amérique latine, la Scandinavie. Comme le franc reste lié à l'or, les prix des produits français s'envolent, et le déficit du commerce extérieur se creuse. En huit mois, de septembre 1931 à avril 1932, la production industrielle recule de 17 %, les faillites se multiplient[7]. Giovanni Livi a choisi le pire moment pour s'endetter.

C'est le drame. Sur chaque balai fabriqué, Giovanni perd 2 francs, et il doit cependant honorer les traites, régler les fournisseurs. Lydia Livi : « C'était terrible. Mon père était affolé, il marchait d'un mur à l'autre en faisant de grands gestes. Il a fallu rendre la machine, qu'on ne pouvait pas payer, et continuer quand même pour rembourser les amis et les connaissances qui avaient prêté des petites sommes

7. Dominique Borne et Henri Dubief, *La Crise des années 30*, Paris, Éd. du Seuil, coll. « Points Histoire », 1989.

d'argent. Il a réuni tous ces gens et leur a dit : "J'ai fait faillite, mais ne vous inquiétez pas, on va travailler comme des dingues et je ne vous volerai pas un sou." Chaque semaine, avec Julien, on allait porter une petite somme chez l'un ou l'autre, généralement le montant des intérêts. »

Julien se rappelle le sentiment d'humiliation qui l'étreignait lorsqu'il allait rendre quelques francs, le dixième de la somme due, et qu'il essuyait les sarcasmes ou les injures souvent xénophobes de certains créanciers. Quand il sera devenu une « vedette » et qu'on le sollicitera sans cesse, Yves Montand restera difficilement insensible aux pleurs d'une mère de famille qui lui téléphonera pour le supplier de l'aider. Cela se produira souvent, si souvent que le « bienfaiteur » clamera sa lassitude. Mais il donnera, il donnera presque chaque fois, en souvenir des dettes paternelles.

C'était inévitable : en 1932, Giovanni Livi dépose son bilan — le passif atteint 32 000 francs. La famille n'a plus la moindre ressource. A la même époque, la crise jette les chômeurs dans la rue; la misère s'affiche, les files d'attente s'allongent devant les soupes populaires ou les bureaux de secours. Les nécessiteux lèvent le poing : ainsi les « marcheurs de la faim », partis de Lille en novembre 1933 pour porter à Paris leurs « cahiers de doléances » et qui défilent en réclamant du pain et du travail entre deux couplets de *La Grève des ventres*[8]. Les revenus de la classe ouvrière décroissent de 15% en moyenne. Le chômage double entre 1931 et 1935, mais de manière sélective, frappant les jeunes, les femmes, les immigrés. Victimes de la conjoncture, ces derniers sont aussi l'objet de campagnes racistes : on les accuse de « voler le travail des Français ». Les Italiens, minorité la plus nombreuse, sont particulièrement visés. Les Livi peuvent bien brandir leur certificat de naturalisation : un morceau de papier, fût-il frappé aux armes de la République, ne saurait procurer du travail ni remplir les estomacs.

C'est Lydia qui va sauver la famille.

Depuis un moment, déjà, elle s'est prise de passion pour la coiffure. Dans un coin de la salle à manger, elle coupe les

8. Jean-Pierre Rioux, « Du pain, du sang et du rêve », in *L'Histoire*, n° 58, 1983.

cheveux de ses camarades Riri et Lulu, lesquelles, pour la remercier, lui donnent quelques sous. Ce qui lui permet de s'acheter des fers à friser, et ainsi de suite. Sa dextérité est bientôt connue, et le cercle des « clientes » s'élargit. Lydia s'enhardit, suit des cours dans une école professionnelle, rue Sénac, où il faut payer son modèle 3 francs l'heure. Tous ses gains y passent. Mais elle progresse et manifeste de réels dons. La rumeur se propage alentour, et elle commence à gagner un peu d'argent.

Julien, lui, a trouvé un emploi dans une buvette sur les quais. Il a quinze ans, se lève dès 4 heures du matin et sert à boire aux dockers, qu'il apprend à connaître. Lui aussi rapporte sa paie le samedi soir. Quant à Ivo, âgé de onze ans et demi, il quitte l'école sans regret apparent et part travailler en usine. C'est Lydia qui lui a déniché sa place en parlant avec une cliente, Mme Guérin, dont le mari possède une usine de pâtes alimentaires.

Il a fallu falsifier mes papiers pour que je puisse entrer chez Guérin. On n'embauchait pas avant treize ans. Heureusement, j'étais très grand. Au début, mon travail consistait à remplir des pochons en cellophane jaune. J'étais assis dans une cave éclairée par un soupirail, et, tout autour de moi, étaient stockés d'énormes sacs de jute bourrés de différentes pâtes (coquillettes, vermicelle, nouilles, spaghettis) : dix heures par jour, je garnissais mes emballages. J'étais seul, mais, de temps en temps, une « cheftaine » venait surveiller ce que je faisais. Elle m'encourageait tout en dévorant une boîte de biscuits LU que, moi, je dévorais des yeux.

La grande satisfaction, à la fin de la première semaine, ce fut lorsqu'on m'a donné l'enveloppe avec les 50 francs que j'avais gagnés. L'enveloppe était remplie de pièces de monnaie dont une de 5 centimes, trouée au milieu. Je l'ai portée, cette enveloppe, à ma mère. J'étais très fier et elle était épatée. Elle a ouvert, déversé le contenu sur la table. Puis elle m'a embrassé, a poussé vers moi la menue monnaie et m'a dit : « Tiens ! C'est pour toi. » Et elle a ajouté, le visage mi-sévère mi-souriant : « Dépense pas tout ! »

Puis j'ai changé d'attribution. On m'a transféré à l'usine parmi les ouvrières. Les pâtes étaient placées dans d'énormes tiroirs traversés par une ventilation interne. Deux ouvrières manipulaient ces tiroirs afin qu'ils soient bien en face de la soufflerie. Elles chantaient une chanson d'Henri Garat :

Amusons-nous, faisons les fous,
La vie passera comme un rêve...

J'étais leur manœuvre, je portais les paquets, je nettoyais. La semoule était d'abord broyée dans des meules géantes et transformée en pâte. Ensuite, cette pâte était hissée jusqu'à une monstrueuse presse cylindrique dans laquelle on avait placé un moule. Pour chaque produit, il y avait une matrice différente. Un ouvrier chargeait le cylindre, puis le pilon poussait la matière première afin qu'elle ressorte en bas sous forme de coquillettes, de nouilles, etc. C'était un travail très dur. L'homme qui faisait cela portait un petit tricot de flanelle et buvait deux à trois litres de vin par jour. Il avait toujours à la bouche un porte-cigarettes en bois de cerisier. Je devais astiquer les moules. Le premier jour, une des ouvrières m'a montré des cafards dans une prise électrique au-dessus du bac où trempaient les moules. Elle m'a tendu un verre d'eau. Sans réfléchir, j'ai balancé l'eau sur la prise pour chasser les bestioles et j'ai reçu une décharge terrible. Elles riaient, les filles, heureuses de leur bon coup. J'ai commencé à les détester...

Ivo s'ennuyait à l'école. Confrontés à un travail fastidieux et répétitif, ses douze printemps ne tardent point à considérer que la classe avait du bon. Par chance, le patron, M. Guérin, brave homme un tantinet paternaliste, l'affecte aux livraisons. Chaque semaine, le jeune apprenti accompagne le chauffeur du camion, un nommé Fouque, dans sa tournée vers La Ciotat, Cassis, Aubagne, Martigues. C'est la première fois qu'Ivo quitte Marseille et découvre les collines provençales — son Far West —, où il s'imagine vivant solitaire et braconnant. A cause de sa grande taille, Ivo est traité comme un homme, et il revendique cette promotion. Elle lui vaut maintes épreuves. A chaque halte, il se coltine les lourds paquets de pâtes en suant à grosses gouttes, mais serre les dents afin de ne pas montrer que c'est trop lourd pour ses épaules maigres.

Sa dégaine n'est assurément plus celle de l'enfance. Il a abandonné les culottes courtes sur les bancs de l'école. Une photo de l'époque le montre affublé d'un pantalon aux jambes interminables. Il porte une veste un peu étriquée, avec des manches serrées d'où s'échappent deux mains immenses. Le foulard autour du cou et la casquette à large visière pimentent la silhouette d'un petit air voyou.

Lorsque, à l'issue d'une livraison, l'épicier lui offre comme aux autres un verre de pastis, Ivo Livi s'étranglerait plutôt que de refuser. Son compagnon de route, le chauffeur Fouque, le regarde comme quantité négligeable. Il lui adresse à peine la parole. A la fin de la tournée, il n'hésite pas à sortir un énorme sandwich garni de plusieurs tranches de jambon, qu'il engloutit à côté du garçon — lequel mastique des morceaux de pâtes crues, écœurantes et dures — sans jamais lui en offrir le moindre morceau.

Après deux ans de cette existence, une fin de semaine, Raoul Guérin, le patron, décide de retenir sur la paie d'Ivo Livi le prix d'une bonbonne d'eau minérale que le jeune livreur aurait cassée par inadvertance. Ivo conteste le fait, invoque un défaut de fabrication, un choc involontaire, s'emporte, refuse la pénalité, qu'il juge inique. Il est licencié. Il a treize ans et demi. Le voilà chômeur. Mais, comme d'habitude, Lydia est là.

Le « salon » de la grande sœur marche si bien qu'il entretient la famille et permet de rembourser, peu à peu, la dette des balais. La notoriété de cette coiffeuse à domicile, qui accepte de travailler le soir ou le dimanche, grandit dans le quartier, et bientôt la petite installation artisanale bricolée dans la maison même, au 7 impasse des Mûriers, ne suffit plus. Une cliente, une bonne qui officie en face, au numéro 8, signale à Lydia (elles sont si instructives, ces conversations entre deux coups de peigne !) que le propriétaire, un chevillard des abattoirs, serait disposé à louer sa maison. Presque au même moment, en décembre 1934, Lydia se marie avec André Ferroni, ouvrier à la raffinerie de sucre. Et c'est du nom de Ferroni qu'elle signe le bail. La maison du 8 est un peu plus vaste que la précédente. La façade donne directement sur l'impasse. Le jardin, large d'une dizaine de mètres, est situé à l'arrière et se prolonge jusqu'au boulevard des Mûriers. On peut indifféremment pénétrer par un côté ou par l'autre.

Le 13 décembre 1982, Yves Montand est revenu à la Cabucelle. Son ami Jorge Semprun, qui l'accompagnait, a raconté la scène :

« Depuis combien de temps n'es-tu pas venu ici? lui demandai-je.

« Il hochait la tête, il se penchait pour regarder par la portière. Visiblement fébrile d'émotion contenue. — Je ne sais plus, dit-il. Des années, des tas d'années ! »

Les deux hommes sillonnent le quartier.

« Il regardait les maisons basses, les courettes qui bordaient l'impasse. Au premier coup d'œil, il avait l'impression que rien n'avait changé. Il me disait : "Ça n'a pas changé." Au deuxième coup d'œil, pourtant, essayant de me montrer l'endroit exact où il avait vécu, il ne le retrouvait plus. Tout lui semblait changé, brusquement.

« Il est sorti de la voiture.

« Il marchait à grandes enjambées, allant d'un trottoir à l'autre, regardant l'impasse des Mûriers sous tous les angles, toutes les perspectives. La regardant sous le nez, dans les yeux, de travers aussi, pour finir. Car il ne parvenait pas à retrouver l'emplacement exact de la maison de la famille Livi. La maison de son enfance.

« Il a été saisi d'une sorte de brusque colère attristée. — Allez, on se tire, s'est-il exclamé. Il n'y a rien à voir ici !

« On est remonté en voiture.

« C'est alors, au moment de quitter l'impasse des Mûriers, qu'il a aperçu, sur la gauche, une tache plus claire sur une façade, au-dessus d'un pan de mur visiblement refait. — Là, a-t-il crié.

« Le chauffeur a stoppé net[9]. »

9. *Montand. La vie continue, op. cit.*

La tache claire au-dessus de la fenêtre, qui a retenu l'attention de Montand, laisse deviner une inscription peinte en marron, à demi effacée : *Coiffeur Jacky.* L'enseigne est postérieure à l'époque de Lydia, où elle annonçait tout simplement *Coiffure Lydia.* Locataire du 8, Lydia Ferroni établit son « salon » dans un garage désaffecté, au rez-de-chaussée, qui est repeint et carrelé. Afin de pouvoir acheter les appareils dont elle a besoin, la jeune femme, qui n'a que dix-neuf ans, s'est fait émanciper et a obtenu ainsi accès au crédit, puisque le nom de Livi n'était plus solvable. La clientèle s'accroît.

Lydia travaille tout le temps, jour et nuit, aidée par Giuseppina. « Nous ne pouvions fabriquer la préparation pour les permanentes que quand toutes les clientes étaient parties, après 8 heures du soir, et, comme quatre ou cinq heures étaient alors nécessaires, nous ne nous couchions pas avant 1 heure du matin. Julien, lui, se levait à 4 heures pour aller au port ! Le dimanche, je ne fermais pas avant le début de l'après-midi. »

Le jour de « repos », précisément, Lydia institue une sorte de rite ; avec la petite monnaie amassée, elle prépare des piles et les aligne sur la table devant chacun des hommes de la maison, tout en plaisantant : « Argent, argent... »

C'est le « pourboire du dimanche », offert par Lydia.

Afin de répondre à l'extension de sa clientèle, la coiffeuse, qui a déjà recruté sa propre mère, a l'idée d'embaucher le petit frère licencié de chez Guérin, pour qu'il l'aide à faire les shampooings. Il a quatorze ans, le petit frère, et l'épithète ne lui sied guère : il ne cesse de s'allonger au point que des douleurs dans le dos et les membres le clouent au lit. Le médecin diagnostique des rhumatismes de croissance et lui préconise de rester étendu. C'est un médecin de quartier, dévoué à ses malades qui, souvent, ne peuvent le rétribuer. En souvenir du Dr Moncerisier, mort à la tâche alors qu'il n'avait que trente-deux ans, Montand, des années plus tard, acceptera de prêter sa signature pour la promotion de la recherche médicale. Ivo passe plusieurs jours au lit, dorloté par les siens, puis replonge dans la mousse. Mais Lydia tombe malade à son tour, une fièvre typhoïde qui l'oblige à s'interrompre pendant deux mois. Elle prend une remplaçante, qu'elle contrôle tant bien que mal.

Sitôt rétablie, elle acquiert la merveille des merveilles : un appareil à friser, sorte de casque électrique qu'on fixe sur la tête ; en chauffant, les cheveux, recouverts d'un produit spécial et enroulés sur un rouleau d'aluminium, mijotent et restent ondulés durant au moins six mois. Cette nouvelle technique est une révolution, et, pour la tester, Lydia élit Ivo comme cobaye. Elle prépare ses cheveux, approche l'appareil, branche le courant. Aussitôt, le cobaye se met à hurler et à gesticuler. « Il faisait toujours le clown, raconte Lydia, alors j'ai éclaté de rire en le voyant se tortiller sur sa chaise et grimacer. Je lui ai dit d'arrêter de faire l'imbécile et l'ai attrapé par l'épaule. Et là, j'ai reçu une décharge électrique. Il était réellement en train de prendre le courant. Sur la chaise électrique... » Pendant longtemps, l'appareil à friser restera un sujet de plaisanterie. Aucune cliente n'a certainement saisi la signification du regard que se lançaient le frère et la sœur au moment d'allumer.

L'aide-coiffeur récupère les serviettes usagées auxquelles s'accrochent des cheveux, brosse lesdites serviettes dans la pièce d'à côté, les replie artistement et les rapporte avec cérémonie, feignant de les avoir remplacées. Surtout, c'est lui qui lave la tête de toutes ces femmes alanguies, toutes ces femmes qu'il n'aurait autrement jamais approchées, encore moins touchées.

Dans le salon de ma sœur, j'ai vraiment fait une part de mon éducation sexuelle. Il y a un mot marseillais, espincher, *qui signifie « mater » sans le vouloir. Là, je peux dire que j'ai abondamment espinché. J'étais le garçon de la maison, je me fondais dans le décor, on ne me prêtait guère attention. Donc, je voyais et j'entendais tout. Elles racontaient des histoires terribles sur leurs maris et leurs amants, ces femmes : « Vous savez, Lydia, s'il me trompe, vous savez ce que je fais ? Je lui verse de l'huile bouillante dans l'oreille pendant son sommeil. » Elles ne se sentaient pas surveillées, elles étaient détendues, impudiques, et prenaient des positions incroyables.*

Lorsque je leur lavais les cheveux, je massais la nuque avec du shampooing. Elles avaient la tête en arrière, et moi, une vue plongeante sur la naissance de leur poitrine et même plus loin — surtout l'été, où leurs seins n'étaient plus protégés que par un léger chemisier de coton. Mais le plus fabuleux, c'est quand je devais ramasser les épingles à terre et que je me faufilais entre leurs jambes surélevées par un petit tabouret (elles étaient ainsi plus à leur aise pour lire sous le séchoir). Ces jambes s'entrouvraient et se refermaient machinalement, et c'était d'autant plus troublant qu'involontaire. J'avais quatorze ans, je ne comptais pas, je faisais partie des meubles, de quoi devenir fou. Même qu'un jour une cliente d'une cinquantaine d'années m'a mis la main au « panier » en lançant : « Qu'il est gentil, votre frère... » Alors j'ai entendu la voix de ma mère : « Ivo, monte donc me chercher le shampooing numéro 4... » Oui, dans le salon de ma sœur, j'ai beaucoup appris...

Les clientes adorent Ivo. Il blague, il rigole, il imite l'une ou l'autre. Et puis, soudain, il disparaît : « Mesdames, à tout à l'heure, je vais goûter. » En réalité, le garçon coiffeur fonce au bar des Mûriers, trente mètres plus loin, où une jolie serveuse du nom de Bruna l'attire irrésistiblement. Il n'est pas le seul dans ce cas... Toute en rondeurs, gaie, vivante, Bruna est l'âme du bistrot, propriété de son beau-frère, le Piémontais Garone, qui la surveille du coin de l'œil. Mais elle virevolte entre les tables, aguiche un consommateur ou l'autre, sillonne en courant la salle, repousse les avances. Lorsque le café est plein, à l'heure du déjeuner, Bruna n'a guère le loisir de s'arrêter. C'est pourquoi l'astucieux Ivo profite du creux de l'après-midi pour tenter des manœuvres d'approche qui la laissent assez indifférente. Aux yeux de cette luronne de dix-huit ans, le fils Livi n'est qu'un gamin, et elle s'amuse de le voir se consumer d'amour.

Après la récréation, il faut retourner au salon, mais la coiffure n'enthousiasme pas Ivo. Il aide Lydia par esprit de famille, parce qu'il doit bien faire quelque chose et qu'il ne sait rien faire. Mais sa tête est ailleurs. Avec Giuseppina, les relations sont tendues. Elle crie après lui, n'hésite pas à le frapper à coups de balai (grimpant sur une chaise, si nécessaire, pour l'atteindre). Malgré tout, à la demande pressante de sa mère, inquiète de son avenir et soucieuse qu'il possède quelque métier, le rebelle accepte de suivre des cours de coiffure dans une école professionnelle. Deux soirs par semaine, il « descend » à Marseille. Il apprend à couper, à friser, à onduler, mais, une fois de plus, cela lui déplaît, et il considère — à tort, précise-t-il maintenant — que ce n'est pas un métier d'homme. La famille compte sur lui, donc il étudie consciencieusement la nature des cheveux, les techniques de coloration. (Aujourd'hui encore, Montand détecte immédiatement une teinture quand il aperçoit un artiste ou un homme politique à la télévision.)

Au bout de quelques mois, Ivo passe un concours pour obtenir le premier degré du CAP de coiffure. Il a besoin d'une tête complice; une voisine blonde, ouvrière dans la chaussure, lui prête la sienne qui évoque celle de Jean Harlow... Ivo lui administre trois vagues successives de couleur platine, selon le procédé « Maguy ». Est-ce le talent du coiffeur, émoustillé par son modèle, ou bien la ressemblance du modèle avec la star d'Hollywood ? Toujours est-il qu'Ivo Livi décroche une médaille et remporte le premier prix. Ce succès, toutefois, ne suffit pas à lui inculquer la passion du métier auquel, désormais, il se voit destiné.

En quelques années, par son labeur acharné, son dévouement, Lydia rembourse la totalité des dettes qu'avait contractées Giovanni pour moderniser son atelier. Elle a sauvé la tribu de la misère et de la déchéance. Mieux, en développant son affaire, elle réussit à se procurer et à procurer aux autres un certain bien-être. Les ondulations et les frisettes qui l'occupent dix heures par jour finissent par rapporter de quoi vivre plus agréablement. Ce n'est pas l'opulence, loin de là, mais, en regard de ce qui se profilait, on a l'impression de respirer.

Giovanni, en revanche, est malheureux. Conscient de la profondeur du gouffre où il a précipité les siens, il se culpabilise d'autant plus que, depuis son échec commercial, il ne parvient pas à trouver un emploi stable et digne de lui. Un temps, Lydia, partageant le malaise qu'éveille chez son père l'oisiveté forcée, lui fournit le matériel pour vendre des frites ou des « panisses » dans un petit local situé à l'entrée des Messageries maritimes. Mais Giovanni, décidément, n'a pas la bosse des affaires. Il distribue sa marchandise autant qu'il la vend ; son bon cœur ne résiste pas quand un enfant désargenté lui réclame un beignet. Un tel commerce n'est pas pour lui. Force est de renoncer.

Très certainement, le père de famille a douloureusement vécu ces années de crise où il fut quasi contraint à l'inaction. Lui, qui se voulait digne en toutes circonstances, et qui n'avait plus à prouver son courage, a sans doute été blessé d'être entretenu par sa fille (les enfants Livi n'aiment point aborder cette question). Heureusement, il reste à Giovanni la politique, les lendemains qui chantent envers et contre tout.

C'est à la Cabucelle, semble-t-il, que Giovanni Livi a repris contact avec le milieu communiste. Auparavant, à Verduron ou aux Crottes, sans qu'il eût aucunement renié ses convictions, les lancinantes obligations de la survie quotidienne suffisaient à remplir ses journées. Mais, au début des années trente, le camarade Livi, qui a franchi la quarantaine, devient un des responsables, pour son quartier, de la cellule du Parti communiste italien. Il organise des réunions clandestines dans un bar, « Chez Zitti », situé juste en face de la raffinerie de sucre. Au sous-sol de cet établissement se rassemblent les « Ritals » communistes, fédérés en « groupe de langue », mais aussi membres de droit du parti français.

L'essentiel du militantisme de Giovanni s'adresse à l'émigration qu'il faut défendre contre les attaques xénophobes. En outre, il participe à la propagande antifasciste et tire des tracts, en compagnie d'un maçon également communiste, sur une vieille presse à bras.

Sa récente naturalisation le protège d'une expulsion, car la police se montre extrêmement sourcilleuse quant aux activités politiques des immigrés et les poursuit sans relâche ; beaucoup de militants sont chassés du territoire. Après quelque temps, Giovanni Livi prend du galon et exerce son emprise sur la totalité du « rayon » (dans le jargon communiste de l'époque, le rayon, ou section, regroupe plusieurs cellules d'un même quartier).

Avec un tel exemple à domicile, Julien ne tarde pas à être saisi à son tour par la vocation. Son premier acte militant, il l'accomplit dès ses quatorze ans, alors qu'il travaille pour quelques mois à la raffinerie de sucre Saint-Louis. Dans la salle où il manipule les caisses de sucre, la température atteint 50 degrés. Il a beau boire de l'eau, il fond, se liquéfie. Un jour, un contremaître lui adresse une remontrance parce que sa sueur tombe sur la poudre qui va être emballée. Peu après, Julien Livi distribue avec six copains une feuille subversive, *Le Raffineur rouge*, qui dénonce les conditions de travail dans l'entreprise. Il est immédiatement remercié.

C'est à la suite de cet épisode qu'il se retrouve dans une buvette du port où il fréquente la faune qui hante ordinairement les quais. Tandis que son petit frère Ivo fauche des bananes vertes, Julien frise la délinquance : « J'en suis absolument convaincu. Si je n'avais pas eu un engagement politique, si je n'avais pas eu envie de me battre collectivement, je devenais un voyou, un petit gangster. Sur le port, la tentation est trop vive. On voyait descendre des bateaux toutes ces richesses. Il suffisait de donner un coup de couteau dans un sac et de se servir. Le port n'était pas sévèrement gardé, n'était pas fermé... »

Alors qu'il n'a pas encore seize ans, en février 1933, Julien Livi adhère aux Jeunesses communistes. Quelques jours plus tôt, le 30 janvier, Adolf Hitler a été nommé chancelier du Reich. « Il est minuit dans le siècle », écrira Victor Serge. L'âpreté de la crise économique, la valse des gouvernements qui traduit une instabilité chronique, la corruption omniprésente et, bien entendu, les « modèles » allemand et italien engendrent une poussée des ligues d'extrême droite. Monarchiste, xénophobe, antisémite, conservatrice, l'Action française de Charles Maurras connaît un essor spectaculaire. Ses troupes de choc, les Camelots du roi, parfaitement rompues aux combats de rue, tiennent le pavé.

Mais le véritable mouvement de masse, à l'extrême droite, est celui des Croix de Feu, qui furent originellement une association d'anciens combattants décorés, dirigés par un ancien officier de l'état-major de Foch, le colonel de La Rocque.

Antiparlementaires, nationalistes, violents, les Croix de Feu comptent, en 1933, 100 000 adhérents. Ils ne professent aucune thèse antisémite mais adoptent les techniques des fascistes italiens pour nettoyer la rue et donner la chasse aux militants d'extrême gauche. La principale activité des jeunes communistes est de contrer les ligues d'extrême droite : les affrontements se multiplient à coups de poing et de matraque.

Julien Livi n'est pas le dernier à se jeter dans la bagarre, surtout lorsqu'il entend les injures racistes proférées par les Camelots du roi. Plus d'une fois, il rentre à l'impasse des Mûriers en piteux état. Un soir, sa mère est même obligée d'appliquer une compresse sur l'énorme coquard qui le défigure. Il en faut davantage pour restreindre ses ardeurs.

Sur sa lancée, Julien rejoint également le Parti communiste et a ainsi le privilège d'assister aux réunions clandestines qu'anime son père au café Zitti. A l'époque, le Parti est enfermé — ou plutôt s'est enfermé lui-même — dans un ghetto. Il prône une ligne ultra-sectaire imposée par l'Internationale dont il est membre ; son credo se résume en deux mots d'ordre : « défense de la patrie socialiste », c'est-à-dire soutien aveugle à l'Union soviétique, et, en France, application de la tactique « classe contre classe ». Cette dernière orientation équivaut à considérer qu'en dehors des communistes tous les partis se valent, et qu'il n'y a pas lieu, notamment, de rechercher l'unité d'action avec les socialistes. Ainsi, lors des élections, le PCF refuse-t-il de se désister pour les candidats « sociaux-fascistes » et permet donc la victoire de la droite : pour lui, la social-démocratie, qui abuse les prolétaires, est l'ennemi entre tous, le « meilleur rempart des possédants ».

Cette politique suicidaire, qui facilita en Allemagne l'ascension d'Adolf Hitler, reste largement incomprise, entraîne un repli sur soi, une hémorragie des effectifs. En l'espace de quelques années, le PCF perd la moitié de ses adhérents, et il n'en rassemble plus que 30 000 après 1933. Julien Livi se rappelle que, cette même année, à l'assemblée générale de tous les communistes marseillais, les présents n'étaient que 156. Le Parti n'est qu'une secte composée de militants décidés, disciplinés comme des soldats, persuadés que la révolution est imminente. Quand ils se croisent dans le tramway ou dans la rue, les jeunes communistes, pour se saluer, lèvent le poing en gueulant : « Les soviets partout ! » N'est-ce pas le temps où le poète surréaliste Louis Aragon, fraîchement converti au communisme, célèbre en vers la Guépéou — ancêtre du KGB —, la vigilante police politique de Joseph Staline ?

L'émeute du 6 février 1934 oblige les communistes à rompre leur isolement. Ce soir-là, pour protester contre le scandale Staviski qui éclabousse la classe politique, les associations d'anciens combattants et les ligues d'extrême droite assiègent le Palais-Bourbon. Les gardes mobiles tirent : 15 morts, 2 000 blessés. Plus que l'événement lui-même (la République n'a pas été concrètement menacée), c'est sa perception, à gauche, qui déclenche une réaction en chaîne. Communistes et socialistes, traumatisés, sont pressés par leurs bases de faire front. A Paris, le 12 février, les deux cortèges qui protestent contre les factieux fusionnent au cri d'« Unité, unité ! ». En province, ce même jour, 346 manifestations sont organisées : comme dans la capitale, les frères ennemis s'embrassent.

Les militants marseillais se laissent, eux aussi, porter par la dynamique unitaire. « Il y avait un monde fou, raconte Julien Livi. Les deux cortèges, socialiste et communiste, se sont rejoints sur la Canebière. J'étais avec des camarades devant la bourse du travail, rue de l'Académie, que nous avions mission de défendre. Les gardes mobiles ont chargé. Je me souviens d'un coup sur la nuque, et je suis tombé. Quand je me suis réveillé, j'avais du sang partout. Mais ce n'était pas le plus grave : ma mère m'avait préparé un pantalon neuf, et ce pantalon était en loques... »

Le « péril fasciste » pousse les communistes à modifier leurs batteries. Au mois de juin 1934, ils tiennent une conférence à Ivry : elle commence par la défense et l'illustration de la ligne « classe contre classe » et se termine en réclamant « l'unité à tout prix ». Entre le début et la fin de la session, on l'aura deviné, un télégramme de l'Internationale a ordonné le retournement complet. « Tout a changé en un clin d'œil », écrit Léon Blum dans *Le Populaire* du 8 juillet 1934. Le 27 juillet, les partis communiste et socialiste signent un pacte d'unité d'action. Le Front populaire est en marche, et ce nouveau cours bénéficie au PCF, qui, sortant de sa forteresse assiégée, double ses effectifs durant l'année suivante.

A force de traîner sur les quais, Julien réussit à travailler comme docker occasionnel. L'embauche s'effectue à l'aube et à la tête du client. Mais, un matin d'hiver, avec d'autres dockers, il lance un mouvement de grève : la tâche requise est trop dangereuse, la neige rend glissant le « planchon » étroit et flexible qui permet d'escalader la pile des sacs de sucre ; les doigts engourdis ne peuvent maîtriser les lourdes masses. A chaque instant, les hommes, déséquilibrés par une charge qu'ils contrôlent mal, risquent de tomber. Après cet épisode, repéré comme meneur, Julien n'est plus jamais sélectionné. La force des choses le transforme en militant professionnel, quasiment à plein temps.

La victoire du Front populaire le conforte dans son choix. La nouvelle majorité de gauche ne repose que sur un écart de 500 000 voix mais, sans attendre la formation du gouvernement mené par Léon Blum, un mouvement de grève spontané s'empare des usines et des bureaux. En juin, on recense 2 millions de grévistes, surtout dans l'industrie privée, la métallurgie, le textile, l'alimentation. Pour Julien, c'est le bonheur absolu. Il court partout, prend la parole en public. Responsable du syndicat de l'alimentation sur Marseille, il ne manque aucune occasion d'intervenir dans les brasseries, raffineries, chocolateries, sans oublier les hôtels. Il se dépense jour et nuit, dort n'importe où, n'a plus le temps de se laver, s'use la plante des pieds en marches incessantes. A la Cabucelle, il ne fait plus que de brèves apparitions, tout à sa joie — il a dix-neuf ans — de chambarder l'Histoire.

Avec un père responsable de secteur et un frère agitateur professionnel, Ivo respire la culture communiste. Il le répétera souvent par la suite : il est « né communiste », enveloppé dans le drapeau rouge des « partageux », le drapeau des justes. Son père incarne à ses yeux les valeurs généreuses, ces valeurs, il les adopte d'instinct. Son père ne saurait avoir tort. Et puis, le communisme distingue les meilleurs, prêts à donner leur vie pour le bonheur futur de l'humanité. Comment ne pas souhaiter appartenir à semblable élite ?

A table, Ivo écoute les conversations et saisit au vol des mots pleins de mystère et de promesse : révolution sociale, prolétariat… — des mots qui s'inscrivent à jamais dans sa cervelle sans qu'il en saisisse pleinement le sens. Il entend parler de Georgi Dimitrov, qui, au procès de Leipzig, tourne l'accusation des nazis en ridicule, ou d'Ernst Thaelmann, le secrétaire général du Parti communiste allemand, déporté par Hitler au camp de Buchenwald où il mourra en 1944. Ceux-là, avec Thorez ou Togliatti, rejoignent au panthéon des héros positifs le camarade Staline, ce Dieu vivant dont, parfois, son père évoque le nom avec un tremblement dans la voix. Les communistes ont deux patries : l'Union soviétique et la leur.

Giovanni donne d'ailleurs ses propres papiers à un camarade qui a fui l'Italie de Mussolini, afin qu'avec sa famille il parvienne à gagner l'URSS. Lydia, qui rapporte cette anecdote, commente : « Peut-être a-t-il disparu là-bas, dans le goulag, muni d'une carte d'identité au nom de Livi… » Pour l'heure, Giovanni Livi ne songe pas une seconde que des îlots de souffrance et de mort, si nombreux qu'ils ont fini par constituer un archipel, constellent le paradis des travailleurs. Il rêve. Au pays de Staline, tout est plus beau, plus grand. Les Soviétiques bâtissent un monde meilleur, un monde éternellement meilleur. La preuve, dit-il à son fils : ils construisent des routes en acier !

— *Ti rendi conto,* petit, *fanno anche delle strade d'acciaio !*

Les certitudes aussi sont en acier trempé.

Tout gamin, Ivo participe à des défilés. Il se rappelle un cortège du 1er Mai pacifique et bon enfant — il doit avoir treize ou quatorze ans — et une manifestation nettement plus violente où, pour la première fois, il est témoin d'une charge des gardes mobiles qui ont consigne de nettoyer la « racaille ». Lui revient également en mémoire une autre démonstration où, passant devant la préfecture, il gueule avec l'entrain de son âge : « Des soviets partout et une sucette aux sénateurs ! » C'est au temps de la ligne dure, « classe contre classe », dont Ivo mesure l'âpreté un jour qu'il s'amuse avec un fusil en bois. Julien se précipite sur l'objet et le casse contre un mur.

On ne badine pas avec l'orientation du Parti, qui prône le « défaitisme révolutionnaire »... Il faudra le voyage à Moscou de Laval, en mai 1935, pour que Staline — et donc aussitôt le PCF — approuve la « politique de défense nationale » conduite par la France.

Lors de la victoire du Front populaire, Ivo n'a pas quinze ans. Trop jeune pour s'engager à fond, il observe avec une pointe d'envie son frère qui surgit impasse des Mûriers entre deux meetings, deux manifestations. Sentimentalement, il « en » est. Il lit les magazines communistes, *Rouge-Midi* ou *L'Avant-Garde*, mais, quand il essaie de feuilleter la revue théorique du Parti, grosse de fresques prophétiques et de concepts arides, *Les Cahiers du bolchevisme*, que Julien laisse traîner, il cale...

En Espagne, le 17 juillet 1936, une révolte militaire éclate contre le pouvoir légal (dit, lui aussi, de Front populaire, élu de justesse), et bientôt la guerre civile oppose les mutins du général Franco et les Républicains. Tandis que le gouvernement de Léon Blum justifie sa non-intervention par les risques de conflit généralisé et que les Junker 52 de la Luftwaffe ne s'encombrent point de scrupules diplomatiques en rasant Guernica, les communistes lèvent des volontaires pour étoffer les Brigades internationales. Chez les Livi, Julien, à la veille de ses vingt ans, voudrait partir, mais le Parti communiste le juge un peu tendre et dépourvu d'instruction militaire. Sa candidature n'est pas retenue, et Giuseppina pousse un soupir de soulagement. Reste que toute la famille, Ivo compris, vibre avec les défenseurs de Madrid, les brigadistes d'Albacete et de Teruel. Jusqu'à la mort du Caudillo, Montand traînera cette blessure espagnole, encore à vif lorsque, trente ans plus tard, il interprétera le rôle de Diego, clandestin antifranquiste, dans *La guerre est finie* d'Alain Resnais, sur un scénario de Jorge Semprun.

« Communiste de naissance », pourquoi Ivo Livi n'a-t-il pas adhéré aux Jeunesses comme cela se pratiquait « naturellement » dans son milieu ? Ce n'est pas dû au nombre de ses années. Dans les familles proches du Parti, la précocité est plutôt de mise, et l'itinéraire de Julien en est une excellente illustration. Il semble bien que le petit dernier manifeste une certaine réserve devant le militantisme. Autant il est disposé à partager les espoirs et les illusions lyriques qui remuent les tripes et humectent les yeux, autant il est rebuté par les empoignades idéologiques et la logomachie rituelle. En fait, la rhétorique abstraite et incantatoire l'empoisonne : la question d'une éventuelle adhésion en bonne et due forme ne sera pas posée. Par ailleurs, les servitudes militantes, les corvées, les distributions de tracts dans les petits matins frais, les ventes de journaux, les bagarres de rue, les réunions de cellule — rien de tout cela ne paraît le fasciner. Ivo n'est pas enclin à l'abnégation, il pressent confusément que sa vraie vie est ailleurs.

L'adhésion du cœur lui suffit.

A la fin de 1936, Ivo Livi, quinze ans, est embauché dans un salon de coiffure assez chic de la rue Pavillon, en plein centre de Marseille. C'est Lydia — encore elle — qui, par relation, a repéré cette place. « Pour me perfectionner, je fréquentais les festivals de coiffure où j'étudiais la technique des grands professionnels. Là, je me suis liée avec une dame qui possédait un salon de bon niveau. Je lui ai dit : ''Mon frère, il a des dispositions, mais, avec moi, il n'apprend rien.'' Alors elle a bien voulu de lui. » Quoique pourvu d'un CAP, Ivo doit se contenter, « Chez Yvonne et Fernand » — c'est le nom du salon —, de laver les cheveux des clientes et d'accomplir de menues besognes : il brosse les serviettes blanches, comme chez sa sœur, et développe sa connaissance du métier en observant un des coiffeurs, sympathique et drôle, qui n'a qu'un défaut : il soutient l'extrême droite et défile avec le colonel de La Rocque.

Une bonne part des clientes d'Yvonne et Fernand sont des prostituées qui exercent leur activité non loin de là, autour de l'Opéra, et requièrent fréquemment des mises en plis impeccables. Ivo écoute leurs conversations édifiantes et perfectionne son éducation sexuelle. Mais il n'a d'yeux que pour la femme de ménage, une Grecque d'une quarantaine d'années, qu'un soir il s'enhardit à suivre jusque chez elle. Il sonne à la porte, mais, quand sa bien-aimée ouvre et lui demande ce qu'il veut, il reste coi puis détale. Ivo est encore innocent en ces matières, même si les fils Campanini, Tore et Mario, deux gaillards de vingt-cinq ans qui roulent à moto, l'ont une fois entraîné dans un bordel du côté de l'Estaque-Plage.

Juste à côté du salon d'Yvonne et Fernand se trouve le siège du PPF, le Parti populaire français que Jacques Doriot, dissident communiste passé à l'extrême droite, a créé en juin 1936. Aspirations révolutionnaires et goût de l'ordre s'y brassent curieusement dans une ambiance de culte du chef, dans un déluge d'antiparlementarisme fascisant. Marseille est une des places fortes du PPF, et son patron local, Simon Sabiani, lui aussi transfuge du communisme, n'est point dénué de pittoresque : au carrefour de la politique et du gangstérisme, il règne sur un milieu composite d'hommes de main, de truands et de politiciens.

Sabiani, maire adjoint de Marseille, utilise les services de deux voyous de haut vol, maîtres du pavé et seigneurs des bas-fonds, Paul Carbone et François Spirito. Le premier a accompli son service militaire dans les redoutables bataillons d'Afrique, qui étaient à l'époque l'université où se formaient les grands du « milieu ». Après s'être battu à Verdun, ce qui lui vaut la médaille militaire, il s'engage comme matelot, navigue en Orient, d'où il ramène des paquets d'opium. Marseille s'affirme dans les années vingt comme une plaque tournante du trafic de la drogue et l'une des capitales de la transformation de l'opium brut. Les trafics de Carbone sont florissants. Il se lance parallèlement dans la « traite des blanches » et s'associe avec Spirito, que les filles, en hommage à son allure distinguée et à sa haute taille, surnomment « le beau Ficelle ». Les deux complices, qui assurent la protection de Sabiani, connaissent la gloire au moment du scandale Staviski.

Le 20 février 1934, alors que le « suicide » du célèbre escroc a trop opportunément noyé l'affaire dans un épais brouillard, le feuilleton rebondit. Le conseiller à la cour d'appel Albert Prince, spécialiste des questions financières et chargé du dossier, est lui-même retrouvé mort, écrasé, sur la ligne de chemin de fer Paris-Marseille, aux environs de Dijon. L'enquête, hâtive, conduit à l'arrestation de Carbone et de Spirito. En quelques heures, des milliers d'affiches sont apposées sur les murs de la cité phocéenne : « Peuple de Marseille, Carbone et Spirito sont mes amis. Je n'admettrai pas qu'on touche à un seul de leurs cheveux. Signé : Simon Sabiani, adjoint au maire Flaissières. »

On ne saurait étaler plus ouvertement l'interdépendance des caïds du milieu et des politiciens. Mis hors de cause, Carbone et Spirito sont accueillis à la gare Saint-Charles par des centaines de manifestants enthousiastes ; ils continuent à mener grande vie et s'accordent même le luxe de jouer les saint-bernard.

En octobre 1938 se réunit à Marseille le congrès du Parti radical-socialiste. Édouard Daladier y prononce un discours empli de fortes pensées telles que : « La route que j'ai prise est la meilleure, car il n'y en a point d'autre. » Il vient de signer, le 30 septembre, les accords de Munich qui livrent la Tchécoslovaquie à Hitler sur un plateau. Pendant que se déroulent les assises radicales, un incendie ravage les Nouvelles Galeries, sur la Canebière. Plus de cent personnes périssent dans les flammes. Daladier paraît surtout redouter une éventuelle extension du sinistre jusqu'à l'hôtel de Noailles, où il est descendu — et qui jouxte le grand magasin. Deux femmes, réfugiées sur une corniche, crient à l'aide. L'une d'elles est une « relation » du grand homme, qu'elle a accompagné durant le congrès. Qui se précipite dans la fournaise afin de sauver les malheureuses ? Carbone et Spirito, bien sûr[10] ! Truands, sans doute, mais avec panache... et l'art de cultiver la légende.

Comme Sabiani, l'homme fort de Marseille, ses gros bras Carbone et Spirito ont leur carte du PPF. Lorsqu'il sort de chez Yvonne et Fernand, Ivo Livi peut à loisir observer les mauvais garçons et les gardes du corps qui fréquentent les mêmes bars autour de l'Opéra, là où prospère le marché des stupéfiants. De temps en temps, son patron lui demande d'aller chercher un sandwich au café d'en face, et l'adolescent découvre, intimidé, ce temple de la débauche : les clients, avec leurs « borsalinos » — chapeaux mous gris clair —, leurs chemises de soie et leurs complets voyants (coupés sur mesure), offrent l'absolue caricature du milieu interlope

10. Jean Bazal, *Le Clan des Marseillais*, Paris, Guy Authier, 1974.

autour duquel maints écrivains, Carco, Cendrars, Montherlant, circulent alors en quête d'atmosphères chaudes et d'exotisme sulfureux.

Albert Londres risque également une descente dans ce qu'il appelle « le maquis de Marseille » et en dresse un tableau qui doit ressembler de près à ce qu'observe le jeune Livi : « On est transporté dans une contrée nouvelle. Les hommes sont en casquette, mais de belles casquettes fraîches et valant cher. Leur linge est fin ; leurs habits sont neufs. A ne considérer que leurs souliers si bien cirés, ces messieurs ne doivent pas marcher. Les uns sont au fond des bars. Ils jouent ou ils parlent. D'autres réfléchissent, adossés au comptoir. Il en est même qui s'aventurent jusqu'à la bordure du trottoir... La crapule, ici, est sur ses terres[11]. »

Le folklore du milieu marseillais alimente le fantasme d'un « Chicago des bords de la Méditerranée ». On aimerait, pour le piquant du scénario, que la future étoile de la chanson ait croisé en quelque lieu mal famé Carbone et Spirito, qu'il ait frémi en repérant la bosse d'un revolver sous l'aisselle de son voisin. Mais cela ne fut pas. Le Figaro de Chez Yvonne et Fernand a peut-être eu l'œil attiré par l'habillement somptueux des souteneurs qui accompagnaient leurs protégées jusqu'à la porte du salon. Rien qui le séduise au-delà.

Dans *Du soleil plein la tête*, Montand et son coauteur évoquent, non sans grandiloquence, la répulsion qu'inspira au jeune homme un truand précis : « Il était gras. Il n'avait plus d'âge. Il ressemblait à un énorme crapaud. Ce bonhomme me faisait horreur. J'avais reconnu le crime sans son masque, le crime avec sa vraie gueule tarée, tapi dans un cauchemar abominable. » Un après-midi, alors que l'apprenti étale du shampooing sur le crâne de sa cliente, il entend une détonation sèche dans la rue, analogue au bruit d'un pétard. Il jette un regard à travers la vitre. Sur le trottoir, de l'autre côté, un homme abattu gît sans vie. Le milieu, soldant un de ses comptes, fournissait à Ivo Livi l'occasion de contempler son premier cadavre.

11. *Marseille, porte du Sud, op. cit.*

A dix-sept ans, Ivo a pratiquement atteint sa taille d'adulte. Il mesure plus d'un mètre quatre-vingts, et son extrême maigreur accentue l'étirement de la silhouette. Ses épaules sont étroites, ses bras filiformes, et il semble juché sur des échasses. Les Italiens de son quartier l'appellent d'ailleurs « Gambarina » (en italien, les jambes se disent *gambe*), estimant que le fils Livi se déplace comme un personnage de la *commedia dell'arte*. Ivo n'aime pas sa tête ; il se juge laid, avec une gueule affublée d'un gros nez et fendue par une bouche immense. D'ailleurs, on le surnomme aussi « Bouche ». Quand il s'aperçoit dans les miroirs du salon de coiffure, gêné par ce grand corps, ce grand nez, cette grande bouche, sa gaucherie adolescente en est décuplée.

Conséquence : Ivo s'efforce de passer inaperçu. Paraître en public le terrorise. Dévoré par la timidité, paralysé, tout lui coûte, même les gestes les plus ordinaires de la vie quotidienne. Lorsqu'il prend le tramway, il n'ose pas s'asseoir à l'intérieur et reste debout sur la plate-forme par crainte d'affronter la haie des regards alignés. Le jour où, surmontant cette crainte absurde, ce péril imaginaire, il osera tirer la porte à glissière, braver l'œil de ses compagnons de voyage et s'installer sur une banquette, il aura l'impression d'avoir remporté une victoire. Il aura triomphé de l'obscure appréhension qui le ronge et qui mine encore, toujours, M. Yves Montand, l'artiste, tellement à l'aise, croirait-on, sur toutes les scènes de la planète...

Une autre fois, Ivo s'en va au Pathé-Cinéma pour voir un artiste du nom de Magdanela qui, à l'entracte, en « attraction », imite Fred Astaire et Stan Laurel. Depuis deux semaines, il a économisé afin de s'offrir une place d'orchestre, une place à 8 francs. L'air est frais au-dehors, il a pris un manteau. A l'intérieur, en revanche, la chaleur est excessive. Pendant tout le spectacle, Ivo Livi demeure engoncé dans son vêtement, suffocant mais incapable d'ôter le manteau au risque de déranger, d'être remarqué en déployant ses longs bras. Sur l'écran évolue pourtant un de ses héros, Errol Flyn, dans *Robin des Bois* dont il connaît chaque plan par cœur. Ivo Livi est infiniment plus enclin à engranger ce qui défile sur l'écran blanc qu'il ne l'était naguère à déjouer les pièges du tableau noir.

Car la vraie, l'unique passion de l'adolescent qui se cherche, c'est le cinéma.

Il a commencé à s'y rendre rue de Lyon, dans une salle de la Cabucelle, L'Idéal, aujourd'hui transformée en garage. Quand Montand présidera, en 1987, le festival de Cannes, il retracera dans une allocution nostalgique les débuts de ses amours avec le septième art : « Je suis tombé cinéphile comme on tombe amoureux ; au hasard d'une rencontre et sans prendre conscience, sur le moment, de l'importance du phénomène... C'était à Marseille, en 1930, et j'allais avoir neuf ans. L'élue de mon cœur avait son nom sur l'affiche. Elle s'appelait Marie Glory... »

Dans le cœur d'Ivo Livi, à Marie Glory succéderont d'autres reines de l'écran : Clara Bow, Gloria Swanson, Greta Garbo, Mae West, Joan Crawford... Le cinéma meuble ses rêves, ses loisirs, l'essentiel de son existence. Aux discours martiaux de Maurice Thorez, aux envolées de Léon Blum, il préfère la dégaine patibulaire et le costume gris à carreaux d'Humphrey Bogart dans *Rue sans issue* ou la démarche souple — qu'il rêve d'imiter — de Gary Cooper dans *Cœurs brûlés*. Mais son modèle est Fred Astaire, l'homme qui danse comme il respire dans *Roberta* ou dans *Top Hat*, accompagné de Ginger Rogers. Le cinéma qu'il préfère, en effet, c'est le « musical »...

J'allais à L'Idéal pour la séance de 2 heures. Moyennant une pièce en cuivre de 40 sous, on avait droit aux bancs de bois. Avec 2 francs de plus, on s'asseyait dans les fauteuils articulés qui claquaient quand on se levait. En haut, le balcon était réservé aux « frottadous », aux jeunes gens qui se fréquentaient officiellement avant le mariage et profitaient de l'obscurité pour s'embrasser et se caresser. On restait aux deux séances, entre lesquelles on mangeait des « frigolos », des esquimaux à la vanille enrobée de chocolat. J'ai vu là-bas la plupart des grands classiques de l'époque et les dessins animés.

Plus tard, lorsque je travaillais chez Yvonne et Fernand, je fréquentais un petit cinéma derrière le port, le Star, rue de l'Arbre, qui passait les films américains en version originale. Je ne savais pas ce que signifiaient les lettres V.O., mais j'y allais pour entendre parler américain. C'était l'âge d'or d'Hollywood. J'aimais les films policiers de Mamoulian ou de Curtiz, et surtout les comédies musicales. J'adorais Fred Astaire et Eleanor Powell. Les numéros de claquettes, en particulier, m'emplissaient de joie. J'ai même été suivre des cours chez un Arménien qui m'a appris que, pour faire tap tap avec le pied, il faut bouger tout le corps. Je voulais danser comme Fred Astaire. De même, quand je voyais Gary Cooper, je croyais que j'étais vraiment Gary Cooper. Je m'entraînais à sourire comme lui. C'était une vie rêvée.

Derrière cette fascination pour le cinéma américain, il y avait aussi mon attirance envers les États-Unis. Comme lorsque j'étais tout gamin et que, sur les quais, je voulais m'embarquer clandestinement, atteindre le Nouveau Monde. C'est bizarre, de la part d'un gosse issu d'une famille communiste, mais l'Amérique, à mes yeux, signifiait la démocratie, la justice, le bonheur de vivre, la liberté. C'était l'époque de Roosevelt et les valeurs du New Deal imprégnaient chaque film. Ainsi mon amour du cinéma et mon amour de l'Amérique se renforçaient-ils mutuellement.

Au cours des années trente, le cinéma devient la distraction de toutes les couches sociales. L'avènement du « parlant », la modicité du prix des places, la modernisation et la sonorisation des salles attirent en fin de semaine la foule des petites gens en quête d'optimisme, d'émotions et de divertissement. Le couple Carné-Prévert, qui offrira après la guerre son premier grand rôle à Montand, se montre particulièrement prolifique *(Drôle de drame, Quai des brumes, Le jour se lève)*. Le magazine *Pour vous* légende ainsi, en couverture, une sublime photo de la vedette de *Quai des brumes* : « Voici Michèle Morgan, l'un des espoirs du cinéma français. Contemplez son fin et mélancolique visage, son regard mi-voilé où rôde une tristesse infinie[12]... »

12. 25 mai 1938.

Malgré la rudesse des années de dépression, la noirceur de l'environnement international, les cinéastes français, de Duvivier à Renoir, tentent de magnifier l'espérance d'une vie meilleure, les élans de fraternité. Cette atmosphère de « Front popu », de « copains d'abord », de guinguettes au bord de l'eau, de flonflons du bal, si bien rendue dans *La Belle Équipe*, il ne semble pas que le cinéphile en herbe y soit encore très sensible. Sans doute Ivo Livi, enfant des quartiers pauvres, cherche-t-il plus qu'un miroir, fût-il chaleureux. Ni Gabin, le héros populaire par excellence, ni Raimu, le truculent Méridional, ni Michel Simon, qu'il admirera tant plus tard, ne l'éblouissent véritablement. Ce qui excite son imagination, ce qui le dépayse et l'occupe une semaine entière, ce sont les images qui proviennent de l'autre côté de l'Atlantique.

Il y consacre ses revenus propres et rentre souvent à pied, du centre jusqu'à la Cabucelle, afin d'économiser le prix du tramway. Quand les loisirs ne suffisent plus pour assouvir sa passion dévorante, Ivo n'hésite devant aucun stratagème. « Il était devenu fou avec le cinéma, raconte sa sœur Lydia. Pour une séance de plus, il était prêt à tout. Un matin, il a fait rougir à blanc le fer à friser et l'a saisi dans le creux de sa main, ce qui a provoqué une énorme cloque, grosse comme un œuf de pigeon. Plus question de travailler chez Yvonne et Fernand ! Et ma mère le plaignait : il n'a pas de chance, le pauvre petit... C'est lui qui m'a avoué, plus tard, qu'il s'était brûlé volontairement afin d'aller au cinéma l'après-midi. »

Le jeune Marseillais s'efforce de ressembler à ses dieux, en tout cas de les imiter. Il souhaiterait posséder les chapeaux de Bogart, les costumes de Clark Gable, les vestes claires en cachemire que portent les acteurs d'Hollywood et qui miroitent dans la lumière des *sunlights*. Rue de Paradis, une boutique d'habillement, « High Life Tailleur », expose les étoffes dont se vêtent les héros. La joie de ses dix-sept ans est d'y entrer et de commander une veste en tweed. Les économies d'une pleine année s'évanouissent d'un coup, mais Gary Cooper n'a qu'à bien se tenir. Ivo Livi arrive. Ou plutôt, comme le criait Giuseppina par-dessus les toits de la Cabucelle :

— *Ivo, monta !*

3

Yves Montand est né lorsque Ivo Livi attrapa ses dix-sept ans. Par quel miracle l'adolescent rongé de timidité, obsédé par le désir de se rendre transparent en public, l'apprenti coiffeur qui n'ose affronter le regard des « amis » de ses clientes, les prostituées, le gamin fou de cinéma qui se complaît dans l'obscurité des salles, le « Rital » mal dégrossi qui avale ses mots, les noie dans un accent épais, va-t-il « éclater » brusquement sous les projecteurs ? L'histoire frise le conte de fées, et la relater confine à la prestidigitation. C'est ainsi : ne boudons pas notre plaisir.

Il était une fois, un soir de l'automne 1938... Julien et Ivo sont côte à côte, accoudés à une fenêtre de la maison du 8, impasse des Mûriers. Les rencontres entre les deux frères se sont espacées. Le militant syndicaliste et politique consacre son existence à la Cause. Il ne retrouve la Cabucelle que fort avant dans la nuit, et, s'il s'y attarde parfois, le dimanche, c'est pour l'amour d'une jeune fille qu'il fréquente. Elle s'appelle Elvire, connaît les Livi depuis longtemps, a beaucoup joué naguère aux osselets avec Ivo, confie sa chevelure et ses secrets à Lydia... Elle est presque déjà de la famille.

Ce jour-là, Julien n'a pas le cœur à blaguer : il a reçu sa feuille de route pour partir à l'armée, et son engagement politique lui vaut une affectation dans un régiment disciplinaire du côté de Mulhouse. Les deux garçons, depuis le premier étage, observent le terrain de boules du bar des Mûriers, qui — cela se produit souvent le samedi soir — est devenu salle de spectacle en plein air. « La scène était faite de tréteaux et de madriers de maçons, qui servaient la semaine à des échafaudages... Des sacs, des bâches ménageaient des coulisses rudimentaires et un coin du café servait de loge. Les spectateurs s'entassaient sur des chaises de fer. Ils arrivaient par petits groupes, les hommes en maillot de corps dans les soirs d'été, les femmes retenant des gosses qui avaient envie de courir[1].» A trente ans de distance, Montand emploie les mêmes mots, comme si l'image s'était gravée en lui une fois pour toutes. Sur les planches, on a hissé un piano droit, désaccordé bien sûr (pour rester dans la note). Des lampes posées à terre éclairent les artistes amateurs qui tentent leur chance au milieu des quolibets, des sifflets et de rares applaudissements. Julien Livi : «Nous étions à la fenêtre. Yves, à côté de moi, critiquait le gars qui était en train de chanter. Alors je lui ai lancé assez sèchement : "Tu pourrais en faire autant? Non. Alors, tu fermes ta gueule!"»

Ce fut bien cette apostrophe du grand frère, un homme déjà, qui provoqua le déclic. En faire autant? Monter sur cette estrade? Pousser la chansonnette? Si invraisemblable que cela puisse paraître quand on connaît la suite, Ivo Livi, à dix-sept ans, n'a jamais pratiqué le chant, hormis dans une ou deux chorales scolaires où il ne s'est nullement distingué. Personne ne l'a jamais entendu chantonner. Et c'est ce garçon dépourvu de la moindre expérience, rougissant et gauche, qui s'en va trouver l'organisateur des soirées «artistiques» du samedi.

L'homme s'appelle Francis Trottobas, mais, pour tout le monde, dans les quartiers nord, c'est «Berlingot». «Je connaissais bien Berlingot, raconte Lydia; je coiffais sa femme et, quelquefois, il l'accompagnait au salon. Un jour, je lui ai parlé d'Yves : "Il m'énerve, mon frère, il ne veut plus être coiffeur. Toute la journée, il essaie d'imiter Fred Astaire en apprenant les claquettes. Il est vraiment fatigant." Et l'autre m'a répondu : "Cela me plairait pour ouvrir le rideau, quelqu'un qui chauffe la salle." C'est comme cela qu'Yves a commencé.» Montand récuse cette version. Il est formel : c'est lui, de sa propre initiative, qui est allé solliciter Francis Trottobas (il avait souvent croisé ce dernier remisant pour la nuit son âne et sa carriole auprès du bar des Mûriers).

Imprésario, régisseur, manager, ce dernier est aussi chanteur — il a constamment un air sur les lèvres, notamment

1. *Du soleil plein la tête, op. cit.*

La Gitane au parfum de banane et *Je suis le maître à bord*. Sur l'affiche, il apparaît alors sous le nom de « Francis T ». Mais ce Méridional d'origine grecque, aux gestes abondants et au verbe fleuri (« Je monte à Paris, et les chansonniers, je les tue tous ! »), qui sourit en découvrant une rangée de dents en or, chacun le baptise Berlingot, car, à ses diverses casquettes, il ajoute le bonnet de confiseur. « Pourquoi ce surnom de Berlingot ? Je suis le petit-fils d'une très ancienne famille de confiseurs, la confiserie Mignon, et je fabriquais moi-même des berlingots dans toutes les fêtes et foires de Marseille. Je suis également d'une famille d'artistes. Mon père, amateur d'opéra, avait une très belle voix, et ma grand-mère composait des chansons. Quant à moi, j'ai toujours écrit et chanté. Le music-hall, c'est une longue histoire d'amour[2]. »

Peu après le défi lancé par Julien, Ivo Livi offre donc ses services à Berlingot, qui ne s'étonne pas outre mesure de cette vocation soudaine :

— Toi, tu veux chanter ? Oh ! (roucoulant) je t'embauauche tout de suite...

Il prend le jeune homme en charge, lui donne l'adresse d'une pianiste pour répéter et lui conseille de choisir trois ou quatre chansons gaies, entraînantes, susceptibles d'amadouer le public chahuteur du samedi soir. Pour établir son répertoire, Ivo n'hésite pas : celui qui l'enthousiasme, qu'il rêve d'imiter, vient de se révéler en cette année 1938. La découverte de Charles Trenet — Montand l'a mille fois répété — fut un choc absolu. Le choc de paroles intelligentes et rêveuses, le choc d'un rythme différent.

Coïncidence : Trenet s'est produit pour la première fois en public, peu avant la Noël 1937, au Tyrol, le bar-cabaret du Grand Hôtel, sur la Canebière, à cinq minutes de chez Yvonne et Fernand où se morfondait Ivo Livi[3]. Peu après, en mars 1938, Trenet, « monté » à Paris, conquiert triomphalement l'ABC. Toute la France fredonne bientôt les couplets de *Y a d'la joie*, créés par Maurice Chevalier. Comme plus

2. Témoignage de Francis Trottobas (aujourd'hui décédé) adressé aux auteurs le 29 avril 1989.

3. Cf. Richard Cannavo, *Trenet. Le siècle en liberté*, Paris, Hidalgo Éditeur, 1989.

tard pour Montand, on expliquera le succès de Trenet par une aptitude à exprimer son époque. Il flotte dans l'air, vestiges du «Front popu», une ivresse, un goût d'aventure, d'autre chose, même si le «fou chantant» atteint la consécration alors que le gouvernement Blum a été renversé et que des cris gutturaux, dans le stade de Nuremberg, couvrent les invitations à la liberté.

« Je chante, je chante soir et matin... » Les trouvailles de Charles Trenet envahissent les ondes et les rues, pénètrent dans les cafés par le truchement des « Vitaphone », ancêtres du juke-box. Ce sont de petites cabines pourvues d'écouteurs. A Marseille, Ivo Livi s'y enferme durant des heures afin d'assimiler la musique et les paroles de son modèle.

Aussi, lorsque Berlingot lui suggère de choisir des « chansons qui remuent », l'artiste en herbe est paré. Il retient *Boum*, grâce à laquelle Trenet vient de recevoir le Grand Prix du disque, et *La Vie qui va*. En outre, il cultive depuis longtemps un don réel d'imitateur (parodiant Donald Duck ou Popeye) et ajoute à son programme un pastiche de Fernandel. Francis T l'envoie répéter chez une pianiste qui officie dans un appartement sombre et poussiéreux, au sixième étage d'un immeuble du boulevard National, une femme d'âge respectable dont les cheveux blancs et les lunettes accusent la sévérité.

Depuis le temps qu'elle accompagne les apprentis vedettes, elle en a entendu, des couacs et des fausses notes. Mais, là, elle n'en croit pas ses oreilles. Ivo débite ses couplets comme s'il disputait un cent mètres, et, quand il surprend le regard désespéré que la pianiste jette vers le ciel, il accélère encore, pressé d'en finir et de fuir. Elle insiste cependant pour qu'il aille jusqu'au bout des trois chansons, puis laisse tomber le verdict :

— Vous chantez faux, vous n'allez pas en mesure, vous changez de ton, je ne comprends pas un mot de ce que vous dites : vous voulez vraiment devenir chanteur ?

L'interpellé accuse le coup. Devant sa mine déconfite, la pianiste tempère son réquisitoire — au moins, le novice connaît bien les paroles, il a de l'énergie — et prodigue quelques encouragements :

— Le public n'est pas difficile. Il demande qu'on soit sincère et qu'on travaille avec son cœur. Il faut apprendre à porter son cœur dans la bouche, voilà tout.

Ce « voilà tout » ne manque pas de charme. Ivo Livi s'aperçoit qu'en effet « tout » est là : parvenir, au terme d'un travail inlassable, à feindre l'aisance, à dissimuler la répétition sous une apparence de facilité, de totale spontanéité.

Il sort de l'épreuve déterminé à se battre. Lui, l'adolescent insouciant que pas grand-chose ne mobilisait antérieurement, va se montrer capable d'un acharnement, d'une discipline qui étonnent ses proches. Il écoute, écoute, écoute les chansons de Trenet dans les cabines exiguës des Vitaphone, il répète à l'infini les mêmes refrains. Elvire, la fiancée de Julien, se rappelle cette métamorphose subite et complète : « Il dormait dans le salon de coiffure de Lydia. Toute la nuit, on l'entendait répéter ses imitations de Donald. Il recommençait, seul devant la grande glace, jusqu'à 3 ou 4 heures du matin. »

La transformation du gamin désinvolte en forçat est sanctionnée par un changement de nom. Ivo Livi laisse place à Yves Montand. Berlingot l'avait convaincu sans mal que son nom déparerait sur une affiche de music-hall et lui avait suggéré de s'inventer un pseudonyme, « quelque chose qui sonne bien ». Il songe à « Yves Trechenel » (synthèse de TREnet, CHEvalier et FernaNdEL). Mais le nom de Montand surgit presque immédiatement, réminiscence du cri que Giuseppina lançait chaque soir : « *Ivo, monta !* » Par la suite, le chanteur analysera son cheminement : « Comme je suis né à Monsummano, j'ai mélangé un peu de mon village natal et du patois de ma mère. Ça a fait, finalement, Montand[4]. » Plus exactement, monta a engendré Montant. Et Montant s'est corrigé en Montand, manière d'introduire quelque fantaisie dans l'orthographe commune.

Semblable explication, cohérente et certainement fidèle, n'est toutefois pas suffisante. On est tenté d'y adjoindre un complément symbolique : ce garçon qui se veut « Montant-d », et qui imposera cette volonté dans le monde entier,

4. Interview à *Candide*, 22 mai 1967.

évoque aussi, par le pseudonyme qu'il se donne, la « modestie » de ses origines, une « modestie » dont il s'est dégagé mais dont il est fier, qu'il revendique sur chaque affiche. Selon l'adage du philosophe, il a suivi sa pente, mais en la remontant. Et c'est bien un cri du cœur qui lui est tombé des lèvres. Pareille exégèse n'est qu'une reconstruction *a posteriori*. Sur le moment, Ivo Livi ne pensait probablement qu'à la phonétique. Il n'empêche : c'est Montand qui est sorti de la boîte, pas Dupond. La famille approuve :

— Montand, c'est bien : avec ce nom-là, il montera toujours.

Après quelques semaines de préparation, arrive le soir de l'épreuve. Montand a mis au point une chanson de Chevalier, *On est comme on est*. Et a conservé les deux titres de Trenet, agrémentant *Boum* d'onomatopées très « jazz » empruntées — de loin — à Louis Armstrong.

La pendule fait tic tac tic tic
Les oiseaux du lac font pic pic pic pic
Glou glou glou font tous les dindons
Et la jolie cloche ding ding dong
Mais...
Boum
Quand notre cœur fait boum...

Berlingot avait dégotté une petite salle, profonde d'une dizaine de mètres, au Vallon des Tuves, dans le quartier Saint-Antoine. Lorsqu'il se retrouve dans le réduit aux murs plâtrés qui sert de loge, coupé en deux par un rideau douteux afin de séparer les hommes et les femmes, le débutant est saisi d'une panique qui lui cisaille les jambes et lui vide la tête. Brusquement, il sent qu'il n'y arrivera pas. Il se regarde dans la glace, gris de trouille. Alors, il s'accroche aux détails. Il vérifie sa tenue de scène : le costume clair, un peu étriqué, qu'il a fait retailler, la chemise blanche et la cravate bleue. Pour masquer une fausse dent métallique, il a acheté chez « Hollywood Cosmétic », une boutique de la rue Sainte-Barbe, un peu de mastic blanc. Le camouflage ne le trahira-t-il pas ? Loin de distraire sa grande peur, cette frayeur subalterne s'y ajoute cruellement.

Son voisin de loge, un imitateur comique qui passe avant

lui dans un numéro d'homme-caoutchouc inspiré du fantaisiste américain Al Sherman, l'encourage — mais en vain. Quand Berlingot paraît afin d'administrer ses ultimes recommandations, Montand déclare qu'il renonce. Mais l'imprésario ne l'entend pas ainsi. Il le secoue, l'engueule et, en fin de compte, le propulse d'une bourrade. Montand, d'abord, ne voit rien qu'un trou noir où une trentaine de spectateurs, peut-être, ont pris place. Plus tard, il comparera son vertige à celui qu'éprouvaient les garnements de la Cabucelle fuyant à toutes jambes devant la locomotive, dans le tunnel de leur enfance. Plus tard...

En fait, même aujourd'hui, Montand ne sait pas comment il a réussi à chanter. Il n'a gardé aucun souvenir de son passage sur l'estrade : toute mémoire s'en est évaporée jusqu'à l'instant où il a compris, après coup, que le numéro était achevé.

Il l'a fait, son numéro. Il reprend ses esprits, épuisé et trempé, affalé sur une chaise dans la « loge ». Berlingot est là, volubile et chaleureux, qui l'étreint :

— Formidable ! Ne t'en fais pas, je ne te lâche plus. Tu verras, je te ferai passer à l'Alcazar.

Montand ne s'est pas rendu compte qu'il chantait, mais le public du quartier Saint-Antoine, lui, s'en est aperçu : il a applaudi à tout rompre. Le débutant a réussi son examen.

Berlingot prend en main sa recrue, comme promis : « Ivo Livi était un grand garçon plutôt timide. Après sa première audition, j'ai tout de suite vu qu'il avait du talent. Vous me demandez d'expliquer son succès rapide. Il y a des choses qu'on ressent mais qu'on n'explique pas. M. et Mme Livi étaient d'accord pour que je m'occupe de leur fils. » Yves Montand a donc gagné un imprésario. Il a aussi gagné 50 francs pour sa prestation au Vallon des Tuves. Longtemps, il dira que c'est cette somme qui l'a motivé. La justification semble un peu courte. Ce modeste cachet — à peine de quoi s'acheter les cigarettes de la semaine — n'est pas la plausible rançon de tant d'efforts pour contraindre une nature introvertie.

C'est réellement étrange. Peut-on parler de dédoublement? Est-ce que mon corps n'a pas servi d'enveloppe à un autre? Qui c'est, ce type qui monte sur scène? Est-ce vraiment le rejeton d'une famille de paysans toscans? Qu'est-ce qui le pousse à faire le saltimbanque? Je le regarde du dehors, car tout mon moi, tout ce que je suis, rejette l'exhibition en public. Ma vie entière, j'ai essayé d'analyser ce phénomène contradictoire sans y parvenir.

Bien entendu, j'avais des motivations plus terre à terre. Mon imagination m'amenait à rêver de sketches, de chansons, de rôles, à imaginer des succès grandioses. Je connaissais les légendes de ces électriciens ou machinistes de plateau repérés par les compagnies américaines et qui devenaient vedettes de cinéma ou de revues à Broadway. J'avais le désir de m'en sortir, de sortir de mon milieu. Des rêves de paillettes : le champagne, les filles, les appartements, les belles voitures… Chanter était peut-être un moyen de réussir en se faisant plaisir. Mais je n'avais pas idée de cette souffrance abominable qui te tord, cette envie de vomir, cette panique qui te sèche la gorge, te cisaille, te paralyse. Cette souffrance-là est indescriptible. Et ne se soigne pas.

En même temps, la peur est un aiguillon. Parce qu'il faut la surmonter, faire avec elle ou plutôt contre elle. Elle oblige à puiser au fond de soi, à se surpasser. Et, finalement, sort de toi une force, une vérité que le public sent et que tu ne soupçonnais pas. C'est ce qui a dû se passer, lors de ce premier gala au Vallon des Tuves. Je suis entré sur scène à 120 à l'heure, plein d'une énergie terrible qui provenait de la nécessité vitale de surmonter ma trouille.

Lorsqu'on s'interroge devant Lydia sur cette soudaine vocation de son petit frère, elle n'hésite pas à invoquer les mânes des ancêtres : l'oncle Giuseppino qui avait une si belle voix et qui chantait dans toute la région de Monsummano… Ou encore son arrière-grand-mère maternelle, Olympia, l'enfant abandonnée à Florence, qui était sûrement issue d'une famille d'artistes… Un don du Ciel aurait ainsi sauté les générations jusqu'à Ivo. Lydia a conservé la foi.

Encouragé par la soirée au Vallon des Tuves, qui se situe un samedi de septembre 1938, Yves Montand se produit dans des petites salles de quartier. Il a abandonné définitivement la coiffure, et Berlingot lui décroche divers contrats. Montand récolte un peu d'argent, qu'en bon fils il rapporte à la maison. Lydia : « Quand il rentrait d'un gala où il avait gagné 50 francs, il sortait son paquet de billets de 10 et les étalait sur la table, un par un, en disant à notre mère : ‘‘Regarde, Maman, encore un...'' Et Maman, elle n'en revenait pas. Le petit Ivo qui rapportait de l'argent ! Et tout ça en chantant ! Il avait du mérite, parce que, au début, les parents le prenaient pour un fou. Ils n'y croyaient pas du tout, à la chanson. Ce n'était pas sérieux. Mais moi, je l'ai toujours soutenu. »

Dans une lettre adressée à son frère, Lydia, un demi-siècle plus tard, lui remémore l'épisode : « Tu étais revenu d'un petit gala et tu avais recouvert la table de la cuisine de billets de 10 francs. Maman n'en revenait pas et toi tu étais magnifique d'orgueil, de bonheur. Je reverrai toujours tes yeux à cet instant... » 50 francs par soirée, ce n'est certes pas un cachet de vedette. A titre de comparaison, le magazine de cinéma *Pour vous* fixe alors à 17 120 francs le budget mensuel d'une star parisienne (dont 2 000 de loyer et 240 de coiffeur)[5].

Riche ? Pas vraiment. Célèbre ? Pas encore. Mais une petite notoriété de quartier qui modifie le regard des autres... Bruna, l'inaccessible Bruna, la serveuse du bar des Mûriers qui traitait avec désinvolture l'aide-coiffeur Ivo Livi, cède au charme d'Yves Montand, l'étoile de la Cabucelle.

Pour les fêtes de Noël 1938, Montand passe en attraction au cinéma Ritz, dans le quartier Saint-Antoine. L'affiche annonce : « Un film magnifique, Clark Gable et Mirna Loy dans *Pilote d'essai*, et sur scène, à la demande générale, Yves Montand, une vedette qui monte, accompagné par Mlle Mado Fancelli. » La direction précise que « le prix des places est de 5 et 6 francs pour ce programme exceptionnel ». L'artiste chante le soir du 24, le 25 en matinée et en soirée, et encore le 26. Des expériences de ce type, il en accumule quelques-unes durant l'hiver 1939, dans les salles de cinéma pleines à

5. 1er juin 1938.

craquer d'un public populaire qu'il connaît par cœur, aussi prompt aux vivats qu'aux sifflets.

Sur les spectateurs du samedi qui cherchent avant tout à se distraire, les talents d'imitateur de Montand font merveille, et ses numéros remportent un franc succès. Mais, rapidement, il ne se satisfait plus des réussites trop faciles. « Avec Lydia, nous allions le soir le regarder chanter, raconte sa future belle-sœur, Elvire. En principe, pour faire la claque, mais il n'en avait pas besoin. Dès qu'il entrait en scène, les gens étaient surexcités. Et cela a continué de plus en plus fort. Il n'a jamais connu de bide. Mais il avait changé de vie, c'était impressionnant : il s'imposait une discipline qui nous déconcertait. Il n'était plus le même garçon. »

Montand travaille sans relâche; dès qu'il a une minute, il soigne la perfection des mouvements devant l'armoire à glace, dans la chambre de Lydia. Il cherche à combattre ou, du moins, à dissimuler l'horrible peur qui lui noue les entrailles. Et, sur ce chemin, il est en quête de modèles, de repères. Un artiste, un « collègue », l'impressionne beaucoup. Yves Montand va le voir plusieurs fois, le dimanche après-midi, dans la brasserie du boulevard Oddo où il exerce ses talents. L'homme avance entre les tables en roulant des épaules, d'une démarche assurée, et chante sans complexes :

> Le *sex-appeal* ça ne se vend pas
> Ça ne s'achète pas
> C'est personnel...

Le néophyte envie cette force tranquille, ce culot, qui ravit les spectateurs. Mais il s'inspire surtout du cinéma. Les attitudes, les contenances, il les guette sur l'écran. La chanson est un point de départ, un prétexte. Son ambition dernière reste d'être acteur. D'ailleurs, ses prestations font davantage appel aux ressources d'un comédien qu'à celles d'un pur chanteur, même s'il se perçoit à cent lieues des vedettes d'Hollywood, s'il n'en est que la doublure énamourée. Le plaisir de la voix, la beauté de la mélodie, l'exaltation de la conquête, il ne les a pas encore rencontrés.

Berlingot lui avait promis, le soir du premier gala au Vallon des Tuves, qu'il le ferait passer à l'Alcazar. Autant engager un cul-de-jatte pour la finale olympique. Avant de caresser des rêves aussi démesurés, il doit enrichir son tour de chant, trouver de nouveaux titres. Francis Trottobas donne à Montand l'adresse d'un compositeur aveugle, Charles Humel, qui habite près de la rue Sainte-Barbe. (La femme de ce dernier fréquente, elle aussi, le salon de Lydia, et la petite notoriété du jeune homme est donc parvenue aux oreilles de Humel.) Il reçoit Montand et lui écrit un air vif, quoique un brin simplet :

Je m'en fous je m'en fous
Je m'en contrefiche
Je m'en fous je m'en fous
Moi je tiens le coup... Yeah !

Le « client » n'est qu'à moitié séduit et réclame quelque chose qui évoque les cow-boys, l'ouest des États-Unis. Comme le musicien est aveugle, qu'il n'a donc jamais vu le moindre western, Montand raconte les garçons vachers qui s'assemblent le soir autour du feu de camp, décrit leur accoutrement. Ainsi naît, avec la complicité d'un parolier ami de Charles Humel, Vander, le sésame qui va permettre au chanteur cinéphile d'exprimer et de communiquer sa passion pour le mythe américain : *Dans les plaines du Far West*.

L'Alcazar est, à Marseille, un monument, une institution, le point de départ et de passage obligé de quiconque entend pousser la chansonnette. Édifiée au numéro 42 du cours Belsunce, la salle — inaugurée en 1857 —, étroite et longue, offre 1 600 places réparties entre l'orchestre et deux galeries. Le lustre, impressionnant, fait scintiller la décoration pourpre et or des colonnades, des arceaux et des lambris (l'architecte a beaucoup emprunté au « style mauresque »). Sur le fronton, dominant la scène, une lourde allégorie figure les armes de la ville, croix d'azur sur fond blanc, enserrées par une couronne de monstres, de femmes nues et d'anges.

La tradition, solidement établie, exige que les auditions se déroulent en public, l'après-midi. Terrible épreuve infligée aux aspirants chanteurs qui affrontent une salle déchaînée[6]. Maurice Chevalier à ses débuts, en 1905 — il a juste dix-sept ans —, subit l'examen la voix blanche, assourdie par un brouhaha irrespectueux. Cette séance, songe-t-il, « sent l'abattoir ». Le soir, cependant, lors de la représentation, il retourne la situation après un début laborieux. Et l'administrateur, Franck, lui lance :

— Est-ce que tu te rends compte, petit, que tu viens de gagner toute la province ? Parce que l'Alcazar, tu sais, c'est un peu l'Opéra du concert.

Promu gloire nationale, Chevalier reviendra triompher sur la scène de l'Alcazar, qui accueille également les vedettes locales, tels Alibert (toujours en costume blanc) ou Darcelys (dont la spécialité est de gueuler « Une autre ! » afin de relancer la demande, tout en se baissant pour saluer). En 1933, le « ténorino » corse Tino Rossi, les cheveux noirs soigneusement gominés, passe en seconde partie du spectacle, tenant sa guitare avec une certaine gaucherie. Mais lorsqu'il entonne *Marinella*, la foule le porte aux nues.

Le public, de génération en génération, perpétue le rituel du chahut. Un public, d'ailleurs, socialement très mêlé. L'orchestre est le domaine réservé des gros négociants marseillais, maîtres des huileries et des savonneries, souvent actionnaires de l'établissement, qui se faufilent à l'entracte vers les coulisses pour y surprendre les jeunes chanteuses. Au premier balcon se retrouvent les artisans, les petits commerçants et aussi les inquiétantes silhouettes des nervis du Vieux-Port. Maurice Chevalier raconte dans ses Mémoires que des « bandes ennemies se fusillaient au revolver d'une galerie à l'autre ». Il arriva, en effet, qu'un chef de gang fût abattu au milieu des spectateurs... En haut, le « petit peuple » s'entasse au poulailler, dans un aimable désordre et un perpétuel bruit de fond.

Les vrais amateurs de music-hall restent en bas, le long du promenoir (celui de droite, en entrant). Ce sont eux, les juges arbitres, eux qui décrètent si le spectacle sera un four ou un triomphe. Debout, ils circulent d'un groupe à l'autre, donnent leur avis et, pendant l'entracte, chiffrent la cote de l'artiste[7].

6. Cf. André Sallée et Philippe Chauveau, *Music-Hall et Café-Concert*, Paris, Bordas, 1985.

7. Jean Bazal, *Marseille sur scène*, Marseille, 1978.

Bien qu'en 1931 l'Alcazar se soit tourné vers le cinéma, la salle continue d'accueillir des programmes de variétés. La première partie, où se succèdent illusionnistes, cascadeurs, chansonniers, est conclue par la « vedette américaine ». La seconde s'ouvre avec la « vedette anglaise », qui précède la vraie vedette, « la » vedette de la soirée.

Le tremplin ou le trou ? La réputation de l'Alcazar, entretenue par mille anecdotes, la férocité de son public, ordinairement armé de trompes d'automobiles et de sacs de plâtre, ont de quoi nourrir les cauchemars d'Yves Montand. Berlingot ne lui avait-il pas cordialement prédit :

— A l'Alcazar, ils te tueront en moins de deux...

Elvire, la « promise » de Julien, n'a pas oublié le vent de frayeur qui souffla sur la Cabucelle : « Quand on nous a dit qu'il allait chanter à l'Alcazar, toute la famille a tremblé. L'Alcazar, c'était épouvantable pour un débutant. » Le soir fatidique, toute une bande de copains du quartier descend cours Belsunce afin de soutenir « sa » vedette. Lydia, paniquée, a gavé son frère de tilleul pour le calmer.

L'affiche du 21 juin 1939 mérite d'être détaillée. Pour ce premier jour de l'été, la revue *Artistica* organise, comme tous les ans, un championnat d'amateurs. Le « temple du music-hall », l'Alcazar — « la salle la plus fraîche » —, offre en pâture, pendant la première partie, une douzaine de « fantaisistes, chanteurs à voix, ténors demi-caractère ou danseurs à claquettes ». Ils s'appellent, pour la circonstance, Lyne, Jo Dejean, Princelle ou Henriet' Lys.

La seconde partie accueille « la gracieuse diseuse Line Cora », « le réputé diseur Jean Denain », « la poupée en caoutchouc Mitsi Ray », « le trépidant fantaisiste Sergeot » et, à l'ouverture, le « joyeux fantaisiste imitateur Yves Montand ». En quelques mois, ce dernier a gagné d'avoir son nom en assez gros caractères, nettement distingué des débutants de la première partie. La vedette du spectacle, « descendue » de Paris, est une jeune chanteuse qui perce, Renée Lebas. Cinquante ans après, quasiment jour pour jour, elle écrira à Montand : « Un cinquantenaire, ça se célèbre. Je n'ai jamais oublié le jeune homme plein de fougue au talent tellement prometteur... »

Elle n'a pas oublié, en effet : « Je chantais à peine depuis huit mois. Je me souviens, comme si elle datait d'hier, de cette soirée qui était organisée par la revue *Artistica*, une sorte de championnat d'artistes amateurs ; en seconde partie étaient invités de jeunes, tout jeunes professionnels. La salle était bourrée, il y régnait une ambiance folle, car les Marseillais adorent crier. Beaucoup de célébrités étaient présentes : assis dans les premiers rangs de l'orchestre, on reconnaissait Alibert et Darcelys. La première partie se déroule sous les huées. Les amateurs encaissent des cris incessants, des quolibets. A l'entracte, tous les artistes du programme se serrent dans les coulisses. Et, pendant ce temps, le public déchaîné fait une ovation à ses vedettes préférées. On entend scander, rythmés avec les pieds : "Alibert, Alibert !" "Darcelys, Darcelys !" Nous qui sommes paralysés par le trac avant que notre tour vienne, nous redoublons d'anxiété. Le premier à passer en deuxième partie est Montand. Le speaker tente d'entrer en scène pour annoncer son numéro. Impossible de parler tant les spectateurs hurlent. Alors, en désespoir de cause, il commande le lever de rideau et pousse Montand en scène. Cela hurle toujours, et puis le miracle s'accomplit. Il réussit à s'imposer. Les gens lui font un triomphe. Oui, Montand l'a eu, ce public impossible. »

Avec le soin méticuleux qui sera toujours sien, le débutant a préparé sa prestation dans les moindres détails. Il s'est procuré un acceptable chapeau de cow-boy qu'il a lui-même peint en blanc. Il porte une chemise à carreaux, un foulard serré autour du cou. L'illusion est parfaite dès qu'il attaque :

> Dans les plaines du Far West quand vient la nuit
> Les cow-boys près du bivouac sont réunis...

Montand a eu l'idée d'entrer en marchant les jambes arquées, à la manière de ceux qui ont trop pratiqué le cheval, et de conserver cette position.

Demeurer les jambes arquées pendant deux couplets et trois refrains, c'était long, mais, à la fin, ce fut de la folie. Voir un cow-boy sur scène, c'était impensable. Le public était habitué à la chanson «fantaisiste», et là, avec cette petite mise en scène, je tranchais sur l'ordinaire. Je suis sorti, je suis revenu saluer. Le public exigeait que je chante encore, mais je n'avais rien à lui offrir et je ne souhaitais pas bisser. Je n'avais qu'une hâte : me retrouver avec moi-même, digérer ce formidable accueil. C'est à ce moment-là que je me suis dit : c'est cela que je veux faire; il n'y a pas de raison que cela ne marche pas maintenant (ma peur était partie; c'était plus facile à penser après qu'avant). Mon imprésario, avec le côté exubérant des Méridionaux, délirait complètement. J'avais « cassé la baraque », disait-il, et il insistait : « Cassé la baraque, tu comprends ? » Mais je restais troublé : comment avais-je pu monter sur une scène, défier ce public ? Je n'en ai pas dormi de la nuit. Je me demandais si c'était bien moi, le gars qui avait chanté.

« Si tu chantes à l'Alcazar, tu pourras chanter partout. » La prédiction de Berlingot, un soir d'euphorie, ne manquait pas de pertinence. Effectivement, semblable performance d'un adolescent qui n'avait pas dix-huit ans au premier jour de l'été 1939 autorisait tous les espoirs. A Vitrolles, le 6 août, Yves Montand, inscrit en haut de l'affiche, est présenté comme « le formidable fantaisiste imitateur ». L'entrée est fixée à 4 francs, sauf pour les enfants et les militaires, qui bénéficient d'un demi-tarif.

Les militaires, durant l'été 39, alors que le jeune Montand rêve à sa carrière, donnent abondamment de la voix. Au début de l'année, la guerre d'Espagne s'est achevée par la déroute des républicains. Un jeune homme de vingt-quatre ans, Artur London, un communiste tchèque qui a combattu dans les Brigades internationales, franchit les Pyrénées et se réfugie en France. Il ignore naturellement que sa participation à la guerre d'Espagne sera inscrite à charge lors du procès qu'on lui intentera dans la Tchécoslovaquie communiste de l'après-guerre. Trente ans plus tard, Montand sera London à l'écran. Mais, en mars 1939, ce qui préoccupe le vrai London, c'est l'annexion de la Bohême par l'Allemagne. Les démocraties occidentales, qui mesurent combien Hitler les a bernées à Munich, recherchent des alliances à l'Est. Il est fort tard. Le monde roule vers le pire.

Cinq jours après la soirée de Vitrolles, le 11 août, les négociateurs franco-anglais arrivent à Moscou pour étudier un accord de défense, mais Staline a déjà engagé avec Hitler des tractations secrètes, qui mèneront au coup de tonnerre du pacte germano-soviétique.

A l'aube du 24 août, au Kremlin, dans l'euphorie, les délégations soviétique et allemande sablent le champagne. Staline lève son verre et porte un toast : « Je sais combien la nation allemande aime son Führer, c'est pourquoi j'ai le plaisir de boire à sa santé. » Le texte du pacte est rendu public dans la journée, mais non le protocole secret qui prévoit le dépeçage de la Pologne. Dans le monde entier, c'est la stupeur et l'angoisse : la guerre est désormais inévitable. Le 1er septembre, l'armée allemande, qui a les mains libres sur son versant oriental, franchit la frontière polonaise. Le 3, la Grande-Bretagne et la France entrent en guerre. Les « fantaisistes imitateurs » ne sont plus de saison.

De ce jour Montand garde un souvenir vivace. Avec un copain, Raymond Saritz, il est allé au cinéma, puis il a remonté la rue d'Aix ; là, pour la première fois de sa vie, à presque dix-huit ans, il entre dans une brasserie et se commande une pizza. La radio apprend aux consommateurs que la France a déclaré la guerre à l'Allemagne. Montand accueille la nouvelle avec anxiété, se rappelle les leçons pacifistes de ses bons maîtres Florian et Bondu, à l'école primaire de la Cabucelle. En même temps, le jeune homme ne peut s'empêcher de penser que des événements inattendus et peut-être excitants vont bousculer l'ordre trop raisonnable des choses.

Les sirènes retentissent, les cafés, les restaurants, bientôt les rues se vident — un exercice d'alerte aérienne. Les hommes rentrent chez eux préparer leur paquetage, écouter les nouvelles à la TSF. Montand, lui aussi, regagne l'impasse des Mûriers. Au 8, la maison est plongée dans l'obscurité et le silence. Intrigué, il appelle :

— Vous êtes là ?

Personne ne répond. Il réitère son appel, un peu plus fort. Alors, du fond de la chambre des parents, une voix assourdie chuchote :

— Nous sommes là.

Le jeune homme se dirige vers la pièce et tourne le commutateur. La lumière brutale qui tombe du plafonnier éclaire un tableau insolite : derrière Giovanni, debout près de la cheminée, se recroquevillent Lydia et sa mère, tremblantes de peur. Montand a le temps de lire la terreur dans leurs yeux avant que, d'une même voix cassée, elles supplient :

— *Speingi, speingi !* (Éteins, éteins !)

Communistes et italiens, les Livi possèdent d'excellentes raisons de redouter l'avenir. Un temps décontenancés à l'annonce de la signature du pacte entre l'Allemagne hitlérienne et la Russie soviétique, les communistes français emboîtent le pas au « génial » Staline. Leur quotidien, *L'Humanité*, se réjouit : « Le succès que l'Union soviétique vient de remporter, nous le saluons avec joie, car il sert la cause de la paix[8]. »

Ce commentaire, qui prélude à une approbation sans réserve dans les semaines ultérieures, provoque à travers tout le pays une indignation véhémente. Beaucoup, à gauche et à droite, espéraient un accord entre la France, la Grande-Bretagne et l'URSS. La volte-face soviétique tue cet espoir, et la colère quasi générale se retourne contre le Parti communiste[9].

Dès l'après-midi du 25, *L'Humanité* est saisie, et, trois jours plus tard, l'ensemble de la presse communiste est interdit — ainsi *Rouge-Midi*, à Marseille, que lisait assez souvent Yves Montand. Des perquisitions sont ordonnées dans les locaux communistes, aux sièges des organisations. Les débits de boissons qui abritent les rendez-vous habituels des cellules communistes sont fermés.

Le Parti communiste italien n'échappe pas à la répression. Le 26 août, le gouvernement a stoppé la publication du journal *Stato operaio*, édité à Paris par le PCI, et qui avait adopté la même orientation que *L'Humanité*. Le 1er septembre, Palmiro Togliatti, le leader du PCI et l'un des principaux dignitaires de l'Internationale communiste, est arrêté dans la

8. 25 août 1939.

9. Cf. Amilcare Rossi (pseudonyme d'Angelo Tasca), *Les Communistes français pendant la drôle de guerre*, Paris, Éd. Les Iles d'Or, 1951.

capitale française. D'autres dirigeants et des centaines de militants italiens sont internés.

Giovanni Livi n'est pas inquiété. Ses activités sont si discrètes, depuis si longtemps, qu'il lui suffit de rajouter un peu de clandestinité à sa pratique normale. Mais, autant que s'en souvienne son fils cadet, il semble qu'il ait éprouvé quelques états d'âme au moment du pacte. Déjà, les grands procès de Moscou, les « aveux » des bolcheviques historiques l'avaient troublé. Il ne comprenait pas comment des héros étaient susceptibles de se muer ainsi en traîtres. Cette fois, le trouble devient aigu ; l'alliance de fait entre Hitler et Staline sur le dos des démocraties heurte l'antifasciste qui raisonne en termes simples : on ne discute pas, on ne négocie pas avec le diable.

Durant ces journées d'extrême tension, Montand garde l'image d'un père catastrophé, cherchant à tout prix et en vain une explication rationnelle à un événement qui le désarçonne. Il est déchiré, abattu pendant une dizaine de jours, et puis il se ressaisit, s'accroche aux bribes de justifications qu'on lui fournit : Staline a été contraint de signer le pacte parce que les démocraties occidentales n'ont pas voulu s'engager à ses côtés. C'est une manœuvre pour gagner du temps. En fin de compte, la fidélité au parti-qui-a-toujours-raison, même lorsqu'il paraît avoir tort, l'emporte sur les réserves, balaie les réticences. Giovanni Livi reste communiste. Ces affres de militants écartelés entre la fidélité et la conscience, d'autres les ont subies avec la même intensité. Louis Gronowski, qui dirigera avec Artur London la MOI (organisation de la main-d'œuvre immigrée) sous l'Occupation, se remémore ses sentiments immédiats, similaires sans doute à ceux de Livi : « Ce pacte me répugnait. C'était l'écroulement de tout le raisonnement forgé au cours de longues années... Mais j'étais un cadre communiste responsable et mon devoir était de surmonter mon dégoût, mes répugnances, de vaincre mes hésitations[10]. »

Montand, s'il en est le témoin, ne partage pas les transes de son père. Sans doute, l'ennemi, c'est Hitler, Franco ou

10. Louis Gronowski, *Le Dernier Grand Soir*, Paris, Éd. du Seuil, 1980.

Mussolini — on le lui a assez répété à la maison. Sa préoccupation majeure, à la veille de cette guerre que certains trouvent «drôle», reste cependant le spectacle. Son ami et imprésario Francis Trottobas a été mobilisé, et il va lui rendre visite à son cantonnement. Il en profite pour donner quelques galas du côté de Juan-les-Pins, devant les troufions, et pose même pour une publicité des chapeaux Filios. Mais il mesure bien que la scène, présentement, ne le fera pas vivre.

Sur le «front» qui n'en est pas vraiment un, les soldats français s'ennuient, tant «l'état-major confond défensive et inertie[11]». Malgré Maurice Chevalier qui se porte volontaire pour chanter *Et tout ça, ça fait d'excellents Français* aux pioupious désorientés, le flottement général accentue l'attente anxieuse d'une guerre déclarée et qui n'éclate pas. Avec l'hiver, le moral des troupes descend encore de quelques degrés. Julien Livi, qui est cantonné en Alsace, souffre affreusement du froid. Le thermomètre baisse jusqu'à moins 30 degrés, les soldats frigorifiés dans le trou individuel qu'ils ont eux-mêmes creusé n'ont qu'une toile de tente pour se protéger des morsures du gel. Au point que plusieurs en meurent.

Le printemps 1940 venu, Ivo Livi entre comme manœuvre métallurgiste aux Chantiers de Provence, 130, chemin de la Madrague. Un laissez-passer (n° 3835) pour pénétrer dans l'enceinte portuaire lui est délivré le 11 mai. L'armée française s'effondre sous les coups du *Blitzkrieg*, la «guerre éclair» dont les panzers allemands sont le fer de lance; les foules éperdues se jettent sur les routes en un pitoyable exode. Montand, dix-neuf ans et demi, reprend le chemin de l'usine dans cette ambiance crépusculaire. Une carte «pour bénéficier du tarif des tramways ouvriers» lui est octroyée par l'entreprise le 15 juin. Ce même 15 juin, le gouvernement, fuyant Paris, se réfugie à Bordeaux. Le 10, l'Italie est entrée en guerre aux côtés de l'Allemagne et vole au secours de la victoire. Les Chantiers de Provence, qui œuvrent pour la

11. Jean-Pierre Azéma, *De Munich à la Libération*, Paris, Éd. du Seuil, coll. «Points Histoire», 1979.

défense nationale, essuient d'ailleurs un bombardement aérien en provenance de la Péninsule. Et les « Ritals » qui vivent en France doivent, *a fortiori*, apporter la preuve de leur loyauté envers le pays d'accueil.

Le 17 juin, le maréchal Pétain, qui a été appelé la veille par le président de la République à former le nouveau gouvernement, s'adresse aux Français. Montand écoute l'allocution du « vainqueur de Verdun » dans la chambre de sa sœur, sur un vieux poste de TSF. « C'est le cœur serré que je vous dis aujourd'hui qu'il faut cesser le combat », chevrote l'octogénaire. Sur le coup, dans la famille Livi, dans l'impasse des Mûriers, dans tout le quartier de la Cabucelle, la demande d'un armistice provoque un soulagement attristé. Telle est, du moins, l'impression que Montand en a conservée : après tout, la guerre va s'interrompre, le mari, le fils, le frère vont rentrer à la maison. La capitulation, que de Gaulle, à Londres, qualifie solitairement de trahison, est vécue par le peuple des mobilisés comme un moindre mal, une manière de sauver ce qui peut l'être. Et le Maréchal construit ainsi sa réelle popularité sur l'engagement qu'il proclame d'être le bouclier des Français malheureux.

Pendant la débâcle, l'armée, l'État, l'administration, le tissu social, les structures économiques se délitent. Le pays est tronçonné, et des millions de réfugiés restent bloqués au sud de la ligne de démarcation. Terrifiés par cette insécurité, par ce vide effrayant et soudain, la plupart des citoyens, assaillis de rumeurs, se raccrochent au vieillard qui rassure et fait « don de sa personne à la France ».

Aux Chantiers de Provence, Ivo Livi travaille sous un hangar gigantesque où rivalisent, dans un assourdissant vacarme, marteaux-pilons, compresseurs et presses hydrauliques. Les ouvriers vêtus de bleus circulent entre les voies ferrées, les monceaux de tôle et les tas de ferraille que saisissent des grues géantes. Le manœuvre Livi aide un chef chaudronnier, un seigneur des lieux, qui a toute liberté de se déplacer sur le chantier. Son activité consiste à fabriquer des bouées soutenant les câbles sous-marins qui interdisent l'entrée des ports. Ce sont des cylindres de un mètre de diamètre et deux de long, qui se ferment aux extrémités par des couvercles chauffés à blanc puis soudés. Ce dont est précisément chargé Montand, c'est de se glisser à l'intérieur de l'engin, et, cassé en deux, de marteler à coups de masse la plaque rougie afin de lui donner sa courbure définitive. Sous les chocs, la rouille vole en éclats et il avale une poussière âcre. En 1988, dans un film de Jacques Demy, *Trois Places pour le 26*, qui mêle fiction et fragments d'autobiographie, Yves Montand chantera :

> J'étais frappeur dans un chantier
> Un vrai frappeur sachant frapper avec esprit...

Le premier soir, de retour chez lui, il s'écroule abruti de fatigue, soûlé par le tintamarre qui cogne encore dans ses oreilles. Afin de pallier les effets nocifs des poussières de rouille, il est recommandé d'absorber du lait, beaucoup de lait. « On lui gardait tout le lait, se rappelle Lydia... »

Malgré la dureté de son nouvel emploi, Montand aime se trouver là. Le ballet, toujours mystérieux pour le profane, des machines et des hommes, dont le désordre se révèle finalement productif, le captive. Il s'émerveille de voir surgir d'un amas de tôle informe une belle pièce, ciselée au millimètre, qui s'encastre dans une autre non moins parfaite. Il admire l'aristocratie du chantier, les ajusteurs habiles, fiers de leur qualification, de leur ouvrage. Une culture fort voisine des règles dont l'homme de music-hall s'inspirera pour mener sa carrière. Quand il chantera le monde des métallos, il n'aura pas à forcer son talent.

Il est heureux de se sentir utile, et goûte — c'est une découverte — la chaleur de l'ambiance, la solidarité ouvrière. Par la suite, lorsqu'il sera l'un des éminents « compagnons de route » du Parti communiste, Montand évoquera ce passé prolétarien avec une émotion certaine. Même aujourd'hui, où la mythologie ouvriériste l'agace beaucoup (en ce qu'elle ne reflète pas la vraie condition ouvrière), il garde intacte la nostalgie de ce qu'il faut bien nommer la fraternité entre travailleurs. Ainsi que l'a judicieusement noté l'un des biographes de Montand, « on a scrupule à écrire ce genre de mots, parce qu'aussi simples qu'on les choisisse, ils ont un air d'éloquence, sinon de démagogie, tout à fait étranger à ce qu'ils désignent[12] ».

12. Christian Mégret, *Yves Montand*, Paris, Calmann-Lévy, 1955.

Insistons néanmoins. Si Montand a exploité avec un pareil bonheur la veine « populaire », c'est parce qu'elle était sienne. Et, de cela, il n'a rien renié.

En 1987, Yves Montand préside le festival de Cannes. Un jour, en pleine délibération du jury, on lui transmet un message : « Les travailleurs âgés de la Normed, chantier naval menacé de fermeture, vous demandent de recevoir leur délégation. Vous avez été ouvrier. Vous seul pouvez comprendre leurs problèmes. » Le comédien est bouleversé que des salariés victimes du chômage souhaitent le voir, lui. Il les reçoit donc, et ils lui parlent de leur situation : à cinquante ans, ils sont « jetés », on risque de les transformer en « clochards », ils cherchent un interlocuteur, le gouvernement reste sourd. Montand accepte de transmettre la demande, tout en précisant qu'il ne détient nul pouvoir, qu'il ne saurait être qu'un messager, un intermédiaire. Et les ouvriers applaudissent l'ancien frappeur des Chantiers de Provence qu'à cet instant précis il est redevenu.

Le frappeur Montand explore donc la classe ouvrière, mais il constate aussi qu'elle n'est pas ce bloc de marbre que les thuriféraires emphatiques aimeraient sculpter à leur guise. Il le répétera fréquemment : « Il y a des cons partout, même chez les prolos. » Et encore des salauds, tel ce métallo qui s'amuse à écraser sa cigarette sur la main des nouveaux arrivants. Ou ces ouvriers italiens qui économisent afin d'envoyer de l'argent à Mussolini. Ou ceux qui ont facilement l'injure raciste à la bouche. Et maints autres, parfois les mêmes, qui poursuivent de leurs quolibets un homosexuel notoire, souffre-douleur de tout le chantier.

Ces hommes qui n'ont pas été mobilisés parce qu'ils travaillaient pour la défense nationale se soucient curieusement assez peu de la guerre, dont ils ne parlent que par allusions. Ce qui les passionne davantage, ce sont les problèmes de ravitaillement et les histoires de femmes qu'ils se racontent fréquemment avec une grossièreté, une crudité qui heurtent et troublent Ivo Livi. Dès le premier jour, le chef chaudronnier avec lequel ce dernier fait équipe dessine à son intention, sur la porte métallique du placard, un corps de femme. Suivent un exposé minutieux d'anatomie génitale et des recommandations sur l'art de séduire. Le jeune homme acquiert un nouveau mot : clitoris...

Le soir, malgré sa fatigue, et surtout le dimanche, il n'oublie pas le spectacle. Quotidiennement, seul dans sa chambre, il perfectionne sa voix, rode des attitudes, des déhanchements. S'il imagine un nouveau « truc », il l'expérimente inlassablement, l'assimile, s'applique à le transformer en mouvement « naturel ». Il ne sait pas s'il chantera encore, s'il remontera sur une scène, s'il éprouvera ce frisson abominable et délicieux, mais il persévère.

A l'été, les Chantiers de Provence licencient une partie du personnel. La France a capitulé et les productions de la défense nationale ne relèvent plus de l'urgence... Ivo Livi, trois mois après son embauche, se retrouve chômeur. La situation familiale, dans son ensemble, n'est guère réjouissante. Julien a été fait prisonnier comme 1 850 000 autres soldats français abandonnés sans directives et sans commandement. La dernière fois qu'Yves a rencontré son frère, c'était lors d'une permission obtenue par Julien. Il est arrivé le 1er mai, s'est marié avec Elvire le 4 et est reparti le 13. Une photographie a fixé les visages le jour de la cérémonie. Est-ce la précarité des temps, le prochain départ du marié ? Les physionomies sont graves, et seul Giovanni sourit franchement. Les hommes portent le costume avec un œillet blanc à la boutonnière. Noces de guerre qui ne respirent point la gaieté. Avant de rejoindre le front, Julien a eu le temps de concevoir un enfant. Il n'apprendra la naissance de son fils Jean-Louis que trois mois plus tard, en Allemagne du Nord où il est détenu. Il versera des larmes, seul, sur ce gosse qu'il ne verra pas grandir et qu'il ne découvrira qu'au bout de cinq ans, à son retour de captivité.

L'absence forcée de Julien durant ces cinq années — sept, au total, car il est militaire depuis 1938 — est une épreuve pour toute la famille. La mère, Giuseppina, se ronge d'inquiétude. Yves ne réussit pas à étouffer le sentiment de culpabilité qui le tenaille, lui qui est libre, qui vit pratiquement sans contraintes, alors que son frère se morfond dans un stalag. Il est frustré de ne pouvoir partager avec lui ses moments de bonheur. Simultanément, la disparition de l'aîné oblige le cadet à prendre ses responsabilités envers la tribu, à délaisser le comportement du petit dernier à qui tout est permis. Ces responsabilités, il entend les assumer aussitôt que possible.

Pour l'heure, il fait la queue afin de toucher quelque secours du bureau d'aide aux chômeurs et vit semblable fatalité comme une humiliation ; il s'indigne d'avoir à tendre la main devant un fonctionnaire qui règle son sort à coups de tampons, dans une complète indifférence.

Heureusement pour sa dignité outragée, cette dépendance ne dure pas. A l'automne 1940, il déniche un nouvel emploi : docker de transit. Il ne s'agit pas de travailler sur les quais au déchargement des navires, mais de remplir les camions de fret à destination des entreprises de la région. Chaque matin, très tôt, il part pour l'avenue Camille-Pelletan, où il doit mettre en marche un véhicule à gazogène. Il nettoie, prépare le charbon de bois, qu'il trie à la main. Quand le chauffeur arrive, tous deux roulent jusqu'aux quais et prennent livraison de leur marchandise — caisses, lourds paquets de feuilles de papier qui se portent sur la tête et se plient en deux, désagréablement. Le travail est pénible. Yves, comme Julien auparavant, acquiert la technique pour répartir les poids, marcher en équilibre, respirer à bon escient.

L'aide-magasinier développe ses épaules et ses muscles, épouse la démarche très caractéristique des portefaix qui paraissent glisser, effleurer le sol. Il inventorie les réponses de son corps, les utilise. Il sait bientôt bouger. « Personne ne se déplace aussi bien que lui sur un plateau de cinéma », observera Catherine Deneuve[13]. Cette aisance future, Montand la doit en partie aux sacs que se coltinait l'aide-docker Livi.

Et pourtant, au début, il en bave, surtout quand le camion s'en va charger les sacs de semoule que produit la Minoterie de la Madeleine, à La Viste. Ils pèsent entre cinquante et quatre-vingts kilos, ces sacs qui dévalent un toboggan. La manœuvre consiste à saisir le sac d'une main et, du même mouvement, profitant de l'élan, à se le coller sur la tête puis

13. Entretien avec les auteurs, septembre 1989.

à marcher droit, le poids réparti dans l'axe du corps. Un coup à prendre. « La première fois qu'il va à la Minoterie, Montand ne connaît pas cette technique qui permet de charger le fardeau à moindre effort... Il attend que le sac soit à terre pour entreprendre de le soulever. Il l'embrasse, l'étreint. Il le hisse jusqu'à la poitrine. Arrivé là, impossible de le coltiner plus haut. Il le lâche, recommence, s'obstine en vain. Il s'effondre sur le sac et pleure. Un costaud le console, lui montre comment il faut s'y prendre[14]. » Cela s'appelle une leçon de maintien, et cela procure des épaules carrées et un dos droit.

Une silhouette digne des projecteurs.

Parfois, pendant la pause, le porteur de sacs se rappelle qu'il a été chanteur et entonne quelques couplets. Un ancien condisciple de Montand à l'école de la Cabucelle l'atteste : « Yves a travaillé avec mon père comme docker. Mon père nous disait qu'il était courageux, malgré le travail pénible. Les dockers le faisaient chanter. Ça leur donnait du courage, car déjà il avait sa belle voix chaude et les copains disaient : "Reste pas là, petit, continue tes chansons[15] !" »

Lorsque, la journée finie, il reprend son « tram », couvert de poussière, sale et découragé, Montand songe au garçon bondissant qui, l'année précédente, saluait le public de l'Alcazar. Et il n'ose espérer que ce temps reviendra.

Le régime qui s'installe dans les palaces de Vichy revêt mauvaise tournure. Les étrangers, les immigrés, les juifs constituent les premières cibles. Dès le 22 juillet, douze jours après le vote des pleins pouvoirs à Pétain, une commission est chargée de réexaminer les naturalisations accordées par la loi de 1927 (dont les Livi ont bénéficié). Parallèlement, une autre loi interdit aux Français dont le père est étranger d'exercer un emploi dans l'administration. Le gouvernement entend ainsi répondre à la campagne xénophobe, d'une violence prodigieuse, qui envahit la presse. Le 3 octobre, sans que les

14. Christian Mégret, *op. cit.*
15. Lettre de M. Di Rocco, 23 octobre 1977.

Allemands aient exercé la moindre pression en ce sens, Vichy promulgue un statut des juifs — façon de se venger des « métèques » qui sont censés avoir mené la France au désastre. Les « israélites » sont exclus de la fonction publique, de l'armée (sauf les anciens combattants), de la magistrature. Les juifs étrangers, eux, sont parqués dans des camps de regroupement — qui se révéleront les antichambres d'autres camps.

Aux yeux du vieux maréchal, rien n'est plus urgent que d'entreprendre le « redressement moral » du pays affaibli par des décennies de « jouissance ». L'idéologie officielle qui entend servir de fondement à l'ordre nouveau, mélange de moralisme suranné, d'antiparlementarisme forcené, d'élitisme technocratique et de nationalisme exacerbé, s'impose sur les ruines de la République. Le triptyque « Liberté, Égalité, Fraternité » s'efface derrière le slogan « Travail, Famille, Patrie ». La famille, cellule de base de la société, est l'objet de toutes les attentions.

En octobre 1940, ceux qui croyaient à un double jeu de Pétain sont désarçonnés par la poignée de main échangée à Montoire entre le Maréchal et le chancelier du Reich. D'autant que, un peu plus tard, Pétain confirme : « Une collaboration a été envisagée entre nos deux pays. J'en ai accepté le principe… J'entre aujourd'hui dans la voie de la collaboration[16]. » Cette profession de foi ne détourne pourtant pas l'immense majorité des Français du père de la patrie.

Un culte délirant et niais s'instaure, entretenu par la propagande vichyssoise. En cette année 1940, le refrain le plus chanté, qui supplante Chevalier, Trenet ou Fernandel, c'est bien :

> Maréchal, nous voilà
> Devant toi, le sauveur de la France
> Nous jurons, nous tes gars
> De servir et de suivre tes pas…

L'auteur, André Montagnard, s'était précédemment illustré en composant un autre morceau de choix : *Un pastis bien*

16. Message du 30 octobre 1940.

frais[17]. Le cardinal Gerlier, primat des Gaules, apporte au nouveau régime la bénédiction de la hiérarchie de l'Église en proclamant : « Pétain, c'est la France ; la France, c'est Pétain. » Le chef de l'État est l'objet d'une véritable idolâtrie, systématiquement propagée dans la jeunesse. Un manuel d'histoire dresse, par exemple, cet éloquent portrait : « Il est un beau vieillard, solide et droit comme l'arbre des Druides, un regard clair illumine son visage impassible, clair comme l'eau calme de son pays quand elle reflète un coin du ciel... C'est le Maréchal Pétain, notre Maréchal, le Père de tous les enfants de France. Chef et père, avec dévouement, intelligence, amour et foi, il a apporté le seul baume qui puisse rendre la France à son grand destin : l'affectueux remède de la vérité[18]. »

Les enfants des écoles lui écrivent des lettres, les femmes prient pour lui, les anciens combattants l'encensent. On aurait tort de croire que ces incantations forcenées tournent à vide et se nourrissent d'elles-mêmes. Elles rencontrent un écho dans le pays, un courant profond de « maréchalisme » spontané. Pétain vérifie d'ailleurs sa popularité lors de ses voyages en province. Les 3 et 4 décembre 1940, le Maréchal visite Marseille. Dès son arrivée à la gare Saint-Charles, décorée et fleurie, une foule impressionnante l'acclame. Toutes les cloches de la ville sonnent et, quand le chef de l'État parvient devant la préfecture, les milliers de personnes qui attendent depuis des heures l'acclament. Une foule — que *Marseille-Matin* évalue à 15 000 têtes — prête serment comme un seul homme, jurant fidélité à trois reprises.

Un défilé militaire est prévu sur la Canebière. Deux heures avant, la célèbre avenue regorge de monde jusqu'au Vieux-Port. A la fin de la revue, ponctuée par une formidable ovation, les Marseillais rompent les barrages et se précipitent vers le Maréchal. Henri Frenay, futur fondateur du mouvement de résistance Combat, est témoin de ces scènes hystériques et dévotes. Il écrira : « Médusé, je vois un homme âgé baiser

17. Henri Amouroux, *Quarante Millions de pétainistes*, Paris, Robert Laffont, 1977.

18. R. Descouens, *La Vie du maréchal Pétain racontée aux enfants de France*, Nice, Éd. de la Vraie France, 1941 (cité par J.-P. Azéma, *op. cit.*).

la main du Maréchal. Une grosse matrone, probablement marchande de poisson, s'agenouille et embrasse pieusement le bas de son manteau. Cette ferveur quasi religieuse, je ne l'ai jamais vue. Je n'en soupçonnais pas la puissance émotionnelle[19]. »

Le jeune Livi se garde bien de se mêler au cortège enthousiaste, fût-ce en curieux. La politique ne le passionne pas encore assez pour qu'il s'use les yeux à gloser les doctrines officielles. Mais l'ancien immigré italien qu'il demeure, malgré sa précaire naturalisation, sait d'instinct qu'il doit se méfier d'un régime dont les mesures inaugurales visent à éliminer les étrangers.

Malgré la ferveur populaire qui entoure le voyage du chef de l'État sur les bords de la Méditerranée, Marseille, en 1940, est loin d'être tout entière pétainiste. Elle paraît, au contraire, comme à l'écart de la guerre, à bonne distance des oukases vichyssois. Des milliers de réfugiés étrangers, notamment de juifs fuyant la répression, ont échoué là, espérant un embarquement vers l'Afrique du Nord. Dernière escale avant la liberté, Marseille recueille les candidats à l'émigration. Une nouvelle fois ville refuge, mais dans l'autre sens : pour les candidats au départ, elle annonce les parfums d'Alger. C'est une cité spéciale, qui vit comme entre parenthèses. De cet état d'esprit rend compte l'écrivain André Roussin qui, démobilisé, regagne la Canebière : « Il y eut à Marseille cette exagération dans la joie d'une vie retrouvée. Ville libre, zone libre... Tout ce qui restait tragique dans le reste de la France semblait presque oublié, ou du moins ne plus concerner ceux que le sort gratifiait de ce ciel bleu et de cette apparente liberté. La vie reprit furieusement[20]... »

L'hiver qui commence est toutefois exceptionnellement rigoureux, même dans le Midi, et les restrictions de charbon empêchent de lutter efficacement contre un mistral glacé. La pénurie alimentaire sévit : la « bouffe » devient la préoccupation première des Français. A Marseille sans doute moins qu'ailleurs. La ville, comparée aux autres, reste gaie et

19. Henri Frenay, *La nuit finira*, Paris, Robert Laffont, 1973.
20. André Roussin, *Rideau gris et Habit vert*, Paris, Albin Michel, 1983.

animée. Beaucoup d'artistes et d'écrivains se sont repliés en direction de la Méditerranée. On croise, sur la Canebière, Blaise Cendrars, Paul Valéry, Max Ophüls et Chevalier ou Mistinguett[21]. Les théâtres rouvrent.

En décembre 1940, juste après le voyage tonitruant de Philippe Pétain, Fernandel joue aux Variétés-Casino une opérette de Vincent Scotto, *Hugues*. A l'Opéra municipal, Joséphine Baker se trémousse dans *La Créole*, tandis qu'au Capitole Raimu est la vedette d'une revue, *C'est tout le Midi*, mise au point par Alibert et où figure un débutant, Gérard Oury[22]. Au début de 1941, les cinémas de la Canebière projettent encore des films américains — depuis longtemps bannis à Paris. Les Marseillais profitent de cette liberté surveillée, sortent, courent au spectacle. L'aide- docker Ivo Livi, dans ce contexte favorable, va renouer avec le « fantaisiste » Yves Montand.

D'autant que Francis Trottobas, rendu à la vie civile, reprend ses activités de confiseur. Et d'imprésario.

21. Gilles et Jean-Robert Ragache, *La Vie quotidienne des écrivains et des artistes sous l'Occupation*, Paris, Hachette, 1988.
22. Gérard Oury, *Mémoires d'éléphant*, Paris, Olivier Orban, 1988.

4

La carrière d'Yves Montand redémarre pour ne plus jamais s'interrompre au printemps 1941. Il n'a pas encore vingt ans. De ses vrais débuts, hormis le faux départ de 1939 à l'Alcazar, il a précieusement conservé trace. Un album de photographies à couverture cartonnée bleue, relié par un cordon de même couleur, renferme ces pépites dont rêvent les mémorialistes : Montand y a collé, sur le vif, les articles de presse, les programmes, les clichés qui ont jalonné ses années de formation. A feuilleter ce livre de bord, à lire les comptes rendus de plus en plus enthousiastes, à voir grossir le caractère sur les affiches, on mesure avec quelle promptitude le chanteur s'est imposé.

L'album s'ouvre par ces mots, écrits d'une plume appliquée sur la page de garde, à gauche, dans le style naïf d'un gamin de vingt printemps qui vient de gagner le gros lot et n'est guère familier des conventions syntaxiques. D'abord un titre : *Mon journal, critiques et publicités*. Puis un sous-titre : *Mes débuts*. Et une brève narration : « J'ai débuté un samedi soir au Vallon des Tuves, en 1938, à Saint-Antoine. Quel trac ! Mais quelle satisfaction, quelle joie, je découvre enfin ma carrière, ma véritable vie ! Que m'apportera-t-elle ? Mais ce que je ne savais pas, [c'est] que cela fut une carrière de dur travail, d'acharnements et surtout, surtout d'un renouveau continuel... Ma seule consolation, malgré les nombreux obstacles, c'est d'avoir fait succès jusqu'à aujourd'hui. Mais que me réserve l'avenir ? » A côté de cette déclaration liminaire, la signature, et la date : 15 avril 1941.

L'autoportrait, en quelques lignes, est pertinent : ardeur à la peine et inquiétude méthodique (même si le témoin se félicite un peu vite d'avoir toujours « fait succès », gommant l'indéniable traversée du désert que lui ont value deux années de guerre et l'invasion allemande). Que la carrière de Montand commence réellement au printemps 1941, *Le Petit Provençal* en apporte une preuve supplémentaire : la publicité qui annonce une soirée exceptionnelle, le 22 avril, au Bompard-Cinéma, présente l'attraction du jour comme « la nouvelle jeune vedette 1941 ».

Berlingot a mis sur pied une tournée dans la région marseillaise. Son poulain se produit à Miramas, Aubagne, Istres. La première fois que Montand apparaît dans *Artistica*, sorte de guide — à diffusion restreinte, mais non dans le milieu concerné — des spectacles du Midi, son nom se termine par un t. Sous la photo (le chanteur exhibe une coiffure à crans sagement gominée et arbore une magnifique cravate à pois), l'articulet livre ce commentaire avantageux : « Un artiste "né" dans l'imitation. Agé de dix-neuf ans à peine, grand, sympathique, élégant, plein de dynamisme moderne, cet excellent chanteur fantaisiste présente un tour de parfaites imitations. Danseur à claquettes parmi les meilleurs, Yves Montant gravit à pas de géant l'échelle des vedettes... Qu'il continue ! »

Pour le gala d'Istres, Montand est inscrit en première partie. La vedette est une étoile du music-hall, Reda Caire, d'origine égyptienne, qui susurre « *Swing swing*, madame » d'une voix de *crooner* langoureux. Il a débuté au théâtre Mogador, à Paris, dans des opérettes russes. Son triomphe fulgurant le propulse en haut de l'affiche, et il devient le rival de Tino Rossi auprès des midinettes qui chavirent lorsqu'il fredonne d'une voix énamourée :

> Je n'ai pas de guitare pour vous charmer
> Je n'ai rien que mon cœur pour vous aimer...

Sa perruque lui vaut d'être surnommé « la fille aux cheveux de l'autre ». Ce sobriquet provient aussi de ce qu'il est homosexuel et ne s'en cache point. Au contraire. Après le gala, Reda Caire, aimable, propose à Montand de le raccompagner en voiture jusqu'à Marseille, où il habite. Le jeune homme hésite : par ces temps de guerre, les transports en commun n'ont rien de folichon, mais il connaît la réputation du personnage. Il accepte finalement, et, durant tout le trajet, doit repousser du coude la main de Reda Caire qui essaie vainement d'atteindre sa braguette. Un des grands succès de l'entreprenante étoile est *Si tu reviens, ne me demande pas pardon...*

Il revient, effectivement. Malgré cet épisode mouvementé, Montand assiste aux dernières répétitions de la nouvelle revue de la grande vedette et, quelques jours plus tard, accepte une invitation à son domicile; il y déguste d'inoubliables et rarissimes gâteaux en compagnie d'une bande d'homosexuels amusants, raffinés et caustiques.

Au retour de l'une de ses prestations, le 22 juin 1941, sur la terrasse de la maison familiale, impasse des Mûriers, Montand apprend que l'armée allemande a envahi l'URSS. Son père paraît enfin soulagé. Au fond de lui-même, l'antifasciste italien n'avait jamais digéré le pacte germano-soviétique. Montand eut-il le pressentiment que le cours de la guerre en était infléchi? Trois jours plus tard, il se produisait sur la scène de l'Alcazar, et il est vraisemblable que la perspective de subir le grand examen pour la seconde fois occupait totalement ses pensées.

En juin 1939, quand il avait retourné la salle, la soirée était placée sous le patronage d'*Artistica*, qui organisait son traditionnel et annuel championnat. Guerre oblige, en 1940, le concours n'a pas eu lieu. Mais la seizième session du championnat, celle de 1941, est normalement programmée. *Le Petit Provençal* diffuse une photographie en pied d'Yves « Montant », vêtu d'un costume clair et chaussé de souliers noir et blanc. Parodiant Trenet, il porte un chapeau très en arrière et roule les yeux comme son modèle.

Montand réussit au-delà de toute espérance son deuxième test à l'Alcazar. Qu'on en juge à la lecture d'*Artistica* : « Se représente-t-on toute la difficulté qu'il y a à imiter des vedettes telles que Charles Trenet, Fernandel, Maurice Chevalier, qui sont universellement connus? Eh bien, ce fantaisiste donne l'illusion parfaite de les voir défiler devant nous. Et nous pouvons assurer que rien ne manque, car Yves Montand pousse au maximum le souci du détail et de l'imitation... Aussi l'on pense si Yves Montand fit sensation, chez les jeunes surtout, qui ne lui ménagèrent pas les bravos. Ce n'est que difficilement que ce brillant fantaisiste très 1941 put quitter la scène. »

Ce talent d'imitateur qui enchante le public attire également l'attention des professionnels. Moins d'une semaine après le gala de l'Alcazar, Montand signe un contrat avec Audiffred, un imprésario parisien (ses bureaux, dans la capitale, se situent 3, cité Bergère) replié comme beaucoup sur Marseille. Le chanteur ne se rappelle plus de quelle manière le contact s'est établi. Audiffred était-il présent en personne à l'Alcazar ? Y avait-il dépêché quelque assistant afin de repérer les débutants prometteurs ? Toujours est-il que M. Audiffred, avec son manteau en poil de chameau et son standing d'agent d'envergure nationale (une adresse parisienne !), impressionne assez l'enfant prodige de la Cabucelle pour que ce dernier abandonne le régional Berlingot sans états d'âme. Le « transfert » ne s'effectue pas en douceur ; Francis T considère cette rupture comme une « trahison » : il estime que c'est lui, Berlingot, qui a découvert et lancé Montand, lequel s'éloigne au moment où le succès lui sourit.

Mais l'artiste n'est pas de cet avis et s'entête. Il tient sa chance et n'entend pas la laisser filer. Devant une telle obstination, Berlingot s'en va trouver les parents Livi, qu'il connaît de longue date. A bout d'arguments, il réclame une compensation financière. Le garçon est furieux : son ex-bienfaiteur soutire 2 000 francs à ses père et mère, ce qui n'est pas négligeable.

Désormais, Yves Montand s'abandonne aux bons soins d'Audiffred. Le premier engagement est signé le 1er juillet 1941 (sur un petit papier rose à en-tête). Il concerne deux représentations, le dimanche 6 juillet, au Colisée-Plage ; le chanteur, catalogué « fantaisiste », percevra 100 francs — pour les deux séances.

Montand note et commente l'événement sur son album : « Aujourd'hui, j'ai signé un contrat d'exclusivité avec M. Audiffred. Jusqu'à aujourd'hui, je n'ai pas eu à me plaindre. Mais n'oublions pas que, malgré tout, c'est un requin. Malgré tout, de la délicatesse, toujours de la délicatesse, en toutes circonstances... » Le Colisée-Plage est un music-hall en plein air, proche du Prado, qui s'adresse le dimanche à la foule des promeneurs. Ce jour-là, parmi les artistes inscrits au programme, la critique relève le nom de Fernand Sardou dans une imitation de Raimu. Mais, cette fois encore, c'est Montand qui ramasse la mise : « Yves Montand gravit très rapidement les échelons du succès et, dimanche, c'est un des accueils par lesquels le public consacre les vedettes qui lui fut fait. » En marge de la coupure, l'intéressé ajoute, visiblement content de lui : « Pas mal comme critique; pas mal... »

Il est vrai que cela marche fort. En quelques galas, celui qui, six mois auparavant, suait sous le poids des sacs de semoule, acquiert une notoriété suffisante pour qu'on se dispute ses apparitions. A telle enseigne que l'Alcazar le sollicite à nouveau le 13 août 1941 (*Artistica* rapporte que « la révélation 1941 fut formidablement applaudie »). Les 15, 16 et 17 août, Montand passe en attraction au casino d'Hyères, où, selon sa propre estimation, il remporte un « très grand succès ». Enfin, juste après, c'est la consécration : il est demandé à l'Odéon, le music-hall du haut de la Canebière, équivalent de l'Alcazar dans la hiérarchie des salles marseillaises.

Cette fois, il ne s'agit plus de numéros bricolés dans des salles périphériques. *Le Petit Marseillais* annonce « le musicien Philippe Brun et ses 15 virtuoses », en compagnie de « la grande révélation de la saison, Yves Montand ». *Le Petit Provençal* utilise la même terminologie : « révélation de la saison ».

L'Odéon est un sacré tremplin pour qui sait rebondir. Dans son journal, le jeune homme en est clairement conscient : « Ici commence, écrit-il, ma véritable destinée vers?... » Le plus remarquable n'est pas que le succès commence à poindre — après tout, il devait posséder quelques dons — ni que cette ascension se précipite en moins de six mois, mais qu'il s'efforce de n'être point dupe de cette gloire soudaine. Même s'il collectionne avec une fierté naïve les articles le concernant, Montand garde la tête froide et craint que le soufflé ne retombe. Plus il grimpe, plus l'inquiétude le taraude. Ce sera une constante de sa vie : il a besoin, pour se rassurer, de s'assurer. Et ne relâche donc ni son effort ni sa vigilance.

Il consulte une pianiste, Mme Fancelli. Le chanteur doute

de sa compétence, estime son oreille incertaine et son jugement hasardeux. Mais Mme Francelli est mère d'une fille très blonde et très charmante, Mado, elle-même pianiste, dont les « arguments » sont assez solides pour retenir ce dernier. Trois fois par semaine, il s'entraîne aux côtés de la demoiselle. On ignore si ces leçons particulières furent sanctionnées par des progrès rythmiques décisifs.

Et puis, le « formidable fantaisiste » s'avise que ses contorsions sur scène exigent une parfaite souplesse de la machine. Il décide de prendre des cours de danse. On lui a donné l'adresse, rue Fortia, d'un vieux professeur dont la rumeur gage qu'il fit jadis merveille dans les ballets de Saint-Pétersbourg avant la révolution d'Octobre. L'homme, le visage barré d'une moustache farouche, a effectivement consacré sa vie à son art et ne conçoit pas qu'on se présente chez lui en dilettante. Il est dur, impitoyable même, avec ses jeunes élèves. Plus d'une fois, Yves Montand saisit de cruels dialogues entre le maître et une mère l'interrogeant sur les dispositions de sa fillette :

— Elle n'a rien, elle n'a aucun don. La danse, c'est sans pitié. Emmenez-la, votre petite. Elle n'est pas bâtie pour ça.

Cette rudesse ne déplaît point à Montand, qui accepte les exercices avec un tel entrain que l'énergie déployée pallie son inexpérience. Le Russe ne le ménage pas une seconde, mais apprécie l'exceptionnelle détermination de son client. Après quelques mois de bagne, le jeune artiste acquiert une élasticité des articulations, une flexibilité des membres qui lui permettent d'enrichir au centuple ses fantaisies gestuelles. Le vieux professeur est satisfait de son élève. Il consent même à grogner que ce dernier ne serait pas un mauvais danseur malgré sa haute taille.

Montand a perçu l'atout que constitue semblable investissement. Il n'abandonnera jamais le travail à la barre, sachant que cette douloureuse discipline, ingrate, épuisante, inculquée par le tortionnaire de la rue Fortia, façonne l'élégance, la légèreté, la désinvolture, l'éclat du jeu de scène. Quand, promu gloire internationale, il esquisse sur les planches de Broadway, Tokyo ou Rio un de ses pas juste suggérés, le public constate le résultat du travail, mais n'imagine pas ce qu'une pirouette comporte, en amont, de laborieux. Et c'est cela, le métier : retirer les échafaudages, offrir une façade harmonieuse et « toute simple » dont la construction patiente se fait oublier.

Afin que sa panoplie soit complète, Yves Montand, avec le même acharnement, se met en tête d'apprendre l'anglais. Il s'achète une méthode et, dès qu'il en a le loisir, rabâche les phrases types. L'apprentissage est pénible, et les résultats médiocres. Ajoutons à cette liste des grandes découvertes quelques leçons de solfège. Le « fantaisiste » aimerait jouer de la trompette de jazz mais renonce assez vite : les lois internes de l'horlogerie musicale ne sont pas et ne deviendront pas son point fort.

Juste après le succès à l'Odéon, Audiffred engage son poulain dans un spectacle de variétés dont le clou est Rina Ketty, une figure du music-hall déjà bien installée. Montand termine la première partie où se succèdent Joe Laurin, l'homme-phoque, et Thot, un ventriloque. Son nom apparaît en gras sur le programme et ressort presque autant que celui de Rina Ketty. La troupe se produit quatre jours de suite, à partir du 11 septembre 1941, au casino d'Aix. Sur son livre de bord, Yves Montand consigne le 18 : « Jeudi soir : pas satisfait du tout, public très froid. Vendredi soir : satisfait. Samedi : gros succès. Dimanche : satisfait, beau succès. Je tire la conclusion suivante : aucun public n'est froid. Tous ont un point faible. Lequel ? Là est le secret qu'un bon acteur doit découvrir sur-le-champ. »

La « révélation de l'année » enchaîne, à présent, contrat sur contrat. Toujours avec Rina Ketty, Montand, les quatre derniers jours de septembre 1941, part en tournée à Lyon, au théâtre des Célestins. Le premier soir, après le spectacle, il se perd dans la grande ville du « Nord », tourne en rond, ne retrouve plus son hôtel. La nuit est douce, et il dort finalement sur un banc... Si l'on en croit la presse lyonnaise, le néophyte commence à voler la vedette à la vedette. Un des critiques, sous le titre révélateur « Yves Montan"t" et Rina Ketty », ne dissimule pas son enthousiasme : « Il a, par son style si personnel, par sa verve étincelante, par son humour éclatant, conquis une salle pourtant peu préparée à ce genre neuf. L'homme ira loin. Il le mérite. » Toutes les coupures sont de cette veine, et leur recension, au risque d'être lassante, trahit l'incroyable impact de celui qui n'est encore qu'un imitateur talentueux. « Yves Montand obtint un triomphe », rapporte l'un. « Une révélation, nous disait-on ? En effet, le mot n'est pas trop fort », s'exclame tel autre. Renée Lebas, qui assistait au spectacle, confirme que le jeune homme a éclipsé Rina Ketty.

Le public a certainement manifesté une adhésion vigoureuse, puisque l'artiste note dans son journal : « Énorme succès, gros boum. Même à Marseille, je n'ai pas réalisé un succès aussi grand. J'en suis d'autant plus heureux, car le public lyonnais est, paraît-il, semblable au public parisien. » Aurait-il des visées sur la capitale ? Durant ce séjour, Montand passe pour la première fois à la radio et se réjouit de n'avoir pas ressenti un trac particulier.

Il rentre à Marseille, tient l'affiche au cinéma National pendant la première semaine d'octobre, puis est sollicité pour participer au gala de la marine à Toulon. Dans la salle de l'Opéra, la soirée se déroule en présence des autorités civiles et militaires, y compris l'amiral de la flotte. Un chroniqueur local raconte : « Le spectacle fut précédé de la cérémonie des couleurs et, quand le rideau s'ouvrit sur une effigie géante du maréchal Pétain, ce fut une formidable ovation à l'adresse du chef de l'État. » Cette illustre silhouette dans son dos n'empêche pas Montand de chanter avec brio. Malgré la participation de Jean Nohain, qui anime le spectacle, ou de Robert Rocca, qui entame sa carrière de chansonnier, « le triomphe de la soirée a été pour Yves Montand », écrit le principal critique toulonnais, qui signe « le soiriste » et ajoute : « Retenez bien ce nom. Il nous a rappelé Chevalier à ses débuts. »

Giovanni Livi accompagne son fils à Toulon. Il est là, dans les coulisses, l'œil brillant, inquiet avant, ravi ensuite. Avec des mégots ramassés par terre — le tabac est rare —, il a confectionné amoureusement une cigarette pour l'offrir à Ivo dès sa sortie de scène. Après le spectacle, une vente de charité est organisée; on s'arrache une canne ayant appartenu au Maréchal. Pour clore, la musique de la marine joue quelques marches dans un décor approprié : la tourelle d'un cuirassé ornée du portrait de l'amiral Darlan...

Deux jours plus tard, Yves Montand fête son vingtième anniversaire.

En imprésario avisé, Audiffred estime que, désormais, sa recrue s'est suffisamment rodée, qu'elle a remporté assez de lauriers pour occuper une première place. Il prépare pour la fin de l'année une grande revue, plus de trois heures de spectacle, composée d'une quinzaine de sketches et de numéros dont Yves Montand sera la vedette. Ce dernier apparaît sur la couverture du programme : pantalon flottant au pli impeccablement dessiné, veste claire à carreaux, chemise foncée et cravate blanche. La veste à carreaux — inspirée de Cab Calloway —, c'est avec l'argent de ses premiers cachets que Montand l'a achetée « Chez Thierry — le magasin de l'homme chic », une des enseignes réputées de la Canebière. Le cliché l'a saisi main droite levée en un salut amical, et souriant *cheese*, toutes dents dehors.

Sur son carnet bleu, Montand prend acte de son ascension, puisqu'il écrit : « Voici *ma* revue. » Elle s'intitule *Un soir de folie* et entame sa carrière au casino de la Jetée, à Nice, du 30 octobre au 5 novembre 1941. Il s'agit d'un luxueux établissement, construit sur pilotis au milieu de la baie des Anges. Si Montand assure avec le quintette de Philippe Brun la partie musicale de la soirée, le protagoniste des tableaux comiques est une gloire du Casino de Paris, Harry Max, replié sur la Côte d'Azur. Montand se lie d'amitié avec lui. *Un soir de folie* triomphe, et *Le Petit Niçois* salue à son tour la « révélation de l'année ». Après Nice, la revue longe la côte : Monaco, Antibes, Grasse... Partout, bien qu'il ne chante en réalité qu'une trentaine de minutes sur les trois heures que dure le spectacle, Montand est couvert d'éloges qu'il serait fastidieux d'énumérer.

Plus encore que Marseille, la Côte d'Azur a attiré la fine fleur des arts et des lettres. Aragon, Emmanuel Berl, Malraux y ont cherché refuge. Dans les théâtres de la région brillent Madeleine Robinson, Michel Simon, Françoise Rosay, cependant que le fils d'un hôtelier de Cannes, Gérard Philip, ajoute un e à son nom et trouve sa chance dans *Une grande fille toute simple*[1]. D'ici une décennie, Gérard Phi-

1. Gilles et Jean-Robert Ragache, *op. cit.*

lipe et Yves Montand, qui auraient pu se croiser sur la promenade des Anglais, seront fort proches l'un de l'autre.

Enfin, *Un soir de folie* s'installe à l'Odéon de Marseille le 14 novembre. La direction a décidé de promouvoir Montand et ne lésine pas sur les moyens. Une immense affiche orne la Canebière. Elle représente deux silhouettes de l'artiste, l'une, semblable à la photo du programme, en veste à carreaux et pantalon bouffant, l'autre en tenue de cow-boy, ombre portée de la première. Un seul nom, en très gros caractères, barre le panonceau : YVES MONTAND. Les journaux régionaux, *Le Petit Provençal* ou *Le Petit Marseillais*, sont envahis d'encadrés publicitaires. Ça marche. *Artistica* émet quelques réserves concernant la « prononciation défectueuse » du chanteur. Unique fausse note dans un concert triomphal. La recette atteint 184 000 francs.

Et l'on repart vers Nîmes, Saint-Rémy-de-Provence, Istres, Sète, Orange, et Aix de nouveau. Chaque soir, le miracle se reproduit, les spectateurs applaudissent, le numéro est parfaitement au point. Les imitations, à coup sûr, déclenchent les rires, et *Les Plaines du Far West* l'enthousiasme. Lorsque Montand arrive sur scène, le speaker l'annonce dans une envolée emphatique : « Attention, mesdames et messieurs, vous admirez Gary Cooper ou Maurice Chevalier. Ce soir, nous vous présentons encore mieux, encore plus fort. Ce soir, nous vous présentons de la dynamite sur scène : Yves Montand ! »

Les salles sont bourrées. Les Français manquent de tout. Ils ont froid, ils ont faim, ils sont malheureux, alors ils sortent s'amuser. Montand, lui non plus, ne rigole pas tous les jours. Après la représentation, il regagne souvent une chambre d'hôtel minable et froide (Audiffred n'est pas prodigue, s'agissant des défraiements). Les voyages eux-mêmes sont éprouvants. Il faut attendre les correspondances pendant des heures dans des gares perdues, prendre d'assaut les trains bondés. Une vingtaine d'années plus tard, Simone Signoret tournera un film de René Clément, *Le Jour et l'Heure*, dont l'action se situe sous l'Occupation. Une scène, qui se déroule dans un wagon saturé de voyageurs où il est impossible de se frayer un chemin d'un bout à l'autre du couloir, rappellera de façon troublante à Yves Montand ses expéditions anciennes.

Un jour, avec la troupe, il roule en direction d'Arles; Harry Max et lui se retrouvent coincés par la cohue dans le soufflet qui relie deux voitures. La température est si basse que les deux hommes, afin de se réchauffer, rejouent l'un pour l'autre l'ensemble du spectacle. A l'arrivée, la chambre d'hôtel est glaciale. Harry Max conseille à son compagnon de prendre une douche — froide, il n'y a pas d'eau chaude —, puis de se glisser dans les draps. Montand a l'impression d'être enserré dans une banquise. Fraîche rançon des chauds bains de foule.

Yves Montand « fait l'acteur » plus qu'il ne chante vraiment. S'il pousse la chansonnette, il la met d'abord en scène : il a ainsi créé une chanson-sketch, *Et il sortit son revolver*, qui frappe vivement l'assistance, surtout quand le gangster qu'il incarne dégaine pour de bon. Ce qui le séduit principalement, dans un texte, c'est le gisement de mimiques, la potentialité gestuelle que ce dernier contient. Le music-hall demeure pour lui un moyen de gagner ses galons de comédien afin, rêve absolu, de tourner au cinéma. Il dévore les revues spécialisées, en particulier *Les Cahiers du film* que publie Marcel Pagnol. La guerre n'a pas interrompu l'activité des studios voisins du Prado où Pagnol exerce son art (lui-même et sa compagne Josette Day habitent les lieux). L'écrivain-cinéaste a réalisé, courant 1940, *La Fille du puisatier*, avec Raimu et Fernandel. Et la sortie du film, en décembre, au Pathé-Palace, a suscité de longues files impatientes sur le trottoir.

A la fin de 1941, feuilletant *Les Cahiers du film*, Montand découvre une petite annonce : Pagnol cherche des figurants pour un tournage. Il s'agit de *La Prière aux étoiles*, avec Josette Day, Pierre Blanchar, Carette, Pauline Carton, dont les prises de vues ont commencé en août, puis ont été interrompues faute de pellicule. Montand fonce jusqu'aux studios du Prado, apportant sa tenue de scène dans une petite valise. Il est embauché. On reconstitue, ce jour-là, une fête populaire dans un café de banlieue. Assis à une table, les deux personnages principaux conversent. Le « rôle » d'Yves Montand consiste à marcher vers eux, tout contre la caméra qui le filme de dos en travelling avant. Quand il parvient à un mètre de la table, il doit s'effacer et disparaître. La caméra continue sans lui et s'arrête, en gros plan, sur les vedettes. C'est tout. Fugitive apparition qui glisse quelques secondes, mais Montand fond de bonheur. Les projecteurs l'éclairent, l'objectif le fixe. Il s'y sent, il s'y croit.

Et, sur son album, il exulte : « Ce 21 janvier 1942, j'ai fait mes débuts devant la caméra sous la direction de M. Marcel Pagnol. C'était un bout d'essai très réussi, paraît-il. » Au montage, il n'en restera pas grand-chose. Mais un assistant qui a reconnu la « révélation de la saison » avertit Pagnol, qui demande au figurant de chanter. Montand n'hésite pas, enfile son costume et débite trois chansons dans la salle de projection trop exiguë. Le metteur en scène lui prodigue les encouragements d'usage. Une dizaine d'années plus tard, Montand et Pagnol deviendront amis (Simone Signoret et Jacqueline Pagnol ont fréquenté le même lycée).

La vie de Montand est ainsi formée de cercles qui ne cessent de se recouper ; lorsqu'il tournera, presque un demi-siècle après, *Jean de Florette*, le « Papet » aura la surprise de voir débarquer un vieux monsieur qui lui montrera des photos prises ce jour de janvier 1941, tandis qu'il chantait. Ces photos, *Les Cahiers du film* les ont utilisées dans la livraison de février 1942 pour illustrer un article intitulé « Ils sont tous *swing* ».

Inspirée du jazz, la musique *swing* devient effectivement, en ce début 1942, un véritable phénomène. Lancée par le *Je suis swing* de l'ancien complice de Charles Trenet, Johnny Hess, la nouvelle mode revêt des allures contestataires envers l'ordre vichyssois. Au point que la presse la plus engagée dans la collaboration réagit. *La Gerbe* fulmine contre le « venin de l'américanisme », contre la « folie du jazz nègre puis du *swing* », enfin, contre la « contagion de notre jeunesse par les cocktails-parties »... Un néologisme désigne la maladie : l'« américanite ».

Les Cahiers du film adoptent un ton fort différent et dépeignent « la folie du jour » comme une manière d'être qui s'exprime avant tout dans l'habillement : chapeau à larges bords, cravate étroite, veste ultra-longue et pantalon court. Sous l'étiquette *swing* sont rangés Charles Trenet ou Django Reinhardt, plus, naturellement, Montand : « Et voici un professionnel du *swing*. Il s'agit d'Yves Montand qui exhibe ses dons d'excentrique sur les grandes scènes. Comme il n'a pas de partenaire, il grimace, se tord, hurle, glisse, se désarticule pour deux. Il est *swing* des pieds à la tête, et comme il mesure un mètre quatre-vingt-six, ses trémoussements, ses frissons *swing* n'en finissent pour ainsi dire plus. » A l'échelon national, le magazine du spectacle *Vedettes*[2] consacre, lui aussi, un article au « *swing* des temps » et interroge : « Être *swing* ou ne pas être *swing*, en ce moment, c'est toute la question ! Êtes-vous *swing* ? C'est-à-dire, êtes-vous, non pas dans le mouvement, c'est vieux jeu, mais dans le rythme ? »

Montand va connaître, ce même mois, un rythme plus cadencé, mais pas au sens où l'entendent ses journaux préférés. La fulgurante carrière de celui que la presse régionale nomme le chanteur *swing* entre tous est brusquement interrompue par une convocation aux Chantiers de la jeunesse.

Dans son effort de « redressement national », afin d'inculquer de nouvelles valeurs à un pays qui s'était laissé moralement désarmer, le gouvernement de Vichy voue une attention particulière aux jeunes, qu'il souhaite discipliner et embrigader. Les Chantiers de la jeunesse constituèrent, sur cette lancée, l'un des projets les plus aboutis. A l'origine se trouve le général de La Porte du Theil qui, en juin 1940, a reçu mission de s'occuper des 100 000 conscrits mobilisés à la hâte pendant la débâcle. Ils n'ont pas eu le temps de combattre et, en guise de consolation, sont expédiés dans des camps en pleine nature. « Le résultat obtenu — notamment la transformation physique et morale de ce premier contingent de jeunes — apparut si encourageant que le Maréchal promut les Chantiers à une activité permanente et les dota d'un statut définitif par la loi du 18 janvier 1941. » Ce fier constat est dressé dans un numéro spécial de la revue *Espoir français* en décembre 1942.

Tous les jeunes garçons de vingt ans habitant en zone sud sont donc astreints à une sorte de service national de huit mois. Incorporés dans la région où ils résident, ils sont

2. 28 mars 1942 ; Edwige Feuillère fait la couverture.

acheminés vers des camps et affectés à des travaux d'intérêt collectif, notamment forestiers et agricoles.

Sommé de se présenter au groupement 17 d'Hyères-Ville, Ivo Livi part le 13 mars 1942[3]. Le camp d'Hyères est établi près de la plage du Centurion, sur un ancien marais asséché — c'est dire qu'il n'offre pas un confort exceptionnel. Des flaques d'eau boueuse entourées de roseaux forment l'essentiel du décor. Les conscrits dorment dans des baraques en bois, dépourvues de chauffage et infestées de puces et de punaises. A peine arrivé, Montand, dont la notoriété est vaguement parvenue jusqu'aux militaires de l'encadrement, est versé dans le groupe 8, la « section artistique » chargée de l'animation des soirées autour du feu de camp.

Il se lie avec ses deux voisins de baraque, Mourchou, un cultivateur de Carqueiranne, et Derderian, un Arménien, camionneur chez Catox et militant de la Jeunesse ouvrière chrétienne. Cette cohabitation a marqué Derderian pour la vie. Un demi-siècle après, il raconte fort en détail ces mois passés aux côtés de Montand : « Il dormait dans le lit du haut et moi dans celui du bas. On a bien rigolé. Parfois, nous nous levions la nuit, et nous allions faire du tapage près des autres baraques. Les gars se réveillaient en sursaut. Comme j'étais croyant, le jour de Pâques, j'ai proposé de prier en plein après-midi alors que nous étions en train de faire du terrassement. Montand a dit : "Je ne crois pas, je ne vais pas prier : d'abord, je ne sais pas. Mais, pendant la prière, je vais penser à mon frère qui est prisonnier en Allemagne. Peut-être que ce sera bon pour lui !..." »

Les chefs font régner sur le camp une discipline militaire. Le matin, les appelés se rassemblent pour la cérémonie du lever des couleurs et entonnent *La Marseillaise*. Ils portent l'uniforme. La tenue de travail — pantalon et blouson — est de teinte « vert forestier ». La tenue de ville comporte un blouson de cuir havane foncé et des jambières en cuir fauve. Le béret est également « vert forestier ». Ainsi accoutré, Montand, dépassant ses compagnons d'une tête, paraît quelque

3. Témoignage de R. Pizzo, secrétaire de l'Association des anciens des Chantiers de la jeunesse, délégation régionale de Provence, 20 juin 1989.

peu ridicule, si l'on en juge d'après les photos conservées. Le béret qu'il porte très en arrière lui vaut un air gentiment ahuri. Sur l'un de ces clichés où tout le groupe est rassemblé, il est le seul à agiter joyeusement le bras (on ignore s'il exprime une réelle satisfaction ou — hypothèse la plus vraisemblable — s'il fait le pitre). Et, sur un autre document, il arbore un short scout, une paire de godillots, d'où s'échappent jusqu'aux genoux des chaussettes épaisses, et s'étrangle le cou avec une cravate sombre. L'ensemble est assez grotesque. Montand semble ne point en être dupe et laisse pendre sa mâchoire inférieure, parodiant les idiots de village.

Les jeunes du Chantier apprennent à marcher au pas, à évoluer en rang. L'exercice physique est prescrit à profusion. Une autre série de photographies montre Montand au milieu d'une bande de garçons exécutant des mouvements au sol, des tractions. Il est debout sur le côté, bras croisés, et contemple le spectacle.

De temps en temps, on réunit les stagiaires devant une immense francisque en carton afin d'exalter les vertus de la « révolution nationale ». Un gradé leur administre un discours énergique ponctué d'édifiantes pensées du Maréchal : la France s'est trop affaiblie dans les « turpitudes » et les « plaisirs »; il faut remuscler le cœur et le corps de ses fils. Les sections d'Hyères manient donc la pelle et la pioche, creusent des trous, désherbent, assèchent les marais. Il semble que Montand se soit adonné aussi mollement que possible à ces viriles occupations.

La vérité est que Montand, comme les autres, s'ennuie à mourir. Il se morfond dans ce coin de marais perdu, loin des feux de la rampe. Le « joyeux fantaisiste », le chanteur-mime qui est de « la dynamite sur scène », subit vaille que vaille la lenteur de ces jours et se venge en inventant des coups tordus avec ses copains, des blagues stupides.

Le Chantier de la jeunesse n'est en effet ni un camp de concentration ni un bagne. Hormis le sentiment de ne servir absolument à rien — sentiment conforté par les ordres ineptes de certains cadres —, ce dont souffre le plus Montand, c'est de la faim. La nourriture octroyée aux jeunes gens, en cette période de disette, ressemble par trop aux menus que le petit Ivo Livi a connus jadis : soupes claires, légumes bouillis, ragoûts indéfinissables. Alors, chacun se débrouille comme il peut, à la fortune des colis envoyés par les proches. Mourchou, en particulier, est une bénédiction pour ses camarades, grâce aux produits de la ferme familiale. Derderian assure qu'Yves Montand a reçu, à plusieurs reprises, des vivres en provenance d'une admiratrice, une sage-femme, qui est même venue lui rendre visite au camp.

Se procurer de la nourriture reste l'obsession numéro un jusqu'à ce que Montand et son acolyte Derderian, surnommé « Der » pour aller plus vite, trouvent des alliés charitables.

« Un jour, raconte Derderian, nous déambulons à travers le camp et, par hasard, nous passons près des cuisines. Le chef était en train de lancer des morceaux de pain à un chien. Nous nous approchons et, à travers la fenêtre ouverte, nous voyons sur la table des morceaux de pain rassis. Montand me pousse du coude.

— Demande-lui un morceau.

— J'ose pas.

« Il insiste et je me décide :

— Chef, on ne pourrait pas avoir un bout de pain ?

— Le pain, mais pour quoi faire ? il est rassis.

— On a faim.

— Vous avez faim ?

« Il se tourne vers son adjoint :

— Ils ont faim.

« Il n'en revient pas. Il nous fait entrer dans la cuisine et ferme la fenêtre. Ce jour-là, il avait préparé de la daube et il nous en sert plusieurs louches. Par la suite, il nous donna régulièrement du ''pain''. »

L'anecdote, copieusement grossie, se transformera ultérieurement, dans maints articles ou livres, en une héroïque razzia nocturne pour forcer les portes des cuisines.

Outre les crampes de leurs estomacs vides, les stagiaires redoutent les agressions des bestioles qui pullulent sur ces terres malsaines. Les puces et les punaises se faufilent partout, et, le soir, il faut s'endormir en quelque secondes dans les « sacs à viande » (changés tous les quinze jours) avant que les démangeaisons ne commencent, quitte, le matin, à dresser l'inventaire des cloques de la nuit. Lassé d'être mué en gibier, le petit groupe auquel appartient Montand décide une vaste contre-offensive. Les garçons collent deux châlits l'un contre l'autre et assemblent des planches à la largeur voulue, flambent avec une bougie les moindres interstices, afin de détruire l'ennemi, et placent les pieds des lits dans des bassines d'eau. La plate-forme ainsi délimitée jouira d'une tranquillité complète : aucun insecte rampant ne saurait s'y aventurer, à moins d'apprendre à nager.

A part *La Marseillaise* matinale, la « révélation 1941 » ne chante guère au Chantier, malgré son affectation à la « section artistique ». Lors des marches, Montand gueule *Elle aime à rire, elle aime à boire* comme tout le monde. Jo Calvi, un Corse « à la voix de velours », a, lui, pour spécialité *Abel, mon frère, implore Dieu qui t'aime*...

Pourtant, l'artiste parle à « Der » de sa carrière naissante. Chaque matin, dans la perspective d'un retour sur scène, il s'inflige à titre personnel (sur ordre, cela lui déplaît) des exercices d'assouplissement. Et son copain, ébahi, lui promet :

— Tu seras le Clark Gable français !

Au cours d'une permission, les deux garçons vont écouter Maurice Chevalier qui passe aux Variétés. Pendant l'entracte, ils frappent à la loge de la vedette, qui les reçoit chaleureusement. De ce premier contact avec le géant de « Ménilmuche », Montand retient surtout, outre le charme légendaire, deux détails : la couperose et les mains blanches du maître (il était habitué aux pognes durcies des travailleurs manuels). Selon Derderian, « Maurice » donne des conseils amicaux : la chanson est un métier difficile qui exige travail et persévérance. Chevalier prêche un converti...

Les permissions, Montand s'en accorde d'ailleurs plus souvent qu'à son tour. « Il fallait sans cesse envoyer des télégrammes au Chantier annonçant le décès de la grand-mère ou l'agonie de la tante. Dès qu'il le pouvait, il s'échappait », confirme Lydia Ferroni. Lors d'une permission « ordinaire », le 13 juin, il chante à l'Opéra de Marseille dans un gala organisé par l'amicale du *Petit Marseillais* où se produit également Fransined, le frère de Fernandel. La revue *Artistica* signale à ses lecteurs qu'à l'occasion de son traditionnel championnat théâtral «le sympathique et talentueux fantaisiste *swing* Yves Montand a fait parvenir un don de 300 francs en faveur des lauréats du concours». Et l'articulet ajoute : «Nous sommes d'autant plus sensibles au geste de notre ami que celui-ci accomplit actuellement son stage aux Chantiers de jeunesse à Hyères. Yves Montand prouve ainsi qu'il n'oublie pas les débutants.» Démentant les craintes du conscrit, le monde du music-hall ne l'oublie pas.

A la veille de l'été 1942, lors de la fête de Jeanne d'Arc, les appelés des Chantiers sont mobilisés pour animer, à Marseille, un grand rassemblement patriotique. Les festivités débutent par les trois jours de marche nécessaires pour rallier la cité phocéenne. La fête se tient au stade-vélodrome devant un parterre d'officiels. Les jeunes gens, affublés de shorts et de chemisettes, ont les bras et les jambes peints en rose ou en vert, suivant qu'ils sont censés représenter des Français ou des Anglais dans la grandiose évocation des hauts faits de la pucelle. Bouter ou non les Anglais hors de France pourrait bien, à l'occasion, redevenir d'actualité... Enfin, le lendemain, devant les troupes qui ont endossé leur uniforme réglementaire, immobilisées au garde-à-vous en plein soleil, un messager de Vichy dévide longuement son sermon de circonstance.

Le 22 juin, premier anniversaire de l'invasion de l'URSS, Pierre Laval, chef du gouvernement de Vichy, lâche une phrase inoubliable : «Je souhaite la victoire de l'Allemagne, parce que, sans elle, le bolchevisme s'installerait partout.»

A l'été 1942, le sort de la guerre se joue sur plusieurs gigantesques théâtres. Le Reich s'estime encore capable de l'emporter militairement : la bataille de l'Atlantique tourne en sa faveur, car les sous-marins de la Kriegsmarine envoient par le fond des centaines de milliers de tonnes de matériel. En Afrique du Nord, la Wehrmacht avance vers El-Alamein — qui ouvre la route du Caire. Dans les plaines du Caucase, les divisions blindées marquées de la croix gammée ont Stalingrad pour objectif. Les Russes reculent sur des centaines de kilomètres. A Hyères, la majorité de l'encadrement ne cache pas ses sympathies et apostrophe les stagiaires :

— L'Armée rouge est foutue, balayée. La Russie a perdu.

Ce constat — qui apparaît alors comme une évidence —,

le Montand/Livi de Monsummano et de la Cabucelle, le gosse né et grandi dans le communisme, refuse de l'admettre. Même lorsqu'il voit aux actualités cinématographiques des milliers de soldats soviétiques morts ou prisonniers, il est persuadé que ces images relèvent de la propagande. Sans connaissance aucune de ce qu'il advient sur le terrain, il parie que l'Armée rouge gagnera la guerre. Ce n'est pas une analyse, c'est un article de foi, venu de fort loin.

L'été s'étire, interminable. Les fines plaisanteries (se coller des barrettes sur les épaules et faire lever les nouvelles recrues, la nuit, pour des marches punitives) n'arrachent plus Montand à son désœuvrement. Les dernières semaines sont les pires, inutiles et traînardes. Sitôt libéré, en octobre, il arrache le béret vert et le pantalon de golf. Il vient d'atteindre sa majorité.

Après la guerre, une ordonnance du 10 octobre 1945 validera les mois passés dans les Chantiers de la jeunesse comme temps de service militaire actif. Les jeunes gens concernés seront invités à accomplir six mois sous les drapeaux pour être quittes de toute obligation. A l'époque, Yves Montand n'en est bizarrement point averti. C'est seulement en 1957 que les autorités militaires convoquent le citoyen Livi, dit Montand, lequel n'a pas satisfait pleinement aux exigences de l'armée. L'artiste a alors trente-six ans, il est en pleine gloire, et le voici au conseil de révision, tout nu à côté de jeunes gens qui ont vingt printemps de moins que lui et sont un peu étonnés de le découvrir parmi eux. Quand il entre dans la pièce où siège un quarteron de gradés, on lui demande de se placer au milieu d'un rond tracé à la craie. Un instant décontenancé par le ridicule de la situation, Montand choisit de la renverser. Il effectue un tour sur lui-même avec une extrême lenteur, comme s'il dansait au ralenti ou présentait une collection de haute couture, puis fixe les officiers droit dans les yeux, souriant, jusqu'à ce qu'ils en soient gênés.

Dès qu'il est rendu à la vie civile, Audiffred le reprend en main. Le temps d'une courte répétition, et l'Odéon annonce son retour. En vedette. Le séjour aux Chantiers n'a nullement altéré la cote de Montand qui repart en fanfare. Audiffred a maintenant pignon sur rue à Marseille — il a loué des bureaux sur la Canebière, au numéro 82. Il signe avec le jeune homme des contrats mirobolants : 500 francs par jour pour une tournée de dix jours, du 5 au 15 décembre 1942, dans le Sud : Perpignan, Béziers, Montpellier, Nîmes, Avignon... et enfin Lyon où le cachet s'élève à 800 francs.

Les clauses particulières du contrat, sous la rubrique « publicité », stipulent : « M. Montand aura à l'affiche la vedette américaine et son nom sera plus gros que tous les autres artistes ou attractions portés à l'affiche, sauf en ce qui concerne M. Max Régnier qui aura la grande vedette. »

En l'espace d'une seule soirée, le 23 décembre 1942, l'artiste empoche 1 500 francs, et les « conditions spéciales » précisent que « M. Yves Montand aura droit à la grande première vedette sur toute publicité et affiche. Son nom devra être inscrit en caractères au moins trois fois plus gros que tous les autres noms l'accompagnant au programme ».

Enfin, du 29 décembre au 3 janvier 1943, Montand chante de nouveau au théâtre des Célestins, à Lyon, pour 800 francs par jour. Il a droit « à la vedette américaine sur toutes publicités et affiches ». Pour l'époque et pour le fils de Giovanni Livi, ces sommes sont fort respectables. Ivo a réalisé son rêve et rempli son contrat vis-à-vis de lui-même : gagner son pain en chantant. Cette aisance pécuniaire l'entraîne à commettre quelques faux pas. Ainsi à Lyon. Il confesse dans son album bleu une mésaventure qui ne sera pas la dernière : « Ça a très bien marché pour moi, mais, pour la première fois de ma vie, je joue au poker ; en une heure et quart, on me barbote 2 500. Je touchais alors 800 francs par jour. Je suis rentré à Marseille avec 400 francs... Je revois ma mère (... !). »

Depuis novembre 1942, la relative quiétude dont jouissaient les Marseillais a pris fin. Trois jours après le débarquement américain en Afrique du Nord, Hitler informe Pétain qu'« à son grand regret » il a donné l'ordre d'occuper « temporairement » la zone sud[4]. Vichy obtempère, l'armée reste sagement dans ses casernes, la flotte de haute mer se saborde, le 27, en rade de Toulon. Le maréchal von Rundstedt accorde aux vaincus de 40 un *satisfecit* complet : « L'armée française, loyale, aide les troupes ; la police française est empressée et pleine de bonne volonté ; l'attitude de la population est le plus souvent indifférente, excepté les régions de Marseille et de Roanne, ouvertement hostiles[5]. » L'État français n'est plus qu'une fiction dont la persistance dépend entièrement d'Hitler. Marseille va connaître l'occupation.

Un des derniers jours de novembre 1942, Montand, pour la première fois, aperçoit des soldats allemands. Ou, plutôt, il les entend. Il est en train de remonter la rue déserte qui conduit à la maison de Mado Francelli, la pianiste chez laquelle il répète en vue d'une prochaine tournée avec Max Régnier, lorsque, derrière lui, il perçoit un bruit de bottes sur le pavé. Le chant martial emplit soudain la rue :

— *Heili, heilo*…

Montand songe que ce chœur ne manque pas d'allure. En même temps, il se raidit, se force à ne point se retourner. Il veut marcher droit, avec naturel, feindre de ne pas entendre. Le *Ha ha ha ha ha ha* des vainqueurs sonne comme un ricanement, une provocation insolente et dissuasive (la « chorale », semble-t-il, est déplacée en camion à travers l'agglomération, donnant aux autochtones l'impression d'une omniprésence absolue).

Avec les Allemands, le climat change. Des « saucisses » gonflables protègent le port des bombardements aériens. L'« hostilité de Marseille » relevée par von Rundstedt, les envahisseurs ne la tolèrent pas longtemps. La ville paie d'un prix démesuré son insoumission. Quinze jours à peine après l'arrivée de la Wehrmacht sur la Canebière, le 2 décembre 1942, deux bombes endommagent l'hôtel Astoria et l'hôtel Rome et Saint-Pierre — où un Allemand est tué. Le 3 jan-

4. J.-P. Azéma, *op. cit.*

5. Cité par E. Jäckel, *La France dans l'Europe de Hitler*, Paris, Fayard, 1968.

vier, c'est au tour de l'hôtel Splendid, réquisitionné par l'état-major, d'être visé. L'explosion provoque la mort de deux personnes. Dans la même journée, une maison close est choisie pour cible : les soldats vert-de-gris s'y bousculaient.

Ces attentats répétés et précis ont-ils provoqué la colère du Führer ? Le 5 janvier, afin d'orchestrer les représailles, Berlin délègue à Marseille le général Karl Oberg, grand patron de la police allemande en France. Celui-ci annonce ses intentions, dès le 14 janvier, à son « collègue » Bousquet, secrétaire général de la police de Vichy, et aux autorités préfectorales : « Marseille est un repaire de bandits internationaux. Cette ville est le chancre de l'Europe, et l'Europe ne peut vivre tant que Marseille ne sera pas épurée. Les attentats du 3 janvier où les soldats du Grand Reich ont trouvé la mort en sont la preuve. C'est pourquoi l'autorité allemande veut nettoyer de tous les indésirables les vieux quartiers et les détruire par la mine et le feu[6]. » Les officiels français déclarent comprendre les inquiétudes allemandes et obtiennent l'autorisation de mener les opérations eux-mêmes.

Le quartier visé est donc celui du Vieux-Port, le centre historique de Marseille, entrelacs de ruelles étroites bordées de maisons hautes où vit depuis des siècles le petit peuple des travailleurs de la mer, pêcheurs et dockers. Comme la plupart des quartiers modestes de la cité, le Vieux-Port est une sorte de village, pittoresque, grouillant, riche en accents et anecdotes. Il s'est aussi taillé la réputation d'un « secteur chaud » — du côté de la rue Saint-Laurent, les marins en goguette trouvent de quoi éteindre leur vague à l'âme. Les prostituées et leurs protecteurs pullulent dans ce périmètre (mais ce n'est pas une exclusivité du lieu). Une gazette municipale le déplore sans nuance et qualifie l'endroit d'antre des enfers : « Un des cloaques les plus impurs où s'amasse l'écume de la Méditerranée, triste gloire de Marseille, dans une décrépitude et un degré de pourriture dont, en l'ayant à peine vu, on pourrait se faire une idée; il semble que la corruption,

6. Cité par Anne Sportiello, « Le Vieux-Port de Marseille à l'heure allemande », in *L'Histoire*, 16 octobre 1979.

la lèpre gangrène jusqu'aux pierres... C'est l'empire du péché et de la mort[7]. »

Les occupants sont donc décidés à « nettoyer ce cloaque ». La réputation licencieuse du Vieux-Port n'est pas la seule explication de pareille volonté : dans ce dédale de venelles et de maisons enchevêtrées se cachent des juifs, des résistants, des clandestins et aussi des déserteurs de la Wehrmacht. C'est là que s'affirme la vocation « cosmopolite » de la ville, là qu'un mélange de races — odieux au regard des nazis — défie les préceptes des nouveaux seigneurs. Le 23 janvier se déclenche une opération d'une ampleur semblable à celle de la rafle des juifs parisiens entassés dans le Vel'd'Hiv' au mois de juillet précédent. Un régiment de SS boucle le quartier avec des automitrailleuses et ferme les rues au moyen de barbelés.

Le lendemain, la police française procède à l'évacuation totale des domiciles. Chassés de chez eux, n'emportant que le minimum de bagages, les habitants sont contrôlés pendant deux jours entiers : 40 000 personnes subissent une « vérification », près de 6 000 sont arrêtées (dont 4 000 sont relâchées presque aussitôt). Les autres sont embarquées dans des tramways réquisitionnés : après avoir transité par un camp de regroupement proche de Fréjus, beaucoup seront déportées vers Buchenwald ou Mauthausen. Le 1er février, les artilleurs allemands minent les maisons vides. Le journal *Signal* raconte la suite : « A 12 heures, un coup de clairon retentit sur le quai : un officier allemand casqué sort en courant d'une ruelle. Pendant quelques secondes, le quai reste désert. Puis une détonation énorme : les cloches du vieux bâtiment gothique au pied de Notre-Dame-de-la-Garde commencent à sonner : le déplacement d'air les a mises en branle. Un nuage de poussière blanche s'élève. De petites ombres noires disparaissent. Ce sont les rats qui fuient. Une grêle de pierres tombe du ciel : six maisons s'écroulent d'un coup[8]. »

Au bout de deux semaines, 1 500 édifices ont été détruits. Du vieux Marseille, si animé, ne subsistent que 14 hectares de ruines. Les Allemands, dans leur rage, n'épargnent pas le fameux pont transbordeur construit en 1905, chef-d'œuvre

7. Louis Gillet, in *Marseille*, 21 octobre 1942.
8. *Signal*, édition spéciale de la *Berliner illustrierte Zeitung*, avril 1943.

de l'architecture métallique que le correspondant de *Signal* juge « aussi célèbre que la tour Eiffel ou Greta Garbo ». Montand est saisi, quand il vient mesurer sur place l'ampleur du désastre, par la béance de cet énorme trou. On dirait le résultat d'un bombardement. Sous prétexte d'« éradiquer la gangrène », les autorités d'occupation, servilement assistées par celles de Vichy, ont souhaité démontrer qu'elles contrôlent pleinement l'ancienne zone libre. La guerre, cette fois, atteint vraiment les rivages de la Méditerranée. Mais, au moment même où les nazis paradent sur les décombres du Vieux-Port, d'autres capitulent dans les gravats de Stalingrad. Le 30 janvier 1943, le général Paulus (auquel Hitler, la veille, a fait parachuter son bâton de Feldmarschall) se rend aux Soviétiques. La bataille de Stalingrad a duré six mois, et coûté la mort de 147 000 soldats allemands et de 46 700 soldats russes. La victoire de l'Armée rouge marque le tournant de la guerre. Elle marque aussi l'existence de Montand d'une empreinte indélébile : elle explique, pour une bonne part, son engagement politique ultérieur — il y aura, désormais, une « génération de Stalingrad ».

En 1943, Yves Montand habite toujours chez ses parents. Par crainte des bombardements (d'avion, la Cabucelle est proche du port) et afin que le petit Jean-Louis soit en sécurité, la tribu Livi a loué un appartement vers Notre-Dame-des-Limites. Le soir, la famille va y dormir, mais, dans la journée, Lydia continue de travailler à son salon, impasse des Mûriers. Montand juge cet arrangement fort opportun : il lui permet de ramener ses conquêtes, la nuit, dans la maison familiale. Les succès à l'Odéon et ailleurs lui en valent d'autres, selon le témoignage de sa belle-sœur Elvire : « Alors là, il changeait tout le temps. Et quand on n'était pas là, il invitait des filles. Il a vraiment fait les quatre cents coups. » Lydia Ferroni se rappelle également un défilé de jeunes demoiselles qui se présentaient au salon de coiffure et s'enquéraient de son frère. L'intéressé, sans démentir, se montre plus modeste.

Je n'avais pas de petite amie attitrée, pas de liaison stable. Au gré des tournées, évidemment, je faisais des rencontres. C'était la guerre, j'avais un peu plus de vingt ans, je commençais à posséder une petite notoriété et j'en profitais. J'ai chanté dans une boîte qui s'appelait Le Maxim's, et il y avait là une blonde charmante... Je me souviens également d'une speakerine sublime et tendre qui portait des bas résilles. C'était à Cannes : j'étais si fébrile, si frustré d'une femme, que je me suis escrimé à cinq ou six reprises durant la nuit sans la satisfaire. Elle m'encourageait gentiment, pourtant. Mais l'excès de désir provoque souvent l'effet inverse. Évidemment, pour un macho latin, c'était une situation fort embarrassante.

Malgré son nom imprimé en grand sur les affiches, sa veste à carreaux et son mètre quatre-vingt-six, Montand reste, pour la famille, le petit Ivo qu'on doit protéger. Lui est passablement fier, maintenant qu'il gagne quelque argent, de contribuer au salut de la maisonnée (sauf lorsqu'il gaspille son cachet au poker). A l'orée de la guerre, les Livi ont survécu chichement grâce aux indéfrisables de Lydia, qu'elle troquait contre de la viande ou de l'huile, tandis que Giuseppina, la mère, fabriquait du pain. Mais il arrivait que la soupe fût à base de cosses de fèves. Ensuite, les galas d'Yves améliorent les menus, quoique le rationnement n'autorise guère de folies. Ils permettent aussi d'alourdir les colis expédiés à Julien.

Le grand frère donne épisodiquement de ses nouvelles sur les cartes laconiques tolérées par la censure ; il a travaillé dans une grande ferme près de la Baltique, puis dans une raffinerie de sucre avant d'être transféré vers une usine d'aviation. « Un jour, dans un paquet, raconte Julien Livi, j'ai reçu une coupure de presse avec une photo où l'on voyait mon frère sur scène et une partie de l'assistance, fort nombreuse. J'avais appris qu'il chantait, mais je n'imaginais pas ce que cela signifiait réellement. Et là, quand j'ai vu tout ce monde qui le regardait, je n'en suis pas revenu. J'ai montré l'article à mes camarades de détention. "Vous vous rendez compte, c'est mon frère, c'est pas vrai, ce petit con!" Bref, j'étais ému.»

Ultérieurement, lors des bombardements alliés sur Hambourg, qui feront 140 000 victimes, le prisonnier sera réquisitionné pour extraire des caves les cadavres civils. Giuseppina, la *mamma*, souffre d'être ainsi séparée de son aîné; elle se console en élevant son petit-fils, Jean-louis, et en veillant de près à ce que sa belle-fille, Elvire, ne sorte jamais seule le soir. Lydia la «chaperonne» pour aller au cinéma. Giovanni, lui, a d'autres préoccupations.

Un soir, rentrant impasse des Mûriers, Yves Montand grimpe jusqu'à la salle à manger du premier, une pièce rarement utilisée l'hiver, car elle n'est pas chauffée. C'est là, dans une armoire-vitrine, que la mère garde les trésors familiaux, le service que Lydia a reçu en cadeau de mariage et qui ne sert que dans les grandes occasions (autant dire jamais, en temps de guerre). Pénétrant dans la pièce glaciale, le jeune homme est étonné de découvrir son père jouant paisiblement aux cartes avec trois hommes, autour d'une bouteille de vin. L'intrusion du garçon ne paraît guère troubler la partie. Montand ne comprendra que beaucoup plus tard ce dont il a été le témoin : les cartes, le vin, les verres sont autant de leurres destinés à tromper un intrus. Ce qu'il a surpris, c'est une réunion clandestine.

Giovanni n'a pas interrompu son activité politique durant l'Occupation. Ragaillardi par l'entrée en lice de l'URSS, galvanisé par la victoire de l'Armée rouge à Stalingrad et le débarquement allié en Afrique du Nord, le communiste Livi appartient à un réseau d'antifascistes italiens. La discrétion, sur ces matières, est demeurée chez lui une seconde nature, et il est extrêmement difficile de reconstituer son action, sinon en recoupant bribes et allusions qu'il a chichement livrées, même après le conflit mondial. Il imprimait des tracts sur une ronéo clandestine et les diffusait dans la région marseillaise. Cela, on le sait par une anecdote : il devait livrer une rame de littérature subversive à Martigues, et, bien que l'autocar fût complet, il effectua le trajet (35 kilomètres), cramponné à l'arrière du véhicule, en plein hiver, les mains gelées. L'impasse des Mûriers est un refuge sûr ; la maison Livi sert de point de rendez-vous, de lieu d'hébergement, de boîte aux lettres. Lydia Ferroni : « Quand je travaillais au salon de coiffure, souvent, un homme poussait la porte et demandait : ''Elle est arrivée, Marie-Louise ?'' Je répondais : ''Oui, oui, elle vous attend.'' Et il montait. Un mot de passe, je ne savais rien de plus. On m'aurait torturée, je n'aurais pu avouer autre chose. »

Le 8 possède deux entrées (ou deux sorties). Avec un commerce, par surcroît, au rez-de-chaussée, les allées et venues échappent à la suspicion. En outre, les Livi ont conservé l'accès à leur première maison, au numéro 7 : normalement, elle est inoccupée, mais il est aisé d'y loger un visiteur. Montand se rappelle être allé, par deux fois, porter de la soupe et du pain à des *compagni* de passage qui dormaient sur un matelas posé à même le sol. Il se doutait bien que ces hommes dont le visage tendu et les yeux inquiets l'impressionnaient étaient des illégaux, mais, pas plus que Lydia, il ne posait de questions.

Selon Julien Livi, qui a recueilli quelques confidences de son père après la Libération, les clandestins hébergés à la Cabucelle étaient des hauts responsables du Parti communiste italien (parmi lesquels, au moins une fois, un adjoint direct de Togliatti). Giovanni Livi, en tout cas, s'est doté d'une solide couverture : un emploi administratif à la Casa d'Italia, sorte d'officine munie de toutes les bénédictions mussoliniennes et chargée de s'occuper très officiellement des Italiens résidant en France. A ce titre, il possède un précieux laissez-passer.

Le propriétaire du bar des Mûriers, le Piémontais Garone, l'homme à la superbe traction avant, le beau-frère de Bruna, se doute que son voisin Livi emprunte des chemins détournés. Depuis son café, il lui est arrivé d'observer des visiteurs qui rasent les murs avant de frapper au 8. Garone est un admirateur des *Fasci*, mais il se tait, par solidarité d'origine ou par convivialité de quartier. Quand, à la Libération, il sera inquiété en raison de ses penchants idéologiques, Giovanni Livi se présentera comme témoin à décharge.

Le père de famille s'est soigneusement gardé de recruter des auxiliaires sous son propre toit. Rentré de captivité, Julien s'en étonnera. « J'ai posé la question à mon père : "Au fond, à la maison, vous aviez une cellule toute prête à fonctionner, toi, André (Ferroni), Yves..." Il m'a répondu : "Tu te trompes. Ce n'est pas si simple. Dans la clandestinité, il faut à tout prix respecter le cloisonnement et commencer à sa porte." Naturellement, il avait raison. »

Durant l'été 1943, Montand retrouve la scène de l'Odéon. Il est la star d'un spectacle (toujours organisé par Audiffred) entre le 28 juillet et le 2 août. Le succès reste éclatant, ainsi qu'en témoigne la critique du *Petit Provençal* : « La salle lui fait après chacune des douze ou quinze chansons un succès triomphal... » A Marseille, il n'a plus rien à prouver. René Monduel, une des plumes d'*Artistica*, touche juste : « Tant qu'il ne se sera pas produit sur une grande scène parisienne, il n'aura pas sa place de vraie vedette, car seule la capitale, qui semble en avoir le privilège, consacre définitivement un talent. Je sais — une indiscrétion — qu'Yves Montand a signé des contrats pour Paris. Seuls les événements actuels en ont ajourné l'exécution *sine die*. » Il va falloir que les « événements » l'agressent pour que Montand se décide.

Tandis qu'il chante à l'Odéon pendant cet été 43, il remarque une jeune fille fort assidue en coulisses. C'est une Grecque, très belle, qui semble fascinée par le chanteur. M. « dynamite sur scène » ne philosophe pas longtemps pour savoir si pareille attirance est née de son physique ou de sa célébrité : les voici bientôt, un bel après-midi, tous deux dans une chambre. Lorsqu'elle le voit nu et en érection, la Grecque pousse un cri d'effroi, presque un hurlement, qu'Yves Montand interprète comme un hommage involontaire à sa constitution intime. Un instant décontenancé, il essaie de rassurer sa partenaire. Mais elle continue de hurler et saute au bas du lit.

Quelques jours après l'épisode, il a rendez-vous avec la jeune fille dans un bar de Marseille situé en sous-sol. A travers la pénombre, il devine sa belle amie accoudée au comptoir en compagnie de la tenancière de l'établissement et d'un client. S'approchant, Montand reconnaît ce dernier, un Allemand en civil, certainement un policier, qu'il a déjà aperçu à deux ou trois occasions non loin de la Grecque. Cette dernière les présente l'un à l'autre. La conversation s'engage sur un ton cordial ; l'agent de la Gestapo se lance dans une vaste fresque politique. Il se tourne vers Montand et lui tend ses deux mains fermées, poings serrés l'un contre l'autre.

— Le communisme est là. (Il désigne sa main gauche.) Le national-socialisme est là. (Il montre sa main droite.) Nous sommes tout proches et nous ne pouvons pas nous joindre. (Il interrompt son discours quelques secondes.) Ou alors il faut faire cela. (Et il décrit un large cercle avec ses deux mains qui se rencontrent enfin.) Mais nous avons une longue route pour en arriver là !

Montand éprouve un bizarre malaise. Il ne comprend pas pourquoi cet Allemand lui parle, à lui, du communisme. Le gestapiste esquisse un léger sourire et regarde l'autre d'un air chargé de sous-entendus. Brusquement, il jette avec assurance, sans cesser de sourire :

— Vous êtes juif.

Étonné mais non désarçonné, Yves Montand répond avec le plus grand naturel, comme s'il proférait une évidence :

— Non, je ne suis pas juif.

— Vous avez votre carte d'identité ?

Le chanteur sort ses papiers. L'autre les lui arrache. Et, d'un coup, son visage se métamorphose, devient effrayant. Le sourire de commande s'étrécit en une ligne mince, haineuse, les yeux ne sont plus que deux boules dures, deux balles :

— Vous êtes juif. Vous vous appelez Lévy et non Livi. Vous avez changé deux lettres à votre nom.

La réponse fuse :

— Mais non, c'est absurde. Si j'avais changé quelque chose, j'aurais tout modifié pour m'appeler Dupont.

Après quelques secondes, l'Allemand éclate d'un rire sardonique. Montand se sent frissonner. Mais l'autre se détend et conclut, presque hilare :

— *Natürlich*, je suis un idiot.

Il pivote vers le comptoir, saisit son verre et trinque avec ostentation. La Grecque est restée silencieuse.

Ce n'est pas la première fois qu'Ivo Livi entend cette réflexion. Lorsqu'il était gosse, à la Cabucelle, il a profité par deux fois des colonies de vacances populaires. Pour son premier départ, son père l'avait accompagné à la gare routière. Le petit garçon — il devait avoir huit ou neuf ans — était chaviré à l'idée de quitter les siens. Quand l'image de son père diminua puis s'évanouit au loin, il éclata en sanglots. Pendant les trois semaines de vacances, malgré les jeux et les copains, la tristesse ne le quitta guère. Il reçut deux ou trois lettres de sa famille et ne broncha pas en notant que le moniteur chargé de la distribution l'appelait «Lévy». Il ne rectifia même pas l'erreur, tout à sa joie de recevoir des nouvelles, mais la chose s'inscrivit assez profondément dans sa mémoire pour resurgir soudain, beaucoup plus tard.

La même confusion se reproduisit au Chantier de la jeunesse. Sous Vichy, l'enjeu était fort différent. Un jour, le stagiaire Livi est convoqué avec trois camarades dans le bureau du commandant. Un gradé, derrière le bureau, épluche une liste de noms qui tous ont une consonance juive. Montand est le dernier.

— Alors, toi, tu es Lévy?

— Non, pas Lévy, Livi.

L'officier vérifie et corrige. L'incident date du printemps 1942 : les Allemands ont arrêté le principe de la «solution finale» et s'apprêtent à déporter massivement les juifs de France. En zone sud, sous le contrôle de l'État français, de vastes rafles ont débuté. Montand ne comprend pas, sur le moment, qu'il vient d'échapper au pire. Même quand les trois juifs convoqués avec lui disparaissent du camp pour une destination inconnue, il n'imagine point l'horreur du drame. Et même, un an plus tard, quand il rectifie devant le gestapiste l'orthographe de son patronyme, il ignore que deux voyelles de plus ou de moins risquent de lui valoir un aller simple pour Auschwitz.

C'est longtemps, bien longtemps après, lorsqu'il découvrit l'ampleur de l'holocauste, qu'une effroyable peur rétrospective s'empara de lui. L'inconscience de son âge, l'ignorance de l'horrible réalité, et, jusqu'à la fin de 1942, la relative tranquillité dont bénéficiaient les juifs au bord de la Méditerranée, empêchèrent Yves Montand — il est loin d'être le seul

— d'imaginer que ces derniers étaient menacés d'extermination méthodique. Plus que le cousinage orthographique, sans doute est-ce le souvenir culpabilisé de l'indifférence collective (et, dans son cas, involontaire) qui donnera naissance, chez Montand, à un philosémitisme profond, définitif.

Enfin, il lui fallut attendre trente-trois ans pour saisir la véritable raison du cri de la Grecque devant sa nudité triomphante. 1976 : Montand est à Munich avec Catherine Deneuve ; les deux stars y reçoivent le Bambi d'or en récompense de leur interprétation dans *Le Sauvage*. Le soir, à l'hôtel, une jeune Allemande, jolie et seule, lui fait le coup de la voisine qui s'est trompée de chambre. La scène suivante n'est pas moins classique : la visiteuse réussit là où Reda Caire avait échoué. Mais l'acteur est surpris de l'insistance avec laquelle la femme examine son sexe. Et l'éclair jaillit : sa compagne se demande s'il est circoncis, et donc juif. Le décalottage accidentel hérité de son adolescence prête à confusion.

La réaction de la Grecque, à Marseille, lui revient alors. Non, ce n'était pas le calibre de ses attributs virils qui l'avait perturbée. Elle s'était crue en présence d'un homme circoncis. La rencontre avec le gestapiste, au bar, n'était nullement fortuite : la fille travaillait pour les nazis et vérifiait « sur le terrain » la vraie nature de tel ou tel. Montand reste persuadé qu'à Munich la blonde incendiaire qui s'est jetée sur lui était également en service commandé. Il n'en aura jamais la preuve... A tout le moins, il se sent « juif d'honneur ».

Après ce quiproquo redoutable, le chanteur n'est pas encore quitte avec les Allemands. Un papier, daté de septembre 1943, lui annonce qu'il est requis pour le Service du travail obligatoire et doit se rendre à une convocation afin d'étudier son affectation.

Le gouvernement de Vichy a instauré le STO le 21 février 1943 : tous les jeunes gens qui ont atteint dix-huit ans sont ainsi contraints d'aller travailler en Allemagne. La propagande de la collaboration insiste sur les avantages matériels qui récompenseront les jeunes Français. En vérité, les 650 000 victimes expédiées outre-Rhin, parquées dans des camps semblables à ceux des prisonniers de guerre, doivent effectuer des journées de travail pénibles dans des conditions matérielles précaires.

Montand, on s'en doute, n'a aucun désir de partir en Allemagne, mais il se rend à la convocation, car il croit qu'il s'agit d'une simple prise de contact où lui sera notifiée sa destination. Il trouve la gare Saint-Charles infestée d'Allemands en civil et se présente au bureau indiqué. Une « souris grise » l'accueille et commence à remplir son dossier. Puis elle lui lance un regard où le jeune homme croit déceler une certaine compassion — est-ce son imagination ? — et dit d'une voix lasse :

— Silésie, mines de sel.

Au lieu de lui restituer ses papiers, elle indique du bras une pièce sur sa gauche. Et voilà Ivo Livi coincé avec une dizaine de jeunes gens de son âge, sous la garde de trois policiers français débonnaires et attentionnés : ils essaient de réconforter leurs « prisonniers », abattus par l'imminence du départ. L'un des flics s'approche et souffle en surveillant la porte :

— Quand vous serez dans le train, ne cherchez pas à fuir tout de suite en descendant de l'autre côté. Les Allemands attendent les fuyards sur la contre-voie et les liquident. En revanche, dès que le convoi approche de Dijon, il ralentit. Là, vous pouvez sauter et rejoindre les gars du Vercors.

Montand ignore ce dont le Vercors est le théâtre. Ses compagnons et lui sont transférés dans une sorte de dépôt, rue Honorat, à la gare de triage. Impasse des Mûriers, Lydia ne voit pas revenir son frère et s'affole. Elle ne sait qu'une chose : elle doit empêcher à tout prix son départ en Allemagne. Mais comment ? A quelle porte frapper ? D'abord, se munir des papiers de la famille. En 1929, lorsque le président Doumergue avait signé le décret de naturalisation des Livi, un document original avait été remis à Giovanni. Le préposé lui avait bien signifié qu'on ne délivrait jamais de duplicata d'un certificat de naturalisation. Dix ans plus tard, toutefois, le militant communiste avait oublié cette recommandation et fait don du sésame à un camarade italien en partance pour l'URSS. La tribu Livi était désormais incapable de prouver sa nationalité française. Lydia s'ouvrit du problème à l'une de ses clientes, tenancière de maison close, qui avait un commissaire de police parmi ses habitués. L'homme arrangea l'affaire et fournit une nouvelle attestation.

Lydia obtient l'autorisation de voir son frère et de lui porter quelques affaires. Elle trouve un Montand très déterminé qui lui explique le tuyau donné par son geôlier : il va s'échapper avant Dijon. De plus en plus inquiète, Lydia entreprend la tournée des personnes susceptibles de l'aider, notamment des trafiquants de marché noir qui « ont le bras long ». Sans résultat. Puis elle songe à un couple ami dont elle a coiffé la femme. Le mari, lui, ancien garçon de café, travaille maintenant à la censure. Il propose de donner ses papiers à Montand ou de lui en procurer des faux : l'évadé, ainsi, échappera aux contrôles. Lydia le remercie mais n'est pas satisfaite. Ce qu'elle veut, c'est que son frère ne quitte pas Marseille. Elle se souvient alors d'une autre cliente qui fricote elle aussi dans le marché noir et habite rue d'Italie. Elle n'est pas chez elle. Lydia ressort dans la rue et s'effondre en larmes.

Le spectacle de cette jeune femme sanglotant attire l'attention d'un homme d'une quarantaine d'années, d'allure respectable, qui s'approche et offre son aide. Épuisée, à bout de nerfs, Lydia raconte tout à l'inconnu : le grand frère prisonnier en Allemagne, le petit requis pour le STO, les soucis matériels de la famille… L'homme lui prodigue quelques mots de réconfort, vitupère la rudesse de l'époque… et s'éloigne. Au bout de quelques mètres, il s'arrête et revient sur ses pas. La suite est si incroyable qu'aucun scénariste n'aurait le culot de s'en inspirer. Et pourtant ! Lydia : « Je n'ai jamais raconté cette histoire. Mais, en 1987, Yves m'a téléphoné d'Amérique pour que je lui en fasse un récit complet, que je lui ai envoyé le 22 mai 1987. » Dans cette lettre, Lydia Ferroni révèle comment elle a sauvé Montand du STO : « Miracle. L'homme, sans paroles déplacées, me donne un mot pour Sabiani avec sa signature et il m'indique l'adresse de la rue Pavillon. Pitié ? Ma jeunesse ? Je ne le saurai jamais. Je me disais que ce n'était pas bien d'aller là-bas (Sabiani, pour moi, c'était le plus grand fasciste de la création), mais je ne pensais qu'à toi. Papa m'avait toujours dit : quand on ne peut pas faire autrement, il faut garder ses idées mais se servir des gens au pouvoir. »

Simon Sabiani, depuis le début de la guerre, s'est ostensiblement rangé aux côtés des Allemands. Chef du PPF de Marseille, il est un des piliers de la collaboration. Lydia surmonte ses états d'âme et se rend rue Pavillon, au siège du PPF, tout près du salon de coiffure « Chez Yvonne et Fernand » où travaillait Montand avant les hostilités.

Elle pénètre dans le hall, où pullulent des types à chapeau mou dont la veste présente un renflement caractéristique sous le bras. On lui répond que Sabiani n'est pas là. Elle sort le mot griffonné par l'homme rencontré dans la rue — et dont elle ignorera toujours l'identité. A la vue de la signature, le préposé hésite, puis prend la feuille et s'en va parlementer avec deux autres hommes qui observent Lydia (sans doute évaluent-ils la distance qui sépare le haut personnage signataire du billet et cette petite personne anonyme, tremblant d'inquiétude). Enfin, le réceptionniste revient vers elle, lui rend le papier et lui donne un mot : elle sera reçue à la Kommandantur le lendemain matin vers 9 heures.

Soixante minutes à l'avance, Lydia franchit le seuil du grand bâtiment, ex-siège de la Compagnie de navigation mixte, au bas de la Canebière, réquisitionné et transformé en état-major allemand. « Tiens, tu vas sourire. Je me souviens encore, pour aller à la Kommandantur, de ce que je portais : une jupe blanche plissée et un chemisier à petites rayures ! Tu penses si cela avait de l'importance. Mais j'étais jeune et, quand il y a une démarche à effectuer, la jeunesse... Les gens sont beaucoup plus gentils. »

Lydia patiente toute la journée. En fin d'après-midi, on l'introduit auprès d'un officier allemand, prototype de la beauté aryenne selon les critères du Dr Goebbels, qui la traite avec politesse et une extrême froideur. Lydia dévide son plaidoyer. L'Allemand, toujours glacial, réclame le livret de famille. Elle lui tend le duplicata de l'acte de naturalisation, donné par le commissaire de police, et un mot de la main de ce dernier expliquant que l'original a été perdu. L'officier commence à lire et s'interrompt :

— Livi, Livi. Ce n'est pas Livi, mais Lévy !

Comme son collègue dans le bar, il se méfie des voyelles et interroge longuement Lydia sur l'histoire de la famille. La recommandation des sbires de Sabiani semble le fléchir. Lydia sort de son sac des coupures de presse qui relatent les exploits de Montand sur scène. Le visage se radoucit. L'homme saisit une feuille de papier, écrit quelques mots et donne un coup de tampon. Lydia se confond en remerciements, file vers la rue Honorat. « J'étais ivre de fatigue, d'angoisse et de joie, mais j'avais des ailes. » Il est plus de 18 heures, le convoi doit partir le lendemain matin.

Elle arrive au dépôt, brandit son papier qui lui ouvre toutes les portes et tombe dans les bras de son frère. Lequel, apprenant la nouvelle de sa libération, proteste furieusement. Lydia : « Il voulait faire le résistant, il voulait sauter du train, c'était romantique, c'était de son âge. » Montand, aujourd'hui, conteste cette version, ou n'en a gardé nul souvenir. Pourtant, dans le récit qu'elle lui a adressé en 1987, Lydia Ferroni persiste : « J'arrive dans cet endroit puant, et toi, tu es très déçu. Tu es en colère comme toi seul peux l'être. Tu m'as engueulée. Je te vois encore. Bref, tu serres la main des copains en disant à bientôt. J'oubliais ta colère en pensant au soulagement à la maison. » La belle-sœur, Elvire, confirme : « Il ne voulait pas que Lydia le sorte de là. Il voulait partir, il voulait jouer les héros. Il ne savait pas ce qui l'attendait. »

Jusqu'à présent, les démarches auprès de Sabiani et à la Kommandantur afin d'empêcher le départ de Montand en Allemagne sont restées un sujet tabou. Était-il déshonorant qu'une famille communiste, résistante, navigue à vue pour repêcher l'un des siens — d'ailleurs provisoirement ?

A partir de l'automne 1943, les polices allemande et française multiplient les rafles contre les jeunes gens qui essaient de se soustraire au Service du travail. Montand continue de se produire dans des galas, mais il devine qu'il ne passera pas au travers d'un second coup de filet.

Un soir de janvier 1944, la Milice opère une descente au 8, impasse des Mûriers. C'est sérieux : le quartier est bouclé, d'autres maisons sont fouillées. Les auxiliaires des Allemands paraissent fort bien renseignés, puisqu'ils font irruption chez les Livi à la fois par la porte d'entrée (qui donne sur l'impasse) et par la porte de derrière (qui ouvre sur le jardin et, de là, sur le boulevard des Mûriers). Paradoxalement, c'est cette double entrée qui sauve Montand. Car, en poussant violemment la porte de derrière afin d'investir le rez-de-chaussée, le milicien masque une ouverture étroite, guère plus large que le battant d'un placard : elle mène à une pièce minuscule où le jeune homme est présentement endormi. Les « visiteurs du soir » explorent en vain le domicile. Aux intrus qui l'interrogent, la *mamma* répond avec une parfaite présence d'esprit :

— Mon fils donne un gala du côté de Toulouse.

Un ultime regard circulaire, et la Milice se retire.

Elvire était là quand la porte s'est brutalement ouverte. D'un geste naturel, elle a accompagné le mouvement et a ainsi masqué plus complètement l'accès à la chambrette : « Yves a réellement eu beaucoup de chance. La porte qui s'ouvrait a camouflé la sienne. Lui, il dormait et ne s'est pas réveillé. C'était notre crainte. Après le départ des miliciens, il a surgi, sa guitare à la main, l'air très étonné, demandant ce qui avait provoqué tout ce bruit. »

Montand a la « baraka ». Mais il sait cette dernière infidèle. Tôt ou tard, il sera cueilli lors d'un contrôle. Force lui est d'agir, d'une manière ou d'une autre.

Quelques jours après la descente de la Milice à la maison, des amis viennent me trouver discrètement et me disent : « Il faut que tu prennes le maquis. » Le maquis ? Quel maquis ? C'était la première fois que j'entendais ainsi prononcer ce mot. Incrédule, je leur demande s'ils veulent que j'aille en Corse. Pour moi, le maquis, c'est la végétation sauvage et parfumée de la Corse. Alors, ils me parlent de Résistance, de réfractaires au STO qui, du côté de Saint-Raphaël, se réfugient dans les montagnes pour former des unités combattantes. En janvier 1944, j'ignorais tout cela, ce qui peut paraître énorme alors que mon père était dans la Résistance. Mais il ne m'en parlait jamais ! Le maquis de Saint-Raphaël, cela ne me semblait — bien à tort — pas très sérieux. Je leur réponds : « Écoutez, je suis un artiste, votre maquis, cela me paraît folklorique. » Je n'avais aucune envie de me cacher dans les collines. Je chantais, cela marchait bien. Je voulais continuer.

A aucun moment, Giovanni Livi, le vieux communiste, ne cherche à influencer son fils. Pas plus qu'il ne l'a recruté pour son réseau clandestin, il n'a cherché à l'envoyer au maquis. Quant à Montand, il se sent assez antinazi pour fuir le STO, mais pas assez impliqué ni informé pour combattre efficacement l'occupant. Dans ces circonstances troublées, il suffit d'un hasard, d'une rencontre pour précipiter le destin. Cette occasion, Yves Montand n'a pas eu à la saisir.

Depuis plusieurs mois, Audiffred proposait à son poulain de « monter à Paris » (*Artistica* s'en était fait l'écho). Au moment même où Montand se demande comment échapper à la réquisition, son imprésario lui décroche un contrat pour l'ABC, la plus prestigieuse salle de music-hall parisienne. La proposition d'Audiffred tombe à pic. Montand possède soudain la solution de son problème. Il va se cacher en pleine lumière, sur la scène de l'ABC. Son ami Harry Max, avec lequel il a parcouru le sud de la France pour jouer *Un soir de folie*, lui a laissé son adresse, au cas où... Reste à convaincre son père. L'aventure n'est pas sans danger : il devra franchir la ligne de démarcation avec ses vrais papiers, ceux d'un réfractaire au STO. Et là-bas, dans la capitale, si loin de la famille, tout peut arriver. Enfin se pose un problème d'argent. Le montant de ses cachets, il le dépense au fur et à mesure et n'a pas accumulé beaucoup d'économies. Giovanni, plus ému qu'il ne le laisse paraître, pressent que ce départ consacre une rupture : le petit s'éloigne.

— Écoute, mon fils, je te donne six mois pour réussir à Paris. Autrement, tu iras à l'usine comme tout le monde. Et tu auras toujours ton couvert ici.

Lydia n'a pas oublié ces instants. Elle les lui rappellera dans une lettre, quelques décennies plus tard : « Nous étions si angoissés. Tu partais seul, même si tu avais le contrat d'Audiffred et l'adresse d'Harry Max. Tu portais ton ridicule costume et tu n'avais presque pas d'argent... »

Le 16 février 1944, à la gare Saint-Charles, Yves Montand prend le train pour Paris, sa valise en carton marron à la main.

5

Au matin du 17 février 1944, le provincial Yves Montand descend du train qui a cahoté toute la nuit et plonge dans le métro à la gare de Lyon. Harry Max, son compère d'*Un soir de folie*, lui a trouvé un hôtel (« Tu ne seras pas dépaysé, la famille est de Marseille ! »). Mais, d'abord, c'est Harry Max lui-même qu'il faut dénicher, lequel loge rue Fontaine, au pied de la butte Montmartre. Étourdi par le ferraillement du wagon jaune, ébahi devant ces portes automatiques qui claquent avec une férocité de hachoir, le jeune Méridional (« de la dynamite sur scène », assurément, mais une timidité persistante dans les transports publics) s'enquiert auprès de son voisin d'une station quelconque proche de la rue Fontaine. « Bonne Nouvelle ! » hurle aimablement le quidam, « Bonne Nouvelle ! » L'homme n'a pas l'allure d'un quaker, ni d'un baptiste, ni de quelque prêcheur que ce soit, et Montand conclut qu'ainsi s'épelle son point d'arrivée.

Mais, lorsque les carreaux de faïence bleue dessinent, de l'autre côté de la porte vitrée, le message attendu, il ne bronche pas. Surprise du bon Samaritain : « Allez-y, vous êtes rendu… » Montand demeure au garde-à-vous face à la porte. Et l'autre comprend : son compagnon attend qu'elle s'ouvre seule, puisqu'elle se fermait seule. Pédagogue jusqu'à la fin, le voyageur soulève le loquet, écarte les panneaux coulissants…

Montand saute sur le quai. C'est exactement le genre de situation qu'il exècre. Non par l'ignorance qu'elle dévoile : l'ignorance, en elle-même, est inévitable, corrigible, amplement partagée. Mais par la gaucherie, la niaiserie un brin humiliante que pareille ignorance engendre. Cela, lui qui navigue au jugé entre deux mondes, il ne le souffre plus.

L'anecdote n'aurait qu'un intérêt anecdotique, ou plutôt n'en aurait guère, si elle ne comportait une suite. L'après-midi même, Montand s'engloutit dans le métro, récite les correspondances par cœur, décline « Pigalle — Notre-Dame-de-Lorette — Havre-Caumartin — Saint-Lazare — Opéra — Concorde », à l'endroit et à l'envers, se perd délibérément dans les boyaux blancs et joue à s'en arracher. Quatre heures après, revenu sur terre, il est capable de voler sa place au poinçonneur des Lilas.

Le « fantaisiste » au nom duquel Audiffred a signé un « contrat ouvert » va escalader la scène de l'ABC comme il est descendu dans le métro. Avec la rage de s'y mouvoir tout à son aise. Cette même rage, qui l'incite aujourd'hui, quand il s'aperçoit que des trous de mémoire le menacent dans tel ou tel couplet, à débiter ce dernier de bout en bout quinze fois à la file pendant que la radio gueule d'autres chansons, des informations, de la pub, n'importe quoi qui brouille le cerveau, transforme l'exercice en défi.

Le voici donc à l'orée de Pigalle, l'estomac lesté d'un poisson froid, tirant la sonnette du jovial Harry Max. Tapes dans le dos, retrouvailles fraternelles ; on s'achemine vers la rue Blanche. Le Palace Hôtel pèche par une emphase certaine, et le patron, « Monsieur Albert », qui s'appelle autant M. Albert que M. Livi se nomme M. Montand, n'est guère plus que celui-ci marseillais de pure souche. Il est grec, affable et quelque peu maquereau (au salon, des messieurs tapent le carton, entourés de dames immobiles, et se saluent en touchant d'un doigt le bord de leur chapeau, comme au cinéma). Il est impressionné, M. Albert, d'héberger un artiste qui va, si jeune, se produire à l'ABC ; il est prêt à se mettre en quatre pour son hôte de marque qu'il expédie sous les toits.

L'occasion de manifester tant de vertus hospitalières ne tarde pas. A peine Harry Max a-t-il quitté son camarade, à peine Montand a-t-il déballé ses chemises qu'on cogne à la porte :

— Police allemande !

Deux hommes, deux colosses arborant une plaque *Feldgendarmerie* sur la poitrine dont la seule vue vous éclabousse de panique avant même d'avoir songé que vous êtes réfractaire, recherché, et que ces épouvantables hommes-là ont pour mission de rechercher les réfractaires...

— Papiers?

M. Albert surgit, hilare, volubile, doté d'autant de bras qu'une déesse hindoue :

— C'est mon cousin, ah! vous ne saviez pas, mon cousin, cousin, cousin à moi, venu à Paris, pour rigoler, *ja*, rigoler, *jawohl*, voir Paris, il va me donner un coup de main, m'aider, aider moi, un petit peu, j'ai du travail, un commerce comme ça c'est du travail, *ja, viel Arbeit*, il va m'aider un peu et rigoler à Paris, le fils de ma tante, *ja*, il est grand, hein? [1]...

Et M. Albert noie le zèle des sbires dans deux verres de cognac.

Yves Montand, s'il en frémit encore, n'éprouve plus grand attendrissement à narrer ces «aventures». Les jeux de la Cabucelle ou ceux de la petite classe politique actuelle l'excitent manifestement plus que les prémices de sa vie parisienne. Il en a un peu soupé, de ces anecdotes d'initiation : l'histoire du braillard congestionné qui, la nuit venue, déboule dans sa chambre en vociférant que c'est sa chambre, sa chambre à lui, et qu'aucun cochon sur cette cochonnerie de planète n'aura le culot de lui voler sa chambre (Montand expulse le fâcheux dont il apprendra plus tard qu'il émarge à la Gestapo française); l'histoire de la petite bonne qui, cette même nuit, décidément sonore, jaillit en sang et en larmes, poursuivie par son coquin, lequel la réexpédie sur le palier, splaff! d'une manchette homicide...

Le scénario patine sur d'infimes détails. Avant ou après Harry Max, le déjeuner d'un poisson froid? Le premier soir ou le lendemain, la petite bonne? L'a-t-il aidée ou non à se laver le visage? Le 17 après-midi ou le 18 au matin, la répétition? Scrupuleux, «notre héros» fouille, avoue sa perplexité, constate les divergences légères, les contradictions d'une publication à l'autre. Au vrai, cette vérité en miettes ne le passionne plus.

1. Dialogue rapporté dans *Du soleil plein la tête, op. cit.*

Ce qui le passionne toujours, ce sont ses débuts mêmes. Aborder Paris par l'ABC, quand on a vingt-trois ans et qu'on n'a conquis, pour l'heure, qu'une notoriété régionale, c'est inaugurer une carrière politique au rang de ministre d'État ou se retrouver cardinal après quelques semestres de noviciat.

L'ABC[2], 11 boulevard Poissonnière, fut « la Comédie-Française du music-hall », une salle de 1 200 places avec des colonnades d'argent, un promenoir et deux balcons, des jeux de rideaux à profusion, un mélange très chic d'or et de bleu-vert. Le maître créateur du lieu, le Roumain Mitty Goldin, provisoirement « absent de Paris » parce que son véritable patronyme était Goldenberg, aimait à répéter que passer chez lui constituait « un honneur », une consécration, fût-ce en lever de rideau, et qu'un bon spectacle (l'affiche était renouvelée tous les quinze jours, avec deux représentations quotidiennes) gagnait plus qu'il ne perdait au choc de personnalités affirmées. Ainsi n'avait-il pas hésité, en avril 1938, à réunir autour de Charles Trenet Édith Piaf et Marianne Oswald — entre autres. C'est à l'ABC que le « fou chantant » atteignit la gloire. C'est à l'ABC que Mayol fit ses adieux, et Tino Rossi ses débuts. C'est à l'ABC que « la Miss » — Mlle Mistinguett — remporta un triomphe, en 1937, âgée de soixante-quatre ans...

Et c'est à la porte de l'ABC qu'Yves Montand frappe le 18 février 1944. Son contrat ne lui réserve ni la vedette américaine ni la vedette anglaise : il doit s'aligner bon dernier, aimablement écrabouillé par la locomotive du spectacle, le roucoulant André Dassary dont le morceau de bravoure, *Quand les prisonniers reviendront*, est assuré d'attendrir les plus impassibles. Un honnête programme parisien, à l'époque, mêle chanteurs, danseurs, diseurs et attractions empruntées au cirque; un numéro de base n'excède guère dix minutes, le tour de chant d'une tête d'affiche n'en dépasse pas vingt (soit six ou sept chansons), et le chanteur lambda, lui, n'a droit qu'à trois ou quatre titres.

Lors de la répétition, Montand se découvre escorté des jongleurs Gasty, des Canova (main à main), du trio Daresco

2. Cf. André Sallée et Philippe Chauveau, *Music-Hall et Café-Concert*, *op. cit.*

(danseurs), des clowns Renatis, du blagueur Roméo Carlès, etc., tous excellents professionnels et nullement rivaux. En revanche, la «trépidante fantaisiste» Betty Spell, qui tient la vedette américaine, le met au désespoir. Elle lui plaît, Betty Spell, elle est «trépidante» et «fantaisiste» à souhait, avec ses boucles et son corsage rayé, mais elle va clore la première partie d'un *Venez, venez dans mon rancho!* qui risque de déflorer tragiquement ses *Plaines du Far West*. Certes, *rancho* n'est pas *ranch, ollé!* n'est pas *hello!* Il n'empêche, Montand est convaincu qu'il part avec un terrible handicap. Le régisseur se montre intraitable. Le «machino», lui, écoute d'une oreille compatissante les doléances du plaignant, mais c'est la dure loi de la coulisse : celui qui entend n'y peut mais, et celui qui peut ne veut point entendre. «Mais non, mon garçon, ça n'a rien à voir…»

En fin d'après-midi, l'ABC est comble. La concurrence est pourtant rude par ces temps affamés où les spectacles sont l'ultime faste accessible. L'Alhambra monte *Croisière de charme* avec Georges Guétary; Lucienne Boyer a quitté Bobino pour l'Européen, où elle accole son nom à celui de Robert Rocca; Lys Gauty a investi le Casino-Montparnasse. La comédie légère est reine (Simone Valère joue *Épousez-nous, monsieur!* au théâtre Michel; Jacqueline Delubac, *Trois Douzaines de roses rouges* aux Nouveautés; Jean Tissier, *Ce soir, je suis garçon* au théâtre Antoine; Simone Renant et Armontel, *Messieurs, mon mari!* à la Potinière), bien que l'*Antigone* d'Anouilh triomphe depuis quinze jours à l'Atelier. Au cinéma, cette même semaine, *Premier de cordée, L'Ange de la nuit* (avec Jean-Louis Barrault) et *L'aventure est au coin de la rue* sont les titres phares. Malgré la rotation rapide des programmes, les critiques s'efforcent de tout «couvrir», galopant de générale en première. Montand ne connaît ni leurs noms, ni leurs visages, ni les journaux où ils signent. Il ignore qu'il affrontera Françoise Holbane *(Paris-Midi)*, Louis Blanquie *(Le Matin)* ou France Roche *(L'Écho de la France)*. Il sait seulement que l'heure du jugement a sonné.

Il est arrivé bien trop à l'avance, escorté par Harry Max et Audiffred, raide mort de trac et fatalement préparé au pire, vêtu de son splendide costume de tweed acheté rue de Paradis, à Marseille, les cheveux « baker-fixés ». Puis il a troqué cette tenue contre son habit de scène : pantalon et chemise marron foncé, longue veste claire où de fines rayures rouges et marron dessinent des carreaux, cravate à pois jaune.

Je n'étais rien, vraiment rien. On m'appelait Jacques Morand, Yves Montana... André Dassary ou Betty Spell, eux, étaient extrêmement connus. Pourtant, ils ne m'impressionnaient pas. Betty Spell avait un côté marrante-parisienne, le côté « hop là ! », dont je ne raffolais pas mais qui fonctionnait bien. Physiquement, elle me plaisait. Dassary venait de l'opérette. André Claveau, Guétary et lui étaient les voix de velours du moment. Mais, sincèrement, je n'aimais pas les « chanteurs-chanteurs ». Je les considérais, un peu méchamment, comme des invertébrés. J'aimais les interprètes, Chevalier, Fred Astaire, Armstrong.

J'entends Dassary : « Quand ils reviendront, les prisonniers, toutes les cloches de Paris se mettront à sonner, etc., etc. » Un tabac monstre ! Et la speakerine annonce le numéro suivant : « Voici Yves Montand... » Je fonce dans ma longue veste à carreaux, je déboule sur scène, le chef émerge un instant de la fosse pour me lancer et j'attaque : « Je m'en fous, je m'en fous, je m'en contrefiche, je m'en fous, je m'en fous, moi je tiens le coup... », une œuvre immortelle de Charles Humel. Dans le brouillard, je m'aperçois que beaucoup de gens sont debout, en route vers la sortie. « Je m'en fous, je m'en fous, pourvu que ça biche, yeah ! » Un pas de claquettes. Est-ce que je les fais fuir ? Est-ce que plus rien ne les intéresse après Dassary ? Je sors, retire ma veste, coiffe mon chapeau de cow-boy, je rentre les jambes arquées. « Dans les plaines du Far West quand vient la nuit... » Là, les gens s'arrêtent, se rassoient, sont intrigués par ce grand type tout maigre, dégingandé, caoutchouté (oui, « caoutchouté » : je me suis vu ensuite aux actualités chantant Luna Park *et, moi-même, je me suis demandé ce que c'était que cette drôle d'asperge).*

« ... Les cow-boys près du bivouac sont endormis... » Je m'attarde exprès sur le « iii », je le fais mourir lentement. Et,

soudain, plus rien. Il y a des silences plus fracassants qu'une foule qui hurle. C'était un silence de bon aloi — je ne le sais pas encore —, mais effrayant en même temps, parce qu'il n'y avait pas ce léger craquement, ce murmure, cette tension retenue du public. Rien. Tout le monde est immobile. J'ai le temps — infini — de me questionner, de me dire que ça ne leur plaît pas. Et c'est parti, ça a été fracassant, je le jure. Ils n'arrêtaient plus d'applaudir.

Ça n'a pas été un succès : un triomphe, carrément un triomphe. Je n'avais pas compris que les gens qui s'en allaient ne se sauvaient pas, mais avaient peur de manquer le dernier métro. Et je n'ai pas compris non plus, sur le coup, que ce qu'ils ovationnaient, ce n'était pas ou pas seulement un chanteur dont ils appréciaient le timbre de voix, mais quelqu'un qui chantait publiquement l'Amérique, qui prononçait ranch *et non* rancho. *Nuance dérisoire aujourd'hui, capitale à l'époque.*

Audiffred est fou de joie. Le troisième titre, *Et il sortit son revolver* (toujours les États-Unis, mais version flingueurs), est aussi glorieusement reçu que le second. Les débutants qui «cassent la baraque», on se les arrache, on se les dispute, des Folies-Belleville à l'Européen, de l'Alhambra à la Fête Foraine. Rue de la Gaîté, les talents de premier ordre n'ont qu'à changer de trottoir pour circuler entre Bobino (au numéro 20) et le Casino-Montparnasse (au 35-37). Yves Montand, en l'espace de trois chansons, a décroché sinon la lune, du moins son introduction sur le marché, comme disent les boursiers : coté «à suivre, susceptible de grimper rapidement». Bref, il a décroché un contrat pour chaque jour, voire deux engagements à la fois. C'est dans la poche...

Justement pas. Montand est ainsi charpenté : lorsque «tout baigne», lorsque la réussite est là, évidente, il repousse l'évidence et cherche méticuleusement la faille, la faute, la note défectueuse, le geste gauche. Même après l'incroyable tournée mondiale de 1982, il conserve intact, débordant, son puits d'angoisse. Le public est un être sceptique qui en a vu d'autres, qui a mille soucis en tête, et qui pense, calé dans son fauteuil : « Allez, l'artiste, étonne-moi, mais ça m'étonnerait... » Même quand la salle délire, quand un stade entier est debout et ne se résout pas à la chute finale du rideau, demeurent — telle est l'évaluation du chanteur — 6 à 8% des présents qui observent l'euphorie sans y participer : le noyau irréductible que Montand rêve inlassablement de réduire, tout en sachant la chose impossible par définition, et qui l'empêche cependant de dormir sur ses lauriers.

Dans la loge de l'ABC, encore sous le choc de la déferlante, il traque déjà la broutille qui cloche. Une voix, quand il est apparu sous les projecteurs, a lancé : « Zazou ! », et l'ironie qui accompagnait le trait, une fraction de seconde, a glacé l'artiste.

« Zazou », c'est une invention de Johnny Hess et d'Irène de Trébert en 1942, le cri de ralliement d'une jeunesse rétive au bon ordre du Maréchal, aux bonnes mœurs vichyssoises. C'est une mode vestimentaire et rythmique. Signes de contradiction fort sympathiques. Mais — aux yeux du rescapé de la Cabucelle qui n'apprendra que plus tard que cette révolte a parfois coûté cher — ces signes de reconnaissance sont ceux d'une jeunesse privilégiée qui désire s'octroyer le luxe de la désinvolture en une saison où celle-ci, fût-ce au marché noir, est denrée introuvable. Ivo Livi reçoit comme une gifle l'épithète qui lui paraît sentir son XVIe arrondissement, son Neuilly. S'habiller *swing*, il est prêt à sacrifier jusqu'à sa soupe de rutabagas pour y parvenir. Mais, si sa veste à carreaux fleure le « zazou », il faut s'en dépouiller au plus vite. Affaire de goût, d'honneur, de « classe ».

Devant un Audiffred assez effaré qui lui suggère de remplacer la veste importune par une autre, plus courte, plus sobre, plus sombre, Yves Montand rumine selon la manière qui lui est propre — le cours des astres est suspendu : le problème de la veste devient impérieux, crucial, aussi complexe, aussi lourd de conséquences que le pacte germano-soviétique. Cette veste, il l'abandonne. Mieux, il abandonne toute veste. Audiffred se récrie : passe encore pour jouer les cow-boys, mais ce serait malséant pendant le tour de chant entier. On n'a jamais vu cela ? Eh bien, en prime, Montand abandonne la cravate à pois. Pantalon et chemise assortis, col ouvert : les « zazous » iront se rhabiller. Il hésite un instant sur la couleur. Le blanc est grossissant, le noir évoque les « Chemises noires », et le bleu marine l'uniforme « milicien ». Le plus simple et le moins ambigu serait de conserver la teinte « tête de nègre » des *Plaines du Far West*.

Dès le lendemain, Montand vérifie son intuition. Nul ne bronche dans la foule. Il a eu raison. Grâce au public et contre le public — voilà toute la question.

Le 10 mars, André Dassary, Betty Spell et leurs camarades seront remplacés par Francis Blanche. A mi-parcours, la presse rend son verdict. Yves Montand est submergé par l'avalanche de louanges et d'affectueux conseils réservés aux phénomènes que chaque critique a l'impression d'inventer, voire d'enfanter. Louis Blanquie, du *Matin*[3], donne le *la* : « Il faut admirer le courage de cet artiste qui entre en scène alors que crépitent encore les applaudissements saluant la sortie de son prédécesseur. » On lui prédit « une jolie carrière » s'il parvient à se discipliner quelque peu. Françoise Holbane (*Paris-Midi*[4]) lui recommande de « mettre de l'ordre dans une fantaisie fort éparpillée ». France Roche (*L'Écho de la France*[5]) certifie que le nouveau venu « a de la personnalité », mais suggère que cette dernière n'est peut-être pas « celle qu'il croit ». Ivo Livi laisse les experts éblouis et un brin étourdis. Il lit tout cela d'un œil consciencieux. Ce dont il est sûr, c'est qu'aux douze représentations hebdomadaires de l'ABC les bravos éclatent.

L'enthousiasme des rédacteurs est tempéré par le répertoire du jeune homme. Célébrer sans retenue un numéro où prévalent le rythme et les stéréotypes d'outre-Atlantique, alors que le jazz et autres produits « décadents » sont présentement bannis, n'est pas exempt de témérité. Les feuilles les plus compromises dans la collaboration accordent à l'impétueux Montand le bénéfice de l'adolescence prolongée, mais lui recommandent de s'arrêter bientôt. *Le Petit*

3. 26-27 février 1944.
4. 29 février 1944.
5. 4-5 mars 1944.

Parisien[6] épingle Betty Spell et enchaîne : « Un débutant, Yves Montand, qui n'est d'ailleurs pas sans talent, se livre lui aussi à ce jeu déplacé (la référence aux Américains). Ce ne sont que gangsters, policemen, chewing-gum, chaise électrique, gratte-ciel et autres gentillesses qui sont proposés à notre imagination. Mais si on parlait un peu de leurs bombardiers ? »

Personne n'est donc surpris, à l'ABC, quand l'imprudent cow-boy est convoqué au bureau de la censure, la Propaganda Staffel, sur les Champs-Élysées. La démarche est normale et légale. Tout ce qui se publie, se chante, se filme doit être visé par les autorités d'occupation. Il est vrai que, dans le secteur des variétés plus qu'ailleurs peut-être, les artistes prennent les devants avec la complicité d'un public qui se régale des rengaines en vogue, modèle *Sombreros et Mantilles*. Le premier trimestre de 1944 effeuille ainsi un catalogue dont toute subversion est pour le moins absente. Andrex impose *Bar de l'Océan*, Jane Chacun *Le Jour où finit l'amour*, Maurice Chevalier *La Symphonie des semelles en bois*, André Claveau *Marjolaine*, André Dassary *La Prière à l'étoile*, Lucienne Delyle *Mon amant de la Saint-Jean* ou *Domingo*, Clément Duhour *Un gaucho reste un gaucho*, Fernandel *N'apportez plus de fleurs*, Georges Guétary *Le Chant du muletier*, Raymond Legrand *Pierrette*, et Tino Rossi, naturellement, *Corsica bella*... Le parfum dominant embaume la guimauve et, bon gré mal gré, les chanteurs en vue n'y dérogent point.

Montand sort innocemment du rang. Il est certes hostile aux nazis, mais n'a guère la conviction ni la prétention, lorsqu'il entonne *Je vends des hot dogs à Madison* ou fredonne *Jolie comme une rose* signée Georges Ulmer — l'air parodie Bing Crosby —, d'opter pour la désobéissance héroïque. Il poursuit tout simplement le rêve de ses dix-sept ans, il progresse en dansant vers Hollywood, et, si pareille vocation déplaît aux maîtres du moment, tant pis et tant mieux. En aucune circonstance il ne jouera les résistants de la dernière heure ni ne se vantera d'audaces préméditées.

Reste que la fronde patriotique s'exprime parfois en atti-

6. 26 février 1944.

tudes qui paraissent, à distance, insignifiantes ou dérisoires. Au cinéma, par exemple, la règle veut que les actualités ne soient jamais projetées dans le noir complet. Un sifflet, une exclamation, un geste railleur, et ce peut être l'arrestation par la Milice. *A contrario*, un enthousiasme intempestif n'est pas moins suspect. Ainsi, quand les Allemands s'avisent de ridiculiser la culture *yankee* en projetant un *blues* éructé par Armstrong, un extrait de *Scarface* avec Paul Muni ou un combat de catch sur fond de trompette bouchée, l'effet boomerang est total : la salle ne désemplit pas, et les spectateurs les plus assidus attirent l'œil des mouchards.

Le réfractaire Yves Montand n'en mène donc pas large lorsqu'il se présente devant ses censeurs. Bizarrement, c'est un Canadien qui est responsable du rayon « chansonnette ». Prohitlérien, certes, mais enclin à la modération.

Il est vrai que la pression des Alliés ne cesse de croître depuis le débarquement en Sicile. Leurs raids aériens se multiplient jusque sur Berlin, les Soviétiques sont repartis à l'offensive en Ukraine, Leningrad est dégagée, et la bataille du Monte Cassino est, elle, engagée ; malgré les carnages signalés en Dordogne ou dans le Jura, le Conseil national de la Résistance se dote d'un « programme ». Alger et Brazzaville sont en ébullition, les guetteurs s'usent les yeux sur les côtes de la Manche et de l'Atlantique. Seuls les purs et durs, ou ceux qui n'ont strictement plus rien à perdre, restent inflexibles à l'abord des débâcles. Énormes causes, infimes effets : l'interlocuteur de Montand épluche scrupuleusement ses textes, juge nettement préférable le personnage du gangster à celui du cow-boy (« trop sympathique »), encourage le débutant, si les Amériques l'attirent tant, à opter pour les sonorités mexicaines et à limiter les « *Hello boys !* » et autres « *Oh baby, oh sweetheart...* », mais ne profère pas de menace inquiétante, d'excommunication majeure. Pour l'instant.

Plus inconscient que téméraire, Yves Montand chante ce que bon lui semble. Et les directeurs artistiques des principales scènes ne demandent pas mieux.

Point de chômage ni de vacances forcées. La rumeur précède le jeune Méridional, vante son « dynamisme ». Les photographies que répand Audiffred misent sur un large et chaleureux sourire (dents croqueuses, très blanches, fossettes prononcées, double ride enjouée sous l'œil droit, le gauche légèrement plissé suggérant la connivence) et sur une chevelure haute, brillante, qui dégage le front. Un garçon sain, gai, souple, vigoureux, mâle, dont l'inexpérience constitue un atout supplémentaire. Car les patrons du spectacle ont charge de humer l'air avec une longueur d'avance. Et ils devinent plus ou moins clairement que le public va, d'ici peu, réclamer des têtes — pour en couper et pour en aimer. Montand est tout neuf : à cette heure, c'est un avantage.

Si frais débarqué soit-il sur le pavé de la capitale, les meilleures portes s'ouvrent devant lui. Renée Lebas, naguère témoin de ses primes vocalises à l'Alcazar de Marseille, établit en ces termes la hiérarchie des hauts lieux parisiens : « L'ABC était le principal "théâtre de la chanson". Ensuite venait l'Européen, rue Biot, dans le XVIIe arrondissement, très agréable, avec une clientèle de quartier — celui de Clichy — fidèle et vivante. L'Alhambra, rue de Malte, immense et superbe, était d'abord un cinéma : mes camarades et moi y passions en attraction, à l'entracte. Bobino ou le Casino-Montparnasse avaient une image à la fois "rive gauche" et populaire. Les Folies-Belleville se situaient un cran au-dessous. Quant aux cabarets, les plus prestigieux étaient le Beaulieu, le Baccara, le Night Club, sur les Champs-Élysées ou aux alentours. »

En trois ou quatre mois, Montand aura exploré presque toutes ces adresses, plus quelques autres. Les engagements sont alors de très courte durée (ordinairement quinze jours); les programmes, imprimés vaille que vaille sur du papier trop rare, ne portent nulle date : c'est essentiellement par la presse qu'on le suit à la trace.

Ainsi est-on certain qu'il quitte l'ABC le 7 mars. Le 31 du même mois, il se produit à Bobino avec Blanche Darly, Roland Gerbeau et Jules Berry (les frontières étaient poreuses entre le théâtre et le music-hall, et nombre de comédiens aguerris aimaient volontiers mélanger les genres; Montand est ravi d'observer un monstre sacré tel que Berry, le diable des *Visiteurs du soir*, interpréter avec panache et cocasserie une œuvre burlesque dont le cadre — mais on ne l'apprend qu'à la fin — est un cimetière... de chiens). Rien de surprenant si, le 14 avril, une distribution identique tient l'affiche à l'Européen : la maison Castille — Alcide, le père, et Octave, le fils — possède les deux salles. A la mi-juillet, on retrouve sa piste aux Folies-Belleville où il a rang de vedette américaine, et, une semaine plus tard, de nouveau à Bobino en compagnie de Georgette Plana et de Jacqueline Cadet.

Les numéros sont brefs, mais abondamment dispensés. Les dimanches comportent souvent deux matinées (aux alentours de 14 et 16 heures) avant la soirée (fixée à 19 heures ou 19 h 30, guère plus). L'éclairage est le casse-tête des régisseurs. Au sous-sol des cabarets, des athlètes anonymes pédalent pour alimenter quelques faibles dynamos. Les théâtres dont l'équipement le permet ouvrent leur toit et fonctionnent, quand les journées s'allongent, à la lumière naturelle. Il n'est point de directeur accompli qui n'ait prévu un garage pour bicyclettes, ni arboré la liste des abris voisins. Étrange fête entre chien et loup, parenthèse fragile où le vélo-taxi vous arrache au silence des disparus, aux mensonges de Radio-Paris, à l'obsession du beurre, à la peur des sirènes.

Montand ignore ce que signifie le mot « relâche ». Entre deux contrats dans un music-hall, il chante au cabaret : le Beaulieu, la Fête Foraine, place Blanche, le Night Club, rue Arsène-Houssaye. Souvent, même, il « double », courant d'un établissement à l'autre. Toujours sans papiers valables, errant, la nuit, depuis Pigalle, sinistre avec ses réverbères aveuglés, jusqu'au quartier des Champs-Élysées, où se concentre une espèce en voie de disparition : les noctambules cossus, les officiers allemands pour lesquels Paris est — cela ne saurait durer — une récompense qui se déguste en civil.

Saint-Germain-des-Prés, le café de Flore, bref, la galaxie des intellectuels subversifs, lui sont radicalement étrangers. Ce qu'il apprend dans son propre univers, c'est la courtoisie qui est de règle au music-hall (le vouvoiement y est respecté), contrastant avec les effroyables cuisines des boîtes, même les plus huppées, où se mitonne une tambouille monstrueuse et grasse. Il n'est nullement débarrassé de sa timidité originelle et a horreur que des clients l'invitent à leur table. Mais ça marche très fort. Tous les soirs.

Un long chat maigre viole chaque nuit le couvre-feu. Un étrange chat à la Prévert — mais Prévert n'existe pas encore pour Montand —, un chat embarrassé d'une petite valise où est soigneusement plié son costume de scène et qui sifflote des *blues* interdits dans les rues interdites, sans autre sésame qu'un certificat de baptême, sans *Ausweis*, tellement certain que c'est énorme, cet animal qui siffle à cet endroit, à cette heure et à tue-tête, un peu pour se rassurer et un peu parce que c'est beau, tellement énorme qu'aucune patrouille ne se donnera le ridicule de vérifier si le passant, avec sa valise, ne serait pas en rupture de STO — ou que, du moins, les patrouilleurs intrigués parlementeront avant de tirer.

Place Blanche, rue de Rome, boulevard de Courcelles. Boulevard Poissonnière, rue des Martyrs, rue Fontaine. Montparnasse-Belleville. Clichy-Neuilly. Du 17 février 1944, date de son arrivée à Paris, jusqu'au 24 août, où les chars de Leclerc ont investi la capitale de façon nettement plus remarquée, jamais Montand n'a flairé le danger au cours de ses pérégrinations illicites. Les Allemands, pense-t-il, ont d'autres chats à fouetter, en Afrique du Nord, en Italie, puis en Normandie. La guerre l'enveloppe sans mordre vraiment sur son existence.

C'est pourtant l'approche du crépuscule, l'époque où les jeunes garçons de bonne famille ont perdu les protections qui leur épargnaient le travail obligatoire. Ça sent la fin, et, lorsque ça sent la fin, ça ne sent jamais bon. Les « fusils fleurissent » — comme l'écrira plus tard Louis Aragon. Quatre jours après qu'Yves Montand a abandonné la Provence, une affiche rouge hâtivement et massivement collée endeuille les murs : elle annonce l'exécution de Manouchian et de ses vingt-deux camarades immigrés, pionniers de la Résistance. Bien que les photographies se veuillent repoussantes, il les juge nobles et belles. Mais ce combat dont il est instinctivement solidaire se déroule en dehors de lui.

Indifférence aux temps? Certainement non. L'antifascisme fut son lait nourricier, et le souvenir de Julien, le grand frère prisonnier, est omniprésent — avec une pointe de culpabilité. Insouciance? Non plus. Il est gai, sans doute, encore épaté d'être parvenu jusqu'ici, emporté par son vertige, par l'accélération croissante de sa vie. Mais sérieux, sérieux comme le futur pape de la chansonnette qu'il est en train de devenir, ramassé sur lui-même, dévoré par l'effort qu'il fournit, troublé et comblé par le succès quotidien, terrifié à l'idée que ce succès pourrait n'être que le fruit d'un malentendu, d'un coup de veine, conscient qu'il ne sait rien, qu'il ne connaît ni la musique ni la comédie, mais conscient aussi que d'autres, la plupart des autres, fussent-ils lettrés, ne sont pas capables d'accomplir le tiers du quart de ce qu'il réussit, lui, à l'arraché, au débotté, que ce mystère lui est propre et qu'il doit le creuser, l'exploiter jusqu'au fond.

Et Montand, autour de minuit, flotte à travers Paris sur ses espadrilles, longe le cinéma L'Empire — le cinéma des Allemands —, la tête enchantée d'airs américains et de *cartoons* proscrits, les jambes démangées de claquettes éventuelles.

Même si je suivais à travers la presse l'écrasement du maquis des Glières ou les débuts de l'affaire Petiot, je manifestais un intérêt tout relatif. Inconscience ou égoïsme? A ma décharge, je dirai que ça n'a pas été une vie. C'est fatal que tout tourne autour de toi : tu es ton propre matériel, et ce matériel, il faut que tu le polisses inlassablement. Est-ce que c'était bien ou pas? Et si je mettais le Far West *en premier? Il faudrait que j'essaie. Mais non, c'est une fausse bonne idée. Dire aussi au guitariste que son contre-chant va trop vite... J'étais un type tout seul, en rentrant du spectacle. Pas une bagnole, rien. Et cette espèce d'examen, sans cesse...*

Oui, j'étais épouvantablement seul. Le chaleureux Harry Max avait aussi ses problèmes. Seul en plein hiver 44, sans chauffage, sans amis. J'étais à la merci d'une rafle. Je ne voulais en aucun cas partir travailler en Allemagne. Ce n'était pas du courage : c'était une évidence.

Au Palace Hôtel, l'écho de ces prouesses est considérable. « Monsieur Albert », devenu « Bébert », pousserait aisément la sollicitude jusqu'à accorder à Montand les faveurs de l'une ou l'autre des deux créatures qu'il « protège ». Offre loyale et généreuse que décline le plus souvent le destinataire. Ces dames vont et viennent, d'ailleurs, apparaissent puis disparaissent. Telle qui semblait « un peu pâlotte » a été expédiée « prendre l'air » aux alentours de Besançon. Bref, l'artiste s'habitue à loger dans un banal relais du milieu (où s'épaulent, apparemment, petits caïds de la pègre et petits serviteurs de la Gestapo) et en étudie les usages.

L'un de ces usages, particulièrement solide, est de ne pas mélanger le sentiment et les affaires. On l'aime bien, « l'artiste ». On l'aime réellement bien, mais on décide de le plumer. Gentiment, parce que c'est le métier, que c'est la vie. Il commence à la gagner, sa vie, justement. L'ABC lui a rapporté 1 600 francs par semaine, et les cachets augmentent à mesure que s'affirme sa notoriété. La famille a reçu un premier mandat, preuve que le pari n'était pas absurde, que le petit dernier a ouvert ses ailes. Chaque revenu est divisé en deux sommes égales : une moitié pour Marseille, une moitié pour Paris.

Mais, une nuit, il ne résiste pas. Au salon, ces messieurs sont assis en rond, sous la lampe, autour de la table que noie une vague d'argent liquide. Voilà des jours et des jours que Montand est sage, posé, qu'il fignole son travail d'amuseur sans s'accorder le moindre écart. Il possède quelques billets, enlevés de haute lutte. Il accepte de les risquer. L'envie, sans doute, de s'accorder une récréation. Le vertige, aussi, qu'il a fréquemment remarqué chez son père, d'accélérer le temps, d'arranger les choses. Évidemment, il a de la chance. Il gagne plusieurs milliers de francs (34 000 francs, a-t-il avoué naguère, mais il révise aujourd'hui ce chiffre à la baisse). Évidemment, le lendemain, la chance tourne. Il contracte une dette qu'il n'a pas les moyens d'acquitter sur-le-champ. Évidemment, ces messieurs, qui sont des « amis », témoignent une entière confiance : leur débiteur les remboursera par étapes, à son rythme.

Yves Montand remboursera et, pour un temps, cessera de toucher aux cartes. Il ne cessera cependant jamais d'aimer le jeu (à l'exception des jeux de hasard), une des seules activités qui l'absorbent, donc le détendent.

Quand la salle de l'ABC est vide, le plateau est livré aux artistes qui répètent le spectacle suivant. Montand est littéralement fasciné par une très jeune femme brune, au regard extrêmement doux, menue, petite, si petite et belle qu'on a envie de l'entourer, de l'enlacer. Elle se nomme Louise Carletti, c'est une vedette, une étoile en pleine ascension, une enfant de la balle issue d'une famille de trapézistes. Il l'a aimée dans *Les Gens du voyage*, de Jacques Feyder, dans *Macao, l'enfer du jeu*, avec Éric von Stroheim, dans *Patricia* et, plus récemment, dans *Le Carrefour des enfants perdus* (mélodrame social où un débutant, Serge Reggiani, montre d'exceptionnelles dispositions pour incarner les mauvais garçons). Carletti en chair et en os ne le trouble pas moins que Carletti à l'écran. Elle prépare un sketch sous la direction d'un apprenti metteur en scène, ami de Francis Blanche, Raoul André.

Quarante-cinq années après cet épisode, Raoul André partage avec Louise Carletti un appartement à Boulogne-Billancourt, non loin des studios où il a filmé, plus ou moins heureusement, les premiers pas de Jean Lefebvre, de Poiret et Serrault, et autres valeurs devenues sûres.

« Nous travaillions lorsqu'il n'y avait pas matinée. Un jour, dans cette grande salle déserte, je sens une ombre, derrière, qui s'enfuit à la fin. Le lendemain, l'ombre est de retour. J'interroge Félix Vitry, le futur patron de Bobino, alors chargé de la promotion à l'ABC. "Mais qu'est-ce que c'est que ce type ? — Sois gentil, c'est un gars qui débarque de Marseille. Il passe en ce moment, d'ailleurs tu devrais venir le voir : il n'est pas mal du tout." On achève la répétition, et l'ombre s'approche, très haute et très polie : "Je vous remercie, monsieur, de me permettre de regarder. J'ai une profonde admiration pour Mlle Carletti..." Nous sommes allés l'écouter le surlendemain et avons jugé qu'effectivement il avait "quelque chose". A la répétition suivante, il s'enhardit, nous propose de partager un verre. Puis de nous raccompagner. Louise s'arrête rue Copernic. Montand me suit chez moi, 7 rue Chalgrin, de l'autre côté de l'avenue Foch. L'heure du couvre-feu était atteinte. Il est resté dormir à la maison. Je le trouvais sympathique, drôle, perdu, gauche. Il est bientôt revenu avec sa brosse à dents. Et, ensuite, avec sa valise.»

C'est ainsi qu'Yves Montand, tout juste remis de son succès à l'ABC, délaisse M. Albert et le Palace Hôtel afin de s'installer (*gratis*) dans l'accueillant logis de Raoul André. Ce dernier, qui est de cinq ans son aîné, offre avec son hôte un contraste parfait : catégorie poids plume, fils de bonne famille (son père, radical-socialiste et haut commis de l'État, fut gouverneur de Rabat et réorganisa la «Sûreté» à Hanoi), il jouit de revenus convenables ou, du moins, réguliers (une rente d'«étudiant» versée par le papa, un salaire intermittent d'assistant-réalisateur), sa bibliothèque est garnie, et il parle cinéma du matin au soir — carrefour où se rencontrent l'un et l'autre complices.

Un réel courant fraternel circule entre eux. Montand est touché par tant d'hospitalité sincère, attiré aussi par l'ambiance un peu bohème de ce rez-de-chaussée aux divans bas, orné de reliques du Maghreb et d'Indochine, fréquenté par des décorateurs, des comédiens. «Yves, se rappelle Raoul André, était très rugueux, très fruste. Un talent à l'état brut. Il était d'un naturel gai, chantait à minuit passé dans la baignoire, au point d'indigner les concierges. Embarrassé dès qu'il lui fallait écrire, il me confiait également le téléphone quand l'entretien devenait un peu difficile, appelait une terminologie plus choisie. Mais il s'habillait avec soin et travaillait constamment à meubler ses lacunes.»

Pourtant, un malentendu plane l'espace de deux ou trois semaines. Montand, ébloui par «la» Carletti (une fois ou l'autre, il croise sous son balcon dans l'espoir de la rencontrer), l'égale de Danielle Darrieux ou de Michèle Morgan — toutes deux actuellement hors de France —, tarde à saisir que cette dernière et son metteur en scène favori cachent prudemment une liaison passionnée. Entré dans la confidence, il cesse d'arpenter la rue Copernic pour devenir le meilleur témoin du couple ami. «Je tenais le premier rôle dans *Monsieur et Madame Roméo*, une parodie de *Roméo et Juliette*, au théâtre Saint-Georges, raconte Louise Carletti. Raoul et Yves venaient me chercher à vélo presque chaque soir. Yves chantait ensuite dans un cabaret, La Fête Foraine, ou plus souvent au Night Club. S'il le pouvait, il nous ramenait de la nourriture récupérée aux cuisines, quelquefois même un bloc de foie gras... »

S'alimenter, se chauffer, telles sont, en effet, les obsessions premières des Parisiens. Rue Chalgrin, l'humidité suinte le long des murs, la pression du gaz est si faible qu'il convient de retirer les brûleurs normaux et d'assembler deux tuyaux métalliques percés de trois trous pour espérer une passagère flamme jaune.

Le sentiment d'insécurité n'a jamais été aussi vif, mais il n'a jamais été non plus assorti d'une telle certitude de l'imminente défaite allemande. Entre l'angoisse et l'espoir, la balance oscille follement. Le 26 avril, Pétain est acclamé dans la capitale, mais les bombardements anglo-saxons, fin mai, atteignent vingt-cinq des principales cités françaises. Rome est prise le 4 juin, l'opération « Overlord » (le débarquement en Normandie) est lancée le 6, mais on pend de présumés maquisards à Tulle, et, le 10 juin, on brûle femmes et enfants enfermés dans l'église d'Oradour-sur-Glane.

La navette se poursuit entre établissements spacieux et cabarets élégants. A peine a-t-il le temps d'être épaté par la clientèle stylée, les femmes brillantes (bourgeoises ou courtisanes ? il se le demande toujours) du Beaulieu, faubourg Saint-Honoré, ou de s'enflammer quand Irène de Trébert chante *Mademoiselle Swing* à la Fête Foraine, qu'Yves Montand, du 14 au 17 juillet, occupe la vedette américaine aux Folies-Belleville, le « music-hall du rire et de la chanson », selon le slogan de son directeur, Robert Dorfeuil. Une salle moyenne — guère plus de 500 places — dont le balcon est soutenu par une multitude de petits piliers.

Le nom du jeune Marseillais a grandi sur le programme, ses « chansons de cow-boy » lui valent majuscules, caractères gras et un épais soulignement. Annoncé par la « charmante présentatrice » Yolande Cartis, accompagné par l'orchestre de Georges Courquin, il précède Jean et Georgette Tissier qui donnent un sketch écrit par Maurice Donnay (de l'Académie française). Il aime bien la fille des concierges, treize ans peut-être, qui paraît dégourdie et le confirmera sous le pseudonyme de Régine. Il aime moins la rafle brutale que déclenchent les Allemands dans la rue de Belleville — et à laquelle il échappe, blotti derrière le rideau grillagé du théâtre que la direction a précipitamment abaissé. Protégé par la frontière métallique, il a tout vu et n'oubliera pas.

Un *Feldgendarm* gifle à toute volée l'homme dont il est en train de contrôler les papiers. Caen est libérée, le dernier Conseil des ministres s'est réuni à Vichy : il n'empêche, Paris tremble encore.

Yves Montand, toutefois, continue de traverser la tempête avec la conviction que, bon ou mauvais, le vent finira par le porter. Or c'est le cas. Sitôt rempli son contrat aux Folies-Belleville, le voici de retour à Bobino. C'est le lieu qu'il aime entre tous : un public composite, la chaleur d'une bonbonnière, le prestige d'une scène illustre. Et un programme équilibré, qui n'écrase personne sous la notoriété d'un concurrent redoutable. Hillios Carletti, le frère de Louise, est de la fête. Et, surtout, Georgette Plana, ses jolies jambes dévoilées par une très courte robe rouge, glane les rappels. On lui redemande *Dominico, Les Danses espagnoles*, et elle s'exécute gaiement. Montand, dans la coulisse, ne peut s'empêcher de sourire d'aise lorsqu'elle gazouille en se trémoussant : « Sur le trottoir un petit trottin trottait, d'un air mutin par un matin d'été, les saules pleureurs pleuraient », etc.

Lui-même n'est pas à court de lauriers. Ainsi Françoise Holbane, l'acerbe critique de *Paris-Midi* qui lui conseillait cinq mois auparavant de « mettre un peu d'ordre dans sa fantaisie », laisse-t-elle désormais fuser son enthousiasme : « Que de possibilités — et qui sont loin d'être toutes exprimées — dans cette longue silhouette à la fois athlétique et démontable, dans cette cocasserie nonchalante, solide et légère ! Il a la voix belle, par surcroît, et le sens de la scène, une présence, le don du geste heureux et personnel... Le plus évident de nos ''espoirs'' derniers-nés[7]. »

Grosso modo, toutes les appréciations ultérieures qui pleuvront sur Montand chanteur seront, à la dernière phrase près, une variation sur ce thème...

7. 29 juillet 1944.

S'il entend progresser, il a maintenant besoin de rencontrer une opposition forte, de se cogner à un mur d'expérience. Il devine que son succès présent comporte des éléments périssables — l'air du moment, l'indulgence accordée au novice provincial, l'immunité si friable dont jouissent les très jeunes gens. Ce qu'il redoute plus que tout, c'est de s'éteindre aussi vite qu'il a scintillé.

D'où la sévérité presque maniaque de son examen de conscience quotidien. Il sait que sa diction est imparfaite et déconcerte l'auditoire parisien, qu'il ferme les *o*, prononce *harmônica*, travers qui engendre un sarcasme attendri. Attendri pour l'instant... Il sait tout cela et s'acharne à s'améliorer par lui-même, mélange tenace d'orgueil et d'humilité. Louise Carletti : « Son accent du Midi lui posait un problème. Et aussi un défaut d'agilité verbale : le filet, sous sa langue, était un peu court, il fallait qu'il le délie, qu'il l'allonge, s'il voulait que son élocution n'apparaisse pas plus ou moins pâteuse. Raoul possédait un petit bar avec une glace. Il s'installait devant, se collait un crayon dans la bouche et disait ou chantait son répertoire, interminablement. »

C'est au cours de cette période, entre les Folies-Belleville et Bobino, que le bon Émile Audiffred lui parle d'un possible engagement, susceptible de le propulser autrement haut et loin. Le Moulin Rouge, la plus célèbre enseigne de la place Blanche, qui, avant la guerre, symbolisait Paris autant que la tour Eiffel aux yeux des étrangers, va cesser d'être un cinéma parmi d'autres et redevenir un music-hall légendaire. L'inauguration, car c'en est une après tant d'années, a été fixée au samedi 30 juillet. Et la tête d'affiche retenue est Édith Piaf. Mais une complication de dernière heure se présente : le fantaisiste Roger Dann, qui devait occuper la vedette américaine, est indisponible. La direction a donc décidé[8]

8. Et ce au tout dernier moment, puisqu'une partie de la presse n'a pas la possibilité de corriger l'information. Cf. *Nouveaux Temps* du 30 juillet 1944 : la « grande chanteuse » y est annoncée « sous les ailes du Moulin Rouge » en compagnie de Roger Dann.

d'improviser un « programme de transition » avec Charpini et Brancato. Piaf ne commencera que le samedi suivant. Et qui remplacera Roger Dann ? Yves Montand.

Une occasion pareille est excitante. La chétive Édith Piaf pèse professionnellement de plus en plus lourd et a conquis une aura spécifique. Au printemps 1944, durant trois semaines — du 26 mai au 17 juin —, elle a été le « clou » de la revue du Moulin de la Galette, *Album d'images*[9]. Les reporters ont abondamment photographié les visites qu'elle a rendues, avec Charles Trenet, aux prisonniers du stalag III D dont elle est la « marraine » (et en faveur desquels elle a organisé un gala, le 11 juillet, au cabaret Le Beaulieu, que Sacha Guitry a honoré de sa présence). Elle vient enfin de donner, le 22 juillet, un récital spectaculaire à la salle Pleyel, accompagnée par un immense orchestre sous la direction de Guy Luypaerts, assorti d'une foule de choristes. Piaf, c'est une comète à laquelle il serait aberrant de ne pas s'accrocher.

Reste que Montand et Audiffred nourrissent l'un et l'autre quelques arrière-pensées qu'ils n'échangent qu'à demi. L'agent craint d'avouer à son poulain combien Mlle Piaf a manifesté peu d'enthousiasme quand on lui a suggéré, pour la première partie, un Méridional tonitruant et gesticulant qui chante des refrains de cow-boy. Elle s'est récriée : la vulgarité marseillaise, la grande gueule de l'Alcazar, le comique à pointe d'ail, l'exotisme friand d'onomatopées — « Ya-ho ! Ya-ho ! »... Bref, elle se méfie et aimerait le juger sur pièces, ce prodige pétaradant.

Quant à l'intéressé, s'il évalue la « pointure » d'Édith Piaf, il ne mesure guère son talent, faute de l'avoir jamais vue ni quasi entendue. Piaf, *a priori*, est pour lui étiquetée au rayon « broyeuses de cafard », dans la lignée des Damia, Marie Dubas, Fréhel, Berthe Sylva et autres « tragédiennes de la chanson », très prisées du public mais un brin funèbres au goût du rieur Ivo Livi. Voilà pour le timbre. S'agissant des textes eux-mêmes, il n'en a vaguement ouï que deux. Aux

9. Que soit ici remercié, pour les sources et les précisions qu'il nous a généreusement fournies, M. Georges Martin, archiviste-documentaliste qui travaille depuis deux décennies à rassembler une minutieuse et riche documentation sur Édith Piaf.

Chantiers de la jeunesse, un copain de la « section artistique », qui passait pour le « Parisien » de la bande, avait rapporté un enregistrement. Lorsqu'il a cru saisir : « Ça lui entre dans la peau, par le bas par le haut... », Yves Montand a été terriblement surpris, presque choqué. L'autre chanson qu'il a un jour happée, c'est *Le Grand Voyage du pauvre nègre*, l'agonie d'un « nègre maigre » qui fuit la soute du cargo où il est bouclé et se noie en vue de la côte : « Ça y est, fini, Monsieur Bon Dieu, adieu pays, tout l'monde adieu, Ohoooo!... Ohoooo!... » Piaf haletait jusqu'au dernier glouglou.

Autant dire que l'imprésario et son client pèsent leurs mots. Édith Piaf souhaiterait mieux vous connaître, explique diplomatiquement Audiffred. L'engagement est acquis, c'est plutôt une question de courtoisie. Agacé et vexé, Montand a parfaitement compris qu'une audition « de courtoisie » reste une audition. Il rassure son mentor : l'enjeu est trop important pour valoir un caprice. Piaf veut le tester, elle le testera. Et il lui montrera ce qu'il sait faire. Raoul André se souvient des sentiments mitigés qu'éveillait, chez son ami, semblable épreuve : « Yves m'annonce qu'il a décroché la vedette américaine avec Édith Piaf, mais qu'il doit subir une sorte d'audition, bien que le contrat soit, en principe, réglé. Il a repris avec plus d'énergie encore ses exercices de diction. Et, le matin convenu, il m'a demandé de l'accompagner au Moulin Rouge. Très peu de gens étaient là. Yves a salué Piaf, m'a présenté. Je me suis assis à côté d'elle tandis qu'il disparaissait en coulisses. Il a commencé à chanter. Elle se parlait à elle-même tout en le regardant. »

Il est 10 heures. L'été est superbe. Édith Piaf est arrivée vêtue d'une robe légère, blanche à fleurs bleues, les cheveux blonds, escortée de sa « secrétaire », Andrée Bigard...

Si la trame du récit demeure en gros la même, nombre de nuances varient d'un ouvrage à l'autre, d'une interview à l'autre. L'audition devient répétition ici; là, plusieurs semaines la séparent du spectacle. Cette dernière hypothèse est peu convaincante : l'engagement de Montand s'est négocié en catastrophe après la défection de Roger Dann, et tout suggère que l'« effet de choc » qui a rapproché les deux artistes fut subit, violent.

Yves Montand lui-même hésite sur la chronologie, voire

sur l'enchaînement des faits. Il a maintes fois situé en mai leur duo (et les ouvrages ou articles ultérieurs ont repris cette inexactitude), alors que le Moulin Rouge n'a retrouvé sa vocation que fin juillet — c'est, en réalité, du 5 au 11 août qu'ils ont chanté ensemble. Dans ses premiers souvenirs, *Du soleil plein la tête*[10], il raconte que l'« audition » (il emploie le mot) déclencha l'enthousiasme de son juge. Mais il lui semble aujourd'hui que cet enthousiasme ne fut exprimé qu'après la première représentation.

Édith Piaf, de son côté, dans l'unique publication autobiographique qui paraisse digne de foi[11], parle également d'« audition » et dépeint son émotion comme immédiate : « Tout de suite, j'ai été conquise. Une personnalité du tonnerre, une impression de force et de solidité, des mains éloquentes, puissantes, admirables, un beau visage tourmenté, une voix grave et, miracle, presque plus d'accent marseillais... Sa quatrième chanson terminée, je quittai ma place et j'allai au bord de la scène. Je me reverrai toujours, toute petite et comme écrasée par la haute silhouette de ce grand garçon tout en longueur vers lequel je levais un visage qui se trouvait à peu près à la hauteur de ses chevilles. Je lui dis qu'il était "formidable" et qu'on pouvait en toute tranquillité lui prédire une magnifique carrière. »

Quoi qu'il en soit, sur le plateau vide du Moulin Rouge — nous sommes entre le 31 juillet et le 4 août 1944 —, Yves Montand, si contrarié fût-il, et peut-être secrètement humilié, de devoir se soumettre au grand œil aigu d'une minuscule diva, a trouvé ce qu'il n'avait jamais trouvé chez une femme : tout à la fois la passion, le rire, l'exigence, la dureté, la rigueur, l'admiration, la solidarité et la rivalité. Il porte un chapeau melon sur lequel est écrit *Hot dogs* et n'encourt aucun ridicule : il est aimé et amoureux. Presque aussitôt.

10. *Op. cit.*

11. *Au bal de la chance*, Éd. Jeheber, Paris, 1958. Des « bonnes feuilles » de l'ouvrage relatant cette scène ont été reproduites dans *Le Parisien libéré* du 5 mai 1958.

Je n'ai su qu'après coup à quel point Édith était prévenue contre moi. Roger Dann m'avait défendu, Audiffred supportait mal que je sois récusé a priori. *Ce qui a beaucoup joué, c'est qu'à l'époque on ne lésinait pas sur les superlatifs. Quelqu'un a dit à Piaf : « Montand ? Pas lui, tu es folle, tu ne le connais pas. S'il passe avant toi, il va te tuer ! » Exactement ce qu'il ne fallait jamais dire à Édith Piaf : « Eh bien, amenez-le-moi, ce type qui va me tuer... » Une bonne dose de défi est à l'origine de notre rencontre. La formation du Moulin Rouge était nombreuse (douze ou quatorze musiciens, je crois). J'ai demandé au pianiste-orchestrateur de l'ABC de revoir mes arrangements, et je suis allé au rendez-vous.*

Elle était assise, là, charmante dans sa robe à fleurs, très jolie, très fine, avec sa raie de côté. Elle avait une façon particulière d'étendre la main, pouce rentré (j'ai retrouvé ce même geste, qui transforme les mains en oiseaux voletants, chez Marilyn et chez Isabelle Adjani). J'ai chanté Les Plaines du Far West, Je m'en fous, Je vends des hot dogs à Madison et à Great Central Park, *et elle s'est levée. Mais, dans ma mémoire, c'est plus tard, après la première représentation, qu'elle m'a couvert d'éloges. Là, elle m'a simplement salué : « C'est très bien, bravo, c'est très bien. » Elle m'a paru mignonne, belle, avec ce grand front, ces grands yeux bleus, ce corps si gracieusement proportionné — de tout petits seins, des hanches légères...*

Le toit du Moulin Rouge s'ouvrait pour que nous profitions de la lumière du jour. Nous chantions en matinée, la première fois. Quand mon tour est venu — je succédais à des cascadeurs —, les gens ont applaudi à tout rompre. Et Édith Piaf m'a rejoint en coulisses. Ce furent d'abord des compliments à n'en plus finir, réellement gentils, sincères. Puis : « Vous êtes canadien, ou quoi ? Vous parlez avec un drôle d'accent. » J'ai marmonné une phrase ambiguë qui laissait planer le doute (mon père était plus ou moins d'origine canadienne). Elle me plaisait toujours, mais je commençais à la trouver moins gentille. Et, là-dessus, elle attaque : « Je vais vous dire une chose. Pour l'instant, vous faites un énorme succès parce qu'on attend les Américains. Méfiez-vous, ça ne durera qu'un temps. Il vous manque de bonnes chansons vraiment françaises. Mais ne vous inquiétez pas, on vous les écrira. » Elle se détourne : « Bon, maintenant, ça va être à moi. En tout cas, c'était formidable. On se voit après ? On ira manger quelque chose. »

Jusqu'à cette minute, je n'avais reçu que des fleurs, et encore des fleurs. Personne ne m'avait lancé, les yeux dans les yeux : « C'est très bien, mon vieux, mais... » Je me suis crispé, j'ai voulu le prendre de haut. Dans le langage d'aujourd'hui, ce que j'éprouvais se traduirait par : « Cause toujours, tu m'intéresses ! » Elles sont terribles, ces femmes qui vous enveloppent et vous résistent. Mais merci, merci à je ne sais qui de m'avoir lié à ces terribles femmes-là !

Je monte au premier balcon. Aucune annonce. L'orchestre de Claude Normand joue formidablement, mais il a quitté la fosse, il s'est installé au fond de la scène et ne dresse plus un mur entre le chanteur — sans micro — et son public. Édith arrive à très petits pas ; il me semble qu'elle met un quart d'heure pour traverser le plateau. Elle se « tanque » (c'est une expression du Midi pour dire qu'elle se plante dans le sol) et elle chante De l'autre côté de la rue. Ce timbre, déjà... Puis Dans ma petite vie, il y a deux garçons, et j'entends tout ce qui a porté mon enfance, le rythme, le jazz. Je commence à être terrassé. La quatrième chanson, c'est Il riait : « C'était un gars que la déveine avait un jour pris par le bras pour l'emmener dormir à Fresnes, et c'est des trucs qu'on n'oublie pas... Il riait... Plus tard on l'a trouvé mort... et il riait. » Alors là, je sens une tension absolue, la chaleur des larmes. Je pleurais, j'étais vampé, complètement. Après venait « J'ai dansé avec l'amour, j'ai fait des tours et des tours... » Ses chansons, c'étaient des blues extraordinaires, des valses ou des blues, ou les deux. Je ne serais plus parti, j'étais assommé.

Je suis tombé amoureux sans m'en rendre compte, victime du charme, de l'admiration et de la solitude d'Édith. Elle n'avait rien de la femme cassée, rompue par la drogue et la maladie, qu'on a connue plus tard — ces images affreuses et pathétiques dans lesquelles on l'a enfermée. Elle était fraîche, coquette, marrante et cruelle, éperdue de passion pour son métier, ambitieuse, midinette, fidèle tant qu'elle était amoureuse, désirant croire à son histoire d'amour, mais capable de rompre avec une force inouïe, chantant mieux lorsqu'elle trouvait l'amour et lorsqu'elle le perdait.

Nous avons été amants, selon la formule consacrée, au bout d'une semaine. Je me souviens qu'à son réveil, notre premier matin, chez elle, avenue Marceau, elle a posé sa main sur son front, comme étourdie : « Mais qu'est-ce qui m'arrive, à moi ? » Et, sur-le-champ, il est question de mon répertoire. « Tu vas faire ci et ça... » Je lui dis, pendant le petit déjeuner, que j'ai des chansons en préparation. Une d'entre elles est même prête, Luna Park. *Et me voici qui lui chante et danse* Luna Park, *au pied du lit. Rien que pour elle. Elle a ri, elle a battu des mains : « Tu es fou, n'attends pas, il faut la chanter tout de suite. » Je crois bien qu'on a réglé les orchestrations en quatrième vitesse et que je l'ai donnée sur scène vingt-quatre heures après.*

J'avais vingt-trois ans. C'était mon premier amour vrai. Édith était quelqu'un qui te faisait croire que tu étais Dieu, que tu étais irremplaçable.

Le programme blanc du Moulin Rouge — guère plus grand qu'un carnet de poche, huit feuilles de mauvais papier — s'ouvre sur une photo de Piaf (« vedette Polydor ») prise en contre-plongée, l'arc des sourcils tendu, les yeux comme aspirés vers quelque paradis, la lèvre un peu amère sous le nez délicat. Son nom, encadré, occupe toute la largeur de la double page centrale. Yves Montand, « le fantaisiste comique », hérite, typographiquement parlant, du second rang, dans un caractère trois fois plus petit. Parmi les attractions, Pauliane Lhotte, « la Tyrolienne de Paris », ou Joë et Fani, « les poivrots cascadeurs ». Tous les jours, matinée à 15 h 30 et soirée à 19 h 30. Le dimanche, deux matinées sont prévues à 15 et 17 heures.

Le 5 août 1944, après cette matinée où Montand est frappé par la foudre, Piaf l'emmène dîner derrière Le Moulin de la Galette, sur la butte. De sa vie, et pas seulement au cours des années de guerre, il n'a connu table si riche ni festin si copieux. Une entrecôte, des fromages, du vin, des nappes superposées, une kyrielle de fourchettes et de couteaux qui suscitent chez lui une insondable perplexité.

A cette même table, Édith a convié son parolier, Henri

Contet, avec lequel elle entretient une liaison semi-clandestine. Contet, brillant journaliste à *Paris-Midi*, s'est laissé persuader par ferveur de s'aventurer sur des terres incertaines. Depuis trois ans, il est le maître d'œuvre du nouveau répertoire dont Piaf s'est dotée : *Y'a pas de printemps, C'est toujours la même histoire, Coup de grisou, Les Deux Garçons, Il riait, Celui qui ne savait pas pleurer, Bravo pour le clown*... «La môme Piaf», née Gassion sous le signe de l'absinthe, la fille des rues que fascinaient les voyous et sur qui avait injustement rejailli, en 1936, l'assassinat de Louis Leplée, le directeur du Gerny's — la première boîte où elle fut rétribuée —, la môme Piaf qui faisait la quête à Ménilmontant et glorifiait les marlous, n'est plus. Elle a cédé la place à Édith Piaf, artiste de variétés dont la réputation va prochainement traverser l'Atlantique.

Et ce changement de statut, de stature plutôt, s'est «naturellement» accompagné d'un changement d'homme. La période Raymond Asso, qui la hisse définitivement hors du ruisseau, est achevée — *Mon légionnaire, Browning, C'est toi le plus fort, Le Chacal, Madeleine qu'avait du cœur* ou le fameux *Grand Voyage du pauvre nègre*... La période Contet, c'est l'adieu à Pigalle, aux mélos sulfureux, à la mythologie du milieu, aux sanglots de la fille soumise. Elle broie toujours du noir, Mlle Piaf, elle pousse toujours la rengaine, mais elle a su y glisser, grâce a l'intuition de son dernier pourvoyeur, une note subtile de «romance» et d'humour :

> C'est toujours la même histoire
> J'ose à peine vous en parler
> Moi j'ai fait semblant d'y croire
> Faites semblant de m'écouter...

Henri Contet se rappelle très clairement le repas initiatique d'Yves Montand et l'image première qu'il s'en est formée : «Il était la proie d'une extraordinaire timidité, accumulait lapsus et maladresses. Il cherchait ses mots, renversait son verre. D'apparence, il se défendait très bien, il était déluré, beau garçon et avait soigneusement étudié le personnage qu'il pouvait jouer devant les filles. Bref, il avait beaucoup d'allure, avec ses grands bras, ses superbes mains. Mais je n'ai pas tardé à découvrir qu'à part chanter il ne savait rien faire quand il est arrivé à Paris, Montand. Si vous lui demandiez d'écrire quatre lignes sur un papier, cela produisait quelque chose d'assez ahurissant au niveau de la forme et de l'orthographe. Ce qui m'a le plus impressionné, c'est la rapidité avec laquelle Yves a mis tous ces handicaps à plat et a entrepris de les pallier.»

Ce n'est pas un narrateur ordinaire qui s'exprime ici. Contet est doublement appelé à observer le fonctionnement du couple Piaf-Montand (il voue toujours à ce dernier, non sans quelque mérite, vive estime et affection).

D'abord, parce qu'il est la première victime du coup de cœur qui unit le nouveau venu à la femme qu'il aime. Pendant quelques mois, l'équivoque subsistera, plus ou moins opaque, plus ou moins transparente. «Édith, rapporte d'une voix cassée l'auteur de *Ma gosse, ma petite môme,* avait un visage adorable, une bouche d'enfant, une manière de regarder un homme, quand elle l'aimait, qui vous étendait par terre d'un coup d'un seul. Elle était d'une vitalité folle, gaie, pleine d'esprit, de drôlerie. La Piaf déchirée qu'applaudissaient les spectateurs, c'était la professionnelle. Elle n'était pas si souvent déchirée dans la vie. Elle enjambait très facilement les chagrins, les cassures. Yves a eu le courage de me dire la vérité sur leur relation, en février 1945, dans sa loge de l'Étoile. Mais il aurait fallu être aveugle. Édith était en extase devant lui. Je l'ai vue un soir dans les coulisses d'un cinéma de la rue d'Alésia où Montand passait en attraction. Il était sur le point d'entrer en scène, elle avait les deux mains appuyées sur ses avant-bras et le fixait sans un mot, statufiée par l'admiration.»

On ne jurerait pas que le vieux monsieur qui décrit cette image est à l'abri, lorsqu'il la restitue, d'une lame d'ancienne jalousie...

Mais Henri Contet se trouve aussi le témoin privilégié des corvées qu'inflige Édith Piaf à son partenaire. Tous les matins ou presque, dès le début de septembre 1944, elle s'enferme avec son pianiste et Montand. Et elle abandonne sa tendresse au vestiaire. A l'«élève», alors (il n'est que de six années son cadet), de subir sa férule, sa critique, sa dureté, sa sévérité, ses certitudes. «Yves, dit Contet, n'a jamais discuté un "ordre" d'Édith — car les "conseils" d'Édith se transformaient vite en ordres. J'imagine qu'il a dû serrer les dents plus d'une fois, ravaler sa lassitude, sa fierté, considérant que le profit de l'exercice était plus grand que cette souffrance. Il absorbait tout avec une voracité, une efficacité confondantes. Et elle s'émerveillait à son tour de tant de dons et de volonté réunis.»

S'il est un adjectif qui s'accole mal à Yves Montand, c'est bien l'épithète «facile». Et ce serait commettre un parfait contresens que de se représenter le jeune artiste complaisant, malléable, «invertébré» (pour lui retourner le compliment qu'il adressait aux chanteurs de charme). Piaf, d'ailleurs, n'aurait guère goûté cela non plus. Un homme, pour elle, c'est fort, solide, éventuellement brutal, et ça ne pleure pas. Le Méditerranéen Montand n'est ici nullement dépaysé. Il accepte la «loi» de Piaf parce que, en termes de métier, cette loi lui paraît souvent juste. Et parce qu'une récompense l'attend au bout de l'épreuve : la stupeur de sa compagne, effarée de constater comment il récupère, s'approprie, transforme le fruit de ces séances. Ils sont tellement fascinés l'un par l'autre qu'ils se craindront bientôt autant qu'ils s'aimeront.

Ils ont en commun d'accorder une totale priorité à leur carrière. Piaf n'en revient pas qu'une vedette américaine obtienne autant de succès qu'une vedette tout court. Et Montand n'a qu'une hâte, c'est d'allier le grade au fait.

Les journaux le lui promettent quasi unanimement. Mais c'est Contet lui-même qui frappe le plus fort, dans *Paris-Midi*[12], sous le titre «Révélation au Moulin Rouge». L'article vaut citation, tant il éclaire et Piaf et Montand. «Édith Piaf, écrit Henri Contet, m'a dit : "C'est entendu, je chante au Moulin Rouge cette semaine, mais je viens de présenter mon tour de chant aux quatre coins de Paris; alors, cette fois, laissez-moi tomber et donnez plutôt sa chance à Yves Montand, un débutant comme on en voit peu." J'ai donc

12. 8 août 1944.

écouté et regardé attentivement Yves Montand... Ça vaut le coup d'œil. Il a un rire sorti des dessins de Dubout, des bras en ailes de moulin et des mains qui donnent envie de chanter. Des mains de bûcheron poète. Des mains extraordinaires, pleines de musique, des mains qui dansent sur des rythmes de *blues*, qui s'accrochent à des cris de trompette ou déchirent et balaient les rires du saxophone. Puis on l'écoute. Il a une voix qui peut faire fermer les yeux dès qu'elle ne fait plus rire... »

Ce n'est point de la critique, c'est un complot. Célébré, ovationné, Montand est aussi sommé de se montrer à la hauteur des louanges qu'il recueille. Comment ? En rectifiant quelques tics : « Tu gesticules trop. Si tu lances ton bras si loin, il faudra le ramener ensuite, et ce sera vilain. Évite aussi d'entrer sur scène au pas de course. Tu entres doucement, ils t'attendent. Plus tu prends ton temps, plus ils ont le temps d'applaudir, ne t'énerve pas... » Montand engrange, renâcle, digère, en prend et en laisse, adapte, retravaille par lui-même.

Surtout, il lui faut un répertoire à sa mesure. C'est un imitateur qui a débarqué de Marseille ; c'est un interprète qui doit s'affirmer à Paris. Il a surmonté le haut-le-cœur, l'irritation de jeune mâle et de jeune prodige qui l'avaicnt transpercé quand Piaf l'avait sèchement cueilli à chaud. S'il cumule la susceptibilité des timides, celle des autodidactes, celle des ex-pauvres et celle, plus banale, des gens du spectacle — ce qui déploie, quand même, une sérieuse addition —, il n'est nullement imperméable à la remontrance. Il admet volontiers que son talent a besoin d'aliments plus relevés. Du reste, il n'a pas tergiversé une seconde pour accepter les deux œuvres que lui amènent Loulou Gasté (musique) et Jean Guigo (paroles) : *Luna Park* ainsi que *Battling Joe*. Le boxeur « exploité » et le prolo en goguette amorcent un tour du monde... A l'époque, dès qu'un chanteur « perce », auteurs et compositeurs envahissent l'antichambre. Les négociations ne traînent guère. Il arrive qu'en l'espace d'une semaine un titre inédit soit ajouté à son programme. Ni marketing ni orchestrations sophistiquées : c'est le public qui, très vite, confirme l'option ou l'infirme.

Édith Piaf aime ces rythmes et ces mots, comme elle aimera *Les Grands Boulevards*, dont la mélodie est due à l'un de ses intimes, le musicien Norbert Glanzberg, et le texte à Jacques Plante. Elle n'hésite pas à faire bénéficier son nouvel amour de ses talents de parolière et lui offre — elle n'écrit pas : les phrases lui montent aux lèvres — deux chansons, *Mademoiselle Sophie* et *Le Balayeur*, dont le premier couplet n'est pas dépourvu de malice et peut s'entendre à double sens :

Je suis terriblement timide
Malgré mes airs à tout casser
A l'école on m'appelait Candide
Depuis ce surnom m'est resté
Je n'aimais pas faire ma prière
Mais j'aimais l'école buissonnière
Aussi ne soyez pas surpris
De ce métier que j'ai choisi...

Avec semblable « matériel », Montand se retrouve lesté de refrains vigoureux et populaires. Pour commencer.

Piaf désirera qu'il explore de façon plus méthodique les deux ailes extrêmes de son registre : les chansons d'amour — la « romance » — et les chansons-sketches propres à stimuler son étonnant instinct scénique. Montand est en effet capable d'alterner la suavité murmurée et le gag visuel. Sauf que cette suavité n'est jamais nonchalante : elle suggère une sensualité intense, esquissée mais évidente. Et que le gag ne saurait être appuyé, qu'il glisse avec la promptitude, la légèreté des 24 images par seconde d'un dessin animé. Enfin, Édith Piaf a compris que les racines « prolétariennes » du jeune Livi sont, par les temps qui courent (ou ne vont pas tarder à être), une précieuse appellation d'origine, un facteur supplémentaire capable d'attirer la sympathie. Elle-même est parvenue, mieux que quiconque, à « retourner » le préjudice de son origine misérable, à s'afficher fille du peuple; Yves, juge-t-elle, ne saurait agir autrement.

Elle le couvre de cadeaux, son bel amant, elle le couvre d'or, bague ou montre, à sa vive confusion. Mais, surtout, elle ne cessera de lui donner des chansons, ces textes qui jaillissent soudain et que les fidèles Glanzberg, Louiguy, Marguerite Monnot ou Paul Durand transcrivent sur des portées présentables. Certaines « colleront » à Montand pour toujours. Ainsi *Mais qu'est-ce que j'ai à tant l'aimer?* et surtout *Elle a* :

Elle a des yeux
C'est merveilleux
Et puis des mains
Pour mes matins...

Ces caressantes mains matinales ont un peu heurté la pruderie des chaumières. D'autant qu'amour, finalement, ne rimait pas avec toujours :

Il y a elle
Rien que pour moi
Enfin... Je le crois...

Elle inventera *Il fait des...*, histoire d'un fanatique du jazz dont les cordes vocales s'enrouent et les pieds se figent dès que l'orchestre verse dans le «classique», le solennel ou le café-concert, et explose au son du *boogie-boogie*.

Au fils de prolétaire, elle dédiera *La Grande Cité*, qui sera une des créations marquantes de l'après-guerre :

Je suis né dans la cité
Qui enfante les usines
Là où les hommes turbinent
Toute une vie sans s'arrêter
Avec leurs hautes cheminées
Qui s'élancent vers le ciel
Comme pour cracher leur fumée
En des nuages artificiels...

Et le Bon Dieu regarde tout ça de très loin :

Comme c'est drôle
L'amour qui marche dans la rue
Comme c'est drôle
Deux cœurs perdus dans la cohue...

Elle ne connaît pas le solfège et moins encore l'harmonie. Bien que son professeur d'anglais s'étonne de ses résultats, tout passage à l'écrit lui coûte. La main tremble (legs éthylique de son père, Louis Gassion), le porte-plume dérape brutalement, griffe le papier. C'est en fait une sorte de grâce sauvage qui la meut. Elle trouve ses mots comme elle trouve ses gestes, apparemment sans chercher, d'un coup d'un seul; elle ne paraît pas prisonnière d'une rumination lancinante. Sa discipline se déguise sous mille élans, blagues, caprices et tyrannies. Sollicitée par une jeune chanteuse, Marianne Michel, Piaf (c'est Yves Montand qui rapporte la scène) dira subitement : « Je ne sais pas… Attends, on pourrait essayer : ''Quand il me prend dans ses bras, qu'il me parle tout bas, je vois les choses en rose…'' » Elle corrige : « Non, *la vie* en rose… » Puis s'attaque au couplet : « … Un rire qui se perd sur sa bouche… »

Le rire d'Yves.

Généreuse et dévorante, Édith Piaf ne se contente pas de produire. Elle rabat vers sa conquête la production des autres. Lorsque Contet lui lit au téléphone le texte qu'il vient d'imaginer pour Maurice Chevalier (« Ma môme, ma petite gosse, on va faire la noce, je t'emmène en carrosse jusqu'à Robinson… »), elle le supplie : « Garde-la pour Yves, garde-la pour Yves ! » Et voilà Montand comblé, noyé de trouvailles. Contet lui soumet *Gilet rayé* : l'acrobatique aventure d'un veilleur de nuit au gilet « rayé, rayé », amoureux de la belle Lola et contraint d'escalader d'interminables étages pour lui servir du champagne qu'elle boit en compagnie d'hommes dont il est jaloux. Si jaloux qu'il tue la dame et le plus haïssable de ses coquins, puis rêve, au bagne, de milliers de Lola — dans son costume « rayé, rayé ». C'est spirituel, fantaisiste, inchantable. Et Montand la chante, cette histoire tordue, déniche l'accessoire qui évoque l'épuisement du héros (une chaise), illustre d'un papillonnement de doigts sa folle course d'étage en étage. Une vraie tragi-comédie de trois minutes trente. Une chanson à voir de près.

Henri Contet en garde le souffle coupé : « Ce qu'Yves ne savait pas, c'est que Piaf m'avait demandé de lui écrire, exprès, des ''chansons d'expérience'', difficiles pour lui comme pour le public. Elle m'avait dit : ''Les *fa la la la, fa fa*, les trucs à l'américaine, tu vas l'en débarrasser.'' Elle voulait qu'il utilise à plein cette formidable masse scénique qu'il représentait avec ses immenses bras. Moi, j'étais plutôt tenté de chercher des choses plus rondes, mais elle a été intraitable. »

Ainsi est né l'impossible *Gilet rayé* dont Montand a aussitôt triomphé. « Nous étions époustouflés, poursuit Contet. Alors nous avons forcé la dose avec *Ce monsieur-là*. C'était pire. Un bonhomme recevait une lettre anonyme, allait surprendre sa femme et son amant, tuait l'amant avec un motif de cheminée, et cavalait ensuite de chambre en chambre (''C'est difficile d'être criminel, faut tous les jours changer d'hôtel...''). Chanter *Ce monsieur-là* à la Libération, c'était du suicide, c'était inouï. Cela durait presque cinq minutes, les gens étaient sidérés. Eh bien, Montand s'y est attelé. Il a construit sa mise en scène et s'est obstiné, même quand la salle s'emmerdait manifestement. Et, un jour, il m'a câblé de Toulouse : ''Ça y est, je les ai eus avec *Ce monsieur-là*. Ça marche, Henri, ça marche !'' »

De défi en défi, l'interprète des *Plaines du Far West* prospecte ce qu'il porte en lui-même. Piaf ne le « fabrique » pas, ne le façonne pas : elle l'« exploite », au sens où l'on amorce l'exploitation d'un filon, d'une mine, d'un gisement. C'est un acte d'amour, un acte de foi et aussi une manière de retenir l'autre, de l'accaparer. Yves Montand est trop épris pour lui ménager sa confiance. Même s'il avale de plus ou moins bonne grâce les couleuvres de son despote bien-aimé, la tendresse apaise ses irritations et ne lui est pas comptée. Ni la perspicacité. Édith a l'intelligence de varier les exercices. Après l'avoir incité à envahir l'espace de mimiques, de signes, de déplacements, elle l'encourage à tenter l'essai inverse, déniche quelque chanson et lui suggère de l'interpréter sans un geste, raide. Et Montand s'y applique. Il souffre le martyre mais montre que de cela aussi, il est capable.

A travers ce va-et-vient, ce qu'il découvre, c'est la rigueur. Il ne l'« apprend » pas comme une langue étrangère, il ne la reçoit pas d'autrui comme on reçoit un cadeau ou un message, il n'hérite pas d'un savoir antérieur. Il devient Montand. Il jette aux orties l'imitateur de Fernandel et donne naissance à l'homme de spectacle dont la longévité exceptionnelle s'explique (si semblable phénomène est explicable) par l'art de composer un tour de chant, de marier le caressant et le rude, le tonitruant et le sobre, la veine populaire et l'avant-garde.

Édith Piaf et Henri Contet jugent la mutation accomplie quand ils voient leur « découverte » interpréter *Ma gosse, ma petite môme*. Montand la chante rêveusement, sans bouger. Arrive le dernier couplet :

> Le soleil se baguenaude
> Il y a des valses qui rôdent
> Sur des airs d'amoureux
> J'en ai le cœur qui chavire
> On a plus rien à se dire
> Viens on va être heureux…

Abordant le final, il commence à tourner le dos au public dans un pas de valse. Une main — la sienne, mais on jurerait le contraire — lui enlace le cou et l'attire doucement hors du plateau.

Noir.

C'est parfait.

Rue Chalgrin, les semaines qui suivent le Moulin Rouge, Raoul André reçoit d'insolites appels téléphoniques. « Édith Piaf questionnait fort tard : "Yves ne serait pas là, par hasard ?" Comme par hasard, Yves était là et limitait ses réponses à de très secs : "Oui. Oui. Oui." Et puis, d'un air détaché : "Bon, euh, je ne sais pas à quelle heure je rentre…" » C'est en ce mois d'août que Montand sillonne le plus Paris aux heures prohibées. Par un de ces matins tièdes, juste avant l'aube, il quitte comme d'habitude l'appartement d'Édith Piaf, 71 avenue Marceau (Édith n'ose pas encore avouer son infidélité à Henri Contet), pour regagner sa « tanière », 7 rue Chalgrin. La place de l'Étoile est absolument déserte quand il bute, à l'angle de l'avenue Victor-Hugo, contre le cadavre d'un soldat mort. L'Allemand est allongé sur le ventre. Des fragments de cervelle s'échappent de son crâne ouvert. C'est dangereux d'être là. Montand s'arrête, regarde les bottes cloutées du mort, songe bizarrement aux millions de bottes identiques qu'a dû fabriquer le Reich, et s'en va.

Le 15 août, Piaf fête au champagne, avec son protégé, l'imminente jonction des armées alliées qui ont atteint Argentan, *via* Le Mans et Alençon, réduisant peu à peu la poche ennemie. Ce même 15 août, la police parisienne vote la grève avant de se mutiner contre l'occupant. Et ce 15 août encore, à l'insu des Français qui n'ont d'oreilles que pour la libération prochaine, un convoi s'ébranle vers l'Allemagne : le dernier train de déportés...

Toutes les épices usuelles des dénouements bien ficelés exhalent subitement leurs parfums ambigus. L'héroïsme, la dérision, la frousse, le malentendu, la farce, la mort, le mensonge, la vérité, la vengeance sont au coin de la rue. A partir du 19 août, début de l'« insurrection » parisienne, chaque habitant, sur fond de gargouillis d'estomac vide, est acteur ou témoin d'épisodes excentriques.

Au domicile de Raoul André, c'est d'abord une silhouette qui sonne après la tombée du jour. A travers les torsades en fer forgé et le verre dépoli de la porte, le locataire et son hôte discernent un uniforme vert-de-gris qu'ils ne connaissent que trop. Montand s'arme d'une bouteille qu'il tient par le goulot, ouvre prudemment. Le soldat qui entre ne parle pas un mot de français. Il a quarante-cinq ans peut-être, semble égaré, épuisé, hors du temps et s'avance pesamment vers le fond de la salle, tournant le dos aux deux Français. Ses gestes signifient que les autres, les siens, l'ont abandonné. Ce type pataud, qui traîne la jambe, porte les emblèmes et les instruments de l'oppression. Mais, bizarrement, sa grenade a l'air déplacée, désamorcée. Sans trop comprendre pourquoi, Montand, sous l'œil réprobateur de Raoul, lui sert un verre de médiocre cognac chèrement négocié au marché noir. Puis ils flanquent dehors l'intrus, qui s'éloigne à pas lents, à regret.

Une semaine plus tard, ils jugeront que l'Allemand cherchait sans doute à se constituer prisonnier. Ils se rappelleront avec quelle insistance il leur tournait le dos. Une semaine plus tard, un soldat de la Wehrmacht sera devenu quelqu'un qu'on insulte, qu'on embarque, qu'on désarme. Celui-là a sonné trop tôt.

Une seconde péripétie mi-rires, mi-larmes se produit le lendemain ou le surlendemain. Un producteur ami de Raoul André, Jacques Baudry, plus ou moins membre des FFI (les

Forces françaises de l'intérieur, dont les effectifs gonflent minute après minute), débarque rue Chalgrin en exhibant une arme, un modeste revolver de calibre 6,35, presque un joujou de poche, dit-il, et qui plus est non chargé. Il appuie d'ailleurs sur la détente pour montrer que le magasin est vide. Une balle ricoche sur la table et va se ficher sous le pouce droit d'Yves Montand. L'effet de surprise est si complet (et la peur rétrospective si violente : la main du chanteur accoudé n'était qu'à trois ou quatre centimètres de son visage) que la victime observe un temps de silence avant de clamer sa frayeur. On lui lave la plaie en attendant l'intervention d'un médecin de la Résistance qui retire le projectile.

Dans la soirée, Louise Carletti s'inquiète, au théâtre Saint-Georges, de ne pas apercevoir son escorte habituelle : « Ils ont fini par me rejoindre dans ma loge. Yves, tout pâle, avait la main bandée. Il devait chanter, juste après, au Night Club, et s'était fait un point d'honneur de ne pas se décommander. » Effectivement, c'est le bras en écharpe que Montand apparaît sur la scène du cabaret. Tandis qu'il dévide au mieux ses quatre titres, il capte dans la salle une tension particulière. Les applaudissements ont encore monté d'un cran, et une rumeur l'enveloppe, un bourdonnement respectueux. « C'est un gars du bois de Boulogne, c'est un gars du bois de Boulogne... », réussit-il à saisir, sans deviner le sens d'une si mystérieuse réputation.

L'information qui lui parvient le matin suivant élucide le quiproquo et donne à son faux café un goût plus amer que d'habitude : 42 jeunes résistants, âgés de dix sept ans en moyenne, sont tombés dans un piège tendu par un gestapiste français; 35 d'entre eux ont été fusillés face à la cascade du bois de Boulogne. Quelqu'un, au Night Club, a lancé le bruit que le chanteur blessé figurait au nombre de ces martyrs et s'en était miraculeusement sorti (en réalité, un seul des jeunes gens, laissé pour mort, réchappera du massacre). Étrange climat du Paris presque libéré : la cité qui célébrait le Maréchal voilà seulement quatre mois fabrique des héros à une vitesse suspecte.

Yves Montand ne s'alloue, en la matière, aucun palmarès. Il a pourtant, lui aussi, « pris les armes ». Mais dans des conditions telles qu'il le narre presque sur le ton de la galéjade — si les choses avaient mal tourné, il ne serait plus là pour plaisanter. Un comité de sauvegarde de la Comédie-Française s'était formé, prêt à muer en « fort Chabrol » la maison de Molière. Madeleine Robinson, amie d'Édith Piaf, téléphone à cette dernière qu'elle cherche des volontaires pour assurer la relève de trois heures en trois heures. Aussitôt, Montand s'achemine vers le front. On est le mardi 22 août. Des combats sporadiques, après une trêve, ont repris dans Paris. Au Théâtre-Français, voisin du Louvre, il faut frapper deux coups longs et quatre coups brefs, et enfin prononcer un mot de passe avant d'être introduit dans le quartier général où l'arsenal se résume à trois grenades et un fusil. Sous l'œil de Musset, l'interprète de *Et il sortit son revolver* n'a nulle occasion de dégainer au cours de sa garde sous le péristyle. Ainsi s'achèvent ses œuvres guerrières.

La Libération proprement dite, la Libération avec une majuscule, consommée trois jours après cet exploit, il la vit le plus souvent aux côtés de Piaf. Il est présent, place de l'Étoile, lorsque les chars de Leclerc surgissent en haut de l'avenue Foch. Autour, la foule délire, hurle, chante. Des balles filent au-dessus des têtes.

— Couchez-vous, mais couchez-vous, nom de Dieu ! ordonne un sergent.

Les passants s'allongent sur les pavés sans lâcher leurs vélos. Montand s'abrite derrière un arbre. Un char voisin bombarde le toit d'un immeuble, sur l'autre rive des Champs-Élysées.

— Arrête tes conneries, braille un autre gradé, tu viens de m'en descendre trois !

La fête commence au milieu de la guerre. Et ne dissout pas l'obsession de toutes ces années : manger, dénicher une échoppe, un étal où quelque aliment soit encore proposé. Harry Max, qui a rejoint Montand, écume en sa compagnie, vainement, les arrière-boutiques. Le seul bien qu'on achète, lors des accalmies, c'est *Franc-Tireur*, hâtivement extrait de rotatives réquisitionnées.

L'expression « fou de joie » résume bien cette liesse collective. Elle trahit aussi ce que pareille explosion recèle de trouble, de haine débondée. Montand avoue aujourd'hui avec gêne que, des fenêtres de l'appartement d'Édith, avenue Marceau, il dominait une colonne de camions à l'arrêt, remplis de soldats allemands épuisés et sur le départ — dont l'un avait le genou en charpie —, et qu'il leur a jeté : « Foutez le camp, *Raus* !... » imitant le parler guttural des « Boches ». Juste revanche ? Légitime colère ? L'idée d'avoir ainsi mêlé sa voix à la meute pour accabler les vaincus, même fugitivement, le poursuit comme l'indice d'une réserve de lâcheté, toujours disponible au tréfonds de chacun.

Encore le pire a-t-il été conjuré. Tandis que stationnent les véhicules où sont entassés les conquérants d'hier, un garçon connu de Piaf, arborant le brassard des FFI, s'approche de la fenêtre et saisit une des quatre grenades qu'il a déposées sur le rebord. Il va dégoupiller. Édith s'interpose, bloque son geste :

— Ne fais pas le con, ils s'en vont !

Le boutefeu s'immobilise. L'« exécution » d'un troupeau d'hommes désarmés s'est jouée sur presque rien, sur une réplique, une infime seconde de vigilance.

En 1944, Yves Montand voit le monde en noir et blanc. Après quelques décennies, il se méfie plus que tout des « masses unanimes », sûres de leur bon droit au point d'administrer la mort, d'admettre l'imposture, d'avaliser doctrines trop officielles et procès trop accablants. Son opinion sur le IIIe Reich n'a pas varié, mais, chaque fois qu'il traverse le Pont-Neuf, sortant de chez lui, place Dauphine, il regrette que la plaque apposée sur le parapet, commémorant le sacrifice d'un combattant de l'ombre, arbore la mention « fusillé par les Allemands » plutôt que « fusillé par les nazis ». Une nuance... La nuance qui sépare les premiers opposants d'outre-Rhin, lesquels eurent le « privilège » d'inaugurer la machine répressive hitlérienne, des braves conducteurs syndiqués de bus parisiens sans qui la rafle du Vel' d'Hiv', le 16 juillet 1942, eût perdu de son envergure — 13 000 juifs arrêtés. Le nom de code de l'opération était « Vent printanier »...

Mais, les 25 et 26 août 1944 (jour du triomphe de Charles de Gaulle), la nuance n'est pas de saison. Et sur cette lancée, dans l'atmosphère nébuleuse de l'épuration, le dévoilement de l'horreur absolue ravale à l'échelle de peccadilles les mille poltronneries ou compromissions quotidiennes qui ont fourni le socle du régime de Vichy. La barbarie fut telle, en face, que sa complète révélation facilite une amnésie, un refoulement collectifs : la France est soudainement peuplée de résistants insoupçonnés, prompts à pourfendre le « collabo » voisin, et d'autant plus insoupçonnables que leur bravoure s'est récemment découverte. Oubliés, les délateurs dont le poison anonyme inondait chaque matin tant de bureaux français ou allemands. La patrie ne comprend plus que des patriotes. L'enfer, c'est les autres.

A la mi-août encore, on a retrouvé dans le jardin du Luxembourg les cadavres mutilés de partisans dont la peau des mains avait été totalement arrachée.

C'est vrai. Et cela exige que des comptes soient rendus. Mais, une fois l'occupant défait, l'épuration frappe de manière passablement aléatoire. Souvent, les vociférations troubles qui escortent une jeune femme à demi nue et tondue, qu'on déshonore en public parce qu'elle a « fauté » avec un soldat ennemi, couvrent l'impunité dont jouissent maints « profiteurs de guerre » ou rouages efficaces de la collaboration.

Dans le monde du spectacle, les artistes dont la carrière s'est affirmée durant les années sombres tombent sous le coup d'une suspicion plus ou moins légitime : leurs « ambiguïtés » ont été plus visibles que celles des industriels, trafiquants ou indics. Même Chevalier (contraint par Aragon de chanter *L'Internationale* devant le mur des Fédérés), même Trenet (qui connaît une retraite forcée d'une dizaine de mois) sont dans le collimateur. André Claveau, dont le cachet à Radio-Paris fut particulièrement élevé, subit une interdiction de travail à titre temporaire. Fréhel, Annette Lafon, Raymond Legrand, Léo Marjane, Suzy Solidor (qui a créé *Lily Marlène* en France dans son cabaret de la rue Sainte-Anne), Jean Tranchant — tous très ouvertement compromis — sont inscrits en tête de la liste noire. Piaf elle-même est critiquée pour les visites qu'elle a rendues à ses « filleuls » prisonniers en Allemagne (mais, après un léger flottement, son entière bonne foi et ses sentiments « patriotiques » sont reconnus).

Le choc majeur se produit plus tard. Aux actualités, avec Édith, Montand recevra comme un coup personnel, début 1945, les premières images des camps de la mort, des fours crématoires, des châlits habités de zombies squelettiques, des enfants arrachés à leur mère, des charniers. En sortant du cinéma, il apostrophe son amie. Piaf possède cette foi du charbonnier, cette foi populaire, tenace et bariolée, superstitieuse et franche, étoffée de grigris, de saints, de formules, qui court au plus profond du pays profond chez les gens « simples ». Avant de se coucher, elle ne manque jamais de s'agenouiller près du lit (« Imaginez-vous une Messaline faisant sa prière en chemise ? » a rapporté son ancien compagnon lors d'une émission radiodiffusée[13]).

Mais là, pointant l'index sur sa petite croix d'or, il explose : « Il a l'air fin, ton Bon Dieu. Il ne peut rien pour nous. Gagne ton paradis toi-même. Comment es-tu capable de croire en un être qui tolère une horreur pareille ? » Édith Piaf a cette réponse qui, aujourd'hui, laisse Montand non moins effaré que sur le trottoir où il s'indignait : « Mais, Yves, sait-on ce que ces gens ont pu commettre dans une vie antérieure ? » Eh oui, la vieille rengaine de la « dette de sang », du « peuple déicide » voué à réparation éternelle, n'était pas moins ancrée, fût-ce chez Piaf, que les vertus du *Je vous salue, Marie*...

Simone Signoret, dans son livre de souvenirs *La nostalgie n'est plus ce qu'elle était*[14], rapporte qu'un jour de 1959, à Beverly Hills, tandis que des producteurs discutaient d'une éventuelle adaptation des *Mandarins* de Simone de Beauvoir et en retenaient surtout tel épisode amoureux sur le sol des États-Unis, Montand a lâché : « Dans le fond, nous, on est des survivants ! » Et elle ajoute : « Ça n'était pas de nous deux qu'il parlait. »

Il parlait des juifs polonais, des Tziganes, des enracinés déracinés et des déracinés enracinés grillés dans la même fournaise. De ces années d'occupation qu'il a survolées, tout à son ambition et à son travail, Yves Montand a conservé une sorte de vertige : l'idée — culpabilisante — qu'il est imaginable de frôler l'abîme et de continuer à vivre, l'idée que la

13. *Radioscopie*, sur France-Inter, le 20 mai 1969.
14. Paris, Éd. du Seuil, 1976.

frontière est ténue entre le désir de savoir et celui d'ignorer, et qu'il faut, cette frontière, la déchirer.

Il a coutume de serrer contre lui, dans une poche intérieure, des photographies chères ou graves qu'il emporte partout, secrètement, garde-fous symboliques, mini-galerie des amours et des regrets. L'image de l'enfant du ghetto de Varsovie, aux mains levées et au regard abasourdi, a longtemps été la pièce maîtresse de ce musée intime.

La vie avec Édith Piaf, les répétitions matinales, la recherche d'un nouveau répertoire commencent à s'organiser au lendemain de la libération de Paris. Raoul André n'est plus dupe des appels nocturnes d'Édith (connaissant Henri Contet, la situation le gêne aux entournures). Montand reprend donc son autonomie et trouve refuge dans un hôtel, rue de Richelieu, où Piaf vient fréquemment le rejoindre. Un hôtel modeste et bon enfant — les deux amants partagent leur chambre avec une souris que Montand nourrit de sardines afin que, repue, elle ne les importune point. Mélange de fantaisie et d'austérité, de discrétion et de vivats, d'obscurité et d'apparitions publiques.

De la fin septembre à la fin octobre 1944, ils tournent l'un et l'autre dans les cinémas de la banlieue parisienne, participent à des galas en faveur des FFI, des familles de prisonniers, d'œuvres diverses. Le 20 septembre, Montand chante ainsi pour les aviateurs américains dans un cinéma du boulevard Mortier. Piaf, elle, a accès à des manifestations de premier plan (on la repère au Rex, le 23 septembre, au Moulin Rouge, le 7 octobre, avec Damia et Mistinguett, à la Mutualité une semaine plus tard).

Édith ne mène certes pas une existence mondaine, mais elle introduit « son homme » dans un univers inconnu de lui. Voici qu'il rencontre Michel Simon ou le décorateur de théâtre Christian Bérard. Voici Sacha Guitry, qui n'est guère en odeur de sainteté (on lui reproche d'avoir reçu Goering et consommé plus de charbon que le commun des mortels) et sollicite la bienveillance du « communiste » Yves Montand, lequel interviendra effectivement en sa faveur. Édith Piaf, fille des rues, est aussi le fétiche de Jean Cocteau ou l'ancienne passion du raffiné Paul Meurisse (avec qui elle a interprété *Le Bel Indifférent*). Intimidé mais séduit, Montand pose le pied sur cette planète à la manière dont l'homme qui arrive du dehors, par temps humide, contourne précautionneusement les tapis du salon.

« Yves, se souvient Henri Contet, s'est assez vite débarrassé de beaucoup de complexes et de lacunes. Édith et moi étions persuadés qu'il allait devenir une très grande vedette — c'était visible à l'œil nu — et lui expliquions les contraintes que cela entraînait. Nous lui citions l'exemple navrant de Damia, qui était une immense chanteuse mais parvenait tout juste à signer de son nom. Piaf avait une phrase canon. Elle lui disait : ''Il faut que tu intéresses aussi bien le peuple que Sacha Guitry ou Cocteau. Et il faut, pour cela, que tu connaisses les écrivains, les poètes.'' Je lui avais confié un livre d'Apollinaire, mais sans succès. Verlaine, en revanche, lui plaisait infiniment. Il a tout de suite voulu s'élever, s'éduquer, il s'y est acharné, c'est devenu chez lui une obsession. Il fréquentait plus volontiers la poésie que le roman. Je n'oublierai jamais ce jour de 1946 où nous avions rendez-vous sur le pont de l'Alma et où je l'ai vu s'avancer vers moi, hilare, bras ouverts, criant : ''Henri, je comprends Prévert, je comprends Prévert !'' »

C'est le drame des autodidactes : par où commencer ? Quelle est la marche à suivre ? Privé de repères, Montand pique au petit bonheur la chance, fonce sur un titre dont il a cueilli l'énoncé lors d'une conversation. Il achète *Le Rire* de Bergson et ne s'en décroche pas la mâchoire. Mieux, une nuit, sur le coup de 11 heures, il surgit chez Raoul André :

— Excuse-moi, je cherche un truc. Tu n'as pas, par hasard, un livre qui s'appelle *Éloge de la folie*, d'Érasme ?

Raoul André se frotte les yeux, fouille dans sa bibliothèque et, à son propre étonnement, y déniche bel et bien *Éloge de la folie*. Son ami le remercie courtoisement et file toutes affaires cessantes, l'ouvrage sous le bras...

Lydia Ferroni a été le témoin direct de la façon dont Piaf, avec tendresse, ravitaillait son compagnon en nourritures célestes. De passage à Paris, elle est hébergée par le couple : « Édith et Yves logeaient dans un hôtel quelconque, très simple, qui était bondé. Ils m'avaient installé un petit lit pliant. Au matin, j'entends Édith : ''Tu ne viens pas nous dire bonjour ?'' Je passe la tête. Elle était blottie au creux de l'épaule d'Yves et ils lisaient Molière ensemble, à voix haute. »

Montand, lui, a le sentiment que ces approches « littéraires » ne furent que préludes discontinus, décousus. Ce n'est qu'après trente ans, estime-t-il, parvenu au sommet dans l'univers du music-hall, qu'il a enfin eu le loisir d'améliorer vraiment son éducation. Jusque-là, il a grappillé, humé, frôlé, mais pas visité. Non par défaut d'appétit, se justifie-t-il, mais parce que les exercices à la barre, la diction, les claquettes, l'échauffement de la voix, la surveillance du rythme, la sélection des textes, l'ordonnancement du spectacle, le réglage des lumières dévoraient son temps, le rongeaient intégralement.

C'est la rançon de la performance. Les artistes, notamment les artistes de music-hall, *a fortiori* ceux qui se destinent au *one-man show*, connaissent un problème de « concentration » analogue à celui qui tourmente les champions olympiques. Les jeunes années de Montand ont été littéralement englouties dans cette discipline. Il ne s'en plaint ni ne s'en loue. Il n'avait, tout simplement, pas le choix.

6

Du 25 octobre au 9 décembre 1944, Édith Piaf accepte d'entamer une tournée dans le Midi. Les principales étapes retenues sont Lyon, Toulon, Marseille et Toulouse (avec un retour à Marseille, les 7, 8 et 9 décembre, où elle chantera au théâtre du Port devant les soldats américains). La direction de l'orchestre est confiée à Edward Chekler, et la première partie à Yves Montand.

Partager l'affiche avec la femme qu'il aime, c'est une grâce, une manne divine. Tous deux sont immergés dans la musique, dans le même rêve. Les voici solidement, publiquement, durablement associés.

Montand se jette dans l'aventure le cœur léger. Sans doute n'est-il plus un débutant et sait-il que « lever le torchon » avant la grande Piaf n'est point un exercice gagné d'avance. Mais il est optimiste, car sa relation avec Édith n'est décidément pas — quoique maints exégètes se soient hasardés dans cette direction[1] — un banal avatar de l'effet Pygmalion. S'il subit la tyrannie éclairée de sa compagne, l'échange entre eux est beaucoup moins inégal que ne le prétend fréquemment la chronique. De toute son existence, jamais Yves Montand ne s'est autant senti admiré. Il boucle sa valise avec allégresse, plutôt confiant. Sa carrière, jusqu'à présent, n'a été qu'une ascension ininterrompue.

En réalité, ce qui l'attend, c'est ce qu'il nomme « le plus

1. Ainsi Monique Lange, dans un livre richement illustré, écrit-elle un peu vite que Montand « baisse la nuque » devant une Édith « tigresse » et « pygmalionne » (*Histoire de Piaf*, Paris, Ramsay, 1988). Claude-Jean Philippe, lui (*Édith*, Paris, Carrere-Kian, 1988), se garde d'appréciations aussi expéditives.

grand chagrin » de cette période. Tout, dans l'affaire, n'est pas d'ordre professionnel. Henri Contet (qui demeure, pour le moment, l'ami « en titre » de Piaf) suit une partie de la tournée. Certains soirs, Montand ravale sa jalousie dans la solitude de sa chambre d'hôtel et songe à la chanson d'Édith qui l'avait tant bouleversé au balcon du Moulin Rouge : « Dans ma petite vie il y a deux garçons, il y a un grand et puis un blond qui m'aiment tous deux à leur manière... » Un texte signé Contet. Quand Piaf, un matin, lui dit : « Tu sais, hier au dîner (un dîner à trois), je regardais tes cheveux et j'aurais voulu les embrasser », c'est pire, naturellement.

Mais le pire n'est probablement pas ce pire intime. Cela commence à Lyon, salle Rameau, du 25 au 27 octobre 1944 (le programme annonce Édith Piaf « dans les chansons d'Henri Contet », et Yves « Montant » est, une fois de plus, gratifié d'une coquille). Il n'est pas inconnu dans cette ville. On l'a déjà encouragé, on a goûté sa pétulance, ses imitations. Et voici que le cow-boy des *Plaines du Far West* entonne sobrement *Mademoiselle Sophie*, ou *Elle a des yeux*... La salle n'est pas hostile, non. Juste fraîche, polie et déconcertée, applaudissant du bout des doigts. Avant que Piaf, elle, ne ramasse la mise, Yves Montand se ramasse gentiment. Son allure, sa stature plaisent autant que par le passé. Mais c'est lui et c'est un autre que découvre le public.

Simone Berteaut, la prétendue « demi-sœur » d'Édith Piaf — elle ne fut, au vrai, que sa camarade de « mouise » — dresse, dans le *best-seller* qu'elle a publié en 1969, un tableau apocalyptique de cette expérience : « Édith était blanche de peur. Pendant le tour de chant d'Yves, c'était elle qui commandait dans les coulisses. Elle faisait sa régie : lumières et rideaux. Ce soir-là, si elle avait commandé le faux rideau prévu, à la cinquième chanson, c'était perdu pour lui. On ne rouvrait pas. Il n'allait pas plus loin. Quand il est sorti de scène, il était dans les vapes comme un boxeur sonné[2]. » Narration doublement suspecte : d'abord, Simone Berteaut n'était pas là ; ensuite, elle se trompe de période, situant la scène au printemps suivant.

2. Simone Berteaut, *Piaf*, Paris, Robert Laffont, 1969.

Henri Contet, qui, lui, fut témoin de la soirée, relate cette même déconvenue en termes nettement plus mesurés : « A Lyon, dit-il, l'accueil ne fut pas trop mauvais. » Le critique du journal local *Les Nouvelles* est à l'unisson : « Yves Montan"t" n'a qu'à paraître pour conquérir la salle avec son bon sourire et ses dents blanches de Yankee. On ne saurait le croire marseillais[3]... » Voilà qui atténue la verve mélodramatique de Simone Berteaut, mais qui laisse aussi deviner que le plus dur restait à endurer. Et le plus dur, ce fut Marseille.

Piaf et Montand se produisent du 8 au 21 novembre en plein milieu de la Canebière, au théâtre des Variétés-Casino, dont le propriétaire, M. Franck, est également celui de L'Alcazar (ils ont déjà effectué un crochet par Marseille — entre Lyon et Toulon —, le 31 octobre, afin d'être présents à un gala en faveur des prisonniers). Édith a insisté auprès du directeur pour que le nom d'Yves Montand, sur l'immense panneau qui domine l'entrée du music-hall, soit de taille équivalente au sien. Elle en haut (lettres sombres, portrait méditatif à gauche), lui en bas (lettres claires, portrait jovial à droite) : c'est bien un duo qui s'affiche.

Je rentrais au pays après avoir « triomphé » à Paris, et j'étais inscrit au même programme qu'une vedette nationale. Il me semblait qu'aucune salle ne me serait plus familière que celle-là. Les gens du Midi, j'étais habitué à leurs enthousiasmes et à leurs cruautés, je les savais aussi capables d'acclamer un débutant que d'expédier des œufs pourris à la figure d'un artiste dont la renommée leur paraissait usurpée. Au bord de la Méditerranée, croyez-moi, on trouve toujours le soleil, mais pas forcément la chaleur.

Je commence à chanter Sophie, *dans un silence insolite, et j'entends un léger tintement à mes pieds. Ils me balançaient des pièces, de la petite monnaie. Cela ne m'était jamais arrivé. Et à Marseille, en plus! Le « bide » noir. Je n'ai pas bronché, je suis allé jusqu'au bout, j'ai fait comme si de rien n'était.*

3. 26 octobre 1944.

Édith était désolée. Elle m'a suggéré de mettre un peu d'eau dans mon vin, de reprendre un ou deux succès :

— Écoute, Yves, redonne-leur ce qu'ils aiment. Tu alignes tout d'un coup trop de chansons nouvelles et les gens sont un peu perdus. Vas-y plus doucement.

Je me suis obstiné, bloqué dans mon orgueil. Puisque j'avais bâti un répertoire de chansons françaises — et à quel prix ! —, je les ferais passer, ces chansons françaises. Édith insiste. Et moi, je ne veux pas. Pour elle (c'était d'abord pour elle que je le faisais) et pour moi. Petit à petit, au fil de la tournée, j'ai trouvé mon rythme, j'ai trouvé mon style. Les gens ont apprécié Luna Park, *puis* Battling Joe, *puis* Ma gosse, ma petite môme. *J'apprends à conserver des « bases » qu'on n'élimine pas et à tester, en route, d'autre titres, à fignoler ceux qui marchent, à humer ceux qui ne marchent pas mais marcheront un jour, et à rejeter ceux qui ne marcheront jamais.*

Il s'en remet, Montand, mais le choc a été très rude. Henri Contet : « Aux Variétés, ce fut tragique pour lui et empoisonnant pour nous tous. Il s'agissait d'un répertoire que nous avions discuté, conçu ensemble — si ce répertoire ne fonctionnait pas, ce n'était drôle pour personne. Yves était furieux. Des spectateurs lui lançaient : ''Qu'est-ce que tu dis ?'', réclamaient *Les Plaines du Far West* et rien d'autre. Sortant de là, il a eu la tentation de se retourner contre nous, sur le mode : ''Je vous avais avertis qu'ils n'en voudraient jamais, ici !...'' Édith a riposté : ''On s'en fout. Ici, il faudra bien qu'ils t'encaissent comme les autres, on les emmerde !'' Cependant, lorsqu'elle lui a conseillé de composer parce qu'elle le voyait en difficulté, parce qu'elle le voyait souffrir, c'est lui, à son tour, qui s'est entêté. Il en a bavé, mais l'épreuve ne l'a nullement bloqué. Et ces chansons, finalement, sont devenues des succès. »

Piaf prend l'affaire très à cœur. Inquiète pour Montand, elle se juge plus ou moins coupable — elle porte une bonne part de responsabilité dans ce qui s'est produit. Elle connaît un trac fou quand son compagnon entre en scène. Édouard

Derderian, le copain d'Yves Montand au Chantier de la jeunesse, se rappelle qu'il était assis auprès de la chanteuse, dans la salle des Variétés. « J'ai voulu laisser libre cours à mon naturel expansif quand Yves est apparu, lui crier une blague et un encouragement. Elle m'a gravement posé un doigt sur les lèvres. Ce n'était pas le moment de plaisanter... »

La presse marseillaise tresse des couronnes à la chanteuse et, fidèle, n'oublie pas d'accorder à Montand un lot de consolation. « Il mêle à ses couplets quelques mots de *slang* américain pour la plus grande joie des soldats alliés présents », concède *Le Méridional*[4]. Il fut « applaudi comme d'ailleurs les numéros de fantaisistes qui étaient à l'affiche », lâche, du bout des lèvres, *Le Provençal*[5]. « Yves Montand qui commence à oublier cow-boy et pampa a trouvé une nouvelle personnalité », constate enfin *Midi-Soir*[6]. Nulle méchanceté dans tout cela. Mais nulle trace non plus de l'enthousiasme d'avant.

S'il en est que pareils états d'âme troublent peu, ce sont les habitants de l'impasse des Mûriers, à la Cabucelle. Problèmes de répertoire ou pas, à leurs yeux, ces journées sont glorieuses. Montand a de longue date annoncé sa visite à l'occasion de la tournée. Qui plus est, accompagné d'Édith Piaf. L'ascension d'Ivo Livi épate déjà le quartier, mais qu'Édith Piaf en personne foule la poussière de la rue familiale, c'est inouï. Dans l'attente des deux célébrités (qui arriveront, bien sûr, en limousine), la bande des gosses, et d'abord le tout jeune Jean-Louis Livi, le neveu d'Yves Montand — il deviendra son agent pour le cinéma—, accomplit une incessante navette entre l'impasse et l'angle de la rue, sur le chemin des abattoirs, là où apparaîtra le carrosse des visiteurs.

On les guette longtemps. Il a été prévu qu'Elvire, la belle-

4. 9 novembre 1944.
5. 11 novembre 1944.
6. 10 novembre 1944.

sœur de Montand (Julien, le frère, n'est toujours pas rentré de captivité), partagera la chambre de Lydia pour libérer son propre lit. Quand ils font leur apparition, les deux héros de la soirée dissimulent leurs soucis. Mais l'excitation ambiante est trop forte : ils se laissent gagner par l'euphorie de la tribu. C'est fête. La table est parée, exceptionnellement, dans la salle à manger. « Le repas a été gai, raconte Elvire Livi. Édith Piaf se servait en vin. Yves lui disait : "Fais attention, Pupuce !" Il veillait sur elle, car il la savait intolérante à l'alcool. Un verre suffisait à lui faire perdre la tête. »

Rien d'« officiel » n'a été annoncé quant aux liens qui unissent les deux hôtes (Henri Contet, lui, rentre sur Paris). Mais Lydia Ferroni n'est point dupe, et est tout attendrie de sentir son jeune frère si manifestement épris : « Je lisais la presse spécialisée dans le music-hall et j'ai soufflé à Yves : "Elle n'est pas avec son parolier Henri Contet ? — De quoi tu te mêles ?" a-t-il répliqué assez vertement. C'était sa première femme. J'en avais connu, des petites jeunes filles qui, soi-disant, m'apportaient des fleurs — dont je n'étais évidemment pas la vraie destinataire. Yves, auparavant, s'étonnait : "J'aime, et ensuite je n'aime plus. Comment suis-je donc fabriqué ?" Avec Édith, il s'agissait réellement d'amour. Elle était un peu sidérée par notre jovialité bruyante, paraissait surprise que nous parlions tant, si vite et si fort. Mais elle était aussi attirée par l'atmosphère familiale chaleureuse. Ça lui plaisait beaucoup. "Et tu te plaignais, tu te plaignais ! reprochait-elle à Yves. Avoir une famille comme ça !..." »

Entre la coiffeuse marseillaise et la vedette parisienne commence une amitié qui survivra aux amours d'Yves Montand et d'Édith Piaf. Jusqu'à la mort d'Édith, en 1963, Lydia restera une confidente épisodique, mais discrète et chère. Et Édith elle-même, longtemps après s'être séparée d'Yves, amènera dans le Midi plusieurs « hommes de sa vie » et présentera même tel ou tel — notamment Jacques Pills, qu'elle épousera aux États-Unis en 1952 — à « Papa et Maman Livi ». De Piaf, Lydia trace un portrait physique tendre et sensible, fort proche de l'image que Montand lui-même déclare avoir reçue au Moulin Rouge : « Quand on l'apercevait, elle vous faisait d'abord l'effet d'une femme vilaine, maigrichonne. Et, si vous la regardiez de plus près, elle avait tout de joli :

un nez petit, des yeux bleus, une bouche bien sensuelle, le teint rose. Je l'ai coiffée. Elle avait une peau fine de blonde, elle qui était brune, une peau d'ange. »

Simone Berteaut assure avec insistance que Montand était « travaillé » par l'idée du mariage. Lui-même soutient qu'Édith y a songé. Ce qui est sûr, c'est que ces quarante-huit heures de retour au bercail, cette présentation à la famille (il en ira de même pour Simone Signoret), équivalent, dans la culture des Livi, selon la tradition du clan, à un rite de fiançailles. Ce n'est pas un duo qui va reprendre la tournée, c'est vraiment un couple.

Malgré les avanies de son nouveau tour de chant, Montand surmonte ces premières déceptions. La tournée s'achève mieux qu'elle n'a commencé (« A lui tout seul, il fait paraître la scène bien petite ! » s'exclame *La Victoire de Toulouse*[7]...). Son intuition l'aide à rectifier ce qu'il a glissé de trop « piafesque » dans le timbre, de trop contrasté dans l'éclairage. L'année 1944 a été celle de son « décollage ». L'année 1945 sera celle de son plein essor.

Jusqu'alors, il comptait parmi les « espoirs » de la chanson. Mais la catégorie « espoirs » regroupe des jeunes dont la courbe ascendante reste susceptible de retomber brutalement. Les couvertures des magazines consacrés au spectacle sont un cimetière d'« espoirs » évanouis. Très vite, Montand va se débarrasser d'une telle précarité. Justifiant son pseudonyme, il devient « l'homme qui monte », dont on ne se demande plus s'il durera et marquera son époque, mais jusqu'à quelle hauteur il grimpera et à quelle profondeur il laissera son empreinte. En quelques mois, le Paris qui fait Paris se pressera aux portes de sa loge, non parce qu'il est déjà parvenu au pinacle, mais parce qu'on tient pour acquis que cela se produira et qu'on se pique d'avoir flairé le phénomène avant sa manifestation définitive. Un « grand » de la scène se doit d'avoir salué, sans attendre, le futur « grand » qui s'annonce. Ce n'est pas seulement une question de pater-

7. 25 novembre 1944.

nalisme et de bons sentiments : la vedette d'aujourd'hui conjure, au moyen de ce parrainage, la menace que représente la vedette de demain.

En d'autres termes, 1945 sera l'année où Yves Montand sera invité à déjeuner — le 27 septembre — par Maurice Chevalier, chez ce dernier, avenue Foch, avec Édith...

Piaf, elle, connaît cette musique-là par cœur. Les quelques années qui la séparent de son amoureux lui ont enseigné combien la rumeur est la meilleure des choses : rien n'est plus dommageable à un artiste que le silence des colonnes. Mieux qu'un agent, elle entretient autour de sa « découverte » cette agitation de plumes qui nourrit le tapage sans attiser le potin. Le 15 janvier 1945, elle organise au cabaret Le Mayfair, boulevard Saint-Michel, une réception où elle convie maints journalistes, et dont l'objet plus ou moins avoué est de promouvoir Montand.

Elle n'est pas en peine d'un prétexte alambiqué. La réception est donnée peu avant leur passage au théâtre de l'Étoile, 35 avenue de Wagram, où, du 9 février au 8 mars, ils poursuivront leurs tours de chant conjointement rodés en province. Le public de la capitale réagit favorablement (d'ailleurs, les deux artistes, quand l'Étoile n'est plus libre, se déplacent vers le Casino-Montparnasse, où ils continuent jusqu'au 22 mars). La presse, décernant ses lauriers, n'oublie pas la vedette américaine[8].

L'Étoile, anciennement Folies-Wagram, mérite qu'on s'y arrête pour une courte visite : ce sera, l'espace d'une décennie, la salle d'Yves Montand. C'est un théâtre de 1 500 places, inauguré en 1928, qui a été bâti sur des plans dus à l'architecte Farge, concepteur de l'Empire : entrée en arcade, tonalités rouge et argent, rampe rose. D'abord voué à l'opérette, l'établissement cahota de genre en genre (Antonin Artaud, Julien Bertheau et Roger Blin y montèrent une adaptation de Stendhal en 1935) et fut repris par l'ex-directeur du Grand Guignol, Camille Choisy — sous la houlette de ce dernier, *L'Opéra de quat' sous* a réuni, à partir du 16 juillet 1937, Renée Saint-Cyr, Yvette Guilbert, Suzy Solidor et Raymond

8. Lire, par exemple : *France libre*, 17 février 1945 ; *Ordre*, 18-19 février ; ou *La France au combat*, 22 février.

Rouleau. Au début de la guerre, retour à la chanson (la speakerine, alors, s'appelait Suzanne Flon).

Quand Piaf et son protégé investissent les lieux, le directeur artistique, nommé Arnaut (il prendra quelque temps en main la gestion des contrats de Piaf et de Montand), mise sur une évolution progressive du tour de chant vers le récital, et sur les têtes d'affiches glorieuses plutôt que sur l'opérette[9].

L'histoire de cette période déborde d'événements immenses. A l'étranger, le 27 janvier, les Soviétiques libèrent le camp d'Auschwitz. Du 4 au 11 février, la conférence de Yalta entérine le découpage de la planète en zones d'influence gelées pour des lustres. Sur le sol français, le Parti communiste (dont le secrétaire général, Maurice Thorez, est rentré d'URSS à la fin novembre 1944) est au faîte de sa popularité. Les usines Renault ont été nationalisées par ordonnance le 16 janvier, et Robert Brasillach fusillé, pour l'exemple, le 6 février. L'Assemblée nationale n'est que « consultative », et le général de Gaulle s'efforce de naviguer serré entre la démocratie chrétienne, les socialistes et les communistes qui brandissent en toute circonstance l'étendard sanglant de leurs martyrs.

Oui, l'histoire déborde. Mais cette gravité, cette pesanteur des temps n'en remplissent que mieux les fauteuils rouges et les promenoirs. La sensation commune de flotter par miracle sur une crête provisoire, le soulagement d'avoir survécu à tant de naufrages invitent au divertissement et le proclament salutaire. Non que l'on trouve l'oubli — l'argument est simplet, mécanique, comme si une chansonnette évacuait les morts ! — devant les écrans ou à l'orchestre, mais on y trouve autre chose : la messe et la kermesse à la fois. Tout au long de la guerre, les deux seules formes concevables d'assemblée autorisée ont été le service religieux et le spectacle. En attendant que reprenne la vie publique, en attendant que partis, syndicats, associations se rétablissent, la chaleur partagée continue d'être fournie dans les refuges disponibles. On

9. Félix Vitry, le futur patron de Bobino, déjà croisé à l'ABC, deviendra le secrétaire général de l'Étoile en 1947. Cf. André Sallée et Philippe Chauveau, *op. cit.*

manque de lait et de viande, mais on a le droit de sortir la nuit, et user de ce droit est aussi une manière de s'approprier la victoire.

Bref, l'histoire déborde, le théâtre de l'Étoile aussi. Édith Piaf a récupéré son pianiste favori, le Breton Georges Bartholé, qui l'accompagne (ainsi que Montand) avec l'orchestre d'Henri Poussigue. Bartholé est le complice des répétitions matinales. Et c'est encore lui qui donne le *la* durant la seconde tournée provinciale qu'amorce le tandem : elle débute à Villeurbanne, le 30 mars, et se termine, le 3 juin 1945, aux arènes de Bordeaux. Du 19 au 30 avril, les deux chanteurs retrouveront les Variétés, à Marseille. La veille de la première, le quotidien *La Marseillaise* annonce le spectacle et précise qu'« il est prudent de réserver ». Un énorme titre barre la une : « Les armées de Joukov progressent à l'est de Berlin. » Et, au-dessous : « Dante n'avait rien vu — le camp de Buchenwald. »

Cette fois, le programme « tourne » plus rond, Montand peine de moins en moins (*La Grande Cité* ou *Elle a des yeux*, qu'il crée alors, sont chaleureusement accueillies). Mais une faille se creuse que rien ne saurait combler. Même si l'amant-associé-camarade d'Édith Piaf est à présent maître de son répertoire, un dilemme reste insurmontable : ou bien le public s'est déplacé pour Piaf, et Montand joue les utilités ; ou bien ce dernier obtient un vrai succès, et c'est Piaf qui s'alarme.

Henri Contet en témoigne : « A ce moment, Édith a eu peur de passer derrière lui. Elle était inquiète et m'en a parlé : "C'est trop, Henri, tu sais. Je crois que c'est trop..." L'apport physique d'Yves était extraordinaire, c'était un monstre, on ne pouvait plus baisser le rideau, les gens ne voulaient pas qu'il s'en aille. » Monique Lange rapporte une confidence de la même veine : « Dans mes tournées avec Yves, aurait soupiré Piaf, il levait le rideau et je finissais le spectacle... J'ai dû porter ma croix jusqu'au bout tous les soirs[10]. »

Il semble en fait qu'Édith Piaf, par crainte de subir une concurrence trop vive, ait envisagé de monter cette tournée sans son compagnon. La preuve en est que le premier soir, à Villeurbanne, c'est Pierre Malar qui occupe la vedette

10. *Op. cit.*

américaine. Mais le lendemain samedi 31 mars 1945, Édith annonce elle-même un « supplément au programme » : Yves Montand, qui l'a persuadée de ne point faire cavalier seul. Les affiches sont précipitamment modifiées. A partir de Valence, le 2 avril, Montand apparaît en toutes lettres, et ce jusqu'au terme du voyage.

La plupart des commentateurs inscrivent l'épisode au compte d'une banale rivalité, les deux divas se disputant les bravos... En réalité, ni Piaf ni Montand n'ont jamais parlé d'une jalousie soudaine, l'un des deux ne supportant plus les triomphes de l'autre. Ce qui a provoqué leur mutuel tourment n'est pas un mouvement d'humeur : c'est qu'à l'évidence le « poids » global du programme était devenu excessif pour un public normalement constitué. Montand plus Piaf, l'addition était trop lourde, et, par une sorte de régulation automatique, l'un ou l'autre se voyait condamné à en pâtir. Encore n'étaient-ils pas, de ce point de vue, à armes complètement égales. Yves Montand, la « révélation » de la saison, pouvait se permettre de se laisser piétiner quelque peu par une vedette de toute première grandeur. Mais Édith Piaf, si fervente admiratrice fût-elle du débutant qu'elle encourageait, avait un rang à sauvegarder : quand on est détenteur du record du monde, on ne saurait accepter d'en rogner un dixième de millimètre, un centième de seconde.

Sur le coup, leur liaison n'a apparemment pas souffert. Ces machines à tuer sont relativement lentes. Sitôt rentrés de Bordeaux, le 5 juin, ils partent pour la Belgique chanter sous chapiteau à Knokke-Le-Zoute (Édith sera de retour à Paris le 14 juillet : on lui a demandé de se produire sur une place de la capitale en présence du général de Gaulle).

Tous deux analysent la situation et conviennent d'un pari : à l'automne prochain, Montand occupera dans une salle prestigieuse — l'Étoile — le haut de l'affiche. Seul, ou presque. Édith l'y précédera, non moins libre de ses mouvements. Elle prononce un vœu solennel : elle jure que, durant six mois (soit le délai nécessaire à l'élaboration du tour de chant puis à l'épreuve elle-même), elle ne boira pas une goutte d'alcool. Et respectera la parole donnée.

Montand, qui exècre le laisser-aller, l'indiscipline personnelle, a toujours tiré orgueil d'avoir obtenu de femmes emportées par une pulsion néfaste le renoncement — au moins provisoire, la durée d'une passion — à leur penchant funeste. Piaf s'est tenue droite par amour pour lui. Quinze ans plus tard, Marilyn Monroe lui donnera une satisfaction, une preuve d'attachement analogue.

Cette demi-année sera un cocktail assez relevé de tendresse rieuse, de conflits agacés, de flamme obstinément vive. Ils continuent à flotter entre l'existence installée d'un couple régulier et le *no man's land* de la vie à l'hôtel (en l'occurrence, l'hôtel Alsina, avenue Junot, où Montand voit débarquer sans enthousiasme Simone Berteaut, la « sœur de lait » d'Édith). Entre deux contrats sur une scène majeure, ils chantent dans les cabarets. De nouvelles enseignes clignotent aux murs de Paris libéré. Les boîtes qui dominaient le marché sous l'Occupation (forcément avec l'aval des Allemands) jouent en sourdine ou changent de direction. Celles qui conquièrent maintenant le haut du pavé se distinguent des précédentes par l'adresse, mais aussi par l'esprit.

On innove, on essaie, on dérange. Le Club des Cinq, rue Montmartre, fondé par des amis du boxeur Marcel Cerdan, s'affirme rapidement comme le lieu « qui bouge ». L'orchestre est confié à Michel Émer, tout juste rentré des États-Unis, et, quand vous poussez la porte, la clarinette a l'agilité d'un Benny Goodman, et les trombones éclatent tels ceux de Glenn Miller. Le souffle caniculaire des cuivres vous brûle, vous assourdit.

Pendant cinq années, privés des partitions d'outre-Atlantique, contraints d'inventer dans la solitude ou de renouveler à l'infini des thèmes vieillissants, les musiciens de jazz se sont déguisés en amateurs de « rythme », pratiquant la chose mais taisant le mot. Le Club des Cinq ne se prétend pas le temple du jazz (beaucoup d'autres établissements s'y consacrent désormais) : il se veut le cabaret où la « variété » dépoussiérée cherche et rencontre, en paroles et en musique, le son, le timbre de l'après-guerre.

Chez Carrère, aux abords des Champs-Élysées, c'est une autre atmosphère. Un salon très intime, somptueux, où tout est blanc — les rideaux, les paravents, les fauteuils Directoire, le piano. Les hommes sans cravate restent au bar. On y dîne d'abord, puis, vers minuit, le maître de maison « s'aperçoit » qu'il y a là Mlle Piaf, M. Montand, un violoncelliste russe, deux tragédiens anglais, et Sacha Guitry qui est partout. Les portes sont fermées. Et, comme s'il s'agissait d'une soirée entre amis, improvisée, où celui qui est doté d'un petit talent distrait la société, Mlle Piaf, M. Montand, le violoncelliste russe, les tragédiens anglais ou le spirituel Sacha Guitry cèdent à l'invitation de leur hôte, qui les présente lui-même. La scène est minuscule et gracieuse (Bourvil y débuta, Gréco y grandira). La chambre de M. Carrère sert de loge. Calme, luxe et qualité...

Édith Piaf, depuis le Gerny's de Louis Leplée, a fréquenté toute la gamme des cabarets et vérifié combien il est difficile de s'imposer devant des gens qui mangent, sur fond de rires un peu éméchés, de bouchons qui détonent et de couverts cliquetants, entre cinq filles qui lèvent la jambe et un conteur de plaisanteries fines. Dès que sa carrière s'est envolée, elle a d'ailleurs renoncé aux boîtes et n'y est retournée que par la grande porte, celle du Beaulieu, entre le 14 juin et le 11 juillet 1944.

Lorsque Montand accepte un engagement au Club des Cinq (chez Carrère, les précautions sont inutiles), Édith le fait profiter de son expérience récente : « Tu es maintenant en droit d'exiger que le service s'interrompe quand c'est à toi. Pas de caisse enregistreuse, pas de vente de cigarettes. » Effectivement, le contrat d'Yves Montand stipule qu'à l'annonce de ce dernier le restaurant s'effacera derrière le spectacle.

Pourtant, malgré ces garanties consignées, quelques accrocs vont se produire. Au point que Montand, dont la sérénité n'est pas le trait distinctif, se posera l'inévitable question qui tarabuste, un jour ou l'autre, les costauds pacifiques : cogner ou ne pas cogner.

Il chante au Club des Cinq, un soir de cet été 1945, devant une rangée comble de dîneurs en goguette. Une exception cependant : à ses pieds, jouxtant la scène, un homme tout seul occupe une table et s'est offert une langouste. C'est beaucoup, une langouste pour un homme seul. Ces temps-ci, c'est même trop, cela frise la provocation. Tout en agitant ses bras de part et d'autre du micro, Montand, c'est plus fort que lui, a l'œil tiré par le crustacé. Et salive un peu. Un couplet, et il baisse à nouveau les yeux : le goinfre a laissé intacte la moitié de la bête. Pire, le voici qui écrase son cigare contre la chair précieuse, machinalement, comme s'il utilisait un cendrier quelconque. Le chanteur sent une bouffée d'indignation sincère, élémentaire, lui courir sous la peau.

Battling Joe, maintenant. Méfiance, le revêtement du plateau surélevé est glissant. Un regard vers le bas : l'homme, lui aussi, s'en est rendu compte. D'une main nonchalante, il plonge dans le seau où rafraîchit son champagne et, un à un, propulse quelques glaçons vers les semelles de Montand. Qui n'éprouve plus, à présent, une indignation « de classe », mais une haine d'homme à homme. Il achève son tour et, courtoisement, déclare d'une voix blanche à la cantonade : « Si vous n'êtes pas un lâche, monsieur, je souhaiterais que vous veniez me rejoindre dans ma loge, s'il vous plaît. »

Or il s'amène, le butor.

— Pourquoi ? demande simplement Montand.

— Parce que ça m'amusait.

Le poing de l'artiste part. Pour les glaçons. Pour la langouste. Pour le cigare. Pour le mépris.

Une autre fois, c'est Édith la reine du soir. Yves Montand s'est accoudé au comptoir et ouvre le porte-cigarettes en or qu'elle lui a offert. Tout près, un consommateur s'esclaffe bruyamment. Chttt ! proteste la salle. Montand se penche :

— Monsieur, ne parlez pas trop fort, je vous en prie. Vous gênez Mlle Piaf.

— Quoi ?

— Je dis : ne parlez pas trop fort, s'il vous plaît.

— Sortez !

« Sortir », en pareil cas, ne signifie pas quitter les lieux, mais aller vider la querelle au-dehors.

Dans l'escalier, devançant l'adversaire, Montand songe qu'il n'éprouve aucune envie de se battre et se demande comment se tirer de là. Il n'imagine qu'une façon d'abréger le combat : prendre l'initiative, tout de suite, le premier et violemment. Avant d'atteindre le haut des marches, il se retourne et gifle le goujat d'un revers terrible :

— On se tait quand Mlle Piaf chante.

La victime ploie, veut répliquer, mais les serveurs accourent, séparent les pugilistes, étouffent l'incident.

Yves Montand se jure d'abandonner le cabaret dès que possible (cinq années seront nécessaires pour qu'il atteigne cet objectif). Il aime les barmen élégants, les filles charmantes, les dames huppées, les hommes en smoking, la tiédeur des salles-bonbonnières. Mais il s'y mêle, à son goût, une dose inévitable de vulgarité ambiante : gloussements des convives trop gris, relents de cuissons suspectes dans les loges et jusque sur la scène. Autant il espère des salles bouillantes, des publics en fusion, autant il est persuadé que semblable communion ne saurait s'obtenir sans une distance de bon aloi entre l'artiste et ceux qui l'applaudissent. L'excès de familiarité ne rapproche pas l'homme de spectacle et ses fidèles, mais le banalise, dissout sa magie.

En outre, Montand est troublé, à l'occasion de ces bagarres, par l'onde d'énergie qui le parcourt alors. Le flux est si puissant, si incoercible, qu'il suscite chez lui une défiance et comme une peur. Cette peur de soi (assortie d'une once de fierté) qu'il a encore ressentie, trente ans plus tard, à Saint-Paul-de-Vence, après une partie de « boules provençales » désastreuse : sous l'empire de la rage, il a empoigné l'assise d'un banc de pierre et l'a soulevée d'un coup de reins. Est-ce la soudaine libération d'une surcharge emmagasinée à la scène ? Le Montand d'aujourd'hui n'est pas moins perplexe que celui qui s'interrogeait déjà en 1945.

De ces exploits sportifs il conclut, en tout cas, que la violence brutale, s'il en est capable, et précisément parce qu'il en est capable, n'est, sauf absolue nécessité, pas un moyen qui lui agrée. Il lui arrivera encore, une dizaine d'années après la guerre, de gifler publiquement un comédien-chansonnier qui l'avait insulté à la radio. Il s'y était engagé devant témoins. Le hasard, bientôt, les a placés nez à nez dans un restaurant, et Montand s'est cru obligé de respecter sa promesse. Il a marché vers l'autre, comme cela, à froid. Un souvenir qui le gêne.

Il demeure l'homme des colères homériques, des éclats tonitruants, mais non des crochets du gauche.

Du 14 septembre au 4 octobre 1945, Édith Piaf passe en vedette au théâtre de l'Étoile. Elle est toujours accompagnée par l'orchestre d'Henri Poussigue (avec un nouveau pianiste, Robert Chauvigny). Mais Yves Montand n'est plus là pour lever le rideau. C'est lui qui va, dès le 5 octobre, prendre le relais de Piaf, à égale dignité sur l'affiche : le voici premier rôle. Lourde responsabilité, qu'il alourdit encore délibérément. Il réduit au maximum le prologue et s'alloue la part du lion : douze à quatorze chansons, seize si l'on compte les rappels. Les frontières du tour de chant sont franchies, il s'agit d'un véritable récital. Ce n'est pas encore ce qu'on nommera bientôt un *one-man show*, mais cela s'en approche. Hormis Maurice Chevalier, personne, dans le domaine des variétés, ne s'est aventuré si longtemps sous les projecteurs. Plus d'un camarade de métier juge tant d'ambition bien présomptueuse.

Une année et demie s'est écoulée depuis qu'il a découvert Paris, le métro et les coulisses de l'ABC. Infime délai pour couvrir de telles étapes.

Faut-il préciser que Montand a travaillé comme une brute, aidé de Guy Luypaerts, qui tout à la fois tient le piano et conçoit maints arrangements, et de Piaf, qui a quotidiennement participé à ses répétitions durant son propre tour de chant ? Des titres de l'an passé il n'a conservé qu'une valeur sûre : *Et il sortit son revolver*. Quant au reste, les moments forts et les moments tendres alternent : *Elle a…, La Grande Cité, Luna Park, Ma gosse, Ma petite môme, Battling Joe, Gilet rayé, Ce monsieur-là, Le Fanatique du jazz, Les Grands Boulevards*, bref, la panoplie complète des coups de cœur et des défis qui ont jalonné douze mois de tâtonnements. Il y a aussi un petit texte que Montand aime beaucoup et sur lequel Norbert Glanzberg a écrit un *blues* frondeur : « Moi je m'en fous, je m'en contrefous » (bien meilleur et autrement impertinent que le « Je m'en fous », de Charles Humel, qu'il avait donné à l'ABC). Il imagine de l'interpréter nonchalamment, coudes écartés, les mains derrière la nuque, se balançant ironiquement. Aimable provocation. Mais il n'est plus à une provocation près.

Ce « Je m'en fous »-là n'est pas un hymne à l'insouciance

cavalière. C'est plutôt un antidote aux noirceurs de *La Grande Cité*. Un rappel du droit au plaisir, du droit au loisir, fût-ce par une sombre saison. Du droit d'être jeune même quand la planète est horriblement ridée. Chez Montand, la thématique n'est pas alternative entre la fantaisie rieuse et le sujet grave ou « social » : il revendique l'un et l'autre, et les accole systématiquement, non sans ébahir quelque peu un public dont les repères proscrivent le brassage des registres (un tel « fait » dans la romance, tel autre ne s'évade pas du drame, et le troisième, le comique de service, rigole quoi qu'il advienne, puisqu'il est le comique de service...).

Indépendamment de ses convictions ou de ses origines, Yves Montand refuse de s'enfermer dans un même emploi. Intuitivement, il se représente l'artiste comme un expert en contre-pied. Le public attend-il une œuvre sentencieuse? Il lui sert une saynète espiègle. Une mélodie suave? Voici *Battling Joe*! Un sketch acrobatique, un morceau de bravoure? Montand s'immobilise dans l'unique rond d'un unique projecteur et livre, à voix chuchotée, quelque poème porté par la seule colonne d'air que ses poumons exhalent. Il s'agit de surprendre, bien sûr, dans la composition du spectacle, de commencer doucement, de laisser respirer le spectateur, puis de lui couper le souffle. Mais il s'agit aussi de se vouloir multiple, de n'être prisonnier ni d'un succès ni d'un échec, ni d'une image ni d'une habitude.

La première bombe atomique de l'histoire a dévasté Hiroshima le 6 août (« Une révolution scientifique », commente sobrement le surtitre du *Monde*). Philippe Pétain a été condamné à mort — et à la sauvette — par la Haute Cour de justice, le 15. Pierre Laval entendra la même sentence et sera, lui, exécuté peu après. Le Xe congrès du Parti communiste affecte de « tendre la main » aux socialistes et aux catholiques. Sartre crée sa revue *Les Temps modernes*... « Moi je m'en fous, je m'en contrefous... » Montand n'est nullement indifférent aux événements qui parviennent jusqu'à lui (la ravageuse mode existentialiste ne l'empêche certes pas de dormir). Il laisse cependant cohabiter sur scène ceux de ses personnages qui préfèrent les feux de la rampe aux éclats du dehors et ceux que le vacarme de l'époque assaille anxieusement. Et c'est peut-être pourquoi ce n'est pas un, mais plusieurs publics, fort composites, qui l'acclament.

Le succès est tel que le 30 novembre, au terme de sept semaines au cours desquelles, chaque soir, le théâtre de l'Étoile est bondé, il déménage et poursuit son récital à l'Alhambra. La critique s'enflamme. « Il est hors de doute qu'Yves Montand est la plus forte personnalité qui ait fait son apparition au music-hall depuis celle, déjà lointaine, de Charles Trenet », écrit Max Favalelli[11]. « Dès à présent, on a l'assurance qu'il a marqué profondément cette période d'"entre-deux-guerres" qui est la nôtre », enchérissent *Les Nouvelles littéraires*[12]. « Montand a maintenant gagné ses galons de grande vedette », certifie Hubert de Malafosse[13].

Toutefois, si ardent soit l'éloge — quasi unanime —, une interrogation perce ici ou là : quel est donc ce chanteur qui oublie de n'être qu'un chanteur ? Plusieurs plumes s'avouent surprises par l'intensité, la noirceur du propos entre deux gags, deux pas de claquettes. Ainsi Véra Volmane relève-t-elle que la séance « dépose au creux de l'âme une vague inquiétude, un malaise indéfinissable[14] ». Jean Barreyre, le critique d'*Opéra*[15], affine l'analyse dudit « malaise » : « Ce jeune chanteur si surprenant est le portier d'un monde nouveau. Ce n'est pas seulement une manière personnelle d'interpréter les chansons de la génération du *swing* et du *hot* qu'il nous apporte... mais les expressions d'une jeunesse que l'existence — et les philosophes — accable de problèmes douloureux à résoudre, et de défiance. » Yves Montand, conclut l'auteur de l'article, est « le chanteur d'une génération qui doit regarder plus loin que sa ville et son pays ».

Il ne s'agit point là d'un reproche. Juste d'une découverte : un art « mineur », le spectacle de variétés, serait donc susceptible et d'aborder légèrement des sujets lourds, et de véhiculer, à travers le timbre et la mimique d'un porte-voix

11. *La Dépêche de Paris*, 28-29 octobre 1945.
12. 18 octobre 1945.
13. *Époque*, 4 novembre 1945. A signaler qu'un dossier de presse a été rassemblé par Joëlle Montserrat, in *Yves Montand. Livre d'or*, Paris, PAC Éditions, 1983.
14. *Concorde*, 31 décembre 1945.
15. 26 décembre 1945.

solitaire, les effrois, les soifs, les fureurs d'un groupe, d'un fragment de la société uni par l'idéologie, l'âge ou le mode de vie. La vraie fibre populaire de Maurice Chevalier, le tempo moderne et l'émancipation onirique de Charles Trenet diffusaient sans aucun doute des flux collectifs qui les traversaient l'un et l'autre. Mais Montand, jailli de la guerre avec un mélange singulier de rigueur et d'énergie, apparaît soudain comme un « phénomène » d'une espèce ignorée.

Si l'on saute de feuille en feuille, on s'aperçoit qu'Yves Montand étonne désormais par son « côté social » (la formule est répétée maintes fois), son « sens tragique », autant que par son aisance de danseur ou l'agilité de ses mains. Où donc a disparu le fantaisiste de l'Alcazar, le simili-Américain de l'ABC ? Au milieu des louanges, on le dépeint comme un artiste « difficile », répugnant à fournir au public les gentils refrains que ce dernier sifflotera dès la sortie. En d'autres termes, Montand passe, à présent, sinon pour un chanteur d'avant-garde, du moins pour un novateur qu'il faut choisir de suivre.

La revue de presse serait incomplète si l'on ne mentionnait pas le grief, déjà évoqué, de perfectionnisme minutieux à l'excès. « C'est un garçon qui a étudié, beaucoup étudié, trop étudié », note François Gousseau, qui signe dans *Paroles françaises*[16] et récuse un peu plus loin « l'automatisme des gestes ». Force sera au jeune Montand de s'y accoutumer : dans nombre d'articles — et cela le poursuivra jusqu'aux années soixante —, on célébrera la justesse, le fini de son auto-mise en scène, on magnifiera cette faculté qu'il possède de se projeter dans l'espace, mais on croira déceler, en amont ou en aval, une application studieuse, besogneuse, horlogère.

S'il est un leitmotiv qui a le don d'irriter Montand (il est vrai que les sujets d'irritation ne lui manquent généralement point), c'est l'attendrissement mi-condescendant, mi-admiratif sur son « formidable professionnalisme ». « Au quart de millimètre ! », « réglé comme une pendule ! » Le dépouillement de la critique qui lui a été consacrée durant quarante-cinq années fait resurgir avec la constance d'un

16. 22 décembre 1945.

métronome cette observation ambiguë — du moins la perçoit-il ainsi : hommage, certes, au travail acharné, mais encore déploration tacite d'une nature « laborieuse » à l'excès, insuffisamment confiante en ses ressources spontanées, bridée par un désir de perfection qui trahit une fragilité, un doute obsessionnels.

Si j'abordais un pas de danse, même ébauché, même esquissé, je voulais qu'il soit parfait, décontracté et qu'il paraisse facile. On ne peut l'obtenir qu'en répétant pendant des jours. Et ce, même s'il s'agissait d'un tout petit pas. Le talent — pardon d'employer les grands mots — ne consiste nullement à déballer l'intégralité de ce qu'on sait faire, mais à donner au public l'impression qu'il n'a pas tout vu, qu'il a juste entrevu, deviné ce dont l'artiste est capable.

Reste que cette conception des choses provoquait un certain agacement : trop « mécanique », disait l'un, trop « parfait », disait l'autre. J'y ai réfléchi parce que, lorsqu'une remarque est souvent répétée, elle cache forcément quelque chose. Je crois que ce qui donnait cette impression, c'était la progression même du récital dans son ensemble, l'alternance systématique de temps fort et de temps faible (Battling Joe *suivi des* Mirettes). *L'adjectif « faible » ne se rapporte pas à la qualité de la chanson, mais au seul rythme. Aujourd'hui, avec la lumière laser, le technicien qui règle les éclairages est presque aussi important que l'artiste qui chante. Les gens qui s'éclatent en hurlant, la vibration permettent de s'écarter des normes classiques. On a le droit de s'accorder huit ou seize mesures d'instrumental — ou plus si la salle suit — avant de se raccrocher au « wagon », de boucler la boucle en retrouvant le chorus du début. Mais, si l'on veut mêler adroitement les genres — et c'est cela, ma spécialité et mon plaisir —, il est indispensable d'observer très strictement un plan de marche, ne serait-ce que pour le projectionniste...*

On n'emporte jamais longtemps l'adhésion par l'artifice, mais par la personnalité, le charisme. Voir Piaf ou Brel, pour ne parler que des disparus.

A l'intérieur de ce cadre, en revanche, qu'on soit dans un temps fort ou dans un temps faible, la vérité doit être totale, l'instinct total — surtout l'instinct—, la fraîcheur totale. Sinon, je ne serais pas passé à travers le temps, je n'aurais convaincu personne.

Il ne faut pas oublier deux points :

Le premier, c'est que je suis exclusivement un interprète. Je n'ai pas écrit la moindre chanson ni ne l'ai désiré (ce n'est pas une simple question de culture : je ne possédais pas le don d'un Brassens ou d'un Trenet). Ma joie, avec la peur qui l'accompagne, consiste à retrouver chaque soir sur scène le plaisir qui a déterminé mon choix : être libre de choisir, c'est énorme. C'est pour cela que je me dépense : pour rendre le plaisir que j'ai moi-même reçu. Et là, pas question de tricher. La fraîcheur ne s'imite pas.

L'autre donnée, c'est que je suis d'ascendance italienne. Ce qui est geste, dans mon jeu, n'a jamais été appris. J'ai appris des pas de danse, oui, des mouvements de canne, des virevoltes de chapeau face à la glace, mais non le moindre mouvement des mains, la moindre expression naturelle. Nous parlons ainsi, nous, les Latins, nous soulignons ce qui est déjà évident en soi, avant même que la parole ne jaillisse, car le regard va beaucoup plus vite que cette dernière. La difficulté est d'exprimer les sentiments profonds, de les « capturer » et de les « réinventer » au moment voulu. Le soir où l'on n'est pas bon, c'est que la « réinvention » ne fonctionne pas. On a bandé mou.

La critique semblait très attentive, en 1945, à mes grandes mains, mises en valeur par le marron sombre des manches dont elles s'échappaient. C'était naturel. C'était l'excès latin que je décèle parfois avec irritation dans certains de « mes » films. J'aimerais avoir reçu ce que j'appelle l'éducation anglaise, cette retenue distante. A l'écran, on s'est au contraire servi de ma « richesse populaire ». Celle-là même qui agace quelquefois les autres sans qu'ils se doutent qu'elle m'agace moi-même lorsqu'elle est trop ou mal exploitée.

Finalement, quand j'entre sur la scène en traînant une chaise pour incarner le veilleur de nuit de Gilet rayé *qui va s'asseoir et conter son amour désespéré, c'est du* cartoon, *tout simplement. Du Tex Avery, surtout. Du Walt Disney, du Grimault. Je suis de la génération du dessin animé…*

Le soir de la première représentation à l'Étoile, Yves Montand reçoit une délégation des siens. Lydia et Julien (rentré d'Allemagne au début de l'été) sont « montés » de Marseille pour applaudir le « petit frère ».

Lydia est déjà un supporter assidu, mais Julien — les deux garçons ne se sont pas vus depuis sept ans — est passablement étourdi. Il a retrouvé une épouse qu'il a dû, psychologiquement, réépouser, découvert un fils inconnu. Et voici le « frangin » qui, lui, paraît connu de tous — sauf du revenant. Par rapport à ce dernier, Montand est tiraillé entre deux émotions contraires. Il s'est fréquemment senti intimidé devant cet aîné râblé, solide, ce prolétaire militant, et il reste aussi culpabilisé d'avoir traversé la guerre sans dommage sérieux. Mais il n'est pas fâché non plus de montrer à Julien que ses rêveries adolescentes n'étaient point chimères d'un gamin immature.

Les retrouvailles sont donc délicates, tendres, complexes, nouées, ambiguës. Où est le grand, où est le petit ? Où est le protecteur, où est le protégé ? Où est le fort, où est le fragile ?

Édith Piaf insiste pour que les deux émissaires marseillais prennent place dans sa loge, non loin de Max Dalban et d'Henri Contet. C'est un peu son œuvre, laisse-t-elle entendre, cette soirée où Yves « vole de ses propres ailes ». De la même manière, elle tient ensuite à organiser le souper grandiose qui sera — Lydia Ferroni l'a écrit de sa main sur le menu qu'elle a gardé et que Piaf lui a très affectueusement dédicacé — celui de la « consécration » d'Yves Montand. Consommé double madrilène, œuf poché Valençay, suprême de poularde fine champagne, salade gauloise, fromages, délices de São Paulo, corbeille de fruits. Le tout arrosé de meursault-charmes 1941, corton 1929 et veuve-clicquot brut 1934...

De sa vie, Lydia n'a côtoyé pareil luxe. Mais, fine observatrice, elle perçoit une certaine gêne chez le héros de la nuit. Édith exige de régler l'addition, interrompt péremptoirement son compagnon. Bref, Édith mène le bal, et Yves, certes tout à la joie de son succès, n'en trahit pas moins une exaspération passagère. « Piaf, dit aujourd'hui Julien Livi, avait l'air sur le qui-vive. » Le frère et la sœur attribuent ces perturbations superficielles à la solennité du moment et aux caractères tranchés des deux chanteurs. Lydia n'a pas l'impression qu'Édith soit moins amoureuse que lors de sa visite à la Cabucelle, mais elle comprend que le solo d'Yves signifie pour la compagne de ce dernier une victoire et une épreuve. A compter de ce 5 octobre 1945, le couple Piaf-Montand fait affiche à part. S'agissant de personnages dont l'existence professionnelle et les passions privées sont étroitement confondues, il n'est pas étonnant que ce cap soit périlleux à franchir.

Le lendemain, du reste (le matin où Lydia est témoin des lectures classiques d'Yves et d'Édith), le climat est détendu. Piaf part le soir chanter en Belgique et demande à sa quasi-belle-sœur de lui fixer sur les cheveux des « invisibles », des petites pinces qui lui permettront d'arriver convenablement coiffée après une nuit de train. Lydia Ferroni se rappelle son étonnement :

— Mets-moi un filet. Avec un foulard par-dessus, cela ira très bien, assure Édith Piaf.

— Mais les gens ? Les gens te reconnaîtront.

— Tu sais, Lydia, on n'est intéressant pour personne. Personne ne nous regarde, finalement.

Et elle est montée dans son wagon-lit, l'air d'une ménagère la veille d'un mariage, indifférente et sereine.

« Personne ne nous regarde. » Dans le train. Pas au théâtre…

Montand la regarde-t-il changer ? Il est entièrement absorbé par son récital. Puisqu'il a enterré le cow-boy de ses débuts et que, Piaf aidant, il s'est engagé sur la pente d'une sorte de « music-hall total » (comme on parlera, plus tard, de « théâtre total ») où chaque titre devient un mini-drame, une mini-comédie, les problèmes de mise en scène le submergent. Il aurait pu se contenter d'entamer une carrière de *crooner* — sa voix « ronde », son goût pour ce qu'il baptise « le câlin » l'y auraient incité. Mais le voilà embarqué dans une entreprise autrement complexe. Et il essaie, se réglant sur d'infimes soubresauts du public, d'ajuster mille détails qui donneront au spectacle sa couleur juste, son rythme impeccable.

Exemple : l'éclairage à la fin de *Battling Joe*. Le boxeur a été sonné, aveuglé, il est fini. « C'est un nom maintenant oublié... » — on baisse les lumières. « Son manager a d'autres champions... » — un seul projecteur encercle la silhouette qui penche. La chute : « Battling Joe... » — noir. Et pleins feux immédiatement, pendant que l'orchestre cogne aussi brutalement qu'il s'était doucement alangui. Tel est le scénario. Rien à redire, c'est cohérent. Mais quelque chose chiffonne Montand : les spectateurs tardent à applaudir, comme hébétés, bousculés. Et puis il comprend : le tempo de l'imagination n'est pas celui de la batterie. Quand flambent les pleins feux, le public, lui, est toujours dans le *blues* du champion déchu. Ce qui conviendrait, c'est « Battling Joe... » — noir — deux secondes de noir prolongé — pleins feux. Les deux secondes permettent à la salle de « rattraper » l'orchestre, de sortir du rêve.

Montand essaie. Noir. Deux secondes. Pleins feux. Les bravos coïncident désormais avec la régie.

Un détail a cependant échappé à Montand : *Battling Joe* se porte au mieux, mais l'interprète, lui, avance d'un pas léger vers un douloureux KO.

C'est le début du printemps 1946. Édith rentre de tournée, et je la trouve un peu... distante. Elle repart en Alsace et en Allemagne avec les Compagnons de la Chanson. Et j'attends son retour, 26 rue de Berri, à l'appartement qu'elle a loué récemment. Il est 2 heures de l'après-midi. 3 heures. 4 heures. J'appelle Mme Bigard, la secrétaire de Piaf, et je comprends qu'elle l'héberge, qu'Édith ne veut pas me rejoindre. « Parce qu'elle n'a pas envie de vous voir », explique la secrétaire. Je le prends de haut. Je réponds que je n'accepte pas cela, que je m'en vais. Je boucle ma valise et m'installe à l'hôtel Surène-d'Aguesseau, près de la Madeleine. J'ai envie de courir questionner Édith, d'exiger une explication. Mais mon père m'a enseigné que, lorsqu'on souffre à cause d'une femme, il faut rester ferme... C'était sans doute l'erreur à ne pas commettre, de s'en aller si vite, c'était s'installer dans l'irréversible. Mon père avait raison.

Simone Berteaut[17] dépeint un Montand fou furieux (c'est probable), hurlant de douleur, martelant la porte de l'intraitable — cela, il le nie.

Malheureux, oui; envie de pleurer, oui. Mais je ne me suis pas pendu à sa sonnette. J'ai tenu huit jours sans bouger, sans broncher. C'est long. Et puis j'ai décroché le téléphone, je l'ai appelée. Édith semblait folle de joie. Nous nous sommes donné rendez-vous, le soir même, chez « le général ».

« Le général » n'était pas un militaire, mais le patron de notre restaurant préféré, non loin de la rue de Richelieu. Édith l'avait ainsi surnommé parce qu'il portait une petite barbiche et commandait à sa clientèle avec infiniment d'autorité. Sa maison n'abritait guère plus d'une dizaine de tables. Si la tête d'un arrivant ne l'inspirait pas, il disait : « Tout est complet, monsieur, mais je vous recommande telle adresse... » C'était notre vraie salle à manger. J'y ai découvert le plaisir de boire un bourgogne dans un verre ballon... Et « le général » pavoisait dès qu'il apercevait Piaf.

Le soir venu, un orage a éclaté sur Paris, un orage monstrueux. Je me morfondais au restaurant. Édith a prévenu qu'elle ne réussissait pas à obtenir une voiture. Tous les taxis étaient pris, et même ces fiacres qu'elle aimait tant et qui fonctionnaient encore aux Champs-Élysées. C'était terrible. Nous nous sommes manqués; ce contretemps a donné à Piaf la force de se reprendre, de reprendre ses distances. Elle a eu le courage et la lucidité de casser net, de s'éloigner.

Je suis repassé rue de Berri un matin, trois semaines plus tard, pour la voir. L'air très dégagé, très « copain ». Elle : « Je suis occupée, mais j'ai une chanson formidable pour toi, prends-la ! » Et me voici sur le trottoir avec, à la main, la

17. *Op. cit.*

partition de La Légende du boogie-woogie, *une petite chose médiocre que j'ai quand même essayé de chanter au Club des Cinq. L'histoire d'un train qui déraillait... En fait, c'est moi qui ai déraillé pendant trois ans. Un vrai creux, un trou noir, un long chagrin.*

La rumeur a conservé de cette aventure que j'ai été « lancé » par Édith. Contre les rumeurs, on ne peut pas grand-chose. On a beau essayer d'introduire un peu de nuance, de parler un peu d'amour, les gens n'entendent plus... Cette légende me plaît. Lorsqu'un môme sortait du rang, Édith venait s'asseoir à côté de lui, et le « spot Piaf » illuminait le môme. Elle applaudissait, visitait sa loge, et une photo paraissait dans la presse révélant à tous sa dernière « trouvaille ». Et puis elle se déplaçait, le spot se déplaçait, elle trouvait quelqu'un d'autre... et ainsi de suite.

Professionnellement, je dois beaucoup à Édith Piaf. Mais elle ne m'a pas « fait ». Elle ne m'a pas créé. Elle m'a aidé — merci, Édith — et surtout elle m'a aimé, elle m'a épaulé et m'a blessé, avec tant de sincérité, tant de rires et de grâce qu'il m'a fallu plusieurs années pour guérir.

Pourquoi ? Pourquoi, du moins, une telle soudaineté, une telle brutalité ? Parce que Édith Piaf était ainsi, répondent ceux qui l'ont connue. Et parce qu'elle se devinait en danger.

S'attarder un peu sur cette fracture sentimentale n'est pas céder au candide voyeurisme de la presse du cœur. Outre sa charge affective et romanesque, l'épisode illustre la condition propre des gens du spectacle, qui vivent à travers la prunelle d'autrui et sont contraints de régler leur vision mutuelle sur ce regard public, cette gourmandise qui les croque.

Les témoignages et les souvenirs des proches se recoupent fort bien. Henri Contet, qui a devancé son ami Montand dans la vallée de larmes où il se trouve présentement abandonné, estime que la passion et l'ambition, chez Piaf, interféraient en un mélange mortifère : « S'agissant d'amour, de jalousie, Édith était inconsciente [l'homme qui s'exprime en a subi l'expérience]. C'était un de ses défauts majeurs. Montand a beaucoup souffert. Il me l'a dit avec énormément de pudeur, mais j'ai compris qu'il avait reçu un coup sérieux qui n'était pas une simple pointe d'orgueil. Il aimait Édith, et Édith l'adulait. Mais l'émulation professionnelle a certainement altéré leur relation. Pour Piaf, ce qui importait d'abord, c'était le métier. Ses affaires de cœur, l'opinion s'en délecte. Il n'empêche : la chanson primait tout. Que son amant lui fauche une part du succès, elle ne pouvait l'admettre. Cela ne se traduisait pas par des scènes, mais Édith se renfermait. Et lorsque Édith se renfermait... »

Lorsque Édith Piaf se « renferme », c'est qu'elle accueille quelqu'un d'autre. Montand ne tardera pas à savoir qu'une très brève liaison s'est nouée entre elle et un camarade de tournée, Luc Barney. Puis que son intérêt pour les Compagnons de la Chanson (avec lesquels elle créera *Les Trois Cloches* et qui l'escorteront aux États-Unis) n'est nullement un « marrainage » platonique : le nouvel élu d'Édith est Jean-Louis Jaubert, chef de file des Compagnons, vers qui elle oriente maintenant son « spot » magique.

Quelque temps après la séparation, Lydia Ferroni reçoit les confidences de Piaf. « Tu comprends, lui explique cette dernière, il ne faut pas attendre la fin d'un amour, c'est affreux. Il faut avoir le cran de partir quand on s'aime encore. Autrement, on se déteste, ou on se garde par pitié. Il faut toujours partir. C'est ma revanche sur les belles femmes... »

« Je crois qu'au fur et à mesure qu'Yves s'affirmait, ajoute Julien, Piaf étouffait de plus en plus. Ce n'était pas de la banale jalousie. Elle craignait plutôt d'être un jour prisonnière. »

Yves Montand espère-t-il, passé quatre ou cinq semaines, le retour de sa bien-aimée? Non pas. Elle est trop violente, trop entière pour faiblir. Le fils de la Méditerranée qu'est Ivo Livi considère que la force est aux hommes et la puissance aux femmes. Il serait enclin, lui, à composer, à négocier. Il ne nourrit aucun penchant pour la tragédie et souhaiterait qu'*in fine* les choses s'arrangent. Mais, à ses yeux, l'infinie tendresse du sexe prétendu faible est assortie d'un potentiel de détermination, de résolution tranchante, de bravoure face à l'irréparable, d'aptitude à la mort. Il serre les poings et se jure de ne plus tomber amoureux.

Que « doit »-il vraiment à Piaf, hormis ces pleurs ravalés?

Tout, certifie la légende. L'apprentissage de la « grande » scène, le répertoire bien composé, l'autocritique matinale, l'orchestre arraché à sa fosse, le mouvement et l'immobilité. Tout. La légende s'est répandue si promptement (et Édith s'est tant empressée de l'alimenter, fût-ce à son corps défendant) qu'il n'a ni osé ni voulu démentir. Crainte, sans doute, que semblable mise au point ne revête l'allure d'une ingratitude désinvolte ou d'une goujaterie d'amant délaissé. Au contraire, la légende, il l'enfourche, puisqu'il n'a guère le choix, il l'assume et déclare, par exemple, dans une interview à l'automne 1946 : « Avec Édith Piaf, j'ai travaillé comme un fou. Je lui dois presque tout ce que je sais[18]... »

Quatre décennies après, cependant, Montand ne dissimule pas qu'il s'est senti piégé. Non par Piaf, qu'il évoque avec une tendresse intacte et une reconnaissance éblouie. Mais par cette fameuse légende dans laquelle il a l'impression d'avoir été cloîtré. Elle est si établie, la légende, elle bannit si farouchement le moindre correctif que, pour un peu, il paraîtrait presque incongru de professer cette évidence : par tel chemin ou par tel autre, Montand serait sûrement devenu Montand. A mots contenus, et redoutant toujours que son narcissisme ne le rende injuste, il pense qu'Édith l'a aidé à brûler les étapes ; mais elle n'a pas inventé sa nature profonde. Au reste, ce sont les termes mêmes employés par Piaf devant Lydia Ferroni : « Ton frère, tu sais, je lui ai seulement permis d'économiser trois ou quatre ans. »

Propos modeste et peut-être, cette fois, en retrait de la vérité. Car l'apport de Piaf, s'il faut hasarder une conclusion, ne se mesure pas à la seule aune du temps gagné ou perdu. Yves Montand et elle ont en commun une origine pauvre, voire misérable. Leur rencontre, outre les vertus « pédagogiques » du défi que constituait pareil choc, a certainement aidé Montand à situer son répertoire entre une veine « populaire » un peu appuyée et un registre d'avant-garde d'où le snobisme n'aurait pas été absent et qui l'aurait coupé de ses racines. Il a pris son envol à l'Étoile et au Club des Cinq plutôt qu'à la Rose Rouge ou autres alentours de Saint-Germain-des-Prés. Il s'est affiné sans se renier. Résultat : les publics

18. *Paris-Matin*, 8 octobre 1946.

Giovanni et Giuseppina Livi en 1921.

Ivo Livi en 1933.

La rue Edgar Quinet dans le quartier des « Crottes ». La maison où habite, de 1927 à 1929, la famille Livi est la première à droite.

A l'époque des « Crottes », Giuseppina, Ivo (assis), Julien et Lydia.

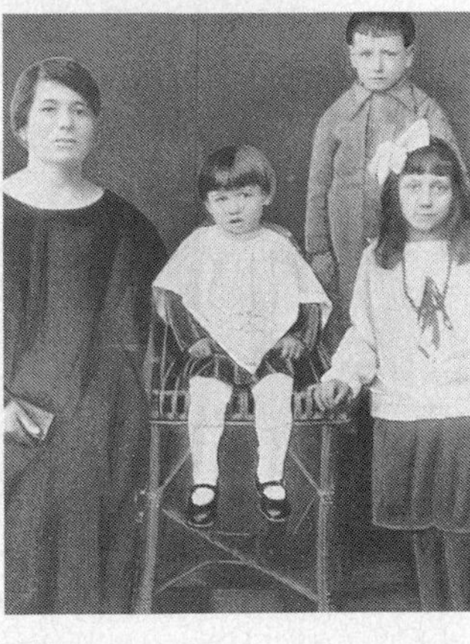

Julien, Lydia, Ivo en 1931.

L'impasse des Mûriers. La maison des Livi est la première à droite. Avant la guerre, la boutique « Coiffure Jacky » s'appelait « Salon Lydia », en fait un petit garage désaffecté.

Ivo Livi à dix-sept ans.

Aux Chantiers de la jeunesse; Montand (debout, quatrième à partir de la droite), Derderian (debout à droite), Mourchou (à la droite de Montand).

1938. Berlingot et Mlle Fancelli.

Les débuts de Montand, qui imite Chevalier et Trenet.

A la Libération. Montand et Piaf, qui ne touche plus terre.

Quinze ans plus tard.

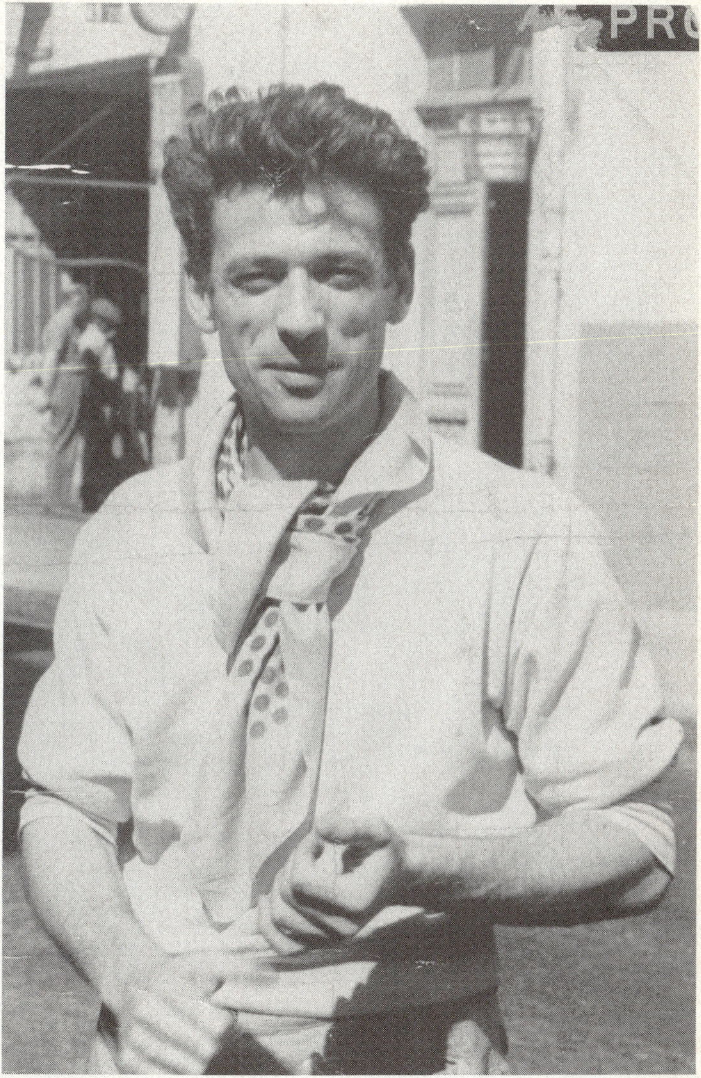

1949. Montand à Antibes.

1950. Montand, accompagné d'Henri Crolla à la guitare, chante à Vence.

Été 1959. Montand et Bob Castella préparent à Autheuil la tournée américaine.

1958. Répétition avant *L'Étoile*.

1952. Tournage du *Salaire de la peur*. Simone Signoret, Montand, Charles Vanel.

Août 1949. La rencontre de Simone Signoret et de Montand à la Colombe d'Or.

21 décembre 1951. Le déjeuner du mariage à la Colombe. Autour de Montand et Simone Signoret, Prévert, Pagnol, Paul Roux... et les colombes.

Réveillon de la Saint-Sylvestre à Saint-Paul.

Déjeuner à la Colombe avec Gérard Philipe.

Montand en mouvement à la piscine de la Colombe
devant l'œuvre de Braque.

1955. La maison d'Autheuil.

Dans le salon d'Autheuil, la famille Livi dans les années cinquante. Julien et Elvire, Simone et Yves, Lydia.

« rive gauche » et « rive droite », sans oublier celui de Billancourt, se rejoindront pour l'applaudir.

Simone Signoret, dont l'acuité est extrême dans le choix des mots, a ainsi tranché le débat dans son livre[19] : « Elle n'a plus voulu de lui à partir du moment où, sur le plan professionnel, il était pratiquement devenu un égal. Au début, il était celui à qui on apprend quelque chose. Elle ne lui a pas tout appris, parce qu'il y a des choses que personne ne peut apprendre à personne, on les a en soi. Et puis, dès qu'il a commencé à voler de ses propres ailes et à choisir ses chansons lui-même ou à ne pas vouloir chanter celles qu'elle voulait, Édith l'a quitté. »

Coïncidence : au moment précis de cette déchirure, Montand et Piaf sont à nouveau réunis sur une affiche. Mais, cette fois, une affiche de cinéma. Édith Piaf obtient même la couverture très convoitée du principal hebdomadaire dédié aux assidus — et ils sont légion — des salles obscures, *L'Écran français*[20] (elle y succède de peu à Simone Signoret dont les vrais débuts dans *Les Démons de l'aube*, réalisé par Yves Allégret, son mari, ont impressionné la critique[21]).

Involontairement, c'est devenu une sorte de cadeau de rupture concédé par la chanteuse à l'homme qu'elle aime encore et qu'elle fuit. « Concédé » est le mot juste : Piaf, qui a déjà joué la comédie au théâtre et s'en est fort bien tirée, tente l'expérience parce que c'est amusant, et aussi parce que c'est là un formidable instrument de promotion, de « réclame », l'unique manière de rendre son visage omniprésent. La seule passion qui la meut, cependant, reste la scène, le spectacle, la présence réelle, les applaudissements immédiats. Quand Yves Montand lui avoue que le music-hall est pour lui une sorte de songe intermédiaire, un marchepied vers les studios, elle est carrément indignée. Renoncer à tant de chaleur, aux yeux du public, à sa gratitude, aux rappels ? Avec un talent

19. *La nostalgie n'est plus ce qu'elle était, op. cit.*
20. 10 avril 1946.
21. 9 janvier 1946.

pareil ? La discussion s'envenime. Elle en devient parfois furieuse.

Pourtant, par tendresse, sensible au rêve de gosse qui a si follement habité l'adolescent de la Cabucelle, Édith va l'épauler. Au printemps de 1945, Montand, pour la première fois, participe vraiment à un tournage. Dans un court métrage, *Silence... antenne*, le cinéaste René Lucot a décidé de raconter la journée d'une station de radio, le défilé des chroniqueurs, journalistes, comédiens, chanteurs, musiciens, devant le micro. Et Montand-qui-monte a été retenu pour figurer dans le défilé. Mais son rôle ne consiste qu'à chanter *Luna Park* et *Dans les plaines du Far West*. Son rôle n'est pas un rôle : on le filme en train de faire ce qu'il fait ailleurs.

Piaf a mieux à lui offrir. En 1942, elle a sympathisé avec un journaliste cinéphile, Marcel Blistène (juif et réfugié en zone sud, il s'est un temps abrité chez la secrétaire d'Édith, Andrée Bigard[22]), et lui a promis que, s'il écrivait un scénario à son intention, elle accepterait le rôle et se battrait pour qu'il s'en voie confier la réalisation. Elle respecte sa promesse. En 1945, le script est prêt : cela s'appelle *Étoile sans lumière*. Le thème puise à une source où toutes les bonnes maisons se sont abreuvées : une vedette du muet dont la voix grince est doublée, quand le parlant s'impose, par une obscure jeune fille au gosier mélodieux. Un beau jour ou un beau soir, la supercherie éclate, et l'obscure jeune fille devient une star (le fil conducteur de *Singing in the Rain*, quelques années plus tard, ne sera pas autre). La production juge le metteur en scène trop néophyte, mais Piaf le défend.

C'est peu dire que Blistène est l'obligé d'Édith. La « famille » Piaf envahit passablement le générique (Guy Luypaerts compose la musique et Marguerite Monnot les chansons). Mais surtout, alors que le tournage est en vue — il commence le 30 juillet 1945 et s'achèvera le 5 octobre —, Édith demande au réalisateur d'ajouter un petit rôle « pour un ami ». Ainsi naît le personnage de Pierre, attribué à Yves Montand (que Blistène a rencontré, car Piaf avait chargé ce dernier d'organiser la réception donnée au Mayfair). Pierre, ouvrier garagiste, est le fiancé provincial et pataud de

22. Cf. Marcel Blistène, *Au revoir, Édith*, Paris, Éd. du Gerfaut, 1963.

l'héroïne, auquel cette dernière revient après s'être laissé griser par l'univers suspect des fabriques de vedettes que symbolise l'élégant et cynique parisien Gaston Lansac (Serge Reggiani, impeccablement antipathique).

Du couple Piaf-Montand subsiste un joli plan, dans une voiture, où Édith a la tête appuyée sur l'épaule de son « fiancé » et chante, souriante et abandonnée. Reflet heureux de deux jeunes gens très épris, très limpides. Au vrai, l'aventure, pour Montand, n'a été ni haletante ni exaltée. Il a erré entre les projecteurs, buté contre les câbles, caché sa gêne devant Marcel Herrand ou Jules Berry, obéi aux ordres, tenté de décrypter le sabir des assistants, découvert le conflit larvé qui oppose les techniciens de l'image aux techniciens du son. Sans plaisir aucun, mais curieux et assidu. « Je l'ai beaucoup vu sur le plateau, rapporte Marcel Blistène, beaucoup plus que ne l'exigeait son emploi, qui était très secondaire. Il accompagnait Édith, qui le subjuguait complètement. Je me souviens de lui comme d'un modèle de docilité et d'application, et comme d'un perpétuel émerveillé par la machine du cinéma[23]... »

L'œuvre, qui sort le 3 avril 1946, est accueillie avec une sollicitude plus ou moins condescendante envers le jeune réalisateur (lequel n'en est pas moins lancé puisque, aidé de Jacques Feyder, il va tourner *Macadam* avec Simone Signoret). On la qualifie de « naïve », « simpliste », voire « rustique[24] ». Piaf reçoit un coup de chapeau pour l'âpreté dramatique qu'elle dégage. Reggiani est encensé. Quant à Montand, son « bout d'essai » est étiqueté « encourageant[25] » ou — l'adjectif lui est rituellement accolé — « sympathique[26] ».

Ces épithètes ne le réjouissent ni ne l'entament. Lorsque *Étoile sans lumière* est projeté dans les salles des Grands Boulevards, il a l'esprit doublement ailleurs. D'abord, la belle idylle qui l'y associa n'est plus. Ensuite, d'autres enjeux cinématographiques pèsent sur ses épaules. Infiniment plus

23. Propos recueillis par Richard Cannavo et Henri Quiqueré, in *Montand. Le chant d'un homme*, Paris, Robert Laffont, 1981.
24. Jean Néry, *L'Écran français*, 10 avril 1946.
25. *Ibid.*
26. Jacques Natanson, *Ordre*, 12 avril 1946.

lourds. On vient de le désigner pour une mission suicide. Et il s'y engage à corps perdu.

La rencontre se situe fin janvier 1946. Montand passe au Club des Cinq, où il a désormais ses habitudes. Après le tour de chant, deux messieurs sollicitent une entrevue pressante. Ils se nomment, annoncent-ils, Marcel Carné et Jacques Prévert. Montand est encore sous le coup de son succès à l'Étoile et à l'Alhambra. Le monde extérieur ne l'atteint que par signaux discontinus. Charles de Gaulle abandonne la présidence du gouvernement provisoire, une Assemblée des Nations unies a été convoquée à Londres, la presse parisienne est en grève... Il a entendu tout cela, Montand, il possède un poste de radio. Mais son horloge interne est plus déterminante que le carrousel des planètes.

De ses deux interlocuteurs il ne sait que peu de chose. Il sait que Jacques Prévert est l'auteur d'un recueil de poèmes, *Paroles*, publié au mois de décembre précédent et qu'il a feuilleté avec une émotion instinctive. Il sait que Carné a signé — avec Prévert, justement — *Les Visiteurs du soir*, un film qu'il a vu et goûté. Il sait enfin que cette équipe est célèbre, l'une des plus célèbres du cinéma français d'alors. *Drôle de drame, Quai des brumes, Le jour se lève, Les Enfants du paradis* ne sont pour lui que des affiches. Mais la nouvelle lui est quand même parvenue que ces affiches-là sont les plus prestigieuses cartes de visite qui soient. Carné a trente-sept ans, Prévert quarante-six. Ce ne sont ni des novices ni des retraités. Les plus puissants studios parient sur eux.

Et eux souhaiteraient parier sur Montand. Une urgence. Un rôle à endosser au pied levé. Accepterait-il de risquer un essai ? Montand fonce, si anxieux soit-il : la chance de sa vie, le contrat qu'il n'osait espérer.

Cette « chance » est le fruit d'un long périple. Au commencement est un ballet, *Le Rendez-Vous*, dont le sujet est dû à Jacques Prévert et que la troupe de Roland Petit donne au théâtre Sarah-Bernhardt sur une musique de Joseph Kosma et dans des décors du photographe Brassaï. A la première, Prévert est escorté de Carné, mais aussi de Jean Gabin et de

Marlène Dietrich. Le couple revient des États-Unis après cinq années d'exil. Gabin cherche la matière d'une rentrée glorieuse. Marcel Carné et son producteur Raymond Borderie (de chez Pathé) aimeraient vivement la lui fournir. Trop de liens les unissent : le déserteur du *Quai*, l'homme traqué du *Jour se lève*… Avant même qu'un scénario ait été conçu, dès juin 1945, le principe d'une collaboration est signé.

C'est la soirée de ballet qui provoque le déclic. L'histoire d'un homme auquel le Destin promet qu'il rencontrera « la plus belle fille du monde » l'espace d'une nuit, qui la rencontre en effet et la perd au matin. Un fil ténu, mais Gabin acquiesce. Plus, il suggère que « la grande » — la grande Marlène, s'entend — participe à la distribution. Quelques jours s'écoulent, et le pacte est scellé au bar du Claridge. Les divers artisans du projet se mettent à l'ouvrage. Des contrats sont rédigés (30 000 dollars sont offerts à Marlène Dietrich), le scénario s'étoffe. Joseph Kosma est réquisitionné pour la partie musicale. Prévert et lui réunissent un soir Gabin, Marlène, Brassaï et Carné dans un bistrot paisible de la rue Dauphine. L'arrière-salle abrite un piano sur lequel Kosma esquisse la chanson du film, conçue, comme il se doit, avec Prévert : *Les Feuilles mortes*.

Jusqu'à l'automne, Prévert s'installe dans le Midi pour écrire. Joseph Kosma et Alexandre Trauner, le chef décorateur dont les trouvailles ont tant façonné le « climat » des œuvres de Carné, sont ses voisins. L'auteur s'oriente dans une direction « noire », courageuse et assez déconcertante aux yeux de Gabin. René Clément s'est acquis un magnifique succès en peignant, dans *La Bataille du rail*, une France insurgée, héroïque, tenace. Prévert, à l'inverse, situe son drame amoureux, son impossible coup de foudre dans un environnement de lâches et de délateurs, de collabos, de menteurs, de profiteurs. Sombre est la nuit, sombre est la ville, sombres sont ces heures de l'après-guerre où la liesse des honnêtes gens camoufle et refoule le grouillement des souvenirs honteux. Il y aura, certes, une danse du désir, un pas de deux innocent entre des statues blanches. Toutefois, le blanc, dans *Les Portes de la nuit* (tel est le titre arrêté), sera la couleur des statues plutôt que celle des hommes.

Et puis tout dérape. Problèmes de financement. Problèmes de calendrier : Gabin est propriétaire d'un sujet auquel il croit dur comme fer, *Martin Roumagnac,* et exige que le tournage des *Portes* soit bouclé à temps pour qu'il respecte son double programme. Or les studios sont rares : ceux de Joinville, pour l'instant, sont indisponibles. Et voici que « la grande », à son tour, brouille les cartes. Son contrat lui accorde un droit de regard sur le scénario. Hélas ! le regard qu'elle y jette n'est guère amène. « Ce film, tranche-t-elle, constituerait une mauvaise propagande à l'étranger[27]. » Prévert n'est pas en avance et n'a ni la volonté ni le loisir de refondre son texte. Il ne manquait plus que cela...

Jean Gabin lui-même commence à flancher. A la cantonade, il lâche quelques-unes des douceurs dont il a le secret : « C'est une histoire de masturbés intellectuels, un truc pour le café de Flore... » Lorsque Carné envisage de remplacer Marlène par une très jeune fille, il objecte, sur le même registre : « Qu'est-ce que ça veut dire ? On veut me faire tourner avec un rat-mulot ? Une môme... A mon âge[28] ! Il me faut une femme de trente à trente-cinq ans. »

En janvier 1946, Carné décide d'attaquer les extérieurs sans attendre que le conflit soit apaisé. Prévert et lui sillonnent la nuit les rues désertes de Barbès et de La Villette, repèrent les palissades couvertes d'affiches déchirées, les volets délavés. Ils ont l'intention d'utiliser abondamment le procédé dit de la « transparence » : des images engrangées antérieurement sont projetées sur une glace sans tain devant laquelle évoluent les acteurs. Ainsi les riverains du canal de l'Ourcq, les noctambules qui empruntent le pont de Crimée sont-ils surpris, aux alentours de 3 heures du matin, par des batteries de *sunlights*, des machinistes qui sèchent les pavés au moyen de lampes à souder et d'héroïques badauds guettant l'arrivée des comédiens. La presse a promis Gabin et Marlène. Où sont-ils ? Vont-ils surgir ?

A la mi-janvier, le forfait de Marlène Dietrich est consommé. Jean Gabin, lui, pose des conditions de plus

27. Cf. « Histoire d'un film », sous la signature de Pierre Laroche, in *L'Écran français*, 6 février 1946 ; et encore André Brunelin, *Gabin*, Paris, Robert Laffont, 1987.

28. Quarante et un ans.

en plus inacceptables. Les négociations s'enlisent, malgré les bons offices d'André Malraux en personne. Au bout du compte, il paraît inconcevable d'avoir terminé dans les délais que requiert le tournage de *Martin Roumagnac*. Gabin s'obstine (il a tort, son idée fixe débouchera sur un four). On expédie encore le jeune Reggiani au Claridge, pour une ultime tentative. Mais Marlène est intraitable, elle ne supporte pas que des collabos apparaissent dans un film. Et c'est la rupture, une rupture amère, compliquée de démêlés juridiques. Voilà pourquoi, la dernière semaine de janvier, Prévert et Carné frappent à la porte de la loge d'Yves Montand.

Marcel Blistène a servi d'intermédiaire : « Carné était complètement affolé par les défections de Jean Gabin et de Marlène Dietrich. Il m'a téléphoné pour me demander ce que valait le type qui débutait dans mon film. Je lui en ai dit le plus grand bien et je lui ai organisé une projection d'un montage, bout à bout, des scènes où Montand figurait[29]. » Blistène assure que « Carné a été tout de suite séduit et a pris sa décision de l'engager en quelques minutes ».

Dans ses Mémoires[30], le réalisateur des *Portes de la nuit* est moins catégorique sur la soudaineté de sa résolution. Il se rappelle mal si l'idée est d'abord née de Prévert ou de lui-même. Toujours est-il que Montand triomphait à l'Étoile et que ce triomphe s'est mis à lui courir dans la tête quand les relations avec Gabin ont commencé à se détériorer.

Au fond, la crise est si aiguë que les deux maîtres d'œuvre n'ont plus qu'une ressource : un coup de poker. La distribution, autour de Gabin et de Marlène, est éblouissante. Pierre Brasseur (le mari de l'héroïne, homme d'affaires enrichi par l'Occupation), Serge Reggiani (mauvaise graine de milicien), Jean Vilar (nouveau venu au cinéma, il incarnera le Destin), et encore Carette, Raymond Bussières, Saturnin Fabre... Qui osera, sous le regard de tels professionnels, endosser les rôles taillés pour deux monstres sacrés ? La seule

29. *In* Richard Cannavo et Henri Quiqueré, *op. cit.*
30. *La Vie à belles dents*, Éd. Jean Vuarnet, Paris, 1979.

issue est de hasarder une surprise complète : deux inconnus (à l'écran). « La femme la plus belle du monde » sera Nathalie Nattier, dont nul ne sait rien, sinon qu'elle est jolie. Et Diego, le prolétaire chaleureux rescapé de la Résistance, sera Montand.

Carné tergiverse, puis se lance : « La scène envisagée pour les essais étant une séquence jouée par les deux principaux interprètes, je commence à former les couples. J'hésite un instant, puis je réunis Montand et Nattier. Physiquement, ils se complètent assez bien. Dire que leur essai s'avère remarquable serait mentir. Malheureusement, j'avais vu juste, les autres postulants leur sont encore inférieurs... En tout cas, chacun s'accorde à le reconnaître. Jacques [Prévert], qui les trouve ''formidables'', m'engage vivement à les retenir. Malgré cela, j'hésite. De l'hôtel Alsina, avenue Junot, où elle habite, Piaf continue à m'adresser des appels de plus en plus pressants... » Le jour même, le réalisateur répond positivement.

L'intrigue mélange réalisme extrême et fantaisie onirique. Montand s'aperçoit vite que l'emploi qui lui a été alloué est celui du brave garçon, honnête et courageux, voué à souffrir de la méchanceté humaine et de la monstruosité du sort. Avec Reggiani, la petite crapule, le délateur — il dénonçait pendant la guerre, il dénoncera pendant la nuit fatale —, l'opposition est symétrique. Mais la brève rencontre amoureuse qui s'achève, au point du jour, sur un suicide et un meurtre, est encore épicée de licences poétiques assez lâches : Montand-Diego et Nattier-Malou sont censés avoir jadis gravé leur nom sur une pierre de l'île de Pâques. Passe pour un Gabin qui a plausiblement bourlingué... Mais le jeune chanteur de vingt-cinq ans aura du mal à imposer pareille vie antérieure.

« Je ne me souviens pas, rapporte Marcel Carné, que l'atmosphère du tournage ait été particulièrement houleuse. Pénible, oui, mais pas exagérément nerveuse. » Le souvenir de Montand est assez analogue. Pénible. Il faut se déplacer entre des marques très précises, veiller à ce que la main ne sorte pas du cadre, s'interrompre au moment où l'émotion arrive. Sa disponibilité est entière. Il souhaite apprendre, il quémande le conseil, la critique. Mais, lorsqu'une prise s'achève, tout ce qu'il entend, c'est une voix quelconque commentant d'un ton clinique : « C'est bon pour moi ! » Bien qu'écrasé de lumière, le plateau lui semble un lieu froid, le contraire d'une scène. Où sont Fred Astaire et les westerns de ses rêves ? Il avance, d'un pas de somnambule, sur un territoire hostile, sans repères.

Il aurait besoin d'un peu d'approbation. Mais Carné n'est pas de cette école. Il « dirige » les acteurs en s'en défendant. Il leur demande de jouer, pas d'être. Surtout, il a l'habitude de leur résister jusqu'à ce qu'ils rendent les armes. Ce n'est pas seulement une question de caractère, d'école ou d'époque. Carné a l'habitude de se coltiner Gabin ou Arletty : des natures extraordinaires, mais qui exercent sur le « patron » une pression menaçante. Montand, et dans le rôle qui lui est échu, et dans la manière dont il est commandé, a l'impression d'être dépouillé de sa sensibilité, de n'être plus qu'un grand mannequin qu'on déplace et dont l'habitant, finalement, n'intéresse personne.

Serge Reggiani, avec lequel il va nouer une sorte d'amitié jalouse, sourcilleuse de part et d'autre, où la complicité le dispute à la rivalité (« Ce n'est pas un Italien, dit l'Émilien Reggiani du Toscan Livi, c'est un Marseillais... »), Reggiani, donc, a été le témoin attentif et ironique de ces tâtonnements : « Nous nous étions croisés dans *Étoile sans lumière* (je me rappelle qu'Édith ne disait pas un "auditorium", mais un "torium" ; nous jugions cela joli et la laissions dire). Là, c'était plus sérieux. Yves était vraiment un débutant — au cinéma, bien sûr. En grand professionnel du récital, il avait coutume de travailler seul et s'est trouvé mal à l'aise au milieu de nous. Il avait alors tendance à se rassurer en se poussant des coudes, ce qui agaçait Carné et aussi quelques-uns de nos camarades. Petit à petit, il a corrigé le tir. Mais il lui restait des tours de main à prendre. Et quand je parle de tours de main... je pense à cette série de claques qu'il devait m'asséner et qui m'expédiaient dans des cages à poules. Eh bien, lui, les claques, il les donnait pour de bon, avec ses battoirs énormes et ses avant-bras de lutteur !... »

Montand n'a jamais avoué à son vieux camarade que Carné, en douce, lui avait recommandé : « N'aie pas peur, cogne franchement, celle-là, on ne la tournera qu'une fois ! »

Il y est allé de bon cœur. En revanche, il a toutes les peines du monde à cracher à la gueule du « milicien » Reggiani, avec lequel il plaisantait deux minutes avant la prise.

Source d'angoisse supplémentaire, la production braque tous les feux possibles sur les néophytes. Puisque les stars se sont envolées, on porte l'accent sur l'ingénuité des deux jeunes recrues dont on vante la fraîcheur et la spontanéité — en promettant, à la clé, une « révélation ». Durant le tournage, la presse est abreuvée d'échos, de portraits parallèles d'Yves Montand et de Nathalie Nattier. « Un grand gosse qui veut qu'on le prenne comme il est, avec sa figure sympathique, un sourire très jeune, des cheveux sans cosmétique » : tel est le commentaire[31] qui accompagne la photographie de Montand. Traduisons : charmant, bien bâti et un rien emprunté... « La plus belle femme du monde » a même droit à la une : son profil lui tient lieu de filmographie[32]. Marcel Carné est pressé de questions pendant la phase de montage. Bref, le lecteur cinéphile est tenu en haleine. *Les Portes de la nuit* seront l'événement artistique de l'année 1946.

Évidemment, le comédien novice est séduit par la formidable machinerie qui est déployée. Alexandre Trauner a reconstitué la station de métro Barbès-Rochechouart sous un hangar gigantesque, assez vaste pour abriter un dirigeable. Des segments du canal de l'Ourcq, des tronçons de rues populeuses, avec boulangerie, bureau de tabac, publicités, kiosques à journaux, ont été bâtis en trompe-l'œil par une cohorte d'artisans. Autant les hommes de l'art (Philippe Agostini, le directeur de la photographie, André Bac, le chef cameraman, comptent parmi les seigneurs du métier) paraissent intimidants, autant la magie des choses opère.

Mais, dans les confidences qu'il livre aux reporters, Montand laisse percer son anxiété. Il adopte, dirait-on aujourd'hui, un « profil bas », modeste et conciliant, gomme les aspérités de son vrai caractère, accepte le stéréotype du

31. *L'Écran français*, 27 février 1946.
32. *Ibid.*, 8 mai 1946.

joyeux gaillard qui n'en est pas revenu : « Au music-hall, j'obtins un succès que je n'attendais pas, avoue-t-il à la journaliste Michèle Nicolai[33]. Et puis, brusquement, celui que je considère comme le premier metteur en scène de chez nous me confie un rôle formidable. Je veux essayer d'aller toujours plus loin et plus haut. Mais le cinéma m'inquiète... Au début, j'ai cafouillé. Impressionné par Gabin, j'ai voulu faire "noir". Marcel Carné m'a dit : "Sois ce que tu es, un grand garçon souriant." Alors je suis le gars qui aime la vie. Mais la vie me le rend mal... Au cinéma, bien sûr. »

La vie, pour l'instant, le lui rend mal aussi dans la vie. Alors même qu'il est bouclé à l'intérieur de ce personnage jovial et faussement transparent, il a le cœur en miettes. Piaf lui manque. Il est seul, d'autant plus seul que le public le perçoit comme une sorte de miraculé social. Il grimpe tellement vite, tellement haut, que nul ne comprendrait la moindre doléance, la moindre note grave. Il a du talent, il a du succès, il a de la chance (n'a-t-il pas été engagé par Carné un vendredi 13, le jour de son anniversaire ?), donc il a tout. Ce printemps 1946 n'est pas moins en trompe-l'œil que les décors de Trauner : Montand traverse clandestinement un désert surpeuplé.

Quand le tournage le laisse enfin respirer, au début de l'été, il retrouve la « vraie » scène et Édith Piaf lors d'un gala organisé par cette dernière, le 11 juillet 1946, au Club des Cinq (la recette paiera les vacances d'enfants de prisonniers). Luc Barney et les Compagnons de la Chanson figurent au programme. Édith joue des extraits du *Bel Indifférent* — non point avec Paul Meurisse, comme prévu, mais avec Gérard Landry. Et Montand passe en dernière partie, heureux de danser sur les planches, troublé de côtoyer Piaf en « camarade » (et sans doute un brin agacé d'une distribution qui rassemble les ex-amants de la dame autour de leur successeur). Il fait « bonne contenance », il est applaudi. Ses plaies n'en sont pas pansées pour autant. Du moins est-il certain, lorsqu'il chante, d'être lui-même le temps qu'il chante.

Fût-ce au cœur de l'été, les trompettes de la « réclame » ne cessent de sonner, avisant les populations que *Les Portes*

33. *La France au combat*, 14 mars 1946.

de la nuit seront projetées à la fin de l'année, probablement au mois de décembre.

Montand, c'est un signe, est croqué à la mi-août par « Le Minotaure », pseudonyme sous lequel la rédaction de *L'Écran français* ébauche d'habiles silhouettes éclairs des artistes « dont on parle », agrémentées d'une caricature : « De profil, Yves Montand ressemble à Louis Jouvet. En plus jeune. Un Louis Jouvet qui serait swing, un Dr Knock ami du *boogie-woogie* et des *pin-up girls*... Nous allons voir rôder sa haute silhouette dans la pénombre de la rue de l'Évangile. Il porte en lui le dialogue de Jacques Prévert, et Marcel Carné le guide sous le pont du métro aérien qui fait trembler les pauvres maisons du quartier de la Chapelle. Quand, dans les ténèbres où rôde le petit peuple de la nuit, M. Yves Montand rencontre le Destin, il lui faut sérieusement songer à son rôle pour ne pas embrasser Jean Vilar et danser autour de lui une joyeuse danse du scalp. Parce que, jusqu'à présent, le Destin a été plutôt gentil avec lui. Rien à dire. Pas à se plaindre... Il se sait attendu, mais il va à tous les rendez-vous que lui fixe la Chance avec un trac fou et la conscience tranquille. On verra bien[34] ! »

A la réception de cette convocation devant le tribunal de la renommée, le « trac fou » ne saurait que croître. L'effet d'annonce est si appuyé, sur ce film dont chaque tour de manivelle est abondamment répercuté, que le plus naïf des blancs-becs aurait la certitude de jouer à qui perd gagne.

Profitant de ce qu'un battement lui est octroyé entre les derniers raccords et la sortie (définitivement fixée au 4 décembre), Montand choisit de retrouver, pour un mois, la terre ferme. Du 15 septembre au 9 octobre 1946, il retourne à l'Étoile (Édith Piaf y prendra le relais, avec Francis Blanche et les Compagnons). Son répertoire n'a guère varié. Il aurait souhaité s'approprier les deux chansons écrites par Prévert et Kosma pour *Les Portes de la nuit : Les Feuilles mortes* et *Les Enfants qui s'aiment*. Mais Prévert s'était imaginé que Gabin et Marlène les fredonneraient eux-mêmes. Après le retrait des deux vedettes, nul n'a songé que Montand, bien qu'il eût été embauché sur la foi de ses prouesses au music-

34. 21 août 1946.

hall, serait le mieux placé pour les interpréter. C'est Irène Joachim et Fabien Loris qui les chantent *off* à la fin du film, tandis que Diego-Montand s'achemine, solitaire et désespéré, vers le métro réinventé par Trauner...

La presse de l'année précédente était chaleureuse. Quoique sa deuxième partie (la première repose sur Anne Chapelle) n'excède pas huit ou neuf titres, il reçoit, cette fois, un accueil délirant. « Nous espérions un successeur de Chevalier, nous l'aurons », certifie *Libé-Soir*[35]. « Une grande nature du music-hall[36]... » « Jamais artiste n'a su à ce point faire partager sa joie du rythme[37]... » « Il a évité toutes les banalités et la facilité où ses dons risquaient de l'entraîner[38]... » « Le cinéma, école de la société qui freine et assagit attitudes et gestes, semble avoir discipliné Montand et atténué ce que sa mimique avait de trop exubérant[39]... » « Il ne craint pas les textes qui s'écartent des sujets traités ordinairement par les paroliers, s'engageant dans les domaines de la philosophie et de la sociologie[40]... » Et encore ceci, qui résume le reste, sous la plume de Jean Barreyre, le critique d'*Opéra* : « Une salle acclame son champion. Je ne peux rendre l'enthousiasme d'un public pour un jeune chanteur qui affirme ses dons, son talent, qu'en évoquant les manifestations qui fêtent un succès sportif[41] ! »

Au terme de ce tour d'honneur, Montand lui-même le commente avec un certain recul, une certaine gravité. Il cite une phrase, entendue quelque part, selon laquelle la chanson « a souvent été le cri perçant de l'actualité ». Il soutient que ce genre second n'en est pas moins « le reflet d'une époque ». Et il justifie cette évolution : « Après sept années de guerre et d'événements extraordinaires, le public ne réagit plus de la même façon qu'en 1939. Sans même s'en rendre compte, ses facultés de réceptivité se sont émoussées sous l'avalanche des catastrophes. Il faut, pour l'amuser ou l'émouvoir,

35. 19 septembre 1946.
36. *Front national*, 21 septembre.
37. *La France au combat*, 19 septembre.
38. *Paris-Soir*, 17 septembre.
39. *La Bataille*, 18 septembre.
40. *Le Figaro*, 15-16 septembre.
41. 18 septembre.

employer par instants la manière forte. D'où la brutalité de certaines de mes interprétations. Violence qui permet, d'ailleurs, de mieux faire passer certaines nuances, de donner toute leur valeur aux silences et aux scènes mimées[42]. » Voilà un vocabulaire qui paraît trop recherché. Nul doute que le journaliste a soigneusement « adapté » les propos de son interlocuteur. Mais nul doute que la conception de la chanson que Montand s'efforcera d'illustrer est bien celle-là. Pour toujours.

Un désastre. Habituellement, le petit milieu des experts a la dent dure, mais le tout-venant tempère ces férocités parisiennes. Pour la sortie des *Portes de la nuit*, même le réconfort de l'homme de la rue est refusé aux promoteurs du film. Les spécialistes arborent une moue sceptique ou assassine. Les spectateurs, eux, sifflent carrément (au Marignan, les séances deviennent houleuses, on raille après la projection « Les Portes de l'ennui »). La soirée du lancement a pourtant été fastueuse. Édith Piaf s'est déplacée afin de soutenir Montand. Les photographes les ont mitraillés côte à côte, elle attentive et souriante, lui élégant et crispé, en smoking.

Tant de faste se retourne contre l'entreprise. L'ampleur du budget (100 millions de francs), le gigantisme des décors sont dénoncés comme un indécent gaspillage, alors que l'estomac des Français n'a pas retrouvé sa ration. Le matraquage publicitaire, les annonces répétées suscitent un effet pervers. On allait voir ce qu'on allait voir ? On l'a vu. Hélas ! C'est injuste, mais c'est ainsi : à force de crier prématurément au chef-d'œuvre, à force d'aviver l'attente, le risque grandit de nourrir une déception proportionnée.

Au banc des accusés, le scénariste écope plus lourdement que le réalisateur. Le ton est parfois très sévère pour l'auteur de *Paroles* auquel sont reprochés des bavardages interminables et solennels (« un abracadabrant mélange de mélo et de fausse poésie[43] », « une poésie de pacotille qui sent son 1925

42. *Paris-Matin*, 8 octobre 1946.
43. *Résistance*, 11 décembre 1946.

d'une lieue[44] », « ce côté bedeau loufoque nous vaut des répliques pénibles[45] »). Le metteur en scène, lui, est jugé lymphatique, malgré la noirceur du propos, incapable de prêter du rythme à trop de scènes étirées et prétentieuses. Bref, l'emballage est sublime, les lumières parfaites, l'« atmosphère » efficace. Mais on s'empoisonne — à plus d'un titre. Même la musique de Kosma (« des espèces de romances lancinantes[46] ») n'adoucit point les plumes. D'une feuille à l'autre, les nuances sont sensibles, l'un éreinte, l'autre souligne maintes qualités dans un ensemble disparate. Reste qu'au fond le verdict général s'exprime peu ou prou en ces termes : « *Les Portes de la nuit* marque la fin de la fécondité du tandem Prévert-Carné[47]. »

Mais la faiblesse des premiers rôles pèse beaucoup dans la balance. Brasseur, Bussières, Carette, Saturnin Fabre s'en tirent plus que bien. Serge Reggiani, dans son emploi de salaud farouche, récolte, à l'unanimité, une brassée de fleurs. Yves Montand et Nathalie Nattier paient l'addition, qui est salée.

On concède volontiers que les répliques placées *in extremis* dans leurs bouches étaient imprononçables sans remaniement ; on accorde que, s'ils « jouent à colin-maillard dans des ténèbres poétiques[48] », c'est faute d'un scénario plus clair. Il n'empêche. « La plus belle femme du monde » est promptement renvoyée au néant (« Mlle Nattier a créé le type insignifiant[49] »). Et Montand, bien que crédité d'une gaucherie attendrissante et promis à d'autres tentatives, encaisse de rudes et lapidaires sentences. « On attendait avec impatience ses grands débuts. Il faudra encore attendre[50]... » « Ni photogénique ni phonogénique, il manque plus d'expérience que de talent[51]... » Même *L'Écran français*, fervent soutien de l'équipe Prévert-Carné, et qui s'efforce par ailleurs de

44. Georges Sadoul, *Les Lettres françaises*, 13 décembre.
45. Robert Chazal, *Cinémonde*, 10 décembre.
46. *L'Étoile du soir*, 7 décembre.
47. *Paris-Matin*, 5 décembre.
48. *Résistance*.
49. *L'Étoile du soir*.
50. *Paris-Matin*.
51. *Le Monde*.

sauver les meubles, accable méchamment le jeune chanteur dont il avait proclamé à cor et à cri les espérances : « Montand est à son aise quand il danse, fredonne, ou se tait[52]. » Le mot de la fin revient à Henri Jeanson, qui parle, dans *Cinémonde*, de « la plus grosse déception de l'année »...

D'autres carrières, et non des moindres, ont ainsi commencé. Les gens du spectacle sont familiers des montagnes russes. Éreinté un soir, congratulé le lendemain... Faut-il donc accorder à cet épisode, somme toute banal, autant d'importance et de lignes ? Les débuts d'Yves Montand à l'écran ne furent pas ceux de Serge Reggiani (son apparition, selon Montand, fut un événement artistique de premier ordre, quelque chose comme l'éclosion de John Garfield, voire de Brando aux États-Unis) — c'est le lot commun, traçons un trait.

Impossible. Impossible de passer l'affaire par profits et pertes. Parce que le choc, pour l'intéressé, fut d'une rare violence. Jusqu'alors, il avait forcé le succès à l'arraché. Sans culture musicale, sans réel apprentissage de la scène, sans culture tout court, il avait, de manière foudroyante, escaladé le grand escalier du music-hall. Un cocktail mystérieux de dons, de fièvre, de jubilation, d'acharnement produisait sur le public de l'ABC ou de l'Étoile un effet souverain et, surtout, immédiat (malgré les déboires de la première tournée provinciale avec Piaf, déboires plus techniques que vraiment alarmants). Nulle raison de penser qu'il n'en irait pas de même devant les caméras — son but principal, ne l'oublions pas. Bien sûr, il était difficile de restituer le dialogue de Prévert, d'endosser le costume de Gabin. La proposition qui lui fut adressée équivaudrait, aujourd'hui, à remplacer au pied levé Gérard Depardieu par un complet débutant dans *Cyrano de Bergerac*...

Mais Montand est trop orgueilleux pour se rassurer avec des consolations de circonstance. Un échec est un échec. Et cet échec le terrasse comme le succès l'avait bouleversé. « Il ne s'agit pas de savoir si j'étais bon ou mauvais, a-t-il confié[53]. Je n'étais rien. Je ne comprenais ni ce que je disais

52. 10 décembre 1946.

53. A Alain Rémond, auteur d'une excellente filmographie, *Montand*, Paris, Éd. Henri Veyrier, 1977.

ni ce que je faisais... C'est depuis ce temps-là que je trouve aussi dangereux d'encenser une révélation. On peut la tuer. »

A distance, paré de triomphes qui ont marqué l'époque, Yves Montand a toujours hésité entre deux attitudes contraires. L'une est de se flageller (ce qui revient à souligner l'ampleur du chemin parcouru) : « Avoir Carné comme metteur en scène et Prévert comme dialoguiste, et être mauvais comme un cochon, il fallait le faire ! » L'autre, vite écartée, est de plaider non-coupable, ou si peu — les circonstances atténuantes ne manquaient guère. Marcel Carné, dans ses Mémoires, prend d'ailleurs la mouche (et se lave du péché d'avoir mal dirigé, mal détecté une future vedette) : « Il était handicapé par son physique, alors assez mou, et par son accent singulier qui le faisait parler, aurait-on dit, la bouche à demi pleine. Cependant, là ne résidait pas mon erreur. Celle-ci était de l'avoir engagé pour un emploi qui n'était pas le sien, de ne pas avoir compris, à la faveur de son tour de chant, qu'il était fait davantage pour la comédie que pour le drame... »

Lorsque Montand réunit quelques amis dans le petit théâtre qui jouxte sa maison d'Autheuil, en Normandie, et commence à projeter *Les Portes de la nuit*, le même gag, immuable, se répète : après la première bobine, telle ou telle raison impérieuse interrompt le spectacle, suspend la séance. Montand-Diego a tant souffert de ce décollage manqué, il a tant pris à cœur et tant exagéré ce franc ratage — lui qui ne tolérait pas d'être seulement « honnête » —, qu'il ne parvient toujours point à porter sur le film, promu classique, sinon chef-d'œuvre, un jugement apaisé.

Le cow-boy de l'Alcazar a grandi à vue d'œil. Le comédien, lui, s'est bâti peu à peu, dans la douleur. Dans la patience. Hanté par la crainte d'apparaître, une nouvelle fois, présomptueux.

A cette époque, j'étais totalement surpris que des réalisateurs aussi prestigieux que Carné, Clouzot ou Becker soient fascinés par le music-hall, par les artistes de music-hall. Tandis que moi, sur le plateau, je me sentais tellement mal à l'aise. Je découvrais soudain mon physique (avec une impression catastrophée : à la projection des rushes, je me trouvais une tête d'oiseau), j'entendais une autre voix que la mienne. J'ai travaillé sans plaisir aucun, je ne mesurais pas combien l'agressivité du metteur en scène n'était pas fonction de son seul caractère, mais du volume des charges qui pesaient sur lui.

L'échec des Portes de la nuit *m'a profondément affecté pendant longtemps. Cela faisait mal partout. D'autant plus mal que la critique croyait me punir d'une sorte de prétention, alors que j'avais agi docilement face à un Carné qui entendait régner sur ses comédiens, qui se faisait fort de les amener là où il voulait (le résultat était que je ne saisissais pas ce qu'il voulait, hormis cette obéissance). J'en suis sorti effondré et pourtant convaincu que j'étais capable d'exprimer des choses tout en ignorant pourquoi elles ne sortaient pas. « Ne vous inquiétez pas, disait Prévert, on a fait un bon truc. » Et Hervé, le critique d'*Action, *écrivait solennellement : « Le Parti communiste, comme Yves Montand, enfoncera les portes de la nuit... » A part ça, le massacre !*

La thérapie est connue. Quand les amours meurent, quand les rêves chavirent, il ne reste qu'à chanter. Dès le 4 janvier 1947, Yves Montand tient le haut de l'affiche à l'ABC, précédé de Robert Rocca et de Betty Spell (la même Betty Spell dont le « rancho », trente mois auparavant, l'avait mis au désespoir). Et, sur les planches, « comme d'habitude », le miracle a lieu. Mitty Goldin, le patron, refuse du monde, les loges et le promenoir sont envahis, les rappels déferlent. Montand a retouché le prologue de *Gilet rayé*, ajouté deux chansons de Michel Émer, trouvé pour *La Grande Cité* une mimique nouvelle qui frappe beaucoup le public — il adopte, abordant le troisième couplet, l'attitude d'un crucifié planant au-dessus de la fournaise humaine.

Tout ne va pas si mal, mais Yves Montand est en quête de son personnage. Ou plutôt il l'incarne sans le savoir. Aux dernières élections législatives, les communistes ont failli atteindre 29% des voix. Leurs adversaires, les démocrates-chrétiens du MRP[54], insistent eux-mêmes sur la connotation « populaire » de leur sigle. Selon une formule ultérieure de Lucien Rioux[55], « la France communie dans l'ouvrier-dieu ». L'ouvrier résistant (le héros de *La Bataille du rail*, mais aussi la victime des *Portes de la nuit*), l'ouvrier qui reconstruit le pays, l'ouvrier qui crie justice, l'ouvrier qui gouaille et plaisante à Luna Park. L'homme de l'usine et de la kermesse, l'homme qui « retrousse ses manches » (selon le vœu de Maurice Thorez, présentement ministre) et extrait le charbon, l'homme qui donne beaucoup et reçoit peu. L'homme qu'on enferme et qui s'évade. L'homme du bonheur et de la peine, l'homme simple, l'homme proche, l'homme chaud. Le prolétaire.

Montand n'est pas encore devenu star. La Californie est loin. Mais la France a rencontré son prolo chantant.

54. Mouvement républicain populaire, fondé par Georges Bidault.
55. *Le Nouvel Observateur*, 11 janvier 1967.

7

Cette image «positive» du prolétaire lyrique qui colle à son personnage, Montand ne la percevra qu'*a posteriori*, dans les années cinquante, et avec un certain malaise, avec le sentiment qu'on l'emprisonne ainsi à l'intérieur d'un stéréotype de circonstance, d'un rôle convenu. Sans rien renier, certes, de sa matrice sociale ni de ses attaches familiales, il éprouve trop l'impression de s'être embarqué, de lui-même et sans bagage, dans une aventure singulière pour admettre qu'on impute sa réussite de chanteur à un «effet de classe». Sur le coup, il se vit plus comme le produit de son labeur et de sa fantaisie que comme le porte-parole de qui que ce soit — fût-ce de ses proches. Pour devenir lui-même, il a dû, comme quiconque taquine l'art et la destinée, se dégager des siens. Le crucifié de *La Grande Cité*, à ses yeux, est une trouvaille de scène et non point le succédané d'une pétition. L'interprète de *Luna Park* est un amateur de rythme autant que de convivialité revendicative.

Être fils de pauvre, être de souche ouvrière, c'est une évidence et une fierté (surtout quand le messianisme des lendemains qui chantent embrase les foules, les «masses» — pour utiliser un mot que Montand n'aime pas, même dans la bouche de son père). Cela dit, c'est pour lui une fierté supérieure que de s'élever sans perdre la mémoire. Nul ne lui fera croire que l'éducation «bourgeoise» est quantité négligeable. Non pas les conventions hypocrites d'une bienséance tribale, mais l'art de s'habiller, de se cultiver, de «se tenir». Sortant du «ruisseau», il a, plus que tout, horreur de la vulgarité. Le «prolo», pour lui, n'est pas le métallo grasseyant qui oppose ses grosses blagues à la correction pincée des lecteurs du *Figaro*, c'est le fondateur des bourses du travail, c'est le

« damné de la terre » qui conçoit la manifestation d'abord comme manifestation de dignité. C'est l'homme qui, le 1er Mai, enfile une chemise blanche avant d'entonner *L'Internationale*.

Mais il lit la presse et écoute la radio. L'année 1947 est un grand millésime pour les fractures ouvertes, les éruptions rageuses et les laves refroidies. L'Europe est déchirée par ce que Winston Churchill a baptisé un « rideau de fer ». Les communistes français, en mai, vont quitter le gouvernement et impulser ou chevaucher maintes grèves quasi insurrectionnelles. Le plan Marshall dispense à temps une manne plus ou moins calculée. Sous les sarcasmes de la gauche pure et dure, un fonctionnaire soviétique, Victor Kravchenko, assure que, réfugié à l'Ouest, il a « choisi la liberté ». Difficile, en cette saison bicolore, de préserver son quant-à-soi, d'ajouter une touche pastel à l'étiquette qu'on vous accole. Difficile, sanglé bon gré mal gré dans la salopette réglementaire des authentiques travailleurs, de poursuivre obstinément sa longue marche vers la Californie promise.

Plus que jamais, Montand mesure le chemin qui le sépare d'Hollywood. Il reste tout endolori des horions reçus après le fiasco des *Portes de la nuit* ; il se relève lentement du KO qui lui a été infligé, s'accuse d'avoir manqué de sang-froid en acceptant l'inacceptable, d'avoir agi à la hâte, confondant le public des théâtres, devant lequel il n'est pas absurde d'essayer de passer en force, et celui des salles obscures, qui ne reçoit que votre fantôme, reflet d'un travail achevé, une copie déléguée de vous-même, irrévocable.

A quoi bon se raisonner gravement quand l'existence même dément soudain les meilleures intentions, les autocritiques scrupuleuses ? Il est en plein examen de conscience, le comédien débutant, prêt à châtier ses impulsions naïves, quand, une fois de plus, l'impensable lui explose à la figure.

Le mardi 14 janvier 1947, sur les tablettes d'Yves Montand, ne demeurera pas comme une date ordinaire. D'abord, parce qu'il refuse d'entrer en scène à l'ABC. Voilà trois bons jours que le piano sonne faux et qu'il réclame l'intervention urgente d'un accordeur. En vain. Ce 14 janvier, donc, Montand questionne le régisseur tôt dans l'après-midi :

— C'est fait ? (Le ton est suave.)

— Ce sera fait entre la matinée et la soirée.

— Bien. Je ne chanterai donc que ce soir. (Le ton est toujours suave.)

Le régisseur croit à une boutade. Pourtant, au terme de l'annonce rituelle, la scène demeure vide. « Remboursez ! » scandent les spectateurs. Mitty Goldin, en personne, est obligé de calmer la foule. L'engagement du chanteur est *illico* annulé, et Lys Gauty, au pied levé, se charge de meubler le programme. *France-Soir*[1] déplore qu'un artiste « arrivé » « manque ainsi de respect au public qui l'attend ». Le « respect du public », objecte aussitôt Montand, induit justement que toutes les conditions soient réunies pour une prestation de qualité. S'il est « arrivé », il se trouve en situation de dire non lorsque c'est nécessaire, et cela lui crée une sorte de devoir d'intransigeance. Fin de l'épisode...

Mais ce n'est pas en raison de cet accrochage que le mardi 14 janvier 1947 est une date mémorable. Ce soir-là, au lieu de boucler son tour de chant, Yves Montand conclut en effet un pacte avec Jack Warner.

Flash-back : à Marseille, tout en bas de la Canebière, le poulain de Berlingot et d'Audiffred passait fréquemment sous les fenêtres d'une agence qui distribuait les productions des grandes compagnies américaines de cinéma — Fox, MGM, Columbia, Paramount, Warner Brothers... Et Ivo Livi rêvassait devant les panonceaux cabalistiques, songeait à ces puissances éthérées, à ces divinités mythologiques qui enfantaient, sur quelque Olympe, Gary Cooper, Frank Capra ou Fred Astaire. Il imaginait même que là, dans ces bureaux marseillais, on embauchait de futures étoiles.

C'est un homme en chair et en os qui a escaladé, une semaine auparavant, les trois étages menant à la loge d'Yves Montand. Mr. Warner n'a pas longtemps tourné autour du pot : « Je vous emmène à Hollywood, je vous propose un contrat de sept ans, à 200 dollars minimum par semaine. » Les obligations ? « Se tenir à la disposition du studio. Avec un talent comme le vôtre, nous aurons beaucoup besoin de vous. Toutefois, au bout d'un an et demi, nous vous laisserons la possibilité de séjourner six mois en Europe. » Et Jack

1. 18 janvier 1947.

Warner de flatter méthodiquement son vis-à-vis : c'est la première fois depuis 1928 (où il recruta Al Jolson) qu'il s'apprête à signer lui-même un contrat. En outre, Montand est le second artiste de music-hall français, après Maurice Chevalier, que l'Amérique souhaite « enlever ».

— OK, Yves ?

OK, et plutôt deux fois qu'une ! Il n'a entendu qu'un mot : Hollywood, un mot qui l'estourbit.

La femme qu'il aimait, Édith Piaf, s'est éloignée, et il se console mal avec de gentilles camarades. Il habite à l'hôtel. Pour ses débuts à l'écran, la critique française lui a cassé les reins. A intervalles réguliers, il reviendra donner un récital. Qu'a-t-il à perdre ? « Là-bas », il côtoiera les meilleurs. « Là-bas », il apprendra réellement le métier. Et puis, « là-bas », quand « ils » filment un acteur, « ils » le rendent beau, « ils » le mettent en valeur, « ils » l'habillent, l'éclairent à la perfection.

C'est entendu. A la mi-juillet (le 16, exactement), une cabine lui sera réservée sur un paquebot. En première classe. « Là-bas », lorsqu'« ils » veulent quelqu'un, « ils » ne regardent pas à la dépense. Dès la fin janvier, la presse spécialisée révèle qu'Yves Montand partira bientôt pour Hollywood[2].

Il a vingt-six ans.

Montand a requis ce délai de grâce, jusqu'à l'été, afin d'honorer un engagement déjà conclu. Le réalisateur Alexandre Esway, qui n'est pas un ténor de la profession, mais s'est taillé quelques succès populaires dans des films d'action (le précédent raconte une histoire de guerre, vécue par des parachutistes), aimerait lui confier un rôle qui le dépayse moins et qui dépayse moins son public. Le rôle d'un boxeur, d'un « Battling Joe » originaire des Landes, que son entraîneur hisse jusqu'au championnat du monde à coups de matchs truqués, et qui, découvrant *in fine* la manœuvre, se bat quand même, pour le principe, jusqu'au massacre ultime. La trame, inspirée d'un roman de Louis Hémon, n'est pas d'une

2. Cf. *L'Écran français*, 28 janvier 1947.

excentricité folle, mais c'est une saine occasion d'exploiter le tempérament et l'image de « puncheur » propres au héros de l'Étoile. Pas de canaux embrumés ni de dialogues sinueux : une intrigue simple, efficace, qui sent la sciure et la sueur. Cela s'appellera *L'Idole*.

Naturellement, Montand prend l'affaire au sérieux. Cependant qu'il chante au cabaret ou au théâtre (on repère sa trace, du 6 au 21 février, à Bobino et, la première semaine de mars, sur l'affiche des Folies-Belleville), il fréquente quotidiennement la salle Mansart, à Montmartre, où il s'inflige tous les supplices des professionnels : sac de sable, anneaux, haltères, saut à la corde, etc. Selon la distribution, son adversaire pour le titre mondial — la scène du terrible combat doit durer vingt minutes — sera Stéphane Olek, un vrai de vrai. Et son *sparring-partner* à l'écran, Robert Inagarao, familier des rings et des salles de catch, a remporté le concours du « jeune premier sportif » organisé par *Paris-Cinéma*. Si ingénieux soient les artifices de la caméra ou du montage, il lui faudra bien paraître plausible. Or la meilleur manière d'être plausible, c'est de ne pas tricher.

L'univers du « noble art » ne lui est pas complètement étranger. Devenu l'un des « piliers » du Club des Cinq, il a noué amitié avec l'homme sans lequel le cabaret n'aurait pas vu le jour : Marcel Cerdan. Une réelle intimité, une fréquentation assidue. Chez Cerdan, Montand goûte une sorte d'innocence et la complexité de dispositions paradoxales. Doué d'une vigueur herculéenne, le plus talentueux des virtuoses français déteste les coups — ce n'est pas une légende. Il en reçoit le moins possible, méprise les brutes qui s'acharnent sur l'adversaire avec une fureur brouillonne. Et ce King Kong rit d'un rire de gosse.

Le tournage commencera en mai. Chaque jour, durant les mois de mars et d'avril, l'apprenti boxeur consacre plusieurs heures à fortifier ses muscles et à affiner sa technique. Harry Max (petit et chauve, il détonne en ces lieux) l'accompagne admirativement, et Cerdan l'encourage. « Gymnase-massages, culture physique », notifie la porte de la salle Mansart.

Les conseillers de Montand, Victor Butin et surtout Charles Waintz — un Luxembourgeois, ex-champion des moyens, qui répète à qui veut l'entendre son leitmotiv : « Moi, monsieur, j'ai arrêté avant de devenir idiot... » —, ne sont pas des enfants de chœur et soumettent l'acteur au régime de leurs meilleurs espoirs. Du reste, ils ne tardent guère à regretter que tant d'efforts ne soient voués qu'à la pellicule. Montand, estiment-ils, est en excellente forme. S'il continuait sur sa lancée, il aurait l'étoffe d'un prétendant au titre des poids lourds...

Ce dernier n'a toutefois nulle intention de changer de carrière au moment où son projet initial prend enfin consistance. La discipline qu'il s'impose est assez épuisante, mais il y trouve une satisfaction certaine : il se dote d'une musculature en rapport avec son gabarit. La détermination qui le meut tient à l'image des premiers rôles américains dont les épaules puissantes et les dos noueux impressionnent le spectateur. Bref, Montand se « met en condition » à la fois pour Alexandre Esway et pour Jack Warner.

Quand vient la répétition de la fameuse scène finale, quoique le public, outre une poignée de figurants, soit représenté par des toiles peintes, et que d'épaisses volutes — celles de milliers de cigarettes, bien sûr — échappées d'une soufflerie atténuent l'artifice (le budget est serré, on l'aura compris), les acteurs s'y croient pour de bon. Stéphane Olek attaque prudemment, comme convenu, mais il rencontre un adversaire préparé avec tant de soin que le pugilat devient réel. Les deux hommes cognent de tout cœur tandis que le metteur en scène s'époumone autour du ring. Montand s'en aperçoit, baisse sa garde. Erreur fatale : un uppercut à la racine du nez l'expédie au tapis, où il reste sonné une vingtaine de minutes.

Yves Montand n'a jamais aimé — et n'aime pas plus aujourd'hui — le mot « jouer ».

Il sympathise (ramené sur terre) avec le réalisateur dont le caractère affable et chaleureux est rassurant. Informé du contrat hollywoodien, Alexandre Esway s'interpose :

— Tu as tort de t'en aller. Tu te figures que tu vas obtenir tout de suite un grand rôle, mais c'est de la frime. Ces gens-là t'enfermeront dans un hôtel avec d'autres types qui ont signé la même chose que toi. Un jour, ils te feront faire un petit bout d'essai, et, si ça semble coller, un autre petit bout, un peu plus long. Mais ils ont des centaines de garçons et de filles qu'ils gardent ainsi sous la main, qui forment leur cheptel, la réserve où ils puisent de temps en temps. Crois-moi, c'est une erreur.

La tirade cueille à froid son destinataire, mais le trouble. Dans sa cervelle, le départ est consommé. Jean-Charles Tacchella, alors tout jeune journaliste, qui l'interviewe à plusieurs reprises pour *L'Écran français*[3], note qu'il offre maintenant un *glass* à ses visiteurs et non point un verre. Montand décide d'y voir clair et accomplit une démarche qui aurait été plus opportune avant qu'après : il réclame la traduction détaillée des feuillets en langue étrangère sur lesquels il a apposé son paraphe.

Le document possède une indéniable valeur sociologique. Il stipule en effet que la star potentielle :

— ne sera pas consultée sur le choix des scénarios;

— endossera le pseudonyme qui lui sera attribué par le service des relations publiques;

— sera ou non remplacée par une doublure dans les scènes dangereuses, selon le bon vouloir de la production;

— réservera ses soirées au gré du studio, afin d'apparaître, si nécessaire, dans tel endroit ou dans tel autre, en compagnie de telle personne ou de telle autre (clause qui ne saurait être modifiée en cas de mariage);

— acceptera que son image serve à des fins publicitaires pour des produits de toute nature : dentifrices, chaussures, lames de rasoir, etc.

Pieds et poings liés...

Montand demande des éclaircissements, des amendements, adresse un câble à Los Angeles. On lui répond que ce sont là les clauses habituelles qu'acceptent tous les artistes lors de leur premier engagement, et que les choses s'arrangeront sur place à l'amiable.

La défiance s'insinue dans son esprit avec autant de promptitude que la confiance avait guidé sa plume. Peut-être devrait-il s'embarquer quand même. Peut-être ce rituel contraignant est-il un point de passage obligé dont il a tort de noircir les recoins obscurs. Mais rien ne serait pire que

3. Cf. les numéros des 28 janvier et 20 mai 1947.

de frôler la victoire avec un sentiment de frustration mordante, d'être parqué en seconde ligne, aux portes du paradis. Tiraillé entre l'orgueil et la naïveté, Yves Montand décide que, s'il aborde un jour Hollywood, ce sera par la voie royale, et certainement pas dans la cohorte quasi anonyme qu'ont rabattue à tout hasard les producteurs d'outre-Atlantique en quête de chair fraîche. Il rédige un long et coûteux télégramme où il explique courtoisement que mieux vaudrait dissiper ce quiproquo et déchirer le funeste papier.

Il découvre alors ce qu'est l'opiniâtreté américaine en matière de *business*. Il a signé des deux mains, sans subir la moindre pression. Le conflit est porté devant les tribunaux. Contrat léonin, plaide Me Lévy-Oulmann, l'avocat de Montand, qui réclame 1 franc symbolique de dommages et intérêts. Non-exécution d'engagements formels, objecte Me Suzanne Blum, qui représente la Warner et n'exige pas moins de 20 000 francs par jour de dédit...

Plaidoiries, renvois, appels. Le conflit traîne en longueur. Et c'est la guerre froide qui sauve Montand. Les visas — même de travail temporaire — accordés par l'Office d'immigration des États-Unis vont se raréfier mois après mois. S'agissant d'une personnalité connue pour ses sympathies communistes, ils seront bientôt catégoriquement refusés. Dès 1948, la cause n'est pas entendue, mais devenue inaudible. Yves Montand ne reverra Jack Warner que douze années plus tard, chez Kirk Douglas, dont il sera ce soir-là l'invité d'honneur.

A Hollywood.

Cela va de mal en pis. Le tournage de *L'Idole* s'est certes convenablement déroulé, mais il n'y a pas là de quoi pacifier un amoureux délaissé, un candidat au départ qui reste à quai, un fou de cinéma dont la cote a chuté. Montand est en train d'apprendre un canon de son existence : le music-hall, chez lui, n'est pas une activité transitoire, c'est le socle de son métier, l'encaisse or sans laquelle il ne saurait miser ailleurs. Il est retourné à la chanson après *Les Portes de la nuit*; il y retourne après s'être brouillé avec Jack Warner.

La firme de disques Odéon a émis dès 1946 le souhait de graver quelques-uns de ses succès. Jean Marion, qui lui a fourni d'habiles arrangements, l'escorte pour la circonstance. Un étrange et assez angoissant cérémonial se reproduit à chaque séance. La machine qui transformera les refrains en sillons est une chose énorme — elle monte jusqu'à la poitrine de l'artiste. Au signal, deux techniciens en blouse blanche apportent avec la gravité requise une épaisse galette chaude qu'ils déposent au sommet de l'appareil. Et tandis que le chanteur exécute sa commande, un contrepoids descend, trop lentement ou trop vite, c'est selon, indiquant le chemin parcouru.

Il faut viser juste et respecter la mesure plus que de coutume. Pour *Ce monsieur-là*, le drame-fleuve d'Henri Contet, les deux faces du soixante-dix-huit tours sont à peine suffisantes. Montand est d'ailleurs amené à opérer un tri douloureux : nombre de ses titres, dont l'habillage visuel, sur scène, enthousiasme le public, se révèlent impropres à la consommation phonographique ou radiodiffusée (*Gilet rayé* et autres « chansons à voir » sont des valeurs sûres de son tour de chant, mais « passent » difficilement sans la mimique assortie).

S'il touche volontiers les dividendes — fort honorables — de cette nouvelle activité, Yves Montand n'y voit que le complément du « vrai » travail : le travail sur les planches. Et, puisque l'Amérique disparaît dans le brouillard, il examine, à la fin du printemps 1947, la meilleure façon de reprendre pied. Les occasions ne manquent pas, l'été, de se produire le long des golfes clairs. La tournée classique — dans sa version intégrale — démarre au Touquet et s'achève à Beaulieu, au-dessous de Monte-Carlo, *via* Deauville, La Baule, Arcachon, Biarritz, Cannes, etc. Chanteurs et musiciens sautent d'un casino à l'autre tous les deux ou trois jours, égayant chaque soir, dans un brouhaha plus ou moins élégant, les riches abonnés des grands hôtels avec vue sur la plage. Ils logent, eux, dans les chambres de derrière, où viennent parfois les rejoindre de belles femmes oisives.

Montand reçoit une offre des Ambassadeurs, à Deauville. Très chic, très cher, parfait — n'était le bruit des fourchettes. Mais il lui manque un pianiste. Mario Bua, celui-là même dont l'instrument sonnait faux en janvier à l'ABC, est demeuré le salarié de Mitty Goldin. Jean Marion, complice inspiré en diverses occasions, souhaite s'orienter vers la musique de films. Montand est à la recherche d'un homme tout-terrain : compagnon de répétitions, orchestrateur et partenaire à la scène. Marion lui a suggéré de prendre langue avec un certain Bob Castella, connu dans les milieux du jazz, mais que Montand n'a jamais croisé. Castella, de son côté, est plus un familier du Bœuf sur le toit ou du Jimmy's Bar que des music-halls (il n'a entendu son éventuel associé qu'une seule fois, au Club des Cinq).

C'est un grand monsieur en son domaine, M. Castella. Oscillant — balançant, dirait-on mieux — entre le jazz pur et la variété, il s'est inscrit dans le sillage de Ray Ventura et d'Aimé Barelli. A l'âge de quinze ans, il a débuté, comme beaucoup, par des « soirées particulières » (entendez : des soirées organisées chez des particuliers), puis a réuni sa propre formation et enfin, pendant la guerre, a joué là où c'était possible, notamment salle Pleyel, avec les meilleurs. Les pionniers de la « musique nègre », ceux qui, depuis la Libération, s'arrachent les papiers de Charles Delaunay, d'Hugues Panassié, de Frank Ténot ou de Boris Vian dans leur mensuel fervent, *Jazz Hot*, ont même aperçu sa photographie dès les premières livraisons[4] : voilà une distinction qui n'est accordée qu'aux premiers de la classe.

Depuis sa fenêtre de l'hôtel Surène-d'Aguesseau, Montand voit s'arrêter une formidable Renault décapotable (la fin du mois de mai 1947 est superbe, et la voiture est ouverte) garnie de fauteuils rouges. Fastueux et voyant. M. Castella lui semble petit, coquet — cravate et pochette, cheveux soigneusement plaqués, divisés par une raie à gauche — et soupçonneux : il inspecte le chanteur de la tête aux pieds, lentement, comme s'il le toisait de très haut. Et Montand n'aime guère cela, qu'on le regarde de haut — surtout si, pour comble, l'œil inquisiteur part de plus bas. Aujourd'hui encore, il se rappelle cette revue de détail avec un mélange de gêne, d'irritation et d'amusement.

« C'était un hôtel-résidence, raconte Bob Castella. Mon-

4. *Jazz Hot. Revue du Hot Club de France*, n° 10, décembre 1946.

tand y occupait un mini-appartement : un étroit bureau près de l'entrée, une chambre et un living dans lequel il avait installé un piano à queue. » Nulle image ne se superpose au papier à fleurs qui décore les murs. La chambre n'est pas moins sobre (une table recouverte de marbre près du lit, un édredon rose, un abat-jour blanc). Seule la bibliothèque entame la modestie des lieux. S'y alignent, non sans présomption, *Le Rire* de Bergson, *Thésée* de Gide, *La Condition humaine* de Malraux, *Staline* de Murphy et *L'existentialisme est un humanisme* de Sartre. Plus *L'Anglais sans peine* signé Assimil, dont la nécessité se fait moins urgente. Le « secrétaire » qui épaule Montand se prénomme Jean-Claude, la femme de service Mercédès, et le chat a été baptisé Figaro.

A soupçon, soupçon et demi. Puisqu'il se sent sur la sellette, Yves Montand retourne le compliment à son visiteur :

— Jouez-moi donc quelque chose...

« J'ai esquissé quelques fragments de la *Rhapsody in Blue*, se souvient Bob Castella, puis un peu de jazz. Il m'a arrêté. Et c'est ainsi que notre histoire a commencé. » Une histoire pour la vie. Maurice-François Castella (Robert est son nom de baptême), d'origine napolitaine par son père (né en France) et romaine par sa mère (immigrée quand elle était enfant), ne va plus quitter Ivo Livi — son cadet d'une dizaine d'années — dont il sera et reste le métronome, le conseiller, le martyr, le comptable, le majordome, le dévot, le critique, le thérapeute, la béquille, l'ami. « Leporello ou Sganarelle », dit Pierre Bouteiller qui connaît bien son monde.

Peu à peu, « Bob » deviendra « Bobby », lequel se prononcera dans un souffle d'affection définitive, un rugissement de colère incontrôlée, une brise de connivence taquine ou un éclat d'impatience. Bobby sait tout et tait tout. Bobby gère les partitions et signe les chèques. Bobby envoie des fleurs et n'en reçoit pas toujours. Bobby laisse tonner l'orage et poursuit son discours d'une voix de flûte, imperturbable, faussement soumis, vraiment indispensable. Au milieu d'un fracas d'invectives ponctué de douceurs extrêmes, Bobby, chêne déguisé en roseau, est sans doute l'élément le moins fragile du couple qu'il forme avec celui qui n'a jamais été son patron.

Le fonctionnement de ce couple dans la coulisse constitue,

selon Charley Marouani, l'actuel imprésario de Montand, le «meilleur numéro de music-hall» sur la place de Paris. Et Jorge Semprun, qui sera durant deux décennies le témoin de ce spectacle, confirme : «Lorsque Montand, dans la mauvaise foi géniale qui s'autorise de ce lien indestructible, décide de faire porter à Bob Castella le chapeau à plumes de tel ou tel contrariété, ratage ou malentendu..., Bobby porte le chapeau avec un sourire — discret, certes : il ne faut pas que Montand puisse s'imaginer que Bob n'en a que faire de sa diatribe ! — qui n'est pas du tout celui de la résignation, mais bien celui de la tendresse indéfectible[5].»

Avant de gagner la côte normande et d'entamer leur tournée, le chanteur et son pianiste se découvrent mutuellement. Bob Castella se rend chaque matin chez Montand, ouvre le piano. Ensemble, ils «débrouillent» les chansons nouvelles et révisent les anciennes.

«Techniquement, il n'y avait pas de problème de justesse, observe le musicien (qui a systématiquement refusé, jusqu'à présent, de livrer ses souvenirs). Et pour le geste, pour le côté scénique, c'est uniquement lui, il n'a besoin de personne. Le seul défaut de Montand, c'était la mesure. Il n'avait pas eu le loisir d'étudier suffisamment le solfège. Et puis c'est un homme qui marche à l'instinct, à l'enthousiasme. Emporté par l'action, il ne se rendait parfois pas compte qu'il mangeait un temps. Mon prédécesseur m'avait averti : ''Montand, tu ne cherches pas à le corriger ; s'il se trompe, tu te trompes avec lui !'' Moi, je jugeais cela malhonnête, j'ai entrepris de le corriger. Mais Montand pique facilement des colères ; quand il est lancé et qu'on casse son élan, cela le rend furieux. Il faut l'aimer pour le supporter, il faut choisir son moment, éviter de rompre le fil, savoir que ses fureurs sont des étapes nécessaires de la création. Je suis patient, et il valait mieux qu'il en fût ainsi.»

A Deauville, les deux associés sont peu ou prou en embuscade. Montand raille le «profession : chef d'orchestre» que

5. In *Montand. La vie continue*, *op. cit.*

Bob consigne avec une certaine emphase sur le registre de l'hôtel, l'accuse de ne pas diriger avec assez d'autorité les exécutants locaux, proteste que ces fous de batteurs ou de contrebassistes possèdent, ancrée dans leur cervelle, une impitoyable horlogerie crantée, une maniaquerie de géomètre. Et Castella, sans trop s'émouvoir, découvre que l'accompagnement — l'expérience est nouvelle pour lui — ne le frustre nullement, qu'il ne souffre guère de se tenir à sa place, de renoncer à briller seul, pourvu que celui qu'il secourt, lui, en soit rehaussé.

Froissements, frictions, humeurs, infidélités (Bob Castella, un moment, s'en va servir Georges Ulmer avant de revenir vers Montand). Au bout du compte, le couple trouve son « assiette » : « Je suis devenu son ombre, conclut le pianiste dans un subtil alliage d'amour-propre et d'humilité, et l'affection l'a emporté sur les engueulades. Depuis, je ne me rappelle pas une soirée qui ait été un échec. Juste des endroits où l'on était plus ou moins à l'aise pour travailler. »

Quarante ans et quelques après, « Bobby » s'obstine à vouvoyer Montand, qui, lui, le tutoie. Pourquoi ce déséquilibre ? « Je ne suis pas sûr, répond Bob Castella, qu'il en ait maintenant conscience. Mais je ne vois pas ce que cela m'apporterait de le tutoyer. » Leporello ne désire point tirer un trait d'égalité avec son maître. Par modestie très sincère. Et parce que, dans l'esprit de celui qui s'exprime ainsi, la fonction seconde n'est pas moindre : elle s'amoindrirait à se prétendre autre qu'elle n'est...

Bref, l'attelage est efficace et le démontre bientôt. A partir du 18 octobre 1947, Montand retrouve pour six semaines le public de l'Étoile. Ce n'est (presque) pas une coïncidence si, une fois de plus, Édith Piaf, entourée des Compagnons, l'a précédé (pour la première partie, outre Irène de Trébert, elle a retenu deux débutants, Roche et Aznavour). Les « locomotives » ne sont pas légion, et l'automne est la saison des grandes rentrées — artistiques et financières. Ils sont quatre ou cinq, dans la capitale, qui garantissent aux directeurs de théâtres un tour de chant à guichets fermés. Jusqu'à ce que son ancienne amie quitte la France pour les États-Unis, Yves Montand est voué à la croiser régulièrement (la dernière occasion, au mois de juin précédent, fut le traditionnel et charitable Bal des petits lits blancs).

L'année a été trop agitée, trop riche en hauts et en bas, pour que le chanteur ait eu le temps de peaufiner un récital, un *one-man show*, ce qui suppose abondance de titres et, notamment, de titres nouveaux. Hormis deux ou trois découvertes (*Taxi* et *Un petit bock*), il exploite le fonds préalable et se contente d'une classique division du travail. Huit attractions ouvrent le programme, une jeune interprète dont le nom grandit, Line Renaud, occupe la vedette américaine, et Montand, après l'entracte, ne dépasse guère douze à quatorze refrains. La routine? On serait tenté de le penser, mais l'écho de la critique et les réactions de la salle l'interdisent catégoriquement.

« Un succès qui touche parfois au délire », observe l'un[6]. « Sa popularité n'a cessé d'aller *crescendo* », assure l'autre[7]. L'ambiance fut si chaude, le soir de la première, que les concurrents majeurs alignés à l'orchestre, André Claveau, Roland Gerbeau ou Charles Trenet, n'applaudissaient, jaloux, que « du bout des doigts », ironise un troisième[8].

Le cliché du « prolo chantant » est abondamment utilisé. « Plus de smoking, de gai chapeau de paille! Le grand garçon prend l'étoffe neutre du travail, revêt presque un uniforme d'usine... C'est le représentant de toute une démocratie qui se dresse devant nous[9]... » « Yves Montand nous apparaît toujours sous l'aspect du grand garçon sympathique qui a "tombé la veste"[10]. » Et *L'Aurore*, avec une once de réprobation : « On l'acclame quand il arrive sur la scène en sifflotant, avec sa démarche dégingandée, sa chemise largement échancrée sur un pantalon très "peuple"[11]. »

La métaphore de l'athlète accompli est, elle aussi, omniprésente : on le compare surtout, pour le punch et le style, à Marcel Cerdan.

Les réserves, fort ténues, ne sortent pas, elles non plus, du répertoire habituel : un « métier » trop visible, une perfection trop appliquée. Ce qui est sûr, c'est que Montand,

6. *La Bataille*, 22 octobre 1947.
7. *Paris-Presse*, 29 octobre 1947.
8. *L'Époque*, 12 octobre 1947.
9. *Opéra*, 15 octobre 1947.
10. *Libération*, 14 octobre 1947.
11. 14 octobre 1947.

auquel ses supporters commençaient à reprocher de faire parler de lui à tort et à travers, de remuer beaucoup d'air (l'histoire du piano, à l'ABC, avait été diversement reçue, et parfois inscrite au compte de la morgue d'un artiste excessivement pressé qui se croyait déjà l'hôte de Beverly Hills), est rentré en grâce.

Un critique s'écarte du discours commun. C'est Yves Gibeau, qui signe dans *Combat*. Il suit le chanteur depuis longtemps et l'a même applaudi à Marseille dès 1942. Il a été impressionné par la soudaineté avec laquelle ce dernier a su délaisser le folklore *yankee* pour se doter d'un « genre » personnel, sensible et violent à la fois. Mais il estime qu'à présent il n'évolue plus, et que c'est dommage : « Le public ne partagera sans doute pas ce point de vue : il est temps, je crois, qu'Yves Montand, ses paroliers, ses compositeurs y réfléchissent ensemble pour tout de bon[12]. »

Yves Gibeau a mis le doigt sur la plaie. L'actuelle réussite de Montand est une confirmation, pas une promesse. Il vient de vérifier la fidélité de ses partisans et la pérennité de son talent. Il n'empêche : la règle cardinale de sa profession est de s'inquiéter lorsque tout va bien, d'anticiper sur les désillusions futures. Les rappels sont nombreux chaque soir. S'il désire qu'ils le soient demain, il lui faut d'autres textes et un autre son. Le tandem Yves Montand-Bob Castella s'est contenté, pour l'instant, de gérer l'acquis. Sous peine d'épuisement du capital, l'heure a sonné d'investir.

1948, dans la carrière de Montand, est une année de transition. Une année creuse, *a priori*, comparée aux millésimes antérieurs, si l'on s'en tient au palmarès du champion. La sortie de *L'Idole*, le 13 février, n'est ni un événement ni une déconvenue. Le film (dont le réalisateur est décédé entretemps) est jugé estimable et rudimentaire. Le combat final vaut cependant au premier rôle d'assez louangeuses épithètes. *L'Écran français* corrige le pronostic sévère des *Portes de la nuit*; *L'Humanité* trouve Montand exceptionnel dans

12. 28 octobre 1947.

un environnement banal; et *Le Figaro*, plutôt banal dans un environnement qui ne l'est pas moins. L'addition n'est finalement point trop lourde. Le simili-boxeur s'en tire avec la mention «très honorable». Après ce qu'il a encaissé quinze mois auparavant, c'est une victoire aux points.

Sur l'autre versant de l'année, le chanteur essuie ce qu'en termes professionnels on nomme un «bide», mais sans traumatisme aucun. Il accepte, à la mi-octobre, de s'aventurer dans une opérette à grand spectacle, *Le Chevalier Bayard*, comédie musicale passablement loufoque dont le livret est l'œuvre de Bruno Coquatrix et d'André Hornez, la musique de Paul Misraki, la chorégraphie de Miss Bluebell. La somptueuse machinerie de l'Alhambra autorise une promenade à travers les siècles en quatorze tableaux : pilote d'essai, chevalier moderne, Montand se retrouve, à la faveur d'une séance de spiritisme, sous l'armure du justicier Bayard. Et il chante la cause de la veuve et de l'orphelin :

> Sans peur et sans reproche
> C'est ma gloire et c'est ma loi
> Tout s'éclaire à mon approche
> Car j'ai le droit pour moi...

L'anachronisme est si déclaré, la rigolade si franche, les bons sentiments si bons, la satire si pertinente que le ridicule est évité. Montand et ses partenaires — Félix Oudart, Ludmilla Tcherina, Henri Salvador — s'amusent comme des fous. La salle croule de rire, la critique aussi, le second degré est aisément atteint et fréquemment dépassé, tous les ingrédients d'une heureuse destinée paraissent réunis. Et pourtant les réservations déclinent. Force est, au bout d'un mois, d'arrêter l'expérience. Le *nonsense* n'est pas encore à la mode, ou ne l'est plus. Fred Pasquali, le metteur en scène, ne voit pas d'autre explication à ce chavirement incompréhensible.

Montand traverse l'épreuve sereinement. Ce n'est pas *son* échec. C'est un pari collectif qui n'a pas «pris». Nuance. S'il gâche un rôle et si pareille faute rejaillit sur tous, si les fidèles de l'Étoile le boudent soudain, la question est toute différente : sa responsabilité personnelle est en cause, il n'a pas, ou mal, rempli le contrat. Ici, rien de tel. Il s'éloigne de l'Alhambra la tête lestée de bouffonneries plaisantes, dont la meilleure provenait des coulisses : tandis qu'il entonnait son grand air, un musicien au repos, dans la fosse, se mitonnait un en-cas sur un réchaud de fortune, et le chevalier Bayard poussait la romance le nez démangé par le parfum tenace d'un bœuf miroton...

Entre le film et l'opérette, la vie va son train. Cabarets, disques, galas. Amours sans amour. Montand n'est pas homme à demeurer hors d'une présence féminine : sensualité et insécurité se combinent pour que les périodes de jeûne sexuel soient, chez lui, clairsemées et douloureuses. Il en parle volontiers, avec reconnaissance à l'égard de ses partenaires, et ne dépeint jamais celles-ci comme des « conquêtes » qu'un homme qui a plus ou moins « vécu » épingle au tableau d'honneur de sa virilité. Il craint qu'une allusion à ses bonnes fortunes ne le range parmi ces gloires de l'écran qui, l'âge venu, dévident leur générique galant de manière complaisante et suspecte. Il avoue ne pas savoir dire non à une jolie femme, mais distingue entre coup de cœur et coup de foudre.

Pour l'heure, il a résolu de ne pas tomber amoureux. Piaf l'a trop endolori. Plus jamais cela. Plus jamais cette souffrance désarmée, obsédante. Il se lie sans excès à la belle Gisèle Pascal, partage épisodiquement l'intimité d'une des stars du moment. Le monde du spectacle, en ces années où les amours officieuses sont priées de le rester, est un milieu moins rigide qu'ailleurs. Et les gens du spectacle, quand leur notoriété commence à croître, fascinent aisément ceux de l'extérieur. Une douce maîtresse, qui n'est pas, elle, une camarade de studio, dont la culture et les ans sont nettement supérieurs à ceux de Montand, l'incite, entre deux rendez-vous, à découvrir Thomas Mann et Brecht...

Malgré ces obligeances passagères, et bien qu'il les souhaite fugaces, il se sent seul. Bob Castella n'est qu'un associé, pas encore un ami. Et, sur le terrain professionnel, nulle proposition originale ne surgit, bousculant l'ordinaire. *L'Idole* ne lui vaut aucune demande, aucun script : les comédiens savent parfaitement ce que signifie ce genre de discrétion ; le silence, autour d'eux, est synonyme de mort. Yves Montand se devine banni des plateaux, en quarantaine polie.

Entre les lignes des interviews qu'il donne, on flaire un certain désarroi. « Je ne suis pas un homme à part, proclamet-il comme pour s'en convaincre. Je pense bien un jour fonder un foyer, car j'aime beaucoup les enfants. J'espère en avoir quatre ou cinq... Comme mon père, comme mon frère, je pense n'être pas autre chose qu'un ouvrier spécialisé. Seul le métier est différent. » Il fanfaronne en matière culturelle : « J'aime Bach, Beethoven et Tchaïkovski. J'adore lire, mais je n'en ai, hélas ! guère le temps. Outre Rabelais, mes auteurs préférés sont Prévert, Anouilh, Steinbeck et Hemingway. »

Quant au cinéma, il livre sans doute sa pensée sincère et formule un appel : « J'espère un jour avoir un scénario écrit pour moi. Mais, si l'on me trouve mauvais dans un film au scénario excellent, j'arrêterai là définitivement ma carrière cinématographique. J'ai trop d'admiration pour Gérard Philipe, Henry Fonda et quelques autres pour me permettre de faire dans leur domaine quelque chose de médiocre[13]. »

Ainsi flotte Montand au fil de l'année 1948, ne sachant trop où il se dirige, ne sachant plus si son sort est d'être ou de ne pas être comme tout le monde. Une rencontre va lui restituer sa boussole. Le hasard et l'auteur de *Paroles* placent sur son chemin l'homme de sa vie.

C'est grâce à lui que j'ai refait surface. Henri Crolla était un Gitan de Naples qui jouait de la guitare dans la rue avant la guerre, et que Paul Grimault ainsi que Jacques Prévert ont recueilli et considèrent comme leur fils adoptif. Je vois débarquer chez moi, sur la recommandation de Prévert, cette silhouette échappée d'un dessin animé de Grimault, ce personnage lunaire qui joue d'oreille, merveilleusement. Il a envie de travailler avec moi, on sympathise aussitôt, il me fait rire, rire. On dirait un des frères Marx, celui du milieu, Chico, petit et frisé. Musicalement, il est l'égal de son ami Django Reinhardt — les meilleurs musiciens de jazz sont des Noirs, des Gitans, des juifs, des Italiens... Et, dans la vie, il mêle formidablement le tact, la pudeur et un humour rare, une drôlerie constante. Quand une file de voitures engorge les

13. Toutes ces citations proviennent d'un entretien, transcrit sous forme de témoignage direct, in *L'Écran français*, 25 mai 1948.

Champs-Élysées, il ouvre une porte arrière, traverse le véhicule en s'excusant, et ressort, paisible, de l'autre côté. Nous sommes devenus copains, puis beaucoup plus que cela. Sur lui, je pourrais être intarissable.

Nul doute qu'il pourrait l'être, Montand. Mais il ne l'est pas. Lorsqu'il évoque Henri Crolla, mort de mort dite naturelle en 1960, à quarante ans, il s'enflamme, aligne trois de leurs mille farces et, brusquement, s'interrompt, le verbe suspendu, fauché. Ce n'est pas le silence appuyé des nobles camaraderies viriles. C'est plus profond. Entre le chanteur et son guitariste s'est nouée une sorte de passion amicale, une passion que le cancer n'a pas éteinte. « Crolla, dit Bob Castella, c'est un peu comme Simone [Signoret] : on ne le voit plus, mais il n'est pas mort. » Existe-t-il des mots pour énoncer la mémoire de l'absence, la présence obstinée de ceux que les autres, alentour, croient disparus quand ils sont seulement « trépassés », en avance de quelques pas ? S'il les possède, ces mots, Yves Montand les garde pour lui. Dans son autobiographie, Simone Signoret n'en a retenu qu'une poignée : « C'est le seul mort que je connaisse qui réussisse, de là où il est, à faire rire aux larmes et dans les larmes ses amis réunis. »

Rien d'étonnant que l'immigré Livi et l'immigré Crolla (lequel n'acquiert la nationalité française qu'en 1946) se découvrent maintes affinités. L'abondante famille d'Henri — quatorze enfants sont nés, dont six ont survécu — a quitté Naples pour fuir, elle aussi, le fascisme. Le père et la mère sont mandolinistes, un frère pratique le violon, un autre le banjo (le premier instrument de Crolla, avant la guitare), les filles chantent : la tribu, réfugiée à Paris, se transforme en orchestre et quémande, au coin des rues, la monnaie des badauds. Elle s'installe dans une baraque sur la « zone » de la porte d'Italie, la bien nommée.

Montand, pour sortir du rang, a rencontré Berlingot et frayé son chemin lui-même. Crolla, lui, a la chance de tomber sur le meilleur voisin du monde : un certain Django.

Non loin des « Ritals » campent les Manouches. Django

Reinhardt, de dix ans plus vieux que Crolla (il est né dans le Brabant belge), partage une roulotte avec « Négrosse », sa mère, Joseph, dit « Nin-nin », son frère, et une escouade aux effectifs mouvants de collatéraux : un cousin, entre mille, s'appelle Camembert. Django ne sait ni lire ni écrire, mais a appris le violon et la guitare.

« A quatorze ans, révèlent des ''notes biographiques'' rassemblées par la revue *Jazz Hot* à la Libération[14], il jouait déjà du banjo dans les bals musettes de la rue Monge ou de la rue de la Huchette et, au hasard de ses pérégrinations, venait écouter de la rue l'orchestre Billy Arnold qui jouait à l'Abbaye de Thélème. » Malgré une main gauche mutilée (deux doigts se recroquevillent) lors d'un incendie qui détruit la roulotte, Django continue sur sa lancée, se produit à la terrasse des cafés, notamment devant le Can-Can, à l'angle de la rue Pigalle, trouve des engagements dans les boîtes de nuit russes. Jusqu'à ce que s'ouvre, enfin, la porte qu'il cherchait : celle du Bœuf sur le toit — où l'applaudit Cocteau (ils bâtiront ensemble, par la suite, un « opéra », *Le Manoir de mes rêves*, qui ne sera jamais monté) et où les producteurs de disques le remarquent.

En 1934, le tout jeune Hot Club de France se dote d'un quintette où figurent Django, « Nin-nin », Louis Vola, Roger Chaput et Stéphane Grappelly (qui achève son patronyme par un y afin de paraître plus américain), avec lequel le guitariste s'est produit dans diverses caves ou brasseries : L'Alsace, « Chez Florence », « Chez Fricker »... Le premier concert public du quintette, le 2 décembre 1934, à l'École normale de musique, choque l'assistance. La firme Odéon, qui envisageait des enregistrements, repousse finalement ces timbres trop « modernes ». C'est Ultraphone qui enlève le marché : MM. Reinhardt et Grappelly reçoivent un cachet forfaitaire de 50 francs par face...

Telle est l'idole d'Henri Crolla, « Riton », qui va sur ses quinze ans et est fortement impressionné quand la royale Hispano d'un employeur vient chercher Django, certains soirs, à la roulotte.

Colette Crolla, « Crolette » pour les copains, retrace l'iti-

14. Sous la signature de Pierre Bonneau, n° 2, décembre 1945.

néraire de celui qui devint son mari : « Il allait en classe, quittait la classe pour jouer à l'apéritif devant la terrasse des bistrots, retournait vite en classe, où ses absences lui valaient des coups de règle sur les doigts, et rejouait la nuit jusque tard. Parfois, pour s'amuser, des gens lui lançaient par la fenêtre une pièce chauffée à blanc. Il a rencontré Mouloudji, qui chantait sur les trottoirs, et l'a accompagné à travers Saint-Germain-des-Prés. C'est un ami de Maurice Baquet qui a repéré Crolla tandis qu'il jouait près du Flore ou des Deux Magots, et l'a introduit dans le cercle des écrivains et des comédiens qui gravitaient autour de Prévert. »

1932-1936 — prémices du Front populaire — est la grande époque du Groupe Octobre, lequel rassemble acteurs, auteurs, peintres, musiciens désireux de répandre l'art sur le pavé, de susciter l'agitation à coups de poèmes, de mimodrames, de chansons. On répète souvent dans le grenier de Jean-Louis Barrault (futur atelier de Picasso, rue des Grands-Augustins). Il y a là, entre autres, Yves Allégret, Maurice Baquet, Sylvia Bataille, Roger Blin, Raymond Bussières, Marcel Duhamel, Joseph Kosma, Jean-Paul Le Chanois, Max Morise, les frères Prévert (Pierre, le cinéaste, Jacques, l'écrivain) et leur compère Paul Grimault (le maître quasi exclusif du dessin animé français). Bref, la fine fleur d'une génération.

Une joyeuse bande marquée par le surréalisme, mais qui n'en accepte pas l'atmosphère de secte, l'orthodoxie de chapelle. Proche, aussi, de l'extrême gauche, bien qu'obéissant d'abord à un réflexe populiste et anarchisant. « Le Groupe, c'était assez primaire, confesse aujourd'hui Paul Grimault. Nous voulions agresser les généraux et les curés. Nous voulions venger Sacco et Vanzetti. Nous sentions le fascisme monter. Jusqu'au pacte germano-soviétique, qui nous a défrisés, nous pensions que le monde était relativement simple : il fallait contribuer à mobiliser le camp de la justice et du progrès contre celui de l'ordre, des va-t-en-guerre et des exploiteurs. »

Les pièces (dont Prévert est le plus assidu rédacteur) s'intitulent *Vive la presse, La Commune, Citroën* (jouée devant les grévistes de l'entreprise), *Mange ta soupe et tais-toi* (contre les Croix de Feu), *La Vie de famille, Le Palais des mirages, Marche ou crève, Le Réveillon tragique...* Nombre de de ces sketches seront ultérieurement réunis par Prévert dans *Spectacle*. En 1933, le Groupe Octobre est même invité à Moscou, traverse une Allemagne où Adolf Hitler a été très légalement nommé chancelier, et présente dans la capitale soviétique *La Bataille de Fontenoy*, qui obtient le premier prix à l'issue d'une « Olympiade internationale du théâtre ouvrier ».

Telle est la seconde famille qui accueille Henri Crolla. Son partenaire Mouloudji, dont les parents fréquentent le Groupe, en est déjà membre. « Riton », fruste et génial, sensible, inventif, gai, émeut très sincèrement Prévert et Grimault. Ce dernier ne tarde point à l'héberger chez lui, avenue Sœur-Rosalie (la place d'Italie est toute proche), lui prête sa propre guitare, plus convenable que celle du garçon, l'invite à enfourner quelques rudiments de solfège. L'enfant prodige est doué d'une si vive agilité de la main gauche, le long du manche, qu'on le surnomme « Mille-pattes ». Et « Mille-pattes », heureux comme un prince, s'attache pour toujours à ces protecteurs affectueux et enjoués.

De sa pauvreté originelle il ne gardera aucun désir de revanche. Logé, nourri, vêtu, instruit par des amis dont le désintéressement est absolu, il continuera de survoler avec tendresse et irrévérence les conventions sociales, donnant, lorsque ses revenus se mettront en harmonie avec son talent, ce qu'il peut, ce qu'il a. Musicien reconnu et digne père de famille, il lui arrivera vraiment de rentrer le soir à la maison sans veste ou sans manteau — il aura croisé, en chemin, un Crolla démuni.

Cette attitude doit probablement beaucoup à la personnalité de son hôte, Paul Grimault. Avant de devenir le plus indépendant des créateurs de dessins animés, artiste artisan jusqu'au bout du pinceau, indifférent au profit mais harcelé par l'argent, ce dernier a été, de 1930 à 1936, concepteur dans une des premières agences de publicité parisiennes, la maison Damour. Ses immédiats voisins de bureau se nommaient Jean Aurenche (qui sera le scénariste d'une bonne moitié de ses films) et Jean Anouilh. Et c'est là qu'un dénommé Prévert Jacques a un beau matin proposé sa candidature, à l'essai. Un ample demi-siècle plus tard, Paul Grimault s'esclaffe encore au souvenir de cette rencontre : « Il s'agissait de vanter un sel conservateur de cuisine, "Le Sauveur".

Prévert a conçu l'image d'un Lazare sortant du tombeau. Une main, au-dessus, tenait une salière et saupoudrait Lazare. La légende, que je n'ai jamais oubliée, annonçait sobrement : "Toujours rose et frais grâce au *Sauveur*..." La direction a repoussé le projet, mais Jacques et moi ne nous sommes plus quittés. »

Grimault et ses complices fondent ensuite leur propre entreprise de films publicitaires, la société Les Gémeaux. Et bientôt ils bifurquent vers des réalisations à but non lucratif : *GO chez les oiseaux* (1939), *Le Marchand de notes* (1942), *L'Épouvantail* (1943). Aucun dessin animé n'avait vu le jour en France depuis 1917... *Le Voleur de paratonnerres* (1945) décroche un premier prix à Venise. Puis Jacques Prévert, à partir du *Petit Soldat* (1947), est promu principal scénariste de son ami Paul.

Avenue Sœur-Rosalie, Henri Crolla reçoit une éducation libertaire qui nourrira son intimité future avec Yves Montand. L'importance des gens, leur « valeur » sont sans rapport avec la place qu'ils occupent dans la hiérarchie sociale. Ainsi en va-t-il sous le toit de Grimault : « Ma maison était pleine de Manouches. Django y amenait sa mère, son frère, sa femme (qui s'appelait "Naguine"), son fils "Babik". Henri était fier et émerveillé de s'adjoindre au groupe. Mais je recevais aussi Erich von Stroheim ou Albert Lewin... J'ai connu Django miséreux et je l'ai également vu se garer devant chez moi au volant d'une longue voiture américaine, toute blanche, scandaleuse. "C'est ce que j'ai trouvé de plus cher", disait-il triomphalement, avant de foncer vers le Midi sans permis. Il aimait le faste, surtout lorsqu'il est rentré d'Amérique, où il s'était produit au Carnegie Hall, en 1946, avec Duke Ellington. »

A l'orée de la guerre, Django Reinhardt la juge plutôt drôle (« C'est beau là-bas, ils se tuent tous, ils se massacrent, c'est plein de têtes de morts et d'ossements, faut voir ça ! » confie-t-il à Paul Grimault, non sans grandiloquence). Mais il en revient vite. Crolla, lui, comme Italien, est convoqué de l'autre côté des Alpes. Il part avec sa guitare et déserte avec sa guitare, à pied, sans avoir manié aucune arme. Tous deux jouent ensemble ou séparément durant l'Occupation. Ils fréquentent les boîtes de luxe, *Schéhérazade*, *Monseigneur*.

Quand le jazz est à nouveau toléré, Crolla gagne sa vie dans un cabaret de la rue Delambre, en compagnie d'Henri Salvador, et surtout au Schubert, un vrai club de « mordus », au fond d'une cave minuscule du boulevard Montparnasse, tout près de la Closerie des Lilas. « On y descendait, raconte Colette Crolla, par un escalier étroit et raide. Si Henri apercevait les jambes de Django — qui venait très souvent le rejoindre —, c'était plus fort que lui, le trac le paralysait. Ils étaient extrêmement liés, se vouaient une admiration réciproque, mais étaient intimidés l'un par l'autre. » Serge Reggiani, pourtant, soutient que le talent de Crolla était au moins égal, sinon supérieur à celui de Django Reinhardt.

Juste avant que sa route ne croise celle de Montand, Crolla est un musicien réputé. Dans cette sorte de contre-société, d'univers parallèle, souterrain, qu'est le milieu du jazz, il n'a pas acquis la stature de son ex-voisin de la porte d'Italie, à présent célébrissime. La presse fête les retrouvailles du couple Reinhardt-Grappelly[15], dont les maisons de disques, désormais, ne boudent plus la modernité. Un cran au-dessous, Crolla passe pour un soliste qui, certainement, donnera sa mesure. « Le jour n'est pas loin, certifie *Jazz Hot* en 1946[16], où tous ceux qui considèrent encore Henri Crolla avec suffisance parce qu'il est modeste, timide, simple, affectueux et qu'il ne sait pas lire la musique, seront obligés de reconnaître sa haute valeur. »

Commence alors, entre Montand et sa recrue, ce que « Crolette » qualifie de « vie quasi commune ». Elle ajoute : « Après avoir rompu avec Piaf, Yves menait une existence assez solitaire. Il n'avait pas trouvé son réseau, sa famille. Il avait plutôt des relations (par exemple les Breton, éditeurs de

15. *Jazz Hot* consacre à Django Reinhardt la couverture de son n° 2 (novembre 1945), à Stéphane Grapell« y » celle du n° 4 (janvier-février 1946), et raconte dans la livraison suivante (mars 1946) avec quel bonheur ils se retrouvent après sept années de séparation (la durée du conflit mondial qu'ils vécurent de part et d'autre du Channel).

16. Numéro 7, mai-juin 1946.

chansons) qu'une famille. Cette famille, c'est avec Crolla qu'il l'a construite. »

Effectivement, une vie à trois s'organise dans le nouvel appartement que le chanteur a loué, 80 rue de Longchamp, à Neuilly (le propriétaire, André Dewavrin, est plus connu sous son nom de guerre : colonel Passy). Ce n'est pas un hôtel particulier, mais le quartier — Neuilly Saint-James — est très comme il faut. Bob Castella, s'il est jaloux de ses prérogatives, ne l'est pas en amitié. L'irruption d'Henri Crolla — dont les qualités professionnelles lui sont familières — le stimule. Les interprètes de jazz sont, plus que d'autres, rompus à l'invention collective, à l'improvisation féconde. Et puis, tous trois sont d'origine italienne. Ils « font un bœuf », selon l'expression consacrée, chaque jour ou presque, unis par la connivence fraternelle et le plaisir d'inventer.

Une nuance, cependant. Bob, quand Montand s'impatiente ou s'énerve, adopte la politique du dos rond : il se courbe d'ailleurs physiquement sur son clavier, rentre la tête, se tasse, comme si cette position aérodynamique obligeait les décibels du plaignant à l'effleurer, à glisser sur lui. Le guitariste se rebelle plus volontiers. « Il n'hésitait pas à relever les fautes d'Yves, dit Colette Crolla. Et ce dernier hésitait à l'engueuler, alors qu'il ne s'en privait pas avec Bob. » Même écho du côté de Paul Grimault : « Quelquefois, Henri râlait après Montand, exprimait un agacement, prenait en pitié le pauvre Bob qui ne se défendait guère. Mais cela retombait vite. L'irritation se dissolvait dans la malice. » En réalité, la divergence n'est que tactique. L'un esquive, l'autre raille.

Montand n'a pas seulement rencontré de bons camarades, ni même de bons conseillers. Ses amis l'« accompagnent », sans doute, mais ils contribuent également à choisir la route. Un partage des rôles s'opère très naturellement. Bob est l'architecte, Henri le décorateur. Le premier ausculte, rectifie, étaie; le second orne, éclaire (avec, bien sûr, la possibilité constante d'intervertir les fonctions). En outre, Crolla compose — Castella aussi, mais plus rarement. Huit mois lui seront nécessaires pour imaginer une musique qui « colle » à l'acrobatique poème de Jacques Prévert, *Le Petit Cireur de souliers de Broadway*. D'autres thèmes, *J'aime t'embrasser, Car je t'aime* (dont il écrit, de surcroît, les paroles), plus souples, plus câlins, surgissent au contraire quasi spontanément. Montand lui doit le superbe *blues* sensuel de *Sanguine*, qui n'a jamais disparu de son répertoire, et encore les musiques de *Dis-moi, Joe, Du soleil plein la tête, Donne-moi des sous, Saint-Paul-de-Vence, Monsieur p'tit Louis ou Calcutti-Calcutta*...

Édith Piaf l'avait aidé à répudier les refrains « dynamiques » mais un peu simplets de ses débuts. Bob Castella et Henri Crolla vont ajouter à la veine populaire et à l'approche intuitive du mini-drame, de la saynète drolatique ou déchirée, un son original qu'on n'a pas réellement capté au music-hall. Voilà des lustres que le « rythme » et la « variété » s'accordent. Trenet, le premier, s'y est employé. Il s'agit, cette fois, de franchir une étape comparable : c'est d'un authentique orchestre de jazz qu'Yves Montand sera peu à peu entouré.

Les « embauches » s'échelonneront sur une décennie, mais le trio d'origine, à l'occasion des grands récitals, s'attirera la collaboration des meilleurs. Le bassiste Emmanuel Soudieux, complice de Django et de Grappelly, qui joua ensuite avec Crolla au Schubert. Les accordéonistes Freddy Balta et Marcel Azzola, capables de promener leur instrument de Pigalle à Buenos Aires en passant par New York. Le batteur Roger Paraboschi (« Para » pour les intimes). Le clarinettiste et compositeur Hubert Rostaing. Des copains de copains. Comme les copains sont les plus recherchés des musiciens de studio, il y a fort à parier que leurs copains ne sont pas d'un rang inférieur...

Combien de fois a-t-il ponctué les coups de *Battling Joe*, Roger Paraboschi (un Italien, pure coïncidence, dont le père, musicien de métier, s'est enfui du pays natal car il était « sur la liste » au mauvais moment) ? Combien de fois a-t-il manqué d'un douzième de seconde le crochet de Battling Montand, et essuyé ensuite une de ces colères qui, dit-il, « expriment et libèrent une forme de peur » ? Adolescent, il a d'abord tâté de l'accordéon en compagnie du jeune Azzola (un Italien, pure coïncidence), puis agité ses baguettes dans les cinémas, les dancings, avant de percer au Club Saint-Germain, au Schubert, de croiser Django Reinhardt dans le quintette du Hot Club de France, et d'atterrir, tout étourdi, sur la scène de la salle Pleyel auprès de Charlie Parker, de Miles Davis, de Bechet. « C'est Crolla qui m'a recruté pour Yves, Crolla qui était un grand et dont Montand était amoureux — voilà le mot. Azzola, Crolla ou moi avions le "son Django"... »

Et encore Hubert Rostaing, vieil ami de Bob Castella, qui deviendra au fil des ans et des récitals la cheville ouvrière des orchestrations. « C'est Bob qui occupe le premier rang. Montand et lui forment un couple, leurs engueulades ne sont qu'un jeu. Et moi, je suis l'arrangeur — dans tous les sens du terme. »

Fils d'un tailleur lyonnais parti pour « les colonies », Hubert Rostaing a découvert la musique grâce aux fanfares d'Alger. Et il l'a si bien apprise que Django Reinhardt lui a demandé, en 1941, d'abandonner le saxophone pour la clarinette et de travailler au sein de son quintette désagrégé par la guerre. Il se rappelle d'incroyables tournées en Belgique : à Bruxelles, Django louait plusieurs calèches à la suite, parce que c'était beau dans la nuit... A la Libération, Rostaing est sans conteste le plus grand clarinettiste français. Un souffle très maîtrisé, une attaque retenue, poétique. Boris Vian célèbre son « incroyable facilité qui lui permet de reprendre un saxo ténor, sans en avoir joué depuis quatre ou cinq ans, pour en jouer mieux que les meilleurs, glisser à travers les traits les plus difficiles sans oublier de détacher une note, et si légèrement qu'on ne s'en aperçoit qu'après[17]... »

Parlant d'Henri Crolla, Rostaing déclare : « Il était fatal que nous nous rencontrions. » Élargissant le propos, on pourrait soutenir que la rencontre entre Montand, Castella et Crolla vouait fatalement le chanteur à s'approprier « le son Django » — sans quitter son domaine, la « variété ».

Le piano se faufile partout, grêle ou autoritaire. Les cuivres chauffent l'ambiance. La batterie commande les scènes

17. *Jazz Hot, ibid.* Hubert Rostaing fait la couverture du numéro 12. Pilier de la revue, il donne aux abonnés de véritables leçons de clarinette par correspondance. Certains de ses enregistrements avec Django Reinhardt ont été rassemblés dans une compilation récente (*Dejavu*, dvrecd 32).

très visuelles, découpe, accentue les gestes du personnage. L'accordéon, c'est la note nostalgique, c'est Paris et Paname. Et la basse, c'est le socle, c'est énorme, c'est sur elle que tout repose. On m'a toujours dit que la «grand-mère», la contrebasse géante qui donne des cals terribles aux musiciens (maintenant, on utilise un instrument électronique), a la même sonorité puissante qu'une vache qui meugle : cela n'a rien de perçant, mais tu l'entends à un kilomètre. Tu l'entends sans l'entendre. Et, si tu la retires, le reste s'effondre.

La famille qu'Yves Montand est en train de rassembler — ou dans laquelle il est en train de s'intégrer — excède, et de beaucoup, les frontières d'un cercle musical. Si le réseau professionnel d'Henri Crolla est la «filière» parisienne du jazz, ses anges gardiens — plus anges que gardiens, à coup sûr — sont restés ceux de l'ex-Groupe Octobre, c'est-à-dire, pour resserrer un peu les rangs, la vaste bande à Prévert. En 1948, Montand ne sait pas ce qu'est, *stricto sensu*, un intellectuel, sinon un être lointain, d'une autre essence. Le seul représentant de cette espèce étrange qu'il ait effectivement approché, c'est Jacques Prévert.

Malgré les affres des *Portes de la nuit*, il lui a gardé toute son admiration. Et Prévert, de son côté, n'a pas failli une seconde aux lois de la solidarité. Un autre scénariste, malmené par la presse, eût éprouvé la tentation de reporter sur les comédiens débutants la responsabilité de l'échec (ne s'attribuant que celle d'avoir placé en eux de trop vives espérances). Rien de tel. Prévert dit et répète que Montand a honorablement rempli son contrat. Et il ajoute plaisamment : «L'art est facile, mais la critique difficile...»

C'est assez pour alimenter l'estime, mais pas la familiarité. Sur ce terrain miné où il progresse à tâtons, Montand a besoin d'un «passeur». Et il le trouve en la personne d'Henri Crolla. Non que ce dernier soit un intellectuel. Justement : «Mille-pattes», comme Ivo Livi, a tout appris sur le tas ; il n'est pas moins timide ni sensible — de cette sensibilité aux aguets, prête à se rétracter — que le transfuge de la Cabucelle. Toutefois, la fréquentation de créateurs érudits, gens de lettres, de théâtre, peintres, est à ses yeux une affaire courante. Il ne les voit pas solennels, drapés dans leur culture, selon le cliché dissuasif qui habite Montand (ou n'importe quel autodidacte) : il les voit attablés au Flore ou aux Deux Magots, détendus, plaisantant, frimeurs ou affables, portés ou non sur l'alcool, extraordinaires et banals.

En mai 1948, Crolla entraîne son ami à Saint-Paul-de-Vence. L'arrière-pays cannois et niçois, les contreforts de la Côte d'Azur, sont depuis longtemps le refuge d'artistes en quête de paix, de beauté, de lumière, d'odeurs... et d'une vie sociale qui vaut bien celle de la capitale — Braque, Matisse, Giacometti, Picasso, pour ne citer que des hommes de toile, ne sont guère plus éloignés les uns des autres qu'entre Montmartre et Montparnasse. Saint-Paul, village fortifié, rond, sur son piton abrupt, fut repéré par Jacques Prévert lorsqu'il se replia dans le Midi, en 1940, avec ses amis Kosma et Trauner (il logeait alors à Tourrettes-sur-Loup). *Les Visiteurs du soir*, mis en scène par Marcel Carné deux années plus tard, ont été tournés, pour une large part, dans ce même secteur.

« On va aller voir Jacques », annonce Crolla. Montand traîne les pieds, saisi par le trac. « Monte donc, c'est là qu'il habite ! » Et ils s'acheminent tous deux vers la « dentisterie », le repaire du poète (Jacques Prévert ne raffole pas de cette raison sociale), une maison à tonnelle, au coin de la chapelle, ainsi baptisée parce qu'elle abritait le dentiste local — dont Prévert a conservé la table et même l'immense fauteuil où il aime s'enfoncer et lire. Sur le crépi, dehors, Picasso trace parfois, après dîner, des arabesques enthousiastes, au fusain, à la craie, que la poussière estompe ou que la pluie délave. Sur les murs, dedans, les photographies abondent : Prévert avec sa femme Janine, avec Carné, Trauner, Gabin. Il travaille présentement sur le scénario des *Amants de Vérone*, destiné à André Cayatte et où jouera Marianne Oswald. Cette dernière est la seule chanteuse qui se soit aventurée, jusqu'ici, à soumettre au public une coproduction Prévert-Kosma (en l'occurrence, *La Chasse à l'enfant* qu'elle a difficilement imposée sur les planches de l'ABC).

A Autheuil, en Normandie, dans la maison de vacances d'Yves Montand, une grande photo de Jacques Prévert est accrochée à gauche de la haute cheminée, sous une peinture représentant un coche et au-dessus du coffre blanc qui sert de bar. Prévert, pieds nus, vêtu d'un tricot rayé à manches courtes, le profil taillé net par l'excellent contraste du cliché, lit son journal avec une attention tranquille, allongé sur un fauteuil en rotin. Quelques œuvres d'art (une assiette de Picasso), beaucoup d'« objets de mémoire » (le premier Disque d'or gravé pour Montand par la firme Odéon après sa millionième vente des *Feuilles mortes*, en 1954, les trois *British Film Academy Awards* décernés à Simone Signoret) agrémentent l'immense pièce à vivre. Mais un seul portrait compte parmi ces derniers : celui de Jacques Prévert.

Qu'on n'en déduise pas, cependant, qu'une intimité véritable a uni l'auteur des *Feuilles mortes* et son principal interprète. « Il était content de connaître Jacques un peu comme Jacques était content de connaître Picasso », témoigne Paul Grimault, qui recevait la fine équipe, le dimanche, selon un rituel intangible : marché collectif, apéritif chez la « bougnate » de la rue Abel-Hovelacque, aux Gobelins, et déjeuner fraternel. « L'amitié était forte entre Prévert et Montand, mais Jacques intimidait Yves, c'était un monument », atteste Colette Crolla. L'approche s'est opérée pas à pas — le chanteur impressionné par l'homme de lettres, mais l'homme de lettres épaté, lui aussi, par l'homme de scène, truchement d'une formidable vibration populaire.

Autant les pudeurs, entre individus, sont insondables et parfois définitives, autant le texte de Prévert est révélé au chanteur avec une totale sensation d'évidence. Instantanée. Montand ignore que l'alliance du rouge et du noir sur la couverture de *Paroles* lève l'étendard de l'anarchie. Les clés, les codes ne perdront leur mystère qu'ultérieurement. Mais tout lui semble accessible dans cette écriture. Le « terrible bruit de l'œuf dur cassé sur un comptoir d'étain », c'est l'obsession de son adolescence. « Soldats tombés à Fontenoy, vous n'êtes pas tombés dans l'oreille d'un sourd », c'est la puissance corrosive du verbe concentré. Montand s'émerveille — et continue de s'émerveiller, lui qui, jour et nuit, aligne sur son carnet personnel des aphorismes de son cru ou cueillis ailleurs — que des mots anodins, par simple mélange, produisent une déflagration subite, ravageuse. C'est donc cela, la culture, cette faculté d'égrener les « terrifiants pépins de la réalité », de dire les choses et le dessous des choses, de finir une phrase en la laissant ouverte.

Dans *Spectacle*, trois ans après la première visite à Saint-Paul, Prévert saluera, de son écriture ample et très lisible,

> … ce grand garçon vivant ingénu et lucide
> viril tendre et marrant.

Deux vers d'un long poème dont s'enorgueillira le programme vendu par les ouvreuses de l'Étoile :

> A peine est-il en scène
> qu'il est déjà dans la salle
> au beau milieu des spectateurs
> A peine est-il dans la salle
> qu'il fait danser la romance
> et qu'ils sont tout de suite ailleurs
> et la romance et lui
> et tous les spectateurs…

En principe, Montand n'avait nul besoin de renfort pour mieux connaître Prévert : l'attention de l'écrivain-scénariste lui était acquise. Mais se serait-il avancé aussi loin sans un médiateur aussi proche que l'était Henri Crolla ? Une chose est d'accueillir dans sa loge, par courtoisie, des célébrités littéraires : l'échange ne s'écarte point des compliments d'usage, on s'est frôlé, c'est tout. Autre chose est d'être admis de plain-pied dans la société intellectuelle, d'y être plus que connu : reconnu. Cela, Montand n'y aurait pas songé. La chance et l'amitié veulent qu'il croise des interlocuteurs dépourvus de morgue, qui reçoivent avec respect, voire avec une estime spéciale, une personnalité qu'aucune école, sinon la sienne propre, n'a façonnée.

Il se trouve, en outre, que cette famille nouvelle possède un domicile commun à tous ses membres, un quartier général : l'auberge de la Colombe d'Or dont le portail ouvre sur la place de Saint-Paul. Des murs ocre, un bâtiment central que ne renierait pas Florence — mais qui reste « du pays » —, des dépendances si bien enchevêtrées que la tuile ricoche de haut en bas, une terrasse infiniment douce, entre cyprès et figuiers, surplombant la vallée. Avant la guerre, déjà, Churchill ou Chaplin aimaient séjourner ici. Mais le propriétaire, Paul Roux, et sa belle épouse, « Titine » (une « étrangère » que Paul est allé chercher à La Colle, quatre kilomètres plus loin, autant dire par-delà les mers), ont veillé à ce que leur maison ne devienne pas un hôtel quelconque, fût-il de luxe : les clients assidus gardent le sentiment que les patrons, exceptionnellement, prêtent à quelques habitués de passage une chambre d'amis. Ni « bonne franquette » un brin triviale ni service hautain des adresses guindées : une juste distance, chaleureuse et discrète, efficace et comme improvisée. « C'est le seul hôtel quatre étoiles dans lequel le bar soit aussi une buvette de village », écrira Simone Signoret.

Au départ fut un modeste établissement intitulé « Robinson », une agréable guinguette avec quatre pavillons — frappés d'un as, cœur, pique, carreau, trèfle — aux coins de la terrasse sur laquelle on dansait. Puis des pierres ont été importées, des plantes grimpantes lancées à l'assaut des murets, un « jardin italien » dessiné à mi-pente. Sept ou huit chambres, guère plus, toutes différentes, garnies de meubles provençaux, ont été offertes à la clientèle. Paul Roux cuisinait lui-même ses artichauts farigoule. Et le succès est arrivé, non par hordes, mais par détachements ténus d'hôtes prestigieux. Lorsque Montand dort pour la première fois à la Colombe, c'est un séjour initiatique qu'il entame (comme fut initiatique sa visite à Prévert).

Il fait la connaissance d'Eugène, le factotum qui tient la caisse et répond au téléphone, ou de Mme Blanche, qui a servi tant de petits déjeuners à tant de couples illustres et qui s'est si longtemps trouvée le témoin des fluctuations desdits couples que ses Mémoires submergeraient la rubrique « People » des magazines indiscrets. Il fait aussi la connaissance de personnages non moins considérables, tels Picasso et Braque — entre lesquels on devine une gêne, une raideur jalouse —, Aimé, Marguerite et Adrien Maeght, dont le rêve est de prolonger par une fondation leur galerie parisienne, Joan Miró, Marc Chagall. Paul Roux lui-même se pique de peinture et est l'auteur de fort jolies choses, deux poissons, un vase et un couteau, des fleurs, qui lui ont valu les encouragements loyaux de ses légendaires abonnés. Francis, le fils de la maison, commandera une œuvre à Fernand Léger pour la terrasse, et, quand une piscine sera creusée sur l'arrière, en ornera le bord d'un mobile de Calder et d'une céramique de Braque.

Ce n'est ni le Bateau-Lavoir ni la place du Tertre : point de faméliques génies en herbe, point de figurants destinés aux touristes. Saint-Paul-de-Vence est, à tous égards, un haut lieu ; le toc, en ces vertes années (nous sommes aujourd'hui loin du compte), y est proscrit. Montand soupçonne le bon aubergiste d'alléger la note de ceux pour lesquels elle sera lourde, et de l'alourdir dans le cas inverse. Les têtes couronnées, les stars, les snobs en goguette règlent peu ou prou l'addition des écrivains charmeurs.

Cela dit, la délicieuse « annexe » où s'isolent les amoureux et les romanciers (Queneau y engendra *Zazie*), tout au bout du domaine, ne sera jamais l'annexe de Billancourt. Paul Grimault, qui « descend » dans le Midi afin de peaufiner avec son compère le scénario du projet qu'ils élaborent ensemble, *La Bergère et le Ramoneur*, est un rien gêné, lui qui est homme « de quartier », de bistrots ordinaires, de ballons de rouge et de demis sans faux col, plus à l'aise dans l'univers d'un Doisneau qu'au cœur de la plus ravissante oasis : « Jacques se sentait chez lui, chez les Roux. Il y avait, durant mon premier séjour, Pagnol qui préparait un film avec Tino Rossi. L'ambiance était exquise, mais ce n'était pas mon monde... »

Sans aucun doute, Saint-Paul et la Colombe ne sont pas le monde de tout le monde. Mais c'est le monde de Prévert. Du reste, quand celui-ci est victime d'un grave accident, le 12 octobre 1948 (une chute, suivie d'un long coma, depuis l'immeuble de la Radiodiffusion nationale, aux Champs-Élysées), il décide de vivre complètement là-bas. Là-bas où l'on s'inquiète s'il n'apparaît pas à la terrasse de toute la journée. Là-bas où se mariera Henri Crolla en 1949 : ses deux témoins signeront, selon leur coutume, Prévert d'une fleur et Grimault d'un chat malicieux ; le guitariste, lui, dessinera un soleil sous son paraphe. « Mon petit soleil de la porte d'Italie », disait affectueusement Prévert.

Yves Montand est séduit à la fois par le luxe de l'endroit et par la manière dont ce luxe est délicatement voilé — pas caché, non, mais enrobé de tant d'harmonie qu'on ne le remarque plus. Un luxe simple, en quelque sorte, assez exceptionnel pour qu'il s'en régale, mais d'une distinction assez retenue pour qu'il n'en soit pas effarouché. Il se réchauffe à ce soleil multiple. Le soleil de l'amitié, du clan, de la Provence et de la poésie.

C'est un soleil, Jacques, avec son visage rond, son nez rond, ses yeux ronds, des yeux bleus de clown, et son chapeau rond toujours en arrière. Ce pourrait être aussi une fleur, une marguerite — une marguerite qui aurait toujours la cigarette au coin des lèvres. Impeccablement habillé, quoi qu'il advienne, à la manière anglaise, mais avec des couleurs : un costume noir, par exemple, égayé d'une chemise jaune, d'une pochette. Il se balade avec son petit chien, Dragon, qui jappe. Je déteste les gens qui se baladent avec des petits chiens. Prévert, lui, je l'admire beaucoup, et ensuite je l'aime.

Je l'admire comme je continue d'admirer les gens qui savent écrire, qui possèdent un savoir très étendu ou qui sont plus intelligents que moi. J'admire cette intelligence du cœur, fine, percutante, sans m'as-tu-vu, sans bavure, drôle (surtout pas froide : la culture, c'est ce qui fait du bien, il ne faut pas se cultiver à tout prix, se cultiver pour se cultiver, transformer cette richesse en emmerdement). J'admire la manière qu'il a de raconter les histoires avec une volubilité difficile à suivre. Un peu comme Chris Marker que j'aime tant : là où j'utiliserais huit mots, il en mettra quinze, et c'est intéressant. Fatigant mais intéressant.

Jacques en pleine forme, c'était une fête. Il était capable, tout en mangeant et buvant avec une délectation inépuisable, ou en grattant la croûte de son fromage sans l'enlever (ne jamais ôter la croûte d'un fromage !), d'expliquer que l'apprentissage des langues étrangères est inutile, que des bergers tchécoslovaques l'avaient parfaitement compris, eux parlant tchèque et lui français. La preuve : il avait montré du doigt un ecclésiastique en prononçant « escroc, gangster », et les bergers avaient manifesté leur accord…

La rencontre avec Prévert — en termes d'influence,

s'entend — est plus décisive pour moi que celle d'Édith Piaf. J'ai vingt-huit ans, j'ai envie de fréquenter des gens comme Jacques ou Picasso non parce qu'ils sont célèbres, mais parce qu'ils représentent pour moi (même s'ils sont plus âgés) la jeunesse que je n'ai pas eue, une autre forme de jeunesse. Lors de ces premiers contacts avec Jacques Prévert, je suis comme une matière brute. Je ne saisis pas ce que Prévert me glisse délicatement, sans appuyer, à propos du régime soviétique. Mais je saisis tout de suite « les enfants qui s'aiment s'embrassent debout contre les portes de la nuit... ». A Marseille, on dirait que ce sont des « frottadous ». Ces poèmes, ces « chansons qui nous ressemblent » et que j'aurai tant de peine à imposer, me paraissent non seulement abordables, mais limpides. Ce qui m'étonne le plus, c'est que des aînés aussi prestigieux portent aux gens de music-hall une considération certaine.

Jacques Prévert, solitaire entouré, gai sur fond de tristesse, si adorable avec ses yeux énigmatiques et globuleux, ses monologues, ses redoutables maux de tête et ses chemises de flanelle, ne saurait être rangé, sous prétexte que les manuels scolaires ont digéré sa prose versifiée, au seul rayon des écologistes avant la lettre, flottant dans l'azur et ami des oiseaux. L'« ingénu » Montand abhorre la mièvrerie. Ce qui le séduit, dans « la bande », c'est, outre la fantaisie cavalière, l'éclat d'une saine férocité. Guimauve, s'abstenir. Contre « les maîtres avec leurs prêtres leurs traîtres et leurs reîtres » demeure la flèche de l'esprit, lequel ne se nourrit pas de « bons mots », mais des mots qui font mal à bon escient. Dans la vie politique comme dans la vie privée, c'est la riposte des désarmés vigilants.

L'actualité est secouée de tels frissons — le « coup de Prague » qui livre la Tchécoslovaquie aux communistes, le blocus de Berlin, la naissance de l'État d'Israël, la rupture entre Staline et Tito — que le simple citoyen n'a d'autre ressource que sa ressource intérieure. Quant aux autorités morales, elles sortent fort écornées de la dernière guerre. Est-il besoin de ruminer un anticléricalisme forcené pour jeter un regard soupçonneux sur le bon pape Pie XII, coupable d'un penchant prononcé pour l'Allemagne et d'un tonitruant silence concernant la « solution finale » ? Est-il besoin d'avoir tété l'antimilitarisme au sein maternel pour se défier d'une armée qui croyait infranchissable la ligne Maginot ? Est-il besoin d'une idéologie de marbre pour s'étonner que nul, en « métropole », ne se soit indigné du massacre, dans les Aurès, de milliers d'Algériens ? Le gentil Prévert, qui escorte les escargots à l'enterrement d'une feuille morte, sait également grincer au vent mauvais.

Il réagit ainsi au bonheur ou au malheur des jours. Quand, par exemple, éclate l'affaire du dessin animé *La Bergère et le Ramoneur* (la production bloque l'entreprise, mutile le film au point que les auteurs s'en détachent), Joseph Kosma, le camarade entre tous, dont les *r* roulés d'Europe centrale attendrissent les copains, accepte pourtant de livrer sa musique au producteur félon. Une griffure qui égratigne quinze ans de fidélité. Prévert ne tape pas sur la table. Il suggère simplement que l'opération lui semble cousue « d'un fil blanc pas très propre ». Voilà ce qui fascine Montand : cette capacité de frapper sans frapper, de dire sans dire, et de rire le dernier — même si c'est d'un rire affligé.

Le jeune chanteur n'est nullement torturé par la rupture entre Staline et la Yougoslavie, ou autres péripéties qui troublent les anciens du Groupe Octobre : il est politiquement trop crédule et mal dégrossi pour s'alarmer de ces légitimes « débats ». L'ironie, l'humour salvateur, la « saine férocité », il les applique essentiellement aux vicissitudes de l'existence quotidienne. Et Henri Crolla, sur ce registre, se révèle un imbattable acolyte. Tous deux s'entraînent à cultiver jusqu'aux limites extrêmes l'art de la mystification.

C'est évidemment le goût du canular, de la farce partagée, qui les meut. Mais l'intention dernière est plus subtile, plus « poétique » — on retrouve ici Prévert : la mystification est une forme de résistance à la connerie générale, d'évasion solitairement décrétée, un pied de nez aristocratique, somme toute, puisque peu en saisissent les véritables attendus. Un spécimen entre mille, que Montand relate avec jubilation : Henri Crolla connaissait l'une des figures majeures de « la bande », Marcel Duhamel, le traducteur d'Hemingway, de

Steinbeck ou de Peter Cheney, père de la fameuse collection policière « Série noire » dont les premiers titres ont paru en 1947 chez Gallimard, et avait obtenu un vrai faux livre doté de la célèbre couverture noire aux caractères jaunes, mais dont l'intérieur était irrémédiablement vierge. Le soir, sur la plateforme de l'autobus, il parcourait ces pages blanches et les tournait avec une application très régulière, éclatait de rire, hochait la tête, indifférent à la stupeur qui gagnait progressivement son entourage. Ou bien il s'installait dans un quelconque wagon de métro et prenait des notes sans quitter des yeux, parfaitement inquisiteur et méthodique, l'homme ou la femme qui avait le malheur de lui faire face. Et qui, fatalement, finissait par s'affoler.

Plus d'une fois, l'expérience a conduit Crolla au poste. Ainsi a-t-il poussé à bout un honnête passant qui traversait le Pont-Neuf en transportant, retourné sur sa tête, un fauteuil Voltaire.

— Vous vous trompez, monsieur, les fauteuils ne s'utilisent pas ainsi.

L'autre, ahuri, pose l'objet. Et Crolla, s'asseyant, lui montre le bon usage dudit fauteuil. Sourire du quidam, c'est une blague, il a compris, il recharge le fauteuil et poursuit son chemin.

— Mais non, monsieur, s'accroche le guitariste. Pas sur la tête, ici (il désigne son postérieur). Vous vous trompez.

Et il insiste, il insiste, avec une telle conviction, un tel désir d'être écouté que l'homme au fauteuil prend peur et appelle un agent. Auquel Crolla explique, pédagogue, que les fauteuils sont conçus pour le fessier, non pour la tête. C'est l'agent, maintenant, qui prend peur et sollicite un collègue. Crolla n'en démord pas. Embarqué, il plaide toujours dans le car. Au commissariat, il refuse de céder : il a raison, il est de bonne foi, les faits sont les faits, les fauteuils ne sont pas des chapeaux, etc.

Nul public associé, nul témoin averti n'est indispensable. Au contraire, l'exercice est plus pur si la règle du jeu demeure secrète. Une revanche souriante sur les pingres, les méchants ou les pédants. Le plaisir ineffable de jeter à Henri Crolla, négligemment et en public :

— Au fait, c'est sérieux ? Tu hérites vraiment d'une usine de jouets en Allemagne ?

— Oui, c'est sérieux. La plus grosse boîte du pays, tu te rends compte ! Mais des jouets, non, pas des jouets, ça ne m'amuse pas, les jouets, je laisse tomber, je vais la donner…

Et la conversation glisse, bifurque, légère.

Ou encore l'invraisemblable culot d'un Pierre Prévert qui pénètre chez ses voisins du dessus (voire du dessous), se déshabille et se couche paisiblement…

La mystification est une plaisante manière de vérifier le sentiment de soi. Montand y recourra souvent par une sorte d'hygiène, histoire d'entretenir, *in petto*, le goût de n'être point dupe du moment, des phrases, des masques. Il lui arrivera, en tournage à Rome, d'inventer un divertissement gratuit dont il sera le seul à tirer plaisir (sans l'exhiber, surtout, sinon il s'évanouit). Près de son hôtel se trouve un parc fort soigné que sillonnent, l'après-midi, des femmes élégantes, promenant leurs rejetons dans des landaus moelleux. Montand lui-même s'habille avec recherche, très chic, très strict. Et devance les promeneuses de quelques minutes. En haut d'une allée, dans une petite poubelle suspendue à un bec de gaz, il dépose une pomme enveloppée d'un papier propre. Puis il attend et calcule ses pas.

Deux dames surviennent, respectables, parfumées. Elles voient marcher à leur rencontre un homme respectable, costume sombre, chaussures fines. A un mètre cinquante des dignes Romaines, le monsieur digne plonge la main dans une poubelle, farfouille avec une soudaine convoitise, sort une pomme, l'œil allumé, incrédule, et mord dedans, la mâchoire avide, l'air égaré, comblé, inquiétant. Il les croise vivement, tout à son festin, et s'éloigne, surveillant à droite et à gauche un éventuel voleur qui lui disputerait son trognon.

Rideau. Cette petite comédie qu'Yves Montand nomme « la pomme poubelle », il l'interprète pour lui-même, pour son ami Crolla qui apprécierait s'il était là. Pour rien, ou presque. Pour l'infinie satisfaction de tromper les apparences… Quarante ans plus tard, le Montand politique, celui qui parle inlassablement d'économie, de rapports Est-Ouest, se raconte à lui-même, lorsque ses amis le soupçonnent d'un excès de « sérieux », le gag de « la pomme poubelle ».

Avec Crolla, le festival est permanent. C'est l'esprit de Pierre Dac, des Marx Brothers qui les habite. Grimault a été, en ce domaine, un merveilleux professeur. Au théâtre (variante : au restaurant, avec la carte), il se plaint que le programme est imprimé à l'envers. Mais c'est vous qui le tenez à l'envers, lui est-il répondu. Il le retourne alors de l'autre côté, et de l'autre côté aussi, le programme est imprimé à l'envers... La durée du numéro est extensible à volonté.

Au fil des tournées, Montand et Crolla rodent quelques morceaux de bravoure. L'intrigue repose toujours sur une déviance ou une maladie subite du musicien. Le voici qui devient sourd, ou muet, ou fou, et quitte la salle tantôt les pieds devant, tantôt ceinturé par ses amis effarés. Le voici à table, où il se conduit d'ordinaire avec style, qui délaisse la fourchette et engloutit ses haricots verts par poignées. Combien d'hôteliers ont sincèrement cru que l'état de ce client singulier nécessitait de petites bizarreries thérapeutiques (une chanson avant le coucher)? Combien de machinistes ont accepté d'enlever leur veste et de l'agiter sous le nez du guitariste qui se déclarait incapable de jouer sans un lever de rideau symbolique?

Parfois même, les conjurés frappent un peu plus fort qu'ils ne l'auraient souhaité. L'épisode le plus haut en couleur se produit à la Colombe d'Or. Conquis par Saint-Paul-de-Vence, Montand aime y souffler entre deux engagements et profite du moindre gala dans le Midi pour saluer la « famille ». Quand il arrive, il achète des feux d'artifice qu'il tire avec Francis Roux et Adrien Maeght, à la nuit tombée, depuis la terrasse. Un beau matin, il découvre l'auberge en grand émoi. Le roi Farouk d'Égypte a retenu le restaurant pour ce midi même, et ses hommes de confiance sont en train de vérifier les lieux afin de prévenir tout risque d'attentat. Les précautions sont si multiples qu'une idée perverse se faufile dans le cerveau du chanteur et du fils de la maison. Il leur reste deux ou trois « fougasses », des pétards énormes dont la détonation est spectaculaire (et inoffensive).

Vient l'heure du repas. Le roi trône près d'un figuier. Sa suite occupe les tables restantes. Montand et Francis Roux sont, eux, embusqués dans une chambre sous les toits. Le second choisit une « fougasse » de fort calibre, l'allume, la tend à son complice afin qu'il la jette dans le jardin, en contrebas de la terrasse. Mais Montand calcule mal son mouvement : la « bombe », censée filer à l'écart des convives, atterrit sur la table royale. Un des cerbères de Farouk a le réflexe de la propulser vers la vallée — l'écho amplifie la détonation. Stupeur, branle-bas général : de gros revolvers apparaissent, une fouille minutieuse du bâtiment commence. Les deux coupables, assez penauds mais la mine dégagée, descendent s'enquérir des motifs d'un tel remue-ménage.

Pour un peu, Yves Montand privait Gamal Abdel Nasser du monarque que ce dernier allait renverser, avec ses Officiers libres, en juillet 1952...

On l'aura compris, la période sombre s'achève. Non seulement l'humeur s'éclaircit, l'isolement est rompu, mais le travail retrouve sa vertu stimulante et consolatrice. Outre les cabarets et les sollicitations provinciales, une rentrée à l'Étoile est prévue pour l'automne 1949. Montand, Bob Castella et Henri Crolla remettent complètement sur le métier le répertoire antérieur. Les valeurs sûres (*Battling Joe, Luna Park, La Grande Cité*, etc.) restent des valeurs sûres. Précisément, cette solide assise permet de défricher des terres nouvelles. Il y a d'abord les chansons de l'ami Jacques. Montand est bien décidé à récupérer sans plus attendre les deux merveilles qui lui avaient si curieusement été « volées » lors du tournage des *Portes de la nuit*. A sa complète surprise, les tests qu'il effectue au hasard de quelques soirées sont décevants. *Les Enfants qui s'aiment* bercent l'assistance. Et *Les Feuilles mortes* tombent dans un silence glacé. Trop alambiqué, tout cela, pas assez *swing*, objecte invariablement la salle.

Il s'obstine. Si sa culture littéraire est voisine de zéro, son expérience de la scène est à présent robuste. En cinq années de vedettariat national, il a notamment compris une chose : le respect du public est la règle d'or de ce métier où rien n'est acquis sans sincérité ; mais respecter ne signifie pas obéir, se copier soi-même pour flatter le conservatisme instinctif de fidèles supporters dont le réflexe naturel est d'entretenir la nostalgie des émotions précédentes. On n'aime pas vraiment sans déranger un peu. Et Montand, donc, tient bon.

Il glisse *Les Feuilles mortes* entre *Luna Park* et *Les Grands Boulevards* afin que ce temps « faible » soit compensé, tiré par deux moments forts. L'avenir tranchera. Après tout, les Marseillais l'ont sifflé, en 1944, aux Variétés, puis ont admis son nouveau répertoire. Autant il hésite à conserver le pittoresque *Plombier zingueur* de Prévert (intitulé, dans *Paroles, Et la fête continue*) — non qu'il ne l'aime pas, mais parce qu'il n'en trouve ni la chute gestuelle ni le juste climat —, autant il demeure persuadé qu'un jour ou l'autre la hiérarchie des temps faibles et des temps forts évoluera. Son intuition lui souffle que *Les Feuilles mortes*, en particulier, a cette « rondeur », cette simplicité qui font que les bonnes chansons passent les frontières, émeuvent des auditeurs qui n'en comprennent que le thème ou le refrain (comme *La Mer* ou *La Vie en rose*). Cette intuition n'est pas infaillible. Généralement, elle se révélera fondée.

D'autres auteurs et compositeurs se manifestent, à commencer par un débutant prolixe dont les textes n'évoquent rien de connu : Léo Ferré. C'est Édith Piaf qui l'envoie (il lui a donné *Les Amants de Paris*). A l'hôtel Surène-d'Aguesseau, puis rue de Longchamp, Montand voit régulièrement surgir ce curieux type écorché avec lequel il sympathise et qui apporte toujours quelque chose de surprenant : *Le Scaphandrier* (que chantera Philippe Clay), *La Chambre, Flamenco de Paris* (hommage aux irréductibles opposants espagnols)... Leurs relations connaissent des hauts et des bas. Le « fidèle » du Parti communiste est passablement agacé par l'anarchiste qui multiplie les professions de foi emphatiques et s'amuse à chahuter son interlocuteur. Une certaine rivalité s'installera quand Ferré commencera à interpréter ses propres œuvres. Et les refus engendreront des phases de brouille (*Monsieur Williams*, que Montand ne « sentait » pas, restera une pomme de discorde). Il n'empêche : de *Paris canaille* à *L'Étrangère* — sur un poème d'Aragon —, le concours de Ferré sera précieux pour accentuer la tonalité « littéraire », « écrite », fort attendue à la Rose Rouge ou dans les cabarets rive gauche, mais non sur les scènes de l'Étoile ou de l'Olympia, des récitals d'Yves Montand.

La plus fertile rencontre se situe cependant sur un registre moins sophistiqué. Francis Lemarque va fournir au chanteur qu'il admire plus qu'aucun autre le complément idéal des récentes découvertes de ce dernier — la meilleure veine populaire qui soit : une mélodie parfaitement cadencée, une écriture dont l'accès immédiat résulte d'une fibre incontestable et d'un soin extrême.

Pour vérifier l'authenticité de la fibre, il suffit de se reporter à la biographie de l'homme qui a produit *A Paris, Je vais à pied, Bal, petit bal, Le Chemin des oliviers, Mathilda, Les Routiers, Toi tu ne ressembles à personne, Vieux Canal* et deux ou trois cents autres perles du music-hall de l'après-guerre. Aucun scénariste n'oserait se hasarder jusque-là : le logis natal de Francis Lemarque, 51 rue de Lappe, se situait au-dessus d'un bal musette, le « Bal des trois colonnes »... « Je m'appelle en réalité Nathan Korb, explique-t-il, et je suis fils de parents immigrés venus de Pologne ou de Lituanie avec un statut d'apatrides. Une drôle de famille sans mémoire : plus un papier, plus un portrait. Jusqu'à l'âge de trois ans, j'ai parlé le yiddish et n'ai appris le français qu'à l'école. Le quartier débordait de musique. Tout au long de ma rue s'échelonnaient une vingtaine de bals musettes quasi mitoyens. J'adorais écouter, place de la Bastille, les petits orchestres qui jouaient dans les bistrots : Le Clairon, Le Tambour... Quand je rentrais, vers minuit, les bals battaient son plein. Mes parents chantaient, les ouvriers chantaient à cette époque. Chanter faisait partie de la vie. »

C'est Jacques Prévert, une fois encore, qui présente Lemarque à Montand. Et ce n'est nullement un hasard. Le jeune Nathan Korb (il est né en 1917, année révolutionnaire s'il en fut) a rencontré l'écrivain très tôt et très logiquement.

Gamin, il pousse la romance dans les rues pour gagner un peu d'argent et fuir la discipline scolaire. Adolescent, il rejoint avec son frère aîné une des sections de la Fédération des théâtres ouvriers de France. Son groupe, qui ne connaîtra pas la célébrité du Groupe Octobre, mais remporte de jolis succès, se nomme le Groupe Mars. Et le duo des « Frères Marque » (leur modèle est un autre duo, celui de « Gilles et Julien », alors en vogue et dont ils pillent le répertoire), s'y taille une place enviable. On sollicite un peu partout le numéro des deux frères : ils s'enhardissent, pratiquent le chœur parlé. Un soir, c'était fatal, au gymnase Japy, le Groupe Mars et le Groupe Octobre jouent ensemble, et Prévert vient féliciter ces garçons joviaux qui s'empressent de lui demander deux ou trois textes et obtiennent *La Chasse à l'enfant, Familiale, Le Petit Cheval*... Sous le Front populaire, accompagnés au piano par un inconnu, Joseph Kosma, ils font un « tabac » chez les grévistes. Francis Lemarque se rappelle notamment avoir chanté en haut du grand escalier des Galeries Lafayette ou pour les cheminots des transports parisiens.

Il n'est pourtant pas au bout de ses peines. La guerre disloque les associations, tue les carrières. L'errance de Lemarque mérite d'être contée. Cela débute par un épisode fort peu militaire. Élève officier à Laval, son principal fait d'armes est un spectacle intitulé *Laval qui rit*, monté grâce à la bénédiction d'un capitaine admirateur de Pierre Dac. Nathan-Francis Korb-Lemarque en sort sous-lieutenant de cavalerie, ce qui suscite en lui une jubilation perplexe. Après l'armistice, le voici à Marseille, pilier du Brûleur de Loup, le Flore de la zone libre, où se croisent Mouloudji, Sylvia Bataille, Jean Mercure, bref, la fine fleur des artistes « repliés ». Une forte concentration de talents affamés. La bande, n'y tenant plus, se lance pour survivre dans une aventure pittoresque : elle monte une coopérative, le « Croque-fruit », gérée par Jean Rougeul (l'auteur de *Clémentine*), qui fabrique des friandises à base d'amandes broyées et de pâte de dattes. 75 francs garantis par jour contre trois heures de travail : nul ne dit mieux sur le marché provençal. L'invasion de la zone libre par les Allemands casse la prospérité de l'entreprise. Nathan Korb change de nom et rejoint le maquis dirigé par Dunoyer de Segonzac, près de Castres.

A la Libération, Lemarque remonte sur les planches, court les cabarets. Ils sont trois, dans la capitale, à avoir eu l'idée de s'accompagner à la guitare — une nouveauté qui vous dispense de pianiste : Jacques Douai, Stéphane Goldmann et lui. Cela dure un temps, jusqu'à ce que la course au « cacheton » commence à l'épuiser.

Soudain, le choc : « J'avais atteint la trentaine et je me sentais en passe de finir comme un raté complet. J'arrivais à l'heure des repas chez les copains mariés, je devenais pique-assiette. Un soir, j'ai franchi la porte du Club des Cinq, à

Montmartre. Il y avait au programme Mado Robin et un chanteur que je ne connaissais pas, Yves Montand. Je suis ressorti de là désespéré, abattu, jaloux, amer. Ce type réussissait ce que j'avais cherché si longtemps. Sa silhouette, déjà, m'avait épaté par sa simplicité, son allure non apprêtée, alors que les artistes se lissaient les cheveux, imitaient les mannequins. Et ses mains. Et son répertoire. Il m'avait battu sur le fil. A la jalousie a succédé le désir farouche de m'en rapprocher. Je me suis dit qu'il avait besoin de chansons. »

Jamais Lemarque n'a songé à écrire. A la fois curieux et intimidé, il a une fois questionné Prévert : « Mais comment t'y prends-tu ? — Bah ! a répondu le maître, il faut surtout ne pas se dégonfler[18]... »

« Je ne me suis pas dégonflé. Je me suis enfermé pendant près d'un mois dans la petite chambre qu'un ami me prêtait, boulevard Saint-Germain. J'ai tracé des portées musicales sur lesquelles j'ai dessiné des blanches (j'ignorais le solfège). Je me suis dit : "Il faut que tu fasses une chanson. Il faut participer à son travail. Qu'il ne soit pas pour toi un passant que tu ne reverras plus." J'ai écrit *Ma douce vallée, Le Tueur affamé, Bal, petit bal* et ébauché *A Paris*. Durant six ou sept mois, j'ai jugé mes chansons exécrables. J'étais à ce moment grouillot aux Éditions de Minuit et j'envisageais d'accepter un emploi chez des cousines qui géraient un magasin sur les Champs-Élysées. Avant de tout laisser tomber, j'ai décidé de demander l'avis de Prévert. J'y suis allé avec ma guitare. "J'aime bien, m'a dit Jacques, mais tu es un copain. Mieux vaudrait consulter quelqu'un qui s'y connaît vraiment." Ce "quelqu'un", c'était Montand, auquel il a aussitôt téléphoné. Prévert ne savait pas que, dans mon esprit, ces chansons lui étaient destinées. »

« Qu'il vienne tout de suite ! » a répondu le chanteur. Lemarque fonce à Neuilly. Montand le reçoit en robe de chambre. Et il attaque *Ma douce vallée*, enchaîne avec le premier couplet de *Bal, petit bal*. Francis Lemarque ne risque pas d'oublier la réplique suivante, qui a changé sa vie :

« Il m'a coupé, brusquement :

— T'en as beaucoup comme ça ?

18. *In* Richard Cannavo et Henri Quiqueré, *op. cit.*

— Autant que vous aurez envie d'en chanter. »

L'existence du visiteur bascule. Sans plus tergiverser, Yves Montand enregistre *Ma douce vallée*. Et, tout de suite, le « son » Lemarque séduit les responsables de la programmation radiophonique. Le garçon de courses des Éditions de Minuit devine un changement d'attitude au bureau : son œuvre passe à la radio cinq ou six fois par jour, il touche des droits d'auteur, on le regarde différemment. Modeste s'il en est, il s'étonne de semblable conversion. Des directeurs de music-hall l'encouragent, les meilleurs cabarets, et d'abord la Rose Rouge, rue de la Harpe, le veulent. Les orchestres de danse le jouent. Au Clairon, au Tambour, place de la Bastille, dans le quartier de son enfance et de son cœur, ce sont ses airs qu'on entend désormais. Des « collègues » de haut rang le reconnaissent comme leur pair : Léo Ferré, Philippe Girard, Marc Heyral, Eddie Marnay proposent à Francis Lemarque de former une (éphémère) coopérative...

Montand l'intimide — quand deux timides se croisent, la chose est inéluctable —, mais Lemarque a réalisé son rêve : le voici admis dans l'entourage de ce dernier. Un brin déconcerté par Henri Crolla qui lui certifie sans ciller : « Pour faire fortune, c'est simple. Tu écris une chanson qui marche. Tu vas aux États-Unis, tu te pointes à la Société des auteurs. Là-bas, ils te donnent immédiatement 25 000 dollars. Tu y retournes. On te redonne 25 000 dollars... » L'auteur-compositeur songe que ce guitariste, excellent par ailleurs, souffre d'une naïveté affligeante. Des mois et des années seront nécessaires pour qu'il se demande, en présence du mystificateur, lequel des deux est le vrai naïf.

Avec son idole (qu'il tutoie bientôt), le lien est direct, affectueux. Le Toscan de la Cabucelle et l'ashkénaze de la rue de Lappe possèdent, au fond, des cultures fort voisines. Ils partagent les mêmes idées : Lemarque, comme Montand, est proche du « Parti », bien qu'il n'en ait pas acquis la carte. Et, surtout, ils puisent aux mêmes sources : la France des petites gens qui ont l'orgueil de leur « petitesse », la France « laborieuse » grâce à qui les lendemains chanteront, la France républicaine et brassée, la France bon enfant des dimanches à la guinguette, la France des pavés et des chalands, des amoureux au bord de l'eau, de l'accordéon et du temps des cerises. Privilège éloquent, l'ami Francis est toujours le bienvenu dans la loge de son principal commanditaire, à l'Étoile ou ailleurs. Dans une atmosphère d'allègre rigolade, il débarque, la guitare à la main, ses brouillons en poche, et déballe sa « marchandise ». Au total, Montand lui devra seize chansons, dont plusieurs, quarante ans après, restent, malgré le tournoiement des publics, la mutation des timbres, des instruments, des genres, de fameux placements or.

« Yves Montand est le premier qui soit parvenu à donner un récital sans qu'on se lasse », dit aujourd'hui, éternellement admiratif, Francis Lemarque. En 1981, apprenant que le chanteur de sa vie avait loué l'Olympia pour un nouveau spectacle, il se manifeste, téléphone. Rien. M. Montand est injoignable. Froissé, il hésite avant d'accepter l'invitation qui lui est arrivée par la poste. Il se rend finalement à la générale. Ambiance tendue, pincée : Montand n'a pas chanté depuis sept années, on le guette de plume ferme. Et Lemarque se sent aussi seul qu'est seul, en coulisses, l'homme qui l'a révélé à lui-même. Le voici, l'homme. Il interrompt les applaudissements polis :

Moi je suis venu à pied
Doucement sans me presser
J'ai marché, à pied, à pied
J'étais sûr de vous trouver
Je ne me suis donc pas pressé
En marchant, à pied, à pied
Dans la rue il faisait bon
Je me fredonnais une chanson
Avec le dessous de mes talons...

Cet air-là, Yves Montand l'avait déjà choisi pour ouvrir son tour de chant au printemps 1949. Il en appréciait l'allure tranquille, le tempo chaloupé qui lui permettaient, « claquetant » sur place, de s'introduire sereinement dans l'univers du public, d'effectuer la transition entre le dehors et le dedans, entre la vie et le show. Une soirée ne doit pas démarrer à pleins tubes, toute batterie déployée, mais dans un demi-rêve, sans rien forcer. Lemarque a les larmes aux yeux. C'est plus fort que lui, lorsque Montand le chante, il pleure.

Heureusement, il a la larme facile. Car ses glandes lacrymales sont plus durement sollicitées encore à la fin. La chanson qui clôt le spectacle est peut-être celle dont il est le plus fier, *A Paris*. C'est la préférée de Bob Castella. Les New-Yorkais la connaissent, et les Japonais, et les Australiens, et les Mexicains, et les Russes :

Des ennuis
Il n'y en a pas qu'à Paris
Il y en a dans le monde entier
Oui mais dans le monde entier
Il n'y a pas partout Paris
Voilà l'ennui...

Montand donne ici le maximum de puissance, vide ses poumons :

Depuis qu'à Paris on a pris la Bastille
Dans chaque faubourg à chaque carrefour
Il y a des gars et il y a des filles
Qui sans arrêt sur les pavés nuit et jour
Font des tours et des tours
A Paris

Et revoici Francis Lemarque, l'œil mouillé, qui frappe à la porte de la loge. « Tu croyais que je t'avais oublié ? » se moque, noyé dans un peignoir blanc, le compagnon des anciens jours...

Mais a-t-il oublié, Montand, l'histoire d'*A Paris* ? Lemarque, pour d'excellentes raisons, s'en souvient fort précisément : « Il m'avait pris auparavant *Ma douce vallée* et *Mathilda* quand j'ai amené cette valse (par précaution, j'avais prévu environ quatre-vingts couplets, taillables sur mesure). "Qu'est-ce que c'est, questionne Montand, un truc de plus sur Paris ?" Crolla jette un œil à la partition : "Attention ! Ça descend bas et ça monte haut." Moi, désemparé : "Qu'est-ce que j'en fais ? — Tu la balances", répond Montand. Quelque temps plus tard, mon éditeur m'organise un rendez-vous avec Édith Piaf au Claridge. Je lui chante mes premières chansons. "Vous n'avez rien d'autre ?" J'essaie *A Paris*. Et elle : "Vous avez un trésor, là, et vous ne me le montrez pas !" Le pacte moral entre Montand et moi, c'est qu'il devait être le premier. Comme il avait refusé celle-ci, je la donne à Piaf. Dès que Montand l'apprend, en toute mauvaise foi, il l'exige *illico.* »

L'auteur-compositeur est plus qu'embarrassé. Ses amis musiciens lui expliquent, comble de misère, que sa valse est boiteuse, qu'elle fonctionne sur treize mesures et que mieux vaudrait en ajouter une quatorzième. Là-dessus, il ne bronche pas. Mais, diplomatiquement, il se rend chez Piaf. Laquelle ne s'émeut guère : « Yves est toujours comme ça, ironise-t-elle ; dès qu'on le prive d'un jouet, il le réclame. » Retour à Neuilly pour le dénouement. Francis Lemarque signifie à son interprète fétiche que, s'il la désire si passionnément, cette chanson qu'il a repoussée, l'unique moyen est d'appeler Édith : « Il a décroché son téléphone devant moi et, à ma complète surprise, l'entretien s'est terminé par "Tu es gentille, je te remercie !" Elle lui avait laissé *A Paris...* » A quoi Montand ajoute, avec un sourire en coin, que pareille concession n'avait rien d'exorbitant : Ferré avait déjà donné à Édith *Les Amants de Paris...*

En mai 1949, la fin du pot au noir est proche. C'est Piaf qui a des problèmes. Elle a signé un contrat de sept semaines à l'ABC avec les Compagnons de la Chanson en vedette américaine, mais sa voix, soudain, la trahit. Aphone, elle demande à Montand de la remplacer, ce qu'il accepte aussitôt. Entre le 6 et le 19 mai, le succès est quotidiennement au rendez-vous. La métamorphose du répertoire, cependant, ne sera testée que plus tard, à partir du 18 novembre suivant, sur la scène de l'Étoile. Parallèlement, la Radiodiffusion française a sollicité Yves Montand pour enregistrer une adaptation des *Raisins de la colère*, d'après Steinbeck. L'expérience enthousiasme le chanteur. Il s'est entendu sur disques. Il s'est entendu dans les films. Mais jamais il n'a eu l'occasion d'étudier aussi méthodiquement sa diction. Pas de doute : il garde un soupçon d'accent marseillais et continue d'appuyer à l'excès sur les e et les o. Du reste, s'il n'y prêtait garde, les imitateurs et chansonniers le rappelleraient à l'ordre. Au travers des *Raisins de la colère*, dont il découvre et apprécie l'écriture et l'intrigue, c'est une longue leçon que s'inflige Montand avec patience et passion.

Il chante au Club des Champs-Élysées quand une proposition peu banale lui est soumise par son agent : le 28 mai, le prince Ali Khan, fils de l'Agha Khan, épousera Rita Hayworth dans sa villa de Vallauris ; M. Montand accepterait-il de distraire les heureux époux et leurs invités ? L'offre est amusante. Le « prolo chantant », pour l'heure, n'a guère eu l'occasion de fréquenter les têtes couronnées. Toute la presse spécialisée ne bruisse que de l'événement. Sa curiosité est piquée (sans parler d'un très honnête cachet). Mais comment honorer le contrat du soir, au cabaret ? Aucun problème : un avion spécial décollera du Bourget le matin, emmenant l'artiste et ses accompagnateurs. Ils seront de retour à temps, par les mêmes voies, dans la soirée.

Un luxe absolu, qui tranche sur la bonne franquette cahotante des tournées. Interviewé par *France-Soir*[19], Montand ne parvient pas à dissimuler combien il est flatté d'avoir été choisi — et passablement épaté par le milieu où il a plongé l'espace d'un entracte. Très simples, si, si, très simples, livre-t-il à son retour. Un couple charmant, pas snob pour deux sous, un authentique mariage d'amour. Presque une noce de campagne : « J'ai été le cousin Victor qui chante au dessert pour la famille. »

Atterrissage à Cannes (Bob Castella et Henri Crolla sont naturellement du voyage), limousine jusqu'au « château de l'Horizon », cordial accueil par le prince, présentation à l'Agha Khan, déjeuner auprès de la générale Catroux, de la Bégum et de Louella Parsons (l'une des étoiles potinières de Beverly Hills), puis sept chansons dans le grand salon transformé en cabaret intime. Rita, en robe bleu pâle, et Ali, qui bat la mesure du bout du pied, sont attendrissants. Montand leur dédie *Elle a des yeux*, avec un refrain en anglais (appris phonétiquement), et *Mais qu'est-ce que j'ai à tant l'aimer ?* Et il s'en repart vers 4 heures, comblé, un peu étourdi.

L'homme de music-hall vogue sur un doux nuage. L'homme tout court va l'y rejoindre.

19. 29-30 mai 1949.

8

Mai 1989. La terrasse de la Colombe d'Or, en ce début de soirée, n'est guère encombrée. Trois Japonais, un couple d'Italiens, quelques pensionnaires amollis qui parlent bas et le photographe officiel de Saint-Paul-de-Vence, un fameux collectionneur, descendu aux nouvelles. Francis Roux, le maître de céans, sec et vif, guette son monde à l'entrée du bar. Survient un groupe de jeunes Américaines, dix ou douze, manifestement fortunées — bijoux sobres, petites robes de grand prix — et non moins manifestement ravies de découvrir l'Europe. Une femme les guide, diserte et pédagogue : « Nous sommes ici, explique-t-elle en anglais à ses ouailles, dans un lieu qui est au Midi de la France ce qu'est le café de Flore à Saint-Germain-des-Prés. Marc Chagall a habité ce village et y peignait des assiettes. L'atelier de Picasso était voisin. Et c'est à cet endroit même qu'Yves Montand et Simone Signoret se sont rencontrés... » Elle désigne une table, le long de la façade. La table où le couple s'installait chaque fois et où Montand ne s'est plus jamais assis depuis l'automne 1985.

Le sens américain de l'organisation mérite d'être célébré. A l'instant même où l'efficace coach prononce son nom, Montand pousse le portail. « *It's him ! Sure, it's him !* » La volière *wasp* s'affole. Voici l'artiste timidement abordé par trois quémandeuses d'autographe, puis carrément cerné.

La légende. La légende veut que, le 19 août 1949, passant par la Colombe lors d'une tournée sur la Côte d'Azur, Yves Montand soit, au premier regard, tombé amoureux de Simone Signoret. Après tout, il l'a lui-même consignée ou avalisée, cette légende (que la principale intéressée n'a point contredite). Une « version officielle » en a été livrée au public trois ans après les faits, dans un style aimablement ampoulé : « Au milieu de la cour, entourée d'impondérables colombes, il y a une jeune femme. Elle porte un pantalon bleu, une chemise à col ouvert. Elle sourit comme les jeunes filles des peintres italiens d'autrefois. Je sais qu'elle s'appelle Simone Signoret, je n'ai pas vu ses films, je ne la connais pas, mais je sais que je vais marcher vers elle en essayant de ne pas soulever les colombes[1]... »

La date est exacte. Le décor est exact à défaut des costumes. Et les raisons d'être là sont bonnes. Montand doit chanter à Nice le 20 août et à Cannes le 21. Simone Signoret, de son côté, est propriétaire d'une petite maison dans le village, acquise pour « une bouchée de pain » — 1 million de centimes — grâce au cachet de *Four Days Leave (Suzanne et son marin),* de Leopold Lindtberg. Elle se repose en Provence avec sa fille Catherine, âgée de quatre ans, et son beau-fils Gilles, qui en a quatorze. Yves Allégret, son mari, la rejoindra dans quelques jours. Il est encore exact que Montand ignore jusqu'à ces renseignements élémentaires. Il ne sait pas que Simone Signoret a le même âge que lui — vingt-huit ans. Il sait seulement qu'il s'agit d'une actrice déjà consacrée dont le portrait a maintes fois occupé la couverture des magazines de cinéma. Oui, tout cela est fidèle. Le reste appelle de sérieuses retouches.

La scène de la rencontre (« J'ai vu Simone au milieu des colombes et nous avons marché l'un vers l'autre », etc.) est une image d'Épinal que nous n'avons jamais démentie pour être tranquilles avec les journalistes. Il existe bel et bien une photo où Simone, agenouillée, donne à manger aux colombes en regardant fixement quelqu'un (moi peut-être, mais off*), comme pour accréditer l'histoire. En fait, la réalité est plus simple et plus jolie.*

Je suis arrivé chez les Roux après déjeuner. J'étais fatigué par la route (Bob Castella et Henri Crolla m'accompagnaient). Je suis allé me reposer dans ma chambre, à l'annexe,

1. *Du soleil plein la tête, op. cit.*

et n'en suis ressorti que pour dîner. J'étais à ma table avec Bob et Henri, dans la salle à manger. Jacques Prévert est entré en compagnie d'une femme. Elle avait les pieds nus et s'était habillée en style « gitane », avec une jupe à fleurs froufroutante et un caraco noué. Elle était outrageusement maquillée, comme on se maquillait à l'époque, où l'on abusait du rouge à lèvres; j'ai pensé que c'était dommage de peindre une bouche pareille. Ils se sont approchés. Crolla était son ami de longue date. Il nous a présentés.

La salle de la Colombe comprenait alors un piano. L'ambiance était très détendue, très joviale. Bob s'est mis au piano et a esquissé My Solitude, *qu'il jouait divinement bien. On m'a ensuite demandé une chanson de Jacques.*

Pendant que je chantais, je regardais cette femme — sans insistance déplacée — et je sentais que je ne lui étais pas indifférent. Et, tout d'un coup, un souvenir, une image auditive me sont revenus. Je passais chez Carrère, avec Henri, j'avais entendu une voix particulière, au fond de la salle, qui criait « Bravo Riton ! » et je m'étais demandé à quoi ressemblait la propriétaire de cette voix qu'on n'oublie pas. J'étais si intrigué que j'avais questionné Crolla en coulisse, et il m'avait simplement répondu : « C'est une copine à moi, Simone Signoret, l'actrice qui est avec Yves Allégret... » Le spectacle achevé, Simone et Allégret étaient venus féliciter Henri et m'avaient alloué les compliments habituels : on vous suit depuis longtemps, on vous a vu à l'ABC, on vous aime beaucoup, etc. Je l'avais aperçue en une autre occasion, au jardin des Tuileries, lors d'une « kermesse aux étoiles » (pour les anciens de la 2e DB). Elle avait demandé du vin blanc, un « coup de blanc », et cela m'avait étonné, un peu choqué : non qu'elle boive du vin, mais qu'elle le réclame d'une manière aussi bruyante.

Ces réminiscences plus ou moins vagues défilent donc très vite dans ma tête. Je termine ma chanson. Ensuite, tout le monde bavarde. J'échange des banalités avec Simone Signoret, j'entre dans ce jeu prétendument désinvolte où les regards hésitent à se croiser, où pointe ce trouble qui naît à la naissance d'on ne sait quoi. Ce trouble qui se nourrit du trouble de l'autre.

Le lendemain matin, je descends répéter à Nice, mais je

rentre pour midi à la Colombe. Simone, Crolla, Prévert et moi déjeunons ensemble sur la terrasse. Je porte une sorte de T-shirt, des espadrilles et un short (ce que je déteste, mais qui est pratique tant il fait chaud dans notre Citroën sur les routes de la Côte). La fin du repas arrive, Henri et Jacques s'excusent. Elle reste là. On boit du vin blanc. On se regarde, on reprend la non-conversation de la veille. Je lui saisis « machinalement » le poignet :

— Vous avez des attaches très fines…

J'aurais pu lui dire n'importe quoi, elle l'aurait pris pour un compliment (mais c'était vrai). On en a parlé pendant des années, de ses « attaches très fines ».

Elle a souri, balbutié quelques mots que je n'ai pas compris. Elle boit son café, j'allume une cigarette. Il est plus de 2 heures. Je me racle le fond de la gorge et suis obligé de lui expliquer :

— Simone (c'est la première fois que je l'appelle Simone), ça m'ennuie, mais je suis ce soir au théâtre de verdure de Nice. Je dois me reposer au moins une demi-heure.

— Vous pouvez vous reposer chez moi si vous le voulez. J'ai une petite maison dans le village.

Comme toujours, c'est elle, la femme, qui a pris l'initiative et, comme toujours, j'en suis resté surpris — je n'ai découvert qu'ensuite la profonde pudeur de Simone. Nous avons visité la maison, que j'ai trouvée fort agréable. Nous avons fait la sieste et ne nous sommes plus quittés. Simone descendait m'écouter et je la raccompagnais. Toute la Colombe était au courant, chacun l'avait aperçue sortant de l'annexe.

Ce n'était pas la rumeur qui la préoccupait, ce n'était pas sa « réputation ». Elle voyait que ce qui nous traversait devenait irréversible et appréhendait le chagrin qu'éprouverait son mari. Ce n'était pas une femme à se réjouir ou à se rassurer de provoquer une souffrance amoureuse. Afin qu'Yves Allégret, qu'elle aimait tendrement, ne se retrouve pas en plein vaudeville, elle s'est portée à sa rencontre — c'était après mon départ — et lui a tout dit. Sous le coup de l'émotion, il lui a donné une rude paire de claques, mais il s'est ensuite comporté avec une élégance rarissime.

Au bout de quatre jours, il a fallu que je m'en aille : la tournée continuait sur Dax et Biarritz.

Dans la grosse traction avant, assis à côté de Bob qui conduisait, j'étais passablement désemparé. J'avais été si traumatisé par la rupture avec Édith que je m'étais promis de ne plus m'exposer à un tel choc. Mais j'avais collé une photo de Simone contre le pare-brise et, même si je me répétais : « Attention ! Attention ! », même si je me défendais, elle me manquait. A Dax, le travail recommence : elle est encore présente derrière ma nuque. Tard dans la nuit, elle me téléphone, me parle avec toute la passion dont elle est capable, et je fonds, bien sûr, je suis heureux. Rentré à Paris, j'ai été obligé de m'avouer combien j'étais amoureux. Ce genre de chose, tu ne le recherches pas, tu le reçois en plein cœur.

Même Bob Castella, dont la règle stricte est d'ignorer la vie privée d'autrui, de ne solliciter nulle confidence, est propulsé aux premières loges — c'est tout dire : « Je me rappelle que, le jour de notre départ, Simone a accompagné Montand jusqu'à la porte de la Colombe et qu'elle avait les yeux pleins de larmes. » Quant à Henri Crolla, son implication ne saurait être plus forte; petit à petit, au fil des tournées, il va « raconter » son amie Simone à son ami Montand, révéler à ce dernier le passé de la femme dont il est si violemment épris.

Ce qui nous arrache au feuilleton sentimental ou au carnet mondain. Car la rencontre entre le chanteur et la comédienne n'est pas seulement une de ces coïncidences passionnelles dont se gavent les rêveuses lectrices de Delly. Tant de réseaux aboutissent à cette jonction que c'en est troublant : M. de Beaumarchais, pour choisir un des plus subtils scénaristes parmi nos dramaturges, eût-il conçu intrigue mieux ficelée ? Eût-il établi de manière si convaincante à quel point les amis de nos amis sont le terreau de nos amours ?

Jacques Prévert sera, en décembre 1951, le témoin de Simone Signoret lors de son mariage avec Yves Montand, célébré à Saint-Paul. Rien de plus « logique », si l'on ose accoler semblable épithète à un roman d'amour : le « fil » conducteur de l'histoire, c'est lui.

Paul Grimault, « bienfaiteur » d'Henri Crolla, était à l'aube des années trente le salarié d'Étienne Damour, patron d'une maison de publicité qui employait également, pour animer sa revue *Vendre*, le père de Simone, M. Kaminker. Et il a parfaitement connu la petite fille de Neuilly qui habitait rue Jacques-Dulud, suivait des cours de piano et d'anglais, rendait ponctuellement visite à l'oncle Marcel et à la tante Irène (tous deux juifs, riches et complètement intégrés, ce troisième attribut valant pour M. Kaminker, mais non point le précédent), n'avait pas le droit, lorsqu'elle longeait Luna Park, de jeter un regard concupiscent sur le *scenic railway* et autres tentations prolétariennes, bref, coulait une existence de petite fille modérément bourgeoise entre un papa à éclipses et une maman à éclats.

Sous l'Occupation, Simone Kaminker (un patronyme à risque) est devenue grande, bachelière et soutien de famille : le père est à Londres, deux frères cadets sont à charge, l'appartement de la rue Jacques-Dulud a été vidé de ses meubles et de ses occupants. Elle trouve à s'employer, comme secrétaire adjointe, dans un journal collabo, *Les Nouveaux Temps*, dont le directeur, Jean Luchaire, qui sera fusillé à la Libération, la protège malgré — le mot est faible — d'amples divergences de vues. Elle s'en évade avec la complicité d'un ami communiste et cinéphile, Claude Jaeger, qui l'emmène explorer l'autre rive de la Seine et la dépose à bon port : à Saint-Germain-des-Prés. Au Flore, elle est éblouie par d'illustres voisins de banquette, Soutine ou Picasso, Simone de Beauvoir et Jean-Paul Sartre, et entourée de fabuleux copains : Roger Blin, Raymond Bussières, Fabien Loris, Mouloudji. Et Crolla, « Mille-pattes ». Ceux qui ne sont pas à Paris se sont exilés dans le Midi (où beaucoup participent à l'aventure du « Croque-fruit » chère à Francis Lemarque). Jacques Prévert est leur plus grand commun dénominateur...

Dans une interview accordée au magazine américain *Look* peu après avoir reçu la consécration d'un Oscar hollywoodien, Simone Signoret racontera : « Le Flore était notre club. Ni les Allemands ni les flics ne s'en approchaient, parce qu'il n'y avait là ni prostituées, ni alcool au marché noir, ni même de la musique interdite, mais seulement du café à la saccharine et des gens qui parlaient, parlaient, parlaient. J'y ai rencontré bon nombre des personnages qui ont marqué mon existence. » Laura Bergquist, qui pose les questions, cite cette définition de la nouvelle venue à Saint-Germain-des-Prés due à Jacques Prévert : « Une fille formidable qui savait qu'elle voulait quelque chose, mais qui ne savait pas ce qu'elle voulait[2]... »

Paul Grimault : « Simone manifestait un exceptionnel "esprit de bande". Elle en devenait parfois même irritante, prenait une allure égérie, *pasionaria.* » Croquée par « Le Minotaure » (le rédacteur anonyme l'avait certainement observée de très près) dans *L'Écran français* au moment où sa carrière s'envole, la *pasionaria* du Flore est ainsi dépeinte : « C'est là qu'on crève de faim avec le plus d'esprit. Elle donnait, pour vivre, des répétitions d'anglais et tapait des manuscrits pour avoir de quoi se nourrir de boudin de cheval. Elle empruntait les chemises de ses camarades masculins pour se vêtir, répugnait à se coiffer et découvrait un monde : celui où chacun a du génie mais pas de quoi s'acheter la dernière édition de Lautréamont; où le piquant des réparties fait oublier, dans une brasserie nauséabonde, que l'on boit du café national et qu'on a froid aux pieds. » Voilà pour l'atmosphère.

S'agissant du style Signoret, le trait n'est pas moins aigu : « Elle a le ton insolent des filles débrouillardes, la voix grave des femmes qui passent pour intellectuelles, un zézaiement intermittent qui a de la grâce, et le parler grossier de mise lorsqu'on a fréquenté les cafés littéraires. En ces lieux, elle a pris le pli d'admirer. Elle admire, elle aime, elle adore ses amis, les nouveaux films italiens, Raymond Radiguet, les étoffes écossaises, les peintres naïfs du dimanche, les acteurs avec lesquels elle tourne, les autres[3]. »

Mais, avant que les billettistes ne s'intéressent à elle, la transfuge de Neuilly a une guerre à traverser et un apprentissage à subir. De quoi rêve-t-on, quand on a vingt ans et qu'on vit au milieu d'artistes ? De ressembler aux copains et, si possible, de s'en distinguer. Elle tourne, Simone, dite Signoret, et vite, bien que son ascendance « israélite » la prive de carte professionnelle. Figurante ici et là, elle est bientôt

2. *Look*, 30 août 1960.

3. 9 décembre 1947. Simone Signoret fait la couverture de ce numéro à l'occasion de la sortie de *Dédée d'Anvers*.

promue « silhouette ». Marcel Carné, sur la recommandation d'un pilier de Saint-Germain, l'embauche pour *Les Visiteurs du soir*, où elle campe à la file une dame au hennin, une paysanne en cheveux, une fille de cuisine... Avec la piétaille de la production, elle est l'hôte, à Vence, de la pension « Ma Solitude », visite Saint-Paul mais n'ose pousser l'huis de la Colombe d'Or.

Elle connaissait le Sussex anglais, où elle avait séjourné en 1937 pour perfectionner sa maîtrise de la langue (son père, après la mort d'Étienne Damour, s'était reconverti comme pionnier de la traduction simultanée dans les conférences internationales). Elle connaissait la Bretagne, où la famille s'installait l'été et où elle fut surprise par la guerre. Elle ne connaissait pas le Midi et l'aborde sous le signe — c'était fatal — de Carné et de Prévert.

C'est au Flore, évidemment, qu'elle croise Yves Allégret, dont le frère Marc est un cinéaste confirmé (*Lac aux dames, Gribouille, Entrée des artistes*). Yves, lui, sent un peu le soufre après avoir frôlé les surréalistes, classé le courrier de Léon Trotski, lorsque le fondateur de l'Armée rouge résidait à Barbizon, et milité au Groupe Octobre. Jusqu'à la guerre, il n'a pas dépassé le grade d'assistant (mais de Jean Renoir, entre autres). Les autorités d'occupation le recherchent pour l'expédier au STO : force lui est de se cacher à la campagne, en Haute-Marne, jusqu'à l'arrivée des Américains. Épisode bucolique durant lequel Simone Signoret et Allégret sont en excellente compagnie : Serge Reggiani, Janine Darcey, Danièle Delorme et Daniel Gélin partagent leur frugale retraite.

Le vrai rôle inaugural de l'actrice est fruit de cet amour et coïncide avec la percée d'Yves Allégret comme réalisateur à part entière : *Les Démons de l'aube*, en 1945, les imposent tous deux. Au vrai rôle succède le grand rôle : celui de Gisèle, une fille « de joie », dans *Macadam* (sorti en 1946), codirigé par Marcel Blistène et Jacques Feyder. Puis le rôle vedette : *Dédée d'Anvers* (1947), signé Allégret, apporte à Simone la consécration.

De son mari et mentor elle dira : « J'étais amoureuse de lui, flattée qu'un homme plus mûr me porte attention. Mais, avec lui, la professionnelle importait d'abord. Nous nous enfouissions dans le travail pour parvenir au succès. Or une actrice qui ne cesse de travailler peut devenir un monstre. Vous cohabitez nuit et jour avec votre rôle. Plus rien ne compte qui y soit étranger[4]. »

Carrière éclair, mais carrière périlleuse — Simone Signoret n'aura jamais connu de période rose, n'aura jamais reçu mission d'incarner l'adorable ingénue dont Gary Cooper et Clark Gable se disputent les baisers sur fond de nuages rougeoyants et de violons célestes. Non, elle joue des putains et souvent même des putains calculatrices, ambiguës au mieux, vénéneuses plus souvent. En un temps où le public fonctionne au premier degré, le péril est considérable.

Montand avoue d'ailleurs que lui-même, à ce stade de sa formation artistique, ne fonctionne guère différemment du commun des mortels. Par chance, il a manqué les apparitions maîtresses de l'actrice Simone Signoret. S'il avait entrevu, dans *Les Démons de l'aube*, cette fille perverse capable d'embrasser un homme attaché à un arbre afin qu'il fléchisse et parle, si la noirceur de *Manèges*, la dernière réalisation d'Allégret qui sera projetée à l'automne, lui avait été révélée, il courrait encore !

Tandis qu'il longe, de casino en casino, l'Atlantique et la Manche, ce ne sont ni Gisèle ni Dédée qui l'obsèdent. C'est la copine d'Henri Crolla, la gamine dont l'obstination réfractaire amusait Paul Grimault, la protégée de Jacques Prévert. Différente, épatante (dans toutes les acceptions du terme), instruite, provocante et intimidée. Une fille de la famille.

Symbole parfait de cet entrelacs, le chanteur et son meilleur ami ont chacun présenté à l'autre la jeune femme que ce dernier allait épouser. Colette Crolla, « Crolette », le conte joliment : « C'est extraordinaire de constater comment ces deux routes parallèles ont fini par se couper. Jacques [Prévert], qui était en principe athée, répétait constamment : "Je ne crois pas au hasard, tout est écrit." Toujours est-il que Crolla, qui s'était lié avec Simone quand elle tâtait de la figuration, a établi le premier contact entre eux. Quant à moi, jeune journaliste, j'avais interviewé Montand à ses débuts, et nous avions gardé de bons rapports. C'est lui qui m'a

4. Interview à *Look* précédemment citée.

dit un jour : "Je te présente mon nouveau guitariste." Lequel est devenu mon mari peu après la rencontre entre Yves et Simone... »

A partir du 18 novembre 1949, et jusqu'à la Saint-Sylvestre, Montand reprend possession de l'Étoile. Comme deux années auparavant, il ne s'est réservé que la seconde partie, une heure et douze chansons, concédant la vedette américaine à Line Renaud (accompagnée par Loulou Gasté et Édouard Chekler). Ce n'est pourtant pas un cru quelconque, une rentrée de plus.

Et cela, parce qu'il essaie, en « vraie grandeur », le répertoire patiemment rodé au cours du printemps et de l'été. Les airs de Francis Lemarque (*A Paris*, pour la première fois, conquiert l'assistance d'une grande salle parisienne) deviennent aussitôt des classiques. Les trouvailles « populaires » bien « rondes » (par exemple, *Clémentine*), également. Le registre Prévert, lui, demeure plus malaisé à exploiter. Le test effectué en province, au cabaret ou dans les cinémas de banlieue donne des résultats analogues avenue de Wagram : l'accueil est assez frais, seuls les journaux de gauche, les plumes « intellectuelles » encouragent Yves Montand à progresser dans cette direction. Les autres applaudissent avec sympathie et ajoutent une phrase du type : « *Le Petit Cireur de Broadway* ne "passe la rampe" que grâce au talent et au magnétisme de l'interprète[5]... »

Il n'empêche : l'équation des récitals futurs est définitivement posée. Et, en attendant que chaque terme génère un enthousiasme équivalent, l'agencement de l'ensemble assure au chanteur un triomphe quotidien.

Un secteur de la critique manie les poncifs rituels (« Ah ! le bel athlète de la chanson[6] ! »). Mais, là aussi, du nouveau intervient. Le soir de la première, Maurice Chevalier était présent (ainsi que Pierre Blanchar, Erich von Stroheim et autres géants). Fort explicitement, nombre d'observateurs déclarent

5. *Ce soir*, 26 novembre 1949.
6. *Libération*, 24 novembre 1949.

ouverte la succession du grand Maurice et avancent que Montand est le candidat le plus sérieux. Le « sympathique » prolétaire marseillais n'est plus regardé avec la condescendance attendrie des experts de la capitale : il est promu « monstre sacré[7] ». La manière du héros de Ménilmuche et la sienne sont même l'objet d'une glose attentive : « La première nous a laissé le souvenir d'un esprit en goguette du faubourg aux boulevards, ou de sujets réalistes s'accordant aux sons d'un bal musette... Celle d'aujourd'hui est plus âpre, plus mordante, plus difficile en somme. C'est le jazz qu'elle charge de traduire notre pensée, de nous gagner à sa vie trépidante[8]. »

L'avalanche de travail n'atténue pas le dilemme qui étouffe Yves Montand. En effet, depuis son retour vers Paris, il vit une passion qui, simultanément, le ravit et l'effraie. Simone Signoret et lui ont sincèrement essayé, chacun de son côté, de recoudre la déchirure ouverte à Saint-Paul-de-Vence. Vainement. Ils se sont revus, se revoient, toujours trop vite, heureux d'être ensemble, malheureux de ne plus l'être, dévorés, comblés et frustrés.

Simone Signoret ne se résout pas à quitter un mari sans reproche, un beau-fils auquel elle s'est attachée, ni à perturber sa petite fille. Professionnellement, elle laisse tout en plan. Or il était prévu que, juste à ce moment-là, elle s'envole pour Hollywood. Après le succès de *Dédée d'Anvers* (succès qui s'était propagé aux États-Unis), elle avait été démarchée, comme Montand, par les *talent scouts* des principales compagnies américaines. Sachant, à la différence de Montand, lire un contrat étranger dans le texte, elle avait refusé les habituels sept ans de servage. Mais un agent dépêché par Howard Hughes avait su se montrer plus persuasif, proposant un engagement non exclusif pour quatre films de son choix. Et elle devait partir en reconnaissance.

Elle n'est pas partie. Sa vie durant, Simone Signoret, qui n'est certes pas dépourvue d'ambition et l'a prouvé en sortant du rang à une vitesse exceptionnelle, sera ainsi capable d'interrompre sa carrière avec une désinvolture certaine,

7. *Le Parisien libéré*, 21 novembre 1949.
8. Jacques des Barreaux, in *L'Époque*, 23 novembre 1949.

puis, ce qui est plus inhabituel encore, de la relancer efficacement.

Il fallait une singulière « facilité » dans le métier, et autant de détermination dans la vie privée, pour se hasarder à cohabiter avec un homme tel que Montand. Les couples d'artistes ne remplissent pas uniquement les colonnes des magazines parce qu'ils réunissent des personnages en vue : par essence soumis à une pression constante, victimes de rivalités mortifères, ils portent au centuple les foyers d'orage dont n'importe quel couple est porteur et offrent l'inépuisable spectacle de fractures à répétition, de conflits brutaux.

Avec Montand, ce risque atteint sa puissance maximale. Tous les artistes sont égocentriques. Les comédiens plus que les autres. Les gens de music-hall plus que les comédiens. Et les trois ou quatre authentiques spécialistes du *one-man show* — l'interprète des *Feuilles mortes* est leur père à tous — sont les plus égocentriques des gens de music-hall. Leur existence n'est que l'avatar plus ou moins détendu ou crispé d'une rumination ininterrompue. Ils courent le plus terrible des dangers — celui de « mourir » seuls en public —, et ce danger absolu autorise un narcissisme extrême dont ils sont à la fois coupables et victimes.

Dès les balbutiements de leur relation, Simone Signoret a compris qu'avec cet homme-là la règle du jeu sera plus contraignante, la marge de manœuvre plus étroite. Ce qui ne déclenche chez elle nulle amertume ni insatisfaction : « Les gens ont dit que je "sacrifiais ma carrière", écrira-t-elle. Je ne sacrifiais rien du tout. J'étais simplement assez maligne pour ne pas sacrifier ma vie[9]... » L'hésitation dont elle est la proie n'est point de cette nature. Elle craint seulement d'infliger aux siens une peine injuste et trop lourde. Ce qui la décide, peut-être, à sauter le pas, c'est la certitude que Montand lui-même se met en danger, qu'il n'a pas d'autre choix que de rompre ou d'exiger qu'elle choisisse.

Elle le rapporte ainsi : « J'ai eu un ultimatum de Montand. Il m'a expliqué que des dames qui venaient le voir l'après-

9. In *La nostalgie n'est plus ce qu'elle était, op. cit.* Toutes les citations ultérieures dépourvues de référence proviennent de cette même source.

midi, il en connaissait déjà ; qu'il fallait que je fasse mes paquets et que je vienne vivre avec lui, ou bien que ça n'était plus la peine, même de téléphoner... Il était superbement disponible, et cette histoire lui est tombée sur la tête. La passion, ça occupe. Quand on chante tous les soirs, il vaut mieux n'être occupé que par le tour de chant. C'est très dérangeant pour le boulot, la passion. »

L'« ultimatum » en question n'est pas un coup de poker tranché à l'esbroufe. La crise est assez profonde et assez longue pour que chacun l'analyse soigneusement. Montand se défend d'avoir voulu forcer la main à Simone. Lui-même se jugeait acculé.

C'était intense, violent, c'était une joie, une fête, et puis, à 7 heures, elle rentrait « à la maison », « chez elle », c'est-à-dire chez un autre. Peut-être cela aurait-il été viable un an ou deux. Je ne sais pas, je ne crois pas, c'était déjà insupportable. J'ai demandé à mon agent de m'organiser immédiatement une tournée. Il me propose Casablanca, Alger et Tunis. Va pour Casa, Alger et Tunis. A Simone, qui tergiverse, je dis que je pars pour une quinzaine de jours, que, si elle ne s'est pas décidée lorsque je reviendrai, je romps définitivement. Elle pleure. J'en suis malade moi-même, je suis convaincu que notre histoire est fichue. Le matin même de mon départ, je tombe nez à nez avec une amie journaliste, très proche d'Henri Crolla et de Paul Grimault, je lui explique que la situation est intenable, impossible, sans avenir. Complètement indignée, elle proteste, m'engueule : « Mais on n'a pas le droit de filer comme ça, de couler une aventure pareille ! Ça exige du temps, le bonheur, c'est trop facile de casser sans avoir essayé... »

Juste ce que je redoutais de m'avouer à moi-même — et ce qu'au fond j'espérais entendre ! Ce discours me trotte dans la tête tout au long du voyage. De Casa, je poste une lettre à Pierrot Prévert, où je lui confie ma tristesse. Mais, dès mon arrivée à Alger, j'écris à Simone. Elle me répond, le courrier est cependant trop incertain pour qu'une correspondance s'établisse. Maintenant, j'ai hâte de rentrer, de boucler mon engagement et de la retrouver. Cette tournée que j'ai voulue me semble interminable (entre Alger et Tunis, l'avion est bloqué par un vent de sable, nous sommes contraints d'atterrir et de dormir dans l'appareil en attendant que la tempête se calme).

Ensuite, les choses ne traînent pas. Me voici de nouveau à Paris. Huit jours plus tard, Simone s'installe chez moi, rue de Longchamp. Yves Allégret accepte qu'elle emmène Catherine et qu'elle demande le divorce. Nous avons commencé à vivre ensemble. Pour la vie. Pour de vrai.

La « lettre triste » que Montand a expédiée à Pierre Prévert n'a pas été perdue. La voici. Il l'avait postée sans la relire.

> Mon Pierrot Joli,
>
> Eh ben ! ça va pas fort, tu sais ? Merde alors... J'ai dû trop faire marcher mon imagination à contresens. Parce que je me dis qu'il ne faut pas... Que j'ai mon boulot, qu'elle a sa gosse... Et puis, total, je la vois, et y a plus rien — plus qu'elle... Va t'en y comprendre quelque chose. Tu sais, on a passé quatre jours merveilleux. Et puis c'est vrai, tu sais, quatre jours chouettes où elle était détendue — gentille. Tout, quoi.
>
> Elle était à la gare quand je suis arrivé, et, tu vois, j'ai été très heureux, parce que je pensais qu'elle m'attendrait dehors dans la voiture à cause des gens ; et puis pas du tout : elle était sur le quai — avec son imperméable, sans maquillage. Et puis on a eu envie de s'embrasser — et on n'a pas pu parce qu'il y avait toute cette bande de cons du festival dans le même train... mais on ne s'est pas quittés quand même. On s'est donné la main, et puis on est allé prendre un petit déjeuner, place Dauphine, avec Henri, sa femme, Bob, elle et moi.
>
> Je vais arrêter là, parce que je ne voudrais pas t'ennuyer. Seulement, comme je n'arrête pas de casser les oreilles à Henri avec cette histoire, j'ai éprouvé le besoin de bavarder avec toi.
>
> Je t'embrasse bien fort, mon Pierrot, avec tout le monde.
>
> Yves
>
> Je ne te demande pas des nouvelles du boulot, parce que ce serait uniquement par politesse...

Une divorcée, en 1950, n'est pas un cas d'espèce, loin s'en faut, mais elle apparaît peu ou prou comme un signe de contradiction dans cette France catholique et nataliste pour qui la stabilité matrimoniale fournit une des clés de la reconstruction du pays (les communistes, d'ailleurs, n'ont eux-mêmes pas d'autre discours). Et cependant, malgré le « scandale » — divorcer, soit, mais à condition d'être l'offensée, non l'infidèle —, Simone Signoret va devenir un symbole aux yeux de beaucoup de concitoyens et surtout de concitoyennes : elle est belle, elle est cultivée, elle est mère, elle est épouse, elle domine son métier jusqu'à l'excellence, mais elle n'immole pas sur cet autel son bonheur privé. Beaucoup plus que la plus fatale des stars éphémères ou la plus sereine des mamans au foyer, l'image qu'elle offre est riche, multiple, complexe, annonciatrice de mutations qui ne seront patentes que dans les années soixante-dix.

En l'espace de trente-cinq années, aucun couple ne sera autant sollicité par la presse et par l'opinion françaises que le couple Montand-Signoret. Le dépouillement des journaux est, de ce point de vue, aussi torrentiel qu'édifiant. On les interroge sur la passion et la raison, sur la fidélité et la liberté, sur la jalousie, sur l'argent, sur le vieillissement, sur l'obligation professionnelle et le devoir envers les enfants, sur l'engagement public et l'existence intime... Du *Pèlerin* à *L'Humanité*. Et ils répondent allusivement, avec sincérité, probablement flattés d'être ainsi regardés, irrités quand ce regard devient indiscret, et point dupes, non plus, du gouffre qui sépare le général du particulier, les froissements intimes de la solidarité affichée.

Les à-coups du ménage serviront encore sa popularité : on les aimera, l'un et l'autre, de s'être aimés jusqu'au bout à travers tant de péripéties. On les aimera de s'être finalement supportés, eux dont les caractères ne se mélangeaient pas si volontiers. On les aimera de s'être cachés et livrés. On les aimera tellement que, depuis le « départ » de Simone Signoret (ainsi parlent ses proches), Yves Montand doit, en quelque sorte, s'excuser de continuer à vivre, même si nul n'imagine combien il continue de vivre avec elle.

Couple « exemplaire » ? Sûrement pas. Emblématique, très certainement. Le suivre de près n'est pas sacrifier à l'anecdote : c'est, par-delà les accidents, les cahots, explorer la nature et l'envers d'un mythe.

Catherine Allégret est, à l'évidence, le premier et le meilleur témoin (et produit) de cette vie commune naissante. Elle l'évoque avec une complète sensation d'évidence : « Si je dois être tout à fait honnête, j'ai l'impression d'avoir toujours connu Montand. Je n'ai pas de souvenir d'enfance qui soit antérieur à la rencontre de Montand et de ma mère. Si j'étais sur le divan d'un psychanalyste et que je doive trouver comme traumatisme infantile l'incursion d'un homme dans la vie de ma mère, ce serait un mensonge total. Il a dû être extrêmement gentil avec moi dès le début. C'est l'être qui m'a fait le plus rire au monde. Et c'est l'être que j'ai le plus craint. J'avais très peur de ses colères — cet homme-là mériterait d'être rebaptisé Métal Hurlant, vous savez. Mais Maman-Montand, c'était ''naturel''. »

Moins « naturel » est le lieu où évoluent d'abord le chanteur et la comédienne. Comme tous les lieux, le petit appartement de la rue de Longchamp est doté d'une mémoire. Et même d'une archiviste : la gouvernante de M. Montand supporte mal l'installation à demeure d'une concurrente et se venge en annonçant devant Simone Signoret les appels téléphoniques de « Mlle Ghislaine » ou de « Mlle Chantal »... « Tant qu'à commencer quelque chose, j'avais envie de le commencer dans du neuf », conclut sans tarder la destinataire de ces aimables flèches. Le quartier de Neuilly Saint-James est certes des plus recommandables, mais un amour nouveau s'accommode plus volontiers d'une nouvelle adresse.

Même lorsqu'on dispose d'un revenu confortable — sans être « riches », sans avoir amassé un capital, Yves Montand et Simone Signoret sont désormais à l'abri de difficultés soudaines —, trouver un appartement dans le Paris des années cinquante tient de la gageure. Une fois de plus, le réseau fonctionne. Colette Crolla : « Mon mari et moi habitions à l'hôtel Henri IV, place Dauphine. J'étais enceinte jusqu'aux dents, et il nous fallait d'urgence un logement plus grand. Un soir, au Montana où Henri allait écouter des amis, quelqu'un nous a signalé qu'une librairie était à louer juste à côté de notre hôtel. Nous avons visité, c'était superbe mais trop cher pour nous. Et nous avons refilé le tuyau à Yves et Simone. »

Ainsi naît la « roulotte », étroit et charmant espace coincé entre le quai des Orfèvres et cette place Dauphine dont André Breton a écrit dans *Nadja* qu'elle est « l'un des lieux les plus retirés qui soient à Paris ». Une vraie place avec de vrais arbres sous lesquels les ouvriers de la Monnaie viennent, en bleu, jouer aux boules pendant la pause de midi et dont les restaurants très province accueillent les magistrats du Palais de justice, friands d'authentique andouillette et de beaujolais vert. Simone Signoret, par le hasard de l'amour et de l'amitié, réalise un rêve qui était aussi un défi. A l'époque du Flore, de la mouise, de la figuration commençante, elle s'était accoudée face à l'île de la Cité entre Roger Blin et Fabien Loris, avait dénombré les immeubles (seize) qui en ornaient la proue et avait certifié à ses camarades : « Un jour, j'habiterai là. » Ce jour n'a guère tardé.

Entre le sommet du crâne de Montand et le plafond, la distance n'est que de cinq centimètres ; le minuscule bureau du libraire, côté Dauphine, obligera Catherine à se contenter d'un lit d'appoint ; la vitrine, côté quai, deviendra baie, protégée de quelques barreaux (concession à la notoriété) ; une pièce au-dessus procurera, en revanche, une belle chambre avec une petite fenêtre donnant sur la Seine. Seule la cave, finalement, est vaste. Mais Yves Montand, qui n'a jamais connu que les meublés ou l'hôtel, et dont les ambitions immobilières sont (et restent) le cadet des soucis, est précisément séduit par l'exiguïté chaleureuse de ce duplex. On peut tout juste coincer le piano à l'entrée de la salle, tout juste libérer de quoi dîner autour d'une table rectangulaire, tout juste séparer le coin travail-repas du coin salon dont les fauteuils gris-beige sont blottis à l'autre bout. Mais c'est cela qui est savoureux.

Pas d'architecte, pas de décorateur. Simone fouine, apparie les meubles au gré de ses trouvailles, acquiert des tableaux d'amateurs, dont la fraîcheur la touche, plutôt que des toiles cotées. Aujourd'hui encore, ce qui fait le charme de la « roulotte », c'est l'absence de plan tiré au cordeau, c'est un attrait qui n'a pas été façonné à dessein mais résulte de sédiments progressifs. Le charme et les traces de la vie même. Aux murs, peu à peu, se sont déposées des réminiscences douces ou moins douces — un baiser à la Colombe, Casque d'or dans toute sa gloire, Mme Rosa défaite et pathétique, Montand recevant les ovations soviétiques et new-yorkaises, ou bien le cou serré d'une effroyable corde lors du tournage de *L'Aveu* : images, amis, remords, clins d'œil et rigolades, bric-à-brac de pénates accumulés, de dieux lares imaginaires.

C'est le luxe sans le luxe, la « roulotte », le chic sans le faste, le privilège sans l'ostentation, l'acajou et les beaux livres sans la pose. C'est l'illustration parfaite du goût profond des Montand, d'une simplicité qui n'est pas feinte, et aussi du rapport culpabilisé qu'ils ne cesseront d'entretenir avec l'argent. Catherine Allégret, fine mouche, décrit ironiquement le train de vie paradoxal, assez ambigu, qui était alors le sien : « Je n'avais pas de chambre, puisque nous logions dans trois mètres carrés. Heureusement, j'avais la place Dauphine quand il ne pleuvait pas. Pas de sports d'hiver, pas de tennis, pas de cheval (c'étaient des sports de riches). J'étais la plus mal sapée de l'école, car ma mère m'habillait exclusivement à la Belle Jardinière. L'argent de poche m'était soigneusement compté. Mais l'observance de ces règles aidait probablement mes parents à se déculpabiliser vis-à-vis de leurs vraies ressources. »

C'est aussi le cercle reformé. Ivo Livi a grandi avec, pour ultime garde-fou contre la misère, l'insécurité et la faim, la solidarité du clan familial symbolisée par les retrouvailles du dîner autour de la table (la ponctualité, quels que soient le menu et les obligations, garantissant l'attachement de tous à la maisonnée). « Pour Yves, dit son frère Julien, l'heure du repas, c'est toujours Marseille, la famille ressoudée. Sous la lampe, les problèmes sont laissés en suspens. L'heure, provisoirement, est aux bons plats, aux rires, jusqu'à ce que la vie reprenne. »

Simone Kaminker, elle, n'a pas hérité d'une telle tradition et l'a probablement ressenti, au départ, comme une privation. Il lui est parfaitement indifférent de déjeuner d'une pomme, et l'horaire lui importe peu. Mais elle s'est donné, par l'intensité de sa vie sociale, un substitut réparateur de ce qu'elle n'avait pas connu à Neuilly : le groupe amical fut, pour elle, un clan aussi solide (éventuellement plus) que le clan originel. Il lui plaît que son logis apparaisse bondé, qu'on s'y serre, qu'on s'y presse. Deux pièces et un morceau de grenier se libèrent au cinquième étage : elle les annexe aussitôt, mais le but n'est pas d'évoluer plus à l'aise, il est de s'entasser plus nombreux à l'étroit. Au chaud. « Maman avait décidé d'habiter là et a cherché le moindre trou pour s'y glisser », résume Catherine Allégret.

Rien de « bohème » dans pareille démarche. Le couple Montand-Signoret n'a nulle intention de former un « ménage d'artistes[10] ». En réalité, il se proclame à la fois moins ordinaire et plus banal : on est une famille où les liens de l'amitié valent ceux du sang ; on recherche la beauté, mais tant d'élégance se doit d'être habitée, ne saurait se réduire à l'acquisition ou à l'agencement de murs et d'objets.

Simone Signoret est piètre ménagère et merveilleuse hôtesse. En trente-cinq années de vie conjugale, elle n'a qu'une fois, une seule et unique fois, préparé elle-même un dîner pour Yves Montand : des spaghettis (l'imprudente !) trop cuits. Mais elle adore recevoir. Et elle, dont la tribu n'est pas d'abord familiale, bien que ses frères cadets lui soient très chers (l'un d'eux, Jean-Pierre, séjournera quelque temps avec ses deux enfants dans les étages, place Dauphine), devine à quel point cette appartenance compte pour son compagnon, et se prête donc, curieuse et intimidée, à la cérémonie des présentations.

Sachant sa sœur fatiguée, Montand profitera d'un séjour à la Colombe d'Or pour l'y inviter, et c'est là que Lydia et Simone feront connaissance. Simone Signoret adopte si volontiers sa belle-sœur, est si disposée à devenir membre adoptif de la famille, qu'elle se chargera de prospecter avec Lydia pour dénicher la maison que Montand souhaiterait offrir à ses parents. Elles écumeront ensemble agences et annonces, et trouveront à La Pounche, sur la commune d'Allauch, dans un environnement paisible mais qui n'a rien de guindé, le pavillon adéquat, confortable et simple, qui satisfera ses occupants sans trop les dépayser.

10. Selon leurs propres termes, dans une interview accordée à Michel Droit, in *Opéra*, 14 mars 1951.

Mais l'épreuve décisive consiste à affronter la tribu marseillaise au grand complet et sur son terrain. « A partir du Flore, avoue Simone Signoret, j'avais vécu dans un milieu dit "de gauche" et m'y trouvais très bien. Mais je n'avais jamais eu de contact avec ce qu'on appelle la classe ouvrière. Je ne la connaissais, en fait, que par ce que je pouvais lire et par ce qu'on pouvait m'en dire. J'étais le type même de l'"intellectuelle de gauche", avec ce que cela comporte d'un peu ridicule, mais aussi de généreux. Curieusement, ma rencontre avec Montand a été ma première incursion dans le monde ouvrier, dans ce qu'on appelle le monde du travail, dans le prolétariat, pour ne pas dire le sous-prolétariat... »

La voici qui découvre l'univers réglé par la sirène de l'usine à gaz, saisie par l'odeur des boyauderies, touchée par la coquetterie de M. Livi père, ce désir de paraître qui n'est pas, ou pas seulement, de la « frime », mais une manière de professer la respectabilité des pauvres. « Quand Montand m'a amenée là, c'était la première fois que je m'asseyais à une table parmi des gens qui tous avaient travaillé en usine... »

Julien ne s'attarde pas, ce jour-là, après déjeuner. Il a repris son activité militante depuis qu'il est rentré d'Allemagne, a rapidement « monté » au sein de la fédération cégétiste de l'alimentation, est devenu permanent sur la région marseillaise, puis a été élu secrétaire général adjoint, ce qui implique son transfert à Paris dès l'été 1950. Elvire, la femme de Julien, que n'enchante guère l'idée d'abandonner le Midi, observe la visiteuse : « Ah ! ma belle-mère était toute contente de voir cette jolie dame qui gardait le petit doigt en l'air pour manger son poulet. Elle était touchante, Simone, très touchante ! Elle cachait sa propre timidité sous une curiosité incroyable, trouvant autant de plaisir à écouter qu'à parler. Lorsque quelqu'un commençait à lui raconter ses histoires, elle savait tout de lui au bout de trois heures. Si elle-même éprouvait de la gêne, on ne le savait pas : à force de lancer des questions, elle la dissipait, et celle des autres avec. »

Yves Montand, heureux d'apporter aux siens un secours inespéré, commence aussi à expérimenter ce que le statut de généreux donateur — qu'il conservera toute son existence — génère d'ambiguïtés, de demi-silences, de relations fausses. Les gens riches côtoient les gens riches, mais ce n'est pas toujours par indifférence, manque d'imagination ou d'intérêt porté à autrui. C'est parce que la distance sociale que crée l'argent, fût-il totalement légitime et sincèrement offert, est chargée de symboles pervers, brouillée d'arrière-pensées qui gâchent tout. Ravi de pallier si peu que ce soit les injustices du sort, Montand découvre avec trouble qu'il est aussi difficile de donner que de recevoir.

C'est Simone, encore, qui propose de ramener Elvire et Julien place Dauphine. La situation de ces derniers n'a rien d'enviable. Sitôt promu à l'échelon national de son syndicat, Julien Livi, dont l'indemnité de permanent est des plus médiocres, est fort en peine de s'assurer à lui-même ce qu'il revendique pour autrui : « Nous logions d'abord dans un hôtel infâme, le Family Hôtel, à la Grange-aux-Belles, raconte Elvire Livi. Puis nous sommes parvenus à échanger notre logement marseillais contre un minuscule appartement à Saint-Maur, sans commodités, sans même une douche. C'est là qu'Yves et Simone nous ont rendu visite au bout de quelques mois. Le spectacle les a ébranlés. "Vous ne pouvez pas rester là !" a dit Simone. Et nous nous sommes retrouvés au cinquième étage, place Dauphine, dans une grande pièce divisée en deux, avec cuisine, cabinet de toilette et vue jusqu'au Panthéon. »

Il ne s'agit pas d'un simple dépannage. Une cellule de vie s'organise, qui subsistera quinze ans. Jean-Louis rejoint ses parents (il a cinq années de plus que sa cousine Catherine, avec laquelle il partagera le studio-grenier, tout en haut de l'immeuble; quand elle sera plus âgée, la fillette redescendra occuper la microscopique « chambre bleue », au fond de la « roulotte »). Julien et Elvire partent tôt le matin, lui à la CGT, elle à la SNECMA, où elle est employée. Jean-Louis fréquente le lycée Charlemagne; Catherine, l'école publique du quartier. Et au dîner, comme il convient, chacun reprend sa place à la table familiale : Montand préside, Jean-Louis à sa gauche, Elvire à sa droite; Simone, près de Jean-Louis, fait face à Julien, et Catherine, en attendant qu'elle sache tenir son rang à la table des grands, mange à la cuisine avec celle qu'on ne nomme surtout pas la bonne.

La gestion des affaires courantes va cahin-caha. Si les talents de la cuisinière, Marcelle Mirtilon, approvisionnée en droite ligne par un époux fort des Halles, méritent le voyage, le suivi des enfants est peu compatible avec les horaires, le tempérament et les contraintes de professionnels de la scène. Simone Signoret a bien eu recours à une nurse mais cette dernière, lymphatique, nourrissait Catherine de sardines à l'huile et l'abandonnait sous la pluie aux portes du Palais de justice. Trois années s'écoulent, et la comédienne, un jour, grimpe chez sa belle-sœur :

— Il faut que tu fasses marcher ma maison.

Elvire Livi — que Catherine Allégret appelle « Tatie » et que Simone Signoret elle-même désigne comme la « seconde mère » de sa fille — hésite, puis quitte la SNECMA et accepte la direction du « kibboutz ». C'est elle qui boucle le budget domestique, change les fleurs tous les mardis, trie le courrier et répond aux admirateurs (voire aux auteurs de lettres d'insultes), note les messages téléphoniques, héberge Catherine lorsqu'un déplacement, un tournage, un récital s'annoncent (c'est-à-dire constamment) et veille à la scrupuleuse exécution des menus de régime affichés par Montand quand il se prépare pour un nouvel engagement.

On rit beaucoup, on s'aime beaucoup, on travaille beaucoup. Amarré au Pont-Neuf, le navire paraît sûr, tiède, solide.

La filmographie de Simone Signoret, pendant les trente mois qui suivent sa décision de partager l'existence d'Yves Montand, connaît un creux prononcé. Hormis deux apparitions courtes mais éblouissantes dans *La Ronde* de Max Ophuls (elle tient, avec Serge Reggiani au début, avec Gérard Philipe à la fin, le rôle... d'une prostituée), elle ne tourne que des œuvres mineures (*Le Traqué, Ombre et Lumière*). Elle n'est pourtant pas suspecte de pécher habituellement par distraction ou dilettantisme. En vérité, sa fonction de *groupie* l'absorbe presque à plein temps. *Groupie* : c'est Jean-Christophe Averty qui lui accolera ironiquement, dix ans plus tard, cette appellation alors à la mode.

Inscrire cette fervente assiduité au seul compte de la passion serait une demi-erreur. Elle accompagne Montand parce qu'elle l'aime follement. Elle l'accompagne aussi parce qu'elle est totalement fascinée. Comme beaucoup d'acteurs qui n'ont fréquenté que les studios, elle est stupéfiée par la brutalité et la fragilité du rapport qui se noue entre l'homme de music-hall et son public. D'autres frayeurs, d'autres enthousiasmes naissent et circulent sur les plateaux de cinéma. Mais ce direct au cœur, cette étreinte physique, cette mise à nu qui n'a pas d'équivalent, sauf peut-être sexuel, sont inconnus en d'autres domaines. Dès leur rencontre à Saint-Paul-de-Vence, dès le premier soir au théâtre de verdure à Nice, la comédienne est entrée dans la transe de qui partage, fût-il atténué, le trac effrayant du chanteur sans filet.

Simone Signoret possède une caractéristique très singulière : éprouver de l'admiration lui procure autant de bonheur qu'en susciter. Disposition qui n'est pas exempte de sentiment aristocratique (on s'assemble entre gens de qualité). Et qui ne s'émousse pas. Même au cabaret, où l'exercice est nettement moins spectaculaire, elle accomplit sa tâche de *groupie* avec une constance radieuse. Tout l'amuse et tout lui fait peur.

Elle choisit une intonation respectueuse pour évoquer le cérémonial qui précède l'entrée en lice de son champion, lent détachement du cours des choses, intervalle de concentration, parenthèse qu'il est nécessaire de glisser entre le mouvement du réel et celui de la partition. Les acteurs du nô japonais sont dès le matin dans la salle où ils se produiront le soir. Montand, pour un peu, aimerait les imiter : « S'il doit chanter à 9 heures, il est au théâtre à 7. Mais déjà, depuis 6 heures de l'après-midi, où qu'il soit, il n'est plus là où il est. Il est ailleurs, et déjà tout seul. C'était très difficile à comprendre au début. Soudain, c'est comme s'il me quittait. Il était là, mais il m'avait quittée. Ça m'a pris un bout de temps avant de comprendre qu'à partir de 6 heures il ne fallait plus parler. Il fallait être disponible, invisible, et surtout pas ailleurs. »

Apparaît ce qu'elle baptise, empruntant au vocabulaire de la tauromachie, la *cuadrilla* : l'équipe des musiciens salue son « patron », lequel n'est plus un patron à cet instant, mais un spécimen rare qui va, « Rien dans les mains, rien dans les poches » (c'est le refrain d'une chanson nouvelle), s'avancer devant les autres et encaisser le premier contact. On blague, mais légèrement, sans traîner, sans appuyer. Montand se chauffe la voix avec Crolla : l'ami guitariste, avant le lever du rideau, est beaucoup plus qu'un technicien virtuose; il sert de porte-bonheur, sa présence est le signe que tout se déroulera bien, et jamais le chanteur ne foncerait vers la foule s'il ne lui avait rapidement caressé la tête d'un geste quasi superstitieux.

Simone sait qu'elle doit s'éloigner, se situer à portée, mais en retrait. Pour laisser tranquilles les artisans du spectacle, sans doute. Et pour une raison autrement complexe : parvenu à ce stade, Montand n'est plus un, le voici absorbé par la bizarre cohabitation de *je* et de *il*. Trois décennies après, escortant le chanteur à l'Olympia puis durant sa tournée internationale de 1982, Jorge Semprun[11] dressera un constat identique : « Parfois, il s'adressait à lui-même. Dans ce cas, il se parlait à la troisième personne : *Il* a eu un blanc ici. Ou : *Il* est parti trop tard. N'importe quelle autre observation critique sur son propre travail de la veille, mais toujours à la troisième personne... Comme si, à l'instant de devenir lui-même, *je*, Montand, il ne pouvait plus saisir de lui-même que cette troisième personne de la distanciation, de la déchirure. *Il* arrive par ici, *il* s'arrête là, *il* va jusqu'au bout, à droite... » L'artiste de music-hall — en tout cas l'artiste Montand, auteur de sa propre mise en scène — ne s'appartient pas ou, plus exactement, est voué à se dédoubler pour conserver le contrôle de lui-même.

Quelques films diffusés aux actualités (notamment, un documentaire réalisé par les Soviétiques en 1956) montrent Simone Signoret embrassant son mari lorsque résonnent les trois coups ou l'observant depuis la coulisse. L'image est émouvante mais trompeuse. En règle générale, quand le show est lancé, Montand préfère que les siens désertent l'arrière-cour et se fondent parmi la foule. Ses proches ont d'ailleurs noté qu'au moment précis de plonger il esquisse un geste d'adieu latéral qui n'est destiné à personne, ni aux machinistes ni à l'habilleuse, mais qui l'aide probablement à s'arracher, à pivoter vers le monstre qui l'attend. Savoir (nul besoin de savoir où exactement) que des regards aimants

11. *Op. cit.*

sont disséminés ici ou là transforme incroyablement l'approche du monstre, le rend sinon docile, du moins accessible. L'obstacle de la rampe est si cru que cette assurance reste tout intérieure : de la salle le chanteur ne perçoit que les menus accidents — une ouvreuse qui pousse la porte du fond, un toussotement agaçant. S'il veut l'apprivoiser, et il est là pour le vouloir, l'appui de complices invisibles est un énorme atout.

A l'issue des rappels, la mission de la *groupie* n'est pas terminée. Son idole se détend, souffle bien sûr, reçoit fleurs et visites dans sa loge, s'abandonne au flottement du peignoir après la rigueur du costume. Mais il lui faut encore retrouver la terre ferme, par étapes, doucement.

Simone Signoret se souvient d'avoir questionné Jacques Brel à ce sujet — Brel, que Montand et elle aimaient, qu'ils ont reçu fréquemment place Dauphine à l'époque où, empêtré dans son accent belge et sa dégaine de catho ingénu, il s'attirait les sarcasmes du Tout-Paris confraternel : Montand s'est échiné à imposer un beau titre de lui, *Voir*. (Le « grand Jacques », dans une lettre à sa femme, atteste que l'influence de son aîné fut considérable : « Jamais on ne pourra présenter des chansons comme il les présente… Cela m'a décidé à écrire quelques poèmes, à réciter sans guitare[12]. ») Brel, donc, qui recueillait des triomphes trois cents jours par an, a ainsi défini la compagne idéale : « Il faut qu'elle soit là avant, sans qu'on la voie ; il faut qu'elle soit dans la salle pendant le tour de chant ; il faut qu'elle soit là à la fin, mais qu'elle disparaisse au moment où les gens arrivent dans la loge ; il faut qu'elle rentre vite, vite à la maison, qu'elle fasse à manger, qu'elle soit sur le palier quand son bonhomme arrive, en train de faire : "Bravo, bravo, c'était encore mieux qu'hier !…" »

Jacques Brel ajoutait qu'une telle femme n'existait pas. Simone Signoret en convient, mais avoue qu'elle l'a quand même été « à moitié ». Son mari, lui, juge qu'elle le fut entièrement.

Elle l'a d'abord été au cabaret, l'ultime cabaret avec lequel

12. *In* Olivier Todd, *Jacques Brel. Une vie*, Paris, Robert Laffont, 1984.

Yves Montand ait signé un contrat. En avril 1950, il est la vedette du Baccara, et Simone, enchantée de cette escapade ethnographique, insatiable, l'accompagne chaque soir jusqu'à la minuscule loge en contre-plaqué, file s'installer derrière le bar lorsque le maître d'hôtel lui adresse un signe, est heureuse si les dîneurs sont « bons », et malheureuse s'ils le sont moins, vérifie auprès des garçons une règle intuitive : un public mélomane est un public gastronome ; un public inattentif ne consomme pas mieux qu'il n'écoute...

C'est l'époque où Frank Tuttle la dirige dans un film policier, *Le Traqué*. Elle se couche à 3 heures du matin, se lève à 7 pour partir au studio. Montand vient la chercher en fin d'après-midi, malade de jalousie — c'est plus fort que lui — s'il la surprend, selon les besoins de la caméra, en tenue aguichante dans les bras de quelque partenaire : il lui faudra toujours un effort sur lui-même pour admettre les nécessités du métier, les nudités fonctionnelles, les baisers feints. L'un et l'autre dorment peu, ils ont trente ans, ils se querellent, s'adorent, s'amusent. La *groupie* se libère de tout engagement et s'adjoint aux tournées (jusqu'à Rio de Janeiro), goûtant les soubresauts de la vie nomade, les blagues entre deux haltes, le néon des salles des fêtes, les concerts de tuyauteries d'hôtel, les imprévus de la province ou de l'étranger, les repas sur le pouce.

Simone, les coulisses du music-hall la faisaient beaucoup rêver. Elle n'avait pas connu les tournées théâtrales et a trouvé drôles, excitantes, cette course de ville en ville, cette re-création quotidienne de ton nid. Tu débarques dans une chambre assez quelconque, avec un couvre-lit à fleurs, une des lampes de chevet qui n'éclaire pas, la petite salle de bains où les canalisations gargouillent toute la nuit. Tu sors très vite tes affaires de toilette, ta robe de chambre pour que ce lieu devienne tien, que cette ville devienne la ville où tu vas chanter. Tu dînes dans un bistrot qui est encore l'étranger. Ce n'est qu'après le spectacle que tu as, éventuellement, conquis l'endroit. Et puis, ta brosse à dents t'attend dans la chambre. C'est fatigant, les tournées, mais quand on est jeune, et nous l'étions, c'est très marrant.

Ce qui est formidable, c'est que, le soir, je ne retrouve plus mon nid vide, froid. J'en suis surpris chaque jour, surpris par la joie d'être avec quelqu'un qui rit avec moi, qui pleure avec moi — je la fais pleurer aussi, je l'engueule terriblement, Simone, pour un oui ou pour un non, je me montre, comme tous les interprètes, nerveux, cruel, enclin à d'injustes sautes d'humeur qui servent à purger l'angoisse.

Je ne sais plus qui a dit : « Les femmes sont amoureuses, et les hommes sont solitaires : ils se volent mutuellement la solitude et l'amour. » Cette inclination solitaire qui me poussait, au début, à rejeter Simone — alors que j'étais amoureux —, je la comprends comme le désir inconscient d'entretenir la tristesse qui me déchire mais m'aide à chanter, peut-être.

Et puis je m'aperçois que le bonheur aussi donne de la force, que c'est une merveille de chanter une chanson qu'elle aime, de sentir, au moment même où je la chante, ce qu'elle sent en l'entendant. Je lui répète que ce que je souhaiterais aussi, c'est réussir au cinéma. Et elle me dit que j'ai tort, qu'ici je ne suis tributaire que de moi-même et du public, que je n'ai besoin ni d'un réalisateur ni d'un scénariste, que c'est fabuleux. Je m'obstine, elle aussi; nous nous accrochons des heures et des jours.

Elle ne reste pas en coulisses pendant que je chante. Je ne veux pas que les gens qui me sont chers demeurent à côté. Ça me gêne. La scène, c'est un vaisseau, elle appartient au spectacle, aux gens, il ne faut pas que quelqu'un l'encombre. J'enlève mon alliance au début de chaque représentation. Mais savoir Simone dans la salle, c'est une joie complète, une joie qui me porte.

Cette dialectique de la solitude et du bonheur va produire la meilleure des récoltes. A partir du lundi 5 mars 1951, le théâtre de l'Étoile est rendu à Yves Montand pour son premier *one-man show* intégral. Plus de jongleurs, d'antipodistes, de speakerine ni de vedette américaine. En vingt-deux chansons et deux poèmes, il a décidé d'assumer tous les risques.

Seul au programme, il a même inventé le moyen d'être plus seul sur scène qu'il ne l'a jamais été. Il avait conservé en mémoire la manière dont Édith Piaf, dès le Moulin Rouge, à l'été 1944, installait derrière elle l'orchestre de Claude Normand afin qu'un mur sonore ne la sépare pas des auditeurs. Montand applique la recette, mais la perfectionne : entre son quintette et lui, il déroule un voile de tulle vert d'eau, si bien que les musiciens le suivent parfaitement sans qu'un effet du batteur ou une ondulation de la contrebasse ne distraient l'attention de la salle. Quelques grincheux lui reprochent de « cacher » ainsi ses collaborateurs (lesquels sont, selon la tradition, nommément présentés). Montand, d'accord avec Bob Castella, ne se laisse pas intimider : son récital est aussi visuel que chanté; la méthode en accroît l'efficacité — ultérieurement, l'usage du tulle est devenu classique.

« Je crois avoir mis au point la formule, en ce qui me concerne », annonce Montand, avant la générale, à un journaliste de *France-Soir*[13]. « C'est-à-dire ? » questionne l'autre. « Pas de blablabla. Des chansons. » Plus de cent représentations après, à la fin du mois de juin, il persiste au moment de baisser le rideau, et précise : « C'est le texte qui m'intéresse avant tout dans une chanson. C'est le texte que je travaille d'abord[14]. » La presse note qu'au moment où il décide de suspendre son récital, les guichets du théâtre continuent d'être pris d'assaut. 1 700 personnes se sont entassées lors de chaque séance, mais des milliers d'autres seraient prêtes à les remplacer. On se bat au contrôle, le 27 juin, pour obtenir de haute lutte une dernière chance d'applaudir le héros de la saison.

Le succès est assuré dès le premier jour. Le tout-théâtre, le tout-cinéma, le tout-variétés se sont alignés en rangs serrés : Georges Auric, Jacques Becker, Bernard Blier, Martine Carol, Marie Daems, Henri Decoin, Suzy Delair, Danièle Delorme, Jean Gabin, Odette Joyeux, Paul Meurisse, François Perier, Madeleine Sologne, Erich von Stroheim… Montand dit que ces mondanités, ces messages d'encouragement dont bon nombre sont hypocrites, le touchent et l'embar-

13. 1er mars 1951.
14. *Ce soir*, 29 juin 1951.

rassent à la fois. Il est certes flatté d'être ainsi reconnu, touché que les amis se soient déplacés, ému d'apercevoir Édith Piaf au troisième rang, entre Eddie Constantine et Charles Aznavour. Mais il déteste commencer. Ce qu'il attend avec gourmandise, c'est, au bout de cinq ou six jours, le signal intérieur qui l'informera que la peur recule, qu'il a le show bien en jambes, qu'il lui est possible, désormais, de libérer son « vrai » plaisir.

Il parcourt la presse, comme d'habitude, avec une vigilance appliquée, traque la critique susceptible de fournir un déclic, de corriger un travers. Mais, cette fois, il foule un interminable tapis rouge sous une avalanche de lauriers. La synthèse dessine un portrait-robot assez éloigné de l'image qu'on lui renvoyait à ses débuts : il est unanimement promu « numéro un de la chanson populaire[15] », « moderne », « humain », « athlétique », « grave » et « drôle » à la fois. Trop grave, jugent certains. Les quelques réserves portent sur ce point et ne sont pas exemptes de griefs idéologiques. « Le malheur veut que cet amusant Montand soit également le frère ennemi d'un Montand qui, lui, se prend parfois trop au sérieux et sort alors son ennuyeux répertoire... avec *Les Lettres françaises* dans sa poche », grince *L'Aurore*[16]. « Il est dommage qu'un coin de ciel bleu n'apparaisse pas plus souvent dans ces sombres avenues, que l'artiste se donne trop souvent l'allure d'un faux messie », sermonne *La Croix*[17].

Ces coups de griffe visent le « rouge » Ivo Livi et traduisent l'exaspération d'une partie de l'opinion devant la montée en puissance des hommes de gauche dans les jardins de la culture. 1951 est l'année où Gérard Philipe joue *Le Cid* au festival d'Avignon, où Jean Vilar est nommé à la direction du TNP, où Hubert Beuve-Méry, le fondateur du *Monde*, l'emporte sur ses adversaires de droite, où Sartre impose *Le Diable et le Bon Dieu*...

Pour autant, la remarque n'est pas dénuée de fondement. De même qu'il alterne temps faibles et temps forts, Yves Montand mélange les genres et les timbres. Le *one-man show*

15. *Libération*, 9 mars 1951.
16. 7 mars 1951.
17. 10 mars 1951.

lui permet d'aller plus loin vers le rose et plus loin vers le noir. A côté de *Dis-moi, Jo* de Jean Cosmos (sur une musique d'Henri Crolla), du *Cornet de frites* de Francis Lemarque, à côté de *Clémentine* et de ses « petits seins bien sages », il inscrit les alarmantes *Actualités* d'Albert Vidalie et Stéphane Goldmann : « Cent mineurs crient sous le poids d'un continent, là-haut passe un régiment, il y aura dix survivants... »

Au registre Prévert, la partie est définitivement gagnée. *Les Feuilles mortes, Les Enfants qui s'aiment, Le Petit Cireur de souliers de Broadway* sont réclamés tous les soirs. Raison de plus pour enfoncer le clou, pour exploiter la victoire. L'an passé, un Grand Prix du disque a récompensé *Barbara* et consacré la popularité de l'association Prévert-Kosma. Peu à peu, Marianne Oswald, Yves Robert (à la Rose Rouge), Cora Vaucaire, Juliette Gréco, les Frères Jacques et Montand ont familiarisé l'oreille du public avec ces rimes qui ne riment pas et ces rythmes arythmiques.

Mais — la démarche est typique chez lui — puisque *Barbara* est maintenant incontestée, il cherche le moyen de l'aborder autrement. Et il trouve sa solution : le poème est trop adouci, arrondi par la belle musique de Kosma. Il va le dire, tout simplement, sans une note, dans le silence, et il dira en outre *Le Peintre, la Pomme et Picasso*, qui est une pièce de théâtre miniature. Au cabaret, la pratique est courante. Au music-hall, devant des milliers de gens, c'est du jamais vu.

Les critiques relèvent, pour la saluer, une économie croissante de l'artifice. Montand resserre, ramasse, ne bouge que lorsque la mimique frappera fort (*Les Enfants qui s'aiment* sont donnés dans une immobilité soigneuse, stricte). Le crucifié de *La Grande Cité*, durement éclairé en contre-plongée, sera bientôt écarté du répertoire : trop spectaculaire, trop « saignant ». Ce qu'abrite le « léger corsage » de *Clémentine* est ébauché d'un doigt, là où d'autres, à pleines paumes, auraient glorifié les « nichons » de la dame.

L'artiste, sur ce chemin, lève progressivement un malentendu : Pagnol aidant, le public a longtemps cru qu'un « gars du Midi », surtout s'il parle avec l'accent, danse et rit, est un personnage extraverti, hâbleur, excessif, qui ramène vers le Nord un peu de la chaude et leste « galéjade » du Vieux-

Port. Le contresens, qui frise l'ostracisme, est entier. Rien de plus secret qu'un Marseillais. Rien de plus contenu qu'un Toscan. Les Méditerranéens goûtent l'ombre — avec de meilleures raisons que les Anglais. Yves Montand réussit enfin à livrer sa nature véritable où l'emporte une hantise d'élégance, la hantise de suggérer le message plutôt que de l'étaler. Le pas le plus difficile sera peut-être le moins remarqué. Telle est la justification ultime de la préparation minutieuse, du « perfectionnisme » : l'ascèse permet d'esquisser, alors que, spontanément, la tentation serait d'appuyer, d'alourdir.

Quant au choix des chansons elles-mêmes, Montand ne fait point mystère de ce qui le détermine. Au *Figaro* comme à *L'Humanité*[18], il adresse un discours simple : une bonne chanson, une chanson « populaire », est capable de rassembler tout le public, d'où qu'il provienne. L'erreur serait de tracer une frontière entre les rives de la Seine, de marquer des degrés dans la noblesse du vers, d'attribuer tel refrain à tel secteur de la salle — Prévert pour l'orchestre et *C'est si bon* pour le poulailler. Le « prolo chantant », bien qu'il partage avec son frère cégétiste la juste cause des damnés de la terre et admette la nécessité d'une émancipation violente, obéit d'instinct à une conception « interclassiste » de l'esthétique : le beau n'est ni bourgeois, ni petit-bourgeois, ni prolétarien, le beau est subversif parce qu'il est beau, il appartient à tous pourvu qu'il soit offert à la sensibilité de tous.

Parallèlement à son récital, Montand explore de nouvelles pistes. Le compositeur Louis Bessières lui apporte une musique destinée aux *Saltimbanques* d'Apollinaire. Le chanteur et ses deux complices, Bob Castella et Henri Crolla, sont enthousiastes. Montand se rappelle-t-il qu'à la Libération il était incapable de lire les recueils que lui prêtait Henri Contet, et notamment *Alcools* ? Il lui semble à présent certain, évident, que ces textes ne sont ni d'avant ni d'arrière-garde, qu'ils ne constituent ni le glaive d'une croisade ni le parfum des privilégiés : il faut les prendre, les transmettre. D'urgence.

Le show de 1951, dans sa carrière, est une date clé. Pas seulement parce qu'il inaugure une prestigieuse série de

18. En particulier, dans une interview accordée à *L'Humanité-Dimanche*, 16 décembre 1951.

récitals à guichets fermés. Pour la première fois, Montand chanteur est complètement lui-même. Il a découvert sa « bonne longueur » : il ne reviendra plus au tour de chant. Il a réuni un groupe de musiciens qui jazzent à sa guise. Il a composé un répertoire étendu grâce à des auteurs-passeurs qui savent circuler d'un genre à l'autre. Il s'est enrichi des influences reçues et s'en est détaché. Il a tout. Que rêverait-il de plus ?

9

Il rêve de percer au cinéma. Obstinément. Mais il entend ne plus jamais connaître l'humiliation d'être reçu comme un débutant malhabile alors que, sur les planches, il compte parmi les valeurs certifiées. Simone Signoret l'aide à mieux saisir pourquoi il lui est si difficile de sauter d'un exercice à l'autre. Son argumentation repose sur deux postulats. Premièrement, on n'entre pas, au théâtre ou devant les caméras, « dans la peau » d'un rôle — c'est le personnage, c'est l'autre qui vous vole votre enveloppe charnelle, votre cervelle, vos troubles, c'est lui qui vous emprunte votre peau. Deuxièmement, le comédien classique et l'expert en *one-man show* occupent des positions diamétralement antagoniques : « Être une personnalité de music-hall, explique-t-elle, c'est le contraire d'être acteur, c'est être soi, dans un costume à soi, avec l'aide d'un bon répertoire choisi par soi, de bons musiciens choisis aussi par soi, et d'éclairages réglés par soi. Prétendre amuser, émouvoir, captiver un public qui vient vous voir dans *vous*... »

Faute de s'accoutumer à un tel grand écart, Montand, depuis sa rencontre avec Simone, n'a couru aucun risque cinématographique. Il a accepté deux apparitions chantantes dans des œuvres de second plan *(Paris chante toujours* et *Paris sera toujours Paris)* et s'est fort convenablement sorti d'un gentillet film à sketches, *Souvenirs perdus*, tourné par Christian-Jaque en 1950 : il y donne la réplique à Bernard Blier et, escorté de Crolla, chante *Tournesol*, un refrain charmant dont les paroles sont dues à Jacques Prévert. L'expérience est plutôt agréable. Le réalisateur des *Disparus de Saint-Agil* et de *Fanfan la Tulipe* se félicitera d'être allé chercher cet interprète dont, dit-il, « personne ne voulait » :

« Comment [mes confrères] pouvaient-ils penser qu'un type qui faisait des trucs pareils sur une scène serait forcément mauvais au cinéma ? Dans le sketch que je lui ai confié (il était un chanteur des rues qui supplante Bernard Blier dans le cœur d'une veuve romanesque), il est excellent. Je reste persuadé que ceux qui l'avaient dirigé auparavant n'avaient pas su le prendre[1]. »

Voilà qui est aimable, mais insuffisant pour dissoudre le traumatisme antérieur. Tandis qu'il se produit à l'Étoile, Yves Montand est contacté par Henri-Georges Clouzot. Ce dernier rentre d'Amérique latine et envisage d'adapter un roman à suspense de Georges Arnaud, *Le Salaire de la peur*. C'est l'histoire de paumés, de *tramps*, personnages mi-forbans, mi-clochards, égarés sans le sou dans quelque Guatemala improbable, et qui acceptent, rongés par la misère et la chaleur tropicale, de conduire deux camions de nitroglycérine jusqu'à un puits de pétrole en flammes — l'explosif doit servir à souffler l'incendie, s'il ne souffle en route les candidats au pactole. Clouzot souhaiterait que Montand, le Montand musclé, « physique », qui fut frappeur aux Chantiers de la Méditerranée, incarne Mario, le plus jeune des conducteurs et l'un des deux premiers rôles du film.

Montand refuse tout net. Il connaît la réputation de Clouzot : un dur qui malmène ses comédiens, un homme de droite, ami intime de Pierre Fresnay. Un professionnel au palmarès respectable *(L'assassin habite au 21, Le Corbeau)* mais dont la méthode effraie. Il justifie son refus le plus honnêtement possible, déclare qu'il n'est pas prêt à porter de nouveau d'aussi lourdes responsabilités, qu'il ne saurait s'engager à l'aveuglette, au risque de paraître médiocre ou inconsistant.

Clouzot avait pressenti que son offre serait déclinée. Avec sa femme, l'agaçante, fantasque et touchante Véra (d'origine brésilienne), elle-même inscrite dans la distribution, il entame le siège de la « roulotte ». Il plaide la force du sujet, la violence du « climat » (Yves Montand et Simone Signoret, à l'occasion d'une tournée qui transitait par Copacabana, ont visité Rio et entrevu le pullulement des *favelas*), la sobriété des dialogues. Bref, il réussit à ébranler son interlocuteur,

1. *In* Richard Cannavo et Henri Quiqueré, *op. cit.*

qui se défend de plus en plus faiblement et finit par avouer ce qui le paralyse : il a peur du *Salaire de la peur*, peur de mal jouer, peur de ne point se laisser habiter par son personnage, peur d'être inapte au fameux « dédoublement » dont les gens de théâtre ont la bouche pleine.

Le réalisateur persiste : eh bien, on va vérifier. Il devine que Montand a maintenant très envie de ce rôle et qu'un test positif le décidera. Pendant que se poursuit le récital de l'Étoile, le couple Clouzot et le couple Montand-Signoret s'installent à la Moutière, l'auberge de l'ami Carrère, non loin de Paris, et le chanteur se prépare à subir une audition chaque après-midi. Astucieusement, Clouzot lui met entre les mains un texte aussi éloigné que possible de ses emplois « naturels », *Le Rendez-Vous de Senlis*, d'Anouilh, et lui demande de le travailler comme travaillerait un honnête apprenti du cours Simon. Montand patauge, s'accroche, connaît des hauts et des bas, est tenté de renoncer. Et puis « cela » vient. « Cela », c'est-à-dire la sensation de bouger, de penser, de parler comme quelqu'un qui n'est pas soi. Ce cap franchi, les deux hommes abordent une phase d'exploration technique minutieuse : diction, tempo, déplacement. Le fait, pour lui, est sans précédent : Yves Montand fréquente de bon gré une école, se fie à un autre maître que lui-même.

Après la dernière de l'Étoile, Clouzot ne lâche pas son élève. Il le suit à Saint-Paul, fréquente assidûment la Colombe d'Or, tout en consolidant les fondations de son film. « On va tourner en Espagne », annonce-t-il à Montand. « En Espagne ? Ne compte pas sur moi. C'est hors de question. — Mais pour qui te prends-tu, avec tes grands principes ? » hurle Clouzot. Simone Signoret se porte à la rescousse : Franco vivant, ni elle ni son homme ne franchiront les Pyrénées. Le réalisateur peste, soupire, cherche. Il sait pertinemment que ces sacrés intellectuels de gauche, depuis l'écrasement du Frente popular, ont tous accroché une reproduction de *Guernica* au mur du salon et s'imaginent qu'un boycott opiniâtre affaiblira l'ultime dictature fasciste d'Europe occidentale. Et, contesté par sa propre épouse, il n'a d'autre issue que de s'incliner après quarante-huit heures : « D'accord, *compañero*, d'accord... »

C'est finalement en France, près d'un village de Camargue, Saint-Gilles, que sera bâtie *ex nihilo* la cité de Las Piedras, assemblage de baraquements inachevés et de « monuments » élémentaires : l'église et son cimetière, l'usine, le café. Seuls les moustiques seront véritables. Le décorateur René Roux, avec un peu de béton chaulé, des silhouettes métalliques évoquant à contre-jour la flore guatémaltèque, et le secours de figurants basanés racolés sur Marseille, réussit, mieux qu'en studio, à fabriquer un « authentique » *no man's land* d'Amérique centrale. La proximité de Nîmes, distante de vingt-cinq kilomètres, facilitera le logement de l'équipe, et les scènes où les camions progressent dans la montagne seront tournées sur des chemins cévenols voisins d'Anduze (la curiosité locale est une exotique bambuseraie avec de vrais bambous géants : inespéré !).

Les *tramps* du *Salaire de la peur* sortent d'on ne sait quel trou, et Clouzot s'applique, dans la distribution, à brasser les nationalités de sorte que le spectateur y perde ses repères comme les protagonistes de l'œuvre les ont eux-mêmes perdus. Montand-Mario, corse pour la circonstance, conduira l'un des camions avec M. Jo, un « caïd » qui lui inspire d'abord admiration et timidité, puis s'effondre en cours de route. L'équipage rival est constitué d'un Allemand (interprété par Peter Van Eyck) et d'un Italien (l'expressif et rond Folco Lulli). Pour le rôle de Jo, Clouzot a contacté Jean Gabin. Mais ce dernier se récuse : il préfère éviter un personnage de faux dur vieillissant, de « lavette » pitoyable — pas assez positif, pas assez mâle. C'est finalement Charles Vanel qui, après quelques essais, reçoit l'héritage et ne le juge, lui, guère empoisonné — l'antihéros qu'on lui propose d'incarner l'excite plus qu'une énième résurrection de l'aventurier modèle standard. Vanel, c'est une légende : il a soixante ans passés, et sa première apparition à l'écran (dans *Jim Crow*, un petit bout de muet) date de 1912. Reste que son incroyable carrière va plutôt déclinant depuis une décennie. Il travaille beaucoup, mais cela commence à faire un bail qu'on ne l'a pas remarqué dans un film exceptionnel.

Les comédiens de cinéma, ordinairement, ne peuvent ou ne savent raconter leur métier. Tout cela est à la fois trop décousu, trop incertain (c'est au montage que le puzzle dit sa vérité), trop affectif et trop situé dans un temps chimérique. Pour les besoins de la promotion, ils s'en tirent en jurant que ce fut une expérience « merveilleuse », que l'atmosphère fut « formidable » et que tout le monde doit tout à tout le monde, puisque tout le monde a été parfait. Suivent trois anecdotes laborieusement répétées afin d'épicer la monotonie du numéro. Montand déteste cet exercice. Il déteste aussi, à la longue, les anecdotes associées.

Le tournage du *Salaire de la peur* mérite cependant d'être sinon narré, du moins effleuré. Parce qu'il fut réellement pittoresque. Et parce que, pour la première fois, le chanteur-comédien a eu l'impression d'être « dans le coup », partie prenante d'une entreprise collective et d'envergure. Le budget des *Portes de la nuit* n'était certes pas moins considérable. Mais Carné n'avait eu ni le loisir ni peut-être le désir de déblayer le terrain en compagnie d'acteurs embauchés au pied levé. Et Montand errait sur un plateau impénétrable. « Avec le *Salaire*, dira-t-il lors de la sortie du film, c'est autre chose. D'abord, et c'est évidemment capital, je ne me suis pas senti à l'étroit dans mon personnage. Ensuite, j'avais eu l'occasion et le temps de penser au problème de l'interprétation pour l'écran[2]. »

A lire Simone Signoret, on jurerait que la première tranche des opérations, ouverte le 27 août 1951, fut une promenade de santé et une récréation joviale. Il est vrai que l'ambiance était haute en couleur et que les soirées à l'hôtel du Midi, à Nîmes (rebaptisé par la *groupie* d'Yves Montand le « Toto Hôtel », parce qu'ainsi se surnommait le patron), ne manquaient point de tonus. C'est Clouzot qui s'amuse à provoquer Simone en se lançant dans un panégyrique plaintif de Brasillach, poète et martyr : au quart de tour, la *pasionaria* du Flore donne la réplique, et le ton monte, monte, à la totale satisfaction du cinéaste. Ce sont Vanel et Montand qui, soudain, feignant une brouille, se crachent à la gueule :

2. Interview recueillie par José Zendel, *Les Lettres françaises*, 26 février 1953.

— J'ai fait cent un films et ce n'est pas un godelureau de café-concert qui va m'apprendre mon métier ! vocifère l'ancêtre.

— Moi, jouer avec les acteurs du muet, ça me fatigue ! riposte le « godelureau ».

Et les voici, tout à leur fureur, qui fracassent une douzaine d'assiettes (acquises le matin même au marché), ponctuant d'éclats de faïence leurs éclats verbaux sous le regard affolé de l'aubergiste, persuadé que son matériel part en morceaux.

C'est encore Montand qui est traversé par des pensées pécheresses à la vue d'une fournée de pèlerins en route pour Lourdes : l'hôtel du Midi constitue leur dernière station avant la grotte sacrée. Cette entêtante odeur d'encens chatouille le mystificateur qui ne sommeille jamais au fond de son cerveau. Un soir, le démon l'emporte. Il descend dans le hall, coiffé d'un béret, vêtu d'un short étriqué, muni d'un petit seau et d'une petite pelle, et commence à fourrager entre les plantes, à gratter la terre, à arroser ici et là en grommelant des bribes de menaces ou d'obscénités. Le prototype non pas de l'idiot paisible, du « ravi », mais de ces « demeurés » inquiétants qui suscitent dans l'âme la plus charitable le réflexe de croiser honteusement au large...

Charles Vanel, parmi les souvenirs qu'il a confiés à Jacqueline Cartier, relate un épisode de la même veine : « Un jour, il [Montand] s'est mis à avoir la tremblote et à dérailler... Vite s'est répandu le bruit qu'il avait un coup de chaleur, ou pris une maladie dans les marais. "Mais enfin, on n'est pas au Guatemala ici ! disait Clouzot. On est aux Saintes-Maries-de-la-Mer !" Ça a pris des proportions énormes : comme un fou, Montand parcourait notre décor de misérable village en tirant des coups de feu. Dario Moreno est arrivé la main ensanglantée en hurlant : "Il m'a tiré dessus, il va nous tuer !" Et moi, je disais à Clouzot : "Ce n'est pas possible de tourner avec ce type, il est devenu cinglé[3] !"... » Jusqu'à ce que le soi-disant blessé lave l'hémoglobine que lui avait procurée le maquilleur, le réalisateur a cru sa patiente architecture menacée de désagrégation imminente.

3. Jacqueline Cartier, *Monsieur Vanel*, Paris, Robert Laffont, 1989.

La mystification, toujours. Yves Montand se rappelle une autre scène du même genre, montée cette fois avec la complicité d'Henri-Georges Clouzot. Le producteur du film, Borderie, que toute l'équipe appelait « Bordepleure », avait coutume de surgir à chaque fin d'après-midi pour vérifier anxieusement — selon les contraintes de sa fonction — l'avancement du chantier. Il trouve le plateau en total désarroi, le chef opérateur, « Titi » (Armand Thirard), plongé dans son journal, l'ingénieur du son, Sivel, battant la semelle, et Clouzot s'arrachant les cheveux.

— C'est Montand.

— Quoi, Montand ?

— Regardez vous-même (soupir).

Le comédien paraît calme, l'œil un peu fixe cependant, perdu. Il sourit niaisement.

— Mais qu'est-ce qu'il a, Montand ?

— Il boit. Ça n'arrête plus. Il est complètement pâteux. Pas moyen de travailler après déjeuner. (Clouzot vibre de rage.)

Borderie-Bordepleure en a tant connu, des acteurs ivrognes, qu'il considère la loque humaine avec la résignation du sage et murmure : « Il boit, maintenant. (Hochement de tête.) Ça devait arriver... »

Oui, on serait tenté de retracer sur ce mode l'aventure du *Salaire de la peur*. De détailler les parties de chasse dans les marais où Montand et Vanel, semblables à un duo d'apiculteurs, la tête entourée d'une épaisse moustiquaire (avec un trou pour la pipe de Charles), talonnaient un gibier narquois. De fixer à jamais les solennelles interventions du professeur d'espagnol qui s'efforçait de justifier ses émoluments en demandant à Vanel de répéter gravement *dos whiskies* (« Mais non, expliquait patiemment Montand à son partenaire, monsieur a dit *dos whiskies*. » « *Dos whiskies* », prononçait Vanel à l'identique. « Applique-toi : pas *dos* whiskies, *dos whiskies*... »)

C'est l'expert qui a craqué.

On serait tenté de poursuivre ainsi. Mais on mentirait. Car ce fut pénible, ce tournage.

Les difficultés initiales naissent du mode de direction cher à Clouzot. La réputation de celui-ci n'est pas surfaite : c'est un bourreau, un bourreau de travail et aussi un méticuleux tortionnaire (la légende rapporte qu'il lui est arrivé de gifler Bernard Blier, pour libérer sa colère, « punir » l'acteur, en obtenir ce qu'il désirait obtenir).

Dès la première prise, Vanel, qui n'est pas un « bleu », flaire son homme et le contre :

— Écoutez, Clouzot, il vaut mieux me remplacer, parce que ça n'ira pas entre nous.

— Vous voulez partir ? Eh bien, foutez le camp[4] !

L'incident s'achève par une invitation à dîner. Reste que le débat ne concerne pas le protocole. Peu importe qu'un metteur en scène soit coléreux, angoissé. Ce qui distingue Clouzot est affaire de technique et non de caractère. Charles Vanel a le cuir assez tanné pour jeter son contrat dans la balance. Montand, lui, en position plus fragile, risque gros. Il cassera la tête de l'autre si ce dernier l'insulte. Mais, professionnellement, il tremble. Le hasard fait que les deux paris majeurs de ses débuts au cinéma ont été pris avec des « terreurs » et que Montand « marche » à tout sauf à cela. Ce qui le soutiendra jusqu'au terme de l'épreuve, ce sont les semaines de préparation partagées avec Clouzot, le lien personnel qui s'est alors noué. Cette relative intimité aidera Montand à se fabriquer un système de défense : lorsque le cinéaste rugit, c'est-à-dire souvent, l'acteur sourit d'un bon sourire confiant, attendant qu'il se calme. Un vrai rôle de composition.

Ce qui l'aide également, c'est une meilleure compréhension de la technique et des soucis du chef d'orchestre. Quand tout est en ordre sur le papier, tout flotte sur le terrain. Tel comédien doit jouer de dos. Résultat : le « climat » s'évanouit — on n'aperçoit qu'un homme quelconque descendant d'un camion quelconque. L'accessoiriste ajoute donc un palmier de tôle dans les lointains. « Bon pour moi », annonce l'opérateur. Et puis, à la projection des rushes (Clouzot exige que le patron de l'hôtel soit présent en qualité de cobaye innocent), l'image se révèle plate et terne, l'objectif a écrasé les distances. Raté. Il est prévu que le derrick incendié crache

4. *Ibid.*

une flamme haute de cinquante mètres, mais la soufflerie claque. Raté. Avec une curiosité passionnée, et avec grand respect pour le tyran qui est à la merci d'un simple nuage, Montand, fort au-delà de ses obligations propres, explore la colossale et délicate machinerie du cinématographe. Et tempère ses rébellions.

Vanel et lui sont voués aux pires traitements. Immergés dans un bain de naphte, victimes d'émanations de gaz, ils contractent une conjonctivite. Pourtant, le pire n'est pas le pétrole. Le pire, c'est l'eau — la plus pure qui soit : l'eau de pluie. Un déluge. La région de Nîmes avait été retenue pour sa végétation, sa roche, mais aussi parce que les chances d'ensoleillement y semblaient maximales. 1951 trahit la statistique. Durant presque quarante jours et quarante nuits, comme dans l'Ancien Testament, il pleut, il vente, le soleil ou la lune se cachent, les décors se délitent ou déteignent, les véhicules s'embourbent, les grues dégringolent. Figurants, comédiens, techniciens se blottissent à l'hôtel en guettant l'embellie.

Neuf semaines de tournage étaient prévues (jusqu'à la fin octobre). Novembre se profile, et les principaux épisodes où sont mobilisés les camions n'ont toujours pas été abordés. De semaine en semaine, on patine — à tous égards —, on repousse. « Bordepleure » mérite pleinement son surnom, qui n'amuse désormais plus personne : le budget fond. Véra Clouzot tombe malade. Le réalisateur lui-même se casse la cheville. Au terme du mois de novembre, la situation est catastrophique : les jours sont irrémédiablement brefs, la pluie n'a pas cessé, et il manque 50 millions de francs en caisse. Force est de rendre les armes, de se séparer. Sept mois seront nécessaires pour renflouer la production et regagner les faveurs du ciel. La seconde partie du scénario (le transport de la nitroglycérine) occupera tout l'été 1952, dans la vallée du Gardon. Parler de « dépassement », à ce stade, serait une plaisante litote. En gros, tout a doublé. Le volume des finances, le délai, la sueur versée.

Oui, mais. Au festival de Cannes, en 1953, *Le Salaire de la peur* obtient le Grand Prix, Charles Vanel est couronné pour avoir fourni la « meilleure interprétation masculine », les salles sont assiégées, les marchés étrangers réagissent positivement. La critique, parfois, reproche à Clouzot trop de longueurs dans l'exposition (l'œuvre atteint cent cinquante-cinq minutes), un quasi-sadisme envers les nerfs du public, une noirceur délibérée. Le flot des louanges, l'hommage rendu à l'« efficacité » de la mise en scène balaient ces réserves. Vanel a rencontré, dit-on, « le » rôle de sa vie. Et Montand, « un » rôle de sa vie.

Là-dessus, les commentaires convergent. « On admet difficilement que ce soit Charles Vanel le mou et Yves Montand le dur, mais l'autorité du réalisateur est telle qu'il parvient à imposer tous les paradoxes », estime Georges Charensol[5]. André Bazin, de son côté[6], juge que Clouzot « n'a pas su aussi bien dessiner » le personnage de Mario que celui de Jo, le faux « caïd ». A cela près, tous s'accordent pour qualifier le film de « franc, sans fard et sans eau de rose[7] ». Et pour certifier que le chanteur-comédien est parvenu à transférer sur l'écran une part de l'exceptionnelle « présence » qu'il manifeste sur les planches.

Le Salaire de la peur est-il le « très grand film » que salue, dans ses Mémoires, Simone Signoret ? A distance, sous la plume des experts, les qualités demeurent et les défauts saillent. Cette image, cette écriture paraissent fortement datées, même si le suspense conserve sa magie. Le rôle de Mario, camionneur tout en muscles, manque à coup sûr d'épaisseur humaine : une fois de plus, l'acteur est enfermé dans le stéréotype du « prolo » courageux qui ne cherche pas midi à quatorze heures. Rien de surprenant si Montand, aujourd'hui, s'obstine à considérer que sa véritable carrière cinématographique n'a commencé qu'en 1964 avec *Compartiment tueurs*. Mais il reconnaît à Clouzot-le-Terrible (Signoret, d'ailleurs, retrouvera Charles Vanel sous sa direction dans *Les Diaboliques*, en 1954) une très sérieuse dette : grâce à lui, il s'est trouvé associé à un succès mondial qui lui a ouvert les portes des studios et le cœur des spectateurs, et il a entamé une réflexion pratique sur ce qu'est réellement la comédie.

5. *Les Nouvelles littéraires*, 30 avril 1953.
6. *Le Parisien libéré*, 4 mai 1953.
7. *Franc-Tireur*, 25 avril 1953.

En septembre 1951, au « Toto Hôtel », le couple Montand-Signoret traverse une épreuve d'aspect tragi-comique, mais fort significative. Simone a accepté de jouer auprès de « ses amis » Serge Reggiani, Claude Dauphin, Loleh Bellon et Raymond Bussières dans le film que prépare « son ami » Jacques Becker, *Casque d'or*. Et l'heure sonne, la fin du mois approchant, de se rendre à la convocation de tant d'amis assemblés. Un sleeping doit la cueillir à Nîmes pour l'emmener vers le nord, vers Annet-sur-Marne où sont prévus les extérieurs. Au moment de monter dans le train, elle renonce. Il faudra toute la subtilité de Becker (« Tu as raison, une histoire d'amour, ça se soigne comme une plante, on va te remplacer… ») pour que la fierté l'emporte après trente-six heures d'exaltante hésitation. Plutôt que de perdre, l'espace d'un petit mois, l'homme aimé, Simone Signoret a failli abandonner le rôle qu'elle-même et maints cinéphiles considéreront comme le plus émouvant de son existence, le rôle de Marie, fatale séductrice (Signoret, décidément, ne sera jamais une banale amoureuse) de Reggiani-Manda.

Cette séparation, la première depuis deux ans, est vécue par les deux artistes comme un trait du sort, une loi inique de leur profession. Du samedi soir au lundi matin, ils filent se rejoindre — avec une telle hâte qu'ils se manquent par excès d'impatience (Montand et sa bien-aimée se croisent ainsi, à la veille d'un week-end, lui en voiture et elle en train, chacun croyant surprendre l'autre à l'arrivée).

Serge Reggiani se rappelle que sa partenaire, irréprochable sur le plateau, oubliait tout et le reste quand elle s'en éloignait : « Il fallait valser pour la première et la dernière séquence de *Casque d'*or, mais Simone ne savait pas valser. Plutôt que d'apprendre, ce qui aurait été relativement facile, elle fonçait voir Montand et nous revenait aussi maladroite qu'en partant. J'ai finalement dû la porter, au tournage, sa robe longue lui cachant les pieds. »

Ils sont indissociables, mais telle n'est pas la raison de leur mariage. La passion qui les unit leur semble assez forte pour n'avoir nul besoin d'une consécration sociale. Cela leur paraît un rien « bourgeois », le mariage, et n'était Catherine, qui risquerait de se trouver en position fausse, ils laisseraient les choses telles quelles.

Tant qu'à « y » aller, mieux vaut « y » aller gaiement. Le 21 décembre 1951, remis de leurs tournages respectifs, Ivo Livi et Simone Kaminker échangent, sur le coup de 11 heures, le oui rituel à la maison commune de Saint-Paul-de-Vence, sise dans le donjon de la cité forteresse. Marius Issert, le maire, agrémente la cérémonie d'un bref discours (sous le panneau d'émail signé du peintre Borsi, lui-même présent) : « Je vous remercie, dit-il, de l'honneur que vous faites à notre petit village. » Et il est vrai que l'étroite place forte, coincée entre sa forge et son cimetière sur la crête qui domine la vallée du Mal-Vent, n'a jamais hébergé pareil bataillon de journalistes et de photographes.

L'atmosphère est bon enfant. Simone Signoret a revêtu un « vieux » tailleur de soie crème — signé Balmain — protégé par un manteau de vison, elle a abrité ses cheveux blonds sous un bibi noir et s'est ceint le cou d'un collier or et diamant. Yves Montand a opté pour un costume de serge bleue. Les tambourinaires sont en retard, ainsi que Marcel et Jacqueline Pagnol, mais le cortège se dirige sans attendre vers la Colombe d'Or, où la table a été dressée dans le bar. Les deux témoins, Jacques Prévert pour la mariée (sa boutonnière est fleurie d'un coquelicot), Paul Roux pour le marié, suivent les conjoints sous les pétales de roses et au son des tromblons de l'Amicale des chasseurs.

Le reporter du quotidien communiste régional, *La Marseillaise*[8], est saisi par une émotion lyrique digne d'un André Stil ou d'un Fougeron — les artistes officiels du Parti : « C'était le grand copain des travailleurs qui gravissait, en balançant son long corps d'athlète, les ruelles de Saint-Paul-de-Vence. C'était un couple sain qui avançait vers l'avenir. Il me semblait entendre Yves redire à celle qui devenait son épouse : ''J'essaie de suivre à travers mes chansons un chemin parallèle à celui du peuple dont je viens... !'' » Jeannette Thorez-Vermeersch n'eût pas rêvé mieux.

Paris-Match[9], trois tons au-dessous, parlera du « mariage

8. *La Marseillaise-Dimanche*, 23 décembre 1951.
9. 5 janvier 1952.

le moins inattendu de l'année». Selon leur inclination, Simone Signoret et Yves Montand réussissent à combiner le chic et le sobre. L'assistance n'est pas vraiment quelconque : outre les figures déjà mentionnées, l'actrice Deanna Durbin, le poète André Verdet sont de la fête. Mais ils sont là «en voisins». Et c'est également «en voisin» que Pablo Picasso adresse aux nouveaux époux une de ses céramiques et un message de bonheur dessiné avec des instruments jusqu'alors inconnus en France et qu'on nomme des stylos-feutres. Le menu (pissaladière, poulets aux tomates, plus une bécasse flambée tuée la veille par Montand) ne s'écarte point du registre campagnard. La pièce montée a été «sculptée» par Paul Roux en personne.

C'est une jolie journée (une colombe est entrée dans la salle à manger et s'est immobilisée au-dessus de la tête de Simone, ailes déployées, comme la colombe de Picasso). Une jolie journée qui ne change rien. Après deux semaines de vacances, le chanteur entame une tournée en province, sillonne la banlieue parisienne à partir de février 1952, puis gagne la Suisse et la Belgique, sa *groupie* ne le délaissant guère.

A Bruxelles, ils assistent tous deux à la première projection — destinée à la presse — de *Casque d'or*, place de Brouckère. Yves Montand n'a jamais vu Simone aussi belle sur un écran. Il est fier d'elle, fier que cette femme soit sienne. L'ennui, c'est que l'assistance, manifestement, s'ennuie. Au bout de quatre jours, le film est retiré des salles, et le test, hélas ! est prémonitoire : l'accueil parisien n'est pas moins frais. Simone Signoret est relativement épargnée par la critique. C'est Jacques Becker qu'on assassine, qu'on déclare coupable de légèreté dans le prétexte et de gaucherie dans le traitement (*Les Cahiers du cinéma* ordonnent la curée). C'est Reggiani qu'on enterre. Lui dont les débuts furent fracassants, dont on célébra l'immédiat génie, est à présent frappé d'indignité, férocement raillé, décrié, lacéré.

Il n'est point de cinéphile, aujourd'hui, qui ne regarde le travail de Becker et de son équipe comme un chef-d'œuvre. A qui estime que l'erreur de jugement est moins implacable dans le monde des arts que dans les prétoires, rappelons que Serge Reggiani, après *Casque d'or*, a été interdit de séjour sur les plateaux durant cinq années. Il s'est rattrapé au théâtre tandis que, dans les studios, le bruit courait qu'il « portait la guigne ». On risque de ne pas comprendre grand-chose à l'étrangeté des artistes si l'on ne mesure pas de quelles morts ils sont passibles, fût-ce contre l'évidence.

Bien que le film connaisse un tout autre sort en Allemagne puis en Italie, bien que l'Angleterre l'applaudisse au point de décerner à sa principale interprète le *British Academy Award*, l'Oscar britannique, Simone Signoret ne digère pas tant d'iniquité. Elle déclare à la presse qu'elle abandonne le cinéma.

Fausse sortie, mais réussie. Étalée dans les magazines, la nouvelle bouleverse les chaumières. Que c'est beau, que c'est noble, un être d'élite, une star qui renonce aux scintillements de la notoriété pour se replier sur l'existence tranquille des épouses « ordinaires », et qui s'en proclame heureuse ! La « moderne » Simone, si maîtresse de son métier, se préfère maîtresse de son mari. Le chœur qui s'élève atteint les aigus. Et l'héroïne, un temps, est submergée par l'ivresse d'avoir tranché net.

Ce n'est point l'esprit de sacrifice qui la grise ainsi. D'abord, elle goûte pour de bon, sans affectation ni effort, la retraite paisible, le tricot, le bavardage avec les amis, la tiédeur des soirées partagées, le loisir de s'informer minutieusement, le plaisir des livres revisités. Ensuite, elle aime l'exemplarité : il ne lui déplaît pas que son couple, son mode de vie, soient objets d'attention, de glose, que le sens de ses actes soit commenté — à condition qu'il lui soit à elle-même transparent.

Simone Signoret est ainsi le meilleur fournisseur de sa propre légende : elle applique à ses propres choix l'insatiable vigilance qu'elle applique aux choix d'autrui. C'est quelqu'un — tous les amis sont formels, et Montand aussi — qui ne vous « passe » rien, qui vous sonde, vous fouille, jusqu'à ce que vous ayez produit les raisons de vos raisons. Ce n'est pas un hasard si elle insiste, dans ses souvenirs, sur un épisode *a priori* fort mineur : quand éclate le deuxième conflit mondial, sa mère rabroue sévèrement une commerçante de Neuilly qui vend des brosses à dents japonaises et pactise donc avec l'ennemi... Jusqu'à son dernier souffle, le témoin de cette scène traquera d'innombrables « brosses à dents japonaises » en une sourcilleuse revue de détail, avec intransigeance et scrupule.

« Je considère qu'on n'est fait que par les autres, écrit-elle... Même les options qu'on peut prendre dans la vie sont toujours dues à quelqu'un d'autre, à une rencontre ou au fait qu'on veut être à la hauteur de l'opinion de quelques-uns. » Non seulement l'actrice Signoret s'avance sous le regard des autres, ce qui est la définition même de cette activité, mais la femme privée, à un degré qui n'est certainement pas moindre, éprouve le sentiment et le devoir d'évoluer sous des regards dont l'acuité vaut, et de beaucoup, celle des spectateurs du samedi soir. Il lui faut un public, à Simone : tout en se privant des admirateurs (ou des détracteurs) de *Casque d'or*, elle sait qu'elle ne s'en trouvera pas dépourvue.

Tout amoureux qu'il soit, Yves Montand est un peu décontenancé par cet œil sur le qui-vive, cette manie d'une exactitude aussi sourcilleuse lorsque sont en cause le sens des valeurs et celui des mots. Prononce-t-il une phrase anodine à souhait, par exemple « Tiens ! la nuit tombe... », elle est relevée à vif : « Ce n'est pas la nuit qui tombe, c'est le soir, la nuit est encore loin ! » Lui qui manie le langage par approximations, qui est sensible à mille nuances qu'il ne parvient pas à énoncer, est simultanément hérissé et estomaqué devant cette jonglerie où rien ne s'égare, où les idées, les termes, les références, les allusions accomplissent leur tour agile, parfait, comme facile.

Il est également décontenancé par l'aptitude que manifeste sa femme à rompre du jour au lendemain le cours de ses engagements. Montand est incapable de rester trois mois sans projet. Il se marie, s'accorde une pause infime, part en tournée, souffle dix jours, boucle *Le Salaire de la peur*, respire une semaine, repart en tournée, rode son prochain récital, accepte un petit rôle entre deux galas, file à Cannes, etc. L'horreur du vide. Il lui faudra attendre l'année 1989 pour traverser quelques semestres sans réelle contrainte, sans échéance, pour se laisser flotter, se laisser vivre, à la manière de Simone Signoret. Encore l'inquiétude, au cours de ces « vacances », le disputera-t-elle à la satisfaction de ne porter aucun fardeau.

Elle est donc fort instructive, cette période où la protagoniste de *Casque d'or* décide de « prendre congé ». Elle trahit combien le couple recèle d'oppositions franches, de symétries adverses, grosses d'innombrables altercations, colères, joutes, querelles. Ils s'aimeront passionnément. Ils ne s'engueuleront guère moins.

Une observation attentive permet de lever quelques possibles contresens. S'il est ravi que Simone agisse en *groupie*, Montand n'est pas un farouche partisan de la femme au foyer et lui en voudrait de brader ou d'étouffer un talent hors du commun. La preuve : c'est lui qui la ramène vers les caméras. Simone Signoret le conte avec humour : « Montand, il est formidable dans les grandes circonstances. S'il y a le feu, c'est lui qui trouve l'eau ; et si vous perdez votre sang, il saura vous faire un garrot. Il est l'homme des grandes occasions. Disons que, dans les petites occasions, il lui arrive d'être un peu difficile, pour ne pas dire pénible. Ce jour-là, je tricotais comme aime à le faire une épouse effacée et comblée... » Et, là-dessus, le chanteur — en pleine répétition — s'énerve, hurle qu'une partition a disparu, gesticule au milieu de ses compagnons pétrifiés et, finalement, apostrophe la tricoteuse :

— Tu fais quoi ? Tu es là, tu tricotes...

— Je suis là parce que je suis bien ; si je n'étais pas là, je serais en train de travailler.

— Travailler, c'est vite dit. Pour travailler, il faut qu'on vous demande.

Piquée au vif, Simone Signoret appelle sur-le-champ les frères Hakim, producteurs de *Casque d'or* : au moment de ses adieux solennels, ils lui avaient proposé d'être Thérèse Raquin dans le prochain film de Marcel Carné. Elle ignore si le rôle a été attribué. Elle n'ignore pas que la règle habituelle est de ne point paraître solliciter. Mais les frères Hakim ne sont pas rancuniers, et Carné est plus soulagé que fâché : Simone sera Thérèse, le contrat suit.

— Tu vois ! dit-elle à son mari en raccrochant[10].

Tournée pendant l'hiver 1953, l'adaptation du roman de Zola sera présentée à l'automne au festival de Venise.

« Je revenais de loin », avoue Simone Signoret.

10. Dialogue rapporté in *La nostalgie n'est plus ce qu'elle était, op. cit.*

L'autre cliché est plus répandu, même chez certains amis de Simone, gens de connaissances étendues et de langage délié — mais il court aussi les rues pavées du Ve arrondissement de Paris. Au sein du ménage, c'est bien simple : il y aurait l'« intellectuelle » qui fréquente les meilleures librairies, pratique plusieurs langues, manie à bon escient la citation exacte, tient salon avec brio, rédige en frappant juste, manifeste cet humour aigu qui se trompe rarement de cible et ne la rate jamais, blague avec les musiciens (dont la philosophie générale n'est pas le domaine d'élection), mais donne la réplique à Sartre, et dissimule sa timidité derrière le bélier d'une personnalité carrée ou la vivacité d'une rhétorique adroite.

Et puis il y aurait l'« instinctif » dont la culture est passablement étrangère à ce qu'on range d'habitude sous ce vocable, agencement de bribes, de signes, de savoirs empiriques, de formules grappillés ici ou là et digérés en une lente et obsessionnelle rumination, « l'instinctif » dont le ressort est une formidable source d'énergie susceptible de pallier, à force de labeur, la carence de grâce initiale. Du flair, sans doute, un flair étonnant, mystérieux, mais qui semble toujours en peine de se justifier lui-même, comme s'il habitait, un peu par hasard, une ample forme creuse (ainsi certains éblouissants joueurs d'échecs se révèlent-ils assez falots dans la conversation, et même mauvais *debaters*).

Il a « quelque chose », Montand, concèdent les méchantes langues ; mais la « tête », c'est Simone.

Afin de nuancer cette manichéenne division des tâches, maintes observations peuvent être notées. C'est vrai que Montand, comme beaucoup d'autodidactes (par moments le mot lui sied, par moments il le crispe), tourne autour des idées, hésitant à se les approprier, les aligne sur ses carnets, sur son tableau noir, sans oser pleinement les faire siennes, intimidé par l'aplomb, le culot de ceux qui les chevauchent, les apparient, les rejettent, les contractent ou les développent. C'est également vrai que le ping-pong rhétorique n'est pas son élément. C'est encore vrai que son regard trahit souvent une sorte de distance rêveuse, de retournement vers soi — ce que ses instituteurs, jadis, nommaient sa « distraction » — qui déconcerte l'interlocuteur, lequel se demande, voyant l'autre ailleurs, s'il est quelque part.

Il est vrai, enfin, que les tentatives du comédien-chanteur pour acquérir la culture patentée, pour entrer dans la confidence, ne furent pas couronnées de succès. Autour de Simone Signoret, on lit, on lit beaucoup, on lit « naturellement », et les échos de ces lectures résonnent à l'improviste, sur le ton de l'évidence. Roger Pigaut, très ami avec Simone et réel consommateur de livres (ce que ne sont pas, loin s'en faut, nombre de comédiens qui citent, voire jouent Musset ou Claudel pour la frime, n'ayant qu'effleuré le texte), évoque fiévreusement *La Condition humaine*. Et Montand, par-derrière, s'attache à suivre, épluche consciencieusement les pages de Malraux. La fois d'après, il est question des *Thibault* ou de Maupassant. Il suit toujours, Montand. Mais c'est long, *Les Thibault*...

A qui s'ouvrir de pareil embarras ? Quel confesseur acceptera d'entendre cette faute qui n'en est pas une ? Opéré de l'appendicite, Yves Montand discute avec son chirurgien, le Pr Lebovici :

— Expliquez-moi pourquoi j'ai tant de mal à me concentrer sur un livre, à rester là, immobile, avançant ligne après ligne ! Vous me direz que ce n'est pas une perte de temps, et j'en suis d'accord. Mais je n'y peux rien, cela me paraît du temps volé, détourné.

— Ne croyez pas, répond le médecin, qu'il s'agit uniquement d'un problème d'éducation, de formation. L'esprit ne saurait être partout à la fois. Vous ne faites jamais relâche dans votre tête, vous ne cessez jamais de penser au spectacle, à l'ordre du récital, à de nouveaux personnages, aux éclairages. Donc vous n'avez pas vraiment le loisir de lire. Ce qui vous bloque, c'est votre artisanat.

Presque quarante ans plus tard, Montand rapporte cette conversation avec un sentiment de gratitude. Parce que son vis-à-vis l'a entendu fraternellement, qu'il a rompu le silence dont les complexes solides sont fatalement ceinturés, et, *a fortiori*, parce qu'il lui a fourni une explication plausible de sa difficulté, une sorte de théorie des vases communicants. Pas plus qu'il n'est aisé d'être au four et au moulin, il n'est facile de se consacrer à l'Étoile et à Montaigne. Surtout si aucun fil conducteur, aucune règle de priorité ne vous ont été procurés dès l'enfance.

Reste que, dans ses écrits et ses déclarations, Simone Signoret, très soigneusement, a toujours veillé à tenir la balance égale. Souci compréhensible de ne point égratigner l'extrême susceptibilité de son conjoint. Mais précaution qui dépasse, et de beaucoup, l'intention tactique : Simone Kaminker, épouse Livi, a constamment proclamé l'estime et la confiance qu'elle plaçait dans le « jugement » de son mari (« mon mari » revient mille fois sous sa plume, avec une nuance d'orgueil possessif).

Que Montand soit un artiste de talent, d'autres s'en étaient aperçus. Cependant, la bande des amis estimait volontiers que Simone se suffisait à elle-même. Il n'empêche : elle a constamment revendiqué l'approbation, l'autorité de celui qu'elle aimait et dont elle goûtait l'intelligence des choses, une intelligence surprenante, tantôt nébuleuse, tantôt directe, sautant à pieds joints par-dessus les étapes ordinaires de la raison raisonnante.

Ce qui est sûr, c'est que, leur vie durant, ils ont l'un et l'autre essayé de préserver une manière de front commun, une manière de dire : non, cette femme n'est pas seulement une intellectuelle populiste qui a eu la tête et les sens tournés par un beau mâle sympathique, talentueux et fruste; non, cet homme n'est pas seulement un fils du peuple qui a eu la tête tournée par une intellectuelle de Saint-Germain-des-Prés doublée d'une star. Leur histoire est plus riche, plus dense, plus tumultueuse que ce chromo simplet. Ils ont poursuivi, l'espace de trente-six années, un dialogue ininterrompu et violent où chacun « cherchait » l'autre — et le trouvait.

Simone Signoret est trop fine pour ne pas deviner le réflexe ambigu qu'éveille chez Montand la fréquentation soudaine de gens dont la langue, les allusions, la façon d'argumenter tout à la fois le séduisent et l'énervent, le déstabilisent — crainte de ne pas honorer la vraie culture, crainte aussi d'être dupe des beaux parleurs, des théoriciens en chambre. Consultée sur le choix des chansons, elle donne loyalement son avis. C'est elle, le premier public, et elle observe, envers Montand plus qu'envers tout autre (Montand qu'elle appelle Montand, parce que Yves, c'était Allégret), un strict devoir de franchise. Mais elle fait en sorte que la critique soit rigoureusement bilatérale, qu'aucune objection ne place réellement le couple en porte à faux. Si rudes soient parfois les échanges, la solidarité demeure l'article fondateur de leur loi conjugale.

Elvire et Julien Livi ont été les témoins privilégiés de ce jeu délicat. « Chez un homme public, chez un acteur, dit le frère d'Yves Montand, la timidité de l'autodidacte, la nécessité de pallier le manque d'instruction pèsent plus lourd : l'expression, le choix du mot, la manière de se mouvoir sont autant d'énormes pièges. Yves a dû apprendre à surmonter ses complexes, a dû se rendre compte que les sources de cette fameuse timidité n'étaient pas fréquemment affaire de caractère, mais de culture. Simone l'a considérablement aidé. Grâce à elle, notamment, il a développé cette capacité qu'il a de saisir les idées au vol, au fil de la conversation, lui qui a toujours entretenu un rapport malaisé avec l'écrit. » Et Elvire nuance : « Complexe à l'égard de l'instruction, de la rédaction, de la culture en général, oui. Mais pas à l'égard de Simone. »

Sur ce dernier point, Jean-Louis Livi, le fils de Julien et d'Elvire, dont l'adolescence s'est affirmée dans l'ombre du couple Montand-Signoret et qui a longtemps dirigé la plus importante agence artistique parisienne (son oncle, avec Catherine Deneuve et Gérard Depardieu, entre autres « monstres sacrés », est un fidèle pilier d'Armédia), n'est pas moins catégorique : « Il possédait aussi cette assurance de l'homme qui est lui, qui se sent lui-même, Yves Montand, qui chante mieux que les autres, qui est bien bâti, qui respecte infiniment Proust mais considère qu'il n'y a pas que Proust dans la vie. Qui se marre. Et, toute supérieure intellectuellement qu'elle pouvait paraître, Simone, ça l'impressionnait, elle était épatée par ce type qui avait certainement moins lu qu'elle, mais dont les fulgurances, parfois, étaient extraordinaires. Ça passait par d'autres mots, d'autres signes, mais ça passait. »

Au contact d'esprits plus cultivés qu'il ne l'était, Montand, en tout cas, vérifiera une intuition qui lui est chère : une idée, eût-elle les plus probantes apparences de la vérité, en cache toujours une autre. Le début des années cinquante n'encourage guère à creuser plus avant : les positions « justes » sont clairement balisées. Précisément, « devenir intelligent », « devenir cultivé », pour Montand, ce ne sera pas d'abord étoffer ses références, mais admettre progressivement, au cours de deux décennies, qu'une conviction ne fonde pas une certitude.

Il s'enhardira aussi à ne pas affecter, par obligation fausse, des goûts ou des choix qui figurent « normalement » dans le bagage de l'homme dégrossi. Des années seront nécessaires pour qu'il se permette d'avouer que la musique classique le berce plus qu'elle ne le séduit (Mozart excepté), qu'il préfère le jazz ou le rock et bâille parfois salle Gaveau.

Au deuxième trimestre de 1953, Yves Montand et sa femme sont de nouveau séparés pendant un mois et demi. La brune et sombre Thérèse Raquin s'est glissée dans la peau de la blonde et rieuse Simone Signoret. Montand, lui, s'en va tourner à Rome et à Florence un film à sketches intitulé *Tempi nostri* (*Quelques pas dans la vie* pour la version française). L'œuvre, réalisée par Alessandro Blasetti, ne marque franchement pas un tournant du septième art. Le chanteur-comédien, devenu instituteur en la circonstance, joue à cache-cache avec une petite bonne florentine, Danièle Delorme, qu'il a rencontrée dans un restaurant modeste, puis la perd de vue, puis la retrouve, etc. Bluette et doux sentiments. On est loin du *Salaire de la peur* : ce contrat est plutôt prétexte à des demi-vacances ensoleillées et à un retour aux sources de Monsummano Alto entre deux prises.

C'est la première fois qu'Ivo Livi effectue le pèlerinage jusqu'à son village natal. Sans émotion très prononcée : il n'en a conservé strictement aucune image et sait dans quelles souffrances Giovanni Livi fut chassé du lieu. D'ailleurs, tout au début de sa carrière parisienne, les journaux français ont fréquemment situé sa naissance à Venise, trop fréquemment pour que l'erreur soit purement fortuite — le

« sympathique fantaisiste » qui montait à l'assaut de la capitale jugeait probablement plus « vendeur » d'être fils de la Cité des doges que d'un hameau perdu... Son séjour chez les « siens » ne passe évidemment point inaperçu. Une myriade de cousins au quatorzième degré sont tout prêts, pour des raisons évidentes, à manifester une débordante émotion. La visite s'accomplit donc au petit trot. Fier de ses origines paysannes, toscanes et antifascistes, Montand n'éprouve cependant nul désir de se fabriquer un enracinement tardif et forcément artificiel.

Danièle Delorme l'escorte lors de cette échappée. Ils rient beaucoup ensemble, admirent collines et fermes, dégustent le vin de l'année, et ce dans un rapport de copinage troublé — du côté d'Yves Montand, à tout le moins. Mais Simone a fixé les règles du jeu : elle accepte d'ignorer les péripéties éventuelles d'un temps d'absence, pourvu que ces dernières n'entament pas sérieusement le pacte conjugal. Cela dit — et Montand s'est déclaré d'accord sur le principe —, elle souhaite que les amitiés ne soient pas entachées de silences hypocrites ou de rancœurs contenues, abîmées par des ragots qui, tôt ou tard, grâce à quelque aimable guetteur, reviennent aux oreilles de la « victime ». Elle a même cité, pour l'exemple, deux noms à son époux, deux noms « interdits » : Danièle Delorme et Jeanne Moreau. De vraies amies, si proches qu'elle aimerait ne jamais associer leur visage à la moindre conversation désagréable.

Montand, donc, se le tient pour dit. Non sans peine : c'est l'été, elles sont belles... Dès qu'il est livré à lui-même, la tentation le démange. Pas la tentation de l'infidélité majeure, mais celle d'escapades badines, sans imposture ni lendemain. Admettrait-il la réciproque ? Lors d'un bavardage au coin du feu, assurément. Comment, expliquerait-il, ne pas accorder à l'être aimé les plaisirs ou les émotions qu'on désire pour soi-même ? Cela, c'est la noble théorie. Reste la mâle vigilance du Toscan. Quand il envisage, d'une voix sereine et bizarrement détachée, que sa compagne ait été emportée, ainsi qu'il le fut souvent, par de fugitifs élans, il réprime héroïquement le coup de sang qui menace. « Montand a toujours été très jaloux, tranche Catherine Allégret. Et Maman une épouse très méditerranéenne. Elle a fait instantanément le vide dans sa vie quand Montand y est entré et s'est appliquée à le recombler petit à petit, ce vide, à coups d'affections, d'amitiés. Mais la base de leur relation, c'est une intimité très forte entre eux, lui travaillant plus, elle à ses côtés. »

Simone Signoret rentre fatiguée du tournage de *Thérèse Raquin*. L'adaptation de Charles Spaak et de Marcel Carné a encore noirci le propos de Zola. L'entreprise est fort controversée, mais le film obtient le Lion d'argent à la Mostra de Venise. Ce n'est toutefois pas l'épaisseur du rôle qui tourmente la comédienne. Enceinte, elle perd à la mi-août l'enfant qu'elle attendait. Montand et elle espéraient cette naissance. Par deux fois, l'échec se reproduit (toujours à la suite d'une interprétation difficile, et toujours fort tard dans la grossesse). C'est un sujet dont la presse à scandales n'a pu exploiter la sourde blessure. On n'entendra ni l'un ni l'autre déplorer, sauf auprès de très rares confidents, cette peine et ce manque définitifs.

Pendant que Simone se rétablit après un séjour en clinique, Yves Montand remplit ses traditionnels devoirs de vacances (les vacances des autres, bien sûr). Le théâtre de l'Étoile est loué à compter du 5 octobre, et il ne lui reste plus que quelques semaines pour fignoler son tour. C'est un véritable parcours du combattant qu'il aborde : Knokke-Le-Zoute, Deauville, Les Sables-d'Olonne, Arcachon, Biarritz, Cannes, Menton, Nice, Juan-les-Pins, Vichy, Royat, Aix, Chamonix, Évian...

En guise de messages, outre l'appel téléphonique quotidien, il expédie à Catherine et à Simone des « bobinos » enregistrés où il répète sa tendresse, son regret d'être au loin. La mère et la fille écoutent la bande défiler sur le gros magnétophone, jusqu'au moment où la voix de Montand s'adresse à la plus jeune : « Et maintenant, mademoiselle, je vous demanderai de quitter cette pièce et de me laisser seul avec Simone. J'ai des choses à lui dire en particulier... »

Les journaux lui apprennent, le 12 août, que *Sanguine*, le poème de Jacques Prévert mis en musique par Henri Crolla, est désormais censuré à la radio — où l'a imprudemment programmé Francis Claude dans l'émission qu'il anime — pour cause de lubricité. Interdite, *Sanguine*? Le chanteur hésite entre la colère et le mépris. Radio ou pas, on l'entendra quand même chaque soir :

La fermeture éclair a glissé sur tes reins
Et tout l'orage heureux de ton corps amoureux
Au beau milieu de l'ombre
A éclaté soudain...

Ce *blues* intense et grave, il le donne avec toute la sensualité requise. Tant pis pour les bien-pensants qui veillent sur la moralité publique ! Il est certain, lui, Montand, que son prochain récital sera le meilleur qu'il ait jamais construit.

Place Dauphine, tout le monde tremble à l'approche du lundi 5 octobre 1953.

Elvire Livi : « Vous le voyiez dans le salon en train de faire les cent pas. Il ne s'apercevait pas de votre présence, il repassait chaque texte d'une chanson. Avec les musiciens, le ton grimpait dès qu'une note était de travers. Le menu de régime, qu'il avait écrit de sa main et punaisé dans la cuisine, prévoyait longtemps à l'avance le plat du jour : foie de veau, viande hachée, poulet, poisson. Tant de grammes, pas cinquante de plus ! Pas une goutte d'alcool, juste un peu de vin, les cigarettes rationnées. La barre était à la cave, et il s'y entraînait tous les matins. Et coléreux ! Simone filait doux jusqu'à la première. Et encore. Même après la première, il fallait attendre quelques jours pour qu'il se détende. Ce n'était pas la joie, non, ce n'était pas la joie... »

Julien : « Moi, je criais : "Salut, salut !" et je montais à mon cinquième. On parlerait de la guerre d'Indochine une autre fois. »

Jean-Louis : « Sa gymnastique consistait notamment à s'installer au bord de l'escalier descendant à la cave, puis à toucher des mains les premières marches, plus bas que ses pieds. Une rigueur absolue. Entre 5 et 6 heures de l'après-midi, il montait se coucher, s'endormait instantanément, et ma mère le réveillait trente minutes plus tard. »

Cela, c'est l'envers « domestique » du décor.

Et voici l'endroit. Christine de Rivoyre, choisie par *Le Monde* pour narrer l'ambiance de la première, décrit la salle : « Ex-Casque d'or, Simone Signoret, noire maintenant comme l'aile du corbeau de Thérèse Raquin, se tenait à la proue des loges de droite. Dans le même navire, Danièle Delorme, dont les paumes ne chômèrent pas, Gérard Philipe, bon camarade, et la dissidence de la Comédie-Française, représentée par Marie Bell et Jean Chevrier. Plus loin, Erich von Stroheim, le poignet cerclé d'or. En face d'eux, Edwige Feuillère, enfouie comme Blanche-Neige sous une fourrure nuageuse. Et Serge Reggiani, la moustache en bataille ; Renée Faure, blonde ainsi qu'un page shakespearien ; Madeleine Robinson, "grande fille toute simple coiffée d'un béret" ; Simone Simon, qui distribua, rose et ravie, des autographes à l'entracte. Et Pierre Prévert, Maurice Druon, Becker, Cayatte, Autant-Lara, Max Ophuls et Pierre Brasseur, qui porte de nouveau la barbe de Goetz[11] ; Aragon enfin ; Elsa, ses yeux chantés brillant d'enthousiasme. Tous ces braves gens se conduisirent admirablement, presque aussi bien que les "fans" plus haut perchés qui retrouvaient leur "p'tit gars" dans son complet chocolat réglementaire[12]... »

Tous ont à la main le programme de la soirée qui comprend, sous divers angles, la photographie du chanteur (sur la passerelle d'un Constellation, en gros plan souriant, ou bien empruntée au *Salaire de la peur*) et s'ouvre surtout par un poème inédit de Jacques Prévert :

Un rideau rouge se lève devant un rideau noir
Devant ce rideau noir
Yves Montand
Avec le regard de ses yeux l'éclat de son
    sourire les gestes de ses mains la danse
    de ses pas
dessine le décor
Et la couleur vocale de sa voix éclaire le
    paysage de New Orleans old Belleville
    and Vieux Ménilmontant
où l'on entend soudain la chanson mouvementée
    des plus anciens échos de silence de Florence

11. Le rôle principal qu'il tient dans *Le Diable et le Bon Dieu*, de Jean-Paul Sartre.

12. Numéro daté du 7 octobre 1953.

quand ses oiseaux de jour lui disent au revoir de nuit
au giardino di Boboli
avant de regagner la porte d'Italie pour
voir couler la Seine qui traverse
Paris et puis gagne la mer pour
aller voir Harlem où il y a pour
chanter sept dimanches par semaine...

Le critique du *Figaro*[13], Pierre Macaigne, visiblement désireux de mêler une goutte de fiel à l'océan d'éloges qui noie le « camarade » Montand, a beau pester avec aigreur contre un tel culte de la personnalité, le flux est irrésistible. La vingt-troisième et dernière chanson est *A Paris*. Montand salue. La salle (chacun, la chose n'est pas si ordinaire, a payé sa place, question de principe) le rappelle. Immobile, très doucement, il donne *Les Feuilles mortes*. Silence, émotion. Les spectateurs, lorsque s'estompent « les pas des amants désunis », restent un temps bouche bée. Et puis c'est pire. Une-autre, une-autre, une-autre ! ! !

Montand craint les rappels autant qu'il les goûte (il les préfère à l'absence de rappels, l'affaire est évidente, mais redoute que des ajouts ne concluent le show sur un effritement, un effilochage : quand c'est fini, c'est fini, il faut arrêter en pleine force, en pleine forme, ne pas se laisser grignoter, user par la tentation de prolonger mollement ce qui doit fatalement s'achever, et s'achever au sommet).

Il cède néanmoins, et l'air qu'il sélectionne pour céder ressemble à un aveu : *C'est si bon...* Rideau. Salut. Rideau. Salut. Rideau. Salut. Rideau. Impossible d'arrêter. Le chanteur jette à Simone Signoret, qui l'a rejoint en coulisses depuis *Barbara* — théoriquement l'avant-dernière chanson —, un coup d'œil où se mêlent triomphe et appréhension. Il marche jusqu'à l'avant-scène, cambre le buste, bras ouverts, en direction des balcons lointains, du poulailler, s'incline ensuite vers l'orchestre, histoire de montrer que chaque spectateur a droit au même respect, quel que soit le prix de sa place. Puis se retire. Il ne cédera plus. Son plan prévoit deux rap-

13. Sous le titre *M. Yves Montand, c'est tout un programme...*, 6 octobre 1953.

pels au maximum. Après, ce n'est plus du théâtre, c'est du radio-crochet ou de la veillée scoute. De l'autre côté du rideau, un vacarme de houle, de déferlante, fracasse les travées. Une-autre ! Ils sont toujours là, ils refusent de partir. Et les sifflets giclent. Le poulailler tangue entre l'ovation et la manif. « Yves Montand a été sifflé parce qu'il ne voulait pas chanter toute la nuit », titrera la presse populaire[14].

Officiellement, le chanteur est à l'affiche pour trois semaines. En fait, le récital dépassera les 200 représentations, du 5 octobre 1953 au 5 avril 1954. Six mois entiers, près de 200 000 billets vendus, une recette brute de 118 millions de francs. Plus l'immense succès de l'enregistrement « sur le vif » du spectacle (la pochette sera dessinée par Jean Effel). Plus un Disque d'or (1 million d'exemplaires) pour *Les Feuilles mortes*...

Record absolu. On se déplace de la France entière, par autocars spéciaux. On se déplace de l'étranger. Les plus illustres hôtes de la capitale ne manquent pas d'être aperçus dans la loge de Montand : ainsi, le 31 octobre 1953, Simone Signoret et lui sont-ils photographiés par un envoyé de *Paris-Match* en compagnie de Maurice Chevalier, Kirk Douglas et Gary Cooper. Cette loge, dont Simone dit que, chaque soir, elle « devient la cabine des Marx Brothers », où rappliquent et s'entassent les copains, une fois leurs propres engagements honorés. Bernard Blier, François Perier, Roger Pigaut, Serge Reggiani, Pierre Brasseur, les frères Prévert, le jeune et piquant José Artur, qui débute au théâtre, sont les plus assidus à ce rendez-vous quasi quotidien. La *groupie* préférée d'Yves Montand est l'âme « passionnelle et passionnée » de ces nuits désopilantes et fraternelles : « La lumière revenait dans la salle, "ils" faisaient : "Oooooooh !..." On retrouvait la loge, il y avait encore un petit moment bizarre pendant lequel je sentais que j'avais intérêt à ne parler que si on m'interrogeait. Et puis la détente venait, la rigolade commençait... »

Ce récital de 1953 n'est peut-être pas supérieur, du point de vue artistique et musical, à ceux de 51, 58, 68 ou 81. Mais, dans la mémoire des fidèles, il brûle d'une flamme singulière.

14. Par exemple *Paris-Presse-L'Intransigeant*, 7 octobre 1953.

« Un point culminant », selon Paul Grimault. « Ce que je voudrais le plus revivre, c'est une soirée à l'Étoile », confirme Colette Crolla. « La peur qu'éprouvait Montand, ajoute Serge Reggiani, était si violente qu'elle exigeait, pour être vaincue, un surcroît de force qui le faisait embrasser le public avec une ferveur inouïe. » Et Hubert Rostaing : « J'ai la nostalgie de l'Étoile. Ça collait avec Montand. Je dirais que la loge, les balcons, les fauteuils, les ouvreuses ressemblaient à Montand... »

Le florilège est inépuisable. « Je me rappelle très bien, raconte Catherine Allégret, la première fois où Maman a rameuté tous les gosses de la place Dauphine pour aller voir chanter Montand. » Les parents sont morts de trac (Julien : « Je souffrais ; lui au moins se défoulait, mais nous avions peur pour lui à chaque note, à chaque claquette, à chaque annonce. Nous en sortions vannés ! ») ; les enfants, eux, sont à la fête. Avant même les trois coups, un rugissement s'élève de l'assistance ; quand le « brigadier » tonne, la clameur est générale. Crolla, Castella, Paraboschi, Balta et Soudieux, éclairés latéralement, attaquent *After you've gone* sur un long solo du guitariste et « font un bœuf » comme au Jimmy's. Puis c'est à « lui ». La gueulante de la foule, un hurlement de bienvenue, couvre un instant *La Ballade de Paris*...

Jean-Louis Livi : « Simone nous avait installés à côté de l'homme qui, tout en haut, commandait les projecteurs. Il avait devant lui un grand carton où étaient écrites les consignes. Par exemple, dans *Les Routiers*, il devait tout couper dès que Montand levait les bras. Nous jugions cela magique, et c'était magique. Professionnellement, j'ai eu la chance d'assister à des centaines de spectacles et je continue de le faire. Je mesure mieux, aujourd'hui, combien le show de 1953 était prodigieux. On n'entrait pas dans un théâtre. On entrait dans une cathédrale, une cathédrale chaude où les gens communiaient. Il n'était pas question une seconde de se triturer les méninges, parce qu'on riait énormément : entre *Quand un soldat* et *Les Saltimbanques*, Montand intercalait *Une demoiselle sur une balançoire*. Entre *Flamenco de Paris* et *Le Peintre, la Pomme et Picasso*, il y avait les claquettes de *Il fait des*. A la fin du récital, lorsque nous sommes allés le retrouver, il n'avait pas encore atterri, il était toujours dans son truc. Puis il a appelé les musiciens, quelque chose ne collait pas, il fallait régler ça tout de suite. Eh oui ! Il était capable de répéter après le spectacle, en peignoir blanc. Il ne redevenait qu'ensuite celui que nous connaissions. »

Au fil des semaines, l'angoisse chute un peu. Les habitants de la « roulotte » reprennent leur souffle. Mais l'existence est toujours strictement réglée. Elvire sait que le dimanche, entre la matinée et la soirée, le repos de l'artiste est sacré. A la rigolade nocturne qui clôt chaque séance et ne se consomme qu'entre amis succèdent des jours austères et planifiés. Pour demander pardon de la discipline qu'il inflige aux siens, Yves Montand leur adresse à l'improviste, et même en plein show, quelque signe de connivence. Elvire : « S'il me savait dans la salle, au lieu d'annoncer ''*Gilet rayé* de Louiguy et Henri Contet'', il disait sans broncher ''d'Elvire Nutini et Henri Contet'' (Nutini est mon nom de jeune fille). Et moi, au fond de mon fauteuil, je me régalais... »

L'extraordinaire accueil réservé à la star de l'Étoile — aucun critique « sérieux » ne s'aventure hors des sentiers de la gloire — a peut-être pour assise la composition même du spectacle. Montand l'a « découpé » en quatre quarts. Un quart de thèmes populaires (Paris ouvre le bal et Paris le conclut). Un quart de poèmes « purs » (Prévert, omniprésent, mais aussi Apollinaire). Un quart de sketches comiques (dont *Le chef d'orchestre est amoureux* est la principale nouveauté). Et un quart de chansons plus ou moins « engagées » (*Quand un soldat, Flamenco de Paris, Le Chemin des oliviers, C'est à l'aube*).

D'où un registre fort étendu. La fantaisie désinvolte de *Dis-moi Jo* :

> J'ai une chanson dans la gorge
> Un coup de lune au fond des yeux
> Un petit poil comme un grain d'orge
> Dans la main, c'est pas sérieux...

L'amour imprévisible d'*Il a fallu* :

> Il a fallu
> Six maîtres de forge barbus
> Vingt banquiers jouant à la baisse

Des quantités d'impôts en plus
Et douze campagnes de presse...
Il a fallu
C'est fou tout ce qu'il a fallu
Pour qu'un wagon du PLM
Fonçant dans la nuit inconnue
M'emporte vers celle que j'aime.

Le timbre un tantinet réaliste-socialiste de *C'est à l'aube* :

C'est à l'aube
A l'heure triste où le jour point
Qu'on regarde son destin
Dans les yeux...
Mais à l'aube
Mais à l'aube
S'éveillent des lendemains
Merveilleux.

Le populisme émotif de Francis Lemarque quand ce dernier oublie les guinguettes et l'accordéon :

Au chemin des oliviers
Toute l'herbe a disparu
Emportée par la misère
Sur les pas de tous nos frères
Qui sont tombés...

Sans cesser d'être un acrobatique amuseur, Yves Montand est devenu le porte-parole du bon peuple, celui qui aime, qui reconstruit la France, qui proteste contre les bas salaires, qui n'a point en haute estime les institutions flottantes de la IVe République, qui réprouve les « aventures coloniales ». Montand est au comble de la « popularité » dans toutes les acceptions du terme. Une courte mais pertinente biographie lui est consacrée par le critique et romancier Christian Mégret (la sortie du livre, publié chez Calmann-Lévy, coïncide avec la première de l'Étoile). Le chanteur, explique son biographe, incarne « l'homme des masses, l'homme d'aujourd'hui, conscient de la noirceur de l'époque». «Ce n'est pas un hasard, insiste Mégret, qu'il soit engagé, sinon dans son art, du moins dans sa vie[15].»

Ce récital de 1953-1954 a été l'un des plus accomplis parce qu'il est porté par les valeurs des gens de ma génération et, déjà, de ceux qui la suivent. Des valeurs qui, alors, paraissent sûres — la ligne de démarcation nous semble tracée entre le bien et le mal. Mon répertoire n'est pas «politique», mais il profite de cette chaleur commune, il l'absorbe et la renvoie. Il se trouve que la plupart des textes échappent au style «gnangnan» de gauche, qu'un souffle réel les traverse. Je me réclame à cette époque d'un marxisme sommaire, mais Sanguine, *à mes yeux, est aussi annonciatrice des «lendemains» que* C'est à l'aube. *Pour évoquer ce que fut l'ambiance de l'Étoile, je rappellerai une image : les transports parisiens étaient en grève, mais les spectateurs sont venus quand même, et le hall du théâtre était jonché, bourré de centaines de vélos ! Et une sensation : il a fait terriblement froid, cet hiver-là, même au théâtre (la chaudière est restée hors d'usage pendant cinq jours); le public portait des manteaux, des moufles, et nous nous réchauffions ensemble. Les gens pigeaient au quart de tour. Lorsque j'annonçais* Barbara, *une chanson «de Jacques Prévert et de... Jacques Prévert tout seul...», ils riaient aussitôt. Puis ils comprenaient que je me contenterais de dire le poème...*

Montand connaîtra d'autres triomphes, plus spectaculaires peut-être. Il s'imposera aux États-Unis, au Japon... Mais retrouvera-t-il ce climat «fusionnel» qui est autant le climat d'une période que l'atmosphère d'un spectacle? Retrouvera-t-il cette parfaite coïncidence entre l'amour «public», l'étreinte consommée chaque soir avec des milliers de gens, et l'amour «privé»? Une interview accordée par le chanteur

15. *Libération*, 6 octobre 1953. Le journal, en sous-titre, présente ainsi Montand : «Barman, coiffeur pour dames, métallo, chômeur, docker et interprète de l'époque.»

et son épouse à *Comœdia*[16], vénérable revue des amateurs et professionnels de la scène, revêt l'allure d'un long duo lyrique où Simone, de façon très marquée, se tient trois pas en retrait :

Simone Signoret : Moi, je ne suis que comédienne... Lui n'est pas interprète, il est réalisateur. Le public ne vient pas voir une histoire, mais vingt-cinq histoires qui n'ont de sens que par ce qu'il y apporte. Depuis neuf semaines, je n'ai pas vu un film en entier. L'horaire du tour de chant ne me permet que de voir la fin ou le début.

Yves Montand : Quand j'ai épousé ma femme, elle était artiste. Je n'allais quand même pas lui demander de renoncer à un métier qu'elle aime. Ce serait dommage ! Évidemment, quand on sait que sa femme va jouer une scène d'amour avec un autre, on dira ce qu'on voudra, ça ne fait pas tellement plaisir ! Je sais qu'elle abandonnerait le cinéma si je le lui demandais, mais je sais aussi qu'elle finirait par en souffrir. Moi aussi, pour elle, je pourrais rester un an sans chanter...

Simone Signoret : Je ne te le demande pas.

Yves Montand : Combien de temps ça va durer, un amour comme ça ? Deux ans, cinq ans, dix ans... Moi, j'espère toute la vie.

Simone Signoret : J'ai refusé de jouer au théâtre pour une raison très simple : je ne veux pas m'en aller de chez moi tous les soirs à 8 heures. Je ne voudrais à aucun prix que nous ne nous rencontrions que dans les couloirs.

Yves Montand : Nous pourrions jouer ensemble, mais il nous faudrait une œuvre où nous serions déjà mari et femme.

Simone Signoret : En attendant, quand il tourne, je me contente d'être l'habilleuse en second. Et les chansons, je ne m'en mêle pas.

Yves Montand : Ne dis pas ça ! Tu as un avis très sûr... Etc.

« Un amour comme ça » requiert plus qu'un nid (le nid, c'est la « roulotte ») : il lui faut une auberge, un espace où il s'abrite mais aussi s'expose, se partage. Un lieu où soient convoqués ses meilleurs témoins. Montand, pour la première

16. 2 décembre 1953.

fois de son existence, a gagné une réelle fortune. Et, pour la première (et dernière) fois de son existence, il a envie d'une maison. Divers sentiments contradictoires le traversent à cette occasion. Une très ancienne recommandation maternelle : « Mes enfants, sait-on jamais ? si vous avez un peu d'argent, un jour, il faut acheter avant tout une maison. » Mais aussi un malaise, qui n'est pas moins ancien, devant l'argent et son usage. « De mes dures années, confesse Ivo Livi peu après son "tabac" à l'Étoile, j'ai gardé une certaine gaucherie à me servir de l'argent, qui peut faire sourire les fortunés de naissance. J'achète avec une espèce de naïveté qui me jette parfois dans l'outrance. C'est ainsi que je me suis fait livrer deux douzaines de maillots de corps pour réagir contre une espèce d'inertie qui me contraignait à rouler, comme autrefois, avec un assortiment très réduit : quatre seulement, pour permettre le blanchissage[17]... »

Le conseil de « Beppina » éveillait chez ses enfants un désir de châteaux alambiqués, de parcs à la française, de tourelles et de statues. Mais l'inaptitude à mesurer l'emploi raisonnable du capital soudainement amassé (et amassé, qui plus est, par un ennemi juré du « grand capital ») vient réfuter toute folie des grandeurs.

Simone Signoret et Yves Montand, battant la campagne, finissent par dénicher dans l'Eure, à Autheuil-Authouillet (entre Pacy-sur-Eure et Louviers), une demeure qui offre un compromis analogue à ce que fut la location de la « roulotte » sur l'île de la Cité. C'est une maison sans tourelles ni galerie des glaces, un rectangle blanc sobrement coiffé d'un trapèze d'ardoise, dont les fenêtres régulières et harmonieuses donnent sur une prairie et une haute allée d'arbres. De l'extérieur, l'ensemble est majestueusement simple. De l'intérieur, il est chaud et clair, avec des carrelages anciens, des cheminées hospitalières, un escalier ample et des combles mansardés. La vaste pièce à vivre est divisée par des colonnes fines. La salle à manger est assez spacieuse et intime. A quatre-vingt-dix kilomètres de Paris (sans le secours de la future autoroute), c'est le plus proche des bouts du monde.

Une petite ferme, dix vaches au plus, est incluse dans la

17. In *Du soleil plein la tête, op. cit.*

propriété. Non sans optimisme, Montand espère que ses produits couvriront l'entretien : il devra bientôt s'apercevoir que l'œuf « maison » n'est pas un cadeau mais un luxe. Avant tout, Simone et lui présentent leur trouvaille aux futurs gérants : Georges et Marcelle Mirtilon (la cuisinière de la place Dauphine et son mari, le fort des Halles). Morvandiaux, ils ont hâte de reprendre racine, ajoutent une quinzaine de moutons aux dix vaches et acceptent avec enthousiasme d'assurer l'intendance. La presse malveillante remarquera que lesdits moutons sont marqués d'un *M* — ainsi ont toujours procédé les Mirtilon dans leur région d'origine — et y verra le signe d'une subite mégalomanie du « prolo » devenu « châtelain ». Simone Signoret donne une version des choses diamétralement opposée : « On n'a pas cherché des gens pour s'occuper de la maison après l'avoir achetée ; on aimait bien des gens qui aimaient bien la campagne, et on a emmené Georges et Marcelle faire la deuxième visite à Autheuil avant de l'acheter. Ils ont bien aimé. On a acheté. »

Vis-à-vis des copains, la démarche est analogue. Autheuil sera communautaire ou ne sera pas. François Perier s'en souvient avec gratitude : « Yves et Simone nous ont amenés là-bas, Reggiani, Pigaut, José Artur, Brasseur, bref, toute la bande, ont sollicité notre approbation, puis ont eu la délicatesse de passer chez le notaire pour régler la note. Et nous avons tous adopté Autheuil — pour s'y reposer, pour y écrire ou répéter, pour se réunir dans la joie. Simone et Yves, d'ailleurs, n'appréciaient guère les "infidélités". A Autheuil, nous étions "chez nous". Si nous nous éloignions, nous trahissions peu ou prou. Lorsque nous avons commencé, les uns ou les autres, à mieux gagner notre vie et à l'organiser de manière plus indépendante, lorsque nous avons nous-mêmes acheté des maisons de campagne, nous avons failli commettre une sorte d'affront. "Mais enfin, tu as Autheuil !" objectait Simone... »

En matière de décoration, la bonne hôtesse, comme d'habitude, compte sur ses propres forces : des murs blancs, des objets choisis autant pour ce qu'ils évoquent que pour leur valeur intrinsèque (deux vitrines, dans la grande salle, sont remplies de bricoles, de bibelots rapportés de mille voyages), des meubles « qui ne sont pas de "beaux meubles" mais qui sont très beaux », des peintures qui ne feraient pas flamber Drouot mais ont été grappillées chez des brocanteurs inspirés (à quoi s'ajoutent, quand même, la céramique de Picasso, la tapisserie de Lurçat, un tableau de Giacometti et deux « compressions » de l'ami César).

Les maîtres de céans se réservent, en principe, une partie du premier étage. Le reste est livré aux visiteurs, surtout les mansardes du second dont Simone Signoret a elle-même confectionné les rideaux. Le cachet des *Diaboliques* se transforme en piscine avec un bassin spécial pour les enfants (ouverte aux gosses du village un jour ou deux par semaine, l'été) — au pays normand, pareille entreprise était inhabituelle. Montand aménage une grange en petit théâtre doté de projecteurs, d'une collection croissante de précieuses copies et d'une mini-scène où il défriche ses tours. La prairie, derrière la maison, se mue en parc tout en restant prairie...

José Artur, depuis son livre *Micro de nuit*[18], a été promu par ses pairs chroniqueur officiel de la vie à Autheuil : « Certains week-ends, il y avait plus de vingt clients, pension complète. Les enfants et les chiens étaient admis et même recherchés. Pour avoir les chambres du premier étage, il fallait être âgé, très connu, ou venir pour la première fois. Je couchais au second, car je n'étais ni âgé ni connu, et j'y étais toutes les semaines. J'ai vu François Perier à mon étage, Françoise Arnoul, Roger Pigaut, Serge Reggiani, Pierre Mondy et Jacques Becker. Le seul qui n'y ait jamais mis les pieds, c'est Pierre Brasseur, pour des raisons de sécurité : après le dîner, l'escalier qui mène au grenier est très étroit et très raide... »

Des amours naîtront ou périront à Autheuil (Jacques Becker y épousera Françoise Fabian en 1959). Des livres y seront conçus. Des scénarios — signés, par exemple, Becker, Costa-Gavras, Resnais, Corneau, Dabadie-Sautet, Semprun — y seront débattus, des dialogues affûtés. Chris Marker y maniera la plume ou la caméra. Luis Buñuel y pratiquera le tir, aux aurores, pour se défouler.

18. Paris, Stock, 1974.

Simone Signoret s'y éteindra.

Pourtant, s'il est une nostalgie qui plane sur la maison, c'est d'abord celle d'une franche, d'une méthodique rigolade. La nostalgie du meilleur des rires : celui qui nourrit l'amitié. « C'est une maison, ajoute José Artur, où, quand il pleut à verse, c'est dehors ; où l'avenir est aux gens qui se couchent tard. Au réveillon du Jour de l'an, on s'y souhaite l'année que l'on mérite, pas plus ; si on la cambriole, on y vole plus de souvenirs que d'objets de valeur. C'est une maison où l'on n'est pas "contre le mariage des prêtres, à condition qu'ils s'aiment". Mais il est recommandé de laisser ses décorations au vestiaire[19]. »

Dès l'été 1954, le ton est donné. Catherine Allégret : « Durant quelques saisons, ce fut formidable, Autheuil, plein de bulles. Bernard Blier, Pierre Brasseur, José Artur, Pierre Mondy jouaient aux fantômes, se balançaient des seaux d'eau à la figure comme des gosses. Marcel Achard perdait dignement ses lunettes et son maillot au bord de la piscine. Une fois dans ma vie, j'aurai vu mes parents s'éclater. Et, vous savez, pour voir Montand détendu, il faut se lever matin... » Jean-Louis Livi, le cousin de Catherine, parle avec le même enthousiasme : « Mais oui, aussi extraordinaire que cela paraisse, ils étaient détendus, nos parents. Et beaux. Ils avaient la trentaine, ils se donnaient à fond dans leur métier, ils savaient parler, conter, mimer. » Elvire, la mère de Jean-Louis, l'intendante de la « roulotte », est fréquemment associée à ces fêtes : « Pierre Brasseur trichait, Serge Reggiani et Raymond Rouleau s'engueulaient avec leurs compagnes et se réconciliaient le lendemain, Becker, Pigaut, Blier venaient le temps d'un week-end. Les parties d'ambassadeurs ou de poker se prolongeaient jusqu'au matin. »

Après une nuit blanche et gaie, aux environs de 13 heures, Yves Montand tirait deux coups de fusil pour avertir la maisonnée que l'heure du repas avait sonné, et les plaisanteries recommençaient à table.

Serge Reggiani : « N'essayez pas de me faire avouer que nous avions d'immenses querelles idéologiques. Avec Montand, j'ai essentiellement le souvenir d'avoir énormément ri,

19. *Ibid.*

en ce temps-là. Parfois même à la limite... Ainsi, un des serveurs de la Colombe d'Or s'appelait Anselmo. Nous l'aimions bien (c'était un Italien, vous l'aurez compris) et puis il est mort. Mais nous avons continué à l'appeler lorsque nous dînions sur la terrasse de Saint-Paul : "Anselmo, Anselmo?" Et nous riions de sa mort, comme ça, comme on rira, j'espère, de ma propre mort ou de celle de Montand... A Autheuil, le grand salon était transformé en terrain de jeux permanent. Yves et Simone avaient un numéro très au point. Elle agressait Montand de manière apparemment masochiste, déclenchant *illico* une colère. Et là, elle s'indignait à son tour : "Mais sur quel ton tu me parles? Tu as songé à la manière dont tu me traites?" Et c'était parti ! »

Au fond, Simone Signoret est parvenue à reconstituer, dans sa maison de vacances, une bande aussi pittoresque, talentueuse et amicale que celle qui avait illuminé ses vingt ans. C'est par elle que transitent le plus souvent les invitations. C'est elle qui mène volontiers le bal — son mari ne le boude certes guère, mais, entre deux tournois de poker et un canular bien conduit, il éprouve la nécessité d'une phase de repli, d'une marche le long des talus, d'un moment de solitude dans le petit théâtre. Quelquefois, Simone utilise habilement les amis pour appuyer une critique qu'elle a commencé de formuler à propos d'une chanson ou d'un accompagnement. Elle plante la banderille, n'insiste pas et laisse le chœur confirmer, comme par hasard, son impression première... Montand n'est pas dupe mais feint de l'être, et sa femme sait qu'il sait.

Symboles parfaits de l'esprit qui régnait sur Autheuil, certaines mystifications sont demeurées dans la mémoire de tous les témoins. Ils avaient élu pour tête de Turc l'agent d'Yves Montand, « Monsieur B » (appelons-le ainsi), homme crédule et zézayant qui gobait toutes les histoires mais possédait aussi l'art de gober les pourcentages. Quand Monsieur B était annoncé, une vague de liesse envahissait la maison. Les spécialistes — ils étaient nombreux et qualifiés — de la saynète improvisée se déchaînaient. Et cela donnait plus ou moins ceci :

Acte I : Monsieur B est accueilli par Montand, qui se plaît à lui vanter la rareté de certaines fleurs, singulièrement des glaïeuls dont les bulbes, importés d'Asie, sont rarissimes et coûteux ; mais la conversation bifurque vers des voies moins sereines : je n'en peux plus, avoue le chanteur, je vis ici entouré de pique-assiettes, de faux amis qui abusent de mon hospitalité.

Acte II : On est à table. Serge Reggiani bredouille des proverbes napolitains. Simone Signoret, l'air tendu, surveille ses convives. Pierre Brasseur, manifestement, a trop forcé sur l'apéritif. François Perier sort à la hâte de la maison, balance une boule de linge sale sur les genoux de Simone, dont les yeux s'embuent :

— Je file à Paris. Lave-moi ça d'ici demain. *Ciao!*

Et il disparaît. Montand geint à l'oreille de Monsieur B : « Non, mais tu te rends compte ! »

Acte III : Voici José Artur, l'air du joyeux luron qui s'invite avant le dessert. Il brandit jovialement une brassée de fleurs : les glaïeuls, les glaïeuls hors de prix qu'il a non seulement cueillis, mais arrachés, avec l'oignon.

Acte IV : José Artur, quelques verres plus tard, s'effondre : son ami (le masculin est souligné), son ami l'a quitté.

— Il est homozegzuel ? zézaie Monsieur B. Mais ze le croyais marié. Z'est terrible.

Montand, sinistre, dit que oui, il est marié, mais que tout cela est très compliqué, que les homosexuels sont gens secrets, ce qui ne les empêche pas d'avoir un cœur.

Acte V : Monsieur B s'esquive au café sous de très mauvais prétextes. La troupe ne salue pas...

Ainsi jouaient, au milieu des années cinquante, quelques-uns des meilleurs comédiens français. Il est vrai qu'en ce temps-là mieux valait, pour rire, inventer des histoires. Car l'Histoire, la vraie, n'était pas très drôle.

10

Dans la salle aux mosaïques d'or de l'hôtel de ville, à Stockholm, une réception est organisée chaque année pour les lauréats du prix Nobel. Toutefois, le 19 mars 1950, ce ne sont ni les écrivains célèbres, ni les scientifiques de renom qui sont accueillis par le maire socialiste, mais les délégués du Comité mondial des partisans de la paix. Ceux-ci s'accordent sans difficulté sur un texte, rédigé dans le sous-sol d'un bistrot par l'écrivain russe Ilya Ehrenbourg et adopté sous les acclamations : « Nous exigeons l'interdiction absolue de l'arme atomique, arme d'épouvante et d'extermination massive des populations... Nous considérons que le gouvernement qui, le premier, utiliserait contre n'importe quel pays l'arme atomique, commettrait un crime contre l'humanité et serait à traiter comme criminel de guerre. Nous appelons tous les hommes de bonne volonté dans le monde à signer cet appel. »

Avec cette profession de foi — qui entre dans l'histoire sous le nom d'« Appel de Stockholm » — commence l'une des plus vastes campagnes d'opinion que les organisations communistes aient menées à travers le monde. Car, derrière un texte pacifiste et humaniste auquel tout le monde peut adhérer, se profile une formidable entreprise de manipulation politique commandée par l'Union soviétique et ses alliés. Naturellement, s'il est aisé de formuler cette analyse aujourd'hui, à l'époque, des millions de gens signèrent l'Appel en toutes bonne foi et conscience, car ils redoutaient vraiment une nouvelle guerre mondiale, nucléaire, entre les États-Unis et l'URSS.

Il n'a pas fallu deux ans après la capitulation de l'Allemagne et du Japon pour que les Alliés, hier unis contre le fascisme, s'affrontent en Europe et en Asie. Dans les pays de l'Est européen libérés par l'Armée rouge, les Soviétiques poussent leurs pions : à coups d'élections truquées, de pressions physiques et de « mobilisations populaires », les partis non marxistes sont marginalisés, puis éliminés. Dès mars 1946, dans son célèbre discours de Fulton, Winston Churchill dénonce les « régimes policiers » qui imposent « leur loi à l'Europe de l'Est ». A Varsovie, Budapest, Prague, les partis communistes s'emparent du pouvoir. En quelques mois se soudent deux blocs antagoniques, l'un sous hégémonie américaine, l'autre sous domination soviétique. Et chacun théorise cette fracture.

En mars 1947, le président américain a présenté devant le Congrès ce qu'on appellera la « doctrine Truman » : « Les États-Unis doivent soutenir les peuples libres qui résistent à des tentatives d'asservissement par des minorités armées ou des pressions venues de l'extérieur... » A cette déclaration, qui marque en fait les débuts de la guerre froide, Alexandre Jdanov, l'idéologue officiel du régime soviétique, rétorque quelques mois plus tard : « Deux camps se sont formés dans le monde : d'une part, le camp impérialiste et antidémocratique qui a pour but essentiel l'établissement de la domination mondiale de l'impérialisme américain et l'écrasement de la démocratie ; et, d'autre part, le camp anti-impérialiste et démocratique dont le but essentiel consiste à saper l'impérialisme... » Derrière la phraséologie d'usage, les intentions sont affichées avec clarté. Le blocus de Berlin, la division de l'Allemagne, la victoire de Mao Tsé-toung en Chine accentuent encore la division du monde.

Et le 4 avril 1949, dans la grande salle du Département d'État, à Washington, qu'une main attentionnée a fleurie d'hortensias roses, les douze ministres occidentaux cosignent devant le président américain la création de l'Alliance atlantique. Les États-Unis s'engagent par ce traité à défendre le Vieux Continent. L'URSS réagit comme si elle subissait une agression. Toute l'habileté de sa propagande va consister, précisément, à dépeindre le camp américain comme fauteur de guerre, et l'Union soviétique comme championne de la paix. Dans cette bataille idéologique, la dénonciation de l'arme nucléaire est un puissant moteur : les partisans de la paix sont contre la bombe ; la bombe est américaine ; les pacifistes sont donc contre les Américains — le syllogisme se révèle d'une efficacité parfaite.

Afin de mener à bien sa croisade, l'URSS mobilise les partis communistes qu'elle manœuvre dans les pays occidentaux. Mais les dirigeants soviétiques ont l'habileté de solliciter également les intellectuels « progressistes », humanistes et pacifistes. D'où l'idée d'animer en sous-main de vastes rassemblements susceptibles d'attirer, d'enrôler l'intelligentsia occidentale.

C'est à Wroclaw, en Pologne, où est convoqué au mois d'août 1948 un congrès mondial des Intellectuels pour la paix, qu'est lancé le Mouvement de la paix. Son premier congrès se déroule à Paris, salle Pleyel, en avril 1949. Pour l'occasion, Picasso a produit une lithographie représentant la *Colombe de la paix*. Le prix Nobel de physique Frédéric Joliot-Curie, communiste depuis 1944, haut-commissaire à l'énergie atomique (poste dont il sera révoqué en avril 1950), ouvre les débats devant 2 000 délégués venus de 72 pays. Il analyse le pacte Atlantique qui vient d'être signé par la France comme un acte de soumission au capitalisme américain.

Pendant cinq jours, une centaine d'orateurs se succèdent, chantent les vertus pacifistes de l'URSS et dénoncent les velléités guerrières de l'Amérique. Le chanteur noir Paul Robeson s'écrie de sa belle voix grave : « C'est seulement lors de mon voyage en URSS que j'ai senti que j'étais un être humain[1]. » Une anecdote montre bien la cécité politique des intervenants : lors de son voyage en URSS, peu auparavant, Robeson avait demandé à voir son vieil ami, l'écrivain juif Isaac Pfeffer. Les autorités le prièrent de patienter une semaine, car Pfeffer « était en vacances sur la mer Noire »; au bout de ce laps de temps, « on » amena Pfeffer à l'hôtel de Robeson. La visite terminée, « on » le ramena dans sa cellule. Durant ces quelques jours, l'écrivain avait été bourré de nourriture et de médicaments, en sorte que son teint cireux ne trahît pas la condition carcérale[2].

1. Cité par Bernard Legendre, « Quand les intellectuels partaient en guerre froide », in *L'Histoire*, avril 1979.

2. Anecdote rapportée par Leopold Trepper, in *Le Grand Jeu*, Paris, Albin Michel, 1975.

Le Mouvement de la paix se donne l'allure d'une Internationale pacifiste. Sa tâche première est de faire signer partout l'Appel de Stockholm, dans la foulée de pétitionnaires illustres : artistes, intellectuels, ecclésiastiques. Chaque jour, chaque semaine, la presse communiste rend compte du lot de signatures célèbres recueillies : Jorge Amado, Aragon, Pierre Benoit, Dimitri Chostakovitch, Ilya Ehrenbourg, Duke Ellington, Thomas Mann, Pablo Neruda. Et encore les peintres Chagall, Gromaire, Matisse, Pignon. Les gens du spectacle ne sont pas en reste : Marcel Carné, Noël-Noël, Michel Simon...

Dans un encadré, le 2 mai 1950, *L'Humanité* signale à ses lecteurs que « le populaire chanteur Yves Montand a signé l'Appel de Stockholm en y ajoutant cette phrase : Je signe afin de pouvoir chanter encore longtemps ». A partir de ce jour, Montand figure sur les listes de pétitions et les brochures de propagande[3]. *L'Humanité* toujours, sous le titre : « Ils ont tous signé pour l'interdiction de la bombe atomique », publie le 25 mai, en page 2, un dessin représentant une farandole où Jean Stock, champion de France de boxe, Serge Reggiani, Simone Signoret, Gérard Philipe et Pierre Brasseur se donnent la main. « Maurice » lui-même, le grand Maurice Chevalier, déclare aux *Lettres françaises* : « Je voudrais bien voir la liste de ceux qui refusent de signer ! Ceux-là sont des gens qui veulent le suicide sans avoir à se suicider eux-mêmes. » Peu après, il se rétractera assez piteusement.

En quelques mois, l'Appel de Stockholm recueille en France, selon les organisateurs, 12 millions de signatures. Et la presse communiste ne se prive pas de noter que ce chiffre dépasse de loin le nombre des sympathisants habituels du PCF (lequel a obtenu 5 millions de voix aux élections législatives de 1951). Elle souligne la diversité des personnalités qui acceptent de marcher avec les communistes. Les Églises, particulièrement choyées, sont amplement représentées dans le Mou-

3. Par exemple *Tout le monde se prononce*, opuscule publié par le Comité mondial des partisans de la paix, 2, rue de l'Élysée, Paris.

vement de la paix. L'un des clercs le plus en vue est l'abbé Boulier, pilier de la Jeunesse ouvrière chrétienne ; il assimile les communistes à des fidèles du Christ qui s'ignorent : « Je joue le jeu de l'Église, le jeu de l'Évangile, le jeu de la vie contre le jeu de la mort et du hideux massacre. Vous me dites que c'est le jeu des communistes ? Vous ne sauriez leur faire un plus bel éloge[4]. »

La politique de « la main tendue » aux catholiques porte ses fruits. Interrogé par *Le Figaro*, François Perier invoque sa foi pour motiver sa signature : « Vous me dites que ce texte est une émanation du communisme. Je ne me suis pas posé la question… Moi qui suis chrétien, j'aurais préféré qu'il émanât du Vatican ; malheureusement, ce n'est pas le Vatican qui m'a proposé de le signer. » Comme beaucoup de chrétiens « progressistes », le futur interprète de *Le Diable et le Bon Dieu* n'est pas loin de penser que les communistes de 1950 sont les nouveaux chrétiens des Temps modernes. Aujourd'hui, Perier s'en amuse : « Simone m'avait demandé de signer l'Appel. Je lui avais répondu : ''D'accord, mais je dois trouver une bonne raison !'' Lorsqu'elle a lu ma déclaration, elle m'a téléphoné : ''Mon salaud, tu es parfait dans ton numéro de croyant.'' Et moi : ''Pas du tout. J'ai été très sincère. Parce que le texte de l'Appel, c'est un grand texte chrétien : il est pavé de bonnes intentions…'' »

Depuis la Libération, une partie de l'intelligentsia subit l'« effet Stalingrad[5] ». La victoire de l'Armée rouge a procuré une aura glorieuse au régime soviétique et à son chef. Nombre de jeunes intellectuels venus à l'engagement par la Résistance adhèrent au « parti des fusillés ». Car le prestige de l'URSS rejaillit sur ses émules français. Le Parti communiste, fort de centaines de milliers d'adhérents, de relais syndicaux considérables, d'un réseau d'associations amies, s'arroge le monopole de la Résistance et se proclame unique émanation de la classe ouvrière. L'intelligentsia, prompte à sacraliser le prolétariat, seule classe révolutionnaire selon la vul-

4. *Trois Lettres sur le Mouvement de la paix*, Paris, Éd. de Minuit, 1953. Cité par Bernard Legendre, *Qui a dit quoi ?*, Paris, Éd. du Seuil, 1980.

5. Pascal Ory, Jean-François Sirinelli, *Les Intellectuels en France de l'Affaire Dreyfus à nos jours*, Paris, Armand Colin, 1986.

gate marxiste, identifie le PCF aux « travailleurs ». Bref, le complexe de classe allié au prestige des vainqueurs de Hitler décuple l'influence communiste.

Au-delà du premier cercle, restreint mais bruyant, des intellectuels encartés, le communisme exerce son attrait sur les « compagnons de route », plus prestigieux et plus nombreux. Hormis une poignée de « marginaux » qui regretteront vite leur geste, la grande majorité des pétitionnaires appartient à cette catégorie ; ils ne sont nullement adhérents du Parti mais, pour l'essentiel, se rangent à son côté dans le grand affrontement entre l'Est et l'Ouest. L'écrivain Julien Benda, pourtant auteur de *La Trahison des clercs*, commente pareille option : « Ne nous y trompons pas ; les deux blocs qui présentement s'affrontent en France sont deux blocs de *classe*, chacun avec son Internationale... Entre ces deux blocs de classe et leurs manifestations sur son sol, le Français doit choisir[6]. » Et Benda fustige les belles âmes qui repoussent, tel Léon Blum, toute dictature de gauche comme de droite. Il faut choisir son camp. La neutralité entre la belliqueuse Amérique et la pacifique Russie n'est plus de mise. Pour les compagnons de route, l'URSS incarne l'espoir d'une société nouvelle fondée sur l'égalité. Cette quête d'un avenir meilleur gomme les défauts — passagers — et les imperfections — inévitables — qu'engendre l'immense chantier où se construit le socialisme.

Cette logique, celle du combat entre le Bien et le Mal, entre le Jour et la Nuit, domine la génération intellectuelle du moment. Pour elle, il est impossible de se dresser contre le peuple russe qui s'est sacrifié face aux nazis. L'antifascisme est à Moscou. Cette vision manichéenne de la planète est ressassée jusqu'à devenir vérité d'évidence. Paul Eluard met ce credo en vers :

> Frères, l'URSS est le seul chemin libre
> Par où nous passerons pour atteindre la paix[7]...

En revanche, sur l'autre rive de l'Atlantique, complotent les fauteurs de guerre qui ourdissent une intervention atomi-

6. In *Europe*, mars 1948.
7. *L'Humanité*, 26 avril 1949.

que préventive contre l'URSS et ont montré qu'ils n'hésitaient pas à se servir de l'arme nucléaire. Bien plus tard, rédigeant ses souvenirs, Simone Signoret insistera sur la vigueur de ce raisonnement alors largement partagé : « C'était un grand non à la bombe atomique. Quand les gens refusaient de signer, la bonne question à leur poser c'était : alors vous, comme ça, vous êtes pour la bombe atomique ? Ils n'osaient pas répondre oui, ils répondaient qu'ils ne faisaient pas de politique... Ils mentaient, puisque c'était justement en faire que de ne pas vouloir se mettre mal avec les Américains, les seuls à l'époque à posséder cette bombe et à l'avoir utilisée. C'était difficile de dire : ah ! moi, j'aime bien, en regardant des photos d'Hiroshima. »

Une forte minorité de Français redoute un conflit majeur. Le déclenchement de la guerre de Corée, un mois après que Montand a signé l'Appel de Stockholm, étaie semblable crainte. Le franchissement, par des troupes nord-coréennes bien équipées, le 25 juin 1950, du 38e parallèle qui fixait depuis la reddition japonaise les zones d'influence respectives des Américains et des Russes constitue une surprise totale pour le camp occidental. La guerre froide se réchauffe. Par l'entremise des Nations unies, dont les troupes sont placées sous le commandement du général MacArthur, les États-Unis volent au secours de la Corée du Sud. Là encore, la propagande communiste réussit à présenter l'Amérique comme responsable de cette guerre, ce qui confortera un peu plus le succès du Mouvement de la paix.

Yves Montand participe, en décembre 1952, aux assises du « congrès des Peuples » qui a pour cadre le Vel' d'Hiv'. Derrière la tribune où il côtoie une brochette de dirigeants communistes (Jacques Duclos, Benoît Frachon, Waldeck Rochet), entre Sartre et Leiris, une immense affiche reproduit la *Colombe* de Picasso[8]. Lorsque, trente ans après, Montand présentera une émission de télévision, *La Guerre en face*, invitant à ne pas relâcher la vigilance de l'Occident devant le péril militaire soviétique, on ne manquera pas de lui reprocher ses anciens engagements pacifistes.

8. *L'Humanité*, 24 décembre 1952.

Je ne regrette pas d'avoir signé l'Appel de Stockholm, même si nous avons été manipulés. Dans le contexte de l'époque, de la guerre froide, du danger de guerre, la défense de la paix semblait d'une force irrésistible. Je me souviens d'un grand meeting au Vel' d'Hiv' où Duclos a été bouleversant. Dans notre naïveté, son raisonnement nous entraînait complètement : on ne vous demande pas d'être communistes, ni même d'avoir de la sympathie pour les communistes : on vous demande simplement d'être avec nous pour défendre la paix; sauvons la paix, sinon nous ne pourrons même plus être là pour débattre nos différends politiques. C'était convaincant parce que les gens avaient vraiment peur. Le père de Simone lui avait dit : "Il faut partir hors d'Europe, la guerre entre les Russes et les Américains est imminente." Nous marchions à fond, parce que la paix, personne ne peut être contre. Ce n'est que bien plus tard que nous avons compris que toute cette campagne était destinée à gagner du temps, en attendant que les Russes possèdent la bombe, eux aussi. D'ailleurs, à partir de ce jour, le Mouvement de la paix a été terminé, les rassemblements et les défilés aussi. C'est ce que j'expliquerai, entre autres, dans La Guerre en face.

A compter du moment où ils signent l'Appel de Stockholm et figurent sur les tribunes du Mouvement de la paix, Montand et Signoret sont catalogués comme compagnons de route du Parti communiste. Cet engagement est contemporain, pour le chanteur, de sa rencontre avec Simone. Doit-on déduire de cette coïncidence que c'est la bourgeoise intellectuelle de la rive gauche qui a entraîné le prolo chantant sur ce chemin? Les faits démentent pareille hypothèse : « engagé », Montand l'était de naissance, communiste de cœur par héritage et éducation. « Mobilisé », il l'était également dans le texte de certaines chansons. Avant de vivre avec Simone Signoret, il s'était produit à deux ou trois reprises dans des galas militants, en particulier pour soutenir les mineurs en grève. Dès 1948 il participe à la vente annuelle du livre organisée par le Comité national des écrivains qui est sous influence communiste. Bref, il est « de la famille ». La signature de l'Appel officialise ce compagnonnage. C'est la première fois qu'on lui demande de signer un texte public. C'est aussi la première fois que la pratique de la pétition massive est ainsi utilisée comme forme d'action politique.

Désormais, le couple vedette milite au Mouvement de la paix, lequel, dans son esprit, ne se confond pas avec le PC. Lorsqu'on objecte aux Montand que c'est néanmoins le cas, ils s'insurgent et citent la longue liste de ceux qui battent les estrades tout en n'appartenant pas au Parti. Cette distinction semble aujourd'hui fort artificielle, mais elle était bien réelle aux yeux des intéressés. Encore que, dans les faits, la subordination des activités sympathisantes à la politique générale du Parti fût alors patente.

La guerre de Corée fournit la première occasion, pour les « amis » des communistes, de défendre à l'échelle internationale les positions du camp socialiste. Montand ne doute pas une seconde que l'agresseur soit effectivement l'« impérialisme américain ». Quand le général MacArthur, après avoir reconquis la Corée du Sud, prétend envahir le Nord, le chanteur y voit l'exacte confirmation de son opinion. Il n'est pas seul dans ce cas. L'intelligentsia de gauche prend fait et cause pour la Corée du Nord. La presse communiste s'emplit des récits de bombardements au napalm sur de paisibles villages. Picasso peint un tableau, *Le Massacre en Corée*, où des soldats-robots tirent sur un groupe de femmes et d'enfants nus. Roger Vailland écrit une pièce de théâtre très efficace, *Le colonel Forster plaidera coupable*. On accuse le successeur de MacArthur, le général Ridgway, d'employer des armes bactériologiques, ce qui lui vaudra le surnom de Ridgway-la-Peste.

En mai 1952, ce même général Ridgway est nommé à Paris pour y assurer le commandement des forces de l'OTAN. Le Parti communiste organise une manifestation de rue qui dégénère en émeute. De violentes bagarres durent toute la nuit. La belle-sœur de Montand, Elvire, en réchappe avec une jambe contusionnée. André Stil, rédacteur en chef du quotidien communiste, et Jacques Duclos sont arrêtés. Le gouvernement essaie d'accréditer l'idée d'un complot, mais l'accusation, fondée sur la découverte de pigeons prétendument voyageurs dans la voiture de Duclos (ils sont destinés à des agapes dominicales), tourne au ridicule. Pendant quelques jours, les dirigeants communistes se cachent, et le responsable sur Marseille, François Billoux, membre du bureau politique, se réfugie chez Giovanni Livi, dans la maison même que Montand a achetée pour ses parents, à La Pounche.

L'autre axe d'initiative des organisations paracommunistes est la lutte contre la guerre d'Indochine. Le Mouvement de la paix apporte son soutien aux dockers qui refusent de charger du matériel de guerre, défend Raymonde Dien, qui s'est couchée sur le ballast pour empêcher un train de munitions de partir. A Toulon, Henri Martin est condamné à cinq ans de prison parce qu'il a distribué aux marins des tracts hostiles à l'intervention du corps expéditionnaire dans la péninsule indochinoise. Il devient le prototype du héros révolutionnaire, et les artistes et intellectuels communistes le prennent pour modèle. Eluard et Aragon lui dédient des poèmes, des tableaux réalistes le représentent dans sa cellule, et Sartre lui-même écrit *L'Affaire Henri Martin*, sorte de dossier-réquisitoire dont le retentissement est énorme.

C'est à cette époque, en février 1952, que Francis Lemarque apporte à Montand les premières strophes d'une chanson antimilitariste :

Fleur au fusil
Tambour battant
Il va
Il a vingt ans
Un cœur d'amant
Qui bat
Un adjudant pour surveiller ses pas
Et son barda contre son flanc
Qui bat...

L'interprète est séduit. Francis Lemarque : « Lorsque j'ai eu fini de chanter, il m'a dit : "Tu la termines le plus vite possible et tu me la donnes." Le lendemain, j'avais fini. La chanson se terminait par "Que les canons se taisent pour toujours". Il ne voulait pas de cette chute, qu'il jugeait trop didactique, et il avait raison. Il aimait tellement la chanson qu'il l'a chantée quelques jours après, à un gala, avec le texte en main. Il n'avait pas eu le temps de l'apprendre. » Chanter *Quand un soldat* en pleine guerre d'Indochine constitue un acte militant. L'œuvre est d'ailleurs interdite à la radio par le gouvernement.

Montand, heureux d'apporter sa contribution à la cause dans l'exercice de son métier, s'expose à des représailles. Il reçoit des lettres le menaçant de mort. Maintes fois, des groupes hostiles tentent de perturber son tour de chant. A Lyon, des activistes jettent des boules puantes dans la salle juste avant le spectacle, et les pompiers doivent actionner des souffleries pour la ventiler (l'artiste et le public sont en larmes tout au long du show). Le même soir, des tracts sont collés sur le pare-brise du camion qui transporte le matériel, et le commissaire de police prévient qu'il ne peut assurer la protection de l'artiste à la sortie. Roger Paraboschi, le batteur, garde de cet incident un souvenir précis : « Après le spectacle, les musiciens sont partis discrètement par-derrière. Montand m'a demandé de sortir avec lui par la grande porte. Devant le théâtre attendaient des groupes de paras avec leurs bérets rouges. Il n'y avait que deux ou trois flics. Montand est sorti comme un seigneur, il a traversé la foule menaçante. Personne n'a osé broncher. »

A Mantes-la-Jolie, les affiches qui annoncent le récital sont maquillées au goudron. Un autre soir, pendant le grand show de l'Étoile, à la fin de 1953, un commando emmené par Jean-Baptiste Biaggi, avocat d'extrême droite, s'installe au premier rang, les pieds sur les bords de la fosse d'orchestre. Dès que le spectacle commence, les perturbateurs déplient *L'Humanité* afin de donner le change et de gâcher la vue des spectateurs assis derrière. Montand hésite. S'il s'interrompt et apostrophe les trouble-fête, cela risque de mal tourner. Il décide de continuer à chanter en les surveillant du coin de l'œil. Mais, au premier baisser de rideau, il se précipite en coulisses pour empoigner le « brigadier », l'énorme gourdin qui sert à frapper les trois coups, et le conserve à portée de main jusqu'au final. Paraboschi : « Il nous avait prévenus : le premier mec qui essaiera de monter sur la scène, je lui défonce la tête. » Bob Castella : « *Quand un soldat* a provoqué des manifestations d'hostilité à l'Étoile, mais assez minimes. A part l'épisode Biaggi, il arrivait qu'un spectateur crie, de la salle, à la fin de la chanson : "Montand en Indochine!" Il répondait : "Non, merci, pas pour moi...", et la salle éclatait en applaudissements... »

Cette chanson-manifeste, Montand ne perd pas une occasion de l'interpréter. Lors d'un gala officiel à la Comédie-Française, où est attendu le président de la République, Vincent Auriol, les organisateurs le prient discrètement de ne pas entonner l'objet du litige. Montand passe outre et déverse ses couplets antimilitaristes sur le parterre de personnalités.

Mais, à mesure qu'il chante

> Quand un soldat s'en va-t-en guerre il a
> Des tas de chansons et des fleurs sous ses pas
> Quand un soldat revient de guerre il a
> Simplement eu d' la veine et puis voilà...

il ressent un malaise : son geste lui apparaît comme une provocation trop facile.

Au début des années cinquante, Yves Montand dévoile sans fard ses convictions, dans la vie et sur scène. Pour ses auditeurs, pour l'opinion, le registre « métallo » de son répertoire coïncide avec l'engagement qui est le sien. « Que voulez-vous qu'il chante, sinon ce qu'il a dans le ventre? » s'écrie Jean-Pierre Chabrol[9]. Interrogé par *L'Avant-Garde*, le journal des Jeunesses communistes, Montand lui-même en rajoute : « Être le reflet de la vie de tous les travailleurs sans exception, voilà le rôle d'un chanteur[10]. »

Il chante, en 1952, devant les ouvriers aux usines Renault de Billancourt, donne un gala pour le Secours populaire français à la Mutualité en novembre de la même année. A l'occasion d'un rassemblement du Mouvement de la paix qui se tient porte de Vincennes, il interprète *Quand un soldat*, cependant que Gérard Philipe récite *Liberté*, le poème d'Eluard, et que Simone Signoret lit un texte de son cru. Le tandem Montand-

9. *L'Humanité-Dimanche*, 1er avril 1951.
10. 4 avril 1950.

Philipe est fréquemment à l'affiche en ce type de circonstances : réunir ainsi le maître du music-hall et l'archange des planches garantit au PCF la foule des grands jours.

Sous la direction de Jean Vilar, le Théâtre national populaire draine un public qui ressemble fort à celui de Montand. Le TNP, c'est un esprit, presque un sacerdoce, avec une troupe passionnée, talentueuse, farouchement égalitaire (chacun, quel que soit son rôle, perçoit le même salaire), d'où émerge la fougue « pure » de Gérard Philipe. Montand s'en va d'ailleurs chanter à Suresnes durant un week-end organisé par le TNP. « On se voyait pour des raisons politiques, raconte Anne Philipe[11]. Nous étions les quatre pétitionnaires majeurs. Notre engagement, c'était la défense de la paix. La guerre mondiale était proche et le Parti communiste représentait pour nous la garantie de la paix. »

Montand et Gérard Philipe figurent encore dans un meeting-spectacle « pour la paix ». De chaque côté de la scène, surmontée d'une énorme inscription : *Théâtre des hostilités*, barrée d'un mot : *Relâche* — c'est une idée de Jacques Prévert —, le comédien et le chanteur se tiennent immobiles, telles des statues, pendant que les orateurs délivrent leur message.

En 1951, puis à nouveau en février 1952, Yves Montand est la vedette de soirées organisées à l'initiative de l'hebdomadaire *Action*, qui regroupe les meilleurs bretteurs de l'intelligentsia communiste. Le journal est devenu le porte-parole officiel du Mouvement de la paix. En 1952, Pierre Dac et Francis Blanche ouvrent à la Mutualité le gala annuel du Mouvement, et c'est Montand qui clôt la séance[12].

Le chanteur participe aussi, on l'a vu, à la « vente du livre », organisée tous les ans par le Comité national des écrivains. Le CNE, dont les communistes ont le contrôle, préconise d'engager des « batailles du livre » ; les écrivains proches ou membres du Parti sont mobilisés afin de défendre la culture progressiste contre la « littérature décadente ». A Paris, les ventes du CNE s'affirment chaque automne comme un évé-

11. Propos recueillis par les auteurs peu avant le décès subit de cette dernière.

12. *Action*, 21 février 1952.

nement politico-mondain où défilent les ténors de la littérature et du spectacle. En 1952, la manifestation se déroule au Vel' d'Hiv, capable d'héberger 30 000 visiteurs. Chaque écrivain est flanqué d'un artiste et, au fil des stands, on reconnaît Bernard Blier, Alain Cuny, Danièle Delorme, Juliette Gréco, Jean Marais, Noël-Noël, Micheline Presle, Jacques Tati. Montand et Signoret représentent Paul Eluard qui, malade, va bientôt mourir. « Les deux vedettes subissent un assaut à l'ardeur perpétuellement renouvelée », écrivent *Les Lettres françaises* qui publient une photo du couple assiégé[13].

En alignant tant de célébrités, le Parti communiste prouve son pouvoir d'attraction. Yves Montand lui-même sacrifie au rite de la dédicace et signe son livre, *Du soleil plein la tête*, fruit d'entretiens mis en forme par Jean Denys.

Curieusement, il ne se produit jamais à la fête de *L'Humanité*, qui rassemble une foule populaire et composite, bien au-delà du cercle des adhérents. Pressenti, comme on l'imagine, le chanteur décline l'invitation : en apparaissant dans un cadre ouvertement communiste, il craint de se couper d'une partie du public (les organisateurs se contenteront, en 1955, de projeter un concert enregistré). En somme, Montand accepte les prestations liées à son statut de compagnon de route, mais veille à n'être point traité en artiste officiel du Parti. La presse, surtout à droite, s'obstine à le qualifier de communiste, bien qu'il ne soit pas membre du PCF. La nuance n'est pourtant pas négligeable.

Une fois, au moins, Montand se pose sérieusement la question de sauter le pas. La plupart des artistes et des intellectuels qui rejoignaient le PCF accomplissaient cette démarche pour rallier le « parti de la classe ouvrière ». D'origine bourgeoise ou petite-bourgeoise, ils vivaient pareille infamie sociale comme un péché originel et cherchaient à se laver de leur « souillure » en s'immergeant dans le prolétariat. Les racines d'Ivo Livi le préservent de cette culpabilité en vertu de laquelle tant de bons esprits se prosternèrent devant d'anciens ouvriers devenus apparatchiks.

Le chanteur était taraudé par une culpabilité inverse. Lui

13. 27 novembre 1952.

qui sortait de la misère et qui avait eu la chance de s'en tirer, de connaître la gloire et la fortune, se reprochait de ne pas partager la vraie vie des militants — ceux qui distribuent les tracts, collent des affiches la nuit, font du porte-à-porte afin de diffuser *L'Huma*. L'ancien métallo avait mauvaise conscience d'être un militant de luxe, une potiche pour meetings, un alibi pour pétitions, sans vrais risques à la clé. Après la manifestation anti-Ridgway et les arrestations de Duclos et de Stil, le Parti communiste semble menacé de répression, et c'est pourquoi Montand décide d'adhérer. Il s'en ouvre à un ami, grand résistant, Claude Jaeger (l'homme qui avait amené Simone Signoret de la rive droite au café de Flore). Mais son interlocuteur emploie une parabole pour le dissuader : il convient de ne pas arracher les roseaux, mais d'attendre que le courant, naturellement, les emporte... Selon Jaeger, il n'y a nul péril en la demeure.

De temps à autre, des responsables communistes, tels Marcel Servin, Victor Joannès, ou des journalistes — Pierre Hervé, directeur d'*Action*, et encore Pierre Courtade — viennent discuter à la « roulotte ». Claude Roy passe aussi, davantage en voisin et en ami qu'en qualité de membre du PCF.

Mais le communiste qui, à cette époque, exerce le plus d'influence sur Montand est son propre frère. C'est donc à Julien qu'Yves parle également de son éventuelle adhésion. Comme Jaeger, l'autre le décourage : « C'était au moment du "complot des pigeons", raconte l'ancien permanent syndical. A la CGT, mon bureau avait été saccagé de fond en comble lors d'une perquisition. Dans cette période difficile pour le Parti, mon frère a voulu affirmer sa solidarité en adhérant ouvertement. Je crois, en outre, qu'il avait été sollicité par des gens de la direction. Moi, j'étais opposé à cette adhésion. Notre père disait toujours : "On ne va pas au Parti comme au théâtre; là, si la pièce ne plaît pas, on s'en va. Si l'on va au Parti, on accepte tout." Ressortir du Parti porte un tort considérable, surtout quand on est connu. Or mon frère subissait la pression d'un milieu dont les convictions n'étaient pas inébranlables. Pour toutes ces raisons, je lui ai conseillé de rester en dehors. Il m'a objecté que des émissaires du Parti insistaient. Je suis donc allé m'expliquer au sommet. La discussion a été vive. Et c'en est resté là. »

A peu près à la même époque, Anne Philipe, qui souhaite elle aussi prendre sa carte, s'entend conseiller par Claude Roy de se tenir à l'extérieur. Laurent Casanova, expert s'il en est, lui avoue, prudent : « Le Parti, c'est une dure discipline... »

Le compagnon de route Montand, à défaut de régler ses cotisations, ouvre néanmoins son portefeuille. Répondant à une collecte nationale de *L'Humanité*, il porte lui-même au siège du quotidien 1 million de francs en billets de banque roulés dans du papier journal. Une autre fois, Elvire Livi témoigne que, sur un coup de téléphone de son beau-frère alors en Italie, elle est allée remettre 600 000 francs au siège du Parti communiste, 44 rue Le Peletier.

Tout le monde, à l'exception de la direction du PCF, qui sait apprécier la différence, croit le couple Signoret-Montand membre de l'organisation. Les plus célèbres des compagnons de route ne font rien pour dissiper la confusion quand on leur accole l'épithète « communiste ». Cette absence de démenti s'explique d'abord parce qu'ils ne jugent nullement l'accusation infamante. Au contraire : « Nous ne considérions pas que c'était une faute d'être communiste », écrira Simone Signoret. Mieux, ils se pensent l'un et l'autre communistes et sont fiers qu'on les considère comme tels, l'acquisition d'une carte n'étant à leurs yeux qu'une formalité. D'ailleurs, ils approuvent globalement les positions du Parti. « On était d'accord avec eux pratiquement sur tout », précisera encore Simone Signoret.

Ce qui les empêche de ratifier une adhésion totale concerne leur propre territoire, les conceptions du PCF en matière d'art, de littérature, et le rôle que les communistes réservent aux intellectuels. Comme pour les autres domaines, l'inspiration du PCF dans ce secteur vient d'Union soviétique. La doctrine élaborée par le maître à penser moscovite Jdanov, c'est son porte-parole français, Louis Aragon, véritable dictateur des lettres françaises, qui la répercute avec la plus grande clarté en demandant aux intellectuels de « devenir, à l'échelle des lendemains qui chantent, les ingénieurs mélodieux et persuasifs des âmes humaines comme des leurs propres égarées[14] ».

Sans se draper dans l'élégance du poète, le dirigeant du PCF Laurent Casanova, cerbère de l'intelligentsia, abreuve ses ouailles de consignes strictes : « Rallier toutes les positions idéologiques et politiques de la classe ouvrière ; défendre en toutes circonstances et avec la plus extrême résolution toutes les positions du Parti ; cultiver en nous l'amour du Parti dans sa forme la plus consciente : l'esprit de parti[15]. » Sans rire aucunement, Casanova précise qu'un « champ immense de libre initiative et de création libre s'ouvre devant ceux qui auront su maîtriser ces données préalables à toute science, à tout art »...

Certains, estimant le carcan encore trop débridé, remercient le PC d'inspirer exclusivement leur génie. Ainsi André Stil, qu'un prix Staline a récompensé de ses ardeurs réalistes-socialistes, s'agenouille-t-il avec humilité devant le parti démiurge : « C'est pourquoi il faut redire avec tant d'insistance que lorsque nous parvenons à écrire de bonnes choses, c'est à notre Parti que nous le devons. C'est pourquoi, même si cela gêne et fait ricaner certains, je tiens à répéter que ce n'est pas seulement comme militant, mais aussi comme écrivain que je dois tout à mon Parti[16]... » Le Parti communiste, en ce temps-là, se glorifie d'être le fils aîné de Moscou. « Être stalinien, rappelle Jacques Duclos, c'est être fidèle au Parti et à la cause qu'il incarne jusqu'à la mort. »

La subordination de leur activité au dogme entraîne les artistes et les écrivains vers une conception utilitaire de l'art que Thorez a énoncée sans détour : « Aux œuvres décadentes des esthètes bourgeois, partisans de l'art pour l'art, au pessimisme sans issue et à l'obscurantisme rétrograde des philosophes existentialistes, nous avons opposé un art qui s'inspirerait du réalisme socialiste et serait compris de la classe ouvrière, un art qui aiderait la classe ouvrière dans sa lutte libératrice[17]. » Aux scientifiques de combattre la science

14. *Les Lettres françaises, Jdanov et nous*, 9 septembre 1948.
15. Discours à la salle Wagram, 28 février 1949.
16. Discours à la mairie d'Ivry, 11 avril 1952.
17. Discours au congrès de Strasbourg, 1947.

bourgeoise grâce à la science prolétarienne, aux artistes d'affirmer la culture prolétarienne contre la culture bourgeoise.

Astreints à glorifier les mérites du communisme, les apôtres du réalisme socialiste chavirent dans un culte de la personnalité délirant. L'ex-surréaliste Eluard tresse ainsi des lauriers au génial « Guide du prolétariat mondial » :

Et Staline pour nous est présent pour demain
Et Staline dissipe aujourd'hui le malheur
La confiance est le fruit de son cerveau d'amour[18]...

Les peintres officiels délaissent le pinceau pour la truelle et campent des mineurs ou des métallos plus vrais que nature. Montand, découvrant les toiles d'André Fougeron — cité en modèle à ses pairs — n'est pas franchement convaincu par le style prolétarien. Quand, avec Simone Signoret, il assiste à la projection d'un film soviétique où des paysannes aux yeux clairs fauchent le blé en chantant des odes à Staline, il veut bien admettre que la photographie est correcte, mais pas plus. En politique, il est prêt à beaucoup avaler, avec la foi des néophytes. Dans un domaine qui est sien, où il possède ses propres critères de jugement, il ne saurait approuver sans réserves une conception aussi réductrice de la création.

Lui-même, bien qu'il ne soit pas membre du PC, est l'objet de la vigilance sourcilleuse des gardiens du temple. Et ce, sur son terrain d'élection, la chanson. Les « camarades » observent que, dans *Luna Park*, l'ouvrier de Puteaux qui file se distraire dès qu'il a une heure de liberté n'offre pas un profil militant très orthodoxe. Le chanteur réplique que les prolos aussi ont le droit de s'amuser. Sans doute, sans doute, concèdent les autres ; mais cela détourne du combat révolutionnaire : l'ouvrier ne pense plus à lutter, il reconstitue sa force de travail en faveur de celui qui l'exploite, le capitaliste. Argument de plomb censé alimenter la culpabilité de Montand quand il entonne à l'Étoile :

Partout ailleurs je ne suis rien
A Luna Park je suis quelqu'un...

18. *Les Cahiers du communisme*, janvier 1950.

Une pression identique s'exerce afin de le faire renoncer à cette *Demoiselle sur une balançoire*, vraiment trop légère pour les hommes de marbre. Le chanteur résiste mais accepte de retirer (provisoirement) de son répertoire *C'est si bon* — dont il goûte le rythme et, justement, l'apparente futilité :

C'est si bon
De se dire des mots doux
Des petits rien du tout
Mais qui en disent long...

Trop « américain », certainement, à l'oreille des censeurs. Montand a beau jeu de répondre que ce son, ce balancement, a été inventé par des Noirs, que Louis Armstrong a transformé *C'est si bon* en succès mondial. Il n'empêche : la réticence est telle qu'il cède. Ce sera la seule fois, mais c'est une fois de trop. Florimond Bonte, un dirigeant communiste, veut encore qu'il interprète une mélodie de son cru sur Paris. Là, il refuse tout net.

L'offensive principale vise enfin *Sanguine*, le poème de Prévert, dont l'érotisme déclaré heurte la pruderie supposée des larges masses :

Oh sanguine joli fruit
La pointe de ton sein
A tracé tendrement
La ligne de ma chance
Dans le creux de ma main
Sanguine joli fruit
Soleil de nuit !

Aux pères-la-pudeur, Montand rétorque qu'il arrive aussi aux ouvriers de faire l'amour. Et il continue à chanter *Sanguine*, avec, malgré tout, d'éphémères bouffées d'inquiétude : le Parti n'aurait-il pas raison de prôner une « morale révolutionnaire » ?

Le puritanisme stalinien revendiqué par les communistes se fonde en effet sur la critique radicale d'une morale « bourgeoise » grosse de pourrissements contemporains ou virtuels. Les intellectuels communistes opposent sans cesse l'éthique de l'homme nouveau, la rigueur sourcilleuse du militant, aux « turpitudes » d'une société en décomposition. Le modèle reste le « héros positif », l'ouvrier vertueux qui incarne l'optimisme, la confiance rectiligne en l'avenir, face aux ruminations névrotiques du camp adverse. La presse prolétarienne d'alors est hérissée de hallebardes. Ainsi Annie Besse (plus connue, par la suite, sous la signature d'Annie Kriegel) prend-elle à partie l'auteur du *Nœud de vipères* : « Que M. Mauriac soit donc assuré que nul homme soviétique ne cherchera à lui disputer les purulences de sa vie intérieure, boursouflée et menteuse[19]. »

Jean Kanapa est choqué par l'obscénité répandue sur la voie publique : « Une semaine de 1952, ce fut le comble : il y avait *Sensualité*, un film suédois, et aussi *Sensualità*, un film italien. Il y avait *Susana la perverse* et *Les Surprises d'une nuit de noce*... Au théâtre, on joue *Une femme nue dans le métro* : il y a d'ailleurs des affiches illustrées en couleurs, dans le métro évidemment[20]... » Que le chanteur préféré du Parti, en pleine vague de pudibonderie, se laisse ainsi aller à évoquer « l'orage heureux de ton corps amoureux » semble relever de la provocation, voire de l'irresponsabilité. A l'exception significative de *C'est si bon*, Montand persiste néanmoins. Il refuse une ligne « ouvrière » qui n'accouche, dans son secteur, que de refrains niais et insipides. Même au comble de la dévotion, il est incapable de trouver la rime entre politique et esthétique.

Refusant de confondre chanson et motion de congrès, d'admettre le principe d'utilité immédiate, le chanteur ne figure pas dans la catégorie des intellectuels « intégrés » dont l'œuvre sert directement à l'éducation des ouvriers, à la progression de la « conscience des masses ». Ici, la frontière est nettement tracée entre le militant et le sympathisant. En revanche, sa célébrité, celle de Simone et de divers autres compagnons de route rejaillissent sur le Parti. Et d'autant mieux que, selon Simone Signoret elle-même, la nuance entre

19. *La Nouvelle Critique*, avril 1953.

20. Jean Kanapa, *Situation de l'intellectuel : critique de la culture*, Paris, 1957.

«amis» et «camarades» aide à ouvrir le compas, à ratisser large : «Quoi de plus précieux que des amis, surtout quand ils ne proclament pas qu'ils ne sont pas des camarades?»

Ainsi, le PCF exhibe sur ses tribunes les «amis» Montand, Signoret ou Philipe, sachant qu'il serait maladroit de prétendre imposer à ces derniers des règles trop strictes — ce traitement de faveur, cette relative autonomie constituant la rançon d'un plus vif rayonnement. D'une certaine manière, pour le profit qu'on attend d'eux, ils sont plus rentables à la périphérie. Au long de ces années cinquante où le couple Montand-Signoret est «fiancé avec le Parti», les communistes se servent de lui au moins autant qu'ils le servent. Parfois, on ne demande même pas l'avis des intéressés. En juin 1951, un tract diffusé par la section du VIe arrondissement de Paris laisse croire, grâce à un montage de citations, que Gérard Philipe et Yves Montand appellent à voter pour André Marty aux prochaines élections. Scandalisé qu'on exploite son nom sans son accord exprès, le chanteur tempête. Julien répercute la protestation en haut lieu, où l'on incrimine une intempestive «initiative locale».

Enfin, Montand est constamment démarché pour signer des pétitions. Selon un relevé précis effectué entre janvier 1951 et juin 1953 dans *L'Humanité*, son nom apparaît seize fois au-dessous d'appels, ce qui le classe parmi les champions de l'exercice[21].

Il est solidaire sur le fond, si ce n'est dans les formes. Les faux pas, il les met au compte de la maladresse, sans que ces écarts de détail altèrent son approbation globale. L'ami Prévert, par touches fines, par allusions et plaisanteries, le met en garde contre un aveuglement religieux, mais «Jacques» reste pour lui un merveilleux poète anar, fort éloigné des contingences de la classe ouvrière. Avant un rassemblement pour la paix, un de plus, Gérard Philipe retouche le texte de la déclaration qu'on lui a préparée et qu'il doit lire en public : Montand y voit une coquetterie tatillonne, séquelle des origines petites-bourgeoises de son ami.

Pourtant, à cet âge glaciaire, les faits bruts ne manquent

21. Cité dans le bulletin animé par Boris Souvarine, n° 95, 1er octobre 1953.

pas, qui seraient propres à dessiller les yeux des meilleurs croyants.

S'il tend avidement la main aux intellectuels, le Parti communiste, quant au reste, se recroqueville sur lui-même, citadelle assiégée qui décoche ses flèches contre la société avec une virulence haineuse. Qui n'est pas avec le Parti est contre lui, et subit aussitôt une bordée d'injures. Camus, Gide, Mauriac ou Sartre sont dans le collimateur. Par ouvriérisme foncier, Montand ne discute pas ce manichéisme primaire : le « parti de la classe ouvrière » sait mieux que les intellectuels ce qui est bon pour les ouvriers. Il ne démord pas de cet axiome.

Les jeunes gens venus au communisme à la Libération, portés par le romantisme de la Résistance, commencèrent à s'interroger lorsque, du jour au lendemain, Tito, de héros, devint traître. Les plumitifs aux ordres du comité central venaient de s'aviser que le maréchal yougoslave utilisait les méthodes de la Gestapo et coordonnait les réseaux d'espionnage américains dans les « démocraties populaires ». En décembre 1949, un dirigeant communiste, Georges Cogniot, affirma que l'État yougoslave était aussi policier et cruel que l'Allemagne de Hitler. Staline avait excommunié Tito, les communistes français le clouaient au pilori. Désormais, l'accusation de « titisme » vaudrait condamnation.

C'est pour « titisme » que Lazlo Rajk, ministre hongrois de l'Intérieur, fut jugé et exécuté, inaugurant ainsi une longue série de procès dans les pays de l'Est — procès que les staliniens français approuvèrent. L'argumentation des polygraphes s'appuyait sur la théorie de l'« aggravation de la lutte des classes ». Il était logique que des traîtres essaient de torpiller la construction du socialisme. Quand il lit dans la presse que le secrétaire d'État américain John Foster Dulles recommande d'investir des dizaines de millions de dollars pour déstabiliser les pays de l'Est, Montand ne doute pas de la véracité des actes d'accusation, d'autant que les accusés passent eux-mêmes aux aveux. A André Breton, son ancien complice en surréalisme, qui lui demandait d'intervenir pour la défense de Rajk, Paul Eluard répliqua par cette formule inoubliable : « J'ai trop à faire avec les innocents qui clament leur innocence pour m'occuper de coupables qui clament leur culpabilité. »

Même s'il n'en laisse rien transpirer, Montand est plus ébranlé par les révélations de David Rousset — ancien déporté, ce dernier propose, en novembre 1949, de créer une commission d'enquête sur les camps soviétiques. Aussitôt, Pierre Daix répond dans *Les Lettres françaises* : « Pourquoi David Rousset invente-t-il les camps soviétiques ? » L'auteur de *L'Univers concentrationnaire* intente un procès au journal communiste, mais, comme à l'occasion de l'affaire Kravchenko peu auparavant, il se trouve des rescapés des camps de la mort hitlériens pour soutenir Daix et les siens. Sartre et Merleau-Ponty entrent dans le débat par un article des *Temps modernes* où ils chiffrent le nombre de détenus en URSS à 10 ou 15 millions. Daix questionne les deux philosophes : sont-ils « avec le peuple soviétique ou avec ses ennemis[22] » ?

L'argument d'autorité qui impose de choisir son camp balaie chez Montand les objections naissantes. Ne pas être avec l'URSS, c'est condamner les vainqueurs de Stalingrad. On ne s'est pas encore avisé que, dans Stalingrad, il y a Staline. Comme l'immense majorité des compagnons de route, Montand ne peut envisager l'idée que préférer le camp socialiste, c'est tolérer le camp de concentration. L'hypothèse est trop monstrueuse pour être fondée. Si quelques gouttes de suspicion s'introduisent furtivement, il convient de les chasser avant qu'elles ne corrompent la stabilité, la cohérence de l'ensemble du système. La croyance ne tolère pas le moindre coefficient d'incertitude, ou alors elle s'effondre. Aussi Montand se garde-t-il de parcourir le rapport d'enquête rédigé par Rousset ou ce qu'en répercute *Le Figaro*. Lire les ennemis, c'est déjà trahir. Entendre l'*autre* argumentation, c'est succomber. Un soir, au cours d'un dîner, un des convives hasarde une plaisanterie concernant les camps d'Union soviétique. Simone et son époux quittent *illico* la table. Mieux vaut la vérité du mensonge que le mensonge de la vérité.

Parfois, place Dauphine ou à Autheuil, lorsque la conversation des familiers évoque Rousset, les procès à l'Est ou le « complot des blouses blanches » (un groupe de médecins juifs accusés d'avoir voulu assassiner Staline), Yves Montand

22. *Les Lettres françaises*, 19 janvier 1950.

s'emporte. « Les attaques ne l'atteignaient pas, raconte Julien. Elles l'énervaient plutôt, car elles venaient s'opposer à ce qu'il voulait croire de toutes ses forces. » Entendre une critique, même partielle, pondérée, c'est déjà s'acheminer sur le terrain de l'adversaire. Plus Montand et sa femme s'interrogent intérieurement, plus ils se blindent vis-à-vis de l'extérieur.

L'attitude du chanteur au moment du procès Slansky est caractéristique de cette schizophrénie. En novembre 1952, Rudolf Slansky, secrétaire général du parti tchèque, est jugé pour « titisme et sionisme ». Le correspondant de *L'Humanité* à Prague écrit qu'à la fin de l'interrogatoire l'accusé a reconnu qu'il « souhaitait devenir le Tito tchécoslovaque ». Son but était de faire basculer son pays « dans le camp de l'impérialisme ». Montand, qui se souvient du malaise éprouvé par son père lors des procès de Moscou, commence à juger bien longue la liste des renégats. Inquiet, il cherche une explication, quand un journaliste du *Figaro* l'appelle afin de connaître son sentiment sur le procès Slansky. Montand — signe d'hésitation — demande à réfléchir et interroge au téléphone son ami Claude Jaeger. Ce dernier lui conseille de répondre par la phrase d'Eluard. Montand affirme donc qu'il a trop à faire avec les innocents pour s'occuper des coupables qui avouent.

Dans le box, à Prague, parmi les quatorze coïnculpés de Slansky, se trouve Artur London, vice-ministre des Affaires étrangères. On ne peut comprendre la rage expiatoire avec laquelle Montand s'emparera de ce rôle, dix-sept ans plus tard, sans se référer à son approbation zélée d'alors. A l'époque, pas un instant il n'imaginera que les procès ont été fabriqués. Il ne pardonnera pas aux dirigeants qui savaient de l'avoir trompé. Il ne se pardonnera pas de les avoir crus.

Comment a-t-on pu avaler toutes ces horreurs ? Cela doit paraître bien étrange aux jeunes de maintenant.

Comment des scientifiques éminents ont-ils pu croire à la science prolétarienne, comment des écrivains brillants, des esprits supérieurs ont-ils pu cautionner un tel système ? Si tous ces gens qui avaient l'intelligence, la connaissance, ont pu se fourvoyer à ce point, pourquoi moi, qui sortais de la Cabucelle, sans instruction, aurais-je dû douter ?

Si j'hésitais une seconde, je pensais aux héros de Stalingrad, aux 20 millions de Soviétiques tués en se battant contre l'hitlérisme, à ce pays dévasté par la guerre. Si j'avais su le goulag pendant la guerre, j'aurais été épouvanté mais j'aurais quand même été du côté de l'Armée rouge. Cette fidélité est incompréhensible pour ceux qui n'ont pas connu la guerre. Mais, pour ma génération, elle était fondamentale.

Pourtant, c'est au nom de cette fidélité-là qu'on acceptait l'inacceptable. L'esprit de parti annulait tout esprit critique. La crainte de faire le jeu de l'adversaire refoulait le moindre doute. J'en ai eu l'exemple dans ma famille même. Un soir, Julien rentre à la maison très secoué. La gorge nouée, il nous dit que le Parti veut l'exclure. Nous sommes catastrophés. Le Parti veut l'exclure parce qu'il ne s'est pas évadé de son camp de prisonniers pendant la guerre. Finalement, les choses s'arrangeront. Mais ce qui est abominable dans cette affaire, c'est que pas un de nous n'a mis en cause le Parti communiste. Au contraire, dans ma tête, je me suis dit : le Parti ne peut pas commettre d'erreur, Julien a dû faire une connerie. Notre réflexe conditionné, pour les petites affaires comme pour les grandes causes, c'était de donner raison au Parti qui a toujours raison.

En fait, cet aveuglement, c'était de la passion amoureuse. Allez expliquer à un homme que sa fiancée ou sa femme le trompe. S'il l'aime, il refusera de l'admettre, il niera l'évidence même devant des preuves écrites, il ne la quittera pas pour autant. Nous étions dans cet état de dépendance affective où la raison ne peut rien.

Pendant cette période, Julien constitue une référence solide. Communiste encarté, il perpétue la tradition militante du père Livi ; syndicaliste, il défend les ouvriers ; quand ses obligations professionnelles l'amènent à voyager en Union soviétique, il envoie des cartes emplies du bonheur de frôler le paradis. Ainsi, il écrit en 1952 : « De Kharkov rasée à 65 % et à présent reconstruite, un affectueux bonjour d'un voyageur enthousiaste. » Apparatchik, il est proche des sphères dirigeantes, dont il répercute les opinions. Place Dauphine, il est la voix du Parti. Lorsque des discussions trop vives opposent la bande des copains de la « roulotte », Montand appelle son frère à la rescousse. Mais, en privé, les boussoles familiales n'indiquent pas toujours exactement le même nord.

Autant, en public, Simone Signoret affiche une solidarité sans faille avec le Parti communiste, autant, dans le huis clos familial, elle émet des objections qui ont le don d'agacer Julien Livi. Ce dernier est catégorique : « C'est une erreur de croire que Simone a influencé mon frère dans le sens de l'engagement. Elle le poussait plutôt dans l'autre sens. Elle était critique vis-à-vis du Parti. J'avais avec elle des discussions interminables, sur la guerre d'Espagne, par exemple, où elle défendait les anars. On s'accrochait souvent et violemment. »

Il est vrai que Julien n'hésite pas à reprendre telles quelles les positions de la presse communiste, y compris dans le domaine littéraire, où Simone se montre vigilante. Elle éclate quand son beau-frère affirme qu'Hemingway aurait mieux à produire que des contes vides tel *Le Vieil Homme et la Mer*. Ou bien quand, commentant la disparition de Gide, le syndicaliste de la place Dauphine répète la formule qui réjouit si fort les staliniens : « Il n'est pas mort, il l'était déjà... » Depuis son *Retour d'URSS*, Gide était l'une des têtes de Turc favorites des aboyeurs communistes — Jean Kanapa avait osé écrire que l'écrivain s'était détourné des bolcheviques parce que ceux-ci n'étaient pas homosexuels[23].

Julien, militant tout d'un bloc, redoute la mauvaise influence de Simone Signoret et de ses relations trotskisantes. Ses craintes s'avèrent superflues, car, pour l'essentiel, les critiques exprimées par Simone, Montand les ressent aussi en son for intérieur (même s'il les rejette avec violence dans le feu de la conversation). Et puis, pour l'intello de la rive gauche qu'est sa femme, Montand incarne l'ancrage dans l'univers ouvrier. Or rien n'est plus précieux au regard d'un intellectuel progressiste, fût-il agacé par l'orthodoxie prolétarienne. Julien a tort de s'inquiéter : des germes de dissen-

23. *Les Lettres françaises*, 20 novembre 1947.

sion, imperceptibles, corrodent les certitudes, mais l'heure de la rupture n'a pas sonné. La foi ne se perd pas comme elle s'attrape, par révélation.

Longtemps, le Parti communiste ramena ses ouailles défaillantes au bercail en arguant qu'elles feraient le jeu de l'adversaire si elles exposaient publiquement leurs états d'âme. Il ne fallait pas, selon le mot de Sartre, « désespérer Billancourt », et l'intelligentsia rouge, pétrie de mauvaise conscience de classe, était particulièrement sensible à cet argument massue. Montand et Signoret, comme les copains, subissaient ce chantage. Par ailleurs, les attaques qu'ils essuyaient fréquemment vérifiaient le discours selon lequel, entre les deux camps, n'existait aucun *no man's land*.

Le couple s'exposait à recevoir des horions, et il en reçut. « On me voyait périodiquement vendre *L'Humanité* en manteau de vison ou bien, c'était pire, envoyer ma bonne le vendre et surveiller de loin si elle le vendait bien », plaisantera Simone Signoret. L'attaque la plus usuelle concerne le fatal divorce entre le train de vie des stars communisantes et leurs opinions politiques. En février 1952, le jour d'une grève des transports en commun, un quotidien « bourgeois » publie une photo de Montand devant sa voiture, une superbe Bentley, sous ce titre : « Vous n'avez pas d'autobus ? Yves Montand, lui, a sa Bentley. » Le commentaire est acerbe : « Si nombre de travailleurs parisiens risquent d'aller aujourd'hui à pied par la volonté du Parti communiste, ils auront une consolation : celle de savoir qu'Yves Montand, le populaire chanteur, communiste bon teint, kominformiste de marque, et colombophile de Picasso, sera assuré de ne pas user ses semelles sur l'asphalte réservé au prolétaire. »

La fameuse Bentley a une histoire. Montand, dès qu'il a commencé à gagner de l'argent, s'est empressé d'assouvir les rêves du gamin de la Cabucelle qui caressait d'une main admirative les chromes de la traction du cafetier Garone. Il s'est d'abord acheté une Citroën, puis, afin de charger à bord une partie de ses musiciens et leurs instruments durant les tournées, il acquiert une énorme Packard américaine, noire et vaste comme un wagon. Un jour, sur le boulevard Saint-Michel, au volant de son engin, il s'arrête à un feu rouge, et un étudiant siffle entre ses dents, méprisant : « Chéquard ! »

Montand s'avise que, pour un gars qui chante *Je suis venu à pied*, sa Packard n'est pas d'une discrétion exemplaire, et il décide de rechercher une autre automobile, puissante, mais moins voyante. Quelques années plus tôt, alors qu'il accompagnait Gisèle Pascal, il avait croisé le prince Rainier de Monaco. Ce dernier avait paru intéressé par l'actrice, et Montand était tombé amoureux de la Bentley du prince. Dès qu'il le put, apprenant que le carrosse était en vente, il réunit ses économies et l'acheta. Si la presse avait su que la Bentley de Montand était l'ancienne voiture de l'héritier du Rocher !

Lorsque le chanteur découvre dans un journal sa photo grimaçante (un instantané de *Battling Joe* au dernier round) avec ce commentaire ironique : « Montand, toute la souffrance du monde sur son visage », ou encore un cliché en tenue de scène marron assorti d'un bon mot : « Pourquoi s'habille-t-il d'un costume de bure ? Pour faire simple », il est paradoxalement plus assuré d'avoir effectué le bon choix. A la veille du récital de l'Étoile, en 1953, le quotidien *Combat* publie en avant-première un article critiquant, une nouvelle fois, la distorsion entre le registre de ses chansons et son mode de vie. *Combat* reçoit une avalanche de courrier, qu'il publie sous le titre : « L'affaire Montand ».

La plupart des lecteurs défendent énergiquement l'artiste : « Vous dites qu'on ne peut être le champion des déshérités sans partager totalement leur vie. Dans le cas de Montand, c'est un gars qui sort de la classe ouvrière, il en connaît les joies et les peines. D'après vous, du moment qu'il gagne de l'argent, il n'a plus le droit d'interpréter les chansons qui expriment ces joies et ces peines de la classe ouvrière », écrit un correspondant. Un autre, fidèle au titre depuis 1946 : « Nous admirons les gens sincères qui ne changent pas d'opinion selon les besoins de la cause. Dans le cas d'Yves Montand, malgré sa réussite, il a eu le courage de ne pas abandonner les idées qu'il croit toujours justes. »

Ces témoignages de soutien, qui révèlent combien la popularité du chanteur dépasse amplement le cercle des sympathisants communistes, lui mettent du baume au cœur. Car, au fond, les critiques l'affectent dans la mesure où elles rejaillissent sur son métier. Montand est prêt à assumer son personnage de chanteur engagé, pas à se laisser enfermer dans les limites d'un chanteur officiel. Il tient à la diversité de son public (la salopette n'a jamais été l'habit de rigueur pour l'entendre à l'Étoile). Bref, pour lui, il est hors de question de sacrifier sa carrière sur les planches à sa présence sur les estrades.

A ce stade, il importe en effet de moduler ce qui précède selon les priorités réelles de Montand. Il a des opinions politiques et il ne les cache pas. Mais il n'est pas un militant, dans la mesure où sa vraie vie est ailleurs. Il peut bien pétitionner ou donner quelques galas gratuits, rien ne saurait compromettre la préparation d'un *one-man show*, rien n'importe davantage que la mise au point d'une chanson. Entre l'Étoile et le Parti, entre Crolla et Thorez, Montand a tranché dès le début. Les intimes de l'époque confirment que la politique était loin d'absorber son existence. Julien Livi juge l'engagement de son frère modéré et affirme que, dans *L'Humanité*, il ne lisait que les titres.

Serge Reggiani acquiesce : « Yves et Simone étaient très proches du PC, un peu staliniens sur les bords, mais c'était surtout en paroles. En action, ils ne faisaient pas grand-chose. Ils n'allaient guère manifester dans la rue. Au fond, je n'ai jamais senti ni Montand ni Simone vraiment engagés, au sens où cet engagement aurait déterminé leur vie. » Paul Grimault se souvient d'un Montand joyeux drille, qui ne se prenait pas au sérieux et que n'obsédait pas chaque matin le sort de l'humanité. « Prévert et moi ne le considérions pas comme un stalinien », ajoute-t-il. François Perier, le complice de maints week-ends, décrit un état d'esprit similaire : « La politique ne jouait pas un rôle prépondérant à Autheuil. Lorsque nous en parlions, c'était selon une répartition des profils : Yves, Simone ou Serge Reggiani étaient les engagés; moi, j'étais le catho de bonne volonté. Mais c'était une vie ludique que nous menions : on jouait plus aux ambassadeurs qu'on ne s'étripait sur l'idéologie. »

Par ailleurs, Montand était bien en peine d'avaliser les thèses du Parti communiste sur un point, et non des moindres : l'antiaméricanisme systématique du PC heurtait l'ancien gamin de la Cabucelle qui rêvait de New York, l'ex-adolescent cinéphile, admirateur des comédies musicales, l'amoureux de la démocratie yankee et du New Deal.

Or, au début des années cinquante, la critique des États-Unis tourne à la phobie. En France, ce sentiment n'est pas neuf. Depuis le krach de Wall Street, suivi de la grande dépression, bien des essayistes de droite comme de gauche ont vilipendé la civilisation nord-américaine, qualifiée d'inhumaine, de productiviste, de mécanique et sans âme. Après la guerre, le renforcement de l'hégémonie des États-Unis sur le monde heurte le courant nationaliste français[24]. Sur ce vieux fonds que le Parti communiste saura exploiter vient se greffer, avec les débuts de la guerre froide, l'antagonisme des blocs.

L'« impérialisme yankee » est militaire ; il entend régner sur la planète, allumer l'incendie partout où ses intérêts sont menacés. Dans cette veine, les propagandistes communistes utilisent à merveille la guerre de Corée. Les GI deviennent les nouveaux SS, le général Ridgway, qui a pourtant sauté en Normandie à la tête de la 82e division parachutiste après le débarquement, est dénoncé comme un nazi. Puisque l'armée américaine est présente sur le territoire français dans le cadre de l'OTAN, une des priorités des communistes est de réclamer son départ. Le slogan *US go home* fleurit sur les murs. La campagne contre les bases américaines emplit les pages de la presse du PC. Ainsi, à Châteauroux — qui héberge un immense camp —, la feuille locale *La Marseillaise* compare le chef de la base à un *Gauleiter* et rapporte des « informations » selon lesquelles les soldats américains seraient d'anciens nazis : « L'uniforme a changé de couleur, c'est tout[25]. »

L'assimilation est limpide : les « Amerloques » sont les occupants de l'après-guerre. En mai 1951, *L'Humanité* publie d'ailleurs une enquête qui s'intitule « L'occupation américaine en France ». Dès 1948, *Les Lettres françaises* sortaient une

24. Cf. Michel Winock, « L'antiaméricanisme français », in *L'Histoire*, novembre 1982.
25. François Jarraud, *Les Américains à Châteauroux de 1951 à 1967*, cité par Michel Winock, *ibid.*

caricature qui montrait Goebbels distribuant des tracts antisoviétiques à un Oncle Sam ravi[26].

L'hégémonie des États-Unis — par le biais du Plan Marshall — est aussi économique. Les penseurs communistes ne trouvent pas de mots assez violents pour fustiger cette colonisation de l'Europe et dénoncer l'emprise des « trusts » de Wall Street. Chaque fois qu'il entend le mot trust, Montand ne peut s'empêcher de sourire. Étant gosse, on parlait à la table familiale des horribles « trusts » et du non moins ignoble Trotski. Pendant longtemps, il crut que *Trustki* était le chef des *trusts*...

Si lui-même et son épouse sont prêts à admettre la dénonciation de l'impérialisme militaire et économique américain, ils renâclent quand la critique s'étend au champ culturel. Depuis que le Parti communiste a découvert Jeanne d'Arc et le drapeau tricolore, les intellectuels affiliés se posent en héritiers de la tradition, gardiens du patrimoine littéraire et artistique. Les mêmes qui s'enflamment pour les médiocres productions soviétiques, ou vantent les héros positifs des films réalistes-socialistes, récusent avec la dernière énergie toute importation d'outre-Atlantique. Aragon s'alarme devant l'impact de Faulkner ; Ilya Ehrenbourg ironise : « Le dollar leur est monté à la tête. Ils s'imaginent sérieusement que le cinéma de Broadway est plus beau que l'Acropole et que le *Reader's Digest* est supérieur à Tolstoï. »

L'édition française du *Reader's Digest*, qui loue de manière naïve et caricaturale le mode de vie américain, représente une cible facile. Mais, malgré la canonnade, elle atteint, avec 1 200 000 exemplaires, un des plus forts tirages des magazines. Le Coca-Cola, ce breuvage inquiétant concocté par un « trust raciste », est lui aussi dans le collimateur. « On pourra dire bientôt *Coca-Cola over all* comme on a dit *Deutschland über alles*. Mais qu'est-ce que le Coca-Cola ? L'une des caractéristiques de ce breuvage est qu'il crée une accoutumance, comme les stupéfiants[27]... » Il faut ajouter encore à ce som-

26. 29 janvier 1948.
27. *Action*, 15 décembre 1949 (cité par B. Legendre, *op. cit.*).

bre tableau de l'emprise yankee l'invasion des Camel, qui détrônent les Gauloise, la prolifération des *comics* et l'invasion des films hollywoodiens.

Sur ces deux derniers points, au moins, Montand n'avale guère les diatribes rituelles. Même s'il a signé une pétition contre les accords Blum-Byrnes, de 1946, qui permettent aux productions américaines d'inonder les écrans français, il aime trop — et depuis trop longtemps — le cinéma d'outre-Atlantique, ses acteurs et ses réalisateurs. Il n'approuvera pas une dénonciation sans nuances des comédies de Billy Wilder ou de Frank Capra, surtout dans la mesure où celles-ci reflètent les valeurs de justice et de liberté propres au Nouveau Monde. Mais, là encore, sa protestation reste secrète. L'antiaméricanisme du PC lui est si consubstantiel qu'il est inconcevable d'y apporter le moindre amendement.

La « diabolisation » de l'Amérique atteint son paroxysme avec l'affaire Rosenberg. Cette fois, Montand et Signoret sont disposés à croire que de la graine de fascisme germe aux États-Unis. Julius et Ethel Rosenberg, arrêtés en 1950, sont jugés l'année suivante; ils sont accusés d'avoir monté un réseau d'espionnage au profit de l'URSS et, en particulier, d'avoir livré les secrets de la bombe atomique. Malgré la dénonciation du propre frère d'Ethel Rosenberg, le procès laisse planer le scepticisme : comment imaginer qu'un petit ingénieur puisse transmettre des secrets aussi importants sur une simple feuille de papier? Mais les débats se déroulent dans un contexte international propice aux fantasmes : guerre froide en Europe, guerre chaude en Corée, victoire communiste en Chine. L'Amérique a besoin de boucs émissaires pour se rassurer.

Les Rosenberg clament leur innocence. Le jury les déclare coupables et les condamne à mort. Commence alors, à travers le monde, une campagne pour sauver les « espions » qui dépasse de loin les sphères d'influence communistes. Le pape Pie XII, Vincent Auriol, Bertrand Russell réclament la grâce au bénéfice du doute. En France, l'intelligentsia se mobilise comme pour une nouvelle affaire Dreyfus. Outre les communistes Aragon, Picasso ou Claude Roy, les écrivains Albert Camus, Jean Cau, Colette, Jean Cocteau, Georges Duhamel, Roger Martin du Gard, André Maurois, Roger Nimier, Jules Supervielle, les éditeurs Gaston Gallimard ou René Julliard et bien d'autres personnalités envoient un télégramme au président américain afin de demander la vie sauve pour les Rosenberg.

Nous étions cons et dangereux. Je l'ai dit; je le maintiens. A cette époque, si tu étais membre du PC et que tu travaillais dans une branche « intéressante » de l'industrie française, tu te faisais un devoir, au cas où le Parti te le demandait, de te renseigner pour savoir comment se fabriquait telle ou telle pièce. Moi, je l'aurais fait. Je ne considérais pas du tout que c'était une forme de trahison, mais qu'au contraire c'était pour le bonheur de la classe ouvrière, de l'humanité. Les Rosenberg, on ne sait pas aujourd'hui s'ils étaient coupables ou non, mais, s'ils ont livré des secrets, c'était dans cet esprit, pour servir la cause de la paix.

Le 18 juin 1953, le Parti communiste organise un grand meeting au Vel' d'Hiv. Montand s'y rend avec Simone. Julien Livi : « Je l'ai accompagné à ce rassemblement. Clouzot a parlé à la tribune. Mais, quand on a annoncé au micro que Montand était dans la salle, il y a eu une immense ovation. » Le lendemain matin, à l'aube, dans la prison de Sing Sing, les Rosenberg grillent sur la chaise électrique. L'émotion est considérable, et l'Amérique tout entière, coupable d'un crime officiellement ordonné, est rejetée dans l'opprobre. Depuis Venise, Sartre câble à *Libération* : « Ne vous étonnez pas si nous crions d'un bout à l'autre de l'Europe : Attention, l'Amérique a la rage. » Pierre Courtade, dans *L'Humanité*, parle de « fascisme US ». L'exécution des Rosenberg suscite une sincère indignation, dont le caractère unilatéral n'apparaîtra que bien plus tard.

L'avant-veille de la mort des accusés, des milliers d'ouvriers du bâtiment ont défilé à Berlin-Est pour réclamer des augmentations de salaire et bientôt des élections libres. Les chars soviétiques interviennent, tirent dans la foule, faisant plus de cent victimes. *L'Humanité* reprend la thèse du « putsch fasciste » fomenté par d'anciens nazis. Aucun compagnon de route, pas plus Montand qu'un autre, ne proteste contre cette répression. Bien plus tard, Simone Signoret exprimera le sentiment d'avoir été manipulée dans la défense des Rosenberg, quelle qu'ait pu être la justesse de cette « cause » : « Pendant que moi, je me battais avec la terre entière à propos des Rosenberg, il y avait eu en URSS des tas et des tas de Rosenberg. Et ceux qui, ici, orchestraient le manège antiaméricain savaient très bien ce qui se passait en Russie soviétique[28]. »

Il n'empêche : l'horreur que suscitait cette exécution permettait d'occulter les crimes commis de l'autre côté du rideau de fer. Les intellectuels progressistes étaient enclins à écouter les mots de Sartre : « Le fascisme ne se définit pas par le nombre de ses victimes, mais par sa manière de les tuer[29]. » Un pays capable d'un tel forfait était intrinsèquement mauvais. D'autant que l'affaire Rosenberg s'inscrivait dans le climat général de la « chasse aux sorcières ». Le 21 mars 1951, le jour même où s'achevait à New York le procès des « espions communistes », commençaient à Washington les auditions de la Commission sur les activités antiaméricaines — à l'ordre du jour : la subversion dans les milieux d'Hollywood.

Cette Commission (*House Committee on Unamerican Activities*, HUAC), créée par la Chambre des représentants en 1938 pour combattre les influences nazies et communistes aux États-Unis, s'était essentiellement intéressée aux secondes après la guerre. En 1947, elle déclencha une enquête sur le monde du cinéma, où le Parti communiste américain avait acquis, dans les années trente, une petite mais réelle influence. Au surplus, en convoquant des vedettes d'Hollywood, la Commission s'assurait une publicité qui n'était pas pour lui déplaire. Gary Cooper affirma qu'il refusait les scénarios où il reniflait des idées communistes, et le président

28. *L'Express*, 11 mai 1970.
29. *Libération*, 25 juin 1954.

du syndicat des acteurs, Ronald Reagan, certifia qu'on pouvait compter sur sa vigilance. Walt Disney raconta que les tentatives visant à suborner Mickey avaient échoué.

En fin de compte, la Commission retint dix noms, parmi lesquels figuraient quelques-uns des plus grands scénaristes d'Hollywood, tels Albert Maltz ou Dalton Trumbo, ainsi que le réalisateur Edward Dmytryk. Convoqués à Washington, les « dix d'Hollywood » invoquèrent le cinquième amendement (les autorisant à ne point témoigner contre eux-mêmes) et refusèrent de dire s'ils étaient communistes. Ils furent condamnés à des peines de prison, malgré le soutien d'une partie de la profession (Lauren Bacall, Humphrey Bogart). Les principaux dirigeants des studios, réunis en conclave, annoncèrent la suspension des « dix » et promirent que plus aucun communiste ne travaillerait pour le cinéma. Cette première chasse aux sorcières ne provoqua pas de réaction marquée en Europe.

En 1951, lorsque la HUAC reprit ses auditions, il en alla tout autrement, car le climat général avait changé. L'inquisition sous les *sunlights* s'inscrivait alors dans une sorte de folie collective qui s'était emparée d'une Amérique inquiète, en proie à l'autosuggestion. Depuis le 9 février 1950, un obscur sénateur du Wisconsin était devenu une star de la politique américaine. Ce jour-là, devant le club des femmes républicaines de Wheeling, Joseph McCarthy brandit une liste de 205 noms de « communistes » qui, selon lui, avaient infiltré le Département d'État[30].

L'« information » fait sensation. La nouvelle croisade destinée à épurer l'Amérique commence. Un caricaturiste célèbre, Herblock, invente le mot qui, avec le recul, laissera une tache dans l'histoire américaine : le « maccarthysme » est né. La croisade s'amplifie : aucun secteur de l'administration, des entreprises, du spectacle n'échappe à la suspicion. Des listes noires alignent les noms de ceux qu'il ne faut pas embaucher ; les listes grises signalent des cas douteux. *Les Lettres françaises* publient la « liste McCarthy » des auteurs dont les œuvres sont « proscrites, détruites ou brûlées ». Selon l'heb-

30. Cf. André Kaspi, « La peur américaine », in *L'Histoire*, octobre 1980.

domadaire, Einstein, Freud, Gorki, Dashiell Hammett, Hemingway, Thomas Mann, Maupassant, Sartre, Steinbeck ou Zola figurent — entre beaucoup d'autres — au nombre des auteurs maudits. Le journal d'Aragon, qui titre sur deux colonnes « Les brûleurs de livres aux États-Unis », reproduit divers articles de la presse américaine relatant des autodafés, et ne manque pas d'établir le parallèle avec l'occupation allemande. Thomas Mann ne figurait-il pas déjà sur la « liste Otto » en 1941 ?

Yves Montand et Simone Signoret, indignés, constatent que l'épidémie gagne le milieu qui leur est cher. Comment continuer à défendre le cinéma américain si ce dernier proscrit des humanistes, des progressistes, des compagnons de route qui leur ressemblent ? Charlie Chaplin, installé aux États-Unis depuis plus de quarante ans, préfère regagner l'Europe ; Jules Dassin, John Berry, Joseph Losey doivent fuir. Leur indignation grimpe encore d'un cran quand ils s'aperçoivent que des cinéastes ou des comédiens qu'ils admirent acceptent de collaborer avec la Commission. Cette démocratie américaine, que Montand, même communisant, a toujours vénérée, est-elle en train de sombrer ? Le chantage au travail place chacun devant sa conscience.

Car, cette fois, plusieurs témoins — par crainte du chômage ou par conviction — acceptent de collaborer : Lee J. Cobb, qui a créé *Mort d'un commis voyageur* au théâtre, craque après deux ans de pressions ininterrompues. Dmytryk, qui s'était tu en 1947, donne vingt-six noms en 1951 et explique sa position dans un long article du *Saturday Evening Post*. Elia Kazan, lui, choisit le *New York Times*, où il s'achète une page entière afin de justifier sa « trahison » (il a appartenu au Parti communiste entre 1934 et 1936) : « Mon expérience personnelle de la dictature et de la domination des esprits m'a laissé une haine immuable de celles-ci. Une haine immuable à l'égard de la philosophie et des méthodes communistes, ainsi que la conviction qu'il ne fallait jamais cesser de leur résister[31]. »

Juste avant de déposer, Kazan s'était entretenu avec Arthur Miller. Les deux hommes avaient abondamment travaillé

31. Cité par Victor Navasky, *Les Délateurs*, Paris, Balland, 1982.

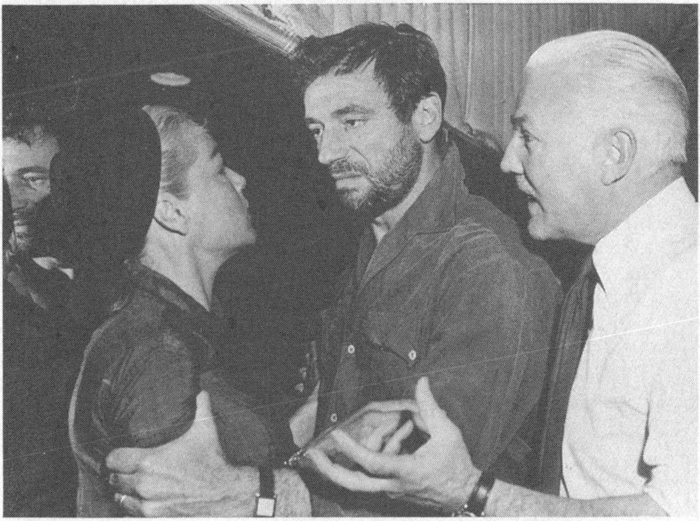

1956. Répétition des *Sorcières de Salem*, avec Raymond Rouleau.

Avec Arthur Miller en visite sur le plateau.

Décembre 1956. L'arrivée à Moscou. En bas à gauche, Obratzov, Simone, et, à gauche de Montand, l'interprète Nadia.

Juin 1990. Retour à Moscou pour la présentation de *L'Aveu*. Sur la place Rouge, avec Costa-Gavras.

8 mars 1957. La rencontre avec Tito, qui dédicace la photo.

Dans la salle Saint-Georges du Kremlin.

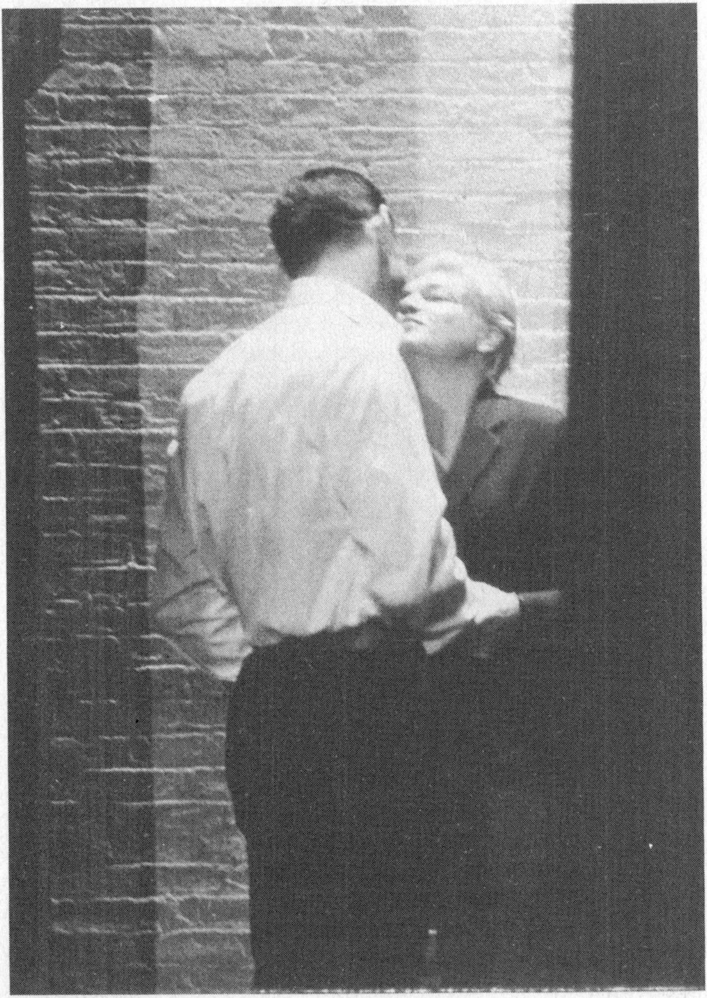

New York, septembre 1959. Une heure avant d'entrer en scène.

A Broadway, Montand imite
Fred Astaire dans *Un garçon dansait*.

Montand et Marilyn
travaillent le texte.

Répétition.

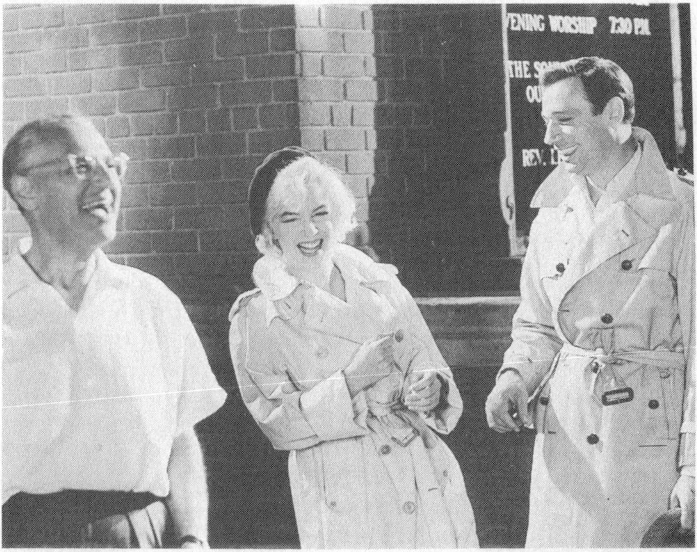

Rires entre deux prises avec Cukor.

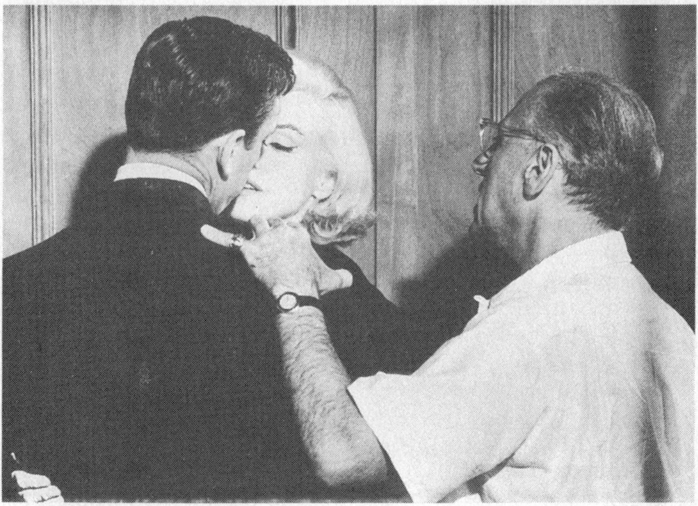

Cukor règle une scène.

1965. Déjeuner avec Reggiani à la Colombe d'Or.

Montand entre la mère et la fille.

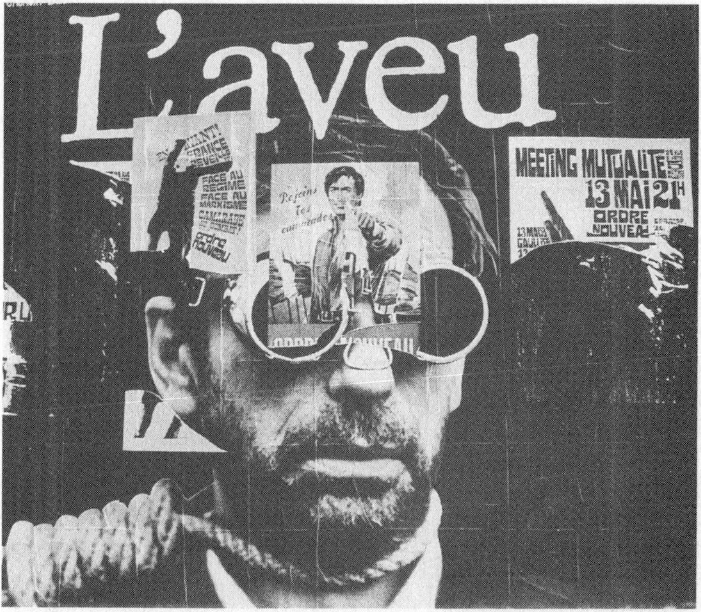

Costa-Gavras et Montand pendant le tournage de *L'Aveu*.

Janvier 1990. Avec Vaclav Havel à Prague.

Avec Jorge Semprun.

Juin 1986. En Israël, avec Shimon Peres et Anatoli Chtcharanski.

1974. Après la chute des « colonels », le trio de *Z* à Athènes.

Hollywood, 1968. De gauche à droite, en haut : Rock Hudson, John Wayne, Montand. En bas : Lee Marvin, Robert Evans, producteur à la Paramount, Barbra Streisand et, à l'extrême droite, Clint Eastwood.

1985. Tournage de *Manon des sources*, avec Daniel Auteuil et Claude Berri.

Festival de Cannes, mai 1987. Première apparition publique de Carole Amiel avec Montand, président du jury.

Janvier 1989. Le baptême du petit Valentin dans les bras de sa mère, Jean-Louis Livi, le parrain, Christine Ockrent, la marraine. C'est Bernard Kouchner le photographe.

Avec sa petite-fille Clémentine.

En cow-boy dans *Les Plaines du Far West* (1938) ; ici, dans *Trois Places pour le 26*, de Jacques Demy (1988).

Juin 1990. Montand et Valentin.

ensemble, Kazan ayant mis en scène deux pièces de son ami, *Ils étaient tous mes fils* et *Mort d'un commis voyageur*. Le cinéaste annonça son intention de parler, arguant qu'il n'entendait pas sacrifier sa carrière à une cause qu'il récusait ; le dramaturge chercha à l'en dissuader. Le lendemain, Kazan « témoignait » à Washington, et Miller partait pour la petite ville de Salem.

Depuis quelque temps, Miller était en quête d'une idée de pièce qui traiterait de cet état d'esprit inquisitorial. « Ce que je cherchais était une métaphore, une image qui jaillirait du cœur, ouverte à tous et lumineuse, un instrument sonore dont les échos pénétreraient jusqu'au cœur de ces miasmes[32]. » C'est alors que Miller tomba sur un ouvrage, *Le Diable dans le Massachusetts*, lequel relatait des procès en sorcellerie qui s'étaient déroulés en 1692 à Salem. Aux archives du tribunal, l'écrivain examina les procès-verbaux des interrogatoires qui avaient conduit John Proctor à la potence pour avoir pactisé avec le diable.

Roulant vers New York, Arthur Miller entendit à la radio le compte rendu des propos de Kazan devant la Commission. A trois siècles de distance, un parallèle s'imposait entre les situations, même si — comme le firent remarquer les partisans de la Commission — les sorcières n'avaient point existé, tandis que les communistes, eux, étaient bel et bien là. Pour Miller, la connexion était ailleurs : précisément dans le rituel de ces investigations qui exigeaient des aveux. Grâce au FBI, la HUAC savait tout du Parti communiste américain et de ses satellites. Ce qu'elle cherchait à obtenir, c'était la confession, la dénonciation des complices, l'exorcisme sur la place publique. « Ce que l'on pouvait manifestement mettre en parallèle était la culpabilité que des gens ressentaient pour avoir refusé les normes de la société telles que les définissaient ses piliers les plus orthodoxes[33]. »

32. Arthur Miller, *Au fil d'une vie*, Paris, Grasset, 1988. En américain, *Timebends*, New York, Grove Press, 1987.
33. *Ibid.*

Dans le climat d'intolérance qui régnait à l'époque, Arthur Miller se défendit d'avoir écrit une pièce sur le maccarthysme. Mais certaines phrases semblaient d'une actualité qui ne trompait pas en 1953 : « Un vent mauvais souffle sur le pays » ; ou encore : « Nous ne vivons plus à l'époque trouble où le bien se mêlait au mal pour abuser le monde ; à présent, par la grâce de Dieu, le soleil luit. » Dans une telle atmosphère, la pièce, *The Crucible*, ne remporta à New York qu'un succès mitigé.

A la fin de l'année 1953, Montand et sa femme reçoivent par l'intermédiaire d'Elvire Popesco une traduction littérale de *The Crucible*, dont leur ami John Berry leur parlait avec enthousiasme. Montand chante à l'Étoile, et ils lisent le texte au lit, après la représentation, se passant les feuilles une à une dans la nuit. Ils ignorent l'un et l'autre jusqu'au nom d'Arthur Miller, inconnu en France à cette époque, mais, au petit matin, tous deux sont résolus à jouer la pièce dans un théâtre parisien. Miller souhaite que son texte soit adapté pour le public français par Sartre ou Marcel Aymé — avec une priorité à Sartre. Selon Simone Signoret, le philosophe, par l'intermédiaire de son secrétaire Jean Cau, décline l'offre sans lire le texte. C'est après, en assistant aux répétitions, qu'il regrettera sa désinvolture.

Marcel Aymé commence par refuser, lui aussi ; mais, pour les beaux yeux d'une comédienne qui espérait un rôle (elle ne l'obtint pas), il finit par accepter. La seule condition posée par Montand et Signoret avant de se lancer dans l'entreprise est que la mise en scène soit confiée à Raymond Rouleau. Ancien interprète favori de Jacques Becker, Rouleau s'est imposé au théâtre comme l'un des maîtres de l'après-guerre. C'est aussi un bourreau de travail, et bien des acteurs hésitent à se ranger sous sa coupe tant son inflexibilité est notoire. Gérard Oury, qui a joué sous sa direction, en dresse un portrait incisif : « Rigoureux, intransigeant, Rouleau exige le maximum de ses comédiens. S'il arrive que l'un d'eux ne lui apporte pas ce qu'il attend, pour important qu'il soit, il le virera sans cruauté, mais sans hésitation. Nul ne peut être sûr de conserver son rôle avant le soir de la première. Rouleau ira jusqu'à se retirer le personnage qu'il s'était distribué et dans lequel il ne se trouvait pas bon[34]. »

Rouleau avait rencontré Miller à New York, il connaissait la pièce et accepta avec enthousiasme lorsque M. Julien, directeur du Théâtre Sarah-Bernhardt, lui proposa de la monter. Pour Montand comme pour Signoret, jouer la comédie constituait une aventure. Elle, vedette de l'écran, redoutait les planches et pressentait que sa voix porterait mal. La décoratrice Lila de Nobili conçut un décor approprié, resserré autour d'elle comme une coque, propre à répercuter et à amplifier les sons. Montand, hormis l'escapade du *Chevalier Bayard*, ignorait tout du théâtre. Mais il maîtrisait plus que quiconque la relation directe avec le public et avait appris à dominer sa peur. Après l'Étoile, la scène du Sarah-Bernhardt lui parut presque confortable — tout, pour une fois, ne reposait pas sur ses épaules.

Il lui restait à assimiler l'essentiel : jouer la comédie. Rouleau était méticuleux, perfectionniste — qualités qui ne dépaysaient point l'élève. Le metteur en scène le fit travailler avec un acharnement qui jamais ne rebuta Montand et dont, longtemps après, Raymond Rouleau se souvenait : « Montand, pour moi, c'est un modèle... Il ne connaissait pas le métier. Pas du tout. Il m'a été donné d'assister à toute son ascension, je l'ai observé à l'intérieur de notre travail. La constante de son effort, je la connais, et je l'ai suivie. Il a appris, il a toujours voulu apprendre... Il essaie, il cherche, il travaille[35]. »

Outre le metteur en scène, Montand mobilise ses copains comédiens : José Artur et Serge Reggiani lui font préparer des textes classiques de Molière et de Racine. Avant que les répétitions proprement dites ne commencent, une première mise en place de la pièce se déroule à Autheuil avec les comédiens pressentis, Pierre Mondy — encore quelqu'un « de la famille » — et Nicole Courcel. Rouleau cherche constamment des analogies françaises, afin de mieux donner à comprendre la mécanique de l'intolérance et de l'inquisition. Il parle de l'étoile jaune, des tribunaux d'exception, des lettres de

34. *Op. cit.*
35. *In* Richard Cannavo et Henri Quiqueré, *op. cit.*

dénonciation pendant la guerre. Lorsque la troupe apprend qu'Arthur Miller ne pourra assister à la générale — on lui a retiré son passeport —, le parallèle entre ces histoires de sorcellerie au XVIIe siècle et le maccarthysme s'impose même aux moins engagés des acteurs.

Miller avait conçu *The Crucible* avant l'exécution des Rosenberg, mais, pour Montand et Signoret qui viennent de participer avec une totale sincérité à la campagne visant à arracher le couple à la chaise électrique, les drames respectifs des Proctor et des Rosenberg coïncident. Simone Signoret a raconté combien la lecture des lettres de prison d'Ethel Rosenberg l'avait aidée à atteindre l'émotion qu'elle recherchait. Chacun put remarquer que la scène finale, celle de l'adieu, où Proctor étreint sa femme de ses mains enchaînées, ressemblait à la photographie, publiée par la presse mondiale, des Rosenberg avant leur exécution.

Signoret notera aussi que l'identification à ce couple martyr qui ne voulait pas avouer aurait été moins entière si elle avait su que d'autres, à Prague, se balançaient au bout d'une corde après avoir reconnu des crimes imaginaires. Coupables ou innocents (nul ne saurait encore trancher aujourd'hui), les Rosenberg furent les seuls condamnés à mort de la chasse aux sorcières. Sur l'autre plateau de l'impossible balance, les victimes se comptèrent par millions. Et pour elles, le plus souvent, il n'y eut pas de procès. Montand, qui ne regrette nullement d'avoir défendu les Rosenberg, sera obsédé par ce déséquilibre quand il jouera *L'Aveu*.

Les Sorcières de Salem remportent un triomphe. La critique salue la qualité de la pièce, de l'adaptation, s'enthousiasme pour la mise en scène de Raymond Rouleau et la beauté des décors, applaudit la performance des acteurs. A l'exception du *Canard enchaîné*, qui procède à une exécution sommaire (« Un piquet eût mieux fait l'affaire que M. Montand »), la presse le couvre de lauriers. « Bouleversant » *(Les Nouvelles littéraires)*, « rigueur et simplicité exceptionnelle » *(Carrefour)*, « sobre et puissant » *(L'Aurore)*, « extraordinaire de vérité » *(Libération)*, « étonnant comédien » *(La Croix)*, « superbe dans la révolte » *(Arts)*. C'est l'ami Claude Roy qui, dans *L'Humanité-Dimanche*, se montre le plus lyrique : « Quant à Yves Montand, il est bouleversant... Il n'est pas devenu cette semaine un grand comédien de théâtre simplement parce qu'il est taillé en athlète, a fait d'immenses progrès de diction, est intelligent et a été admirablement dirigé par Raymond Rouleau. Il est un grand comédien parce qu'il a jeté dans la balance une livre de chair, son cœur, avec sa conviction, ses convictions. On attendait un acteur. On trouve un homme[36]. »

Le succès est tel que les représentations durent toute l'année 1955. Passé l'angoisse inaugurale, Yves Montand renoue avec son goût de la facétie. C'est ainsi que, malgré la gravité du sujet et la concentration qu'il exige, il n'hésite pas, en scène, à regarder fixement Pierre Mondy sur le dessus du crâne, jusqu'à ce que le comédien — dont le rôle est tout en rigueur sévère — se contorsionne, saisi par un fou rire.

Il profite de l'interruption de l'été pour tourner un film de Claude Autant-Lara, *Marguerite de la nuit*, variation sur le mythe de Faust dans le Montparnasse des années vingt. A la sortie, l'éreintement est général. Le jeune critique François Truffaut s'en donne à cœur joie : «*Marguerite de la nuit* est un film mort, un spectacle étrange devant lequel nous n'éprouvons que des sentiments pénibles, à commencer par celui d'être de trop... » Montand, qui a pour partenaire Michèle Morgan, s'en tire, lui, plutôt bien : plusieurs signatures le comparent à Louis Jouvet.

A la rentrée, *Les Sorcières* reprennent, mais force est de s'interrompre à la Noël 1955. Montand a contracté des obligations, signé pour un film en Italie. L'année 1956 s'annonce.

L'année des grandes ruptures.

36. 19 décembre 1954.

11

Au début de l'année 1956, à peine débarrassé de la tunique de Proctor, Yves Montand part en Italie tourner *Uomini e lupi (Hommes et Loups)*. Le réalisateur, Giuseppe De Santis, auteur de *Riz amer*, est un de ces fondateurs de l'école italienne du néo-réalisme qui ne manquent pas d'attribuer à chacun de leurs films une épaisseur sociale. Cette conception ne déplaît guère à Montand, ravi de donner la réplique à Silvana Mangano dans cette histoire où l'intrigue romanesque sert de prétexte pour décrire les rudes conditions de vie dans les villages des Abruzzes. Bien après, il critiquera ce « film très manichéen, très simpliste. Tout à fait dans le style de ce qui se faisait à l'époque, et, je le reconnais, j'étais pour[1] ». A son arrivée, Montand est déçu d'apprendre que les chasses aux loups, qui forment la trame du scénario, n'existent plus dans la région depuis belle lurette, et il n'est pas loin de penser que les adeptes du réalisme trichent un peu avec la réalité.

Simone Signoret a accompagné son mari, mais, en mars, elle doit rejoindre le Mexique où l'attend Luis Buñuel pour les prises de vue de *La Mort en ce jardin*. Elle ne se résout pas à partir, ne veut pas quitter Montand, invente mille prétextes et s'arrache finalement dans un flot de larmes. Il faut l'assommer à coups de tranquillisants pour la mettre dans l'avion. Même à bord, elle hasarde une ultime tentative : dans sa valise, elle a dissimulé des tracts communistes et espère bien être refoulée à l'arrivée. A Mexico, naturellement, les douaniers accueillent avec le sourire la *señora* Signoret qui

1. Alain Rémond, *op. cit.*

franchit les contrôles sans être fouillée. A l'un comme à l'autre, cette séparation de plus de trois mois, la plus longue qu'ils aient connue, pèse fort.

La plus grande partie de l'équipe du film est communiste ou communisante ; le soir, les techniciens, le réalisateur et le scénariste Tonino Guerra (qui deviendra le collaborateur de Fellini et d'Antonioni) discutent politique avec la faconde et la passion que les Italiens y mettent. A la fin du mois de mars, le nom du *compagno* Khrouchtchev revient avec insistance dans les conversations. Montand surprend des échanges de plus en plus vifs, de plus en plus enflammés. Un jour, l'un des camarades s'emporte :

— Moi, maintenant, je peux aller sur la place Saint-Pierre et dire au pape : Vous aviez raison. Cela ne me gêne pas. C'est à nous d'assumer la vérité.

Jusqu'en ce village perdu des Abruzzes parviennent ainsi les échos du séisme qui commence à ébranler le monde communiste. La direction du Parti communiste italien a en effet décidé de faire connaître aux militants la substance du discours que Nikita Khrouchtchev a prononcé devant le XXe congrès du PC soviétique. Dans la nuit du 24 au 25 février 1956, le secrétaire général du Parti assène à huis clos son rapport sur le culte de la personnalité. Les délégués, estourbis, sont priés d'observer un secret absolu. Dans la nuit même, un exemplaire du texte est porté aux responsables des délégations étrangères, qui doivent le restituer le lendemain matin sans avoir pris la moindre note. Mais malgré ces précautions, filtrent bientôt *via* l'ambassade américaine des fragments du discours khrouchtchévien. On commence à chuchoter que le secrétaire général du Parti a dénoncé les « crimes de Staline » en accumulant une impressionnante série de précisions, de chiffres et même d'anecdotes.

A son retour en Italie, Togliatti, le leader du PCI, a transmis aux membres du comité central de son parti une première exégèse des « erreurs » de Staline. Voilà pourquoi Montand, grâce aux *compagni* qui l'entourent, est si rapidement informé de l'existence et de la teneur du rapport Khrouchtchev.

Quand, le tournage achevé, l'acteur rentre en France, il constate que le PCF n'est pas aussi pressé que son homologue italien de dénoncer les abus du « culte de la personnalité». En revenant de Moscou, Jacques Duclos, pourtant bien documenté, fait acclamer par les militants parisiens réunis salle Wagram le nom de Staline. Lorsque *Le Monde*, le 6 juin, publie le fameux document, les hiérarques staliniens objectent qu'il s'agit là d'un texte «attribué» au camarade Khrouchtchev. Comme la source (connue) de la fuite est le Département d'État américain, il leur est facile de récuser l'authenticité du rapport.

Montand ne doute pas un instant de celle-ci, et se sent pour le moins dérouté. Avec Simone, revenue du Mexique, il en parle pendant des heures, et leur réaction commune est double : l'ampleur des «manquements à la légalité socialiste» les épouvante; d'un seul coup, ils perçoivent que ce qu'ils cherchaient à refouler depuis des années, ce que racontaient Kravchenko, Camus ou Rousset, est tragiquement vrai. Les doutes que les croyants chassaient d'un revers de foi se muent en douloureuses certitudes. Mais, dans le même temps, Montand juge qu'un système capable de s'autocritiquer de la sorte garde sa validité. Il déplore les crimes, les erreurs dus à la folie sanguinaire de Staline; il espère cependant que, sur des bases nouvelles, la machine sera capable de s'amender. Bref, il attend une réforme du communisme, menée depuis le sommet; un marxisme rénové, déstalinisé, représente encore à ses yeux l'avenir du monde. Son entourage familial l'aiguille d'ailleurs dans cette voie.

Julien Livi, le frère syndicaliste, communiste de l'appareil, a commencé, lui, par contester la véracité du rapport. Puis il a pris le document publié par *Le Monde* et l'a étudié durant plusieurs heures, crayon en main. De sa lecture, il est sorti désemparé, convaincu que, sous Staline, le communisme avait été défiguré : « J'en ai pleuré. Pour moi, apprendre que Staline était un criminel, c'était un choc affreux. En Allemagne, quand j'étais prisonnier, on criait ''Staline!'' pour se donner du courage. Comme des millions d'êtres humains, c'est Staline qui m'a aidé à vivre, à espérer. Lorsque j'ai mis pour la première fois les pieds en URSS, en 1952, j'avais les larmes aux yeux. Et je l'ai aperçu, Staline, au Bolchoï, en chair et en os. Il personnalisait mon idéal. Quand j'ai lu le rapport, c'est cette image qui s'est évanouie. Je me souviens qu'Yves disait : ''Tu te rends compte, ils sont costauds, quand même !'' Il a employé une expression qui m'est restée en mémoire : ''Khrouchtchev, il en a une paire comme ça pour se lancer là-dedans...'' »

Au début de l'été, Montand et Signoret se rendent en Allemagne de l'Est afin de tourner la version cinématographique des *Sorcières de Salem*. Raymond Rouleau en assure la mise en scène, mais, cette fois, l'adaptation est de Sartre. L'année précédente, à Berlin, un film tiré de *Mère Courage*, avec Simone Signoret, n'avait pas abouti, et la maison de production officielle de la RDA, la DEFA, avait accepté, en guise de dédommagement, de coproduire *Les Sorcières* avec Pathé. Le tournage sur les bords de la Baltique traîne plus que prévu, et ce n'est qu'en septembre que l'équipe rentre à Paris pour achever les scènes d'intérieur.

Les jours passent, le retard s'accumule. Montand commence à s'inquiéter, car il a signé, au début de l'année, un engagement pour une tournée en Union soviétique et dans les pays de l'Est. Le calendrier précis est arrêté de longue date : le chanteur est attendu là-bas pour les premiers jours de novembre. Les centaines de lettres qu'il reçoit d'admirateurs soviétiques le confirment dans l'opinion que l'accueil s'annonce triomphal. Sa popularité en URSS, Montand la doit à Serge Obratzov, directeur du théâtre des marionnettes de Moscou. En 1954, Obratzov, de passage à Paris, a assisté au gala de l'Étoile, et, subjugué, a aussitôt raflé tous les disques possibles. Grâce à la radio, les refrains d'*A Paris* ou des *Feuilles mortes* atteignent des millions de Soviétiques.

Que Montand soit un compagnon de route facilite naturellement cette conquête de l'Est dont il perçoit mille signes tangibles. En 1955, c'est la revue *Littérature étrangère* qui lui demande une contribution pour un de ses numéros. Il disserte assez pesamment sur l'engagement de l'artiste : « Si son cœur d'homme a bien battu, c'est alors qu'il saura bien faire battre celui du public, en lui restituant exactement la seule chose qui soit valable en matière d'art, c'est-à-dire la vérité humaine. » Et encore : « La création artistique est inconcevable si l'artiste s'isole volontairement du reste des hommes par le cœur et par la tête. » Aux lecteurs russes Montand n'hésite pas à servir une version atténuée du jdanovisme que, par ailleurs, il n'a lui-même jamais mis en pratique.

En 1956, c'est un groupe d'une centaine de jeunes de Leningrad qui, dans une lettre naïve mais révélatrice de l'immense renommée qu'il s'est acquise, lui demandent le texte d'une chanson pour leur festival. Ou encore un contingent d'écoliers de Bakou qui lui réclame un exemplaire de « la tête pleine de soleil » (en fait, *Du soleil plein la tête*), dont leur journal, *Komsomolskaïa Pravda*, a publié des extraits. Bref, Montand semble l'idole étrangère des jeunes Soviétiques, et il n'a pas tergiversé quand on lui a proposé, à la fin de 1955, d'aller chanter dans la « patrie du socialisme ». Il est fier d'être le premier artiste de music-hall invité là-bas (la Comédie-Française et le TNP ont ouvert la voie).

L'organisateur de la tournée est Georges Soria, romancier, ancien correspondant de guerre en Espagne, d'une orthodoxie à toute épreuve. En 1949, il a publié un manuel, *Comment vivent les Russes*, où, entre autres perles, il expliquait pourquoi aucune grève n'éclatait en URSS : « Étant donné qu'il n'y a pas en Union soviétique de capitalistes..., si les ouvriers et les employés se mettaient en grève en régime socialiste, c'est contre eux-mêmes qu'ils feraient grève. » Soria a également commis une ode à Thorez, fraternellement intitulée *Lumière de Maurice* (« Il est la France au regard de clarté... »). Ce communiste solide dirige l'« Agence littéraire et artistique parisienne pour les échanges culturels », spécialisée dans l'exportation des spectacles vers l'Est. C'est donc cet agent — lequel ne se contente pas d'être littéraire — qui a conçu la tournée de Montand.

A la mi-octobre, le retard accumulé dans le tournage des *Sorcières* est tel que Montand comprend qu'il ne pourra jamais partir le 6 novembre, comme prévu (afin d'être présent aux cérémonies commémoratives de la révolution d'Octobre). Il avertit donc Soria qu'il faut repousser la tournée d'une semaine au moins. L'organisateur transmet aux Russes, qui, deux heures après, donnent leur accord : ils feront le nécessaire pour élaborer un nouveau calendrier à partir du 12 novembre. Dans les studios de la rue Francœur, Montand peut donc, sans être angoissé par le temps qui file, se consacrer aux scènes intimes entre les époux Proctor. Le comédien se rassure, mais le chanteur s'inquiète : il n'est pas monté sur une scène depuis plus de deux ans et a besoin de remettre la « machine » en état. Chaque matin, il s'astreint à un entraînement physique intensif. Et le soir, après sa journée devant la caméra, il répète avec Bob Castella le *one-man show* — le même qu'à l'Étoile — qu'il va offrir au public de l'Est. Immergé dans ce double travail (auquel il faut ajouter les préparatifs concrets du départ), Montand prête moins attention aux soubresauts du monde, qui vont pourtant rudement secouer sa vie.

Dans les démocraties qu'on appelle « populaires », le rapport Khrouchtchev a produit des ondes de choc. La Pologne est un des premiers pays à en tirer parti et profit. On réhabilite les victimes des purges, en particulier Gomulka, l'ancien dirigeant du Parti écarté en 1948, qui devient ainsi la populaire figure de la rénovation. Mais les Polonais estiment que le processus de déstalinisation est bien lent. En juin, des dizaines de milliers d'ouvriers manifestent dans les rues de Poznan pour réclamer du pain et des élections libres. L'armée ouvre le feu ; cinquante personnes sont tuées : l'ordre communiste est rétabli. L'agitation reprend à l'automne et s'amplifie. Sous la pression de la rue, Gomulka réintègre le bureau politique. Les conservateurs staliniens prennent peur. L'affrontement entre anciens et modernes s'aiguise tandis que, dans les usines, les ouvriers se mobilisent et que les troupes soviétiques encerclent Varsovie. Chacun redoute un affrontement armé, et l'arrivée inopinée de Khrouchtchev, qui s'invite au comité central décisif, réuni dans la nuit du 19 au 20 octobre, dramatise encore le climat.

Cette nuit-là, personne ne dort dans la capitale, mais, en fin de compte, les Soviétiques cèdent et acceptent de laisser se dérouler, avec Gomulka, une expérience de communisme national. Sur le plateau de la rue Francœur, Montand et Signoret vivent pendant deux jours à l'heure polonaise ; puis les préoccupations professionnelles reprennent le dessus. Pas longtemps, car, au moment même où les événements s'apaisent sur les bords de la Vistule, ils revêtent un cours étrange sur ceux du Danube.

Comme en Pologne, les premiers signes de libéralisation

se manifestent en Hongrie, après le XXe congrès, par des mesures de réhabilitation. Lazlo Rajk, exécuté en 1949, a droit, le 6 octobre, à des funérailles nationales. Aux côtés de sa veuve et de son fils, devant un cortège de plus de 300 000 personnes, marche Imre Nagy, écarté du pouvoir à deux reprises pour avoir, avant l'heure de Moscou, souhaité un aménagement du système. Comme Gomulka, ce communiste qui a fait longtemps ses classes dans la « patrie du socialisme » incarne l'espoir aux yeux de la foule immense qui brave un vent glacial derrière les cercueils des victimes des purges.

En juillet, sous la contrainte, le vieil apparatchik stalinien Rakosi, que les Hongrois surnomment affectueusement « l'assassin chauve », a laissé place à un autre stalinien, Ernö Gerö. Cette substitution n'a pas calmé les ardeurs émancipatrices des milieux intellectuels. Depuis peu, de multiples clubs foisonnent en Hongrie, et le plus influent d'entre eux, le cercle Petöfi — nom du chantre de la révolution de 1848 —, gagne une audience de plus en plus étendue. Huit jours après les obsèques de Rajk, Imre Nagy est réintégré dans le Parti. L'effervescence se propage à Budapest, et, pendant les journées tendues où se joue le sort des Polonais, les Hongrois sont suspendus aux décisions des Soviétiques. La victoire de Gomulka, le 21 au matin, leur apparaît comme le signal d'une ère nouvelle. L'exemple polonais, la reculade tactique des Russes préfigurent le destin de la Hongrie.

Le cercle Petöfi, tête pensante du mouvement, élabore un programme en dix points qui n'envisage rien d'autre que la réforme du système communiste de l'intérieur. Les étudiants, plus radicaux, réclament l'évacuation des troupes soviétiques, la liberté d'opinion et de la presse, des élections générales, et appellent pour le 23 octobre à une grande manifestation de solidarité avec la Pologne. D'abord interdit, le rassemblement est toléré au dernier moment : c'est tout Budapest qui descend dans la rue. Les ouvriers affluent depuis les banlieues aux cris de : « Vive la Pologne ! Vive Nagy ! » L'emblème de la république populaire a été découpé au centre des drapeaux. L'atmosphère est à la bonne humeur. Le cortège passe sur la rive gauche et noircit la place Kossuth. La foule scande : « Nagy, Nagy ! »

Un groupe compact de manifestants se dirige vers la statue de Staline, haute de sept mètres, qui se dresse en bordure du parc municipal. Quelques audacieux projettent des cordes que saisissent des centaines de bras ; on va même chercher un camion dont le moteur s'emballe en vain — le tyran ne veut pas tomber. Mais des ouvriers métallurgistes apportent leurs chalumeaux et attaquent le colosse aux jambes. L'immense statue de bronze, déséquilibrée, s'écrase au sol, et, dans sa chute, la tête du dictateur se détache, symbole supplémentaire.

Gerö ne perçoit pas l'ampleur du mouvement : dans un message radiodiffusé, il menace les « ennemis du peuple » et vante les mérites de l'Union soviétique. Ce discours est reçu chez les manifestants comme une provocation. Des jeunes gens fous de colère essaient d'investir l'immeuble de la radio gardé par trois compagnies de la police politique. Des coups de feu sont tirés, mais les assaillants, renforcés par des soldats ralliés, ripostent : les portes sont enfoncées, le local est incendié. La manifestation bon enfant est devenue insurrection.

Le comité central, qui siège toute la nuit, décide au petit matin de porter Nagy à la tête du gouvernement et, un peu plus tard, invite les troupes soviétiques stationnées en Hongrie à rétablir l'ordre. Les combats s'amplifient pendant toute la journée. Kadar remplace Gerö. Mais, désormais, aucune mesure n'est propre à enrayer la révolution démocratique en marche ; l'insurrection gagne la province ; des unités militaires, avec le colonel Maleter, rejoignent les protestataires, qui exigent maintenant des élections libres, l'abolition de la police politique, l'instauration du multipartisme.

Parce que les chars soviétiques se sont retirés hors de Budapest, les Hongrois s'imaginent avoir repoussé l'Armée rouge. Nagy, lui, constate que le régime n'a plus d'appui populaire et, après avoir hésité, reprend à son compte les revendications les plus avancées. Le 30 octobre, il promet le retour au pluripartisme puis, le lendemain, dénonce l'appartenance de la Hongrie au pacte de Varsovie et proclame la neutralité du pays. En vérité, le soulèvement revêt une allure de plus en plus anticommuniste. Des membres de la police politique — qui s'est rendue coupable des pires exactions —, des dignitaires du Parti sont traqués et exécutés, parfois dans des conditions sordides.

Pour les Russes, la ligne dangereuse est franchie. Les dirigeants du Kremlin, persuadés qu'une Hongrie indépendante et neutre serait le détonateur de réactions en chaîne dans tout le bloc de l'Est, décident de contre-attaquer. La conjoncture internationale leur est favorable : les Anglais et les Français viennent, ce même 1er novembre, de lancer l'expédition de Suez.

Ce 1er novembre, toujours, aux studios de la rue Francœur, Yves Montand et Simone Signoret tournent, dans la soirée, une des scènes les plus difficiles des *Sorcières*. Simone-Élisabeth se confie pour la première fois à Yves-John, exprime la passion qui la brûle pour son mari, le « meilleur des hommes ». Montand-Proctor éclate :

— Le meilleur ? C'est donc que tout le genre humain va passer à la broche ?

Implacable, Raymond Rouleau fait recommencer la scène treize fois jusqu'à ce que les larmes de Simone Proctor soient de vraies larmes, que le regard de Montand se charge d'une haine véritable. La treizième prise est la bonne, et Montand a le loisir d'accorder une interview à un journaliste de *L'Humanité* venu lui demander ses impressions avant de partir en URSS. « Je n'en ai aucune. Je ne peux rien dire. C'est une fois en Union soviétique et à mon retour surtout que je dirai beaucoup de choses. » L'article, qui annonce le départ du couple pour le 12, paraît dans *L'Humanité* du 3 novembre.

Le lendemain à l'aube commence la deuxième intervention soviétique en Hongrie. Les chars, qui s'étaient regroupés autour de Budapest, ouvrent le feu sur les insurgés ; Nagy lance par radio un appel à la résistance, mais, au même moment, Kadar annonce la formation d'un « gouvernement révolutionnaire ouvrier-paysan » qui sollicite l'aide des troupes soviétiques déjà entrées en action. Nagy se réfugie à l'ambassade de Yougoslavie. Dès lors, les insurgés hongrois livrent un combat aussi acharné que désespéré. Les chars ouvrent le feu sur tout ce qui bouge. Les victimes se comptent par milliers. Ce sont les ouvriers qui se battent, pour l'honneur (les statistiques révéleront qu'ils forment 80% des 13 000 blessés soignés dans les hôpitaux).

Les images de guerre publiées par la presse provoquent en Occident une émotion profonde. L'opinion prend fait et cause pour les Hongrois mitraillés. Le PCF se singularise en approuvant l'intervention. Dans un communiqué, il assure que la cause du socialisme triomphe en Hongrie : « Barrant la route à ceux qui furent les alliés de Hitler, aux représentants de la réaction et du Vatican que le traître Nagy avait installés au gouvernement, la classe ouvrière hongroise, dans un sursaut d'énergie, a formé un gouvernement ouvrier et paysan qui a pris en main les affaires du pays[2]. »

Rue Francœur, Montand se débat toujours avec John Proctor, dont les tourments, comparés à ceux des Hongrois, lui paraissent maintenant dérisoires. Budapest fait irruption sur le plateau. Gérard Philipe, qui achève *Till Eulenspiegel*, dîne avec ses amis Simone et Yves. Tous trois se retrouvent au bistrot devant un poste de télévision qui diffuse des images de l'intervention soviétique; les compagnons de route, accoudés au comptoir, regardent en silence les immeubles éventrés, les insurgés courant sous les balles, les cadavres, les chars triomphants. Gérard Philipe, qui est placé au milieu, attrape soudain Montand et Signoret par le cou et leur susurre doucement à l'oreille :

— Vous allez être heureux en URSS, très heureux. Heureux comme ça.

Et, d'un coup, il feint de les étrangler, puis de leur taper sur le crâne. L'acteur, qui rentre d'une tournée en Pologne, a déjà perdu dans ce pays une bonne part de ses illusions. Mardi 6 novembre, Sartre passe au studio à la fin des prises de vue et boit un verre au bar avec Yves Montand. Le philosophe se déchaîne contre les Russes, adopte complètement la cause des insurgés. Montand l'écoute, accablé, fatigué, démoralisé. Peut-il aller chanter dans le pays qui envoie ses blindés contre un peuple debout? Sartre s'est bien gardé de lui donner des conseils, mais il sait que son interlocuteur doit trancher. Il pressent que la révolte de Budapest va provoquer une flambée d'anticommunisme qui atteindra tous ceux qui gravitent autour du PCF. Mais il ne mesure pas à quel point

2. *L'Humanité*, 5 novembre 1956.

la vedette Montand va devenir la cible symbolique de cette vindicte.

Dans la soirée du 7 novembre 1956, une foule dense se rassemble à l'Arc de triomphe pour protester contre l'agression dont est victime la Hongrie. Parmi les personnalités qui se recueillent devant la tombe du Soldat inconnu, on distingue le garde des Sceaux François Mitterrand, Paul Reynaud, Georges Bidault, Antoine Pinay. A l'issue de la cérémonie, 3 000 jeunes gens emmenés par des groupes d'extrême droite descendent les Champs-Élysées et marchent sur le siège du PCF, 44 rue Le Peletier, hurlant : « Thorez au poteau ! » L'affrontement avec les militants communistes qui défendent leur local tourne à la bataille rangée. Les assaillants enfoncent les portes, grimpent dans les escaliers défendus avec vigueur. Bientôt, un incendie se déclare au rez-de-chaussée. Le même scénario se reproduit devant le siège de *L'Humanité*, que les typographes protègent en lançant des lingots de plomb et des bouteilles. Les bagarres agitent le quartier toute la soirée.

Durant ces journées où le monde, de Suez à Budapest, s'affole, Montand flotte, ballotté entre ses soucis immédiats et des interrogations plus amples. Il subit les influences diverses, parfois contradictoires, des proches, d'amis. L'amorce d'une déstalinisation l'avait tranquillisé : il avait eu raison de se montrer confiant dans les potentialités du système. Mais le rejet du pouvoir communiste en Hongrie recèle une telle haine, révèle tant d'erreurs ! Pour l'heure, son obsession première concerne le départ pour Moscou. Il confirme encore la date du lundi 12 novembre dans une interview publiée par *Le Figaro*[3] : « J'ai conclu des engagements depuis huit mois et, professionnellement parlant, je dois respecter mon contrat. En outre, j'ai pour ce voyage engagé des musiciens. Je partirai donc lundi. Si toutefois la situation internationale s'aggravait, j'annulerais mon voyage. »

Ce même soir, alors que l'émeute submerge les Grands

3. 7 novembre 1956.

Boulevards, près du siège de *L'Humanité*, Aragon, accompagné d'Elsa Triolet et de la sœur de celle-ci, Lily Brik, rend visite à Simone Signoret, place Dauphine.

— Quelle époque, j'ai eu une journée chargée ! se plaint le poète en arrivant.

Il sort, ironie des temps, de la réception donnée à l'ambassade soviétique pour commémorer le trente-neuvième anniversaire de la révolution d'Octobre. En fait, c'est Simone Signoret qui lui a demandé de venir ; elle a compris que chanter à Moscou tandis que Budapest agonise ne serait pas du meilleur effet, et souhaiterait obtenir l'intercession d'Aragon auprès des Russes afin qu'une décision d'annulation ou de report soit prise par ces derniers — ce qui simplifierait grandement la situation. Dans la *Nostalgie*, elle narre la réaction de son visiteur : « Les beaux yeux bleus d'Aragon s'attristèrent. Il comprenait, bien sûr, mais il n'était qu'un poète français qui ne pouvait en aucun cas se mêler des affaires soviétiques… Bref, il ne pouvait se charger du message. D'ailleurs l'eût-il pu qu'il ne l'eût pas fait… Parce que Montand n'avait qu'une solution : il fallait qu'il parte. »

En plein drame hongrois, alors que des milliers de réfugiés cherchent à échapper au massacre et à la prison, il paraît étonnant, sinon futile, que l'« affaire » du départ de Montand polarise soudain l'attention de la presse. Et pourtant, le chanteur populaire, le compagnon de route cristallise sur son nom la haine et l'opprobre. Son attitude est scrutée comme le baromètre de la gauche. Or il hésite ; d'heure en heure, il change d'avis. Le vendredi 10, des journalistes le guettent rue Francœur dès qu'il apparaît vers 13 heures, l'air las, le regard triste. Pressé de questions, il lâche :

— Je ne sais toujours pas. Je sais que je dois prendre une décision dans les prochaines heures. Téléphonez-moi demain.

Toute la nuit, Montand soupèse le pour et le contre. Il est tenté d'y aller par conscience professionnelle : des dizaines de milliers de Soviétiques ont loué leur place depuis le mois de juin, les contrats sont signés, il faut les honorer. Simone pleure. Elle préférerait qu'il annule tout. Elvire Livi, la belle-sœur de Montand, en témoigne : « Cette histoire rendait Simone physiquement malade ; elle était contre le départ. Elle travaillait Montand au corps en lui répétant : "Si tu y vas, tu es fichu, tu ne pourras plus chanter en France...'' » Son mari, Julien Livi, confirme : « Dans ces journées, la pression de sa femme était terrible. Je lui disais, à Simone : ''Tu n'as pas honte? Tu ne vois pas dans quel état tu le mets, ton bonhomme?'' »

Le frère de Montand agit en sens inverse. A la « roulotte », sans que rien ne filtre au-dehors, les discussions frisent l'empoignade. Julien développe l'analyse de son parti au sujet de la « contre-révolution » hongroise, adjure Montand de ne point céder aux pressions, de tenir bon, à contre-courant, supplie Simone : « De par mes fonctions syndicales, je me trouvais à Budapest, peu de temps avant, et j'avais vu que les revendications des étudiants étaient sincères. Je savais que beaucoup d'erreurs avaient été commises sous Rakosi. Mais ce qui m'a le plus frappé, ce sont les humiliations subies par les communistes pendant l'insurrection, les ouvriers qu'on pourchassait parce qu'ils avaient chez eux le portrait de Lénine, et les lynchages, les assassinats. Et puis on entendait ceux qui prenaient la défense des insurgés : c'était ceux qui étaient contre nous depuis toujours. Alors on a eu ce réflexe, surtout après l'attaque de *L'Humanité* : si nos adversaires sont pour, cela ne peut être que contre-révolutionnaire. C'était simpliste, mais il faut comprendre cette attitude, même si on ne la partage pas. »

Yves Montand passe par tous les états d'âme imaginables. L'argumentation de Julien, il n'y est pas insensible : face à l'ennemi, il faut serrer les rangs derrière le Parti, quelles que soient ses erreurs, pour ne pas donner d'arguments aux adversaires. Le sentiment d'appartenance joue à plein; Montand n'est pas mûr pour une rupture politique et affective. Il reste dans le giron de la « famille » parce qu'elle est « sienne ». L'attachement à son père demeure la valeur cardinale, la pierre angulaire de son existence. Les chars de Budapest portent la même étoile rouge que les blindés de Stalingrad. Mais, en même temps, il se refuse à cautionner la sanglante répression.

Ce vendredi 10 novembre, *L'Express* publie deux articles sur le sujet. Dans le premier, Sartre réitère les propos qu'il a tenus à Montand trois jours auparavant, rue Francœur : « Je condamne entièrement et sans aucune réserve l'agression soviétique. » Rompant les amarres avec le Parti communiste, le philosophe assume le divorce : « Les dirigeants diront qu'ils avaient eu raison depuis longtemps de m'appeler hyène et chacal... Mais il m'est totalement indifférent de savoir ce qu'ils diront de moi, étant donné ce qu'ils disent des événements de Budapest. » L'autre article émane d'un intellectuel communiste, Jacques-Francis Rolland, professeur d'histoire au lycée Voltaire et ami de Roger Vailland depuis la Résistance. Rolland se révolte avec rage contre « la brutale et servile prise de position du PCF dans le drame de Budapest ». Il affirme : « Beaucoup de nos dirigeants sont restés des staliniens convaincus... Pour eux, le socialisme doit nécessairement se construire avec la terreur, les informations faussées, les statistiques truquées, l'asservissement de l'intelligentsia. » Montand a confiance en Rolland, qu'il considère comme un type honnête — et qui est passé deux ou trois fois à la « roulotte ». Plus encore que l'article de Sartre, celui-ci le touche.

A ce stade de sa réflexion, Montand incline pour partir, mais en condamnant publiquement les responsables du massacre. Il consulte ses musiciens. Ce n'est pas vraiment l'enthousiasme. L'un invoque des problèmes familiaux, l'autre des réticences politiques. Freddie Balta, l'accordéoniste, se récuse. La majorité, tout en exprimant son appréhension, s'en remet à sa décision. Simone Signoret, elle, demeure farouchement hostile.

Le 11 novembre, à Budapest, les combats de rue faiblissent tandis que s'installe dans tout le pays la grève générale. Ce jour-là, alors que l'Armée rouge est maîtresse de la capitale hongroise, Montand diffuse un communiqué qu'il a préparé avec sa femme : « Nous avons pris en commun, mes musiciens et moi, la décision de remettre notre tournée en URSS et dans les démocraties populaires. Les événements mondiaux et la situation intérieure de la France nous empêchent, à l'heure présente, de quitter notre pays et nos familles pour aller dans quelque pays que ce soit[4]. » Il s'agit d'un ajournement plutôt que d'une annulation. Le chanteur s'accorde un répit de quelques semaines, le temps que l'émotion retombe.

4. *L'Aurore*, 12 novembre 1956.

En Hongrie, Kadar, revenu sur la tourelle des chars, reprend le contrôle de la situation, mais, en Occident, les passions continuent de flamber. L'attitude du Parti communiste, qui approuve sans nuances l'intervention, jette le trouble parmi ses propres intellectuels. Toute une génération de jeunes communistes issus de la Résistance entame un processus de rupture. Chez les compagnons de route rameutés à l'orée de la guerre froide et que ni les procès ni les révélations n'avaient ébranlés, c'est le sauve-qui-peut. Le Mouvement de la paix est le théâtre d'affrontements sévères entre les « pro-parti » et ceux qui le critiquent durement, tel Vercors. Montand et Signoret assistent à une réunion houleuse où l'auteur du *Silence de la mer* prend congé. Gérard Philipe s'éloigne sans bruit mais sans retour.

Dans la deuxième quinzaine de novembre, l'acteur symbole du TNP invite Yves Montand et Simone Signoret à déjeuner. Il y a là, autour de la table, Anne Philipe, Claude Roy, Mme Eluard.

Il faisait beau ce jour-là. Nous étions tous tristes et profondément remués. Gérard a commencé à parler de la Pologne; il a raconté ce qu'il avait vu, les erreurs, la misère, et ce qu'il a dit m'a fait mal, très mal. Parce que, pas une seconde, je ne pouvais mettre en doute ce que décrivait un homme qui était l'honnêteté même. Il s'était engagé aux côtés du Parti communiste pour la défense de la paix parce qu'il croyait sincèrement aux idéaux de démocratie et de liberté. Là, il s'est rendu compte qu'il s'était trompé. C'était encore plus déchirant parce qu'il parlait avec beaucoup de tristesse, de consternation, et sans colère. La conversation est partie tout à fait librement. Chacun jetait sur la table ce qu'il ressentait vraiment, et tous s'accordaient pour condamner les positions du PC.

Simone était silencieuse, elle écoutait avec une extrême attention, mais pas une seule fois elle n'est allée à l'encontre de ce qui se disait. Moi, je me taisais aussi, partagé entre des sentiments contradictoires. Malheureux.

Tous ces propos me blessent profondément; je sens, je sais que mes amis disent des choses justes et vraies, et, en même temps, je ne veux pas les entendre, je ne veux pas les accepter. Ce n'était pas clair dans mon esprit, je mettrai des années à analyser cette réticence, à comprendre qu'accepter leur discours, c'était rejeter celui de mon père, celui du milieu d'où je venais. J'assimile encore le Parti communiste et la classe ouvrière; je n'en démords pas. C'est terrible : je sais que Gérard Philipe dit la vérité, mais je ne peux l'entendre.

Plus je suis troublé, plus je me blinde. Je bouillonne intérieurement, de plus en plus agacé par les piques de mon ami Claude Roy. Et puis, lorsque celui-ci, à propos de l'intervention soviétique, se met à ironiser sur l'internationalisme prolétarien, j'explose :

— Arrêtez, je ne veux plus vous entendre. Vous tous autour de cette table, vous ne pouvez pas comprendre la révolution russe; elle n'est pas faite pour des gens comme vous. Elle est faite pour les ouvriers et les paysans. Ce n'est pas notre révolution. C'est la leur.

Je parle avec violence, avec d'autant plus de colère que je sens, au moment où je prononce ces mots, que mon argument ne tient pas le coup — ce qui m'attriste encore plus. Mon intervention fait l'effet d'une douche froide; le silence s'établit, ils me regardent et je vois dans leurs yeux comme une lueur de pitié : ce pauvre Montand, il est tellement bigot que ce n'est pas la peine de parler avec lui! Pourtant, à la fin du déjeuner, quand nous nous sommes séparés, Claude Roy s'est approché et m'a dit amicalement :

— Il faut qu'on se voie, tu veux bien?

Il avait compris, lui, que j'étais déchiré.

Dès le 7 novembre, avec les communistes Roger Vailland et Claude Morgan, avec Sartre et Simone de Beauvoir, avec Vercors et Prévert, Claude Roy a signé une lettre dénonçant l'emploi des canons et des chars pour briser la révolte du peuple hongrois. Il ronge son frein depuis longtemps, et c'est un homme que Montand aime et respecte. Quelques jours après le déjeuner chez Gérard Philipe, il vient à Autheuil. La conversation a suffisamment marqué Montand pour qu'il en garde un souvenir précis : Claude Roy sait que l'attachement du chanteur au PCF, non moins affectif que politique, tient à l'identification qu'il établit entre communisme et classe ouvrière. Aussi l'écrivain explique-t-il à Montand que ses nombreux voyages dans les pays de l'Est lui ont donné une conviction absolue : les conditions de vie des ouvriers et des paysans y sont désastreuses. Il est illusoire de croire que ces régimes sont au service du prolétariat. Claude Roy poursuit en évoquant la censure temporaire instaurée par Lénine — pour huit jours ! — en 1918, et qui sévit encore. Enfin, il apprend à Montand que les fils d'Abraham, en URSS, doivent inscrire le mot « juif » sur leur carte d'identité (comme les Géorgiens ou les Ukrainiens précisent leur origine, sauf qu'il n'existe nulle « république juive » au sein de l'Union). Le chanteur enregistre sans commentaire. Les effets du message seront considérables. Plus tard.

Officiellement, pendant ce mois de novembre 1956, Montand ne condamne ni ne réprouve l'intervention des chars russes. On ne trouve aucune déclaration émanant de lui ou de Simone Signoret qui prenne la défense des ouvriers hongrois. Montand est déchiré mais cache sa déchirure ; au contraire, dans son comportement public, il garde l'allure d'un fidèle compagnon de route. Plusieurs anecdotes l'attestent.

Jean-Louis Livi, le neveu de Montand :

« J'avais quinze ans, mais j'ai un souvenir aigu de cette période. Mon oncle passait par des phases contradictoires ; un jour, il a appelé mon père au téléphone :

— Ici, Imre Nagy. Au secours ! au secours !

« Il se moquait de Nagy. Et puis, à un autre moment, il basculait de l'autre côté, s'engueulait avec mon père. C'était terrible, pour un jeune homme de quinze ans, de voir deux êtres qu'on aime et qu'on admire s'insulter de cette façon. J'ai même dû retenir mon père, car ils ont failli en venir aux mains. Et Montand repartait dans l'autre sens. Un après-midi, je suis allé au cinéma avec lui et Catherine voir *Rio Bravo*. Les actualités, avant le film, montraient les images d'un défilé sur la Place rouge. La salle devient houleuse et quelqu'un crie :

— A mort les cocos !

« Alors Montand se dresse et, dans l'obscurité, hurle à pleins poumons :

— STALINGRAD ! ! ! »

Montand confirme l'anecdote : il était tellement bouleversé qu'il a éprouvé le besoin de revenir aux valeurs sûres de l'antifascisme.

Le 22 novembre, après de subtiles tractations entre Belgrade et Budapest, Nagy et ses amis quittent l'ambassade yougoslave où ils s'étaient abrités. Mais, contrairement aux assurances reçues et malgré les protestations de Tito, l'éphémère symbole de la révolte est arrêté et emmené en Roumanie.

Ce manquement à la parole donnée scandalise un peu plus Yves Montand et Simone Signoret, qui en parlent avec Claude Roy devant Julien Livi. « Là, ils étaient très choqués, raconte le frère de Montand, mais ce qui les a le plus heurtés au long de ces journées, c'est l'article de Stil dans *L'Humanité*. Ils ne décoléraient pas ; j'avais beau leur dire : "C'est un imbécile d'écrire cela, on ne sourit pas lorsqu'il y a encore du sang sur le pavé...", il n'y avait rien à faire. »

L'envoyé spécial de *L'Humanité* en Hongrie, André Stil, avait en effet câblé : « Budapest recommence à sourire à travers ses blessures[5]. » Dans toute la Hongrie, la répression contre les acteurs du soulèvement s'intensifie, les arrestations se multiplient. D'après les chiffres officiels, le nombre des morts pendant les batailles de rue s'élève à près de 3 000. Le chiffre réel des victimes est sans doute fort supérieur. La police politique est reconstituée. Les Hongrois, qui s'en étaient débarrassés pendant de courtes semaines, réapprennent à vivre dans la peur.

A la fin du mois de novembre, alors que l'ordre communiste règne à Budapest, les Soviétiques reviennent à la charge auprès de Montand. Le premier secrétaire de l'ambassade se déplace jusqu'à Autheuil. Il explique au chanteur qu'il comprend son trouble, admet les raisons qui l'ont conduit à remettre la tournée jusqu'au terme de ces journées difficiles, mais suggère que maintenant, puisque les choses se

5. 20 novembre 1956.

tassent, il serait opportun de reconsidérer la question. Le diplomate joue sur la corde sensible :

— Vous savez, lorsque nous étions encerclés dans Stalingrad, nous n'avions plus d'espoir, mais nous nous sommes battus. Même dans les moments les plus noirs, il faut refuser de baisser les bras.

A nouveau, Montand replonge dans les affres de l'indécision, tenaillé par un dilemme que Sartre résume cruellement : « Si vous partez, vous cautionnez les Russes. Si vous ne partez pas, vous cautionnez les réacs. » (Quelques mois plus tard, Sartre confiera à l'écrivain hongrois Tibor Méray que le voyage de Montand était une erreur[6].) C'est le 3 décembre au matin que Montand, seul, arrête une position définitive, sur un coup de tête ou plutôt un coup de sang. Ce matin-là, le producteur Deutschmeister l'appelle au téléphone. Montand a signé avec lui un contrat pour tourner, dès son retour, un film sur la vie de Modigliani, réalisé par Max Ophüls sur un scénario d'Henri Jeanson. Le producteur se montre catégorique : si Montand part chanter à l'Est, il ne peut pas faire le film ; les distributeurs et les exploitants de salles, par crainte des réactions du public, ne voudront plus comme vedette principale un acteur qui s'est compromis avec les bouchers de Budapest. Montand écoute, puis, sans élever la voix, tranche :

— Je ne pensais pas y aller. Mais, maintenant, c'est clair. Je pars.

(C'est finalement Gérard Philipe qui incarnera Modigliani dans *Montparnasse 19*, mis en scène par Becker — Ophüls étant mort entre-temps.)

Le jour même, Yves Montand rédige avec le concours de Simone une lettre au directeur du théâtre des marionnettes de Moscou, qui mérite citation tant elle suscita, sur le coup, la polémique :

> Mon cher Obratzov,
>
> Vous avez été un de ceux qui, avec Moïsseïev et les ballets de Moscou, ont le plus contribué au rapprochement culturel de nos deux pays et par conséquent à la détente, ne serait-ce que par le succès que vous avez rencontré à Paris.

6. Épisode raconté par Tibor Méray dans une lettre à Montand où il le félicite d'avoir parlé d'Imre Nagy à la télévision (lettre du 23 février 1984).

Vous avez d'autre part — et ceci me concerne personnellement — permis au public soviétique de me connaître, et si on fredonne en URSS les chansons que je chante, je sais que c'est à votre parrainage que je le dois.

C'est donc à vous que j'ai choisi d'écrire cette lettre.

Ce que je voudrais que vous sachiez aujourd'hui, c'est le trouble profond dans lequel le drame hongrois a plongé un grand nombre de Français et en particulier bien des membres du Mouvement de la paix, qui est la seule organisation dans laquelle je milite.

Beaucoup de Français qui ont tenu bon devant l'énorme et monstrueux appareil de la propagande antisoviétique, et qui l'ont prouvé en ne donnant aucune adhésion publique à cette propagande, se sont néanmoins posé des questions, s'en posent encore.

Je suis parmi ceux-là.

Aujourd'hui, à l'issue du conseil national extraordinaire du Mouvement de la paix, si des divergences d'opinion subsistent parmi les militants sur l'interprétation à donner aux événements hongrois, alors que l'unanimité absolue s'est faite contre la poursuite de la guerre d'Algérie et contre l'aventure de Suez, nous avons tous ensemble, nous militants de la paix de toutes opinions politiques, de toutes confessions religieuses et philosophiques, que nous soyons intellectuels ou manuels, pris la résolution solennelle d'empêcher par tous les moyens le retour à la guerre froide, et par conséquent la possibilité de la guerre tout court.

C'est pourquoi, en ce qui me concerne, je suis heureux de vous demander d'annoncer au public soviétique mon arrivée prochaine : j'aiderai ainsi dans mon domaine, j'en suis sûr, à maintenir et développer les échanges culturels qui sont une contribution à la consolidation de la paix.

A bientôt donc, mon cher Obratzov. Bien à vous,

Yves Montand

Le lendemain, cette lettre est reproduite dans *L'Humanité, Libération* et *France-Soir* — grâce à une démarche de Montand et Signoret. Ce qui frappe, à la lecture du texte, c'est sa modération. Manifestement, Montand ne rompt pas avec la famille communiste. Il avoue son trouble sur la Hongrie, mais souligne qu'il ne s'est associé à aucune condamnation publique de l'intervention. Il ne s'éloigne pas non plus du Mouvement de la paix, organisation paracommuniste dont il revendique de suivre les orientations en bon militant. Il n'hésite pas à recourir au jargon stalinien, dénonçant le « monstrueux appareil de la propagande antisoviétique ». Plus encore, il confère à la tournée, outre sa vocation artistique, une portée politique : être le « messager de la paix » — en l'occurrence, pour les Hongrois, une paix soviétique.

Rien d'étonnant que ce langage frileux, proféré de l'intérieur, suscite des ripostes violentes. Le départ subit, après un report du voyage, est perçu comme une volte-face trop rapide. La polémique, qu'avait calmée le communiqué du 12 novembre, redémarre. Treno, dans *Le Canard enchaîné*, raille les atermoiements du chanteur : « Cette Commune de Budapest qui ne veut pas mourir, malgré les tanks et l'artillerie, malgré les sbires de Kadar et malgré Stil-l'Espiègle, elle est bien gênante, on vous l'accorde. La valse-hésitation des intellectuels dont elle trouble la conscience n'est pas près de finir. Le "j'y va-t-y — j'y va-t-y-pas de M. Yves Montand-Yves Redescendant et de quelques autres Triple-patte devient Vercornélien. » L'hebdomadaire satirique, dont Montand est un lecteur assidu, publie un dessin montrant le chanteur arrivant avec ses valises à Moscou, où il est accueilli par les dirigeants soviétiques qui lui lancent :

— On a failli attendre...

Sur le même ton grinçant, Gabriel Macé ironise dans *Franc-Tireur* : « Si nous n'avons pas la guerre, ce sera grâce à Yves Montand... A la bonne heure ! Du coup, le père Boulganine a rengainé ses fusées téléguidées, suspendu ses envois d'armes au Moyen-Orient. On n'est pas loin de penser que notre grand Yves les convaincra, avec le père Khrouchtchev, de faire un numéro de duettistes au music-hall. Et tout ça finira par des chansons. Que fredonneront aussi, vous pensez bien, les travailleurs hongrois. » Quant au *Figaro*, il parle de « sérénade au bourreau ».

Ces critiques affectent d'autant plus leur destinataire qu'il avance au jugé, sa décision relevant davantage d'une impulsion subite que d'un calcul. Il ignore toujours s'il a raison de partir : tiraillé et malheureux, il n'a qu'une certitude — c'est qu'il fallait mettre fin à l'incertitude.

Place Dauphine arrivent des centaines de lettres d'insultes et de menaces. Des passants vindicatifs crient leur mécontentement sous les fenêtres du rez-de-chaussée. Elvire, constamment présente à la « roulotte », se rappelle cette épreuve : « Des gens tapaient sur la fenêtre. Si on la laissait un tant soit peu ouverte, ils balançaient des projectiles ou crachaient des injures. Montand recevait beaucoup de courrier et aussi des coups de téléphone anonymes. Les jours précédant le départ ont été très durs. »

Heureusement, le couple Montand-Signoret peut compter sur l'appui des proches. Anne Philipe : « J'ai le souvenir d'un Montand très angoissé, qui, par moments, devenait agressif et justifiait son départ avec force. Plus il était troublé, plus il multipliait les défenses. Gérard et moi comprenions leur dilemme. Le voyage était organisé depuis longtemps, et ils répétaient : ''Nous dirons aux Russes ce que nous pensons.'' J'ai toujours respecté les prises de position d'Yves, parce qu'elles étaient en lui, elles venaient de loin. De nous quatre Yves était celui pour qui l'ancrage à gauche n'était pas intellectuel. Chez lui, c'était naturel. » Toute la semaine, les amis défilent place Dauphine pour exprimer leur soutien. Montand en a fort besoin : trois jours avant le fameux départ, fixé au 16 décembre, il encaisse un affront supplémentaire.

Chaque semaine, le mercredi soir, Europe n° 1 diffuse une émission enregistrée en direct à l'Olympia. Le 13, Montand a accepté de participer à ce *Musicorama*, ultime répétition avant Moscou. Comme d'habitude, la station annonce le programme de la soirée trente-six heures à l'avance. Mais des correspondants anonymes préviennent *illico* qu'ils empêcheront Montand de chanter. Les menaces sont si nombreuses et précises — il paraît que les premiers rangs ont été loués par des spectateurs très engagés, Me Biaggi en tête — que Bruno Coquatrix, directeur de l'Olympia, et les animateurs de l'émission préfèrent renoncer. Le lendemain, les journaux qui ont élu pour cible le compagnon de route honni ne le ratent guère.

« Samedi, Montand partira pour Moscou où il n'aura pas à craindre de telles manifestations spontanées. Là-bas, l'enthousiasme, comme le reste, est de commande », écrit *Paris-Presse*. A côté, un dessin de Sennep — Khrouchtchev, au téléphone, annonce à Boulganine : « Yves Montand demande l'envoi à Paris d'une division de chars pour assurer sa liberté de chanter. » Dans *L'Humanité*, André Wurmser gronde et promet, la prochaine fois, une réplique exemplaire du peuple de Paris contre deux douzaines de trublions. L'incident, qui agace Montand — il était prêt à braver une salle « faite » —, démontre en tout cas dans quel climat d'hostilité s'envolent les voyageurs. Aragon lui-même, lors d'une conversation de salon, glisse à Claude Roy que ce déplacement est « inopportun ». Apprenant cela, la veille du départ, Simone tente toute la nuit de joindre le maître au téléphone afin, d'un mot senti, de lui communiquer son sentiment.

A l'aérogare des Invalides, le matin du 16 décembre 1956, ne se retrouve que la poignée des vrais fidèles, les amis du premier cercle, autour d'Yves Montand et Simone Signoret. François Perier, José Artur, Danièle Delorme, Yves Robert, Francis Lemarque, Roger Pigaut, Raymond Rouleau, Lila de Nobili ou Hubert Rostaing arborent tous des mines d'enterrement. Crolla, se souvient sa femme Colette, avec sa casquette enfoncée sur la tête, « a le regard traqué d'un émigrant ». Simone, qui n'éprouve toujours aucune envie de partir, est au bord des larmes. Et Montand se force à sourire, mâchoires crispées. Malgré les encouragements du frangin qui s'oblige à plaisanter, il doute de son option, mais il est trop tard.

Vient le moment des adieux. A plusieurs des présents, Simone, émue, souffle :

— Toi, je n'oublierai jamais que tu étais là.

Devant les photographes, le couple ravale sa tristesse. Simone Signoret, en manteau de vison, les bras chargés de roses rouges, feint l'allégresse. Son mari, élégant dans un costume de sport gris, confirme aux journalistes qu'il chantera à Budapest. Mais il emporte avec lui la dernière livraison des *Temps modernes*, la revue de Sartre, que lui a donnée Gérard Philipe. Le numéro, consacré aux événements de Pologne et de Hongrie, expose une critique acérée des régimes communistes. Pendant toute la tournée, il sera le livre de chevet d'Yves Montand.

La nuit est tombée depuis longtemps quand l'Iliouchine 22 se pose sur l'aéroport de Vnoukovo, à environ vingt-cinq kilomètres de Moscou. La « patrie du socialisme » a réellement paru aux voyageurs un pays où l'on n'arrive jamais, tant l'expédition a été longue et entrecoupée de haltes incompréhensibles, à Prague d'abord, puis à Vilnius, capitale de la Lituanie. Malgré un énorme retard, des centaines, peut-être des milliers de Moscovites, débarqués en taxis ou en autobus, attendent Montand et Signoret depuis des heures par une température de moins 15 degrés. Dès que l'appareil s'immobilise, la foule envahit la piste enneigée et se précipite vers la passerelle.

« La porte de l'avion s'ouvre. En haut de l'escalier, apparaissent Simone Signoret et, derrière elle, un Yves Montand souriant. Il lève la main et dit :

— Bonjour les amis !

— Mon ami qui vient de loin, dit Serge Obratzov[7]. »

Les héros du jour sont assaillis par une meute de photographes, c'est la ruée. « Des acclamations joyeuses partaient de tous côtés. Les gens mobilisaient leurs connaissances de français : "C'est si bon, Montand !" "Bravo d'être venu[8] !" »

Le couple avait quitté Paris presque comme une paire de malfaiteurs, sous les injures et les quolibets ; il débarque en héros de l'Union soviétique, et ce contraste si prononcé ne saurait que le bien disposer à l'égard de ses hôtes. *L'Humanité* exulte : « Yves Montand a battu tous les records. Ni la Comédie-Française, ni l'équipe de France de football, ni nos artistes de cinéma, ni le TNP n'ont été accueillis avec une telle ferveur. »

Avec peine, Montand se fraie un chemin vers les micros qui ont été préparés et prononce quelques mots : « Je suis profondément ému. Je ne suis pas un homme politique, je suis seulement un artiste. Je suis venu ici dans un moment où les échanges culturels sont plus indispensables que jamais, car ils servent la cause de la paix entre les peuples[9]. » Obratzov lui répond en russe : « Nous vous attendions depuis deux

7. *Sovietskaïa Kultura*, 18 décembre 1956.
8. *Libération*, 18 décembre 1956.
9. *Sovietskaïa Rossia*, 18 décembre 1956.

jours, et les fleurs que je vous offre aujourd'hui sont un peu fanées. Mais nos cœurs brûlent de tout l'amour que nous portons à la France. » Tandis que le directeur du théâtre des marionnettes débite ces platitudes d'usage dont les Soviétiques raffolent en toute occasion et que Montand apprendra à écouter avec le sourire sans en comprendre un traître mot, Simone Signoret aperçoit dans les yeux bleus de l'orateur des larmes qui ne sont nullement affectées. L'« ami » qui parle (un être fin, cultivé, talentueux) n'est pas un ami de commande.

Quatre interprètes, trois garçons et une fille — Nadia —, âgés d'une vingtaine d'années, attendent les Français à l'hôtel Sovietskaïa, un gigantesque palace en marbre. Outre Montand et Signoret, auxquels est octroyée la suite princière, deux régisseurs et cinq musiciens forment la petite troupe. Chez ces derniers, Marcel Azzola, l'accordéoniste, a remplacé Freddie Balta, décidément réticent à l'idée d'explorer le pays des soviets. Un « Rital » de plus : le père d'Azzola, lui aussi, a fui jadis le régime mussolinien. Azzola, Castella, Crolla, Paraboschi, Soudieux et les autres sont éberlués de voir avec quel faste ils sont logés. Cet émerveillement devant les attentions dont ils sont l'objet, bien supérieures à celles d'une tournée cahotante, ne les quittera plus. A Vilnius, le bassiste Soudieux, qui a davantage fréquenté Django Reinhardt que les classiques du marxisme, a demandé, pointant le doigt vers un portrait de Lénine : « Qui c'est, ce mec ? » Il en verra d'autres.

Montand n'a guère le loisir de se remettre du voyage. La « première » a lieu le 19 décembre à la salle Tchaïkovski. On s'est battu par crainte de manquer l'événement. « Plusieurs jours à l'avance, écrit l'envoyé spécial de *France-Soir*, une foule considérable avait fait la queue pour obtenir des billets. Il y avait là des dames à limousine et chauffeur en pelisse d'astrakan, des jeunesses dorées échappées de leur institut, des essaims de jeunes admiratrices, des vieilles dames, des suffragettes du siècle dernier, des militaires en patrouille, d'innombrables étudiants, des garçons et filles venus après l'usine. Des veillées nocturnes se sont organisées, on a mobilisé les grand-mères — babouchkas patientes — pour garder la place de leurs petits-enfants[10]. » La presse soviétique

10. 21 décembre 1956.

signale aussi les cas nombreux de personnes qui ont reçu des numéros d'attente tellement astronomiques qu'elles n'espèrent plus trouver de place[11]. Afin de voir Montand sur scène, les Moscovites sont prêts à payer 20 roubles, le quart d'un salaire mensuel moyen, prix d'une place de parterre que le marché noir peut doubler ou tripler.

Le premier soir, la salle bourrée d'officiels, où se presse le Tout-Moscou (le ministre des Affaires étrangères Chepilov, celui de la Culture, les ambassadeurs et leurs épouses — à l'exception du représentant de la France —, le gratin des arts et des lettres bien en cour, des militaires galonnés), met du temps à se dégeler. Peu de spectateurs comprennent les paroles, et il faut attendre la sixième chanson pour que Montand, raidi par le trac, commence à répandre ce fluide mystérieux qui s'appelle la présence. En tout cas, l'interminable ovation finale, les gerbes de fleurs et les vivats le rassurent. Obratzov grimpe sur scène pour remercier le visiteur, qui, à son tour, libère son émotion : « Cher Obratzov, je ne peux que répéter ce que j'ai écrit dans ma lettre avant ce voyage à Moscou : Vive l'amitié entre les peuples ! Et surtout : Vive la paix[12] ! » Une foule compacte attend dans la rue Gorki devant la sortie des artistes, dans l'espoir d'apercevoir l'idole venue de si loin.

Montand n'est pas tout à fait dupe. Les Soviétiques applaudissent l'interprète d'*A Paris*, mais ils reçoivent également le « messager de la paix », celui qui, bravant les interdits, s'est déplacé en cette période d'extrême tension internationale où les échanges Est-Ouest sont au point mort, où les Ballets Moïsseïev eux-mêmes ne se produisent plus de l'autre côté du rideau de fer par crainte de susciter des manifestations hostiles. La presse soviétique ne se prive pas de souligner que ce voyage a une portée symbolique qui dépasse de loin la banale tournée d'un chanteur. Que les autorités du Kremlin attachent un certain prix à sa série de galas, Montand en acquiert bientôt la preuve.

A la quatrième représentation, dès le début de son tour de chant, il note que la loge située à l'avant-scène, sur le côté

11. *Literatournaïa Gazeta*, 18 décembre 1956.
12. *Pravda*, 20 décembre 1956.

droit de la salle, fermée jusque-là, est occupée par les principaux dignitaires du régime, Nikita Khrouchtchev en tête, selon l'ordre protocolaire. Ce même soir, Montand a été troublé par un incident précédant de peu les trois coups. Un Arménien, réussissant à franchir tous les barrages, s'est glissé jusqu'à sa loge afin de le supplier de l'aider à fuir l'URSS. « On ne peut pas vivre dans ce pays », s'est-il lamenté. Montand, qui se concentrait avant le plongeon, l'a éconduit (« Et ailleurs, crois-tu que c'est facile ? »), mais il n'oublie pas le regard et les paroles de l'adolescent éperdu.

Après le spectacle, un officiel avertit l'artiste que les camarades du Politburo souhaiteraient le voir.

— Pourquoi ils ne viennent pas dans ma loge ? rétorque aussitôt le chanteur, qui a le réflexe de tous les acteurs : lorsqu'on désire féliciter un comédien, on se déplace, y compris les têtes couronnées.

Mais l'officiel insiste : un souper a été préparé, les camarades ne veulent pas le déranger ; ils attendront le temps nécessaire. Montand et Signoret échangent un regard incrédule ; ils sentent qu'ils vont vivre un épisode peu ordinaire.

Cette soirée a été racontée avec précision et humour par Simone Signoret, qui en a fait un des morceaux de bravoure de son livre *La nostalgie n'est plus ce qu'elle était*. L'évoquer à nouveau implique d'emprunter à ce dernier, mais il est également indispensable de confronter le regard de la narratrice avec celui de son mari, qui fut le véritable hôte d'honneur et le principal interlocuteur des dirigeants soviétiques, ainsi que celui de l'interprète Nadia Netchaïeva[13].

Khrouchtchev, Molotov, Mikoyan, Boulganine et Malenkov attendent le couple à l'entrée d'une petite pièce transformée pour l'occasion en salle à manger.

— J'ai l'impression d'être aux actualités, glisse Simone à Montand en apercevant les officiels alignés comme à la parade.

Chacun se présente, et l'on s'installe autour d'une table étroite, les Français d'un côté, Mikoyan, Molotov, Khrouchtchev, Boulganine, Malenkov — dans cet ordre — face aux deux visiteurs. Nadia est assise à une extrémité : « On m'a

13. Témoignage recueilli à Moscou en juin 1990.

prévenue au dernier moment que je serais l'interprète de ce dîner. Un autre avait été choisi, mais s'était récusé. Je tremblais de peur. Ce fut quasiment un travail de traduction simultanée. »

D'emblée, le « camarade » Nikita félicite le chanteur pour son récital ; il a particulièrement apprécié *C'est à l'aube*. Montand remercie. Mikoyan porte un toast à la famille Livi, dont il nomme chacun des membres, à commencer par Giovanni (l'invité n'en revient pas). Et tandis qu'on sert le bortsch, Mikoyan attaque :

— Alors, monsieur Montand, les fascistes vous ont laissé partir ?

L'interpellé cherche ses mots une seconde, puis se lance. C'est le moment ou jamais de dire ce qu'il a sur le cœur, de justifier ce voyage à ses propres yeux.

— Ce ne sont pas les fascistes qui m'empêchaient de partir ; c'est ce qui s'est passé à Budapest. Les fascistes étaient très contents, eux, de ce qui se passait à Budapest.

Nadia complète l'échange : « Yves disait : ''Budapest, ce n'est pas possible, nous sommes stupéfaits, comment avez-vous pu faire cela ? Qu'est-ce qu'il s'est donc passé ? Vraiment, nous ne comprenons pas.'' Et Khrouchtchev plaisantait : ''Les Hongrois, on les a remis au pas, on a rétabli l'ordre, et on leur enverra autant de conseillers que nécessaire !'' »

Montand et Signoret racontent à leurs convives, qui ne semblent pas informés, ce qui s'est déroulé à Paris au mois de novembre : le désarroi des militants, les colères de Sartre (« Il ne faudrait pas que le parti des fusillés devienne celui des fusilleurs... »), les manifestations et les contre-manifestations, les controverses au sein du Mouvement de la paix, les états d'âme de Claude Roy, de compagnons de route tels que Vercors, Roger Vailland ou Gérard Philipe — tous amis de l'Union soviétique et qui n'ont pas accepté que les vainqueurs de Stalingrad soient aussi les bourreaux de Budapest. Khrouchtchev écoute avec attention ce flot de paroles que traduit à toute vitesse la jeune Nadia. Il s'étonne : il n'y aurait donc pas que les fascistes pour s'être prononcés contre l'intervention ?

— Non, monsieur Khrouchtchev, les communistes aussi ont été troublés.

Le petit homme rond et jovial s'anime sur sa chaise :

— Pour comprendre ce qui s'est passé en Hongrie, il faut remonter à Staline.

Et Khrouchtchev se lance dans un violent réquisitoire contre le « petit père des peuples ». Il recommence son rapport du XXe congrès, ajoute encore des précisions, des commentaires, relate de quelle manière Staline a liquidé le Parti communiste polonais, les procès, les déportations, les morts par millions. Et il ponctue ses propos en martelant la table à coups de poing.

Je le regardais, sonné, effrayé. Il débitait les crimes de Staline, et j'en prenais plein la gueule. C'était donc vrai ! Il était volubile, il jouait les scènes, il mimait les personnages. C'était un comédien formidable, mais je sentais des accents de vérité. Il était soulagé de parler, de justifier, d'expliquer devant ses collègues. Par moments, il était drôle ; par moments, émouvant. J'étais séduit par ce personnage. Il expliquait comment les anciens des Brigades internationales réfugiés à Moscou avaient été liquidés. Je savais une partie de cela depuis que j'avais pris connaissance du rapport, dans les Apennins, mais, malgré tout, de l'entendre de la bouche même de Khrouchtchev, j'étais assommé.

Nadia :

« Pendant que Khrouchtchev parlait, Yves ne le quittait pas des yeux. Soudain, Khrouchtchev s'est interrompu :

— Pourquoi me regardez-vous comme cela ? Vous vous demandez : et vous, monsieur Khrouchtchev, qu'est-ce que vous faisiez durant cette période ?

« Il a souri. Yves continuait de le fixer. Il a repris, sur un ton plus grave :

— Rien, je ne faisais rien.

— Et pourquoi ?

— Parce que nous avions peur, monsieur Montand.

« Il a conclu :

— Staline avait beaucoup changé. Ce n'était plus le même homme. A la fin, quand on entrait chez lui, on ne savait pas si l'on en sortirait vivant. »

Impossible de restituer ces quatre heures de conversation sans le secours de notes ou d'enregistrements. Il faut s'en tenir aux souvenirs saillants des rares témoins, qui se recoupent sans absolument se confondre. N'émergent de cette soirée inouïe que les éclats de la mémoire, reflets de l'atmosphère ambiante et de l'état d'esprit de chacun. Le ton était cordial, chaleureux par instants, mais, sur le fond, Montand — qui avait de bonnes raisons de parler plus que Simone — ne se « dégonfla » pas. Il fut aussi audacieux devant les maîtres du Kremlin qu'il avait été dévot devant ses amis parisiens. Avec une courtoisie non exempte de fermeté, il n'hésita pas à interrompre celui qui était devenu — les autres dignitaires gardant le silence — son unique interlocuteur.

— Excusez-moi, monsieur Khrouchtchev, mais vous ne trouvez pas que cela fait beaucoup d'erreurs ? Les émeutes de Poznan, ça fait boum, Budapest, ça fait boum ! (Chaque fois qu'il articule « boum ! », Montand se tape sur la tête.) Avant cela, il y a eu Tito. Ça a fait boum boum... (Il se tape deux fois sur le crâne.) On ne peut pas répéter éternellement que ce sont des contre-révolutionnaires, des traîtres ou des déviationnistes !

Khrouchtchev encaisse, s'amuse de la mimique et sent sourdre une passion que Montand contient avec difficulté. Cet échange, que rapporte Simone Signoret, révèle la vivacité fort peu protocolaire des reparties.

— A Budapest, assène le leader soviétique, nous avons sauvé le socialisme de la contre-révolution.

— Mais, dit Montand, Tito aussi, vous l'avez pris autrefois pour un contre-révolutionnaire et un traître.

— Erreur du passé.

— Il n'y a donc pas erreur possible du présent ?

— Notre armée est à Budapest parce que les Hongrois nous ont appelés au secours.

— Le peuple ?

— Oui, le peuple qui veut être protégé contre les fascistes hongrois et les agents de l'impérialisme.

— Et si c'était plutôt le peuple qui s'était cru autorisé à

réclamer plus de liberté, dans le socialisme nouveau que vous lui avez promis, monsieur Khrouchtchev, et qu'on ne l'ait pas compris ?

— C'est vous qui ne pouvez pas comprendre, répond l'autre aimablement.

— Alors, nous sommes beaucoup à ne pas comprendre.

A ce stade de la conversation qui tourne au duel (on atteint la vivacité de deux militants qui s'empoignent), Montand juge bon de préciser qu'il ne faudrait pas considérer sa présence en URSS comme une caution envers la répression que subit la Hongrie, même si, en France, sa décision a été interprétée de cette manière. Khrouchtchev sourit et remercie le chanteur de sa franchise. Il se détend, adopte un ton badin :

— Décidément, mes amis, vous êtes trop sentimentaux.

— Si nous venons chez vous, rétorque Montand, c'est effectivement pour des raisons sentimentales. Si, dans les pays occidentaux, des gens comme nous, qui vivons confortablement, se tournent vers le communisme, c'est bien pour des raisons sentimentales.

L'ancien enfant de la Cabucelle explique à Khrouchtchev qu'il n'a pas à se plaindre de la vie à l'Ouest. Il a tout ce qu'il lui faut, il possède une belle maison à la campagne, il chante ce qu'il veut. Simone montre ses bracelets, son tailleur de haute couture. Vraiment, insiste-t-elle, notre sympathie pour le communisme vient « des mouvements de cœur dans lesquels n'entre aucun intérêt personnel ».

— C'est bien parce que nous sommes des sentimentaux, pas des militants politiques, que les images de Budapest nous ont choqués. Vous ne pouvez pas nous demander d'être sentimentaux lorsqu'il s'agit de défendre l'Union soviétique, et nous le reprocher à propos de la Hongrie.

Après cette envolée, la tension retombe ; Mikoyan en profite pour porter de nouveaux toasts, et la conversation s'oriente vers des sujets plus culturels. Il est tard, la fin de l'échange approche. Khrouchtchev brandit son verre de cognac arménien et porte un toast ; il dit le plaisir qu'il a éprouvé à affronter des points de vue divergents dans un cadre aussi amical. Il sourit aux anges, épanoui, le teint rubicond.

Montand se lève pour répondre.

— Je ne suis pas un spécialiste des toasts. Je veux simplement vous remercier de nous avoir permis, à ma femme et à moi, de dire des choses que nous n'aurions jamais dites en public. J'ai hésité à venir en URSS, mais je suis sûr, maintenant, d'avoir eu raison, car j'ai eu le privilège de pouvoir parler librement avec vous. Je n'ai pas été entièrement convaincu par vos arguments. J'espère que les nôtres vous ont appris quelque chose. Merci d'être venus m'écouter chanter. Je lève mon verre au peuple soviétique et à la paix.

Les cinq dignitaires avalent d'un trait, à la russe, comme il se doit, le contenu de leurs verres. Mikoyan porte encore un toast à la *Pravda*. « Oui, mais à la *pravda-pravda*, pas au journal », blague Simone. Les camarades s'esclaffent poliment (voilà des décennies que cette plaisanterie court Moscou).

Au petit matin, Montand et son épouse, ayant bu à la vérité, grisés par l'alcool et par l'événement, prennent congé. Ils ne sont pas mécontents de leur nuit. Avant de glisser dans le sommeil, le chanteur soupire d'aise :

— Maintenant, on sera mal avec tout le monde. Mais qu'est-ce qu'on se sent bien avec nous-mêmes !

Le jour même, tout ce que Moscou compte de journalistes, de diplomates, d'artistes et de « nomenklaturistes » bruisse des échos du dîner au sommet. Chacun souhaite avoir la primeur du récit, et les invitations pleuvent sur le couple, qui ne saurait en honorer autant. Le programme des réjouissances ressemble à un marathon : des visites sont prévues dans des orphelinats, des écoles de danse, des usines. A chaque halte, un spectacle « improvisé » est offert, et, en retour, Montand est gentiment sollicité de s'approcher d'un micro qui fleurit à point nommé. Si bien que, outre son gala du soir, il pousse la chansonnette plusieurs fois par jour dans des conditions techniques assez inégales.

Le 30 décembre au matin, Yves Montand et Simone Signoret parcourent l'usine d'automobiles Likhatchov. Sur les plates-formes de quatre camions juxtaposés composant une scène, Montand chante devant 8 000 ouvriers *Les Routiers* et *Un gamin de Paris*. Dans un film produit par les Soviétiques sur la tournée du chanteur, une autre séquence est consacrée à ce show prolétarien. On y aperçoit Montand en col roulé perdu dans un immense hall garni de bleus de travail comme pour un meeting syndical. La caméra s'attarde sur les yeux brillants des ouvrières en extase, sur les bouches qui murmurent les refrains accessibles, sur les travailleurs qui marquent le rythme en roulant des épaules.

Le correspondant de *L'Humanité* n'entend pas priver ses lecteurs d'une aussi miraculeuse rencontre entre le prolo chantant et son public naturel : « Une fois de plus, ce fut délirant et gentil... 16 000 mains ont applaudi d'un même mouvement leur idole sympathique qui, les yeux brûlants d'émotion, a secoué longuement, en signe d'adieu, un bouquet au-dessus de sa tête[14]. »

Il ne fait guère de doute que Montand est sincèrement ému par un tel accueil, même s'il n'est point abusé par la spontanéité des cérémonies. Lors de la visite de l'usine Likhatchov, quelques mines renfrognées de métallurgistes qui se détournent ostensiblement à l'approche du cortège emmené par le directeur de l'entreprise ne lui ont pas échappé. Et il a cru déceler une once d'ironie dans la manière dont l'« ouvrier méritant », sans doute commis d'office, a débité un poème à la gloire des visiteurs. Impressions fugitives que balaie vite l'enthousiasme de la foule moscovite.

Une véritable « Montandmania » semble avoir contaminé l'URSS. Les *Études soviétiques* vont jusqu'à annoncer la naissance d'un nouveau parti, le parti des « montagnards », qui regroupe les *montaniari*, les supporters de Montand. Les sections de base de ce mouvement se réunissent autour d'un électrophone qui diffuse les refrains les plus connus tandis qu'un militant évoque la « biographie » du héros.

Sillonnant Moscou, les Français reçoivent d'incessants témoignages de l'enthousiasme qu'ils déchaînent. Dans la rue Gorki, au lendemain de leur arrivée, une jeune fille leur offre un gros bouquet de fleurs au nom des employés du Jardin botanique[15]. Le plus souvent, les sorties frisent l'émeute. Devant le monument dédié au fondateur de Moscou, une file

14. *L'Humanité*, 1er janvier 1957.
15. *Moskovsky Komsomolets*, 20 décembre 1956.

d'attente se forme afin d'obtenir un autographe (belle occasion, pour le Parisien, d'apprendre un mot clé, *otchered*, la queue, l'un des plus usités de la langue russe). La descente dans le fameux métro aux parois de marbre ne dure — devant le harcèlement qui s'annonce — qu'un bref instant. Le temps de vérifier que l'absence de première classe confère à ce métro-là un air authentiquement prolétarien. Les journaux soviétiques publient des photos d'« Yves et Simone » se baladant à travers Moscou ; l'une d'elles les montre en traîneau, ensevelis sous des fourrures — du doigt, Montand désigne quelque chose au loin. Elle paraîtra dans la presse française avec ce commentaire : « Regarde cette fumée, là-bas, Simone, c'est Budapest qui flambe... »

A leur hôtel, Montand et Signoret réceptionnent des centaines de lettres, de saluts, de cadeaux, de poèmes : « Des enfants, écrit Simone, naissaient dans le fin fond de la Sibérie, on recevait des télégrammes nous annonçant qu'ils avaient été prénommés *Yvesmontand*. Il y eut même des jumeaux qui eurent le bon goût d'être une fille et un garçon, la fille fut prénommée Simone et le garçon Yves. Nadia m'emmena au Goum, je fis l'emplette de deux timbales d'argent et les fis graver... Ce beau geste fut abondamment célébré dans la presse et filmé par la télévision. » Les techniciens de « Pôle Nord 6 », station scientifique en dérive, adressent un salut « à Yves Montand, à partir des étendues recouvertes de glace de l'Arctique central, de la sombre nuit polaire ». Les journaux sont emplis de ce type de messages dont il est impossible de déterminer le degré de fraîcheur. Bien frêle, probablement, quand la *Sovietskaïa Kultura* publie un texte de jeunes ouvriers qui écrivent : « Nous aimons beaucoup vos chansons, mais nous vous aimons encore bien davantage pour votre vie de simple ouvrier français. »

« Kolkhoze toujours », dirait Crolla, qui répète d'ailleurs cette fine plaisanterie à satiété tout au long des réceptions, discours, visites. Les autorités soviétiques, par le truchement des journaux et de la radio, insistent sur la stature politique de Montand ; on relève d'innombrables exaltations de « son cœur plein d'amour pour les hommes », de « sa foi étonnante dans l'homme ». Mais le public, lui, applaudit surtout l'ambassadeur de l'Occident, l'interprète qui chante Paris.

Ainsi en va-t-il à l'université de Moscou, dont l'architecture lourdement stalinienne est érigée en modèle de grâce et où Montand chante *La Marie-Vison* pour des milliers d'étudiants qui goûtent cet air de «jazz» interdit.

Après cinq représentations à la salle Tchaïkovski, Montand se déplace vers le stade Ouljniki, un immense palais des sports couvert qui abrite 18 000 places. L'équipement technique est très moderne, et le chanteur n'a pas besoin d'utiliser les deux haut-parleurs qu'il a apportés de Paris. C'est la première fois qu'il se produit devant une telle multitude. Au dernier rang, à presque cent mètres de la scène, le spectateur ne distingue qu'une silhouette. La tentation est forte, chez l'interprète, de gueuler pour aller jusqu'à lui, au risque de fausser l'harmonie, de rompre la complicité. Montand trouve la solution après le deuxième titre : il se résout à chanter pour lui, sans pousser la voix, comme s'il était seul, et, de proche en proche, l'intime conviction se propage jusqu'au dernier rang. Il se souviendra de l'expérience, vingt-six ans plus tard, lorsqu'il affrontera, à Rio, la cohue du stade de Maracanàzinho.

Le public du palais des sports Ouljniki est plus populaire, moins guindé que celui de la salle Tchaïkovski (les places sont plus abordables, et la température plus élevée). Au vrai, c'est du délire. Ces prestations dans le stade immense resteront pour l'artiste un des grands moments de sa vie professionnelle. Même le pondéré Bob Castella, qui s'exprime toujours d'une voix égale, perd son flegme : «Là, j'ai été très sensible à l'extrême chaleur du public soviétique. C'était un événement inouï. Les spectateurs étaient plus qu'attentifs, concentrés. On n'avait vraiment pas l'impression que c'était de l'enthousiasme de commande. Nous ne forcions pas sur les instruments : la qualité d'écoute était exceptionnelle.» Contrairement à son habitude, et malgré la fatigue que lui vaut ce régime stakhanovien, Montand succombe aux rappels et redonne trois fois *Les Grands Boulevards, C'est à l'aube* ou *Les Feuilles mortes*.

Le correspondant de *Libération* est assis aux côtés d'une «ravissante jeune fille aux yeux de pervenche». Quand Montand murmure la complainte des amants désunis, elle sanglote. Le journaliste lui demande si elle comprend les paroles.

« La jeune fille a levé sur moi des yeux pleins de larmes et, essayant vainement de sourire, a dit d'une voix humble : "Je ne comprends pas le français, mais c'est tellement triste[16]." »

Le Français ne manifeste pas la même bonne volonté à l'égard de tout le monde. Invité un soir, après sa représentation, à la Maison des écrivains, il prévient qu'il n'est pas question pour lui de chanter, que trop c'est trop. Pourtant, lorsqu'il arrive, la première chose qu'il découvre, c'est le piano sur l'estrade et l'inévitable micro. L'assistance est composée de scribes officiels bardés de décorations, lesquels ne tardent pas à scander sur l'air des lampions :

— Yves Montand, une chanson ! Yves Montand, une chanson !

L'intéressé se lève, s'approche du micro et entonne le premier couplet du *Gamin de Paris*. Mais il s'interrompt, fait demi-tour, arrache Bob Castella de son tabouret, empoigne Simone par le bras et jette aux siens, sombre comme un jour de colère :

— Allons, les enfants, barrons-nous !

Un essaim de personnalités se lance à sa poursuite ; Montand arrête sa course et déverse sur elles un flot d'insultes, leur reproche les odes naguère adressées à Staline, la veulerie qui les a protégées des purges, vocifère un dernier et tonitruant « sales cons ! », et disparaît. Cette « sortie », elle aussi, émeut bientôt Moscou. Quelques années plus tard, en visite à Paris, le poète Evtouchenko apprendra à Montand et à sa femme que des pamphlets clandestins se gaussaient du chanteur, considéré comme un apparatchik culturel, mais que l'incident de la Maison des écrivains lui avait valu un regain d'estime chez les jeunes créateurs marginaux dont les textes circulaient sous le manteau. C'est la seule fois, au cours du voyage, où Montand se laisse aller, en public, à critiquer un aspect du système soviétique.

Ce coup de gueule non prémédité sert d'exutoire à un sentiment diffus de gêne, nourri de maints détails — par exemple, l'attitude goguenarde des ouvriers de Likhatchov —

16. *Libération*, 25 décembre 1956.

qui détonnent dans le tableau. Ce n'est pas un hasard si Montand s'en est pris à l'intelligentsia rouge.

J'étais un peu exaspéré par cette cohorte de gens qui nous accompagnaient partout, des gens qui, apparemment, vivaient très bien. Ils faisaient partie de la nomenklatura; nous n'étions pas dupes, avec Simone, de ce qu'ils étaient des privilégiés du régime et faisaient écran entre les Russes et nous. Mais ce cordon sanitaire ne pouvait pas nous empêcher de voir les femmes de tous âges qui balayaient la rue dans le froid, déblayaient la neige par moins 15 ou accomplissaient des tâches pénibles dans les usines. On devinait bien que les membres du Parti formaient une catégorie à part. Ainsi, la première fois que je suis monté en voiture, j'ai été effrayé par la manière de conduire du chauffeur. Il fonçait dans le tas : un responsable du Parti est toujours prioritaire. Je l'interpelle, et il me fait comprendre que, quand une limousine officielle arrive, les passants doivent dégager. Le gratin avait tous les droits, même celui d'écraser les piétons.

Presque par hasard, en cherchant la maison d'Ehrenbourg, on a découvert la réalité de la vie quotidienne des Soviétiques que nos accompagnateurs cherchaient à nous masquer. On s'était égarés dans une lointaine banlieue constituée de cabanes en bois misérables où vivaient plusieurs familles. Tout cela me choquait. Nous en parlions tout le temps, Simone et moi, et un phénomène curieux se produisait : j'étais ébranlé, je voyais bien que ce n'était pas le paradis, mais le vieux réflexe jouait encore. Simone mettait l'accent sur ce qui m'avait heurté (la queue devant les magasins, les différentes sortes de restaurants), et, aussitôt, je lui volais dans les plumes parce que ce qu'elle me disait sonnait juste et que je ne voulais pas l'accepter. Je répondais :

— Attends un peu, Simone, laisse faire le temps. Khrouchtchev a eu le courage de nous le dire : ils ont commis des erreurs, d'accord, il faut leur laisser le temps de se redresser. On ne va pas tout jeter maintenant.

Ce jeu entre nous a duré presque tout le voyage. Je me souviens d'une altercation extrêmement violente à l'hôtel d'Angleterre, à Leningrad. J'étais dans un état étrange, parce que je ne demandais qu'à croire et que je n'y arrivais pas; je voyais bien que cela ne fonctionnait pas. Je le sentais instinctivement, mais je n'avais pas envie que Simone enfonce le clou. Ce soir-là, je chialais vraiment sur mes illusions perdues, mais je cherchais à les empêcher de se dissiper complètement. Alors j'ai agrippé Simone, qui avait dû faire une remarque particulièrement pertinente, et je l'ai secouée en hurlant qu'elle ne comprendrait jamais rien à rien. Cette colère, je le sais aujourd'hui, était une forme de désespoir.

Nous avions une grande complicité avec nos interprètes, en particulier Nadia; nous discutions beaucoup avec elle, et elle nous avait cité un proverbe russe qui m'avait frappé : la Russie est une mère pour les étrangers et une marâtre pour ses propres fils. Malgré ce que je percevais et que je ne voulais pas voir, j'étais bouleversé par les Russes, par le public, par le gars qui venait nettoyer ma loge, par la femme de ménage qui passait la serpillière. C'est difficile d'être antisoviétique, surtout quand on n'est pas antirusse...

Simone Signoret n'est pas la seule à essuyer les foudres d'un Montand partagé entre la croyance et la désillusion. « Comme je parlais le russe — que j'avais appris en jouant dans un orchestre de Russes blancs à Paris, pendant quatre ans —, raconte Marcel Azzola, je discutais avec des musiciens qui me racontaient des anecdotes sur la vie à Moscou. Je constatais que cette vie n'était pas rose. Une ou deux fois, j'ai voulu m'en ouvrir à Montand. Il m'a rabroué : ''Ne t'occupe pas de cela, Marcel. Tu n'y comprends rien.'' »

Pour le réveillon, le 31 décembre 1956, Montand, Signoret et toute la troupe sont invités au Kremlin. La réception se déroule dans la salle Saint-Georges où se bousculent près de 3 000 invités. A minuit, Khrouchtchev embrasse Simone Signoret à la russe, sur la bouche. Yves Montand n'a droit qu'à une double poignée de main. Quelques toasts plus tard, le camarade Nikita danse, et Montand, contemplant le spectacle, n'est pas loin de penser qu'un dirigeant qui s'accroupit sur ses talons comme un paysan ukrainien ne saurait être foncièrement mauvais.

Les étapes suivantes de la tournée synthétisent en deux images le balancement intime du chanteur. A Leningrad, l'émotion le submerge devant l'immense forêt qui s'étend à perte de vue, plantée face à la borne que les Allemands ne franchirent jamais. Chaque arbre représente une victime du siège que subit la ville pendant neuf cents jours — réminiscence de l'héroïsme d'un peuple auquel le Français se juge lié de manière indéfectible. Dans la région de Kiev, dont les maisons colorées, du moins celles qui ont échappé aux destructions, le charment, on le conduit avec Simone jusqu'à un kolkhoze où, par hasard, les paysannes en blouses blanches répètent un spectacle, où, par hasard, attend une collation que filment les caméras de la propagande...

— Kolkhoze encore, peste Crolla.

Le départ de Moscou fut glacial. L'air était si froid à l'aube que Simone Signoret crut que les larmes abondantes de Nadia allaient se transformer en stalactites. Et l'accueil de Varsovie fut frais, mais pas seulement à cause de la température de ce 18 janvier 1957. Montand, Simone et les musiciens ne s'étaient pas étonnés outre mesure de voyager dans un appareil qui leur était réservé, dont l'habitacle était aménagé en salon, avec un charmant coin samovar. A l'arrivée, les Polonais leur apprirent que cet avion appartenait à la direction du Parti russe. Geste prévenant du camarade Nikita. Reste que, sur les rives de la Vistule, apparaître comme un ambassadeur du Kremlin ne constituait pas le meilleur des sésames.

La dernière visite de Khrouchtchev à Varsovie, en octobre 1956, n'avait pas laissé que des bons souvenirs : il avait débarqué en force afin de contraindre les Polonais à demeurer sur le droit chemin. Gomulka, avec d'autres dirigeants du PC polonais, avait attendu Monsieur K à sa descente d'avion. Sitôt la porte déverrouillée, sans saluer personne, le numéro un soviétique avait hurlé :

— Vous voulez vendre votre pays aux Américains ! Vous oubliez que nous avons versé notre sang pour la Pologne !

Après un silence, une voix s'était élevée :

— Nous ne vendons rien à personne et nous avons versé bien plus de sang que vous.

Khrouchtchev avait regardé l'interrupteur qu'il connaissait parfaitement et avait feint de ne pas l'identifier :

— Qui c'est, celui-là ?

— Je suis Gomulka, le camarade que vous avez jeté en prison[17].

Depuis, Gomulka avait gagné la partie et engagé son pays dans une voie plus autonome vis-à-vis de Moscou. Le surlendemain de l'arrivée de Montand, les Polonais plébiscitaient par des élections non truquées l'homme qui avait tenu tête aux Russes.

Montand avait bien choisi son moment pour atterrir dans l'avion du Kremlin ! Il n'était pas au bout de ses ennuis. L'interprète, après quelques heures, se décida à lui révéler la rumeur qui se répandait : le copain des Russes se faisait payer — cher — en dollars, ce qui expliquait le prix exorbitant des places. Indigné, le chanteur profite, dès le lendemain, d'une rencontre avec la presse pour mettre les choses au point. Il lit un petit texte qu'il a griffonné sur les enveloppes à en-tête de l'hôtel Bristol où la troupe est descendue :

— Des bruits courent dans Varsovie, que je vous demande de réfuter dans vos journaux, car ils sont mensongers et m'atteignent personnellement. On dit que je suis payé en dollars. C'est faux. J'ai fait des arrangements spéciaux à cause des problèmes économiques difficiles qui se posent en Pologne. Je paie mes musiciens en francs — c'est la part du cachet touchée en devises — et je perçois mon propre cachet en zlotys.

Montand est d'autant plus furieux de cette accusation que, sur le plan financier, cette tournée ne lui rapporte rien ; être payé en monnaie du pays revient pratiquement à chanter pour le plaisir. Roger Boussinot, qui a pris la succession de Soria comme accompagnateur, le confirmera quinze jours plus tard en Roumanie : « Montand a accepté que les honoraires soient moitié en francs, moitié dans la monnaie nationale. Les francs

17. Anecdote authentique relatée par Lazlo Nagy, *Démocraties populaires*, Paris, Arthaud, 1968.

sont destinés au paiement des cinq membres de l'orchestre. Cela fait que le résultat matériel de la tournée est pour lui nul, sans bénéfices[18]. »

Il n'empêche qu'à Varsovie la légende d'un Montand venu se remplir les poches a pris d'inquiétantes proportions, sans qu'il en comprenne bien l'origine. De retour à Paris, la lettre d'un ami polonais lui apportera une explication : « Le bobard abject concernant les dollars encaissés par toi est né à cause du prix élevé des billets, et c'est uniquement la faute de l'Estrada qui a organisé tes concerts et qui n'a pas motivé cette hausse des prix. Ils ont voulu couvrir leurs déficits antérieurs et lutter contre la vente illégale des billets, mais ils ont eu tort de ne pas l'annoncer dans la presse. »

Les démentis énergiques de Montand apaisent la querelle, mais celle-ci aura en partie gâché le séjour polonais. Malgré tout, le chanteur remporte le même succès triomphal qu'en Union soviétique. La nuit qui précède l'ouverture de la location, des centaines de personnes attendent, par un froid glacial, devant l'agence théâtrale Orbis, dans l'espoir d'arracher un billet. Le soir de la première, plus d'un quart d'heure après le baisser de rideau, les 3 500 spectateurs de la salle des congrès du Palais de la culture applaudissent encore debout, criant « bis ». Il sera nécessaire d'ajouter quatre représentations pour satisfaire une partie de la demande, les deux dernières étant retransmises par la télévision.

Montand chantera encore pour les ouvriers de l'usine automobile de Zeran et donnera un gala spécial destiné aux étudiants. La presse officielle s'emplit de pesantes dissertations sur cet artiste qui « chante les peines et les joies de la vie quotidienne, l'effort et le labeur, la beauté du monde, la bonté des hommes, la grandeur de la lutte et du sacrifice[19] ».

Comme à Moscou, Montand reçoit à son hôtel une avalanche de lettres et de missives d'admiratrices. L'une, au moins, tranche par son humour : « Votre soirée du 25 janvier était bien gentille, mais c'est bien dommage que vous avez oublié de prendre avec vous votre habit. Nous les Polonais,

18. Interview publiée dans *Informatia Bucurestiului*, 16 février 1957.
19. *Przeglad Kulturalny*, 14 février 1957.

nous sommes malgré tout accoutumés à voir les artistes en vêtement du soir... »

En cet hiver 1957, les intellectuels et artistes polonais croyaient encore que Gomulka allait instaurer un « communisme humaniste », respectueux de la liberté d'opinion et de création. Ils n'allaient pas tarder à être déçus par la reprise en main, le retour de la censure et l'interdiction du droit de grève. Mais les femmes et les hommes que rencontrent Montand et Signoret parient encore sur la pérennité de l'« Octobre polonais ». On parle, on parle presque sans arrêt, au point que le chanteur doit faire évacuer sa loge quelques minutes avant le spectacle. « Finalement, conclut Simone Signoret, pendant cette semaine à Varsovie, chanter finit par correspondre, pour Montand, à une sorte d'entracte entre deux conversations. Je ne sais pas comment il faisait pour tenir le coup. »

Nul doute qu'à l'exception du ragot concernant les dollars l'épisode varsovien fut instructif pour Montand, qui progressa sensiblement dans sa connaissance du « socialisme réel ». Avant de repartir, il l'affirma d'ailleurs dans une courte allocution : « Je suis heureux de vous dire que cette deuxième étape de mon voyage dans les pays de l'Est m'a personnellement fait faire un grand pas dans la recherche de la vérité, car cette recherche est une des raisons de mon long voyage. »

Un pas qui l'éloignait du communisme — mais il préférait encore l'ignorer.

L'Agence littéraire et artistique n'avait pas pris le risque de faire des envieux ; tous les pays frères du bloc soviétique eurent droit à la visite de Montand. Après la Pologne, le Parisien se produisit successivement en RDA, Tchécoslovaquie, Roumanie, Bulgarie, Yougoslavie et Hongrie. Une tournée, à l'Est comme ailleurs, c'est une course épuisante, une succession d'hôtels, de salles, de lumières à régler, de dîners tardifs et de visites éclairs. Une tournée à l'Est, c'est, en plus, des réceptions officielles, d'innombrables toasts, des palabres avec les camarades, des interviews à la chaîne, des visiteurs impromptus, des questions sans réponse, des galas imprévus.

Un succès prodigieux. Une immense fatigue.

De cette épreuve de fond entrecoupée de sauts d'obstacles subsistent quelques moments forts, quelques scènes instructives qui résistent au temps.

A Prague, Montand n'aperçoit pas autre chose que ce que livrent les trajets en voiture depuis l'immense salle de congrès où il chante jusqu'à l'hôtel Alkron où il loge et reçoit des visites. Celle de Lise London, par exemple, dont le mari, Artur, coaccusé dans le procès Slansky, n'est sorti de prison qu'il y a un an. « Un spectacle de Montand à Prague, c'était la fête, raconte-t-elle. C'était le chanteur venu de France, dont les chansons étaient connues par les disques, qui était acclamé, pas du tout l'homme engagé. Le lendemain du gala où je l'ai vu, je suis allée à son hôtel avec une délégation ; je l'avais déjà rencontré à Paris, en 1948, un jour qu'il s'était présenté, timide et silencieux, à une réception donnée par l'Union des femmes françaises. Ce jour-là, à Prague, nous avions apporté un bouquet à Simone Signoret, qui ne savait qu'en faire et l'a abandonné assez brutalement sur une cheminée. Montand ignorait que j'étais la femme de London ; il m'a raconté son entrevue avec Khrouchtchev. Mais j'ai senti surtout qu'il était très perturbé par le drame hongrois : il avait besoin de parler. C'était un homme qui souffrait. »

Simone, restée debout, s'impatiente, rappelle son époux à l'ordre :

— Montand, il faut y aller, nous allons être en retard.

Sans doute, si elle avait connu l'identité de la visiteuse — qu'elle incarnera à l'écran douze ans plus tard —, y aurait-elle davantage prêté attention. La vie des Montand est ainsi parsemée de hasards qui ne sont pas des coïncidences. La preuve ? Quelques jours avant d'ignorer Lise, Signoret a provoqué maints émois en prononçant le nom de Mme Slanska, la veuve du coïnculpé d'Artur London.

C'était dans le train qui amenait la troupe d'Allemagne de l'Est en Tchécoslovaquie. A la frontière, deux gentils organisateurs montent dans le compartiment et exposent à Montand le détail des galas prévus. A cette liste arrêtée contractuellement, ils souhaiteraient juste adjoindre un codicille : que le camarade Montand prévoie deux récitals supplémentaires, l'un pour la police, l'autre pour l'armée tchèques. L'intéressé répond à peu près poliment que ce n'est pas dans la république populaire de Tchécoslovaquie qu'il va commencer à chanter pour les flics. Simone Signoret, moins diplomate, demande aux deux hommes s'ils ont des nouvelles de la veuve de Rudolf Slansky.

Un ange de Bohême passa...

Il faut croire que les militaires tchèques ne sont pas rancuniers. Dans leur bulletin, ils rendent compte de la prestation de Montand sur la scène praguoise : « Le texte de la chanson *Quand un soldat* compte parmi les plus beaux... Il est une chose toutefois qui mérite d'être admirée avant toute autre : le courage qu'il montre à défendre ses opinions politiques et sa foi en l'idée de la révolution. Nous admirons également son naturel. Mais, chez un ouvrier élevé par des ouvriers, il ne saurait en être autrement[20]. » Ce pathos à l'eau de rose, qui parfume Montand d'effluves prolétariens, suinte de toute la presse tchèque, *Rude Pravo* en tête. Et quand les ronds-de-cuir des journaux sont à court de ronds de jambe, ils inventent et triturent, prêtant à Montand des propos qu'il serait bien en peine de tenir et dont le plus beau fleuron reste : « La Tchécoslovaquie est le seul pays au monde où j'aimerais vivre. »

Heureusement, dans la grisaille d'un séjour praguois un peu glauque (un soir, deux heures avant le spectacle, on avertit Montand que la salle est réquisitionnée pour une réunion du Comité central), surgissent les bonnes surprises. Paul Grimault, en visite chez son « collègue » Jiri Trnka, le maître tchèque du dessin animé, surprend le chanteur à l'hôtel. La bande à Prévert se reconstitue. On dîne avant le spectacle. Grimault : « Yves était très éprouvé par ce qu'il avait vu en Russie et avait envie de se détendre. Avec Henri Crolla, ils avaient décidé de se payer la tête de son imprésario, Monsieur B, le bouc émissaire habituel. D'abord, ils ont fait semblant de se donner des gifles. Et, soudain, Yves semble perdre la mémoire, répétant, hagard : ''Mais qu'est-ce qui se passe? Mais qu'est-ce qui se passe?'' Crolla, lui, comme assommé par la baffe, déclare qu'il est sourd. Tous deux concluent en chœur qu'ils ne peuvent pas jouer ce soir.

20. *Obrana Lidu*, 12 février 1957.

L'imprésario, fort inquiet, objecte avec son cheveu sur la langue : ''Za va z'arranger, za va z'arranger...'' »

A la même table est assis le recteur de l'université de Prague (les travaux de Trnka et de Grimault sont placés sous son égide), un savant homme qui ne paraît pas — à première vue — porté sur la plaisanterie et contemple, un peu effrayé, ces grands gamins chahuteurs. Au fil du repas, Grimault montre une bouteille de sliwowicze (l'eau-de-vie de prune nationale) et déclare d'un ton péremptoire : Vous savez qu'en Tchécoslovaquie il existe des gisements de sliwowicze?

Monsieur B : Z'est pas pozzible.

Grimault : Si, si, on la trouve dans le sol. N'est-ce pas, monsieur le recteur?

Le recteur, imperturbable et doctoral : Messié Grrrimault, il a rrréson. Cẹ comme lé pétrrrol.

Le cinéaste continue de pousser le bouchon devant un B médusé.

— Ici, la tourbe a été formée par des forêts de pruniers au quaternaire. Mais, bien sûr, il faut raffiner, purifier tout ça.

— Ekzact, Messié Grrrimault, atteste le recteur sans broncher...

Après cela, il faut tout de même aller chanter.

La grande distraction de l'équipe, lorsque l'avion va atterrir à Bucarest ou à Sofia, consiste à chercher depuis les cieux l'« université de Moscou » locale, c'est-à-dire la copie conforme que les architectes du pays ont fatalement reproduite, jusqu'à l'étroitesse des fenêtres conçues pour les hivers rigoureux. Mais il n'y a pas que les canons architecturaux qui sont hérités du grand frère soviétique. Le peu que Montand et Signoret entrevoient de la Roumanie et de la Bulgarie semble lourdement empesé. A Bucarest, où des échos du dîner avec Khrouchtchev ont filtré, on ne veut pas être en reste et on organise une sauterie gouvernementale, avec les mêmes sucreries, presque les mêmes liqueurs. L'intérêt en moins.

Quand les voyageurs débarquent, le 4 mars 1957, à la gare de Belgrade, l'impression est différente, l'air semble plus léger, comme si la dissidence de Tito avait épargné au communisme yougoslave le conformisme tristounet des autres pays. Trois représentations sont prévues, il faudra en rajouter une quatrième. Là comme ailleurs, le succès dépasse l'attente des organisateurs. Le surlendemain de leur arrivée, Montand et Signoret reçoivent un appel téléphonique. Une voix leur annonce que le maréchal Tito les invite à prendre le thé. Vers 15 heures, une grosse voiture américaine, un peu défraîchie, les prend à l'hôtel.

A l'avant, il y avait deux types en civil qui ne parlaient pas un mot de français. Qui ne parlaient pas du tout, d'ailleurs. La voiture a quitté Belgrade et a roulé pendant un bon moment. D'un coup, alors que nous traversions une forêt épaisse, ce voyage nous a semblé bizarre : le coup de téléphone, le véhicule, ces deux lascars. Je dis à Simone :

— Mais où on va, là? Et ces deux types, qui c'est?

On était fatigués et, par autosuggestion, on commence à paniquer. Les flingueurs à l'avant étaient toujours muets et répondaient par de vagues gestes à nos interrogations. On se voyait déjà victimes d'un enlèvement. Je murmure à Simone :

— S'il arrive quelque chose, si la voiture s'arrête, tu ouvres la portière et tu cours.

Enfin, au bout de trois quarts d'heure, la voiture pénètre dans une belle propriété et s'arrête devant un perron. Tito et sa femme nous attendent; il est très soigné, avec sa cravate blanche ornée d'une perle. Le contact est tout de suite facile, direct, chaleureux. Il est ravi de voir des artistes. Quand nous arrivons, il nous dit :

— J'ai l'impression d'être au cinéma.

Mais il était aussi content de parler avec des Français. Il ne portait pas les communistes français dans son cœur et se souvenait des campagnes menées contre les « traîtres titistes » par le PCF. Moi-même, j'avais mauvaise conscience, car j'avais suivi, comme tout le monde, dans la dénonciation des Yougoslaves. Un jour, à Saint-Paul, j'avais dit, parlant de je ne sais plus quoi : « C'est de la propagande titiste. » Et Jacques Prévert m'avait gentiment remis à ma place :

— Qu'est-ce que c'est, ce mot, « titiste », qu'est ce que cela veut dire ?

Dans ma tête, j'avais rectifié, pris en flagrant délit de suivisme imbécile. Il n'empêche, Tito était le « traître ». Et, là, j'avais le « traître » devant moi. L'homme qui avait eu raison contre tous les autres partis communistes. Il était drôle, charmant. Il nous raconta des histoires du temps où il vivait clandestinement en France, dans les années trente. La première règle à respecter, expliquait-il, est d'être toujours très bien habillé. C'était une époque où les différences de classe se lisaient dans l'habillement. Les ouvriers portaient le bleu et la casquette, les bourgeois le chapeau et le costume ; Tito, qui ne s'appelait pas encore Tito, était toujours impeccable, tiré à quatre épingles. Il avait même un petit chien en laisse. Va-t-on suspecter un monsieur bien mis, accompagné d'un chien, d'être un révolutionnaire clandestin de l'Internationale communiste ? Il en riait encore, Tito.

Tout n'était pas drôle, néanmoins, dans la Yougoslavie socialiste du Maréchal. Pendant que Montand et Simone souriaient aux plaisanteries de leur hôte, Milovan Djilas, un ancien ami de Tito qui avait prôné la démocratisation avant tout le monde, méditait dans la prison de Sremska Mitrovitza où l'avait conduit la publication à l'étranger de son livre *La Nouvelle Classe*.

Quelques mois après cette tournée, Montand retournera en Yougoslavie, sur la côte dalmate, pour les besoins d'un film de Gillo Pontecorvo, *La grande strada azzurra (Un dénommé Squarcio)*, où il incarnera un pêcheur.

Durant leur périple, les Français téléphonent de temps à autre à la famille ou aux amis restés à Paris, afin de prendre l'air de la capitale. Francis Lemarque se rappelle un coup de fil de Simone depuis Sofia : il n'osa pas lui dire que la campagne de presse anti-Montand ne faiblissait pas. Les attaques redoublèrent lorsque la troupe atteignit Budapest, le 9 mars 1957. L'avocat Biaggi, qui avait perturbé les représentations de l'Étoile en 1953 et provoqué l'annulation de l'émission à l'Olympia, avertit que, si Montand se produisait à Budapest, plus jamais il ne chanterait en France. Par la suite, *Le Canard enchaîné* contera plaisamment ce chantage : «Le dénommé Biaggi qui, ne pouvant être maître du barreau, voudrait l'être de la trique, et quelques paranoïaques de sa bande avaient fait savoir que, si Montand voulait chanter à Paris, ils iraient faire du pétard. (Ils confondent les baignoires du théâtre avec les baignoires d'Alger.) Le grand chanteur vient de donner une leçon de dignité aux maîtres chanteurs de tout acabiaggi[21]. »

Pour l'heure, «le grand chanteur» est tout seul et s'interroge vraiment sur l'opportunité de cette escale. A Berlin-Est, des représentants de la radio hongroise sont venus le supplier ; il a confirmé son arrivée, prévue par contrat depuis des mois, mais a déclaré que son cachet serait versé intégralement à la Croix-Rouge hongroise ; il a même précisé que ce séjour ne devrait pas être interprété comme un soutien à Kadar.

Comme dans les autres «démocraties populaires», Montand est depuis longtemps célèbre en Hongrie. Ses chansons sont diffusées, et la presse officielle consacre régulièrement des articles à l'artiste qui, à Paris, se gausse «avec ironie des riches banquiers et présente ses chansons, même devant le public le plus élégant, vêtu d'une combinaison de mécanicien[22]... ».

Quatre mois après l'écrasement de la révolte, Budapest porte les traces visibles de l'acharnement des combats, même si les accompagnateurs prétendent que les trouées dans les immeubles calcinés datent de la guerre. Yves Montand et Simone Signoret sont toutefois surpris de constater, par rapport aux autres pays communistes, une relative aisance matérielle. Les magasins sont mieux approvisionnés, les passants mieux habillés. Dès leur arrivée, on leur annonce que, pour la première fois depuis 1945, les Hongrois ont la possibilité de célébrer leur fête nationale. Un apparatchik ajoute même, la mine gourmande, qu'à cette occasion les chœurs de l'Armée rouge chanteront *Kalinka*.

Quand il apprend que les Russes se disposent à commettre pareille «faute de goût» — à moins que l'impair ne relève

21. 30 octobre 1957.
22. *Irodalmi Ujsag*, 26 juin 1954.

de l'humour involontaire —, Montand veut sauter dans le premier avion afin d'avertir son ami Nikita de la bourde qui se prépare. On l'en dissuade. Rien n'indique encore que Kadar, sur les ruines de la révolte, s'engage dans la voie d'une certaine libéralisation. Par un bizarre paradoxe, la répression la plus sanglante, loin de restaurer le système stalinien, accouchera du régime le plus « souple » qui soit à l'Est. En mars 1957, pourtant, cette évolution n'est pas amorcée : les chefs de l'insurrection, des intellectuels, des communistes « libéraux » également, sont en prison. Lors d'une entrevue avec le ministre de la Culture, un infirme, membre du Parti, interné sous Rakosi, Montand lui demande pourquoi on expédie des intellectuels communistes en cellule.

Le ministre ne voit pas de qui il veut parler...

Yves Montand débarque dans une ville traumatisée. Qu'il le veuille ou non, invité officiel des autorités, il est contraint d'apparaître comme un gage de la normalisation en cours. Peu avant son arrivée, des tracts ont circulé discrètement, appelant à boycotter le spectacle. Ils furent reproduits dans *Le Figaro*, qui en donna la traduction : « Un bon Hongrois n'ira pas au concert d'Yves Montand. Pensez aux jeunes héros d'Octobre ! Aucun vrai Hongrois ne sera présent à ce concert[23]. »

Une fois à Budapest, le chanteur souhaite faire immédiatement une mise au point. Sur le papier à en-tête du Grand Hôtel Margitszigeti Nagyszallo — construit sur une île entre Buda et Pest — où il est installé, il rédige lui-même au crayon ce texte qui ne ment pas sur son état d'esprit d'alors :

> J'ai pu hésiter au cours de mon voyage à aller chanter à Budapest. Seule la lecture d'un article qui m'avertissait que M. Biaggi me menaçait de bombes lacrymogènes si je chantais à Budapest m'a décidé irrémédiablement. Il y a un certain genre de menaces qui sont pour moi des tremplins.
>
> Si les Hongrois avaient le cœur à rire, ils riraient probablement beaucoup de devoir en partie ma venue à M. Biaggi. Malheureusement, les Hongrois n'ont pas le cœur à rire. Il y a longtemps qu'ils n'ont plus le cœur à rire. Ni les Allemands, ni Horthy, ni la faillite du socialisme ne leur ont donné

23. 14 mars 1957.

le cœur à rire. Et les mois qui viennent de passer non plus. Mais ils savent très bien reconnaître la saveur sucrée des larmes de crocodile de la saveur amère de leurs propres larmes. Les crocodiles les fatiguent lorsqu'ils pleurent de loin. Moi, j'ai préféré venir les voir, leur parler, les écouter et leur chanter mes chansons.

Moi, le fils d'antifasciste italien (et j'en suis fier) naturalisé français (et j'en suis fier), j'ai la prétention d'avoir apporté sur leurs cœurs meurtris plus de chaleur, d'amitié et d'amour que les bombes lacrymogènes de M. Biaggi ne leur en apporteront jamais.

Et bien qu'aucun de leurs problèmes ne soit résolu, bien que leurs plaies soient encore ouvertes, bien que les espoirs de leur Octobre aient sombré, avec moi, ils ont tout d'un coup, pendant deux heures, retrouvé le cœur à rire, parce que j'ai fait mon métier qui est de distraire les gens.

Il flotte sur ce texte comme un air de tristesse désabusée. Montand, pas plus que les Hongrois, n'avait le cœur à rire. Malgré les suspicions, les ambiguïtés et les tracts, le succès à Budapest fut, comme partout, phénoménal. Comme partout, le chanteur reçut des brassées de fleurs en tous genres. Plus qu'ailleurs, les jeunes filles marquèrent leur enthousiasme.

J'ai vu à Budapest les filles les plus sublimes, d'une vingtaine d'années, à tomber à genoux. Et pas une...

Simone veille au grain. Cette tentation subite n'échappe pas à son œil vigilant : « Elles étaient très belles, elles paraissaient jouir d'une grande liberté. Je parle de celles qui ont été les *groupies* de cette semaine à Budapest. Elles aimaient beaucoup le chanteur ; malheureusement pour elles, et peut-être pour lui, l'ancêtre des *groupies* était là, tapie dans la loge... »

A l'aéroport du Bourget, des amis viennent accueillir les voyageurs qui reviennent du froid. Julien Livi est là, entouré de syndicalistes qu'il a entraînés à l'issue d'une réunion de bureau, dans la crainte que les « fascistes » ne fassent un mauvais sort à son frère cadet. Dès qu'il en a l'occasion, il l'interroge :

— Alors, comment c'était ? Qu'est-ce que tu penses de l'URSS ?

— L'accueil a été inoubliable. A certains moments, c'était formidable, et, en même temps, il y a des choses qu'on ne peut pas accepter.

La tournée a été pour Montand un parcours de déniaisement. Le Montand qui revient du paradis socialiste est un homme différent. A sa belle-sœur Elvire il confie qu'elle doit cesser de porter l'URSS au pinacle.

Avec le recul, aujourd'hui, je ne regrette pas d'avoir entamé cette tournée, même s'il est évident que j'ai fait le jeu du Parti communiste et de la peine à beaucoup de gens. C'est un point de vue égoïste, car elle m'a surtout servi à moi. Cela m'a ouvert les yeux; j'ai appris sur place bien des choses qu'on ne savait pas à Paris. J'avais cru qu'un monde meilleur était possible et j'avais croisé des femmes et des hommes admirables qui y croyaient aussi. Pour moi, c'était une croyance fondamentale et authentique. Au nom de cette croyance, j'ai couvert par mon ignorance des crimes et des abominations. Ce que m'a permis cette tournée de 1957, c'est de reprendre possession de moi-même. J'ai cessé d'être un croyant suiviste. A partir de là, j'ai forgé mon propre jugement sur les choses. Plus jamais je n'ai dit qu'un chat était noir s'il était gris. Les événements de 1956-1957 signifient pour moi la perte de la foi. J'entame une longue marche en moi-même. Je continue d'espérer; je ne crois plus.

En 1957, Montand s'éloigne du communisme stalinien ; il ne rompt pas. Au fil des mois qui suivent son retour en

France, des prises de position publiques marquent cette prise de distance croissante. En août, à Londres, où il se rend pour la sortie des *Sorcières de Salem*, il déclare : « Toute personne capable de penser a réformé ses opinions politiques au cours des derniers mois[24]. » En février 1958, il se repose à la Colombe d'Or. A un journaliste il confie : « J'ai enfin compris que mon métier m'interdit de prendre une position politique. J'avoue publiquement que, dans la vie, un homme qui pense le contraire de mes idées n'est pas automatiquement un ennemi. » Le journaliste, qui connaît Montand depuis vingt ans, ne l'a jamais vu aussi nerveux, tendu, ému. Il avertit le chanteur qu'il va publier ces phrases bombes.

Montand insiste : « C'est beaucoup par respect pour mon père que j'ai fait ce que j'ai fait. Mais, aujourd'hui, j'ai la sensation trop nette d'avoir été exploité, d'avoir servi à la publicité d'une idée, exactement comme un shampooing ou un apéritif. Je crois toujours à la bonté, à la fraternité, mais plus à sens unique. » *Paris-Presse* sort ces déclarations en première page, et *Le Figaro*, naguère si acide, concède : « Sa sincérité et son désintéressement n'ont jamais fait de doute... Au sommet de la popularité, Montand n'attend rien de son geste. C'est affaire de conscience. De courage aussi. Car les communistes ne pardonneront pas à l'ex-grand camarade d'avoir levé le rideau de fer[25]. »

Il n'est cependant pas quitte avec le communisme. Une dépêche d'agence apprend au monde que, le 16 février 1958, Imre Nagy et ses compagnons, après un simulacre de jugement, ont été pendus. Pour la première fois, Montand s'insurge publiquement et condamne le meurtre du leader hongrois. Son frère lui reproche cette déclaration qui apporte de « l'eau au moulin de l'adversaire. » L'engueulade, selon les témoins, est d'une violence inhabituelle.

Trente et un ans plus tard, quand 300 000 Hongrois feront des obsèques officielles à Imre Nagy, réhabilité, et que le comité central du Parti communiste hongrois qualifiera le soulèvement de 1956 d'« insurrection populaire », Montand sera assez fier de son cri de colère d'antan. Avant de tour-

24. *L'Aurore*, 28 août 1957.
25. 27 février 1958.

ner, durant l'année 1989, la page du communisme, les Hongrois auront besoin d'exorciser leur passé et même, au sens propre, de l'exhumer. Dans la parcelle 301 du cimetière de Rakoskeresztur, il faudra fouiller pour retrouver les ossements de Nagy et de ses amis, jetés là de manière anonyme. On balançait au fond de la même fosse les cadavres des animaux du zoo...

Le compagnon de route devient compagnon de doute. Une anecdote clôt provisoirement le chapitre « communisme » de la vie de Montand — au vrai, il n'en sortira jamais, tant le désir d'expiation reste vif en son âme — et lui fournira matière à réfléchir sur les errements des hommes et les méandres de l'Histoire. Quelques mois après le retour en France, le téléphone sonne à la « roulotte ». Montand dort, Simone décroche. C'est Deutschmeister, le producteur, celui-là même qui, par ses menaces, a provoqué le départ du chanteur pour Moscou. Il aimerait justement parler à Montand. Simone ne veut pas réveiller son mari et répond qu'il est absent, qu'il ne rentrera que le lendemain.

— Demain, mais, demain, ce sera trop tard, je file à Moscou !

Simone, amusée :

— Ah, vous aussi ! Vous voyez, tout le monde finit par aller à Moscou.

— Mais moi, ce n'est pas pareil, explique Deutschmeister, je vais préparer la première coproduction franco-soviétique, un film sur l'escadrille Normandie-Niémen.

— Ce n'est pas du tout pareil, en effet, conclut Simone.

12

« Non, je ne chanterai pas aux États-Unis. »

Ce n'est pas un refus, c'est un constat. Il a plus que jamais envie de l'explorer, ce rectangle du Theater District, à Manhattan, délimité par les 50e et 40e Rues ouest, et par les 6e et 8e Avenues, dont la diagonale, entre le Rockefeller Center et Times Square, s'appelle Broadway, Broadway qui d'un mot résume — à cette époque — la planète du show. Tout juste un *mile* du nord au sud, et un kilomètre de l'est à l'ouest.

Il en connaît la brique, les néons, les escaliers métalliques, les poubelles bosselées, les perrons, les marquises, les prises d'eau pour les pompiers, l'uniforme des flics, les fenêtres coulissantes, les boîtes aux lettres, les crasseuses entrées des artistes, les taxis jaunes, les réverbères. Il y est allé cent mille fois, à New York, Montand, il a exploré les quais qui déchirent l'Hudson et longé l'East River de Williamsburg jusqu'à Queensboro. Il a fêté cent triomphes au Sardi's, où les stars éternelles se repaissent de *fettuccine* et où les étoiles filantes assassinées par la critique noient publiquement leur chagrin. Il a visité les impasses sous la conduite de Capra, dansé sur les trottoirs avec Gene Kelly, disputé Cyd Charisse à Fred Astaire le long des allées de Central Park. Film après film.

Mais il n'ira pas chanter là-bas, explique-t-il aux journalistes qui l'interrogent à Saint-Paul-de-Vence le 18 février 1958, pour une raison simple, à défaut d'être bonne : le gouvernement américain refuse de lui délivrer un visa. La question n° 20, à laquelle doit répondre tout candidat au voyage, constitue le préalable qui lui barre l'Atlantique : « Êtes-vous ou avez-vous été membre du Parti communiste, ou membre d'une organisation qui elle-même aurait été associée à des activités communes à celles du Parti communiste ? » La réponse, concernant le second point, est forcément oui, et ce oui, transmis aux services de l'immigration, engendre forcément un non. « Voilà deux mois que j'attends, ajoute le chanteur. Dans l'incertitude où je me trouvais, j'ai signé pour tourner *La Loi*, le film tiré de Roger Vailland, que Jules Dassin mettra en scène en avril, soit en basse Italie soit en Corse[1]. »

A plusieurs reprises, Yves Montand, malgré ses démêlés juridiques avec Jack Warner (ils avaient épisodiquement rebondi au moment du *Salaire de la peur*), a été démarché pour le cinéma par Gene Kelly et sollicité pour la chanson par de prestigieux cabarets new-yorkais. C'est cette dernière offre qu'il aurait volontiers acceptée au printemps de 1958 s'il n'avait été déclaré *persona non grata* par les autorités américaines. Et il ne refuserait pas, dans l'hypothèse où l'Oncle Sam se raviserait, de mettre enfin le cap sur les *States*. Mais tous ces beaux projets flottent et, régulièrement, plongent. Montand se console en s'envolant, le 4 mars, pour participer au festival cinématographique de Punta del Este, en Uruguay ; il y présentera *Les Sorcières de Salem* hors compétition et se trouve, à Orly, fort agréablement escorté par Magali Noël et Estella Blain. Jeanne Moreau est également du voyage (afin de promouvoir *Ascenseur pour l'échafaud*). Tous deux rentreront *via* Rome — l'« interdit » lancé par son épouse contraindra le chanteur-comédien à refouler le trouble qu'éveille en lui cette charmante camarade...

Simone Signoret se débat elle-même dans des difficultés multiples. Une fois bouclée la tournée à l'Est, sa carrière se retrouve au point mort. Il ne s'agit pas seulement d'idéologie. Les comédiennes qui abordent la quarantaine, quel que soit leur palmarès antérieur, s'aperçoivent qu'une trajectoire fatale les entraîne vers une sorte de triangle des Bermudes : soudain, le message ne passe plus, le téléphone se tait. La quarantaine, en cette fin des années cinquante — est-ce d'ailleurs propre à ces années-là ? —, mérite doublement son appellation. Simone n'a jamais joué les jeunes premières lisses et intactes. Il n'empêche : les producteurs traquent férocement l'altération de celles qu'ils ont feint d'adorer (quand

1. Propos notamment reproduits par *France-Soir*, 19 février 1958.

ils étaient plutôt soucieux de fabriquer et d'entretenir l'adoration du public, dont ils savent les dividendes fragiles).

La proposition du réalisateur anglais Peter Glenville de travailler sous sa direction à Hollywood tombait donc du ciel. Mais Bill Goetz, le producteur américain de Glenville, ne tarda guère — bien que McCarthy fût mort et enterré — à récuser la « sorcière » de Paris dans un long télégramme embarrassé. Finalement, Glenville s'entêtant, c'est sur le sol anglais que sera tourné *Room at the Top (Les Chemins de la haute ville)*. Montand et Catherine accompagnent Simone à la gare du Nord, d'où un curieux train, la Flèche d'Argent, l'emmènera vers Londres. La mise en scène échoit, après maintes péripéties, à Jack Clayton. Dans l'Angleterre industrielle, un jeune homme arriviste entreprend de secouer la bourgeoisie régnante et s'éprend d'une maîtresse plus âgée, intelligente, adultère et initiatrice, Alice Aisgill. En quittant les siens, Signoret n'imagine pas que cette « session de rattrapage » lui vaudra, aux yeux du monde, son rôle majeur. Et l'Oscar de la meilleure actrice.

Durant ces quelques semaines de séparation, Montand honore l'engagement souscrit auprès de Jules Dassin. La rencontre, cette fois encore, n'est pas fortuite. Dénoncé en 1951 par son excellent confrère Edward Dmytryk — le réalisateur d'*Ouragan sur le Caine* —, Dassin a été obligé de s'enfuir pour l'Europe. Bien que le festival de Cannes lui ait accordé un prix saluant *Du rififi chez les hommes*, manière de reconnaître l'injustice qui frappe le brillant auteur de *Night and the City*, il demeure un exilé, un proscrit. Voyant combien Montand n'est pas en odeur de sainteté après son escapade chez Khrouchtchev, c'est lui qui exige que le personnage de Matteo Brigante, « caïd » moustachu et balafré d'un village des Pouilles, rival du jeune Marcello Mastroianni pour conquérir Gina Lollobrigida, lui soit confié.

La Loi ne sera pas un chef-d'œuvre. A sa sortie, en janvier 1959, la réalisation et l'adaptation suscitent d'abondants reproches. Le gouvernement italien, jugeant l'atmosphère trop tendue, exige que l'action, dans la version destinée à la Péninsule, soit située en Corse afin de ne point offenser les populations des Pouilles. Le sensuel et désinvolte Vailland est submergé par un torrent de « néo-néo-réalisme » fort appuyé. Montand, une fois ses moustaches décollées, s'en sort indemne, ni grandi ni diminué. Georges Sadoul, dans *Les Lettres françaises*[2], mais aussi Claude Mauriac, dans *Le Figaro littéraire*, lui tressent de chaleureuses couronnes tout en égratignant le film.

Aimable lot de consolation. Mais il n'est pas dupe. Le tournage des extérieurs, au mois de juin 1958, à Carpino, en Italie méridionale, a été agréable. La compagnie de Dassin, de Mastroianni, de Pierre Brasseur (qui incarnait « don Cesare », le seigneur du lieu) s'est révélée infiniment plaisante. Montand n'est toutefois plus un débutant : il a accumulé suffisamment de triomphes à la scène pour connaître l'échelle des appréciations. *Le Salaire de la peur* l'a fait monter d'un ample cran. Il représente une valeur assez sûre, la guigne de ses débuts est conjurée. Cela dit, sa cote à l'écran ne « décolle » pas vraiment. Il figure au générique d'honnêtes entreprises (ainsi *Premier Mai*, signé Luis Saslavsky, gentil mélodrame bouclé à l'hiver 1958, où il est en compagnie de Maurice Biraud et de Nicole Berger). Il a réussi, fût-ce sans obtenir l'unanimité dont il est coutumier sur les planches, à imposer des personnages marquants, notamment John Proctor. Il gagne de l'argent. Les faits, cependant, sont les faits : en matière de cinéma, il n'évolue pas dans la cour des grands. Or c'est cela qu'il veut.

L'une rentre de Bradford, au nord de Manchester, et des Shepperton Studios. L'autre arrive d'Italie. La première est pleine d'enthousiasme devant la rigueur, la vigueur du septième art en Angleterre, et ne quitte son personnage que peu à peu — « par petits lambeaux », dit-elle. Le second a décidé de ne pas laisser croître l'insatisfaction. Il va, dès l'automne, réinvestir l'Étoile.

Terrain conquis d'avance? Oui et non. Hormis Me Biaggi et autres extrémistes, le Montand de 1953-1954 séduisait à peu près tout le monde. Ceux qui ne goûtaient que modérément l'interprète engagé se rattrapaient en riant avec *Le chef*

2. 29 janvier 1959.

d'orchestre est amoureux ou *Gilet rayé*. Depuis, la situation du chanteur est autrement ambiguë et périlleuse. Les communistes avertis le regardent d'un œil moins tendre. Et les autres, pas seulement ceux de droite, n'ont pas oublié le camarade qui est allé pousser la chansonnette sur les ruines de Budapest. Bref, en partant pour Moscou, Yves Montand est devenu — beaucoup plus qu'il ne l'était — signe de contradiction. Traversé, pour comble, par ses contradictions propres, ses doutes, ses amertumes qu'il ne sait où ni comment exprimer.

Les temps sont pour le moins tumultueux. L'opinion qui consent à s'informer (et cela demande un effort, tant la censure est vigilante), c'est-à-dire une maigre fraction des Français, ne peut désormais ignorer que la torture, en Algérie, n'est pas une exception, mais une méthode. Tandis qu'ils s'effritent militairement, les « rebelles » du FLN acquièrent une audience grandissante à l'ONU et sur les principales places étrangères. Charles de Gaulle, revenu aux affaires à l'issue d'un nébuleux coup de force, est en train d'arracher la pleine légitimation de ces façons cavalières : ce sera consommé le 28 septembre 1958, lorsque huit électeurs sur dix approuveront la Constitution nouvelle qu'il préconise, donc la mort de la IVe République. Le Parti communiste n'est jamais descendu aussi bas depuis la Libération. La gauche socialiste, amplement discréditée, est en miettes. La décolonisation de l'empire et la modernisation du pays seront conduites par un hétéroclite parti de l'ordre.

Montand, selon son habitude, choisit de surprendre. On attend qu'il accentue la note, qu'il colore son répertoire de la gravité du moment. C'est l'inverse qu'il pratique.

Non par cécité : quand Jean-Louis Livi, son neveu, est appelé à servir outre-Méditerranée, il critique, discutant avec Julien, le sempiternel canon — le terme s'impose — bolchevique selon lequel un communiste ne déserte point et montre l'exemple, même dans une guerre injuste. Orthodoxe inébranlable, le frère défend la loi du Parti. Yves et Simone jugent, eux, par trop molle l'attention prêtée aux jeunes insoumis ou déserteurs, aux étudiants qui refusent le « sale boulot » auquel ils sont voués quand expire leur sursis. Qu'on n'en conclue pas, néanmoins, que les deux « vedettes » sont tentées par l'illégalité ou s'offrent à porter les valises des Algériens. Absorbés par leurs obligations artistiques et fréquemment absents, tous deux se contentent, comme l'essentiel de la gauche ou de ce qu'il en subsiste, d'assister aux meetings et de participer aux défilés « républicains ».

Le souci du chanteur, quand il compose à Autheuil son récital, est exempt de tactique politicienne. Il entend signifier qu'il est un saltimbanque, seulement un saltimbanque. Ni sourd ni aveugle, mais certainement pas investi d'une mission réparatrice ou substitutive. Symbole s'il en est, il relègue au vestiaire *C'est à l'aube*, la chanson prometteuse de « lendemains » qui plaisait tant à Nikita Khrouchtchev, et la remplace par le texte fantaisiste d'un jeune receveur d'autobus (c'est le compositeur Philippe Gérard, coauteur de *C'est à l'aube*, qui l'a déniché et adapté) : *Le Chat de la voisine*.

L'attaque est d'une parfaite ingénuité, analogue à celle d'une bonne partie des airs garantis populaires qui illuminèrent les années trente :

> Le chat de la voisine
> Qui mange la bonne cuisine
> Et fait ses gros ronrons
> Sur un bel édredon dondon
> Le chat de la voisine
> Qui se met plein les babines
> De poulet, de foie gras
> Et ne chasse pas les rats
> Miaou, miaou
> Qu'il est touchant le chant du chat
> Ronron, ronron
> Et vive le chat et vive le chat !

D'avance, Montand se régale en songeant à l'effarement de la salle. Et soigne la mimique, comme s'il s'amusait follement. Puis, brutalement, le tempo devient sévère :

> Je ne dessinerai pas l'homme et son agonie
> L'enfant des premiers pas qui gèle dans son nid
> Je ne parlerai pas du soldat qui a peur
> D'échanger une jambe contre une croix d'honneur
> Du vieillard rejeté aux poubelles de la faim

Je n'en parlerai pas, mieux vaut ce petit refrain…
Le chat de la voisine, etc.

Voilà ce qui, dans son présent état d'esprit, succède au messianisme de naguère. Une chanson pour ne pas être dupe. Une chanson-pirouette qui marque les limites de l'amuseur professionnel. Pas plus qu'il n'aime les inoffensifs « chanteurs-chanteurs », Yves Montand n'apprécie les chanteurs-hérauts. Pour avoir frôlé ce gouffre où l'artiste aliène son indépendance, renonce à la confusion des sentiments qui est l'art même, il renvoie énergiquement le balancier dans l'autre sens. Prévert, le Prévert de *Sanguine*, est plus que jamais bienvenu. Comme Lemarque, mais non plus l'insurgé du *Chemin des oliviers* ou l'antimilitariste de *Quand un soldat* : l'ami Francis des *Petits Riens*, du *14 Juillet*, d'*A Paris* ou de *L'Assassin du dimanche* :

L'assassin du dimanche
N'est pas bien dangereux
Il met sa chemise blanche
Pour tuer le temps comme il peut…

Seize titres nouveaux sur vingt-trois. Mais où dominent la « romance », la fête, la tendresse (Montand reprend l'ancien cadeau d'Édith Piaf *Mais qu'est-ce que j'ai à tant l'aimer ?*), Paname et ses *Grands Boulevards*. Le « travailleur » est évoqué, mais il est redevenu le badaud de *Luna Park*. Ou bien l'exploité lointain, celui qui plante le café sous un soleil homicide (le faisceau d'un projecteur unique accable le chanteur immobile, lui-même « planté », le visage dissimulé sous un sombrero déchiqueté). Ni « classe laborieuse » ni « masses en fusion » — des femmes et des hommes singuliers qui portent chacun leur rêve, qui chacun attendent quelque carrosse (les paroles sont d'Henri Contet, la musique de Mireille) :

Il attendait son carrosse
Il attendait ses chevaux
C'est merveilleux un rêve de gosse
Quand on y croit de toutes ses forces…

« Je me refuse et me refuserai toujours à chanter des chansons ouvriéristes sous prétexte que le courant passe, confiera

Yves Montand à Claude Gault pour *Témoignage chrétien*[3]. Si je continue à chanter le peuple, c'est parce que je suis du peuple et qu'en mes cœur et conscience il m'est difficile de chanter la bourgeoisie tout en restant sincère… Mais je ne veux être prisonnier d'aucune étiquette : j'appartiens à tout le monde, et, lorsque je choisis de chanter telle ou telle chanson, c'est d'abord pour ce qu'elle exprime, c'est ensuite parce qu'elle est valable et que pour rien au monde je n'accepterais de chanter des inepties, c'est enfin parce que je suis un homme libre. Moi, je me défends avec mon répertoire. Je me défends avec mes seules chansons. »

Ivo Livi ne croit plus au matin et veille à le souligner, sans répudier aucunement son passé ni ses ambitions d'adolescent. En sort un spectacle « léger » où un certain *Sir Godfrey*, mi-Lord mi-malfrat, dont le parapluie (Montand s'est entraîné à jongler avec) abrite une rapière implacable, brouille sous la farce les repères sociaux ; où le public est accueilli paumes ouvertes : « Bonsoir, les copains, les amis, comment va aujourd'hui, la fête est là… » ; où chaque partie se clôt sur une cabriole et le pétillement des claquettes (*Un garçon dansait* précède l'entracte, et *Le Fanatique du jazz* le dernier faux rideau).

Que la préparation de cette rentrée frise le marathon, rien d'étonnant. Mais il en remet peut-être plus qu'auparavant. Il y a d'abord la « conversion » à réussir, le juste timbre à trouver. Le climat politique a changé, le monde du music-hall également. Georges Brassens, Jacques Brel, René-Louis Lafforgue et maints autres auteurs-compositeurs-interprètes dont le talent éclate sont en train de révolutionner la chanson « à texte ». Montand devine que son statut d'interprète « pur » sera bientôt une sorte d'anomalie désuète. Précisément, au lieu de s'aligner, d'accompagner le mouvement, il s'acharne, cultive sa différence, démontre que semblable autonomie permet de soigner le travail et de varier les registres.

Ensuite, son orchestre doit être remanié. Bob Castella, Emmanuel Soudieux, Roger Paraboschi, Freddy Balta sont fidèles au poste. Hubert Rostaing, outre sa clarinette su-

3. 17 octobre 1958.

blime, apporte de nouveaux arrangements (Bob et lui décident de s'adjoindre un trombone, Claude Gousset). Mais Crolla, l'ami Crolla est indisponible. Sa renommée s'est tant répandue que des sollicitations de plus en plus intéressantes — et légitimes — l'ont entraîné vers la musique de films : il commence par écrire pour des courts métrages de Georges Franju ou de Jacques-Yves Cousteau. Didi Duprat le remplace à la guitare sans le remplacer — sans tenir, et pour cause, le rôle de porte-bonheur qu'une amitié rieuse et passionnée avait dévolu à son prédécesseur. L'équipe investit Autheuil une bonne partie du mois d'août. Le petit théâtre ne désemplit pas. Dix heures par jour, le chanteur épuise ses compagnons. Pendant que les plus sportifs ou les plus las se détendent dans la piscine, Rostaing compose des valses dédiées à Catherine…

Tout est-il enfin prêt ? Non. Ultime précaution, le chanteur se paie le luxe d'une soirée à bureaux fermés. Le 9 septembre 1958, profitant du jour de relâche des ballets Vargas qui sont à l'affiche de l'Étoile, Montand invite 800 « cobayes » : le gros des troupes est fourni par les ouvriers et techniciens de la firme Philips, qui est maintenant sa maison de disques. Simone Signoret guette la salle, prend des notes, confronte ses impressions avec celles de Bob Castella et d'Hubert Rostaing. Même alors, ce n'est pas assez. Le « rodage » est aussi poussé que les répétitions. A partir du 20 septembre, dix galas tests (le coup d'envoi est donné à Melun) permettent d'évacuer les scories, de soigner les transitions — Grenoble, la Suisse, Annecy, Lyon…

Faut-il énumérer la kyrielle de célébrités des « arts et des lettres » qui s'agglutinent à la première ? Faut-il, une fois encore, éplucher les qualificatifs d'une presse dithyrambique (« Arc de triomphe pour Yves Montand », titre Claude Sarraute dans *Le Monde*[4], résumant la tonalité générale) ? Deux dates suffisent : 6 octobre 1958 ; 8 mars 1959. Cinq mois « seulement », et 200 000 spectateurs…

Cinq mois durant lesquels Montand se remet progressivement de sa peur et Simone connaît une immense joie et une immense peine : *Room at the Top*, sorti à Londres en novembre 1958, remporte un exceptionnel succès dans les pays

4. 8 octobre 1958.

anglo-saxons (bien que la France ne semble guère s'en émouvoir), vaut à sa principale interprète un *British Academy Award* supplémentaire, puis décroche la Palme d'or à Cannes ; et son frère Alain Kaminker, jeune et talentueux cinéaste, se noie le 10 décembre au large de l'île de Sein dont il filmait les pêcheurs — le naufrage, écrit pudiquement Simone Signoret, marquera dans son existence « une frontière ».

Cette frontière de la douleur, si elle blesse plus que toute autre, n'est qu'une des multiples lignes de démarcation que vont bientôt franchir Yves Montand et sa femme. Frontières géographiques, frontières professionnelles, frontières affectives. Au menu de son récital, Montand, malgré les réactions mitigées du public, a obstinément inscrit une chanson du « petit » Brel qui va grandissant, *Voir*. L'avant-dernier couplet proclame : « Voir que l'on va vieillir et vouloir commencer... » Tel est, à peu près, le programme qu'ils entament.

Au tout début de décembre 1958, le chanteur reçoit dans sa loge, à l'Étoile, la visite d'un agent américain, Norman Granz. Mr. Granz est l'imprésario d'Oscar Peterson et d'Ella Fitzgerald, le promoteur de *Jazz at the Philarmonic*, le propriétaire d'une firme de disques, Verve-Record. C'est un homme sérieux, pressé, gastronome et obstiné. Ce qu'il désire ? Inviter Montand à Broadway, non pas dans un cabaret, si distingué soit-il, mais dans un théâtre où il donnera son show, tout son show, en français. Et ça marchera. Les Américains ne connaissent de lui que *Wages of Fear* à l'écran et *Autumn Leaves* à la radio ? Ça marchera quand même : il les déconcertera. Est-ce bien raisonnable de s'aventurer sur le territoire de Frank Sinatra, Ray Charles, Frankie Laine, Bobby Fisher, Doris Day ou Sammy Davis Jr. ? C'est raisonnablement raisonnable, assure Norman Granz : un *Frenchman,* les States n'ont guère eu l'occasion d'y goûter depuis Chevalier. Quand ? En septembre prochain. Le visa ? L'atmosphère se réchauffe. Le visa n'est plus un obstacle.

Sur ce dernier point, Granz pèche par présomption. Les *curriculum vitae* que les époux Livi adressent au service compétent de l'ambassade des États-Unis leur valent une fin de non-recevoir ainsi que les regrets sincères, confirmés lors d'une visite à la «roulotte», de deux diplomates attristés. Adieu Manhattan! Eisenhower et Khrouchtchev ont beau entretenir une correspondance assidue et contradictoire au sujet des expériences thermonucléaires, les suspects restent suspects. Norman Granz reçoit le camouflet comme un affront personnel, remue ciel, terre, bureaux et consulats. Fin janvier 1959, les passeports des deux artistes s'ornent du tampon requis, assorti de la mention *One Entry*. Le visa minimum, *in some ways*, valable du 15 juillet au 15 décembre, juste assez pour un contrat de travail temporaire.

Et la peur qui s'estompait revient au galop. Alors même que Montand commençait à se rassurer, qu'il entendait chaque soir le public hurler son enthousiasme et sa frustration après le dernier rideau («Il ne savait pas que c'était Greta Garbo qui lui tendait sa serviette-éponge», ironise Simone Signoret harcelée, elle, de télégrammes confirmant le triomphe de *Room at the Top*), il se place de nouveau en déséquilibre, réveille le frisson d'une enchère périlleuse. « J'ai voulu rentrer en Amérique par la grande porte, racontera-t-il au retour de l'aventure. Quand les copains l'ont appris, ils m'ont tous crié gare, claironnant que j'allais me casser la figure. J'avais tout pour déplaire : ma réputation de vedette du "rideau de fer", mes prétendues opinions politiques, ma méconnaissance totale de la langue anglaise et l'air de tout vouloir sans rien payer[5]. »

Voilà pourquoi le récital de l'Étoile ne dure «que» cinq mois et cent soixante représentations. D'autres engagements, signés par Jacques Canetti — le principal inventeur des talents en graine est aussi devenu l'imprésario d'Yves Montand —, doivent être bouclés avant l'automne new-yorkais. Le chanteur, du reste, n'est pas mécontent que le parcours de santé qu'il s'était préparé se transforme en marathon : l'épreuve qui l'attend exige un entraînement exceptionnel. *An Evening with Yves Montand* (tel est le titre arrêté en commun par Granz et Canetti) aura été plus remâché, amendé, épuré, décanté que jamais.

5. Interview accordée à Francis Rico pour *Candide*, juillet 1962.

Sitôt démonté le tulle de l'Étoile, Montand, sans aucun battement, attaque sa tournée : Londres, Israël, la province française, Bruxelles, la Hollande, la Suède, l'Allemagne du Nord. Trois semaines à la Colombe et il repart : Nice-Deauville *via* Biarritz, La Baule, Saint-Malo et l'intégralité des stations familières. A Biarritz, Betty Perske, dite Lauren Bacall, veuve depuis une année de Humphrey Bogart, dit Bogey, dîne en compagnie d'Yves et Simone (tous quatre avaient naguère soupé ensemble chez Maxim's). Son mari et elle s'étaient, non sans mérite, portés à la rescousse des « dix d'Hollywood ». Aux interprètes français d'Arthur Miller elle dit sa sympathie et ses encouragements. Et leur donne rendez-vous à New York.

En 1956, le couple Montand avait reçu à Moscou un accueil digne de chefs d'État (et encore : de chefs d'État « amis »). Le jeudi 10 septembre 1959, à l'aéroport de New York, M. et Mme Livi, provisoirement tolérés sur le territoire américain, font la queue comme tout le monde devant les cages en verre qui abritent les fonctionnaires de l'immigration. Bob Castella et Hubert Rostaing sont leur seule escorte : le syndicat des musiciens, aux *States*, pratique un protectionnisme farouche envers la concurrence étrangère. Quant à Catherine Allégret — tout juste quatorze ans —, il est convenu qu'elle ne franchira l'Atlantique que si le show, lui, franchit un seuil acceptable de soirées. Car c'est ainsi, à Broadway : le verdict tombe sans délai, et, s'il est négatif, le rideau tombe également... pour ne plus se relever. Le contrat stipule que le tour de chant durera tant que la salle, qui comprend 1 000 places, sera plus qu'à moitié remplie.

Quatre jours auparavant, un important placard publicitaire a prévenu les lecteurs du *New York Times* qu'Yves Montand, *France's most popular entertainer*, présentera pour trois semaines son *one-man show* de vingt-quatre chansons, à partir du mardi 22 septembre, au Henry Miller's Theatre, dans la 43e Rue. Un graphiste a fort habilement retouché la photographie de la vedette : le mouvement de la chevelure est discipliné par le pinceau et renforce la touche « latine » du personnage; les rides sont harmonieusement marquées, expressives et viriles. Le prix des places s'échelonne de 7,50 dollars (orchestre) à 2,90 dollars (deuxième balcon). *Mail orders now!* (réservez dès maintenant par courrier) conseille la direction du théâtre. Suggestion coutumière qui ne préjuge en rien des intentions du public. Impossible d'entrevoir si la recommandation est fondée.

Sans doute Montand est-il connu des professionnels (certains l'ont applaudi à Paris). Sans doute quelques airs de son répertoire *(C'est si bon)* ont-ils, par le truchement du disque, chatouillé les ondes des États-Unis. Mais, si le succès mondial du *Salaire de la peur* lui a valu un début de notoriété, sur les planches sa réputation reste ici à faire. C'est Simone Signoret dont les traits sont familiers aux Américains : Alice Aisgill, l'héroïne de *Room at the Top*, remplit des centaines de salles chaque soir. Dès l'aéroport, un douanier a identifié l'actrice. Lors d'une des premières interviews qu'il accordera avant le show, Montand confessera à Ed Wallace, du *World Telegram*, accolant vaille que vaille des mots soufflés par sa femme et dont le journaliste s'amuse à reproduire l'assemblage malhabile : « *Maybe nobody will care for me. In Paris everybody knows Montand. New York, alas! I must even spell my name. Is bad, but is good for the vanity*[6]... » Simone flaire le « danger ». Non pas le danger d'éclipser son conjoint et de le blesser, mais — il ne s'agit plus d'humeur — de le fragiliser au moment où il doit fournir le pire effort qui soit : « A Paris, Montand était Montand, et moi j'étais moi, et nous étions mari et femme. A Moscou, j'avais été la femme de Montand. A New York, pendant ces journées qui précédaient la première, ma grande angoisse, c'était qu'on prît Montand pour le mari d'une actrice. »

Il n'a guère le temps de vérifier le sentiment de formidable « déjà vu » qui le saisit pendant que la voiture de Norman Granz dévale Manhattan : ces rues, ces avenues, ces façades, ces enseignes, ces gens... sont les rues, les avenues, les façades, les enseignes, les visages de son cinéma préféré.

6. « Si ça se trouve, personne ne fera attention à moi. A Paris, tout le monde connaît Montand. (A) New York, hélas ! je dois même épeler mon nom. Mauvais (ça), mais bon pour (soigner) la vanité... »

New York is New York, nul doute n'est permis au cinéphile de toujours. Granz loge traditionnellement ses hôtes, notamment ses *jazzmen and women*, dans un vieil hôtel (à New York, un «vieil» hôtel date du début de ce siècle), l'Algonquin, presque à l'angle de la 44e Rue et de la 5e Avenue. Le hall, envahi de meubles hétéroclites, où domine l'acajou, fut, voilà deux décennies, un des hauts lieux de l'intelligentsia locale qui s'assemblait autour d'une célèbre table ronde. A présent, le bar est surtout pris d'assaut à la sortie des spectacles, mais les petites chambres un rien défraîchies possèdent un charme très «familial». Installés au dixième et dernier étage dans l'appartement 1005-1006 (jonché de bouquets en leur honneur), Yves Montand et Simone Signoret se sentent ici chez eux, un peu comme à la Colombe, sous la chaleureuse protection de Mr. et Mrs. Bodné, les propriétaires.

Une oasis provinciale au milieu des gratte-ciel, où l'on croise incidemment Ella (Fitzgerald), Oscar (Peterson), Laurence (Olivier), Peter (Brook) ou Luis (Buñuel), et où la brigade de cuisine est italienne.

Dès ce jeudi soir, en compagnie de Norman Granz, les quatre Français s'en vont à pied jusqu'au théâtre éteint, de l'autre côté de Times Square — où ils marquent une pause émue sous la cascade des néons.

Simone est ravie. Montand, lui, s'enfonce dans un tunnel. Il ne dispose que d'une dizaine de jours pour s'accorder avec des musiciens nouveaux. Or il ne parle pas trois mots d'anglais. De ses primes tentatives, quand il débutait à Marseille, ne subsiste qu'une poignée d'interjections : sorti de *good morning* et de *hello*, c'est le brouillard complet. A Moscou, la chose n'était guère préoccupante : son équipe l'entourait, le public était préparé à ce que les artistes étrangers ignorent sa langue, et les interprètes faisaient le reste. Aux États-Unis, même pourvu de la meilleure traductrice et conseillère, il court un tout autre risque professionnel. C'était un «plus», à l'Est, que de venir du dehors. Les Américains, même s'ils raffolent d'«exotisme» européen, ne conçoivent guère que le monde extérieur existe, moins encore qu'il les méconnaisse.

Bob Castella, fût-il habitué par le réseau du jazz à fréquenter des collègues d'outre-Océan, n'est, de ce point de vue, pas mieux dégrossi que son patron. Tous deux vont fréquenter la Berlitz School trois fois par semaine, l'espace de leur séjour new-yorkais. Mais, en attendant que les fruits de cette assiduité commencent à mûrir, force est de se débrouiller par tous les moyens.

Les deux premiers mots qu'acquiert Yves Montand sont *tooth* et *rehearsal*. *Tooth* parce qu'une dent de sagesse le met à la torture et qu'il doit, très tôt chaque matin, consulter un spécialiste. *Rehearsal* (répétition) parce que là passe l'essentiel de son énergie. Tous les après-midi y sont consacrés. Cela s'ouvre par une déconvenue : Hubert Rostaing, dont la présence avait été laborieusement négociée, est finalement interdit d'exercice. « Le syndicat des musiciens américains a été intraitable, raconte-t-il. Je ne pouvais même pas déballer ma clarinette. J'étais un peu déçu, bien sûr, mais je suis quand même resté un mois, écoutant les orchestrations, afin qu'Yves se sente à l'aise. » La bonne surprise, c'est l'extraordinaire qualité des artistes recrutés par Norman Granz. Jimmy Giuffre, celui-là même qui remplace Rostaing, a la réputation d'être le meilleur clarinettiste des USA. Nick Perito (accordéon), Al Hall (basse), Billy Byers (trombone), Jim Hall (guitare) sont des musiciens de très grande classe. Le batteur noir Charles Persip réussit à dédoubler le tempo du *Carrosse*... Bob Castella et Montand ne maîtrisent pas l'anglais, mais l'idiome originel du métier se dispense de mots.

La réputation de Norman Granz dans le monde du jazz est totalement fondée. D'abord déconcertés par le soin extrême avec lequel il faut suivre la mimique d'Yves Montand — un chanteur qui bouge comme ça, qui raconte une histoire, ils n'en ont guère vu —, les six Américains se prennent au jeu, « entendent » Bob et Rostaing. Très « pros ». Très bons.

Sa *rehearsal* quotidienne bouclée, Montand n'est pas quitte avec les acrobaties linguistiques. Car son spectacle n'est point accessible sans un minimum d'explications. Or le *one-man show* exige par définition que l'artiste soit seul en scène. Imagine-t-on une speakerine assurant pesamment la traduction de la chanson suivante ? Pas question. Ce qu'il faut, c'est que lui, Montand, s'arrange pour ébaucher en vingt secondes le climat du numéro suivant. Il n'a pas la possibilité d'apprendre réellement l'anglais et sera donc obligé de mémoriser phonétiquement son message. Et puis, ce message doit être clair, drôle, percutant : l'exercice n'est pas si simple qu'il y paraîtra.

Le principal auteur — sollicité par Granz et agréé par le couple Montand — des abrégés qui baliseront le récital est à tous égards un homme d'exception. Michael Wilson, alors âgé de quarante-cinq ans, est une figure marquante d'Hollywood dont la carrière a été officiellement brisée par McCarthy et ses émules. Après des études de philosophie, il a travaillé comme scénariste à partir de 1940 (notamment pour Frank Capra), a servi brillamment parmi les Marines dans le Pacifique avec le grade de lieutenant, puis a repris ses activités et signé, entre autres, le scénario de *Five Fingers (L'Affaire Cicéron)*, mis en scène par Mankiewicz. C'est alors qu'il est convoqué devant la Commission des activités antiaméricaines, sommé de confesser ses idées de gauche et de dénoncer ses amis : il refuse et se retrouve *blacklisted*, proscrit des génériques. Il n'a pas le choix; imitant nombre de ses compagnons d'infortune, il se résout à produire « au noir » des œuvres que d'autres s'approprient (avec ou sans son accord).

La meilleure — ou la pire — illustration de l'hypocrisie qui plane sur Hollywood est ainsi donnée en 1957[7]. Pierre Boulle reçoit sous les ovations l'Oscar du meilleur scénario pour *Le Pont de la rivière Kwai* dont les véritables scénaristes s'appellent Michael Wilson et Carl Foreman (à l'index, lui aussi). Lorsque Montand réclame son aide, en 1959, Wilson échafaude, toujours clandestinement, le script d'une œuvre qui triomphera trois ans plus tard : *Lawrence d'Arabie*. Il ne refera surface qu'en 1966...

C'est donc ce talentueux « sorcier » qui s'applique à condenser le thème et l'action de chaque chanson-sketch, sans résumer, suggérant seulement ce dont il s'agira. En renfort, un ami d'origine hongroise, Laszlo Benedek (il a réalisé *Mort d'un commis voyageur*, d'après Miller, en 1952, et *L'Équipée sauvage*, avec Marlon Brando, l'année suivante) se pique au jeu. Simone Signoret apprécie le résultat final, aide son époux à digérer, syllabe après syllabe, ces étincelantes syn-

7. Cf. Victor Navasky, *Les Délateurs, op. cit.*

thèses. Il souffre de n'en pas appréhender l'extrême finesse, d'être tenu à un apprentissage monotone, obsédant. « Si tu m'avais vu, dira-t-il[8], passer des nuits à apprendre par cœur des phrases d'anglais, à me casser les oreilles avec des bandes de magnétophone, à suivre les explications de mes professeurs devant un miroir... J'étais comme un sourd qui n'entend pas sa propre voix. »

Quelques jours après son arrivée, Norman Granz l'emmène à l'Appollo Theatre de Harlem où chante Ella Fitzgerald; Montand est ébloui, mais il n'est nullement disponible pour se distraire ou découvrir le monde, fût-ce le Nouveau Monde.

D'autant que le peu de « loisir » qui lui reste, le matin, est découpé en tranches précises et affecté à la promotion du show. Les uns après les autres, tous les journalistes new-yorkais spécialisés dans la rubrique « People » se succèdent dans l'appartement de l'Algonquin. Granz a confié cette mission au plus chevronné des agents de publicité de la place, Richard Maney, quarante ans de métier à Broadway, surnommé « le plus éloquent homme de communication depuis saint Paul ». Il s'en va répétant que Trenet possède *the sound*, Chevalier *the charm*, mais qu'Yves Montand, lui, a *the soul*.

Vingt minutes pour les « petits », une heure pour les « grands » : l'ordonnancement du défilé est réglé à la minute. Les thèmes abordés demeurent *grosso modo* les mêmes : le chanteur est invité à s'autodéfinir, et sa charmante épouse — qui traduit, en retrait, les questions et les réponses, non sans un agacement caché quand la même interrogation roule pour la trentième fois — ajoute le commentaire adéquat sur la vie conjugale entre artistes. Cela donne, par exemple, une alléchante page de *Newsweek* titrée « *Explosive Frenchman*[9] ». Montand : « En Amérique, un type qui a une bonne voix chante Gershwin et Cole Porter. En France, pour devenir une star, vous devez trouver vous-même vos chansons. Vous avez du talent, d'accord. Mais il y a Trenet, Chevalier ou Piaf. A ce talent vous devez ajouter votre personnalité. » Simone : « Nous avons des conflits, plus violents peut-être que dans d'autres ménages. Nous nous bagarrons

8. Au journaliste Francis Rico, in *Candide, loc. cit.*
9. 28 septembre 1959.

et puis nous reprenons le dessus. C'est très latin, tout ça. Lorsque je suis vraiment fâchée, je m'assois au fond du théâtre et je me dis : "Quel salopard ! Mais, mon Dieu, qu'il est bon..." »

La complicité qui règne entre eux suscite un courant de sympathie ou de curiosité, tant le public des États-Unis est habitué aux éclats d'étoiles se dévorant mutuellement. L'envoyée du *New York Post*, Helen Dudar[10], s'extasie devant la modestie affichée par la comédienne : « Bien que sa renommée soit plus vive aux USA grâce au cinéma, Miss Signoret avait songé à retarder son arrivée d'une semaine afin de pas priver son mari de la moindre parcelle d'attention. » Dans les colonnes du *Mirror*[11], Richard Maney exploite à fond ce filon qu'il devine inépuisable. Simone, lâche-t-il, « *makes me climb the wall* » (me fait grimper aux rideaux, dirions-nous plutôt). Et la chute de l'article insiste sur la joie qu'éprouve une telle perle à laver les chaussettes de son grand homme...

Quelques crans au-dessus, *The New York Times Magazine* mandate un très jeune reporter, P.E. Schneider, pour tracer un portrait de Montand[12]. On s'évade, cette fois, des anecdotes classiques et l'on parle sérieusement : le journaliste souligne la sobriété du travail scénique, l'utilisation des accessoires. Il trouve les mots justes pour caractériser le timbre spécifique du visiteur : *folksy* (populaire) mais non *folkloristic*. « L'univers des chansons d'Yves Montand, explique-t-il, est celui des simples gens, mais éclairé de traits d'esprit incisifs, d'une langue bien affilée, et d'un cœur gros comme ça... Il glisse, entre les notes : je suis votre ami, vous pouvez me faire confiance. »

Les deux Français, en retour, décident de faire confiance à ce garçon courtois et déluré. Ils le retiennent à déjeuner et lui parlent, *off the record*, de leurs rapports difficiles à la politique américaine : « Votre pays nous a enfin accordé un visa, mais ce n'est pas nous qui avons changé, c'est lui. »

10. 20 septembre 1959. Le papier dépeint Montand comme *The man in the open-neck shirt* (l'homme au col ouvert).
11. 21 septembre 1959.
12. 13 septembre 1959.

Ni Montand ni sa compagne n'ont l'intention de présenter des excuses : au contraire, profitant de ce que leur interlocuteur semble ouvert et scrupuleux, ils exposent le mélange de doutes et de convictions qui les habite. Les lecteurs du *New York Times Magazine* n'auront pas connaissance de cette mise au point. Mais ce qui est dit est dit.

Reste que les parlotes préliminaires et les envolées idéologiques sont le cadet des soucis de Montand. Promotion ou pas, rumeur flatteuse ou pas, c'est sur les planches que le coup sera joué. Il se sent « traqué » (il emploiera plusieurs fois l'adjectif, plus tard, pour évoquer cette période new-yorkaise). On lui a répété que le public américain est généreux et franc jusqu'à la brutalité; que la critique, ici, ne tourne pas autour du pot mais tranche librement, et net. Le problème, c'est que l'incertitude est totale (à Paris, s'il revient au music-hall, il est miné par l'inquiétude, non par cette incertitude qui le ramène à son point de départ, le transforme en débutant). Au fond, l'épreuve qui l'attend est un peu comparable à ce que fut l'ABC en 1944. Dans une version plus lourde, plus chargée de symboles : Ivo Livi, qui rêvait de Manhattan sur les docks de Marseille, s'apprête à conquérir l'Amérique. Ou à la perdre.

« What do you need[13] ? » *Quand tu loues un théâtre, aux États-Unis, tu n'hérites que d'une salle nue. Il n'y a rien : pas de herse, pas de rampe, pas de piano, pas de rideau, pas de projecteurs, rien, rien, rien. Des fauteuils, avec de la poussière dessus. Avec gentillesse et professionnalisme, on te demande :* « What do you need ? » *Le* department *du nettoyage te noie tout ça dans de la mousse. Des camions blancs surgissent, des grues suspendent les rideaux (deux types te réclameront ensuite 50 dollars chaque semaine pour vérifier s'ils tombent bien). Puis arrivent d'autres camions, avec la herse, la rampe. On te propose un piano blanc, gris, vert, jaune. Et c'est le tour des peintres : on repeint toujours la scène, c'est une tradition — je l'ai voulue grise, avec deux*

13. « De quoi avez-vous besoin ? »

bandes jaunes à la limite du plateau. Des lampes neuves éclairent le hall.

Maintenant, c'est ton lieu, c'est à toi de jouer.

Inutile de raconter le show que donna Montand lors de la première, le lundi 21 septembre 1959. Aux brèves présentations et à quelques permutations près, c'est le même qu'en France. Et c'est là le miracle. Car, à ses pieds, dans ce théâtre à l'italienne qui paraît plus petit tant il est incurvé, ce ne sont pas les siens, les fidèles de l'Étoile, qui lui adressent une *standing ovation*, ce sont Marilyn Monroe et son cavalier de la soirée, Montgomery Clift, Lauren Bacall, Ingrid Bergman, Sidney Chaplin, Marlène Dietrich, Ketty et Kurt Frings, Martin Gabel, Paulette Goddard, Adolph Green, Frank Loesser ou Sydney Lumet, et maints autres dont il a croisé le regard dans les salles obscures du «continent». Richard Maney a sûrement bien travaillé. Mais, si cette nuit est dépeinte par tous les échotiers de New York comme a *Broadway unequalled opening*[14], le seul responsable se nomme Yves Montand — qui a rarement été aussi seul malgré le soutien de Simone.

Même après, tandis qu'il s'éponge dans la petite loge bétonnée du sous-sol ou qu'il sable le champagne à l'Algonquin, cerné d'admirateurs bavards, il reste seul. Il attend la presse, le jugement des experts, des six ou sept «décideurs» (les critiques des principaux quotidiens) dont dépend la durée de l'expérience. Maney lui rapporte un commentaire très excité de Marilyn Monroe : *«He's so wonderful, he sings with his body*[15] *!»* Hubert Rostaing (qui était assis à côté de Marilyn et s'est étonné de la découvrir aussi ronde, presque plantureuse) lui dit qu'il a perçu, dans le public, une vraie chaleur : ce n'est pas un simple mouvement de curiosité pour le messager de Paris qui a provoqué un tel déplacement — il a gagné à la force du biceps. Montand est touché, c'est gentil, mais cela ne le rassure pas. Il ne veut pas les entendre, il veut les

14. Une première sans équivalent à Broadway.
15. «Il est formidable : il chante avec son corps!»

lire noir sur blanc, ces hommages. A Francis Rico[16] il confiera : « Je guettais les réactions de la critique avec la même angoisse qu'un gars à l'hôpital qui implore dans le regard des toubibs une lueur d'espoir. »

Au milieu de la nuit, l'assistant de Maney, qui a fait le tour des imprimeries, rapporte à l'Algonquin les morasses espérées et redoutées.

Un sans-fautes. Si complet, si impressionnant qu'il convient d'en dresser la minutieuse recension. A travers ces articles rédigés à chaud par des critiques dont le jugement passe pour ordinairement froid, le portrait de Montand que lui renvoient les plus exigeants commentateurs aide à expliquer pourquoi ce dernier demeure, à l'étranger, un extraordinaire monstre sacré.

Richard Watts Jr., du *New York Post*, oublie la traditionnelle réserve dont son journal est coutumier : « Tout ce que je puis faire à propos d'Yves Montand est de ressortir et de lui appliquer un vieil adjectif : superbe… Appelons cela du charme, un magnétisme pur et quasi animal. Mais il y a plus. M. Montand possède l'heureux et très exceptionnel pouvoir de nous donner à comprendre, à nous hommes banals et envieux, pourquoi il fascine les femmes. Et ce n'est pas tout. Le fait est qu'il chante bien et distinctement (si distinctement qu'on en viendrait presque à contester l'utilité d'un microphone), joue avec beaucoup d'aisance, manifeste un sens aigu de l'humour et de l'ironie, et se sert de son anglais limité sans malice démagogique… Tous nos chanteurs, y compris l'éminent M. Sinatra, pourraient s'asseoir à ses pieds et profiter de la leçon. »

John McClain, de l'*American Journal*, lui alloue également un compagnonnage avec Sinatra, et précise qu'il se distingue, par le talent et la voix, des *lover-boys*, des chanteurs de charme qui sont le lot commun des grands cabarets. L'envoyé du *New York Times*, Kenneth Campbell, insiste, dans une tonalité voisine, sur la densité, l'épaisseur du répertoire : « Il possède l'art, la personnalité et le talent d'offrir à son auditoire toute une série d'œuvres dans lesquelles il chante la vie quotidienne du Français moyen. Il est capable

16. *Loc. cit.*

de traduire une ample gamme d'émotions ; sa voix et ses gestes donnent le maximum à chaque chanson. Il est subtil et drôle, une fois ou deux grave et triste. » Et Walter Kerr, du *New York Herald Tribune*, confirme : « Ce n'est pas assez de souligner son vif talent. Yves Montand est surtout attachant. »

L'ambiance de la soirée est jugée sans pareille. « L'intensité des bravos, écrit Robert Coleman, du *New York Mirror*, était digne d'une prometteuse générale au Met[17]. » Quant au *World Telegram and Sun*, sous la plume de Frank Aston, il « délire » comme les spectateurs qu'il dépeint : « A la fin de la représentation, la foule était délirante d'enthousiasme. Elle lui aurait bien demandé de continuer jusqu'au petit déjeuner. Et ce n'est que justice : c'est beaucoup trop bon pour une seule soirée. »

Bref, à l'aube du 22 septembre 1959, pendant que se vide le hall de l'Algonquin, l'agence Associated Press répand la bonne nouvelle sur tous les téléscripteurs des États-Unis et d'ailleurs : « Montand est le chanteur le plus varié et le plus imaginatif qu'il nous ait été donné de voir et d'entendre depuis que Maurice Chevalier a débarqué chez nous. » Les publications des grands groupes, sur la côte ouest, accusent réception du message. « Yves Montand a réussi à séduire même les critiques de New York », titrent, le lendemain, les quotidiens de Los Angeles et de San Francisco.

En clair, un tel concert signifie que le show va durer, et à bureaux fermés. Montand, l'espace de cent minutes, a changé de statut et comblé Norman Granz. Il devient l'homme à ne pas manquer. On s'arrache les tickets d'épais carton bariolé qui donnent l'accès au *wonderful Frenchman*. Après trois semaines, le Henry Miller's Theatre étant retenu pour un autre spectacle, le chanteur déménage et poursuit son récital dans un établissement voisin, le Long Acre. Quarante-deux séances au total. On est loin des centaines de soirées alignées par *My Fair Lady, The Music Man, Gipsy, One upon a Mattress* ou *Fiorello !* — les *best hits* de la saison. Mais, si Montand s'arrête au bout d'un mois et demi, ce n'est point parce que la demande est tarie : Granz, pré-

17. Le Metropolitan Opera, salle prestigieuse s'il en est, réputée pour la qualité et la sévérité de son public.

cautionneux, avait programmé une tournée qui lui aurait fourni une seconde chance « en cas de malheur », et dont les étapes sont Montréal, Toronto, Los Angeles et San Francisco (avant de quitter les USA vers le Japon).

Dès que le verdict est connu, Catherine Allégret prend l'avion avec pour tutrice l'ex-compagne d'Alain Kaminker (le frère décédé de Simone). Toutes deux emménagent à l'Algonquin, et l'adolescente est inscrite au lycée français. « Je suis passée, raconte-t-elle, d'une condition ultra-protégée à Paris à une condition très libre à New York. Je circulais seule, fréquentais une école mixte, avais une télévision dans ma petite chambre de l'Algonquin — qui était un endroit merveilleux, tout rouge, un peu poussiéreux dans les coins et à échelle humaine. J'allais souvent écouter Montand : le théâtre était si rond, si chaud, le public était si disponible qu'on avait l'impression de se trouver dans une boîte. »

Jours de gloire éclatante que ces six semaines new-yorkaises. Au fil des entretiens à partir desquels elle écrira son livre *La nostalgie n'est plus ce qu'elle était* (un graffiti repéré à Manhattan, précisément), Simone Signoret avoue[18] : « Nous étions le couple princier, tout simplement. Nous regardions Times Square en nous disant : nous n'avons pas fait la moindre concession afin d'arriver là. C'était l'orgueil et c'était la joie. »

Yves Montand se détend-il une fois franchi le cap de la première ? Laisse-t-il « l'orgueil et la joie » l'envahir sans nuances ? A moitié seulement. Il ne lui suffit pas d'avoir triomphé. Il entend analyser son triomphe et, dans ce but, dépouille la presse hebdomadaire, les revues, les magazines qui ne tardent pas à relayer les quotidiens.

L'enthousiasme n'y est pas moindre. *Time*[19] salue carrément « le plus brillant artiste de music-hall qui se soit imposé sur scène depuis la Seconde Guerre mondiale ». *The Reporter*[20] enchaîne : « Son travail souligne la spectaculaire

18. Inédit. Merci à Dominique Miollan, qui assistait à ces entretiens et en assura le décryptage, d'avoir fourni aux auteurs les bandes d'enregistrement originales.
19. 5 octobre 1959.
20. 29 octobre 1959.

chute de qualité propre aux divertissements grand public dans notre pays ces dernières années... Très peu d'Américains — essentiellement Frank Sinatra et Sammy Davis Jr. — seraient capables d'occuper les planches une soirée entière sans émettre le son d'un juke-box. Encore Sinatra et Davis sont-ils limités par leur répertoire à un registre qui ne comporte que deux dimensions. Ils ne savent pas engendrer une illusion qui les dépasse. » *The Commonweal*[21] voit en Montand « un copain » et lui accole quatre épithètes : sophistiqué, adorable, doux et sûr. Et *Vogue*[22] : « Il produit à volonté un son plein et sexy, infiniment séduisant. »

D'un journal à l'autre, des thèmes analogues circulent. D'abord, la simplicité apparente de la mise en scène, des accessoires, du vêtement (« Il a l'air, note *The New Yorker*[23], d'avoir conduit un taxi pendant la journée... »). Ensuite, l'étendue et la diversité du répertoire, la veine populaire dépourvue de toute vulgarité, l'attention prêtée aux « petits riens » de la vie. Enfin, le soin des finitions. Il est remarquable qu'aucun observateur américain ne brandit le reproche d'un excessif « perfectionnisme », régulièrement formulé en France. Au contraire : l'extrême précision du geste et la préparation laborieuse qu'elle implique sont versées au crédit du chanteur-acteur. Trois titres sur quatre rendent hommage à tant de maîtrise. Yves Montand se sent aussi bien, voire mieux compris à Broadway qu'à Paris. Les journalistes, notamment, relèvent avec admiration son sens des transitions, l'alternance des temps faibles et des temps forts : « Tel un bon amant, commente l'un d'entre eux[24], il veille à ce que rien ne se produise trop brutalement... »

Le style, c'est Montand : la formule — en français — est omniprésente.

S'il s'en réjouit fort, un élément du dossier de presse — patiemment traduit et classé par Simone Signoret — l'intrigue cependant. *Attractive, sexy, exciting :* il n'est guère habitué à ce que de tels adjectifs soient attachés à son nom et

21. 16 octobre 1959.
22. 15 novembre 1959.
23. 3 octobre 1959.
24. Henry Hewes, in *Saturday Review*, 10 octobre 1959.

oscille entre le contentement et la perplexité. Lui qui, jeune homme, se croyait tellement laid, avec son grand nez et sa grande bouche, lui qui supportait mal de découvrir son profil aigu lors de la projection des rushes de ses premiers films, est aujourd'hui dépeint comme un *sex symbol*... Flatteur, sans doute, mais il n'est pas dupe : la réputation des Latins en matière de *glamor*, les dispositions incendiaires qu'on leur attribue, la connotation romanesque qui entoure Paris et certains mots français (*bonsoir, bistrot, chéri*, la liste est longue des termes dont la seule audition dégage un parfum plus ou moins volatil), tout cela nourrit son image « virile ». Séduire, il est là pour ça. Être enfermé dans l'image standard du *Latin lover*, non merci.

L'autre point sensible concerne son anglais. Il sait gré à Richard Watts, du *Post*, d'avoir remarqué qu'il s'efforce de ne point porter l'accent français en bandoulière. Apprenant par cœur ses introductions, il a essayé de gommer les fautes typiques de diction. Celles-là mêmes que Chevalier accentuait délibérément *(Hello éveribodi! You no, aïe dou note spike inngliche véri ouelle, beutt aïe ame shoure you eundestande mi...)* afin de susciter l'attendrissement — *so charming, isn't it?* La gent intellectuelle de Manhattan a prévenu Montand que le coup de l'exagération franchouillarde, ça ne marche plus. Attention, là aussi, le risque est patent de sombrer dans la facilité racoleuse (l'idée de fuir ce travers lui est venue lorsqu'il a été agacé par des acteurs anglo-saxons appuyant, en français, leur propre accent). C'est bien simple : s'il réussit à conjurer ces périls, il est ici le roi.

Broadway's king! The French « coqueluche »...

Les jours de relâche, ou après le show, Yves Montand et son épouse explorent la planète de leurs confrères américains. Ils n'ont d'ailleurs guère d'efforts à fournir pour parcourir le chemin qui les en sépare : ce sont les États-Unis, maintenant, qui leur envoient des ambassadeurs. Les loges du Henry Miller's ou du Long Acre ne désemplissent pas. Nombre de comédiens new-yorkais frappent à la porte. Simone Signoret peint le défilé avec allégresse : « Ce qu'il y avait de plus

beau, c'était l'arrivée de ceux qui avaient été tous les chauffeurs de taxi, les pères millionnaires, les tantes folles, les chefs de gare de la voie menacée par l'arrivée des Indiens, les soupirants riches ou évincés, les propriétaires de bars louches, les témoins de la dernière heure, les copines confidentes, les reporters sans scrupule, les maîtres d'hôtel complices... Ils entraient. Disaient : *"You don't know me. My name is..."*»
Montand ne les connaît pas, mais les reconnaît tous : ce sont les héros de ses films favoris qui surgissent les uns après les autres, joviaux, regardant le chanteur-acteur comme un membre éminent de la famille.

M. et Mme Livi, qui hésitaient, provinciaux intimidés, à pousser la porte du Sardi's, au numéro 234 W de la 44e Rue, sont désormais les invités d'honneur dont on se dispute la fréquentation. Une nuit, même, une nuit de rêve, un homme grand, élégant, se présente sous le nom de Henry Fonda. La précision, en l'occurrence, n'était pas indispensable.

Le couple Montand est assez surpris par l'attitude décontractée des gens du spectacle quand ils festoient entre eux. La règle, en France, est de rentrer ses talents sitôt la rampe éteinte. Ici, à l'inverse, la coutume, en privé, est de s'abandonner aux improvisations les moins cérémonieuses. Tel qui possède un don d'imitateur régale ses camarades, tel autre hasarde une chanson nouvelle, et le troisième rode sa dernière histoire drôle. Yves et Simone (il est acquis, une bonne fois, qu'*Yves* — ne pas confondre avec *Eve* — est un prénom masculin) goûtent cette convivialité d'enfants de la balle, où chacun dévoile ses tours sous l'œil du meilleur des publics, ou du pire.

Ils découvrent, en particulier, la fantaisie ravageuse de l'humour juif new-yorkais où s'entremêlent l'autodérision, le burlesque et la férocité. Tous deux ont visité Israël au printemps dernier : Montand a dansé la *hora* dans un kibboutz ; M. et Mme Ben Gourion ont été leurs compagnons de table chez l'ambassadeur de France. Et ils ont aimé ce territoire différent où Ivo Livi s'honorait de passer pour juif, lui qui ne l'est point, et où Simone Kaminker (juive par son père, c'est-à-dire juive de la main gauche) s'agaçait d'être quasiment rangée parmi les *goyim*. A Manhattan, ils sont subjugués par le sens affilé du deuxième degré que manifestent leurs collègues — un peu choqués, aussi, devant la crudité de certaines blagues. Inépuisables sujets de plaisanterie, les galas au profit d'une quelconque œuvre de la communauté sont parodiés sur tous les modes et tous les tons. Un comédien, par exemple, se transforme en tonitruant animateur d'un concert de bienfaisance :

— Oui, elle va chanter pour nous, la fabuleuse diva, la prodigieuse cantatrice (suivent quarante épithètes ronflantes), la...

Il se coupe à lui-même la parole, comme si une voix graillonnante et hargneuse jaillissait du troisième balcon :

— *Yes, but she's a whore!* (c'est une pute!)

Reprenant le timbre mielleux du présentateur :

— *NEVERTHELESS* (néanmoins), nous allons avoir le plaisir de l'entendre, etc.

Les deux Français hurlent de rire. *Nevertheless* entre pour toujours dans le vocabulaire de Montand...

Mais une rencontre est plus marquante que les autres. Arthur Miller, qui achevait en catastrophe un script, n'avait pu être présent lors de la première du show (où sa femme, Marilyn Monroe, était, on l'a relevé, escortée par Monty Clift). C'est le lendemain qu'il vient, avec Marilyn — laquelle assiste donc au spectacle deux fois de suite —, saluer le triomphateur de Broadway et retrouver « ses » interprètes des *Sorcières de Salem*.

Ils se sont entrevus à Paris au milieu de novembre 1956, cinq mois après le mariage de l'écrivain et de la comédienne. Miller avait essayé auparavant d'obtenir la permission de quitter le territoire des États-Unis, mais la vigilance de la Commission des activités antiaméricaines, le privant de passeport, lui avait interdit d'être témoin du succès de son œuvre au théâtre Sarah-Bernhardt. L'étau s'étant un peu desserré, il avait donc profité d'un séjour à Londres, où sa femme tournait sous la direction de Laurence Olivier, pour gagner Paris, faire la connaissance des Montand et encourager Raymond Rouleau sur le plateau de la rue Francœur. Ses hôtes parisiens ne l'avaient pas jugé follement gai, mais séduisant et chaleureux.

Il est vrai que rien, alors, n'aurait justifié une joyeuse exubérance — qui n'est pas, de toute façon, son trait de caractère dominant. Entendu par la Commission le 21 juin 1956, il avait choisi de ne pas invoquer le cinquième amendement de la Constitution américaine — selon lequel nul, quoi qu'il ait commis, ne saurait être incité à témoigner contre lui-même. Le message adressé au président Walter et à l'« interrogateur », Richard Arens, signifiait qu'aucun délit n'avait, à ses yeux, entaché son itinéraire politique. Il avait, « naturellement », refusé de fournir des noms à ses interlocuteurs. Ce qui lui valut, *in fine*, 500 dollars d'amende et une peine d'un mois d'emprisonnement avec sursis (condamnations qui furent annulées en appel).

En un sens, Arthur Miller a eu de la chance : s'il avait été questionné au moment où le maccarthysme battait son plein, il aurait payé plus cher sa rectitude. Mais, vers la fin des années cinquante, la « chasse aux sorcières » s'effiloche, McCarthy lui-même est discrédité (il s'est complètement ridiculisé à la télévision). L'atmosphère se détend. Décrivant le contexte dans lequel il croise Yves et Simone aux États-Unis, Miller parle d'une « décrue de la fièvre anticommuniste[25] ». Reste qu'il est alors à l'apogée de son prestige. Héros de la gauche américaine, il apparaît comme une figure morale incontestée plus que comme le porte-parole d'un camp politique. Au générique de l'art et de la pensée, il incarne le courage, la fidélité, la rigueur libérale. Son ex-ami Kazan (ils renoueront ultérieurement, non sans peine), qui, lui, a collaboré, et ce à grand fracas, emporté par une vertigineuse spirale du reniement, est perçu comme son double maudit, son image inversée.

Montand et sa femme, parfaitement informés de ces péripéties, sont doublement attirés par l'homme qui les invite à dîner chez lui. Au dramaturge de premier plan s'ajoute la meilleure version américaine de ce qu'on nomme, à Paris, un intellectuel engagé, un adversaire emblématique de l'intolérance. Dans le bel appartement blanc qu'occupent les Miller au numéro 444 de Sutton Place — un quartier privilégié dont les hôtels particuliers donnent sur l'East River —, lumineux et dépouillé (orné, cependant, de marines signées Braque), la conversation est d'abord légère. On plaisante parce

25. Témoignage livré aux auteurs par Arthur Miller le 1er juillet 1989.

que, ce soir-là, le pantalon de scène du chanteur était affligé d'un défaut qui avait échappé à Pat Saunders, son habilleur : quand il mettait les mains dans ses poches, le tissu étiré découvrait ses boutons de braguette qui scintillaient incongrûment…

Bob Castella, présent, est étonné par la simplicité de Marilyn. Il attendait un personnage affecté, sophistiqué, fabriqué. Mais la « bombe sexuelle » dont se repaît alors l'imaginaire hollywoodien, la créature à la voix susurrante, aux cils frémissants et aux rondeurs crémeuses, la star platinée qui, dit-on, porte dans les grandes occasions des robes cousues sur elle (et pas grand-chose en dessous), l'allumeuse allumée dont les photographies sont légendées d'un *Mmmmm…* qui trahit la fascination un rien baveuse de puritains effarés, n'est pour l'instant qu'une aimable hôtesse aux yeux bleus, sans chichi aucun, baptisant son mari « Poppy » et heureuse de recevoir. Elle adresse à Montand des sourires amicaux et des regards admiratifs (la barrière de l'anglais est décidément redoutable). Mais la vraie vedette de cette nuit, c'est Miller, avec lequel Simone engage un dialogue passionné — dont elle résume la teneur à intervalles périodiques.

« Je crois, rapporte l'écrivain[26], que tous deux se sentaient fort incertains quant à la légalité de leur situation sur le sol américain, et je n'ai personnellement aucun doute que pas mal de membres de l'Administration auraient été bien aises de les expédier ailleurs sous n'importe quel prétexte. » Yves Montand n'a toutefois inscrit à son répertoire qu'une chanson « politique », *Flamenco de Paris*, signée Léo Ferré, où il est question d'un républicain espagnol en exil. Et la presse, dans son ensemble, s'est gardée de forcer sur les étiquettes. Les temps sont ainsi, explique Arthur Miller à Simone Signoret, les héritages de la guerre froide sont lourds, mais des signes d'éclaircie sont également tangibles : Dwight Eisenhower et Nikita Khrouchtchev ne viennent-ils pas, le 25 septembre, de converser longuement à Camp David, rompant un interminable silence entre l'Est et l'Ouest ? Le jeune sénateur démocrate John Kennedy ne va-t-il pas briguer l'investiture de son parti pour les élections présidentielles de novembre 1960 ?

26. *Ibid.*

Interrogés sur l'impression qu'ils ont gardée de leur séjour en URSS et dans les « démocraties populaires », les Montand ne dissimulent guère combien elle est mitigée, trouble. Miller lui-même est ouvert à ce point de vue. Il s'est écarté du rituel gauchiste qui fonctionnait sans faille lorsque le péril nazi menaçait vraiment, et qui voulait que le rouge fût la couleur de l'espoir. Dans ses Mémoires[27], il indique où menait sa réflexion : « Au plus profond du marxisme il y a, quelle ironie, une passivité désespérée devant l'Histoire, et le pouvoir est réellement interdit à l'individu tandis qu'il appartient en droit uniquement à la collectivité. » Il ajoute : « La facilité avec laquelle j'ai pu, dans les années soixante, comprendre la peur et la frustration des dissidents du monde soviétique venait en grande partie de mon expérience face à la Commission des activités antiaméricaines dans les années cinquante... »

Entre les visiteurs parisiens et leur prestigieux interlocuteur new-yorkais, le courant de sympathie qui s'installe, la connivence qui s'établit ne sont pas superficiels. Ils se trouvent à peu près au même point. Et ils se dirigent, pour l'heure, dans la même direction.

Qu'on n'imagine pas, cependant, une soirée idéologico-guindée. On commente l'actualité, mais on s'amuse aussi et l'on boit du vin italien. Lena Pepitone, la « femme de chambre » de Marilyn, est excellente cuisinière (elle trouve à Montand, dans ses souvenirs[28], un air de ressemblance avec le précédent époux de sa patronne, le champion de base-ball Joe Di Maggio, et rapporte que, le repas achevé, l'actrice avoua combien le chanteur lui plaisait). Le poète-dramaturge Norman Rosten et sa femme Hedda, vieux amis et protecteurs de Marilyn — Hedda lui sert de secrétaire —, participent au souper.

Bref, Yves et Simone rattrapent le temps perdu pour cause de guerre froide. A marches forcées, ils réunissent ce qui fait, aux États-Unis comme ailleurs, le sel de leur vie :

27. *Op. cit.*

28. Lena Pepitone, William Stadiem et Maurice Hakim, *Marilyn secrète*, Paris, Éditions Pygmalion/Gérard Watelet, 1979. Des « souvenirs recueillis » dont l'exactitude n'est pas toujours avérée.

des commanditaires, des copains, des complices, des amis. Et un public.

Montréal, tellement française, ne dépayse guère Yves Montand. Toronto, tellement américaine, ne le dépayse plus. C'est à Los Angeles que la tête lui tourne. Il y arrive le mercredi 4 novembre 1959, et sa première au Huntington Hartford Theatre, une immense et vénérable salle, est prévue pour le lundi suivant. Quatre jours de battement, c'est infime, d'autant que, de ses musiciens new-yorkais, ne subsistent auprès de lui que le clarinettiste et le guitariste. A peine le temps de se dire que c'est cela, Hollywood, que deux blocs à l'ouest de Vince Street (l'adresse du théâtre) le séparent des studios de la Paramount, et que ceux de la Columbia sont tout juste là-bas, au nord, après Santa Monica Boulevard, et la discipline l'étouffe : le travail, le travail, le travail. La discipline et la peur. A Broadway, il s'est aperçu que la continuité demeurait forte entre l'Europe et Manhattan. Ici, sur les rives du Pacifique, il est encore plus loin de ses repères et plus près de ses rêves. Les personnages qui seront assis à l'orchestre, lundi, seront ceux parmi lesquels il a tant espéré se fondre.

Il y eut tout de même ce choc, depuis l'avion, quand sa femme et lui ont aperçu les lettres géantes parfaitement distinctes : H-O-L-L...

« Je plains beaucoup, commente Simone Signoret, les gens qui refusent les cadeaux que leur adolescence a pu placer dans leur mémoire. Moi, j'étais en train de me payer une bouchée de petite madeleine grosse comme une grosse brioche... » Et puis cette confidence inédite[29] : « Débarquer là en ne leur devant rien de ce qu'on a fait, ça, c'est le comble du luxe. Il fallait qu'on ait la tête solide pour ne pas devenir complètement cinglés — j'imagine ce que ça pourrait produire sur des jeunes gens de vingt-cinq ans. Il y a de quoi devenir imbécilement prétentieux. Si l'on ne sait pas qu'il existe autre chose dans le monde, si l'on n'a pas derrière soi les milliers d'années d'une civilisation, plus quatre ans d'occupation, il n'y a

29. Enregistrements originaux déjà mentionnés.

aucune raison pour qu'on n'achète pas tout ça comme absolument normal et qu'on ne devienne pas un zombie. Si j'y étais allée dès 1949, ou j'aurais très vite rompu, ou je serais carrément tombée dans cette chose sucrée et merveilleuse, et je serais devenue une dame d'Hollywood... »

Oui, s'ils avaient accepté les offres, l'un de Jack Warner, l'autre de Howard Hughes, la revanche eût été moins savoureuse.

Elle commence avant le show lui-même, cette revanche. Anne Douglas, l'épouse de Kirk (elle est française), a téléphoné aux Montand, lorsqu'ils étaient à New York, pour les inviter à fêter chez elle leurs débuts sur la côte ouest. Un dîner tout simple entre quasi-compatriotes ? Ce serait confondre Hollywood et Greenwich Village. Montand est le plus illustre des artistes fraîchement importés, une « révélation » s'il en est, et Miss Signoret/Alice Aisgill est, elle, la seule Parisienne dont la dernière création impressionne plus les *States* que Paris. C'est donc une de ces réceptions californiennes sans équivalent aucun que donnent les Douglas, ce samedi 7 novembre.

Grandiose. Ce n'est pas la première venue qui l'atteste, c'est la plantureuse et redoutable Louella O. Parsons, une des deux colporteuses majeures (l'autre se nomme Edda Hopper) des potins, ragots, scandales, contrats, liaisons, ruptures, infarctus, procès dont « leur » territoire est si friand et familier. « Quelle course d'une party à l'autre, samedi soir ! gémit-elle dans le *Los Angeles Examiner*[30]... D'abord la fête organisée par Ann et Kirk en l'honneur de Simone Signoret et d'Yves Montand : la terre entière s'y pressait. Puis celle de l'enfant chéri des Californiens, le vice-président Richard Nixon, aux côtés de sa ravissante Pat... » Louella Parsons a d'excellentes raisons de ne point négliger le probable candidat des républicains à l'élection prochaine : comme ce dernier, elle se déchaîna contre les « mal-pensants » de toute nature quand la chasse était ouverte. Elle n'est d'ailleurs pas une inconnue (mais pas sous cet angle) pour Yves Montand : ils ont déjeuné à la même table lors du mariage d'Ali Khan, sept années plus tôt.

30. 9 novembre 1959.

Au vrai, la réception des Douglas éclipse quelque peu la partie de campagne destinée à promouvoir Richard Nixon. Les grands vizirs d'Hollywood sont contraints d'accorder la préséance à leur khalife, mais eux-mêmes, avant de rentrer, accomplissent un petit crochet du côté de la concurrence. Symbole s'il en est, Jack Warner, qui a toutes les raisons juridiques et politiques de boycotter l'homme qu'il tenta naguère d'arracher à l'ABC, s'en vient pourtant serrer la main de *that son of a bitch* (ce fils de pute). Il faut insister sur le fait que les deux Français autour desquels gravitent, ce samedi-là, Gary Cooper, George Cukor, Judy Garland, Henry Hathaway, Gene Kelly, Dean Martin, Kim Novak ou Gregory Peck (sans oublier le consul de France, Romain Gary, qui s'excuse de sa mine sinistre : « Ne croyez pas que je m'ennuie, je suis toujours comme ça, c'est mon caractère... »), restent en principe des « rouges », munis d'un visa très provisoire. Que le Tout-Hollywood les accueille ainsi souligne à la fois l'aura professionnelle qu'ils ont conquise et le nouveau cours qui s'amorce.

Montand est présenté à Walt Disney. Il lui avait écrit, de la Cabucelle, à treize ans, pour dire sa passion des dessins animés, demander un autographe. Comment M. Disney imaginerait-il qu'en inventant Donald Duck, il a peu ou prou ébauché Yves Montand sur la rétine d'Ivo Livi ?

Le surlendemain, tandis que le chanteur s'apprête dans sa loge du Huntington Hartford Theatre, un dîner de gala réunit juste en face, au Brown Derby, les célébrités qui n'auront ensuite qu'à traverser la rue pour assister au spectacle. La *columnist*, la « commère » du *Los Angeles Herald Express*[31], Cobina Wright (elle s'efforce de s'accrocher au sillage des deux terreurs en titre), relève soigneusement la liste des invités : Lucille Ball, Richard Burton, Gene Kelly, Dorothy Malone, Lloyd Nolan, Bob Osborne, Gregory Peck, Frank Powell, Shelley Winters et cent autres — ça recommence, Hollywood n'est qu'un générique ambulant. Personne, ami, ennemi ou indifférent, n'a voulu manquer l'événement.

Au pays des événements montés de toutes pièces, des soufflés appétissants et fragiles conçus dans les cuisines des *major companies*, cet événement-là en est un vrai.

31. 12 novembre 1959.

La presse et l'opinion, influencées par celles de Broadway mais ne goûtant rien tant que de s'en écarter, sont obligées de parodier, à l'épithète près, ce qui s'est antérieurement écrit ou dit aux environs de Times Square. «Mémorable», clame le *Valley Times*[32]. «Montand a fasciné le public», enchérit le *Los Angeles Examiner*[33]. «Désopilant», atteste le fort sérieux *Los Angeles Times*[34]. «Les femmes étaient en extase», observe Dick Williams, du *Mirror News*, qui semble dans le même état et rapporte que la salle n'arrêtait pas de scander : «*More, more, more*[35] *!*» *The Beverly Hills Citizen* ajoute le nom du chanteur au très court catalogue des artistes susceptibles de «tenir» à eux seuls la distance d'un show. Ils étaient trois : Al Jolson, Maurice Chevalier, Victor Borge. Ils sont aujourd'hui quatre.

De nouveau, la critique américaine — à la différence de maints titres français — applaudit le perfectionnisme du visiteur. «De la belle ouvrage, M. Montand», approuve Harrison Carroll dans le *Los Angeles Herald Express*. Mais c'est la conclusion de l'article qui mérite attention : «Voilà pourquoi Montand suscite, plus que tout, l'émotion.» Absolu contre-pied du langage parisien.

Le soir, il chante. Le jour... il chante. Pas question de flâner au *Farmer's Market*, de parcourir le *Walk of fame* (où des plaques de bronze rappellent que ce trottoir a été foulé par des pieds illustres), de réprimer un gloussement devant l'inénarrable Grauman's Chinese Theatre, pâtisserie de style mi-asiatique, mi-rococo inaugurée par Cecil B. De Mille, ni de courir les galeries de Cienega Boulevard. Pas question de grimper par le Muholland Drive jusqu'à la crête des Santa Monica Mountains, d'où, la nuit, «L.A.» brille tout entière. Non : parallèlement à son récital, Yves Montand répète. Il sera, le dimanche 15 novembre 1959, la vedette de la plus

32. 10 novembre 1959.
33. Même date.
34. 11 novembre.
35. «Encore, encore, encore!»

illustre émission de variétés américaine : le *Dinah Shore Chevvy Show* (Dinah Shore, c'est la célébrissime animatrice du rendez-vous dominical, Michel Drucker plus Jean-Pierre Foucault plus Patrick Sabatier à l'échelle des *States*, et *Chevvy*, c'est Chevrolet, le sponsor du spectacle diffusé par NBC).

En d'autres termes : la plus populaire et la mieux fréquentée des estrades.

Les États-Unis, à l'aube de l'année 1959, comptent 36 millions de récepteurs. Le chiffre gonfle mois après mois : en 1961, 85 millions de foyers seront équipés d'une télévision. Inutile de chercher beaucoup plus loin les raisons du déclin concomitant des grands studios. Ces derniers ont tout essayé, au long de cette décennie, pour conjurer le péril : Cinérama, Cinémascope, système 3 D, Vistavision, Panavision, Technirama — tout ce qui serait susceptible de rendre dérisoire la comparaison entre l'éblouissement d'une salle obscure et le timbre-poste tremblotant au salon. Ils ont produit *La Tunique, Samson et Dalila, Sous le plus grand chapiteau du monde, Les Dix Commandements, Ben Hur*. Il n'empêche : l'art cinématographique n'est pas mort, mais l'industrie des *movies* dérive, sous peine d'épuisement, vers le marché qui s'offre et engloutit le reste.

Ce n'est pas un hasard si le face-à-face télévisé qui précédera, en novembre 1960, la victoire extrêmement serrée de John Kennedy sur Richard Nixon (l'écart ne sera que de 600 000 voix), constituera, d'après maints experts, l'élément décisif en faveur du candidat démocrate. J.F. Kennedy proposera à ses concitoyens de s'acheminer avec lui vers une « nouvelle frontière ». La manière même dont ce message atteindra ses destinataires prouvera qu'une frontière, dans la vie publique, venait d'être franchie.

Montand apprécie le soin qu'apporte Dinah Shore — la quarantaine bien maquillée, casque auburn, sourire *cheese* et rang de perles, l'allure de l'Américaine moyenne qui a cessé d'être moyenne grâce à la confiance que lui vouent tant d'Américains moyens — à la préparation de l'émission. Celle-ci est écrite jusqu'au moindre détail, au moindre dialogue, à la moindre note, comme une comédie musicale. Les répétitions démarrent à 9 heures le lundi et ne cessent pas avant le dimanche fatidique où le show est exécuté trois fois *in extenso* : la première afin d'assurer l'éclairage, d'amender le décor, de régler la technique ; la seconde en costumes ; et la troisième « pour de bon ». Si la télévision ébranle les empires cinématographiques, elle s'est approprié le sérieux qui y est de règle.

Il est convenu que le *Frenchman* extraira de son programme *A Paris* et *Un garçon dansait* (l'histoire de ce fou de music-hall qui rêve d'être Fred Astaire et tente d'imiter son maître a totalement conquis le public de Manhattan et de Los Angeles, émerveillé par la virtuosité de Montand et par l'intelligence de l'argument : il n'est pas Fred Astaire, ce garçon de café qui dérape au moment où le pas se rapprocherait du modèle ; le chanteur-acteur sait faire sentir que ses ressources sont énormes, mais évite, en une pirouette délibérément ratée, de verser dans la parodie prétentieuse). Et il faudra, en outre, donner la réplique à Dinah, puis s'aventurer dans un duo chanté et dansé. Le chorégraphe Tony Charmoli — un pseudonyme qui ne s'oublie pas ! — a même prévu un délicat travail de chapeau claque qu'Yves Montand réussit impeccablement.

Le dimanche venu, pour la troisième fois de la journée, Dinah Shore sourit aux caméras (40 ou 50 millions d'Américains sont maintenant cachés derrière) : « *I wish I had time to read you some of these notices of a show that has just finished its run on Broadway and is now touring the country*[36]... » Annoncé par des applaudissements, Montand attaque ses chansons. Suit un dialogue minutieusement appris dont l'essentiel concerne les difficultés de la langue anglaise. Et c'est le duo :

Ev'ry morning
Ev'ry evening
Ain't we got fun
No money
But honey
Ain't we got fun...

36. « J'aimerais avoir le temps de vous lire quelques-unes des critiques concernant un spectacle qui vient de s'interrompre à Broadway pour tourner à travers le pays... »

Dès le lendemain, Montand est en route pour San Francisco, où il chantera durant une semaine au Geary Theatre à partir du lundi suivant, 16 novembre. C'en sera alors fini des États-Unis. Le temps de passer Noël en famille, et il reprendra l'avion pour Tokyo. Voilà un bon moment que diverses sollicitations lui ont été envoyées de là-bas (le Comité japonais de la paix l'a invité en 1956 et est revenu à la charge plusieurs fois). Il ne s'agit nullement, à présent, d'accomplir une démarche « engagée » : le contrat de Montand prévoit une série de dix-sept récitals commençant le 18 janvier 1960. Des salles gigantesques ont été retenues : le Schochika Central ou le Shinjuku Koma de Tokyo comprennent, lui a-t-on dit, chacun 3 000 places ; à Osaka, un gala a même été envisagé dans un stade olympique capable d'accueillir 50 000 personnes. Les agents japonais, rapporte la presse américaine, signalent que, fort à l'avance, le cours des billets d'entrée s'est envolé au marché noir : de 3 000 yens, ils sont passés, trois jours plus tard, à 9 000.

La semaine s'achève triomphalement. Égal à lui-même, précédé d'une rumeur plus qu'élogieuse, Montand sait désormais où il s'aventure. La presse ne tarit pas de compliments, les fleurs — au propre et au figuré — l'ensevelissent. Dinah Shore lui apprend par téléphone que son passage à la télévision a déclenché une avalanche de lettres dithyrambiques.

Tout est merveilleux. Tout devient simple, soudain. Serait-ce le bout du tunnel ?

Évidemment non. Le « bout du tunnel », chez Montand, ça n'existe pas. Ou bien la destinée redonne à sa peur constitutive l'aliment nécessaire, ou bien il va le chercher lui-même, jusqu'à ce que cette angoisse motrice le remette en marche. Peur pour peur, la peur du vide est toujours plus forte que celle du trop-plein.

Simone Signoret, cet automne, est d'abord l'accompagnatrice de son mari et ne manque aucune occasion publique de le rappeler. Reste que sa gloire n'a jamais été si vive, qu'il convient de « gérer » le triomphe de *Room at the Top*, et que maintes offres d'engagement surgissent de tous côtés. Il est question de tourner au Kenya une adaptation du *Lion* de Joseph Kessel, sous la férule de William Holden. La Paramount souhaiterait qu'elle devienne la partenaire de Bing

Crosby. Elia Kazan, dit-on, tente quelques manœuvres d'approche pour une version de *Chéri* (mais Kazan, *alias* Gadge, est inscrit sur la liste noire de Simone, et elle refuse, par principe, de le rencontrer). Bref, l'agent de Miss Signoret ne chôme guère, d'autant que son nom commence à circuler pour les Oscars qui seront décernés au printemps.

Mais le coup de fil qui atteint Simone Signoret à San Francisco ne lui est pas directement destiné. « Il faudrait qu'Yves et vous reveniez à Hollywood, explique le médiateur. La Fox a été impressionnée par le succès de votre mari au Huntington Hartford et au *Chevvy Show*. Elle voudrait qu'il soit le *leading man* de Marilyn Monroe dans son prochain film. »

Sunset Boulevard, le boulevard du Crépuscule, relie sur trente kilomètres d'un macadam aussi lisse qu'une aire de bowling la côte du Pacifique aux contreforts des montagnes Rocheuses et traverse Beverly Hills et Hollywood de part en part. Sur la gauche, quand on vient de la mer, au numéro 9641, l'hôtel Beverly Hills arbore une façade jaune-rose, inspirée d'un style mauresque plus ou moins emprunté à l'Andalousie. Une trentaine de bungalows sont disséminés dans le parc tropical de quatre hectares, entre palmiers et parterres colorés. Chaque bungalow est divisé en trois ou quatre appartements. Les Montand reçoivent la clé du numéro 20 — à l'étage. Les murs de leur suite sont décorés de crocus et de fleurs immenses ; le living-room, à moquette verte, est doté d'une cheminée « à la française » (mais les bûches s'allument avec une simple allumette, grâce à une discrète rampe de gaz), les divans sont nombreux, les fauteuils douillets, les gravures rebattues de Venise, et la kitchenette aussi moderne que superfétatoire : il suffit de téléphoner pour être servi. Dans la chambre, auprès du lit, des tables basses ont été prévues pour y empiler les scripts. Car la clientèle du lieu pratique la mono-industrie.

M. Spyros Skouras, Grec immigré, tyrannique président de la Twentieth Century Fox depuis 1942, observe une règle absolue du milieu : il n'est point de bon contrat sans faste déclaré.

De plus, la signature de ce contrat-ci présente un exceptionnel caractère d'urgence, tant les avanies de *Let's Make Love*[37] — ainsi s'intitule, non sans une pointe de défi, la comédie musicale pour laquelle Yves Montand est pressenti — fourniraient la trame d'un film à suspense. Écrit par Norman Krasna, une des signatures connues du moment, le scénario devait être confié à Billy Wilder. Mais ce dernier s'est récusé, et c'est George Cukor qui a été engagé par la Fox. Commence alors le ballet des *leading men*, les premiers rôles masculins chargés de faire contrepoids, si la chose est possible, à Marilyn Monroe. Cary Grant a déclaré forfait : le personnage d'un milliardaire, mi-naïf, mi-hautain, terrassé par le charme d'une *girl* épanouie, ne lui semblait guère conforme à ce qu'attendait son public. Rock Hudson aurait bien accepté, mais il était ligoté ailleurs. Charlton Heston a jugé le cachet insuffisant. Gregory Peck a été tenté, a hésité, puis a renoncé, estimant que le partenaire de Marilyn, en l'occurrence, était réduit à la portion congrue[38].

Ce n'est donc pas, doux euphémisme, un héritage limpide qui est offert à Montand. Mais, à supposer que son anglais défaillant lui permette d'en inventorier tous les pièges, il ne tergiverserait probablement pas. Simone, très excitée, l'encourage fortement dans cette voie : une comédie musicale n'a jamais «tué» personne, c'est l'occasion à saisir pour s'immiscer dans un générique «porteur». Trente ans après, Arthur Miller prononce un diagnostic analogue : «Je suis sûr qu'il [Montand] a accepté pour une seule et bonne raison : cela signifiait qu'il effectuait son entrée dans le cinéma américain comme premier rôle aux côtés de Marilyn Monroe[39].»

Le fait est qu'entre le coup de téléphone qui rappelle à Hollywood les époux Montand et la réponse positive donnée à Spyros Skouras le délai est infime. Simone Signoret parcourt le script très rapidement, vérifie qu'il ne comporte ni aberration ni vulgarité (elle rit même de temps à autre, ce

37. Littéralement : «Faisons l'amour» ou «Faisons-nous la cour»; les distributeurs français opteront pour une enseigne plus pudique : *Le Milliardaire*.

38. Cf. le récit de l'épisode proposé par *Look*, 5 juillet 1960.

39. Déclaration aux auteurs, *loc. cit.*

qui rassure le principal intéressé). Mais la cause est promptement entendue : il est des occasions qu'on ne boude pas. En 1973, Pierre Desgraupes demandera au chanteur-acteur quand il s'est senti devenir une vedette mondiale. Récusant le mot « vedette » qu'il ne prise guère, Montand répondra spontanément : « A la minute où on m'a dit : "Monsieur, voulez-vous tourner avec Mme Marilyn Monroe ?" Tu imagines ce "babi" parti des faubourgs de Marseille, des Crottes, et arrivant à Hollywood sur lequel il avait gambergé toute sa vie ? Parce que, quand tu es môme, tu te dis : "Je vais commencer à chanter et après je vais devenir le roi de Marseille", et après je monte à Paris, et après je casse la baraque, et après j'arrive à New York, et après c'est Hollywood. Et après, FLAOUCHH[40]... »

Oui, à ce moment précis, le fils cadet de Giovanni Livi est certain d'atteindre un sommet. Peut-être pas un sommet artistique : il ignore à peu près tout de ce qui l'attend. Mais il sait qu'il va côtoyer Gene Kelly, Bing Crosby, Frank Sinatra, pour le compte d'une de ces sociétés dont le sigle précédait avec tambours et trompettes les merveilles des merveilles sur l'écran de l'Idéal, le bien nommé, près de la raffinerie, à la Cabucelle...

La toute-puissante Association des acteurs professionnels expédie à Yves Montand un de ses responsables pour l'aider à négocier avec les agents de Jerry Wald, le producteur délégué de la Fox. Et le dialogue entre experts (qui feignent de se combattre, mais à un tel degré de complicité que le doute est permis) se noue, haché de fausses ruptures, dans le bungalow du Beverly Hills, sous l'œil sidéré du comédien dont le sort est en jeu.

L'agent de la Fox : Votre client est-il OK ?

L'agent de Montand : Il est OK. Combien proposez-vous ?

— 50 000 dollars.

— Vous plaisantez, nous voulons 100 000.

L'autre coupe, indigné :

— *Well, forget it !* (Tant pis, laissons tomber !) Et il raccroche.

Montand clame que ça n'a pas d'importance. 50 000 dollars,

40. *Le Point*, 19 février 1973.

c'est bien, c'est beaucoup. « Tsssss ! fait l'agent, catégorique. Ils vont rappeler, ne vous inquiétez pas — *let me do it, let me do it...* » Effectivement, le téléphone vibre après une pause décente :

— *Hello !*

— *Yes...*

— *Well, we thought, maybe, MAYBE, we can go up to 75 000 dollars* (Ils disent qu'ils pourraient peut-être monter jusqu'à 75 000, traduit Simone.)

Le porte-parole du Français :

— Non. Nous exigeons 100 000 dollars.

— *Forget it !*

Et l'on raccroche sèchement de part et d'autre.

Montand devient cramoisi et songe que cet animal, pour le plaisir de l'enchère, prend le risque d'assassiner son rêve. Il essaie de s'allumer une cigarette, mais sa main tremble. Il entraîne Simone à part et vide son cœur : « Ils sont fous, ces Ricains ! »

Et puis la sonnerie :

— *O.K., it's a deal, 100 000 dollars...*

Simone n'a pas besoin de traduire. On sable le champagne, on danse. Le bungalow n° 20 est en liesse.

Très vite, cependant, la fête est troublée par les conséquences mêmes de la bonne nouvelle. Il y a Catherine, à New York, dont il faut assurer le rapatriement. Et il y a les Japonais, à Tokyo, qui l'accueillent, cette « bonne » nouvelle, avec une amertume ostensible. En vain Montand promet-il neuf récitals pour la mi-mars. En vain adresse-t-il ses excuses et promet-il un dédit provisoire quasi équivalent au cachet de *Let's Make Love* : la presse nipponne se déclare outragée. « Monsieur Montand, vous n'êtes pas un artiste respectable », titre la plus grosse chaîne de journaux. « Yves Montand se conduit d'abord en businessman », objecte — injustement — Ohyo Soichi, critique écouté. Les quotidiens français relaient cette campagne de protestations, mais ne dissimulent pas combien la « percée » de leur compatriote aux États-Unis flatte l'orgueil national[41].

41. Lire, par exemple, *Le Figaro*, 7 janvier 1960 ; ou *France-Soir*, 10 janvier 1960.

Montand s'engage, au-delà de l'échéance prochaine, pour trois autres films. Le rythme en sera conjointement discuté, et le cachet, chaque fois, ne descendra pas au-dessous de 100 000 dollars. Si l'on considère que la seule ponction fiscale, à l'époque, est de 5% prélevés par l'État de Californie, c'est une fortune, ou la base d'une fortune, qu'il empoche. Jusqu'ici, s'agissant d'argent, il a foncé droit devant, vivant au large et fort capable (il le restera) de travailler à perte, comme il l'avait fait pendant sa tournée à l'Est. Désormais, son changement d'envergure professionnelle s'accompagne d'une mutation de son statut social : il devient «riche», assez riche, en tout cas, pour jouir de revenus réguliers indépendants de son activité ultérieure. Une sécurité nouvelle dont il ne perçoit, présentement, que les avantages.

Hormis les protestations japonaises — qui éveillent chez lui un remords véritable —, l'année 1959 s'achève, pour Yves Montand, dans l'euphorie. Spyros Skouras salue son embauche par une réception monstre dans la salle à manger de la Fox, sur Pico Boulevard. Et il célèbre le Nouvel An avec Simone chez Romanoff, parmi les plus grands du septième art. Trois ans plus tôt, c'était au Kremlin qu'ils festoyaient.

La kermesse n'a pas duré longtemps. Une fois tout signé, tout en ordre, j'ai dit à Simone : «Eh bien, ce film, il va falloir le faire, maintenant!» J'avais plongé pour m'obliger à nager. Je n'avais plus le choix et j'ai retrouvé la peur. Les pièces du bungalow étaient couvertes des morceaux de dialogue que j'ingurgitais phonétiquement. La Fox m'a donné un professeur, une vieille demoiselle, Miss Gertrude Faukler, qui me recevait chaque matin dans une rue voisine de la propriété de mon ami Gene Kelly. Le milliardaire Jean-Marc Clément que je devais jouer dans Let's Make Love *justifiait son accent français par ses origines, mais il était aussi censé s'exprimer comme un produit des meilleures écoles anglaises, élégant et raide. Et moi je m'escrimais pour articuler* I should'nt, I could'nt *: cela donnait* I shoudeueu… *J'avais l'impression de me retrouver une deuxième fois devant* Les Portes de la nuit.

J'ai eu un choc formidable lorsque la voiture de la Fox Movie, avec son chauffeur, a franchi le portail du studio. Ensuite? Ensuite j'ai fait mon travail, le même travail qu'avant, mais dans une langue inconnue, donc avec une peur plus aiguë. Un plateau d'Hollywood, c'est un plateau, un plateau de plus, peut-être un peu plus grand, un peu mieux équipé — mais pas toujours. Pourtant, pour le petit de la Cabucelle, c'était l'accomplissement du plus fabuleux de ses rêves.

« Dire non à Cukor aurait été de la folie. C'était fou de lui avoir dit oui. Il était fou. Il avait raison », commente Simone Signoret dans la *Nostalgie*. Lors des entretiens qui ont préparé le livre[42], elle ajoute — mais n'a pas retenu ce trait à l'écrit — que *Let's Make Love* « était un titre prémonitoire ». En effet, le séjour hollywoodien de Montand n'a pas, sinon symboliquement, constitué une étape professionnelle majeure (contrairement à sa tournée de chanteur), mais il a profondément transformé sa vie d'homme. A cause d'une voisine de palier.

42. Source privée, *loc. cit.*

13

Nous voici au point où la légende s'emballe, où les conteurs délirent, où les témoins s'embrouillent. L'« affaire » Yves Montand-Marilyn Monroe, au fil d'innombrables publications de presse et d'une bibliographie aussi volumineuse que légère[1], est évoquée, selon le cas, sur tous les modes et tous les tons. Romance sirupeuse ici, déchirement cornélien ailleurs. Tel narrateur dépeint Montand comme un être cynique abandonnant au désert du Nevada et aux barbituriques la tendre star qu'il avait délibérément séduite. Tel autre jure que les amants d'un printemps songèrent au mariage. Simone Signoret est tantôt décrite comme jalouse et calculatrice, tantôt comme héroïque et sereine. Elle aimait vraiment Marilyn, certifient les lecteurs de la *Nostalgie*, et s'est tirée d'un chapitre scabreux avec une rare élégance. Mais non, la condescendance perce sous l'astucieuse enveloppe, objectent les amateurs d'affres éternelles...

Ce tourbillon n'est pas le seul produit du voyeurisme cancanier, de la médisance alléchée dont les *columnists* d'outre-Atlantique et les feuilles à scandales parisiennes se sont abondamment repues.

Il se trouve, plus simplement, que les faits n'ont jamais été officiellement établis, ni les aveux expressément prononcés. Arthur Miller, dans ses déclarations orales et ses souvenirs écrits, a contourné l'épisode (par discrétion, pudeur ou orgueil, désir de ne point ajouter une vague au naufrage fatal

1. Le journaliste anglais Anthony Summers, au terme d'une enquête solide, *The Secret Lives of Marilyn Monroe* (en français, *Les Vies secrètes de Marilyn Monroe*, Paris, Presses de la Renaissance, 1986), ne recense pas moins de trente-sept titres anglo-saxons consacrés à la comédienne.

de son couple, souhait, peut-être, de ne pas raviver la polémique qui l'a opposé à plusieurs ex-amis de son ancienne épouse — Simone Signoret comprise — quand, Marilyn s'étant suicidée, il a porté à la scène, dans sa pièce *Après la chute*, maints ressorts intimes d'une relation où la cruauté le dispute à l'impuissance). Yves Montand s'est tu, hormis quelques entretiens[2] qui tracent des portraits de sa partenaire plus qu'ils ne livrent le récit des liens qui se sont noués avec elle. Simone Signoret, enfin, a gardé pour elle des sentiments dont on imagine qu'ils furent complexes, et s'est strictement tenue, dans ses Mémoires, à ce dont elle fut témoin et participante : une camaraderie chaleureuse.

Yves Montand hésite à parler de Marilyn, craint l'impudeur de « révélations » complaisantes. Il se résout à l'évoquer, dit-il, pour la cohérence du récit. Et parce qu'il peut le faire aujourd'hui sans blesser personne. Parce que cette histoire lui est chère. Parce que la confier au lecteur lui semble le meilleur moyen et d'éclairer la personnalité d'une femme souvent trahie, manipulée, caricaturée, abîmée, et d'exposer l'étrange condition des personnages publics : les secousses internes qui les affectent, les mouvements secrets qui les dirigent leur sont brutalement arrachés, pour être déformés et broyés par des rotatives à la fois nécessaires et monstrueuses.

Rien de plus banal et rien de moins ordinaire. Force nous sera, sur ce chapitre, de citer Montand plus longuement que de coutume : qui donc, en la matière, serait aussi fondé à s'exprimer ?

Tant pis pour les amateurs d'intrigues vite ficelées. L'honnêteté oblige à souligner que pendant longtemps, entre le *leading man* et la *leading woman* du *Milliardaire*, il n'y eut d'autres rapports que de bon voisinage et de labeur partagé. Au début de janvier 1960, Arthur Miller et son épouse viennent s'installer à Los Angeles. Le couple new-yorkais hérite

2. Essentiellement in *Elle*, 30 octobre 1972, une interview accordée à Charles Villeneuve sur l'antenne d'Europe n° 1, le 25 novembre 1974, et quelques allusions lors d'un *Dossier de l'écran* cette même année.

de l'appartement n° 21, symétrique de celui qu'occupent Yves et Simone (le 19, au rez-de-chaussée, serait, dit-on, le repaire de Howard Hugues, mais les fenêtres restent closes et les gardes du corps dissuasifs). Les assistants de Spyros Skouras n'ignorent naturellement pas combien le courant «passe» entre les uns et les autres. Ils savent que les Montand ont interprété une œuvre de Miller, que tous quatre ont sympathisé à Manhattan. Ils savent mieux que personne la pression qu'a exercée Marilyn pour que le premier rôle masculin de *Let's Make Love* fût attribué au triomphateur de Broadway, malgré les inquiétudes de Cukor sur le handicap linguistique de ce dernier.

Oui, la Fox sait tout, prévoit tout, arrange tout. Jerry Wald, le chargé de production (il a la réputation, comme la plupart de ses semblables, d'un homme brutal et cynique) redoute souverainement les excentricités dont Marilyn est coutumière. Si elle est et reste la valeur la plus sûre au box-office — dès 1953, elle était classée parmi les dix premières *money making stars* —, Miss Monroe est précédée d'une effroyable renommée. Ses retards, ses paniques, ses vapeurs, ses absences, ses insomnies sèment la terreur sur les plateaux.

Chacun a eu vent, dans la profession, des conflits et à-coups dantesques qui ont émaillé le tournage de *Some Like It Hot (Certains l'aiment chaud)* : Billy Wilder, le réalisateur, dépensait autant d'énergie à calmer son équipe exaspérée qu'à diriger les opérations, et ce d'autant plus douloureusement qu'une comédie exige le maximum de précision rythmique; Jack Lemmon et Tony Curtis patientaient des heures, habillés en femmes et juchés sur des hauts talons, jusqu'à ce que leur chère camarade émerge enfin de sa loge. Curtis, l'œuvre achevée, s'est vengé en déclarant : «J'aimerais mieux embrasser Hitler que cette femme», propos qui a sidéré le bon peuple, mais non point les gens du métier.

On comprend que Jerry Wald, à la fois désireux d'«avoir» Marilyn et de limiter les dépassements dont elle est systématiquement cause, se réjouisse fort à l'idée que le choix d'Yves Montand la plonge dans l'allégresse. Ses agents new-yorkais l'ont avisé que, sitôt l'affaire conclue, elle s'est remise à la danse — qu'elle n'avait plus sérieusement pratiquée depuis *Gentlemen Prefer Blondes* (de Howard Hawkes, en 1953) —

avec enthousiasme et discipline. C'est d'ailleurs pour répéter avec Jack Cole, le chorégraphe allié à George Cukor, qu'elle gagne Hollywood dès janvier, un mois avant le tournage proprement dit.

Le contrat Montand, aux yeux de la Fox, ne signifie donc pas seulement qu'un nouveau talent est inscrit sur ses registres : sa venue sauve le film ou, du moins, permet de passer à l'acte. On le cajole, on le bichonne, ce Frenchman providentiel. On le délivre de sa dette japonaise (Spyros Skouras règle l'addition contre la promesse d'un film supplémentaire).

On s'occupe aussi de son permis de séjour : « rouges » ou pas, Yves Montand et Simone Signoret bénéficient d'une prolongation de leur visa. « Je me rappelle, témoigne Arthur Miller[3], que Simone, plus spécialement, redoutait assez que le Département d'État ne lui mette le grappin dessus et ne la réexpédie dans ses foyers — ce qui était possible, mais à mon sens improbable en raison des influences exercées par la Fox. » L'hypothèse est convaincante : Simone Signoret ne sera qu'épisodiquement importunée par un personnage d'appartenance indéfinie. Sur un coup de fil donné par Miller, les autorités de Los Angeles (en l'occurrence, un dénommé... McCarthy) garantiront la légalité du séjour de M. et Mme Livi en Californie.

La vie s'organise pour les locataires des bungalows n°s 20 et 21. Marilyn est assidue à ses leçons de danse et commence à « débrouiller » la chanson phare du *Milliardaire*, un *standard* de Cole Porter, *My Heart Belongs to Daddy* (« Mon cœur appartient à papa »). Montand « récite ses prières » anglaises, selon le mot de son épouse, jusque tard dans la nuit. La machine à écrire d'Arthur mitraille du matin au soir. Et Simone, rejointe par l'équipe de *Room at the Top* (Jack Clayton et ses complices ont quitté l'Angleterre afin d'observer et d'appuyer la prodigieuse carrière américaine de leur enfant), mène une existence semi-oisive, déjeune en excellente compagnie au Polo Lounge de l'hôtel, pratique l'ethnographie sauvage parmi les multiples et bariolées tribus hollywoodiennes, flâne à la devanture des antiquaires, goûte le luxe et la détente avec cette aisance, cette aptitude à « perdre du temps » qui est si étrangère à son mari.

3. Souvenirs inédits confiés aux auteurs, *loc. cit.*

Il y a «les Miller» et il y a «les Montand». Mme Miller déconcerte un brin Mme Montand lorsqu'elle lui avoue, sans bien préciser les attendus, que le cinéma ne la comble guère, lorsqu'elle se peint, se vêt, se transforme en Marilyn à l'occasion de rares sorties — l'opération exige entre deux et trois heures — ou se plaint de ses genoux cagneux. Et elle la touche, la séduit, l'amuse dans les moments d'abandon, de fou rire, quand toutes deux utilisent l'inutile kitchenette pour préparer un festin de pâtes ou se font décolorer les cheveux, le samedi midi, par une vieille dame, une ancienne de la Metro Goldwin Mayer, qui exerçait jadis ses talents sur la crinière de Jean Harlow...

L'honnêteté, toujours, oblige à consigner que, durant cette période, Montand n'est nullement fasciné par sa future partenaire. Il la juge avenante, gaie, plus bavarde que son époux. Mais c'est pour ce dernier qu'il éprouve spontanément un intérêt où s'entremêlent admiration, respect, curiosité et, bientôt, une sorte de tendresse. Émergeant, l'un de ses feuillets dactylographiés, l'autre de ses liasses de dialogues phonétiquement transcrits, ils se promènent ensemble le long des artères de Beverly Hills, Hillcrest, Mapte ou Alpine drive : ils sont les seuls passants sur ces avenues où personne n'a jamais l'idée saugrenue de marcher, qui ne servent qu'à tendre un pont de macadam entre propriétés cossues et encloses. Un jour, même, un policier arrête sa moto et s'enquiert du domicile des suspects, doutant que les hôtes d'un palace usent ainsi, sans motif, leurs coûteuses semelles.

Bizarrement, Montand *comprend* la langue de Miller. Est-ce la diction soigneuse de ce dernier ? Est-ce une mutuelle volonté de communiquer qui finit par dissoudre la muraille ? Le dramaturge hume d'une narine réprobatrice l'air oxygéné des privilégiés du lieu (fort avant la vague écologiste, les Hollywoodiens qui en ont la ressource fuient dès que possible Los Angeles trop polluée, se blottissent dans leurs haciendas de Palm Springs ou leurs villas maritimes) :

— *We can't call this place a city. It smells nothing. If you go in Europe, you can smell everything, cooking, garlic*[4]...

4. Ça n'est pas une ville, ici, ça ne sent rien. En Europe, oui, on est assailli d'odeurs, la cuisine, l'ail...

Ivo Livi, qui n'est pas près d'oublier les senteurs de la Cabucelle, opine avec une once de sourire intérieur : l'ail et la sardine, sa vie en a été amplement parfumée. Mais Montand est ému qu'un homme « arrivé », prophète en son pays et ailleurs, entende se démarquer des signes aseptisés de la réussite. Dans une biographie de Marilyn Monroe[5] assez suspecte (l'argument pourrait se résumer à : « Mais pourquoi donc a-t-elle fait l'amour avec d'autres que moi ? »), Norman Mailer estime que, par essence, le chanteur-acteur est propre à impressionner son compagnon : « Montand correspond à l'idée parfaite que se forme Miller du noble ouvrier : il est de souche paysanne italienne, son père, militant politique, a détesté Mussolini assez fort pour émigrer, etc. »

Sans doute l'éminent porte-parole de la gauche américaine qu'est Miller est-il sensible aux origines prolétariennes du Français. Mais la sympathie qui les rapproche ne saurait s'expliquer par cette seule donnée sociologique. Volontiers taciturne à l'ordinaire, le dramaturge parle beaucoup (mais lentement), vérifie cette sensation de complicité intellectuelle que les deux hommes ont éprouvée d'emblée. Il évoque Dreyfus, Mendès France, détaille une idée de scénario, raconte que son grand-père, octogénaire et mourant, avait trouvé la force de se lever pour lui donner sa montre. Et Montand écoute comme il aime écouter les êtres dont les mots sont la matière première, et les convictions la charpente intime.

Il la connaît par cœur, maintenant, l'histoire de Jean-Marc Clément, richissime homme d'affaires transporté par hasard dans l'univers du show, à Broadway : une troupe l'a élu pour tête de Turc (avec La Callas, Elvis Presley et quelques autres) dans la comédie musicale qu'elle monte ; il s'en va *incognito* y jeter un coup d'œil, est embauché comme doublure de lui-même et tombe amoureux de la délicieuse Amanda, laquelle refusera de croire, jusqu'à la dernière scène, qu'il est bien Jean-Marc Clément et non un sosie gauche et chômeur. Entre-temps, le vrai faux industriel s'offre des leçons particulières

5. *Marilyn*, Paris, Stock/Albin Michel, 1974 (pour l'édition française). Autant le texte, s'agissant des faits, est inégalement digne de foi, autant les photographies qui illustrent l'ouvrage sont peut-être les plus belles qui aient été rassemblées.

de danse et de chant, notamment auprès de Gene Kelly et de Bing Crosby, mais il n'est « qu »'un milliardaire...

S'il débute à Hollywood, Montand n'en est pas à son premier script. Il a vite compris, d'abord, qu'il ne s'agit pas d'un chef-d'œuvre ; ensuite, que tous les éléments valorisants ont été placés dans la corbeille de Marilyn. Lui, le chanteur-danseur-mime célébré par la critique à travers tous les États-Unis pour sa souplesse, sa sûreté, sa justesse, est coulé dans le moule d'un garçon raide et pataud (s'agissant de théâtre) dont l'unique morceau de bravoure est un sketch malhabile. Il n'a droit, en vérité, qu'à cinquante secondes de Montand « grandeur nature », lorsque son personnage, étourdi, se rêve l'égal de Fred Astaire.

En d'autres termes, il joue les faire-valoir. Les producteurs américains dont les vedettes féminines craignent une concurrence redoutable adorent les flanquer d'un *Continental*, d'un *Latin lover*, qui diffuse une aura de mythologie torride sans entamer la prééminence de la star trop fragile. Ce partage inégal, Montand s'en accommode — il acquitte ainsi son droit de péage. En revanche, la nature du rôle qui lui est dévolu ne cesse de l'alarmer. Comment se pénétrer d'un texte où l'accent de Cambridge doit recouvrir la tonalité française ancestrale, comment avaler le parapluie de l'arrogance héréditaire quand on a des fourmis dans les jambes ? Si Montand avait mission de bouger et de chanter, le reste suivrait. Sa mission est exactement inverse, et il va falloir que ça suive !

Il ignore que Marilyn, pour des raisons symétriques, connaît un tourment aussi vif. Le poids du film repose sur elle — selon son propre désir —, mais cette responsabilité l'angoisse plus qu'elle ne la flatte. Elle a éprouvé tant de peine, par le passé, à supporter le choc de ses associés-adversaires (récemment, Laurence Olivier, puis les terribles duettistes de *Some Like It Hot*), elle doute tant de ses capacités réelles, elle se sent si peu une « vraie » comédienne accédant au « vrai » répertoire (malgré la fréquentation régulière, à New York, de l'Actor's Studio où elle a côtoyé Brando, Clift, Newman et subi l'ascendant du gourou de l'institution, Lee Strasberg), bref, elle juge le décalage tellement accablant entre la star que les studios ont exhibée, encagée dans la vitrine destinée aux amateurs de chair fraîche, et la star qu'elle aimerait devenir — une interprète des *Frères Karamazov*, et non point une *pin-up* dont la petite culotte électrise le pays profond — qu'elle aborde tout ce qui ressemble à la comédie légère dans un état de transe et de frustration complètes.

Ce film qu'elle doit à la Fox lui pèse. Le succès de *Certains l'aiment chaud* ne l'a nullement rassurée ni consolée (et pourtant elle y étincelle). C'est donc à contrecœur, traînant les pieds, qu'elle exécute cette commande qui lui paraît plus ou moins indigne, à tout coup médiocre. Sa détresse est si manifeste qu'Arthur Miller interrompt la rédaction du scénario qu'il échafaude, *The Misfits* (en français, *Les Désaxés*), dont la réalisation sera confiée à John Huston, pour remanier vaille que vaille *Let's Make Love*. Il introduit quelques traits d'humour là où le second degré s'essouffle, gomme les reliefs susceptibles de projeter la moindre ombre sur le personnage d'Amanda, empoche un chèque de Spyros Skouras et s'en veut de prostituer ainsi son art, fût-ce par amour. Semblable contrainte introduit fatalement dans le couple un déséquilibre mortifère. Arthur Miller, alors au faîte de sa renommée, paré d'une auréole d'intégrité sourcilleuse, a peu ou prou l'impression de devenir Mr. Monroe.

Trente-sept ans après, dans ses Mémoires[6], il relate amèrement cette douloureuse traversée : « J'avais pour ainsi dire abandonné tout espoir d'écrire. J'avais décidé de consacrer mes forces à lui [Marilyn] apporter l'aide sentimentale qui la convaincrait qu'elle n'était plus seule au monde — le cœur du problème, présumais-je. J'allai même jusqu'à réécrire certains passages du *Milliardaire* pour tenter de la sauver d'une catastrophe totale, travail que je fis avec d'autant moins de plaisir que le scénario ne valait même pas le papier sur lequel il était tapé. Ce fut un mauvais calcul, qui ne nous rapprocha en rien. » Aux auteurs de ce livre — sans doute afin de souligner que son jugement global sur l'œuvre et la période ne doit rien aux rancœurs anciennes d'un mari jaloux — il confie[7] que Montand, selon lui, se tira plus qu'honorablement de ce qui constituait une gageure : « Il est parvenu à prêter les apparences du charme à un personnage vide et artificiel. »

6. *Op. cit.*
7. Inédit, *loc. cit.*

Ni Simone Signoret (qui dresse, dans la *Nostalgie*, un tableau fort pastel du couple Miller) ni Yves Montand ne devinent l'acuité de la situation. En réalité, ce dernier méconnaît la carrière et la personnalité de sa partenaire. Il a vu tout John Ford, tout Capra, tout Kazan. Mais il n'a pas vu *The Seven Years Itch* (*Sept Ans de réflexion*, signé Billy Wilder) qui a propulsé Marilyn, en 1955, au pinacle des stars, ni même *Bus Stop* (1956). Il ne sait quasiment pas que la petite Norma Jean Mortenson, fille de Gladys Baker, monteuse en cinéma chroniquement atteinte de troubles mentaux, et d'un père inconnu, ballottée de foyers provisoires en centres d'hébergement, a lutté pour se glisser parmi les milliers de filles à vendre, aspirantes vedettes gravitant autour des nababs californiens, et lutté de nouveau, une fois introduite dans le palais des mirages, pour se détacher du harem ordinaire.

Elia Kazan, qui a entretenu avec Marilyn Monroe une liaison plus qu'amicale avant que l'actrice ne devienne un mythe et n'épouse le champion de base-ball Joe Di Maggio (le mariage ne dura qu'un an, se noua et se dénoua en direct, cerné d'objectifs omniprésents), puis Arthur Miller, évoque avec une tendresse bouleversée, au milieu de ses âpres Mémoires[8], la starlette qui versait, lors de leurs premières rencontres, des larmes sincères sur la mort de son « protecteur » — le producteur Johnny Hyde —, dont elle repoussa la fortune et honora la mémoire. « Chassez de votre esprit, écrit Kazan, l'image que vous vous faites de cette personne. Quand je l'ai rencontrée, c'était une jeune femme simple et passionnée, qui se rendait à ses cours à vélo, une gamine au cœur honnête qu'Hollywood a couchée sur le carreau, jambes écartées. Elle avait la peau fine et l'âme avide, avide d'être acceptée par des gens qu'elle pourrait respecter. Comme beaucoup d'autres filles qui avaient connu le même genre d'expérience qu'elle, elle mesurait son amour-propre à l'aune des hommes qu'elle était capable d'attirer. »

Ces lignes (aux antipodes des clichés habituels) sont peut-être le plus bel hommage qui ait été rendu à celle que ses employeurs, le public et la presse ont tenté de travestir en

8. *Une vie*, Paris, Grasset, 1989 (pour l'édition française). *A Life*, New York, Alfred A. Knopf, 1988 (pour l'édition américaine).

« pure » bombe sexuelle des années cinquante. Elles expliquent aussi pourquoi Marilyn Monroe fut tant séduite par une figure telle que Miller. Miller, qui la dépeignait comme la moins sophistiquée des femmes et déclarait à *Life* : « Sa beauté rayonne parce que son âme se montre à tout moment. » Elles épinglent enfin, ces lignes, l'hypocrisie du *movies business* qui affectait de traiter sa mine d'or en idole et lui refusait le moindre hommage artistique — qu'elle espérait plus que tout.

Montand n'a pas suivi non plus les efforts déployés par Marilyn pour s'arracher à la loi de Darryl Zanuck et autres princes des compagnies régnantes, et fonder la *Monroe Production* grâce au dévouement d'un ami, le grand photographe new-yorkais Milton Greene. Défi qui ne survivra pas au film de Laurence Olivier *The Prince and the Show Girl* (1957), mais qui lui permettra, lorsqu'elle resignera avec la Fox (Zanuck n'en est plus le directeur de la production), d'obtenir une souplesse accrue concernant les scénarios, les metteurs en scène et même les opérateurs. Victoire très partielle. Marilyn voudrait qu'Hollywood la prenne au sérieux. Et Hollywood la regarde comme une excitante poupée (elle a trente-trois ans) qui ne va pas tarder à perdre son formidable *sex appeal* si elle persiste, intoxiquée par les intellos fumeux de Manhattan, à se prendre pour une tragédienne en puissance. Son image nue illustrait naguère des calendriers publicitaires. On lui conseillerait volontiers de ne point changer de registre, à vingt centimètres carrés de tissu près.

Tel est le non-dit entre Yves Montand et sa voisine, quand, la mi-février venue, le tournage démarre. Dès 5 h 30 du matin, Marilyn se roule en boule, poursuivie par le sommeil, à l'arrière de la Ford rouge qui l'emmène au maquillage (un reportage de *Life* montre sept experts, pas moins, appliqués à reconstruire lentement l'illusion de la veille : deux coiffeurs, un perruquier, le spécialiste des faux cils, celui des poudres, celui des fards, celui qui souligne les paupières inférieures, surveille leur blancheur, indice de jeunesse, et entretient l'éclat du regard). Montand, lui, est dispensé de ces supplices propres à l'autre sexe : deux heures supplémentaires de sommeil lui sont consenties avant qu'une seconde Ford — grise, celle-là — ne s'arrête devant l'hôtel.

Afin d'atteindre le bon plateau (dédié à Tom Mix, dont le cheval blanc marqua les débuts du western et mit en transes, jadis, le jeune abonné de l'Idéal Cinéma, à la Cabucelle), il faut franchir plusieurs centaines de mètres de décors hétéroclites : un village des Vosges durant la guerre de 14-18, un château médiéval, un derrick élevé, un entrepôt où s'accumulent des balles de coton, la gare de Port-Johnson et son train de western, un désert mexicain hérissé de cactus. Bien que la télévision soit à l'offensive, Hollywood engendre quelque 180 films par an. Le déclin est en marche; il ne s'aperçoit pas encore à l'œil nu.

George Cukor est un être doux, cultivé, patient, doué d'humour. Et d'ironie. Le rituel carnivore et majestueux de la Californie, il l'a franchement croqué, en 1954, dans *A Star Is Born* (avec Judy Garland et James Mason), miroir fidèle et sombre tendu au clan par l'un des siens qui n'a plus rien à en apprendre, la soixantaine approchant. Il compte parmi ces homosexuels auprès desquels les femmes trouvent un havre, et est connu pour diriger harmonieusement les plus difficiles (Greta Garbo, Ava Gardner, Katharine Hepburn, Jean Harlow, Judy Holliday, Sophia Loren, Anna Magnani, Lana Turner, entre autres, l'ont vérifié). Il accueille Montand chaleureusement, lui conte mille histoires, affectant, devant le sourire complaisant et interloqué qu'affiche prudemment l'auditeur, de ne point remarquer que ce dernier n'a pas saisi une syllabe. Il ponctue ses consignes d'encouragements — « *Yes, this man is very good...* » —, mise sur la patience — « *Don't worry*, on doublera ce qui passe mal... » — et ainsi, peu à peu, détend le Français obsédé par ses « prières ».

Marilyn, elle, est d'abord absorbée par les numéros musicaux. Un samedi après-midi, avant d'entamer le travail commun, Montand assiste à une ultime répétition. Fond noir. Un mât le long duquel glissent deux jambes replètes amincies par la soie, noire également. Un long, trop long pull irlandais. Et une blondeur faussement ébouriffée. Le visage rose et plein cligne de l'œil :

My name is Lolita and uh
I'm not supposed to play

With boys — Moi? Uh uh
Mon cœur est à papa
You know le propriétaire
Ba da ba da ba da ba da bee a ba da ba da bee a ba da

Honnêtement, Montand, qui pratique cet art et ses règles strictes, juge que sa camarade ne bouge pas si merveilleusement que cela. Une raideur subsiste. Elle en est d'ailleurs parfaitement consciente et, d'elle-même, invite Jack Cole, célèbre chorégraphe au profil anguleux doté d'une barbe fine, à commander de nouveau l'exercice. «Elle n'est pas une grande danseuse et elle le sait, avouera Cole aux journalistes de *Life*[9]. Elle est une grande star qui manque de bases et d'expérience. Mais sa crainte de mal faire la motive incroyablement. Elle en veut, elle aimerait réussir son numéro mieux que quiconque. Son perfectionnisme est tel qu'elle espère toujours disposer d'un peu plus de temps, s'accorder une répétition supplémentaire.»

Ce perfectionnisme sans perfection conquiert aisément le spectateur privilégié. Sans doute n'est-elle pas et ne sera-t-elle jamais une danseuse étoile, Marilyn. Mais, lorsqu'elle égrène de sa voix flûtée *pidou pidou pidou wah* en agitant ses rondeurs exquises, elle est plus fraîche, et plus drôle, et plus proche que toutes les Pavlova de l'univers.

En retrait, une ombre monte la garde. Duègne, mentor, aide de camp? Paula Strasberg, épouse de Lee, le «pape» de l'Actor's Studio, ne quitte pas son «élève» d'une semelle. Éternellement vêtue d'une robe sac noire, les cheveux maigres plaqués vers l'arrière, pour tout bijoux une montre en sautoir, Mrs. Strasberg ébauche constamment la moue rébarbative de l'indispensable *coach*. Elle fut dans sa jeunesse, à l'aube de l'ère rooseveltienne, membre du Group Theater, bouillant assemblage des talents iconoclastes qui allaient révolutionner les scènes américaines (les chefs de file s'appelaient Lee Strasberg, Harold Clurman, Cheryl Crawford, le régisseur factotum n'était autre qu'un certain Gadge, et le principal fournisseur de textes se nommait Clifford Odets), elle fut parallèlement la camarade de cellule d'Elia Kazan à l'épo-

9. 15 août 1960.

que où s'inscrire au Parti communiste était le *must* de la contestation profanatrice, puis devint, aux côtés de son mari, le pilier du Studio new-yorkais, école dramatique, école de vie où l'on n'enseigne pas une technique, mais une respiration, une éthique, une apnée libératrice après exploration des profondeurs du moi.

De plateau en plateau, elle «colle» à Marilyn, qui la consulte sur chaque réplique, chaque geste. Billy Wilder, Laurence Olivier et la plupart des réalisateurs qui ont eu à diriger Miss Monroe ont gardé un souvenir cauchemardesque de ce fonctionnement en doubles commandes. Mais la célébrissime actrice a si peur d'elle-même qu'elle réclame cette présence, ce moniteur de contrôle. «C'est une fille nerveuse, dit à son sujet Paula Strasberg[10]. Ce qui se produira dépend du bon usage qu'elle fait de sa nervosité. Elle ne savait pas s'en servir avant que nous[11] lui montrions comment s'y prendre.»

Arthur Miller n'est guère tendre envers Paula — qu'il connaît bien, professionnellement et personnellement. Et il s'indigne, rédigeant ses Mémoires, que les appointements de cette dernière pour suivre le tournage de *Let's Make Love* fussent supérieurs au cachet du premier rôle : «Marilyn supportait sa stupidité et ses conseils perturbants parce qu'avant tout elle était son lien avec Lee, envers qui elle manifestait une soumission presque religieuse… [Paula] était la mère imaginaire qui confirmait tout ce que Marilyn avait envie d'entendre, y compris ce que sa vulnérabilité et son manque de sophistication dramatique la portaient à croire[12].»

En un sens, Yves Montand a eu de la chance d'avoir l'esprit totalement mobilisé par la hantise de dominer son texte (aujourd'hui encore, visionnant le film, il se demande de quel gosier sort cette voix qui parle anglais; la langue lui est devenue familière, il aime parsemer la conversation d'expressions américaines, mais le mystère de cette initiation brutale, à ses propres yeux, reste entier). S'il avait eu le loisir de mieux inventorier la complexité du piège où il s'était si joyeusement

10. A David Zeitlin, *ibid.*
11. Les animateurs de l'Actor's Studio *(NdA)*.
12. Au fil du temps, *op. cit.*

précipité, il se serait enfui en courant. Précisément, l'« innocence » avec laquelle il entame le tournage va le servir fort au-delà de ce qu'il imagine.

Je suis à mille lieues de penser qu'il pourrait se passer quoi que ce soit entre Marilyn et moi, à mille lieues — sinon je le dirais. Si je rêve d'avoir le béguin pour quelque chose, c'est pour la langue anglaise. Les autres, autour, mangent, discutent, vivent. Et moi, je ne pense qu'à mon texte. Car il ne rentre pas, je ne m'en imprègne pas — c'est la pire difficulté que j'aie jamais éprouvée dans ma carrière d'acteur (songez à un avocat, un universitaire, un homme politique qui en trois semaines doit apprendre par cœur *un discours de cent pages dans une langue étrangère). Il faut que je m'exprime aisément. Et il faut que j'y ajoute une certaine morgue contrôlée. Ma trouille est telle que ne je ne prête guère attention à Marilyn, ni à personne, d'ailleurs. Je la trouve joliment potelée, je me dis que mon ami Arthur a une fort belle femme. Mais je n'ai qu'une obsession dans le crâne : le texte, le texte, le texte. Et puis je suis amoureux de Simone, point final.*

Le premier jour, je suis mort de peur. Le lecteur ne comprendra rien à cette histoire s'il s'en tient à la ritournelle de l'artiste qui baise abondamment, porte des paillettes, conduit des voitures superbes et habite des hôtels de luxe (toutes choses qui arrivent, bien entendu). Au départ, nous n'avons en commun, Marilyn et moi, qu'une idée fixe : le travail. Elle bosse, elle bosse. Elle aussi, il faut qu'elle gagne.

Nous attaquons le film dans l'ordre, par le dialogue de la rencontre. Marilyn-Amanda commence :

— You're really French, aren't you?

— Yes. Very much so.

— Been here long?

— I go back and forth. My family is rather transatlantic[13]...

13. « Vous êtes réellement français? — Tout ce qu'il y a de plus français. — Vous avez longtemps séjourné chez nous? — Ça va ça vient, ma famille est nettement transatlantique... »

Ah, le th *de ce* forth*! Je m'y étais entraîné en répétant* fifTH Avenue, fifTH Avenue... *Et j'essayais de me draper dans une dignité aussi* british *que possible.*

Finalement, cela ne va pas si mal. Mais, auparavant, un épisode rapide nous a rapprochés tous les deux. Je l'attendais pour donner la scène. Elle était en retard (j'ignorais presque tout d'elle, mais sa réputation à ce sujet m'était quand même parvenue). Et la voici enfin qui s'excuse :

— You're going to see what it does mean to shoot with the worse actress in the world[14]!

Quand elle prononce ce with, *sa langue pointe entre ses dents, et c'est ravissant. Je cherche mes mots pour lui répondre gentiment, calmement :*

— So you're scared... Think of me a little bit. I'm lost[15].

Et soudain cet aveu la délivre. Elle n'en revient pas. Le Continental *auquel elle est « opposée » dans la distribution, et dont elle s'est formé une image inquiétante (l'auréole du* Salaire de la peur, *des* Sorcières de Salem, *le succès télévisé, le triomphe à Broadway sous les applaudissements de Marlène Dietrich ou d'Ingrid Bergman, etc.), eh bien, le Continental tremble et ne s'en cache pas. C'est un choc réel, pour une femme qui rumine ses complexes par rapport aux autres comédiens et qui s'estime, non sans raisons, plus ou moins méprisée par les gens d'Hollywood. C'est la première fois qu'un* leading man, *un homme qui doit garder son rang, et devant qui la règle est de garder son rang, la met en confiance simplement parce qu'il partage sa peur avec elle.*

Elle ne s'est jamais plainte devant moi des conflits antérieurs. A propos de Tony Curtis, elle a seulement dit : « Ça n'a pas été facile. » Mais, à compter de ce moment, elle a su que je savais, que je l'avais percée à jour (comme, très certainement, Elia Kazan avant moi). Arthur Miller ne saisissait probablement pas la vraie nature d'une telle panique : il n'est pas comédien, il apprécie parfaitement le travail du comédien ou de la comédienne, mais la chimie intime des

14. « Vous allez voir ce que c'est que de jouer avec la pire actrice du monde ! »

15. « Vous avez peur. Mais pensez un peu à moi. Je suis perdu. »

acteurs, il est nécessaire d'être acteur soi-même pour la deviner. Et encore !...

Peu après, une autre confidence a recoupé mon impression. Nous étions sortis dîner en ville, les deux couples, et nous rentrions à l'hôtel. Dans la limousine, Simone discutait avec Arthur. Marilyn, en aparté, me souffle :

— You know, Cukor is not a very great director[16].

Je rassemble mes bribes d'anglais pour protester :

— Sorry, don't say that. Is not true... Cukor great director and he loves the actresses. You look beautiful, but I think you're afraid of acting. You need rehearsals[17]...

Après un temps :

— Yes, you're right. I think maybe we need rehearsals[18].

Voilà comment, pour apaiser nos appréhensions respectives, nous nous sommes mis ensemble au travail. Je frappais à sa porte ou elle venait chez moi : « How are you ? — Fine ! — We work now... » *Nous nous asseyions face à face, et on répétait, répétait, elle corrigeant mon anglais, moi l'aidant de mon mieux à prendre confiance en elle. Et l'image qui me revient est celle de Marilyn en jeans à carreaux écossais, la chemisette entrouverte (absolument pas équivoque), et de ses yeux incroyablement bleus, qui conservaient cette limpidité que la plupart des autres femmes n'ont que par périodes, par éclats. Était-ce la lumière particulière de ces jours d'hiver californien ? Je ne sais pas.*

Il est certain que l'influence du *Frenchman* s'avère bénéfique. Au départ, Marilyn Monroe se montre égale à elle-même : non point « capricieuse » (telle est l'étiquette que les *columnists* se plaisent à lui accoler), mais reculant sans cesse avant de se lancer. Tout lui est prétexte à différer l'instant où l'on annonce « moteur ! » — une goutte de sueur, la mèche

16. « Tu sais, Cukor n'est pas un très grand metteur en scène. »

17. « Mais non, ne dis pas ça : Cukor est un merveilleux metteur en scène et il adore les actrices. Tu t'en tires magnifiquement, mais je vois bien que tu as peur de jouer et que tu as besoin de répétitions. »

18. « Oui, tu as raison. Peut-être devrions-nous répéter encore. »

platinée qui rebique, le pull-over irlandais de *My Heart Belongs to Daddy* qui s'étire et pendouille à force de répétitions. Elle ne perd pas son temps : de son point de vue, elle en gagne, court s'abriter contre Paula Strasberg, écoute cette dernière en se rongeant les ongles, disparaît, promène son trac de long en large dans le vain espoir de le fatiguer, de l'endormir. Et Montand patiente, quelquefois aussi s'impatiente, se sent devenir objet, une chose garée dans un coin en attendant qu'on démarre (« *I'm not a car !* » plaisante-t-il sombrement, préférant blaguer plutôt que de laisser monter en lui l'exaspération à laquelle avait cédé Tony Curtis).

Mais Klint Heurtebise, l'assistant opérateur, ou Dorothy Jickens, l'habilleuse, perçoivent combien ces flottements lui coûtent. Il en oublie qu'un milliardaire habillé de flanelle grise (les tailleurs italiens de la Fox ont préparé dix complets) sous un aristocratique pardessus de cachemire aux revers et au col de velours marron ne saurait instinctivement mettre ses mains dans ses poches à la manière d'Yves Montand sur les planches de l'Étoile...

Plusieurs témoignages prouvent la virulence de la crise que traverse Marilyn Monroe dans cette première phase du travail. Elle consulte un psychanalyste renommé, le Dr. Ralph Greenson[19], auprès de qui elle déplore les insuffisances du scénario de *Let's Make Love* et se plaint de Paula Strasberg, devenue, dit-elle, insuffisamment attentive. L'analyste est effrayé par sa consommation de Demerol, analgésique narcotique, et de divers médicaments analogues dont elle a sollicité la prescription chez une multitude de praticiens.

Simone Signoret raconte qu'un matin, vers 10 heures, son mari lui téléphone du studio, fort désemparé : Marilyn n'a point paru, et toute l'équipe chôme sur le plateau. Arthur Miller est présentement absent d'Hollywood : il s'est envolé pour l'Irlande afin d'y peaufiner avec John Huston le script des *Misfits*. Simone frappe à l'entrée de l'appartement voisin, crie, cogne. Rien. Montand regagne l'hôtel, griffonne un billet qu'il glisse sous la porte de sa partenaire, et qui s'achève ainsi : « ... Ne me laisse pas travailler pendant des heures sur la scène que tu as déjà décidé de ne pas tourner

19. Le fait est établi par Anthony Summers, *op. cit.*

le lendemain. Moi, je ne suis pas un affreux, je suis ton copain, et les caprices de petite fille ne m'ont jamais amusé. Salut ! » Le message est lentement aspiré vers l'intérieur, mais sans effet. Jusqu'à la nuit tombée, où Miller appelle depuis Dublin : Marilyn, explique-t-il, a trop honte pour sortir. Et les Montand récupèrent une gamine en pleurs qui se frappe la poitrine : « *I'm bad, I'm bad, I'm bad, I won't do it again*[20]... »

Yves Montand a probablement visé juste en employant le mot « caprice ». Les confidences échangées avec sa partenaire levaient cette hypothèque, ce soupçon : il la pique au vif, la met au défi. Marilyn, prise en faute, coupable d'avoir rompu le pacte tacite, retrouve la terre ferme et, peu à peu, les répétitions aidant, l'impensable se produit — elle se maîtrise, respecte les horaires et les lois du métier avec ni plus ni moins d'écarts que n'importe quelle comédienne. Le phénomène est tellement inattendu que George Cukor, Arthur Miller, Jerry Wald expriment au Français leur gratitude et respirent enfin. Voilà quatre années que la star ne s'est pas comportée de façon quasi normale.

Miracle de l'amour naissant ? Telle est la version qu'adopteront fatalement nombre de chroniqueurs. Norman Mailer[21], tenaillé par la jalousie presque morbide qu'il manifeste envers les anciens amants du lumineux objet de son désir, ne manque pas d'exploiter ce filon. « Montand, écrit-il, se vante : "Elle a tellement changé que, sur le plateau, elle fait tout ce que je lui dis. Tout le monde est stupéfait de sa coopération ; elle me regarde sans cesse pour quêter mon approbation !..." » « Vantardise » fondée, avoue le grand écrivain, lequel conteste aussitôt, non sans perfidie, les effets du prodige : « C'est vrai, reconnaît-il, elle n'a jamais tourné un film où elle ait montré autant de docilité avec un metteur en scène. Elle n'a jamais non plus tourné un film où elle soit aussi quelconque. Nous retrouvons là une triste vérité. Il n'y a pas forcément compatibilité entre l'art et le sexe. »

« J'ai parcouru ce livre de Norman Mailer, commentera

20. « J'ai pas été bien, j'ai pas été bien, je ne le ferai plus... », in *La nostalgie n'est plus ce qu'elle était, op. cit.*
21. *Op. cit.*

Montand en 1974[22], je crois que c'est un petit peu le *France-Dimanche* du riche... » Et il ajoutera, afin de souligner combien les stéréotypes polluent même les meilleurs romanciers : « Elle [Marilyn] n'était pas plus vamp qu'une fille de la Samaritaine ou d'ailleurs... »

Le hasard voudra qu'un quart de siècle après la sortie du *Milliardaire* Yves Montand, présidant le jury du festival de Cannes, soit contraint de délibérer avec l'auteur d'*Un rêve américain* et de *Prisonnier du sexe*. Il essaiera de lui expliquer brièvement qu'il faisait fausse route (et relèvera un commentaire désobligeant envers Simone Signoret — accusée de « balourdise française » — à la fin de l'histoire), mais Mailer, conciliant ou fuyant, coupera court : « *Come on, forget it, forget it !* »

En réalité, le changement d'attitude de Marilyn est nettement antérieur à l'idylle qui se nouera bientôt. Il ne s'agit pas seulement d'une affaire de chronologie. Montand insiste à ce sujet pour souligner la suprématie des considérations professionnelles sur tout autre élément. Il ne lui a certes pas été indifférent d'entendre, au moment où se négociait le contrat de *Let's Make Love*, que la plus belle fille d'Amérique déclarait à la presse : « Avec Marlon Brando, et juste après mon mari, Yves Montand est l'homme le plus séduisant que j'aie rencontré. » Mais, en 1960, il est persuadé, et le demeure aujourd'hui, que les vertus « apaisantes » dont l'effet sembla tellement spectaculaire ne furent pas d'abord le fruit d'une passion brusque, mais celui d'une connivence peut-être plus secrète : il a « dénoué » Marilyn parce que tous deux avaient en commun une angoisse constitutive qui n'étouffait ni chez l'un ni chez l'autre un sens aigu de la dérision. Chef-d'œuvre ou pas, scénario génial ou construction laborieuse, ils s'y sont jetés à corps perdu, même sans nourrir trop d'illusions sur l'issue de l'entreprise.

C'est la faille entre tant de sérieux et tant d'incertitude qui suscita, justement, le vertige qui les réunit. On est loin, évidemment, des vulgarités usuelles, des potins du *Daily Variety* ou du *Hollywood Reporter*, du vaudeville et des « vantardises ».

22. Sur l'antenne d'Europe 1, interviewé par Charles Villeneuve.

Autant le chanteur-acteur est assuré, au music-hall, d'être jugé pour ce qu'il est, autant il a expérimenté, au cinéma où l'aventure est collective, cette sorte de règle inique et souveraine qui requiert qu'on ne soit presque jamais ni blâmé ni loué pour ce qu'on est vraiment. La star hollywoodienne Marilyn Monroe est la proie idéale de cette machine infernale. Et Montand, qui se bat depuis quinze ans afin d'être pleinement reconnu sur ce terrain, n'a pas grand effort à fournir pour deviner ce genre d'obsession. Voilà, selon lui, le premier secret de son « pouvoir » sur Marilyn.

Ce qui nous a énormément rapprochés, tous les deux, c'est que nous venions de milieux populaires, c'est le comportement de Marilyn pendant la chasse aux sorcières où elle s'est complètement solidarisée avec Arthur Miller, provoquant la fureur des studios. Mais c'est encore autre chose, de plus profond. Ma sympathie a grandi envers elle quand j'ai saisi sa vulnérabilité, sa lucidité, sa réelle tristesse de ne pouvoir interpréter « un rôle » (elle considérait, elle, avoir eu cette occasion dans Bus Stop, *alors que je songerais plutôt à* Don't bother to knock*). Elle aurait rêvé que les gens de la profession demandent : « Avez-vous vu Marilyn Monroe dans ceci ou cela ? » Mais elle savait parfaitement à quoi s'en tenir, elle n'était pas dupe une seconde de son déguisement de star. Et moi, même si j'adorais comme tout le monde ses* pou pou pidou, *j'établissais un certain parallélisme entre nous. Quand j'ai débuté au cinéma, je n'étais pas très bon. Par la suite, j'estime que j'ai inscrit deux ou trois choses honorables à mon actif, avec des faux pas quand même, et des interprétations excessivement tirées vers le côté « bon gars sympathique et bien simple ». A l'époque du* Milliardaire, *Hollywood ou pas, le décollage n'était pas confirmé. Et moi non plus, je n'étais pas dupe.*

Deux événements vont modifier le climat et le calendrier des opérations. A l'orée du mois de mars 1960, les « nominations» pour les Oscars, traditionnellement décernés en avril, sont rendues publiques. Les noms les plus attendus concernent le meilleur acteur, le meilleur film, la meilleure comédienne. Cinq actrices, à chaque fois, sont l'objet d'une première sélection (par 2 500 professionnels qui votent à bulletin secret). Et un second tour (25 000 personnes se prononcent alors) attribue à l'une d'entre elles la statuette dorée qui distinguera la triomphatrice de l'année. Les Césars, Molières, Victoires et autres parodies, dans chaque pays, de la procédure hollywoodienne, ont quelque peu banalisé la manière et l'enjeu — les téléspectateurs américains eux-mêmes ne montrent plus, à présent, l'enthousiasme de jadis. Mais, en 1960, quoique la décennie qui commence marque la fin de l'âge d'argent du cinématographe, l'Oscar, c'est le prix Nobel, une récompense unique au monde et, contrairement au prix Nobel, très rarement accordée à qui n'est pas de langue anglaise, du pays, du sérail... bref, d'Hollywood.

Elles sont donc cinq. Katharine Hepburn et Liz Taylor *(Suddenly Last Summer)*, Audrey Hepburn *(Nun's Story)*, Doris Day *(Pillow Talk)*. Et Simone Signoret *(Room at the Top)*.

Sans préjuger du résultat ultime, c'est déjà un événement. Inclure une comédienne française, portée par le succès d'une modeste production anglaise, parmi les finalistes tranche avec les pratiques antérieures. Que cette comédienne, en outre, passe pour quasi communiste, ait été longtemps *persona non grata* sur le sol des États-Unis, et figure maintenant au premier rang des célébrités reconnues, porte la surprise à son comble. Au point que la fielleuse Hedda Hopper, *columnist* vedette du groupe de presse Hearst — lors d'une émission télévisée, elle s'est vertement agrippée avec Simone Signoret à propos du maccarthysme —, «oublie» purement et simplement de mentionner le nom de cette dernière.

Marilyn aussi est «oubliée». Pour d'autres raisons, toujours les mêmes, l'interprète de *Some Like It Hot* est *a priori* laissée sur la touche, en marge des grands. Il est inconcevable qu'un pincement de jalousie ne l'ait pas affectée quand sa copine Simone, d'apparence si assurée, de verbe si haut et dru, impose sa quarantaine arrondie avec une telle autorité.

Le contraste entre elles — du moins le contraste entre les

reflets qu'elles offrent au public — est criant. Tandis que Marilyn, à mi-parcours de la trentaine, cultive malgré tout le personnage dont elle est affublée, personnage qu'elle exècre et considère à la fois comme son filet de survie, Simone prend à contre-pied les Américains (et plus encore les Américaines), proclamant que l'âge n'est pas un péril si terrible et que le rang de star ne la tente guère. Paroxysme de la désinvolture...

« En un temps qui glorifie les nymphettes et les bombes sexuelles qui décoiffent, Simone Signoret s'est forgé l'attirante image d'une femme chaleureuse, mûre, et féminine », commente la journaliste Laura Bergquist dans *Look*[23]. Et la Française confirme qu'elle est atypique : « Je n'éprouve nul désir de devenir réellement une grande star. C'est un fardeau écrasant et je suis trop paresseuse pour me laisser contaminer par des obligations qui ne m'amusent pas. Je connais une grande actrice européenne qui, vingt-quatre heures par jour, surveille son visage, son corps et son compte en banque. Je parie que son délicieux mari lui-même doit prendre rendez-vous pour faire l'amour. A quoi ressemble une existence pareille? Pour l'instant, beaucoup de gens apprécient mon travail, et c'est merveilleux d'être aimé — peut-être les spectateurs en ont-ils assez des gentilles poupées. Ça marche donc fort, cette année. Mais, l'année prochaine, un nouveau visage éclipsera le mien... »

Il faut un aplomb d'enfer pour adresser aux Californiens une telle profession de foi. N'empêche, songe vraisemblablement Marilyn, la star du moment, c'est celle qui s'affiche antistar. Et réciproquement.

Le second événement n'est pas plus prévisible. Du début de mars jusqu'au milieu d'avril, tous les comédiens de Los Angeles, sur l'injonction de leur puissant syndicat, observent une grève sans merci afin d'être intéressés aux *royalties* versées par les chaînes de télévision qui diffusent des films issus de l'industrie cinématographique. Conflit hautement significatif de l'éclatement dont est victime l'empire des *movies*. Durant des semaines, les plateaux sont désertés, les tournages interrompus. Malheur à qui ne respecterait pas la consi-

23. 19 janvier 1960.

gne (une indemnité journalière est versée aux acteurs par le syndicat en sorte que le front ne soit la proie d'aucune indécision) ! Voilà Yves Montand gréviste, et Marilyn Monroe de même.

Au départ, chacun ignore que la profession s'embarque pour une très longue épreuve de force. Les Montand et les Miller trompent l'inaction en s'accordant quelque loisir. Un week-end, ils se rendent à la *public beach* (une plage populaire dont l'accès est resté libre) d'Hermosa. Le coiffeur de Marilyn y possède une maison et en a confié la clé à sa cliente. Tous quatre se perdent dans la foule, longent tranquillement le rivage. Arthur Miller enlève ses lunettes et plaisante : « Maintenant, personne ne nous reconnaîtra. » De fait, le quatuor traverse le flot compact des baigneurs sans être importuné. Puis on déjeune sur le pouce à la villa prêtée. Marilyn achève soigneusement la vaisselle pendant qu'Arthur rédige un mot de remerciements.

Un dimanche très ordinaire. Un peu trop...

Voyant que la paralysie des studios s'éternise, Miller décide de profiter du battement pour respirer l'air new-yorkais et parachever les *Misfits* — le « grand rôle » qu'il destine à Marilyn et qui sera paradoxalement son cadeau de rupture. Le couple abandonne la suite n° 21. Yves et Simone, du balcon, lui adressent des signes d'adieu.

— *Good luck ! I know ! I know you're going to get it*[24], crie, de sa petite voix perchée, la star à l'anti-star.

Elle parle de l'Oscar, bien sûr, et Simone, bien sûr, va l'avoir.

C'est un soir d'avril 1960 où Los Angeles se donne à elle-même en spectacle, où des colonnes de lumière, comme dans le générique de la Twentieth Century Fox, balaient le ciel et avertissent les simples mortels que les dieux s'apprêtent pour un banquet sacré. Vincente Minnelli a mis en scène la grand-messe, Bob Hope en est le M. Loyal. C'est un soir d'avril où la rumeur de la planète s'assourdit, où l'on se moque éperdument du schisme définitif consommé entre Pékin et Moscou, de la deuxième « bombinette » française qui vient d'exploser dans le Sahara, de la « tournée des popotes » enta-

24. « Bonne chance, je suis sûre que tu vas l'avoir ! »

mée par Charles de Gaulle en Algérie ou de la visite que rend Nikita Khrouchtchev à ce dernier. C'est un soir où Hollywood s'abandonne avec ivresse à son narcissisme coutumier, où le défilé des limousines, le *black and white* des smokings, les épaules nues et les robes délibérées de longue date (Simone a opté pour du plumetis noir) sont la seule actualité qui vaille.

Simone Signoret a le trac. Yves Montand aussi, car il compte parmi les *performers* de la soirée : Minnelli lui a demandé deux chansons. Ils ont, en prime, le trac l'un pour l'autre.

Se produire devant des salles huppées, exigeantes, acerbes, Montand y est rodé, même si le parterre du Pantage RKO Theater, cette nuit-là, dépasse en coefficient de notoriété toutes les occasions précédentes. Autre chose l'émeut, sans équivalent aucun : une violente bouffée de Cabucelle. Lorsque son tour a sonné, après l'Oscar de la meilleure musique, Bob Hope appelle M. Fred Astaire. Et c'est M. Fred Astaire qui annonce : « *I have the great honor, the great pleasure to present to you a French singer called Yves Montand...* » Lequel, dans *Un garçon dansait*, imite Fred Astaire, avant d'entonner *A Paris...* Souvenirs gigognes, émois récurrents. Il salue, rejoint Minnelli en coulisses. Ce dernier l'invite à retourner s'asseoir dans la salle. « Mais non, objecte le chanteur, le prochain Oscar est celui de la meilleure actrice, et c'est ma femme qui l'aura. » Ébranlé par tant de conviction, le maître de cérémonie en reste bouche bée. Pendant ce court dialogue, Rock Hudson décachette l'enveloppe.

Un photographe de *Life* a saisi le geste et l'expression de la comédienne à l'instant exact où son nom est prononcé. Elle plaque ses mains sur sa poitrine, expire avec une telle énergie que son buste part en avant, qu'elle se lève à demi. La joie peut vous assaillir avec la même démesure qu'une catastrophe. Et c'est ce que disent alors ses yeux et son corps.

Ensuite règne le flou d'un tourbillon débridé. Simone Signoret préside, avec l'équipe de *Ben Hur* qui n'a pas raflé moins de dix trophées — meilleur film, meilleur réalisateur (William Wyler), meilleur acteur (Charlton Heston) —, des agapes données au Beverly-Wilshire (le rival du Beverly Hills Hotel, sur l'artère qui constitue la frontière méridionale d'Hollywood). Sa victoire personnelle se double d'une victoire remportée par le milieu contre lui-même : les sorcières, à travers le choix effectué, ont été définitivement exorcisées. Plusieurs élus de la soirée, vigoureusement applaudis, sont des rescapés de la liste noire. Mais le symbole le plus éloquent de la réhabilitation en cours, de la détente qui se vérifie, est sans doute le couronnement de la sulfureuse actrice française. « *Those communists* », grince Hedda Hopper…

Montand se rappelle confusément une avalanche de *congratulations, congratulations* déversées par des inconnus, la sollicitude d'innombrables producteurs (qui, par la suite, l'inviteront au bord de leur piscine ou bien le prieront de s'associer à une partie de poker menteur : il aura pour partenaire Henry Fonda), les « tout va bien, mon chéri ? » de Simone, soucieuse que son époux n'ait point le sentiment de se muer en M. Signoret…

Mais non. Il n'éprouve pas de jalousie, assure-t-il. Plutôt de l'admiration et de la fierté. L'impression d'être embarqué dans un interminable conte de fées très moral, dans une fusée dont les accélérations ne cessent de le surprendre.

C'est Marilyn qui est jalouse. Lena Pepitone, la « femme de chambre » et confidente, rapporte[25] que sa patronne se serait plainte au téléphone, peu après la distribution des prix :

— Elle a l'Oscar, elle a Yves, elle est intelligente, tout le monde a des égards pour elle… Elle a tout ! Et moi, qu'est-ce que j'ai ?

Elle a du vague à l'âme, et beaucoup plus. Non seulement la reconnaissance professionnelle qu'elle espère en vain recule comme l'horizon devant ses pas, mais le contrepoids de cette amertume, son alliance avec Miller (alliance ironiquement qualifiée de « contre nature » à Manhattan ou à Los Angeles) est en train de céder. L'écrivain-dramaturge, qui connaît probablement une des pires épreuves de son existence, s'aperçoit que deux fragilités ne sauraient engendrer une force, si tendre soit le lien qui les a associées. Il est dévoré par cet être éblouissant et perdu qui se croit abandonné et fait grief à l'autre d'une inéluctable impuissance.

Dans ses souvenirs[26], il résume l'atmosphère de ce dernier

25. *Marilyn Monroe secrète, op. cit.*
26. *Op. cit.*

printemps commun dont le soleil californien cachait mal la lourdeur : « J'avais joyeusement accepté le rôle qu'elle [Marilyn] façonnait depuis longtemps à l'intention de celui qui viendrait la sauver, et, jusqu'ici, j'avais échoué, de même qu'elle m'était apparue comme la bien-aimée sensuelle et miséricordieuse à laquelle une vie de refoulement m'avait préparé bien avant son arrivée. Entre ces rêves et la réalité, un vide s'était ouvert dans lequel s'était glissé le ver de la culpabilité — nous nous sentions l'un et l'autre coupables d'avoir été naïfs et imprudents ou, pire encore, de nous être mutuellement induits en erreur. »

Tout est en place non pas pour le vaudeville, mais pour une intrigue qui laissera des marques autrement profondes.

Les négociations entre le syndicat des acteurs et ses partenaires aboutissent. Les studios se réveillent, le tournage de *Let's Make Love* va reprendre. Au bungalow n° 20 du Beverly Hills Hotel, la statuette tant convoitée trône à côté d'une photographie de la maison d'Autheuil. Mais la grève a compromis le savant assemblage d'Yves Montand et de son épouse. Lui, une fois *Le Milliardaire* bouclé, devait filer au Japon, y honorer son engagement pour une dizaine de récitals, puis la rejoindre à Rome, où elle était attendue par le réalisateur Pietrangeli (en vue d'un film intitulé *Adua et ses compagnes*, avec Marcello Mastroianni, auquel sa participation était promise depuis longtemps). Ainsi auraient-ils accompli l'exploit d'achever presque sans séparation une saison fort agitée.

L'insurrection des acteurs californiens décale de deux mois l'agenda de Montand. Il est obligé d'annuler sa « session de rattrapage » japonaise. Et Simone Signoret de s'envoler pour l'Italie. Ils se reverront à Paris début juillet — jamais, sauf à l'occasion de *La Mort en ce jardin* (qui avait expédié Simone au Mexique en 1955), ils n'ont été loin l'un de l'autre durant un tel laps de temps. Parallèlement, le couple Miller — Simone Signoret est déjà partie — quitte New York pour Hollywood afin que Marilyn reprenne son travail. Mais le dramaturge s'absente aussitôt, prétextant des obligations envers les enfants de son premier mariage et la nécessité de se concerter, une fois encore, avec John Huston.

Le Français ne possède pas les éléments qui l'aideraient

à décrypter divers signes dont il ne saisira qu'*a posteriori* la portée. Un week-end, avant de se rendre à Reno, dans le Nevada, pour découvrir le futur cadre des *Misfits*, Marilyn glisse affectueusement à Montand : « *I'll miss you...* » Il note *miss you* sur un carnet et questionne un ami. Cela veut dire : « Tu vas me manquer », explique l'autre. Gentil, pense-t-il, touché, sans y chercher d'autre message. Il lui semble aussi qu'au moment du départ Arthur Miller murmure quelque chose comme : « *What will happen will happen*[27]... » Ou bien son anglais approximatif lui joue-t-il un tour ?

J'avais Marilyn pour moi tout seul, et je ne le savais pas. C'est à ma partenaire, ma camarade, que je rendais visite afin de répéter (après son week-end à Reno, elle n'a pu retrouver l'appartement voisin, son bungalow était un peu plus loin). Je ne la dissociais pas de son mari. La première fois que j'ai vraiment vu Marilyn, c'est un dimanche... Et cela faisait bien longtemps que nous nous côtoyions. Mais rien, strictement rien. Il arrive pourtant, dans notre métier, qu'après une scène difficile nous connaissions une espèce d'euphorie, de détente soudaine qui peut conduire à une bouffée de tendresse.

Chaque soir, en rentrant du studio, nous travaillons une heure ou deux. Quand elle se lève, à la fin, nous sommes encore dans la tension de la répétition, je fume cigarette sur cigarette, et puis elle sourit : « OK, now we'll eat... » *Je la regarde alors et je pense qu'elle est formidablement belle, saine, désirable — mais je ne la désire pas, je suis complètement ailleurs, que c'en est étrange, presque stupide ; simplement, je reçois cette énorme irradiation, l'impact de ce charisme rayonnant. Je suis fier de l'application, de la ponctualité qu'elle manifeste. Je perçois sa chaleur comme amicale.*

Un jour, elle est vraiment fatiguée, hors d'état de répéter. Et moi, j'ai une scène délicate sur les bras. Je m'apprête donc à rentrer chez moi et à potasser de mon côté. Je croise Mme Strasberg : « Allez donc dire bonsoir à Marilyn, me dit-elle, vous lui ferez plaisir parce qu'elle est ennuyée de ne pouvoir travailler... » J'y vais. Je me rappelle que le salon était

27. « Advienne que pourra... »

tout blanc, fauteuils blancs, rideaux blancs, une table noire, du caviar, et, comme d'habitude, une bouteille de champagne rosé. Je m'assois sur le bord du lit et lui tapote la main : « Tu as de la fièvre ? — Un peu, mais ça ira. Je suis contente de te voir. — Moi aussi, je suis content de te voir. — Comment s'est passée ta journée ? — Bien, bien... » Le dialogue le plus plat de la terre. Il me reste une demi-page à réviser pour le lendemain. Je lui fais le kissing good night. *Et sa tête pivote, mes lèvres dérapent. C'est un baiser superbe, tendre. Je suis à moitié sonné, je bafouille, je me redresse, déjà envahi par la culpabilité, me demandant ce qu'il m'arrive. Je ne me le demande pas longtemps...*

Le lendemain, les choses paraissent d'abord rentrées dans l'ordre. Nous travaillons. Mais c'est un incendie, un déchirement, je n'essaie même plus de calmer le jeu. Sur le plateau, la complicité est totale, Marilyn rit vraiment, rassurée, et c'est quelque chose, le rire de Marilyn. Le soir, à l'hôtel, elle emploie des ruses de Sioux pour me rejoindre dans mon bungalow, en passant par derrière.

Marilyn, on vous expliquera — et beaucoup de gens vous tiendront ce discours de bonne foi, après s'être informés — que c'était une fille déséquilibrée, rongée par les somnifères. Peut-être fut-elle cela aussi. Mais la femme que j'ai connue pendant trois mois n'était pas cette femme-là. Elle jouait Marilyn au-dehors. Et, au-dedans, j'ai connu quelqu'un de solide, doué de bon sens, avec la vitalité d'une paysanne bien « tanquée », bien plantée, d'une paysanne allemande : Marlène Dietrich à ses tout débuts, sur les premières photos, avant L'Ange bleu... *Souvent, elle est venue à mon appartement très tôt le matin, et nous avons pris ensemble notre petit déjeuner. Un* breakfast *avec Marilyn, c'était gigantesque, gargantuesque : deux œufs sur le plat, des petites saucisses, du fromage blanc ou du haddock, du lait, du jus de fruit (il est vrai qu'à midi, au studio, la pause était réduite à sa plus simple expression). Mais quelle faim ! Pardonnez-moi si ce n'est pas l'image habituelle, je dirai : quelle santé !*

Il y avait certainement en elle, obsédante, la perception de ses limites, la conviction de n'être pas la grande comédienne qu'elle aspirait à devenir. Mais c'était un personnage immense, une nature extrêmement forte — même si elle avait une toute petite voix à la ville comme à l'écran. La fascination qu'elle exerçait, sa puissance de séduction étaient présentes presque à son insu, qu'elle en joue ou qu'elle n'en joue pas. Elle n'avait pas besoin de rectifier la couture de son bas pour te donner des idées : en parlant de la pluie et du beau temps, ou du menu de la cantine, c'était pareil. Elle possédait une sorte d'innocence, et moins elle en faisait, plus elle était attirante. Marilyn était un être d'exception dans la mesure où c'était sa lumière intérieure qui la propulsait à l'avant-scène, devant les projecteurs. Si tu crois en Dieu, tu peux dire que c'est Dieu seul qui produit une lumière pareille, une lumière que ne maîtrise pas celui qu'elle habite... Marilyn souffrait de ne pas être une actrice reconnue, mais ce n'était pas véritablement une actrice : elle se situait bien au-delà du jeu.

Yves Montand ne contrôle ni ne comprend réellement ce qui l'emporte. C'est la première fois qu'il « trompe » sa femme au sens qu'il attribue à ce terme : c'est la première fois qu'il est « accroché » ailleurs. Car il sent bien que ce qui s'amorce avec Marilyn Monroe n'est pas une classique partie de plaisir ni le prolongement extraconjugal d'une camaraderie de tournage, comme cela intervient si fréquemment en semblables lieu et milieu.

Quelques symptômes avant-coureurs l'ont averti que le cap de la quarantaine n'est pas une étape ordinaire, un chiffre rond parmi d'autres. Marié ou pas, il a souvent éprouvé une pulsion de désir lors de telle ou telle rencontre — comme tout un chacun, avec peut-être, chez cet homme dont l'impétuosité est un ressort majeur, plus de violence et d'émotion. Mais, notamment depuis le début de la tournée aux États-Unis, une sensation moins banale l'a chaviré à deux ou trois reprises : le souhait frustrant, délectable et subit d'aimer et d'être aimé, d'être objet de tendresse et de la rendre sans limites. C'est une silhouette anonyme entrevue un matin à New York sur le chemin de la Berlitz School (il retourne en courant sur ses pas afin de croiser à nouveau l'inconnue qui l'a troublé et l'observe qui disparaît dans la foule). C'est la fraîcheur de

Jane Fonda, sagement assise dans le hall de l'Algonquin (par l'esprit, il se sent disponible pour toutes les « trahisons »). Ce sont les taches de rousseur, le teint si anglo-saxon d'une trépidante actrice hollywoodienne — Shirley MacLaine — aperçue à Los Angeles. Il a été tellement ébahi par ces bouffées lyriques qu'il s'en est carrément et candidement ouvert à Simone, laquelle a reçu la nouvelle avec une réserve compréhensible.

Marilyn et son amant se cachent de leur mieux, c'est-à-dire assez mal. Au studio, Cukor a compris. Bien que les navettes entre la caravane du premier rôle féminin et la loge du premier rôle masculin n'aient rien d'incongru, il est trop fin et trop bien placé pour ne point déceler et traduire les gestes esquissés, les regards furtifs. A l'hôtel, la circulation d'un bungalow à l'autre, entre les eucalyptus, tient du jeu de piste scout, et, comme tel, éveille fatalement, un jour ou l'autre, l'attention d'un guetteur : une femme de service noire aura la surprise, un beau matin de juin 1960, de se trouver nez à nez avec Miss Monroe quittant côté jardin l'appartement de Mr Montand. Tôt ou tard, les rédactions des feuilles potinières, disposant à chaque carrefour d'espions appointés, ajouteront les ébats des protagonistes de *Let's Make Love* à leur inventaire quotidien des attouchements nocturnes recensés — les plus illicites garantissant évidemment les meilleures ventes.

Devinant que le scandale menace, Montand redouble de précautions. Marilyn et lui dînent le plus souvent au restaurant en compagnie de Paula Strasberg, la duègne. S'ils s'accordent un tête-à-tête, c'est, vers la fin du tournage, dans un discret bistrot italien où l'actrice paraît démaquillée, ne conservant qu'une ombre sur les paupières. Ils acceptent trois ou quatre fois l'invitation d'amis comédiens, assistent à deux spectacles, sont reçus chaque semaine par des responsables de la Fox : rien qui sorte de la stricte routine.

Au fur et à mesure que se profile l'échéance de l'été (les dernières prises de vue du *Milliardaire*, selon le nouveau calendrier, n'excéderont pas le mois de juin), Montand oscille entre l'ivresse et la panique. Ce bonheur même, ce bonheur coupable le perturbe. Plus grave : nombre d'indices, et fort éloquents, montrent qu'aux yeux de sa compagne une joie si franche devrait être faite pour durer. Passion pure, soif de la sécurité qu'un partenaire lui dispense enfin, tentation plus trouble d'adresser à son mari un message en forme de verdict ou de bravade : toujours est-il que Marilyn s'accroche à Montand, qui en est simultanément ravi et désolé, ne pouvant ni ne voulant affliger son amie, mais obsédé par les conséquences de cette indécision. Un quart de siècle plus tard, il sera présenté à Milan Kundera, se plongera dans l'œuvre de ce dernier et en méditera maints extraits, dont celui-ci, qu'il cite volontiers : « Séduire une femme est à la portée du premier imbécile, mais savoir rompre est tout un art. » Affirmation dont la pertinence varie selon la partenaire.

Le public ou beaucoup de mes amis m'ont imaginé avant tout flatté de cette liaison. J'étais flatté, sans doute. Mais j'étais infiniment plus touché. Touché parce que c'était beau, et touché parce que c'était impossible. Pas une seconde je n'ai envisagé de rompre avec ma femme, pas une seconde; mais, si elle avait, elle, claqué la porte, j'aurais probablement fait ma vie avec Marilyn. Ou essayé. C'était le sens de la pente. Ça n'aurait peut-être duré que deux ou trois ans. Je n'avais pas trop d'illusions. N'empêche, ces deux ou trois ans, quelles années!

Par l'attitude qu'elle a choisie, Simone a empêché que la question soit posée. De fait, elle ne l'a pas été.

Juin tire à sa fin. Et la participation de Marilyn Monroe à *Let's Make Love* aussi. Elle repart pour New York, tandis que Montand reste à Hollywood : Cukor lui demande de postsynchroniser quelques scènes où sa diction était défaillante. Cette dizaine de jours solitaires favorise un examen de conscience tortueux.

De Rome, Simone Signoret se manifeste. Et pose des questions. La presse à scandales italienne — on connaît l'ardeur et l'inspiration fertile des *paparazzi* — lui a tiré l'œil. « *Schiaffi a Hollywood* » (« Des gifles à Hollywood »), lit-elle sur une manchette. Elle s'approche, amusée, et découvre que la victime s'appelle Simone Signoret, à qui son mari a décoché une paire de claques afin de guérir énergiquement sa jalousie maladive ! Elle ne rit plus, mais sourit encore. Bientôt, malgré l'exquise douceur du printemps romain et le cercle d'amis qui l'entoure, Simone ne sourit plus. Une *columnist* de Los Angeles, Dorothy Kilgallen, a donné le coup d'envoi, annonçant qu'« une actrice dont le nom a été cité à l'occasion de l'Oscar traverse en ce moment des ennuis conjugaux ». Ensuite, c'est la ruée. La comédienne de l'année, surnommée par les feuilles populaires de la Péninsule la *pantera rossa*, est sommée de défendre son honneur, de contre-attaquer.

Elle écrit à son époux une missive douloureuse dont le ton reste étal, où elle s'efforce de comprendre, d'expliquer, et joint pour l'anecdote une poignée de coupures de presse, se gardant d'ajouter la moindre pleurnicherie au torrent qui la noie. Cette démarche contenue est mille fois plus efficace que le moindre grief du style : « Comment as-tu pu, après tout ce qui nous a unis ? », etc.

Le destinataire, foncièrement enclin à la culpabilité, ne sait plus où il en est, craint que Marilyn n'aggrave les choses par quelque déclaration, la croit capable de démentis ambigus qui alimentent le soupçon. D'autant que les « commères » lui tendent la perche sous couvert de la sermonner. La « briseuse de ménages », la « voleuse de maris » reçoit maintes admonestations hypocrites. Ainsi Hedda Hopper dans une « lettre ouverte » : « Vous avez encore à prouver que vous êtes une grande comédienne. Votre succès n'est dû qu'à la publicité. Je vous en supplie, Marilyn, arrêtez votre autodestruction... »

Il est hautement probable, aussi, que le service des relations publiques de la Fox s'en mêle. *Let's Make Love* a coûté cher, plus cher que prévu (sans compter la grève), le scénario est léger, l'accueil incertain : il serait « sage » d'étayer le lancement grâce à l'aubaine d'une idylle affriolante et providentielle. On travaille donc dans cette direction.

Les publications vulgaires sont ravitaillées en chuchotements piquants (on lira, ici ou là, que la star s'est présentée au bungalow n° 20 nue sous son manteau, qu'Arthur Miller, ayant oublié sa pipe à l'hôtel, a surpris les amants au lit...). Et les titres honorables, en sublimes reportages photographiques. Au cours de l'été, *Life*[28] diffuse un dossier dont l'accroche est savamment équivoque : « Yves Montand s'est servi de son charme latin pour devenir, à l'écran, l'amoureux de Marilyn... » (« Il semble hautement aléatoire, précise l'article, que leur rencontre ait débouché sur une histoire sérieuse. Mais elle a relancé la carrière américaine de Montand. ») *Look*[29] laisse les hypothèses en pointillés, relevant que « la blonde préférée d'Hollywood et le troubadour préféré des Français ont inventé ensemble une redoutable alchimie ». Du bulletin local à la chaîne géante, il n'est guère de relais qui n'évoque l'« affaire » d'une manière ou d'une autre.

Le 30 juin 1960, Yves Montand transite par New York pour regagner Paris. Marilyn Monroe lui a préparé une surprise. Accompagnée de May Reis, son attachée de presse (il est prudent, ces temps-ci, de prévoir un cordon sanitaire, et Montand lui-même est escorté d'un cerbère fourni par la Fox), elle le guette à l'aéroport d'Idlewild, espérant transformer en tendre intermède l'espace d'une correspondance. Elle a même loué une chambre dans un hôtel voisin — sous un nom d'emprunt —, y a disposé des fleurs, mis du champagne au frais. Montand, descendant de la passerelle, se découvre assiégé : les journalistes sont nombreux, pressants, voire agressifs ; et l'émissaire de Marilyn, tout en débordant la meute, lui signifie qu'il est attendu.

Cela ne s'invente pas, sauf dans les pires feuilletons : une alerte à la bombe retarde le vol de Paris. La fouille de l'appareil et des bagages, est-il annoncé, durera quelque temps.

Il joue serré, refuse l'hôtel, accepte le champagne. Et c'est dans une Cadillac de louage que le Français et sa partenaire se disent adieu. Pour toujours (ou presque : ils ne se reverront qu'une fois, l'année suivante, rapidement et « amicalement »). « Se disent adieu » n'est sans doute pas la formulation adéquate : l'un — lui — dit au revoir à l'autre — elle — et indique ainsi que cet au revoir est un adieu. Ils restent blottis trois ou quatre heures à l'arrière du lourd véhicule climatisé, grignotent du caviar et boivent du champagne.

28. 15 août 1960.
29. 5 juillet 1960.

Montand embrasse Marilyn, lui explique doucement qu'il ne quittera pas Simone, ajoute qu'il a été heureux avec elle, qu'il espère l'avoir parfois rendue heureuse.

Les phrases qu'on prononce dans ces cas-là.

Quand ont paru les premiers papiers nous concernant, Marilyn et moi (sur le mode : on les a vus ensemble à la réception des Untel, au théâtre, etc.), j'ai envoyé à Rome un télégramme embarrassé, alambiqué, auquel Simone n'a répondu que par le silence. Elle a eu la force d'attendre que la situation soit devenue transparente pour réagir.

A mon retour, nous avons eu, naturellement, une explication, une seule (ensuite, nous n'en avons plus reparlé pendant trois mois). Ce fut d'abord terrible, violent, puis calme, apaisé — en apparence. Elle m'a dit : « Raconte-moi tout, je peux tout comprendre. » Je lui ai tout raconté, tout ce que je pouvais raconter sans nourrir cette jalousie rétrospective qui est la pire des jalousies. C'était à Autheuil, je la voyais cassée, triste, peinée que la fantastique décennie commune que nous venions de traverser paraisse ainsi ternie. Je regrette de lui avoir infligé ce chagrin. C'est ça que je regrette, seulement ça. Où que j'aille et de quelque manière que je vive, elle sera là. Et puis, je ne veux pas la chasser. Et quand je la chasse, quand j'y parviens un peu, c'est que j'essaie de survivre, aussi...

Après mes « aveux », elle a contré la presse à scandales avec un formidable sursaut d'intelligence et d'orgueil. Une équipe de télévision anglaise devait, la semaine suivante, venir l'interviewer, soi-disant au sujet de l'Oscar. Quand est sortie la question (les ligues féminines, de l'autre côté de la Manche ou de l'Atlantique, lui conseillaient de m'étriper — « Kill him »*), elle a tranquillement rétorqué : « Vous connaissez beaucoup d'hommes, vous, qui resteraient insensibles en ayant Marilyn Monroe dans leurs bras ? »*

Cette réplique sublime était doublement astucieuse : elle m'innocentait partiellement (même si ce fut très dur, peut-être plus dur que si les hostilités avaient été déclarées) ; et elle dissolvait le ridicule de la situation. C'est un peu comme dans l'histoire juive où un homme révèle à sa femme qu'il entretient une danseuse, affaire de standing, et où la femme, apercevant la danseuse au casino, chuchote : « Tu sais, c'est quand même la nôtre la mieux »... D'accord, son mec l'avait trahie, Simone, mais avec la plus belle fille du monde.

Notre vie a repris, cahin-caha au départ, mais elle a repris. Nous avons réussi à redémarrer. Et Simone a fourni un effort gigantesque pour ne pas se servir de l'épisode dans le feu d'une colère, d'une de ces disputes où, brutalement, « normalement », tout ressort. Là, elle s'est conduite comme une grande, grande personne. Ce que je n'étais pas et ce que je ne suis pas toujours.

En 1961, elle m'a offert une montre — je l'ai gardée — pour mon anniversaire, avec une dédicace derrière. Il n'était pas écrit : Je t'aime, *cette fois-là, mais :* Et un autre 13 octobre, celui de 1961.

Une bonne centaine de photographes et autant de reporters traquent Yves Montand à Orly, où il débarque le 1er juillet 1960. Dans la cohue, bousculé, mitraillé, il lâche plus ou moins au hasard quelques sentences générales : « Les USA ont vingt ans d'avance sur tous les peuples : c'est le dynamisme personnifié, c'est la fraîcheur et la naïveté de l'enfance d'un peuple jeune... La Californie, c'est Marseille multiplié par dix. » Ils s'en fichent éperdument, les cameramen et les journalistes, des cartes postales ramenées par l'ex-gamin de la Cabucelle qui a enfin exploré le Nouveau Monde. Ce qui les intéresse, c'est Marilyn et Simone, c'est la tête de l'époux prodigue retrouvant l'épouse qu'il a « flétrie ».

Autant pour eux. Simone Signoret n'est pas là. Il n'y aura ni comédie ni tragédie publiques. Il n'y aura rien à voir.

Avec la minutie d'un chef du protocole élyséen, elle a réglé la manœuvre et prié son conjoint d'en respecter l'ordonnancement dans les détails. Après consultation des amies intimes, elle a acquis la certitude que la faute capitale serait d'attendre candidement l'infidèle, rosissant d'allégresse à l'idée de lui attribuer le baiser du vainqueur. Il est donc arrêté : 1° que l'actrice, retenue en Italie par ses engagements professionnels et la nécessité d'en surmonter les fatigues, ne rentrera en France qu'après un délai de quelques jours; 2° que Montand, sitôt dépêtré de son comité d'accueil, filera en Normandie jusqu'à ce que ce délai soit écoulé; 3° qu'il ne quittera Autheuil que pour venir, lui, accueillir sa femme à l'aéroport. Le baiser du vainqueur change de destinataire. Il suffisait d'y penser. Tout recommençait donc comme avant? Pas si vite. Pas si simple. On ne sort pas d'une telle histoire par une tension volontaire, surtout quand il s'agit de Marilyn...

Marilyn et sa peau douce, Marilyn et son intelligence pathétique, Marilyn et son appétit de culture littéraire, Marilyn et son rire loyal, Marilyn et sa gourmandise, son humour, ses terreurs, ses calculs attendrissants, ses déceptions chroniques, Marilyn qui disait *anyway* à tout bout de champ. Montand est à jamais revêtu de la robe du pénitent, désigné par lui-même à une juste vindicte, et s'inquiète d'un avenir conjugal incertain, qu'il est le moins armé pour affermir — durant l'acte premier, le plus vif, de son explication avec Simone Signoret, il obtiendra vertement confirmation de ses craintes : «... Et tu voudrais que je te rassure en plus? Va te faire foutre!»

Le drame vient de ce que pareils dilemmes — qui sont le ressort de tout théâtre, «bourgeois» ou pas, et secouent n'importe qui n'importe quand — sont subitement projetés sur la place publique avec une virulence inouïe. L'artiste, en l'occurrence, apprend durement ce qu'il en coûte d'appartenir aux autres. Sa vie est déjà malaisée à gouverner entre quatre murs, et voilà qu'il est sommé d'étaler ses choix dans une arène immonde où toutes les règles sont faussées. «Les journaux de l'époque, écrit Simone Signoret, se sont chargés de transformer en événement une de ces histoires qui arrivent dans toutes les entreprises, dans tous les immeubles...»

Le couple Montand, une fois n'est pas coutume, aimerait être regardé comme un couple banal.

On est loin du compte. Catherine Allégret : «Je suis sur la plage à Saint-Jean-de-Luz avec une copine de classe qui m'a invitée en vacances. Passe un vendeur d'*Ici Paris* ou de *France-Dimanche*, je ne sais plus, qui scande : "Tout sur Montand-Marilyn! Tout sur Montand-Marilyn!" Si j'avais pu creuser un trou dans le sable et m'y enterrer vivante, je l'aurais fait. Quelques heures plus tard, j'ai reçu un télégramme de Montand : "Ne crois rien de ce que les journaux diront, je t'aime, je vous aime. Montand." J'ai eu 40 degrés de fièvre, dans la foulée, sans que le médecin trouve la moindre maladie. »

Il est vrai que les magazines et les quotidiens populaires fondent littéralement sur le « ménage exemplaire » saisi par la débauche, le tandem de stars « pas comme les autres » rendues à la norme courante. Un parfum de revanche plane sur la curée. N'ont-ils point paru trop souvent donner des leçons, distribuer des bons points, statuer sur le juste, le vrai, le beau ? Eh bien, c'est l'occasion ou jamais de les déboulonner. Au nom de la saine morale, et sur un mode apitoyé.

« Elle [Simone] voulait être belle pour le revoir », « Marilyn est une fille prodigieuse, mais... c'est Simone que j'aime », titre *Ici Paris*[30], frustré de larmes à Orly. « Elle mord bien, elle griffe mieux », ajoute bientôt[31] le même hebdomadaire, saluant la combativité de Simone Signoret. Et, un peu plus tard[32] : « Trois femmes de feu dans la vie d'Yves Montand — le sagittaire Édith Piaf, le bélier Simone Signoret, le lion Marilyn Monroe... » *France-Dimanche*[33] épingle la « perfide » Marilyn, plaint les « nerfs à vif » de Simone, admire l'héroïque silence d'Arthur Miller. Les manchettes sont grosses et grasses, les photographies détournées, les légendes expéditives.

Il n'est question, à longueur de colonne, que de la montre offerte à son amant présumé par Marilyn (celle de Simone, en 1961, serait-elle une réponse de... la bergère à la bergère ?) au dos de laquelle la star hollywoodienne a fait graver *Fan de chichourle*, une expression marseillaise dont la sonorité l'avait séduite.

« Les Montand ont tenu bon contre l'ouragan Marilyn », certifie *Paris-Match*[34]. Mais, dans la livraison suivante, l'ouragan souffle à nouveau : « C'est grave. La scène qu'ils

30. 6 juillet 1960.
31. 27 juillet 1960.
32. *Idem*, 12 octobre 1960.
33. 20 juillet 1960.
34. 16 juillet 1960.

jouent dure depuis vingt-quatre heures. Yves veut partir pour New York, sans Simone. Il a retenu hier une place dans le Boeing d'Air France. Une seule. Simone a aussitôt retenu par téléphone le fauteuil voisin à son nom. Mais Yves a immédiatement fait annuler sa place. A coups de téléphone, le jeu s'est répété quatre fois. Et, finalement, Simone a cédé. Yves veut partir seul parce qu'il tient surtout à arriver seul à Hollywood[35]. »

Pure invention. Montand est contraint de repartir vers les États-Unis au lendemain du 14 juillet parce qu'il doit tourner sur-le-champ *Sanctuary*, inspiré du roman de Faulkner et de la pièce qu'en avait lui-même extraite ce dernier, *Requiem pour une nonne*. La Fox lui a mis le marché en main : s'il accepte d'enchaîner aussi rapidement ses prestations, elle le délie d'obligations ultérieures. Sur le papier, l'œuvre est d'une noirceur, d'une densité implacables. Sur le plateau, le jeune réalisateur anglais Tony Richardson se découvrira écartelé entre Faulkner et Zanuck, et les critiques, à l'unisson, clameront qu'un tel attelage manquait fatalement de cohérence.

Si Simone Signoret ne l'accompagne pas, c'est qu'elle a décidé de ne pas l'accompagner. Le siège dont elle est l'objet en France est déjà effrayant (le téléphone sonne à tout instant, le courrier déferle, sur le thème : « Moi aussi, mon mari m'a délaissée pour une blonde... »). Elle ne souhaite pas, en prime, subir le tir croisé des médias new-yorkais ou californiens, et préfère laisser couler un peu de temps et d'encre avant de rejoindre son mari à Hollywood, lorsque l'actualité se repaîtra d'autres proies.

A Los Angeles, Yves Montand, pour changer, travaille. Et c'est tout. Ses progrès en anglais sont spectaculaires, mais il n'en est pas moins submergé par cette tâche nouvelle. L'agent de Marilyn Monroe à New York a reçu consigne de répandre aux quatre vents une déclaration de la star censée dégonfler les baudruches : « La plupart de mes partenaires ont dit des choses désagréables à mon encontre après que nous eûmes tourné ensemble. Seul Yves Montand a fait exception à cette règle. Serais-je censée l'épouser pour autant ? » Voilà qui paraît net et sans bavure.

35. 23 juillet 1960.

La réalité, du côté de Marilyn, l'est sensiblement moins. Elle est arrivée à Reno, dans le Nevada, le 20 juillet, afin d'attaquer les *Misfits*, heureuse comme une gosse d'être associée à Clark Gable, mais partageant avec Monty Clift une de ces détresses constitutives qui n'ont pas d'issue. Arthur Miller s'acharne sur le scénario, s'enferme avec Huston, réécrit un fragment de dialogue juste avant qu'il ne soit filmé, vit, dort avec sa machine à écrire. Mais pas avec sa femme. Au moment même où Marilyn obtient enfin le privilège de tenir un « vrai » rôle dans une « vraie » œuvre[36], elle constate et accentue la dissolution du mariage qui le lui a valu. Ironie amère, c'est en séjournant dans cet État dont la législation admet le divorce accéléré que Miller, pressé de rompre ses attaches premières, avait conçu la nouvelle d'où le scénario fut tiré. Et c'est là qu'il assiste plus qu'il ne participe à l'agonie — lisant ses Mémoires, on ne jugera pas le mot trop fort — de son amour.

Cela recommence. Les retards matinaux, les nuits d'insomnie, l'usure de l'équipe. A plusieurs reprises, le week-end, Marilyn fuit la canicule du désert et gagne Los Angeles. Mais il ne s'agit pas seulement de transhumances climatiques. Elle essaie de contacter Montand, lequel ne bronche pas (il ignore combien l'actrice est perturbée et ne songe qu'à ne pas dévier, fût-ce en serrant les dents, de la ligne de conduite qu'il s'est tracée).

Des lettres lui parviennent, des messages affectueux et charmants où elle le baptise *Monsieur*, une carte postale écornée avec *I love you*. Et lui s'enfonce dans le labeur, aligne les contrats à la queue leu leu, comme pour être sûr qu'aucun flottement, aucun répit ne le laissera libre de lui-même : dès qu'il aura terminé *Sanctuary*, il sera dirigé par Anatole Litvak, avec Ingrid Bergman et Anthony Perkins, dans une

36. L'histoire d'une bande de paumés, de « désaxés », de cow-boys qui n'attrapent plus des chevaux sauvages que pour l'équarrissage. Dans *France-Dimanche* (16 novembre 1960), cela donne : « Le scénario des *Misfits* raconte les tribulations d'un groupe de femmes luttant pour leur divorce. » Ce qui s'appelle un scoop...

adaptation du roman de Françoise Sagan, *Aimez-vous Brahms ?* (le tournage aura lieu à Paris, pendant l'automne, directement en anglais), puis, au tout début de 1961, il sera le partenaire de Shirley MacLaine dans une coproduction américano-japonaise, *My Geisha*. Quatre films en un an : l'overdose...

A la mi-août 1960, Simone Signoret est de retour à Hollywood. Juste pour deux semaines, explique-t-elle. Sollicitée par la presse, elle s'emploie à calmer le jeu sur un ton presque badin. Témoin un long entretien publié par *Look*[37] où elle plaisante : « Faut-il être déraisonnable pour abandonner Yves, d'abord à Marilyn et ensuite à Ingrid ! »

C'est habile, mais ce n'est pas assez. Tout devient piège, au point que le feuilleton de l'été revêt l'allure d'un mélodrame interminable. D'abord parce que les services de la Fox raniment le feu quand il menace de s'éteindre. Ensuite parce que Marilyn ne cesse d'alimenter la chronique. On apprend que l'abus de médicaments et une pente irrémédiablement dépressive ont justifié son hospitalisation, durant dix jours, dans un service spécialisé (d'où elle a vainement tenté de joindre Montand au téléphone), stoppant la pénible progression des *Misfits*. On murmure surtout — et ce sera officiel sitôt donné l'ultime tour de manivelle — que le couple Miller ne saurait tarder à se séparer (leur divorce sera effectivement annoncé le 11 novembre).

La seconde vague est peut-être plus haute, plus tumultueuse que la première. Le débat de l'heure n'est pas celui qui oppose Richard Nixon au fort prometteur John F. Kennedy — lequel déclare à Pierre Viansson-Ponté, du *Monde* : « Je sais très bien qu'on me reproche d'employer trop souvent des mots comme "nouveau", "révolutionnaire". Ils ne font pas partie du vocabulaire traditionnel d'un sénateur. Ce n'est pourtant pas ma faute si l'époque est à la nouveauté et même à la révolution[38]. » Non. Le débat de l'heure consiste à déterminer la part de responsabilité d'Yves Montand dans le divorce de Marilyn Monroe.

Les *columnists* d'Hollywood, aux aguets, transforment les

37. 30 août 1960.
38. 10 novembre 1960.

simples gestes en signes, les bribes en aveux. Simone Signoret rentre-t-elle à Paris, fin août, quelques jours avant son époux ? Elle « fuit », la chose est patente. Ce dernier, à l'inverse, abandonne-t-il Paris pour Los Angeles dans la dernière semaine de novembre ? Il « court la rejoindre », c'est évident (le véritable objet de la navette est, une fois *Aimez-vous Brahms ?* achevé, de doubler *Sanctuary* et de préparer *My Geisha…*). Le pire trait, comme il convient, est décoché par Hedda Hopper : elle place dans la bouche de Montand une expression dédaigneuse qualifiant de *schoolgirl crush*, de « béguin d'écolière », les sentiments qu'aurait éprouvés Marilyn à son endroit. Propos indigne du dernier des mufles et formule qui ne figurait évidemment pas au maigre répertoire de l'angliciste néophyte, et qu'il ne saurait prononcer aujourd'hui encore. Il n'empêche : maints commentateurs[39] verseront la citation au dossier sans consulter son auteur présumé, lequel, trente ans plus tard, étouffe de fureur à cette pensée.

En France, les échotiers surveillent jusqu'aux télégrammes dont est assaillie la postière de Saint-Paul-de-Vence. Le pays entier apprendra bientôt que, depuis Hollywood, Yves Montand a câblé à sa femme : « C'est dégueulasse. Je suis avec toi de tout mon cœur et je t'aime, mon amour, je t'aime. » *France-Dimanche* pratique l'escalade avec méthode — et sur huit colonnes. 9 novembre 1960 : « Yves Montand dit "je n'y suis pour rien", mais ça va mal entre Marilyn et son mari. » 16 novembre : « Le divorce de Marilyn Monroe, c'est à cause de Montand. » 6 décembre (« de notre envoyé spécial à New York, Gérard de Villiers ») : « Marilyn voudrait épouser Yves Montand, elle n'aime que les champions, elle le relance tous les jours… »

Et ainsi de suite, de l'automne à l'hiver.

Lors de la première parisienne du *Milliardaire*, le 3 octobre 1960, au palais de Chaillot, Jean de Baroncelli, le critique du *Monde*[40], note qu'« Yves Montand, très entouré, souriait

39. Par exemple, récemment encore, Sandra Shevey, *The Marilyn Scandal*, Londres, Sidgwick & Jackson, 1987 (en français, *Le Scandale Marilyn*, Paris, Presses de la Renaissance, 1989). « Modèle », s'il en est, d'assemblage de ragots invérifiés.

40. 5 octobre 1960.

d'un air un peu las». La réaction a été frisquette aux États-Unis (*Time*, à la décharge du Français, observe qu'il «a subi les paradoxales contraintes d'un rôle où il était censé ignorer le chant et la danse[41]»), chaleureuse en Angleterre (où l'on estime, du *Daily Express* au *Times*, que Montand sauve le film), et tiède dans l'Hexagone, quoique courtoise. Ce n'est ni un triomphe ni un fiasco. Et, contrairement à la rumeur, ce ne sera nullement un échec financier : si le film a coûté 2 millions de dollars, il en rapportera 9 avant exploitations dérivées. A distance, l'intéressé jettera un regard sévère sur l'entreprise : «C'était un rôle à me faire descendre en flammes pour le restant de mes jours… un rôle qui ne tenait pas.» Et il ajoutera, mêlant son rêve fou de conquérir Hollywood et la folle expérience d'avoir conquis Marilyn : «Ça m'a matraqué. Il y a des films où il faudrait être Einstein et où l'on est simplement un être humain[42].»

Effectivement, la «lassitude» de l'acteur-chanteur au terme de l'année 1960 ne résulte guère d'alarmes esthétiques, mais de ce qu'il se sent «matraqué». Par la vie, par la presse, par la peur du présent et de l'avenir. Par lui-même.

Le procès moral dont il est l'accusé est complètement pipé. S'il est — ô combien! — notoire qu'il a commis l'adultère, les autres griefs ne lui semblent pas fondés. Non, il n'a pas sèchement abandonné une fille séduite : il n'avait pas mesuré son degré d'implication, son désir d'aller au-delà d'une liaison douce et provisoire. Non, il n'a pas détruit l'harmonie d'un couple d'amis : la faille était antérieure, si profonde que ce qui lui est advenu en serait l'effet plutôt que la cause. Sur ces deux points, et notamment le second, les enquêteurs sérieux[43] lui donneront raison. Mais comment faire valoir ces «nuances» quand un flot de vulgarités sommaires écrabouille ce que l'histoire comporte de sensible, de frais, de subtil et de déchirant?

Marilyn Monroe est volontiers dépeinte comme une ravissante idiote un brin nymphomane. Yves Montand a l'impression d'être logé à une enseigne analogue. Le plus intime de

41. 19 septembre 1960.
42. A Paul Giannoli, in *Candide*, 22 mai 1967.
43. Ainsi Anthony Summers, *op. cit.*

lui-même est capté, dérobé, falsifié, caricaturé. Le « grand garçon sympathique », bien dans sa peau et d'accès facile qui fut son double au long des années cinquante cède la place à un homme blessé qui apprend la méfiance en recevant des coups.

Une information est exacte dans le flot d'âneries qui n'en finit plus d'inonder le 15, place Dauphine : Marilyn le relance obstinément. Par lettres, par télégrammes, par tentatives téléphoniques. Elle s'accroche, elle est seule, elle est mal. Elle l'invite à Manhattan, menace de débarquer à Paris.

Informée, juste avant Noël, qu'il est sur le point de partir pour Tokyo, mais passera d'abord par New York, elle augmente la pression. Montand, harcelé, est d'autant plus démuni qu'il sait Marilyn présentement très fragile et n'a aucune envie d'aggraver son désarroi en la repoussant trop brutalement. (Pat Newcomb, alors chargée de presse de la star, a rapporté[44] qu'en désespoir de cause Simone Signoret elle-même aurait décroché son téléphone et demandé à son ex-voisine de ne plus insister — épisode que Montand n'authentifie pas). Afin de lever toute ambiguïté, il diffère son départ et réveillonne en famille, ce dont les journaux « à sensation » se portent aussitôt garants.

Ce ne fut sans doute pas un réveillon aussi joyeux que le précédent, chez Romanoff, à Hollywood, où Simone était tout étourdie de danser avec Gary Cooper. Mais c'est l'occasion qu'ils saisissent de ratifier leur mutuel désir de prolonger la vie commune. Catherine Allégret, qui pèse ses mots avec autant de soin que sa mère, est formelle : « La crise a été très sérieuse. Je me rappelle Montand, à Autheuil, s'enfermant dans le théâtre et Maman tambourinant à la porte, criant : "Je sais que tu es là !" Reste que, si Montand est revenu, c'est qu'il avait envie de revenir. Il n'en était certainement pas à sa première incartade (c'est plus fort que lui, il ne peut pas s'empêcher de faire la cour aux femmes, il ne sait pas engager avec elles une relation d'amitié). Mais Maman restait "sa femme", selon sa propre volonté. »

Une lettre de Simone Signoret adressée à son mari depuis Hollywood, deux ans plus tard, est révélatrice de l'évolution

44. A Anthony Summers, *ibid.*

du couple. Simone y appelle Montand « mon amour chéri » mais précise, au fil de la plume, combien le Beverly Hills Hotel lui rappelle qu'elle fut l'« empoisonnée du bungalow 21 ». La conclusion révèle que le courant de tendresse s'est rétabli : « Cette lettre est pour toi et aussi pour la fille [Catherine]. Je t'aime, je pense à toi, je vous aime, vous me manquez, tu me manques, ce que vous formez tous les deux me manque, quand je parle de la maison, je dis *They are*..., ça doit être ça une famille. »

Étrange année que celle qui s'achève ainsi. Jusqu'à son triomphe à Broadway, jusqu'à sa reconnaissance par Hollywood, Yves Montand est demeuré sur une trajectoire linéaire, ascendante, dont le fil conducteur était un rêve de jeune homme accomplissant, de pari en pari, la promesse qu'il s'était adressée. Dans l'ordre privé, il en allait de même : le jeune homme avait rencontré une jeune femme; tous deux, étroitement associés, partageaient une ambition identique et ne cessaient de l'assouvir, toujours plus haut, combinant le stress du métier et l'harmonie du ménage.

L'épisode Marilyn révèle une brisure — une charnière à tout le moins. Non qu'il faille dénaturer l'aventure en parodie de *Bérénice*. Mais, à l'occasion de cette classique péripétie conjugale — qui ne doit qu'à la notoriété des protagonistes d'avoir atteint une ampleur presque dérisoire —, Montand découvre un changement définitif qui s'est opéré sans qu'il y prenne garde.

Il découvre le temps.

Le temps qui cogne, le temps qui tue. 1960, c'est l'année où Henri Crolla est emporté par un cancer. Crolla, c'était l'ami au sens passionnel que Montand accorde à ce terme : une sorte d'amitié qui frôle l'amour, en imite les rages, les jalousies, les abandons. Paul Grimault : « Lorsque nous avons enterré Henri à Saint-Cloud, Yves s'est mis à hurler. Il était secoué, il pleurait, il pleurait. Ce n'était pas pour la galerie : il n'y avait pas de galerie. Alors que j'étais moi-même anéanti, je me souviens d'avoir pensé qu'une telle violence dans l'émotion était quasi anormale. » Montand avouera, trois années plus tard, qu'aux abords de la quarantaine il s'est senti flotter pendant six mois, frisant parfois l'hypocondrie (qui est, à Beverly Hills, la manie de tout un chacun) : « J'ai connu [en ce domaine] une période d'angoisse. Une seule. A trente-neuf ans. Inexplicablement, je n'arrivais pas à chasser de mes pensées le spectre du cancer[45]. »

Il découvre l'âge et, plus encore, l'inégalité devant l'âge. Fréquentant des comédiennes, témoin de leurs paniques, il devrait en être averti, et l'est, d'une certaine manière, pour avoir mille fois patienté cependant qu'une partenaire corrigeait quelque ride, réclamait son coiffeur. Simplement, il n'avait pas songé que cette fatalité élémentaire frapperait à sa porte. Simone a grossi. Eh bien, elle a grossi, elle refuse de s'enfermer dans la hantise des calories, et elle a raison ! Mais non, ce n'est pas si limpide : Simone grossit parce qu'il est déchirant d'avoir été *Casque d'or* et de voir l'érosion gagner. Nous sommes à l'aube des *sixties*, la génération du *baby boom* envahit les ondes, les amphithéâtres, les grands magasins : ils sont nombreux, les nouveaux arrivants, ils inventent leur identité, leurs signes, leurs utopies, leur marché, leurs vêtements, leurs danses, leur cinéma, leurs slogans. Jamais la jeunesse n'a aussi massivement fait irruption comme force autonome.

Jamais la jeunesse n'a été autant à l'ordre du jour. C'est le moment où Yves Montand s'aperçoit qu'il n'est plus jeune. Il a quarante ans. Et son épouse, qui n'en a guère plus pour l'état civil, le précède de fort loin, en vertu d'une redoutable loi non écrite qui expédie les femmes aux avant-postes. Ils vont réussir non point à « recoller les morceaux » d'une construction antérieure, mais à perpétuer leur association, leur tendresse, selon des règles nouvelles. « Se cherchant » l'un l'autre, ils vont s'appliquer à maintenir un tempo ajusté, malgré le décalage croissant de leurs rythmes internes.

L'affaire dite « des 121 » montre comment, fût-ce dans l'action publique, Simone Signoret et son mari éprouvent de la difficulté à fonctionner en phase. A peine rentrée de Californie, où Montand est resté pour assurer le doublage de *Sanctuary*, Simone reçoit la visite de Claude Lanzmann,

45. *Le Figaro littéraire*, 12-18 décembre 1963.

lequel brandit une pétition dont le rédacteur initial est l'écrivain Maurice Blanchot. Le texte s'achève par une profession de foi : « La cause du peuple algérien, qui contribue de façon décisive à ruiner le système colonial, est la cause de tous les hommes libres », et spécifie auparavant : « Nous respectons et jugeons justifié le refus de prendre les armes contre le peuple algérien. » Le comble de la provocation en ces temps où nombre de jeunes appelés s'interrogent et où le procès des « porteurs de valises » — des militants organisés en réseau qui, autour de Francis Jeanson, ont choisi d'aider le FLN — s'ouvre devant une cour militaire à l'ancienne prison du Cherche-Midi[46].

Pas le temps de tergiverser, insiste Lanzmann. Simone Signoret ne tergiverse pas. Culpabilisée d'avoir suivi d'assez loin — c'est une litote — le drame algérien, la Française à l'Oscar, la reine d'Hollywood, se lance dans la bagarre. Elle signe. Avec 120 autres « délinquants », tous intellectuels ou artistes de haute volée (de Simone de Beauvoir à Pierre Boulez, d'André Breton à Alain Resnais, de Roger Blin à Claude Sautet, de Marguerite Duras à Florence Malraux), elle va se retrouver sur la liste noire dressée par le gouvernement, interdite de radio, de télévision, de théâtre subventionné, etc. Le gratin du Tout-Paris contestataire est mis à l'index. Le Parti communiste, débordé sur sa gauche, renâcle. Le pouvoir sévit, mais est embarrassé. L'opinion internationale s'émeut.

Elle a signé seule : le téléphone marche mal entre Paris et Los Angeles. N'ayant pu consulter son époux, elle ne l'engage pas. Formellement, le procédé est irréprochable. En fait, Montand lui en voudra de ne l'avoir pas, d'emblée, considéré comme solidaire. Redevenu parisien, il partage volontairement le sort des proscrits (il refuse de participer aux émissions de fin d'année et déclare que sa résolution demeurera entière tant que le dernier des signataires sera poursuivi), sans bénéficier de l'auréole du martyre. Un proche, méchamment, insinuera : « C'est facile d'être de gauche comme cela. Elle signe avec les 121 et lui gagne des dollars à Hollywood... »

46. Cf. Hervé Hamon et Patrick Rotman, *Les Porteurs de valises*, Paris, Albin Michel, 1979; rééd., Paris, Éd. du Seuil, coll. « Points Histoire », 1981.

Mais il se tait, et ce n'est qu'un début. Tandis que ses incartades lui coûtent ce que les politologues nommeront une « perte d'image », Simone Signoret, elle, engrange les fruits de son courage, de sa dignité, de son intelligence. Sa cote de popularité s'envole. Elle comptera désormais parmi les « intouchables ». La véritable « sanction » qui guette Montand après son aventure avec Marilyn n'est pas une explication douloureuse et un temps de réparation obligatoire : c'est la dette irrémédiablement contractée envers une épouse si « parfaite ». Rares, très rares seront ceux et surtout celles qui raisonneront comme Catherine Deneuve : « Signoret ne s'est pas contentée de laisser apparaître les coups de griffes des petites histoires de la vie. Marilyn est restée gravée sur son visage comme une lacération définitive. C'est trop, c'est trop grand et trop petit à la fois[47]. »

Bien sûr, Simone a monté dans l'esprit des gens. A Marseille, on dirait qu'elle est devenue « Dieu le Père » ! J'en ai souffert un peu, j'ai été agacé qu'elle prenne la parole à ma place, qu'elle réponde aux journalistes à ma place. Et puis, progressivement, nous avons échangé la passion des dix premières années contre une relation plus calme, mais toujours aussi forte. Tous les couples traversent un no man's land. *Un jour, Simone m'a dit : « Je t'aime, mais je ne suis plus amoureuse de toi. » C'était au bout de quinze ans. C'était la période où nous étions heureux de nous retrouver, mais sans le tremblement du désir. Elle a été forte pour deux.*

Je me suis servi d'elle, aussi, de son tyrannique sens de la propriété. C'est vrai, je me suis laissé prendre en charge. Mais ce que je n'ai pas avalé — et que je n'avale pas aujourd'hui —, c'est le discours assez jaloux (nous avions « réussi », notre ménage avait tenu, nous étions de gauche, etc., toutes choses qui sont impardonnables) selon lequel elle se serait accommodée d'un homme qui ne la valait pas. C'est insultant — pour elle : pourquoi cette femme si incisive, qui ne passait

47. Entretien avec les auteurs, *loc. cit.*

rien à personne, serait-elle obstinément demeurée plus de trente-sept ans avec cet homme-là ?

Allons jusqu'au bout du jeu de la vérité. Lorsque je pars au Japon, à la mi-janvier 1961, pour tourner My Geisha, *avec Shirley MacLaine, j'ai la tête comme un punching-ball. Simone est dans un état terrible. Marilyn, après avoir voulu venir à Paris, télégraphie sans cesse qu'elle débarque à Tokyo. J'étais complètement largué et j'ai refait des « bêtises » (comme en font les pères de famille juste au moment où leur femme accouche, au moment où il faudrait être sage, responsable).*

Un soir, au Japon, je vois à la télévision un reportage où apparaissait Simone, qui tournait alors Les Mauvais Coups. *Triste, triste. Je veux prendre l'avion pour Paris le temps d'un week-end. On s'écrit tous les jours. J'étais déboussolé…*

Quand je suis rentré de Tokyo, Simone a remarqué que j'étais encore distrait, ailleurs.

My Geisha (dont le scénariste, Norman Krasna, est le même que celui du *Milliardaire*), aide Montand à « normaliser » ses relations avec le public japonais, lui vaut la joie de côtoyer Edward G. Robinson et d'être le principal partenaire de Shirley MacLaine. Il l'avait admirée au cinéma dans *Qui a tué Harry ?* (un énorme succès signé Hitchcock, en 1954), puis croisée sur les plateaux d'Hollywood où elle tournait *La Garçonnière* sous la direction de Billy Wilder. C'est l'Américaine de son enfance, il la trouve spirituelle, tous deux rient beaucoup ensemble. Au début du tournage, elle l'a mis en garde : « Pas de malentendu entre nous… ! »

Oui, Montand, dans cette période où il erre, est constamment tenté, selon sa propre expression, de « faire des bêtises ».

Revenu à Paris, il s'efforce d'aligner honnêtement les crédits et les pertes, d'établir le solde des dix-huit mois écoulés.

Le bilan du chanteur aux États-Unis est plus que bénéficiaire : la consécration lui est acquise. Quand il retourne se produire à Broadway, pour huit semaines, à partir du 24 octobre 1961, un grand écriteau, devant la porte du Golden Theatre, dans la 45ᵉ Rue ouest, annonce dès la première :

Sold out (complet). Le scénario de 1959 se répète. *Le Post*, le *Herald Tribune*, le *Times* et les autres entonnent un chœur d'allégresse unanime. « Montand, proclame *Time*[48], possède une voix de séducteur dans un corps de camionneur... Il est un des plus efficaces philtres d'amour jamais déversés par-dessus une rampe. » Et *Newsweek*[49], dans la même veine, célèbre son « charme latin follement viril ». Les yeux d'Yves Montand, cette année-là, complètent le front de John Kennedy, le nez de Gregory Peck et le menton de Cary Grant pour esquisser le visage de l'Américain idéal.

On n'oublie pas non plus qu'il chante et danse à merveille. Simone Signoret retrouve ses habitudes, toutes ses habitudes : les *standing ovations* partagées avec son mari et la suite nuptiale de l'Algonquin. Durant le premier semestre de 1962, une tournée les emmènera au Japon, puis en Angleterre. Montand est très certainement, à cette heure, l'homme de music-hall français le plus célèbre au monde.

Le seul artiste qui, en quatre ans, ait séduit Moscou et New York.

S'agissant de cinéma, le bilan est moins positif. Si *Let's Make Love* poursuit une très honnête carrière malgré la moue de maints critiques, *Sanctuary* est un *flop* intégral (on ne le verra d'ailleurs que fort peu en France, au mois de mai 1961). *Aimez-vous Brahms ?*, boudé par les juges parisiens, l'est beaucoup moins par ceux d'outre-Atlantique. Quant à *My Geisha*, il est perçu par les cinéphiles, au mieux comme une aimable bluette, au pire comme un mélo languissant. Alain Rémond, dans sa filmographie[50], souligne la virulence avec laquelle un Jean-Louis Bory (qui signe dans *Arts*) éreinte le comédien : « J'ai jadis beaucoup aimé un grand garçon qui incarnait à mes yeux la gentillesse directe du mécano parisien. Revu et corrigé par Hollywood, cabot condamné à jouer les "Frenchies" quadragénaires et sexy, il consterne. »

La percée internationale est indéniable et même spectaculaire, mais elle ne s'accompagne pas, à l'écran, d'un réel gain de légitimité. En outre, sautant d'un continent à l'autre,

48. 3 novembre 1961.
49. 6 novembre 1961.
50. *Op. cit.*

Montand finit par brouiller les pistes, habiller de flou son personnage, si nettement découpé naguère (trop, d'ailleurs, à son goût). Au Japon, il était surnommé « l'Américain ». A Paris, on n'est pas très loin de lui accoler un sobriquet identique, avec cependant une connotation moins plaisante que rancunière. « Yves Montand nous a quittés » devient presque « Yves Montand nous a lâchés ». Entendons : il était trop à l'étroit dans l'Hexagone, trop à l'étroit, aussi, dans le camp des modestes « travailleurs » ; il a souhaité aborder d'autres rives et nous revient plus riche et moins proche, escorté de scandaleuses rumeurs.

On n'insinue pas qu'il a « trahi », mais il y a de cela. C'est la contradiction à laquelle, sa vie durant, il ne pourra échapper : l'opinion lui demande simultanément d'offrir un modèle d'ascension sociale et de rester le petit gars de la Cabucelle, de triompher sur les scènes étrangères et de demeurer bien de chez nous, d'avoir du succès mais d'en gommer le profit, d'incarner le copain sympa et de s'imposer comme authentique star.

Il analyse clairement la gageure, évalue ce qui est soluble et ce qui ne l'est pas. Il conclut surtout que le temps est venu de retourner à la maison, c'est-à-dire à l'Étoile.

Pendant que Simone Signoret renoue avec le cinéma français, et le bon (René Clément la dirige dans *Le Jour et l'Heure*), Montand prépare sa rentrée parisienne pour novembre 1962, et y apporte un soin particulier. Non que ses répétitions soient plus minutieuses — elles n'ont jamais cessé de l'être —, mais le dosage du répertoire est, une fois encore, excessivement délicat.

L'atmosphère politique est irrespirable. Tandis que les pourparlers avec le FLN algérien avancent lentement (les accords d'Évian, point final d'une guerre que Guy Mollet en personne qualifia d'« imbécile et sans issue », seront signés le 18 mars 1962), l'OAS, rassemblement hétéroclite, clandestin et factieux des ultimes opposants à la décolonisation, multiplie intimidations et attentats. Le 8 février, au métro Charonne, neuf manifestants — tous communistes — qui protestaient contre la « menace fasciste » sont tués, écrabouillés ou étouffés par une charge de police. Les grands partis de gauche, dont l'attitude au long du conflit ne fut point dépourvue d'ambiguïtés (les socialistes se sont déshonorés en prônant l'effort de guerre ; les communistes n'ont appuyé les Algériens qu'avec prudence), enterrent solennellement leurs martyrs. Lesquels aident à oublier que peu, très peu de Français avaient protesté quand des centaines d'Algériens, à Paris même, furent victimes de sanglantes « ratonnades », notamment le 17 octobre 1961.

Yves Montand est plus qu'attentif à ce qu'on nomme « les événements ». En tant que citoyen, il manifeste (notamment après Charonne), pétitionne. En tant qu'artiste, il acceptera de dire le commentaire et d'interpréter la chanson du *Joli Mai*, un puissant film dans lequel Chris Marker ramassera toutes les convulsions de cette année critique. Toutefois, il réfléchit longuement à la composition, à la fonction de son show dans un tel contexte. L'« engagement » bêta et satisfait l'horripile plus que jamais : c'est commode, c'est facile de se nicher douillettement au creux de la bonne cause. Mais la violence des temps n'est pas indifférente non plus, et doit être nommée.

Sur l'autre versant point une difficulté contraire. Montand n'est plus seul — ou presque — sur le marché. Il y a Brel, Bécaud, Salvador, Brassens, Ferré. Et il y a les petits nouveaux, les jeunes tonitruants et cassants, les Hallyday et autres « copains », qui twistent, rockent et hurlent : « Mort aux vieux ! »

Par décantation, Montand définit sa formule. Il n'essaiera pas, surtout pas, de « faire jeune ». Il ressortira même — c'est toute son intelligence et tout son orgueil — ses classiques de l'après-guerre, y compris *Les Grands Boulevards*. Deuxièmement, il intégrera la noirceur de la période. En 1958, il avait écarté *C'est à l'aube*, jugeant qu'une telle chanson, après son voyage à l'Est, risquait de revêtir un timbre « réaliste-socialiste ». En 1962, où il serait plutôt suspecté de penchants coupables envers l'impérialisme américain, il réintroduit *C'est à l'aube* (le petit matin des condamnés à mort algériens, exécutés dans l'indifférence à la prison de Maison-Carrée ou torturés dans les caves de la villa Sesini) et la place même en fin de récital. Quant au reste, il suit son bon plaisir, qui est de chanter *L'Étrangère* (Aragon-Ferré) ou *Dans ma maison*, de l'ami Prévert :

Dans ma maison tu viendras
Je pense à autre chose mais je ne pense qu'à ça
Et quand tu seras entrée dans ma maison
Tu enlèveras tous tes vêtements
Et tu resteras immobile nue avec ta bouche rouge
Comme les piments rouges pendus sur le mur blanc...

C'est cela, finalement, le premier devoir d'un homme de scène : se faire assez plaisir pour le communiquer aux autres. S'amuser à inventer avec Simone le sketch du *Télégramme*. Surprendre son monde en donnant *Les Berceaux* de Sully Prudhomme, simplement parce qu'on aime ces mots et la musique de Fauré.

La formule se ramène à une équation transparente : Montand = Montand. Son retour ne sera l'occasion d'aucune innovation racoleuse, d'aucun ravalement maladroit. Les éclairages seront même plus dépouillés qu'auparavant : un spot blanc et dru sur l'interprète, rien qui distraie l'œil. Il sera le plus lui-même possible : on verra si les gens continuent d'en vouloir.

Ils en veulent. Jusqu'à la fin de l'année, l'Étoile ne désemplit pas. Au point qu'il faut mordre sur 1963. Malgré les yéyés, malgré les détours hollywoodiens, malgré les procès d'intention, Montand, qui vient de découvrir le temps, découvre aussi qu'il est capable de le traverser.

Si le public est fidèle, les commentateurs ronchonnent ici ou là, dans des sens opposés. Les uns reprochent à l'artiste de n'avoir pas assez changé (et objectent toujours un excès de perfectionnisme). Les autres, sur la gauche, jugent qu'il n'est plus ce qu'il était. Ainsi Claude Gault, dans *Témoignage chrétien*[51] : « Je pensais au Montand de l'autre époque, celle où l'on sentait que vous étiez d'un certain côté de la barrière, avec ceux qui vous considéraient comme leur trouvère... Vous êtes devenu un autre personnage, bien supérieur, sans aucun doute, à celui que vous étiez. Mais la place que vous occupiez dans la famille est vide maintenant. Et l'on ne voit pas bien qui pourrait l'occuper, sauf peut-être Yves Montand. »

La chose est assez rare pour être relevée, l'interpellé

51. 9 novembre 1962.

sollicite un droit de réponse et s'explique[52] vertement : « Il n'y a pas d'engagement. C'est de l'invention. Comme on invente l'expression : "il travaille devant le miroir". Comme on invente cette autre : "il répète jusqu'à la perfection" ; ou encore : "il ouvrira la main, la fermera exactement à la seconde voulue". Ce sont des mots. Du vent. Mais les gens n'en démordent pas. Ils ne comprennent strictement rien à rien au travail de music-hall. Il n'y a pas de critiques de music-hall, il y a des mecs gentils qui voient dans un geste parfaitement spontané le résultat d'un long travail... Et puis tout a changé en vingt ans. Je serai toujours du côté des opprimés, bien sûr. Mais je ne veux pas être le porte-drapeau de qui que ce soit. Je ne renie en rien ma classe : je ne lui donne pas l'auréole qu'elle n'a pas ou qu'elle n'a plus. La grande solidarité ouvrière, c'est fini. Quant à savoir à qui en incombe la faute, il n'y a qu'à jeter un coup d'œil sur les quinze dernières années. Non, je n'ai pas été le porte-drapeau d'une jeunesse. Disons plutôt que je fus le reflet d'une époque qui était très dure, très violente. »

Pendant qu'il préparait son show, Yves Montand a appris que Marilyn Monroe avait été trouvée morte, dans la nuit du 4 au 5 août 1962. Il a aussitôt téléphoné la nouvelle à sa femme, qui tournait à Toulouse avec René Clément.

Il n'a pas dit et ne dira pas ce qu'il a exactement éprouvé.

Simone Signoret, elle, écrira : « Marilyn n'aura jamais su combien je ne l'ai jamais détestée, et comme j'avais bien compris cette histoire qui ne regardait que nous quatre et dont le monde entier s'est occupé dans un temps troublé où il se passait pourtant des choses plus importantes. »

La « période américaine » d'Yves Montand (il repartira souvent aux États-Unis, mais ce ne sera plus pareil) se clôt sur une autre mort.

52. Interview recueillie par Claude Fléouter, *Témoignage chrétien*, 23 novembre 1962.

Le récital de l'Étoile bat son plein quand lui parvient une singulière invitation : John F. Kennedy et les dirigeants du Parti démocrate aimeraient que le Français accepte de se produire lors de leur *Inaugural Anniversary Salute* (sorte de convention qui marque la mi-temps du mandat présidentiel et amorce la prochaine campagne électorale). Montand accepte aussitôt. Pour lui, Kennedy n'est pas d'abord l'homme de la baie des Cochons (lamentable opération de débarquement à Cuba), mais l'héritier d'une tradition rooseveltienne modernisatrice et généreuse. Kennedy, Khrouchtchev, Jean XXIII : chacun de ces hommes de bonne volonté semble essayer de rénover la forteresse qu'il commande, en dépit des pesanteurs, des dogmes, des héritages, des fusées. Montand interrompt donc sa prestation parisienne, juste le temps de traverser l'Atlantique et de revenir. Là-bas, à Washington, il s'immerge dans l'Amérique populaire qu'il aime, avec flonflons, cocardes, et numéros de music-hall ponctuant les discours (une personnalité de chaque pays ami a été invitée; Montand y va de trois chansons, entre un Allemand et un Espagnol).

Au soir de ce 17 janvier 1963, le vice-président Johnson convie à dîner, afin de les remercier, les plus prestigieux des artistes qui se sont déplacés. Yves Montand, la star de Broadway, est à la table d'honneur, auprès de Jackie Kennedy — qui connaît fort bien la place Dauphine et ses restaurants. Au dessert, quelqu'un s'installe au piano, on roule le tapis, Kennedy chante une ballade irlandaise, Kirk Douglas danse, Gene Kelly prend le relais, et Montand, c'était fatal, est sommé d'interpréter *Les Feuilles mortes*. Il recevra, à son retour, une lettre personnelle du président (aujourd'hui sous verre, dans le salon d'Autheuil, à côté d'une missive semblable de Martin Luther King et de la médaille commémorant la transmission de la première image par satellite outre-Atlantique : son visage).

Le 22 novembre de cette même année, sortant d'une répétition de la pièce qu'il a décidé de jouer, *Des clowns par milliers*, Montand rentre à pied du théâtre jusque chez lui, ressassant son texte. Soudain, il aperçoit, débordant des kiosques à journaux, les gros titres qui annoncent l'attentat de Dallas. «Ce fut un deuil, dit-il, un vrai chagrin sentimental.»

14

Pendant le tournage du *Milliardaire*, Montand apprend qu'un jeune homme de vingt-trois ans, Herb Gardner, qui a beaucoup fréquenté les salles de théâtre comme vendeur de *peanuts* à l'entracte, a écrit une pièce en pensant à lui pour le rôle principal. Plus tard, lorsqu'il lit *Des clowns par milliers*, l'acteur est séduit par l'histoire de ce scénariste de films publicitaires pour enfants qui, lassé de son milieu, laisse tout tomber afin de vivre pauvre mais heureux avec son neveu — un garçonnet de douze ans. A la fin, le personnage abandonne sa marginalité et réintègre le système, se fond à nouveau dans la masse anonyme des Américains moyens, des milliers de clowns...

Ce retour sur les planches (sous l'égide de Raymond Rouleau) est bien accueilli par la presse, laquelle, à peu près unanime, salue la performance : « Il y a au centre de tout Yves Montand, écrit Jean-Jacques Gautier. Quel naturel, quelle élégance, quelle aisance, quelle chaleur humaine, quelle souplesse, quelle finesse, quelle vigueur et quel tact, quelle poésie aussi, quel art, quelle, quel, quels... Je dois ajouter : quel comédien[1] ! »

Tandis qu'il joue le soir au théâtre du Gymnase, Montand a commencé à tourner *Compartiment tueurs*, le premier film d'un jeune réalisateur de trente et un ans, Constantin Costa-Gavras. C'est Simone Signoret qui a attiré « Costa » vers sa galaxie : ce dernier était deuxième assistant de René Clément dans *Le Jour et l'Heure*, auquel elle a participé en 1962. Comme toutes les rencontres importantes du ménage Montand-Signoret, celle-ci semblait inévitable, inscrite sur

1. *Le Figaro*, 11 décembre 1963.

le grand rouleau, au point qu'*a posteriori* la trajectoire du jeune Grec semblait fatalement devoir aboutir là, auprès du couple le plus prestigieux du cinéma français. Au terme de trente années d'apprentissage, « le jour et l'heure » étaient venus.

La « carrière » ultérieure de Costa-Gavras, cinéaste engagé, ne saurait se comprendre qu'à l'exposé de son propre itinéraire. Il n'était qu'un gamin quand les Allemands occupèrent son pays. Les Grecs avaient eu le mauvais goût d'humilier l'armée italienne, que la Wehrmacht dut secourir en catastrophe : ils le payèrent d'une occupation féroce. Au cours de l'hiver 1941, à Athènes, on mourait de faim, et le petit Constantin, huit ans, voyait passer le matin les charrettes lourdes des morts de la nuit, bras et jambes se balançant au gré des cahots. Son père, fonctionnaire au service du gouvernement, entre dans la Résistance sous la bannière de l'EAM, le front de libération nationale contrôlé par les communistes, et envoie sa famille à la campagne. Ensuite, pendant la guerre civile, il sera tantôt interné, tantôt assigné à résidence. Fils de sympathisant communiste, Costa-Gavras n'a pas le droit de poursuivre des études supérieures. Il décide de s'expatrier, rassemble quelques économies, gagne Paris en 1953 et s'inscrit à la Sorbonne, espérant décrocher une licence de lettres. Lui qui débarque d'un pays où le communisme est proscrit de fort longue date n'arrive pas à considérer comme banal qu'on soit autorisé, sur le sol français, à lire *L'Humanité* au grand jour.

Et puis il apprend l'existence de l'IDHEC (l'Institut des hautes études cinématographiques) et bifurque dans cette direction. « En Grèce, j'étais déjà attiré par le cinéma, dit-il. Les séances se tenaient en plein air et, avec des copains, on grimpait dans les arbres pour jeter un œil. On n'entendait pas le son, mais on distinguait à peu près les images des films d'aventure ou des westerns. Le vrai cinéma, je l'ai découvert à Paris. Le premier film que j'ai vu, c'était *Les Rapaces* d'Erich von Stroheim. Je me souviens que, lorsque la lumière s'est rallumée, je suis resté un moment immobile ; je ne pensais pas que cela puisse exister. Bientôt je suis allé au cinéma tous les jours, je me suis aperçu que c'était non seulement un moyen de distraction, mais un moyen de dire quelque chose. » A l'IDHEC, en fin d'études, les élèves sont priés de rédiger un mémoire sur une œuvre de leur choix. Costa opte — cette histoire, le lecteur en a été averti, est bourrée de clins d'œil — pour Les *Sorcières de Salem*, mais il ne mène pas son travail à terme, préférant collaborer à un court métrage collectif intitulé *Vous n'avez rien contre la jeunesse?*

Son diplôme en poche, le jeune Grec débute dans le métier comme assistant — encore un signe — du premier mari de Simone Signoret, Yves Allégret (*L'Ambitieuse*, en 1959). Son apport est modeste :

« On tournait une scène à l'intérieur de l'hôtel George V. Mon travail consistait à garder la porte et à empêcher les gens d'entrer. Arrive une petite fille d'une douzaine d'années qui veut passer. Je lui dis :

— Vous ne pouvez pas entrer, mademoiselle, on tourne.

« Un peu surprise par mon fort accent, elle me demande :

— Qui êtes-vous?

— Je suis l'assistant.

— Et moi, je suis la fille du metteur en scène! »

Engagé par Jacques Demy pour *La Baie des anges*, puis par René Clair, Costa-Gavras est enfin chargé par René Clément du suivi des costumes avant le tournage de *Le Jour et l'Heure*. A cette occasion, il rend visite à Simone, place Dauphine, afin de lui soumettre les croquis des vêtements dessinés à son intention. Durant la première semaine de tournage, Montand passe un après-midi voir sa femme qui joue une scène en l'église Saint-Eustache. Costa se souvient que quelqu'un a chuchoté : « Montand est là. » Il s'est retourné, a deviné un grand type assis dans l'ombre, à l'écart. La prise de vue achevée, Simone Signoret lui a glissé :

— Viens, je vais te présenter à un autre immigré.

On ne pouvait mieux résumer la situation. En réalité, Costa-Gavras avait déjà aperçu Montand, mais de fort loin, sur la scène de l'Étoile, en 1958. « Un copain grec m'y avait emmené. C'était fabuleux, un vrai choc. Ce qui m'avait épaté, c'était sa façon de remplir l'espace. Et son aisance à sauter d'une chose à l'autre, d'une chanson grave ou triste à un texte amusant. C'était magique. »

Comme tous les assistants, Costa rêve de mettre en scène son propre regard, songe un moment à adapter *Les Beaux*

Quartiers d'Aragon — un des romans préférés de Simone Signoret — et tombe finalement sur un « polar » de Sébastien Japrisot, *Compartiment tueurs*. Trois mois d'inactivité le séparent du prochain film de Clément, *Les Félins* ; il en profite pour concevoir une adaptation du Japrisot, de son écriture minuscule et illisible. Il donne le texte à taper. La secrétaire, sans le prévenir, transmet le scénario à Julien Derode, directeur des studios de Boulogne. Et, un jour, Costa reçoit un télégramme de ce dernier, alors en voyage : « Scénario très intéressant. Il faut qu'on se voie. »

A son retour, Derode convoque Costa et le sonde :

— Qui voyez-vous comme acteurs ?

— Je n'en vois qu'une. La petite Catherine, la fille de Simone Signoret.

Depuis leur premier échange sur le seuil du George V, Costa a fréquemment croisé Catherine Allégret à Autheuil.

— Simone est d'accord ? interroge Derode.

— Il faut que je le lui demande.

La suite, pour anecdotique qu'elle soit, montre la fragilité du témoignage et la difficulté de reconstituer le cours des événements.

Version Costa-Gavras :

« Je descends donc à la Colombe d'Or et donne le script à lire à Simone. Elle était assise à la table habituelle. Je l'interroge au sujet de Catherine.

— Il faut qu'elle passe son bac d'abord. Mais moi, je pourrais faire la vieille actrice.

« Je suis resté sans voix. Avoir Simone dans le film ! J'étais fou de joie. Là-dessus, Montand débarque :

— Dis donc, Costa, il paraît que tu as écrit un beau script. Il n'y a rien pour moi, là-dedans ?

« Je nage en plein rêve : Yves et Simone pour un premier film ! Je bafouille :

— Lis le scénario. Si un rôle te plaît, prends-le.

« Il était tenté par le personnage de Cabourg, un type introverti, obsédé sexuel, suspecté du meurtre à tort. Il m'a demandé ce que j'en pensais. Moi, j'avais une autre idée :

— Si cela t'amuse de jouer l'inspecteur Grazziani, c'est plus intéressant, surtout avec l'accent marseillais.

— Avec l'accent ? Non, non, surtout pas.

« Simone, de la tête, me faisait signe d'insister. J'ai insisté. Et il l'a joué. »

La version de Montand diffère sensiblement.

Selon lui, Costa-Gavras, inconnu des producteurs, rencontrait maintes difficultés pour financer son film. Il soumet le script à Simone Signoret et à son époux, et c'est en fin de compte à Autheuil que le couple lui propose de monter la production en coopérative, mettant les cachets en participation. Dès le début, il s'agit pour Montand de jouer l'inspecteur Grazziani, mais ce n'est que plus tard, place Dauphine, qu'il a l'idée de donner à son personnage l'accent de la Cabucelle. Quant à Catherine Allégret, c'est après seulement qu'elle récolte le rôle de Bambi.

Ces petites divergences n'ont pas seulement une valeur anecdotique. Si l'on se dispute la paternité de ce rôle de flic corse qui parle comme sur la Canebière, c'est parce qu'il va être, dans le parcours de Montand, un révélateur. Pour la première fois de sa « carrière » à l'écran, il se sent pleinement à l'aise. Est-ce parce qu'il travaille en famille ? Outre Simone et Catherine, les protagonistes du film sont des amis, tels Gélin, Mondy ou Piccoli. Des familiers d'Autheuil, Marcel Bozzuffi, Françoise Arnoul, Georges Géret, acceptent des rôles minimes, parce que Yves et Simone occupent la tête d'affiche. La « facilité » qu'éprouve Montand tient aussi à ses rapports avec le réalisateur ; Costa est plus jeune que lui, c'est son premier film, c'est un ami — qui le tutoie. Rien à voir avec les grands fauves, les Carné ou les Clouzot dont chacun redoutait l'œil autoritaire et le prompt coup de gueule.

Il se détend, s'amuse à composer son personnage, enrichit son authenticité de multiples trouvailles : l'inspecteur Grazziani, constamment enrhumé, ne quitte guère son mouchoir. L'homme de music-hall qui sait si bien inventer une silhouette avec trois détails est enfin libre d'utiliser sa maîtrise. Sensation inédite pour lui sur un plateau, il n'a pas peur lorsqu'il entend annoncer « moteur ». Costa-Gavras : « Il était complètement délivré. Comme je n'étais pas un monstre sacré, il était en sécurité. Pour un débutant comme moi, ce qui comptait, c'était le démarrage. Dans la première scène qu'on a tournée, Yves rendait visite à Simone et lui disait : "Vous connaissez l'objet de notre visite?" (Après, entre nous, c'est devenu un jeu : pendant des années, on se disait : "Vous connaissez l'objet de notre visite?...") Simone décrivait ensuite à l'inspecteur un personnage qu'elle avait vu dans le train. Et elle disait : "Il avait l'air comme ça, un peu étriqué, un peu comme un fonctionnaire." Montand, lui, mime la gueule qu'elle s'acharne à dépeindre, l'œil glauque. Le soir, quand on a visionné les rushes, tout le monde a éclaté de rire à cet instant. Et tout s'est débloqué. »

Compartiment tueurs est un *thriller* bien mené, rapide, dont la presse salue la virtuosité de mise en scène (les Américains y verront un modèle du genre), mais c'est un film mineur. C'est de là, pourtant, que Montand date son véritable envol de comédien au cinéma — comme si les dix-sept films qu'il avait tournés auparavant n'existaient pas. Il est certain que lorsqu'il accepte d'interpréter l'inspecteur Grazziani, un honnête flic provincial, tout le contraire des rôles précédents, Montand jette un regard quelque peu désabusé sur son bilan cinématographique. Grâce à Costa, grâce à la spontanéité permise, aux timbres et aux odeurs d'enfance récupérés, il découvre qu'il peut jouer la comédie avec plaisir et naturel, qu'il peut laisser un autre se couler dans sa peau et tirer parti de son histoire, de son tempérament, de ses mots. La fameuse « présence » qu'on lui reconnaît sur scène, mélange d'abandon de soi et de fidélité à soi, voici qu'il est capable de l'inscrire sur la pellicule. Depuis *Les Portes de la nuit*, il avait été plus ou moins convaincant, parce que plus ou moins convaincu, parfois gauche, sonnant faux. C'est fini.

Jusque-là, son métier « de base », « de fond », a été la scène ; pendant deux décennies, il a couru de récitals en tournées. Maintenant qu'il a la révélation — à tout le moins, la confirmation — de sa vocation d'acteur, il n'effectuera plus, en presque trente années, que deux grands retours au *one-man show* (1968 et 1981-1982). Bref, un petit « polar » sans prétention marque une rupture dans sa vie professionnelle. Désormais, les priorités sont pour lui inversées. Les planches passent au second plan. Le cinéma, qu'il pratiquait sans en percer les mystères, s'affirme comme activité principale.

La métamorphose de Montand-interprète (de music-hall) en Montand-interprète (de cinéma) intervient à l'aube de sa quarantaine. Comme s'il avait fallu attendre que s'évanouissent les traits de l'adolescence, que se creusent ceux de la maturité pour que la mutation soit concevable. Après trois ans d'absence sur les écrans, la transformation est manifeste. La silhouette n'est plus celle du grand échalas de naguère, mais celle d'un homme aux épaules plus carrées ; le visage revêt une densité nouvelle ; le regard se charge de gravité. Montand a mûri. Il est mûr pour crever l'écran.

Un bonheur n'arrive jamais seul. A l'époque où Yves découvre le comédien Montand, sa vie croise celle de Jorge Semprun et va en être bouleversée.

C'est une histoire amoureuse. C'est quelqu'un que j'ai aimé comme on peut aimer une femme. Je l'aimais d'amour, vraiment — mais sans aucune ambiguïté —, et il me l'a bien rendu, même si, par son éducation, il est plus réservé que moi et manifeste moins ses sentiments. Entre nous, ce fut le coup de foudre presque aussitôt. Notre première rencontre s'est déroulée à la Colombe d'Or. Il était assis à notre table, avec Simone et sa femme Colette, et il avait pris ma place contre le mur. En arrivant, je me suis dit : qui c'est ce mec, là, qui m'a piqué ma place ? Je lui ai jeté un regard de travers. Et Simone m'a présenté. Pendant une demi-heure, je suis resté sur ma réserve, et ensuite on s'est découvert une complicité incroyable.

Étranges, ces affinités électives entre l'enfant pauvre de la Cabucelle et le rejeton de la grande bourgeoisie castillane, entre l'autodidacte compensant le handicap irrémédiable d'un départ prématuré de l'école et l'esthète gavé de culture. L'attirance réciproque tient à ce que ces deux émigrés de l'Histoire, malgré les différences notables qu'impriment les hasards de la naissance, ont partagé les grandeurs et les désillusions d'une génération entière. « Quel destin ! » dit Montand. L'itinéraire de Semprun est en effet un condensé d'histoire contemporaine. Il apparaît aux yeux du comédien comme une sorte de héros moderne, survivant des tragédies du siècle, emblème des mythes révolutionnaires qui l'ont fait vibrer.

La guerre d'Espagne, d'abord, qui surprend la famille Semprun au Pays basque. Le père, ancien gouverneur civil de Tolède, s'exile avec ses sept enfants, élevés de manière stricte par des gouvernantes allemandes. Il représente le gouvernement républicain à La Haye, où le jeune Jorge parcourt les musées et explore Baudelaire. En 1941, élève au lycée Henri IV à Paris, il décroche le deuxième prix de philosophie au concours général. En d'autres temps, Jorge Semprun serait promis à de brillantes études, mais il préfère apprendre à démonter une Sten : dès 1942, à dix-huit ans, il entre dans la Résistance et au Parti communiste. L'année suivante, il est rattaché au réseau « Jean-Marie Action » qui s'occupe de réception d'armes et de parachutages en Bourgogne — mais en septembre, au cours d'une mission, il est arrêté par la Gestapo. Déporté à Buchenwald l'année de ses vingt ans, il est affecté à l'administration du camp grâce à l'organisation communiste clandestine de la détention et à sa maîtrise de l'allemand, qu'il parle couramment — les gouvernantes germaniques ont du bon. Un poste stratégique, protégé, où se décide le sort des déportés. Un endroit où l'on trie ceux qui vont vivre et ceux qui doivent mourir. Manière fort peu livresque d'expérimenter le bien et le mal, d'en parcourir jusqu'à la nausée les frontières confuses.

Après avoir contribué à la libération armée du camp de Buchenwald par les déportés eux-mêmes, Semprun retrouve Paris le 1er mai 1945. Militant de base du Parti communiste espagnol, il survit grâce à des traductions, et, un temps, travaille à l'UNESCO. Intellectuel stalinisé des années de glaciation, il commet des poèmes à la gloire de la Pasionaria. En 1953, la mort de Staline suscite sous sa plume une ode qu'il exhumera lui-même bien plus tard :

> Notre père est mort, notre camarade à tous
> Notre chef est mort, notre Maître à tous
> Capitaine des peuples, Architecte
> du communisme dans ses œuvres gigantesques[2]...

2. Jorge Semprun, *Autobiographie de Federico Sanchez*, Paris, Éd. du Seuil, 1978.

Peu après, la direction de son parti l'envoie en Espagne pour une première mission secrète. A trente ans, il devient commis voyageur de la révolution, menant sous divers noms d'emprunt des activités illégales contre la dictature franquiste. Membre du comité central puis du bureau politique (en 1956) sous l'identité de Federico Sanchez, il s'affirme comme un des principaux responsables du travail clandestin. Mais lorsqu'il rencontre Montand, au début de l'été 1963, Semprun vient de reprendre une existence légale en France avec des papiers à son nom : Santiago Carrillo, secrétaire général du PCE, l'éloigne délibérément du territoire espagnol. Critiquant la politique suivie par la direction, le camarade Semprun est entré en dissidence — cela, Montand l'ignore encore. Sans doute, s'il n'avait pas mené une existence aussi souterraine pendant dix ans, entrecoupée de longs séjours de l'autre côté des Pyrénées, aurait-il visité beaucoup plus tôt la planète Montand-Signoret.

Les signes abondent, là encore, qui vérifient la théorie chère à Simone des cercles voués à se recouper. En 1942, par exemple, Semprun fréquentait le café de Flore, comme tout étudiant en philo qui se respecte, et apercevait de loin une superbe blonde aux yeux couleur « de violettes des bois » qui faisaient tourner les têtes et la sienne en particulier. Ce n'est qu'après la guerre qu'il osera l'aborder. De même, à son retour de déportation, il sera frappé par une voix nouvelle qui défonce les cintres du music-hall. En 1947, Semprun connaît Jacques Prévert au même moment que Montand, mais il n'a pas l'occasion de rencontrer le chanteur. La même année, il dîne chez un ami quand arrive Francis Lemarque, radieux : Yves Montand vient d'accepter *A Paris*...

On pourrait aligner ainsi mille indices qui valident les lois de la gravitation amicale. Un seul nous permettra de tirer le fil et suffit à la démonstration. Dans l'après-guerre, Semprun rend visite, rue Vaneau, à un ami, ancien compagnon de déportation, celui-là même qui l'a introduit dans le cercle des frères Prévert. Une petite fille joue précisément dans la cour de cet immeuble. Elle a deux ans et s'appelle Catherine Allégret. Une douzaine d'années plus tard, c'est par l'intermédiaire de Catherine que Semprun renouera le contact avec Simone Signoret.

« J'étais à l'École alsacienne, raconte Catherine Allégret ; ma meilleure amie était Dominique Martinet, dont la mère, Colette, était monteuse de cinéma. J'en parle à Maman, qui me dit :

— Elle vit toujours avec ce superbe Espagnol ?

« Le "superbe Espagnol" était Jorge Semprun qui, à l'époque, voyageait beaucoup. Grâce à nous, les filles, ils se sont revus. Je crois que ce qui plaisait à Semprun chez Montand, c'était aussi Maman. »

Au début des années soixante, Simone Signoret et les Semprun se fréquentent. En avril 1963, Julian Grimau, un dirigeant du Parti communiste espagnol avec lequel Semprun a longtemps milité dans la clandestinité, est exécuté. Simone conduit sa veuve — que Jorge lui a présentée — chez Pierre Lazareff, et obtient qu'elle passe à l'émission *Cinq Colonnes à la une*. Peu après, en mai, Semprun obtient le prix Formentor pour son livre *Le Grand Voyage*, qu'il a écrit dans la clandestinité à Madrid, et fête l'événement chez Simone. Mais il n'a toujours pas vu Montand. Et c'est donc dans les premiers jours de l'été 1963 que se situe la rencontre à la Colombe d'Or, dont on peut constater que le récit par Jorge Semprun ne diffère guère de celui de son ami : « Tout à coup, je vois un grand mec qui arrive de la rue, en bras de chemise. Nous sommes assis à une table, Colette Leloup et moi, avec Simone. Celle-ci nous présente à Montand. Et je vois se poser sur moi un regard bref, aigu. Pas vraiment méfiant, mais supputant... Il a l'air de se demander ce que je suis exactement. Ce copain de Simone, c'est qui, c'est quoi[3] ? »

Ces deux-là se sont choisis, surmontant leur méfiance naturelle, l'un fasciné par le militant glorieux qu'il aurait pu lui-même devenir, l'autre séduit par l'artiste qu'il n'a lui-même jamais cessé d'être sous sa carapace de militant. Jorge Semprun : « Cela a marché parce qu'il n'y avait pas, d'un côté, l'intellectuel qui donne des leçons et, de l'autre, le chanteur. Pas du tout. J'adorais ce qu'il faisait sur scène et, en plus, je trouvais cela important. Il n'a senti de ma part aucune condescendance envers un "art mineur". Les acteurs me

3. *Montand. La vie continue, op. cit.*

fascinent. Je peux les écouter pendant des heures. Je l'ai beaucoup écouté. »

La relation qui naît entre Montand et Semprun plonge ses racines bien au-delà du terreau de la politique (les mystères de l'amitié ne sont pas moins insondables que ceux de l'amour). A l'orée de leur liaison, les deux hommes en sont toutefois à peu près au même point idéologique. Même si l'un a fait du militantisme une profession tandis que l'autre a — partiellement — tiré de sa profession un usage militant, tous deux sont des communistes sceptiques qui ont perdu leurs illusions, mais non leurs espérances.

Durant cet été 1963, Montand se rend à Moscou avec Simone Signoret à l'occasion d'un festival de cinéma. Il constate avec plaisir que Khrouchtchev a desserré l'écrou stalinien, permis la publication du livre de Soljenitsyne, *Une journée d'Ivan Denissovitch*, et promet le communisme achevé pour 1980. « Merde », se dit Montand qui croit encore aux prévisions kremlinologiques, ces pauvres Russes qui ont tant souffert ont encore dix-sept années à attendre. Un an plus tard, Monsieur K sera brutalement mis à la retraite anticipée — et ses pronostics ubuesques du même coup.

Quant à Semprun, les premiers mois de sa relation avec Montand sont dévorés par les démêlés idéologiques qui l'opposent à la direction du Parti communiste espagnol. Avec son ami Claudin, il critique la cécité de ses camarades qui se refusent à admettre que, fût-ce sous Franco, l'Espagne change et se modernise. La Costa Brava se bétonne d'immeubles et d'hôtels, les touristes affluent, les devises rentrent, l'industrie se développe, et le niveau de vie grimpe. Les deux contestataires plaident que le discours ne saurait demeurer figé en pareilles circonstances, stigmatisent le mot d'ordre rituellement invoqué d'une « grève nationale pacifique » qui n'éclatera jamais. En avril 1964, lors d'une réunion au sommet convoquée en Tchécoslovaquie, les divergences apparaissent insurmontables ; l'année suivante, les deux mal-pensants sont définitivement exclus du PCE.

Montand et Semprun entament leur amitié et leur quarantaine — ils ont deux ans de différence — dans une phase où leur vie bifurque. Montand découvre sa vraie nature de comédien et lui consacre désormais l'essentiel de son activité. Semprun voit s'achever la partie militante de sa course.

Pourtant, même en cette période de révision douloureuse où il est accusé des pires déviations, Jorge Semprun ne rompt pas avec l'idéal communiste. Il espère, tout comme Montand, que la perversion stalinienne dont il a directement éprouvé les effets peut être combattue de l'intérieur. « A l'automne 1964, j'étais encore pris dans une illusion inconsistante. L'illusion de maintenir et de faire progresser les valeurs du communisme, malgré le Parti communiste ou même contre lui. L'illusion de liquider les conséquences du stalinisme par les voies de la révolution… En somme, je ne savais pas encore — ça ne tarderait pas à venir — que la révolution mondiale était un mythe historique du même acabit que celui de la classe universelle[4]… »

Désormais, dans leur quête ultime d'un espoir fuyant, les deux hommes évolueront ensemble, de la critique du communisme jusqu'à son rejet. Au long de ce parcours, l'influence de Semprun, plus enclin à l'abstraction et imprégné de culture marxiste, se révélera d'autant plus déterminante que Montand perçoit doutes et interrogations de manière plus intime et instinctive. Autant son frère Julien avait été dans les années de guerre froide sa « conscience communiste », autant Semprun s'annonce, à l'époque du dégel, comme sa « conscience antistalinienne ». Le hasard veut — on aura compris que ce ne peut en être un — que le comédien et le politique professionnel soient promis à effeuiller leurs eschatologies pâlissantes dans une commune entreprise artistique. Alors même que Semprun est exclu du PCE, il travaille avec Alain Resnais au scénario de *La guerre est finie*. L'écriture du film facilite le transfert, la conversion du militant à l'écrivain, de Federico Sanchez à Jorge Semprun.

C'est Florence Malraux, après la lecture du *Grand Voyage*, qui a invité son mari, Alain Resnais, à solliciter le romancier espagnol. De longue date, le cinéaste s'intéressait à la vie quotidienne d'un révolutionnaire professionnel. « Pas question que l'on fasse un film sur l'Espagne, parce que c'est trop proche de vous et puis que moi, je n'y connais rien. Ce qui m'intéresse, c'est votre expérience de militant », confie

4. Jorge Semprun, *Quel beau dimanche*, Paris, Grasset, 1980.

le cinéaste à Jorge Semprun[5]. Finalement, ce dernier lui propose un sujet qui part de l'enterrement d'un réfugié espagnol. Autour de la thématique espagnole, de l'exil, se construit peu à peu l'histoire de Diego, qui est et n'est pas Jorge, qui est *presque* lui. Resnais sait ce qu'il veut : l'accouchement s'accomplit dans la douleur, et trois versions seront nécessaires pour parvenir à un script définitif.

Dans le dossier de presse de *La guerre est finie*, Jorge Semprun décrit le processus de cette invention partagée, négociée : « On n'écrit pas une histoire qu'Alain Resnais viendrait mettre en images, ou en scène. On écrit pour lui et avec lui, c'est-à-dire parfois, aussi, contre lui et contre soi-même... Resnais, c'est connu, n'écrit pas une ligne, un mot du scénario qu'il va tourner... Et pourtant, il n'y a pas une ligne, un mot du scénario où ne s'inscrive de quelque façon le résultat de son travail, de son exigence, de sa vision du projet cinématographique... On ne biffe pas un adjectif, on récrit toute la scène : autant de fois qu'il le faudra... Ainsi, à travers les détours d'une démarche qui semble tâtonnante, à travers les versions successives d'un scénario, les intentions originelles d'Alain Resnais deviennent explicites, et on se retrouve en train d'écrire, plus ou moins bien, ce qu'il avait décidé que vous écririez. »

La modestie de Semprun se comprend sans doute sur le plan de l'écriture cinématographique, mais, en ce qui concerne les thèmes abordés, impossible d'hésiter sur sa paternité. Il y a beaucoup de l'ex-Federico Sanchez dans ce Diego un peu las d'attendre le grand soir mythique, fidèle à ses engagements, mais tiraillé par le scepticisme. Il sait de qui il parle quand il peint ces anciens combattants d'une guerre perdue qui n'en finit pas de finir depuis un quart de siècle, ces ronds-de-cuir, clandestins à la retraite, qui préfèrent se gargariser de concepts fumeux, prédire mécaniquement une grève générale qui n'est plus que le fantasme d'exilés coupés des réalités : on bronze en paix — y compris les électeurs du PCF — sur les plages de la Costa del Sol tandis que la dictature assassine Grimau. Les débats que Federico Sanchez, militant en crise, mène contre la direction du PCE traversent toute

5. Entretien publié par *CinémAction*, novembre 1985.

l'œuvre. La meurtrissure du divorce baigne *La guerre est finie* d'une nostalgie qui assume la fidélité et refuse la complicité.

L'écrivain-scénariste-militant opère son analyse comme si le film était un divan ; le miracle veut que les rides de sa mémoire coïncident avec le nouveau visage de Montand. Ce dernier incarnera la translation capitale de l'existence de son ami entre vie militante et vie « autre », professionnelle, artistique, légale, « normale ». Dans les tréfonds de leurs relations affectueuses gît cet acte fondateur : Montand a aidé Semprun à changer de peau. L'intéressé en témoigne : « *La guerre est finie* m'a fait gagner trois ans. Ce fut ma purge. Grâce au film, j'ai pu sortir rapidement de ce passage douloureux où le militant s'arrache au Parti. Montand a joué le rôle de bouc émissaire, il m'a facilité la tâche. Cela a créé des liens très forts entre nous, les liens d'une histoire commune. »

Ce rôle de militant professionnel dans lequel Montand se coule à merveille n'a cependant pas été conçu à son intention. Le scénario définitif en main, Resnais cherche son acteur principal. Montand figure sur la liste entre Paul Newman et Vittorio Gassman. Le réalisateur décide alors de comparer leurs potentialités respectives en les évaluant séquence par séquence. Scène après scène, il alloue une note aux différents comédiens envisagés. Au total, le Français arrive largement en tête. Resnais demande alors à Costa-Gavras une copie de travail de *Compartiment tueurs*, dont le jeune Grec achève le montage, et se la fait projeter, accompagné de Semprun. Il sort de l'expérience convaincu que Montand sera le meilleur Diego.

Les producteurs, plus circonspects, estiment que l'élu ne constitue pas une valeur « commerciale » suffisante. Plus tard, Resnais dira qu'il ne souhaitait aucun autre acteur que Montand et que, sans ce dernier, il n'aurait pas fait le film. Sur le moment, il tient bon, car, depuis longtemps, il rêve de tourner avec lui : « La première fois que j'ai vu Montand, c'était sur la scène de l'Étoile, et cela a été le coup de foudre immédiat. J'étais complètement transporté... Les acteurs qui font du music-hall ont un sens du rythme tout à fait extraordinaire. Tout chanteur qui est un grand acteur de music-hall est forcément un grand comédien. Lorsqu'on est passé par cette école-là, on peut vraiment tout faire... D'autre part, je m'étais précipité lorsqu'il avait joué *Les Sorcières de Salem*, et le souvenir que j'en gardais m'a beaucoup influencé lorsqu'il s'est agi de lui confier le rôle de Diego[6]... » Resnais pressentait que l'efficacité intuitive de Montand sur scène était « récupérable » à l'écran si l'occasion en était fournie par un personnage *ad hoc*. Il savait également que l'itinéraire politique de Montand le prédestinait « naturellement » au rôle.

Le romantisme de la guerre d'Espagne, une certaine idée lucide de l'engagement, la vie du militant professionnel, tout cela m'intéressait énormément. Le personnage de Diego, cette forme de fidélité à l'idéal, tout en émettant des doutes sur sa propre action, correspondait bien à mon état d'esprit du moment. Mon histoire personnelle a donné du crédit à Diego; il y avait identification entre lui et moi.

Je ne remercierai jamais assez Alain Resnais de m'avoir donné ce rôle. C'est un réalisateur qui connaît le métier de comédien de l'intérieur, il sait comment est fabriqué un comédien. Le travail avec lui est particulier. Avant de tourner une scène, il semble ne pas avoir de point de vue sur la manière dont il va procéder. Certains réalisateurs écrivent tout dans le détail et savent exactement où ils mettront la caméra, quel mouvement exact le comédien effectuera. Il faut entrer dans le moule antérieur. Avec Alain Resnais, c'est complètement différent. On prend le temps d'étudier les divers parcours possibles; par exemple, si je pénètre dans une pièce, on évalue les déplacements : irai-je m'asseoir immédiatement, dois-je défaire d'abord mon sac de voyage, lire le courrier, m'allonger? Cela prend une demi-heure, une heure, mais la scène est plus juste, plus achevée. Le réalisateur a obtenu ce qu'il voulait non pas contre, mais avec l'acteur. Et, pour l'acteur, c'est formidable. Après La guerre est finie, *je me disais : même si je ne tourne plus jamais, ce n'est pas grave; j'ai pris ma revanche sur le cinéma, j'ai vraiment fait un film.*

6. *In* Richard Cannavo et Henri Quiqueré, *op. cit.*

Montand s'est offert à Diego avec le sérieux qu'il met en toute recherche professionnelle. Les répliques qu'il doit prononcer en espagnol sont longuement fignolées au magnétophone sous la houlette du professeur Semprun. Celui-ci sort bouleversé de la première projection ; il a tant investi dans ce film où il dit adieu à vingt ans de sa vie que l'interprétation d'un proche, d'un ami, accentue l'effet de miroir : « Il était Diego, et cela m'aidait à être moi-même. A le redevenir. » Tout comme Montand, de son côté, en laissant un autre l'envahir, se cherchait et se trouvait lui-même, à tous égards. *Compartiment tueurs* l'avait libéré. *La guerre est finie* confirme qu'il laisse derrière lui une ligne de démarcation. « Quand je l'ai connu, affirme Semprun, il avait décidé qu'il ne serait plus acteur, que c'était fini, qu'il avait raté cette carrière. Diego a tout changé. »

Oui — coïncidence ou signe —, le Diego de *La guerre est finie* efface définitivement le Diego des *Portes de la nuit*...

La presse ne s'y trompe guère, qui salue en termes dithyrambiques la performance de l'acteur. « La preuve est faite. Montand est l'un de nos deux ou trois plus grands comédiens de cinéma[7]. » « L'interprétation d'Yves Montand est remarquable[8]. » « L'interprétation est admirable. Yves Montand, que je n'aime pas trop d'habitude, est ici parfait de sobriété et de vérité. Il n'est pas inférieur aux plus grands, un Humphrey Bogart, Bogart à qui il fait penser[9]. » Quant à Françoise Giroud, dans *L'Express*, elle ramasse d'un trait cette brassée de fleurs : « Si Montand est bon ? C'est bien la dernière question qu'on se pose. Il est. » Plus tard, l'*Encyclopædia Britannica* rendra à Montand le plus beau des hommages — qui vaut à ses yeux tous les Oscars d'Hollywood — en écrivant simplement au sujet de ce film : « *Yves Montand is superb.* »

La guerre est finie reçoit presque autant d'éloges que son principal interprète. « Du cinéma politique de grande classe », tranche Jean-Louis Bory dans *Arts*. Le film est sélectionné, avec *La Religieuse* de Jacques Rivette et *Un homme et une*

7. *Candide*, 30 mai 1966.
8. *Le Monde*, 11 mai 1966.
9. Michel Mohrt, in *Carrefour*, 25 mai 1966.

femme de Lelouch, pour représenter la France au festival de Cannes. Curieux choix, en cette saison de censure « morale » et d'ordre sourcilleux : *La Religieuse* est interdit par le secrétaire d'État à l'Information, et le conseil d'administration du Festival récuse *La guerre est finie* pour ne pas heurter le gouvernement de Madrid. *Le Monde* proteste : « Parce que cette tragédie a pour héros un républicain espagnol, on lui ferme les portes du festival de Cannes. C'est placer très haut les devoirs de l'hospitalité. Un peu trop haut peut-être, puisque au-dessus de la liberté[10]. »

Seul Lelouch sera en compétition à Cannes, où il remportera la Palme d'or. Le film d'Alain Resnais est tout de même projeté dans une salle de la Croisette, et les journalistes espagnols lui décernent un « prix Luis Buñuel » créé pour l'occasion. *La guerre est finie* ne cessera d'ailleurs de récolter maintes récompenses : Prix Louis Delluc, Prix du meilleur film de l'année attribué par les critiques new-yorkais, Prix du meilleur film étranger décerné par les distributeurs américains. Montand lui-même reçoit outre-Atlantique le Prix du meilleur acteur. Après avoir subi les foudres de Franco, le film de Resnais, en 1967, est frappé d'excommunication par le Parti communiste espagnol. C'est en effet sur les injonctions de ce dernier que *La guerre est finie* est retiré du festival de Karlovy Vary, en Tchécoslovaquie, où Resnais et Semprun sont venus le présenter.

Les années soixante marquent, à l'échelle du monde, la résurgence de l'idéal révolutionnaire. Alors que la France, remodelée par les technocrates gaullistes, sort de l'archaïsme et se modernise, propulsée par un taux d'expansion flatteur, sous d'autres latitudes sonne l'« heure des brasiers ». En Amérique latine, la guérilla fleurit, La Havane de Castro semble la nouvelle Mecque révolutionnaire ; en Afrique, en Asie, la « zone des tempêtes » gagne les Tropiques, tandis qu'à Pékin de jeunes gardes rouges s'imaginent que le Grand Timonier réinvente la démocratie. Le fond de l'air est rouge, dirait Chris Marker. La révolution que les gérontes du Kremlin avaient embaumée paraît connaître ailleurs une nouvelle jeunesse ; en tout cas, elle séduit la jeunesse un peu partout. De

10. 24-25 avril 1966.

Berkeley à Berlin, une étrange fièvre ravage les campus. L'époque est aux proclamations enflammées, aux poings brandis, aux exégèses fiévreuses du talmud marxiste.

Au milieu de cette flambée romantique, souvent sentencieuse et fréquemment aveugle, les subtiles interrogations de *La guerre est finie* paraissent étonnamment pondérées. Parce qu'il est le produit d'une génération déjà contaminée par le doute, le film s'interpose entre le rêve et le réel, entre l'histoire accomplie et l'histoire promise, entre l'utopie et l'épreuve des faits. Le révolutionnaire professionnel, personnage « positif » par essence, ne cesse de se projeter dans un avenir radieux. Le contre-héros de Semprun-Resnais, plus prosaïque, se débat entre la sclérose des fonctionnaires de la révolution et l'agitation désordonnée des jeunes gens trop pressés. Pour la première fois — avant *La Chinoise* de Godard — des gauchistes occupent l'écran. Diego-Montand les combat, même s'il éprouve un fond de tendresse pour leur enthousiasme intact, même s'il réprouve leur impuissance brouillonne. Le film esquisse la part de dérision qu'induit l'engagement (précisément parce qu'il se veut absolu, à la vie à la mort), et la lassitude, le désenchantement qu'engendrent tant d'années obscures.

Au début de 1964, Yves Montand s'interrogeait encore sur l'opportunité de poursuivre une carrière au cinéma. Deux ans plus tard, l'homme de quarante-cinq ans qui a rencontré Costa-Gavras, Semprun et Resnais, ne quitte plus les plateaux. En l'espace de trois saisons, il va figurer en tête d'affiche de huit films.

Dans une superproduction franco-américaine où défile le Gotha du cinéma mondial, Montand joue un sergent de la 2e DB — participation symbolique à une entreprise gigantesque qui est annoncée comme un événement aussi important que celui qui a servi de prétexte à l'œuvre. Pour la sortie de *Paris brûle-t-il ?*, les producteurs ont prévu un défilé militaire et un feu d'artifice. Comme il tombe des hallebardes, tout est annulé, sauf la prestation de Montand qui, à minuit, du premier étage de la tour Eiffel, entonne *Le Chant des partisans* devant un immense parterre de parapluies…

Parce que les « bagnoles » l'ont fait rêver depuis son enfance, Montand accepte d'interpréter un pilote de course, en juillet 1966, dans *Grand Prix*, de John Frankenheimer. Des coureurs professionnels comme Graham Hill conduisent les bolides, mais les acteurs doivent, eux aussi, rouler à plus de 200 à l'heure pour ajouter à la véracité des prises de vues. Afin de se tirer honorablement des scènes de course, Montand suit des leçons de pilotage avec un ancien champion, Jim Russel, qui lui apprend à déraper, à négocier les virages, à rétrograder au quart de seconde. Dans l'excitation du tournage, Montand, emporté par le jeu, ne mesure pas tous les risques de l'aventure ; le premier jour, à Monte-Carlo, sa voiture est déséquilibrée par la caméra placée à l'avant, accomplit un tête-à-queue et percute un mur. L'essence jaillit du réservoir éclaté et asperge le conducteur. Par chance, l'engin ne s'embrase pas... Ultérieurement, sur le circuit de Spa, en Belgique, les séquences de course sont tournées sous une pluie battante, et Montand, qui fonce sans visibilité aucune, ne cesse de se répéter, cramponné au volant, qu'il est complètement fou de hasarder ainsi sa peau. Il n'est pas le seul de cet avis. Les représentants du Lloyd's annulent l'assurance vie de l'un de ses partenaires, James Garner.

Porté par le prodigieux succès d'*Un homme et une femme*, Claude Lelouch entreprend, au début de 1967, *Vivre pour vivre* — l'histoire, cette fois, d'un homme et de deux femmes. Montand incarne un grand reporter au cuir tanné qui, du Kenya au Vietnam, promène un regard désabusé sur les choses, et allumé sur les femmes. Courageux dans son métier, veule dans l'intimité, le personnage est fort conventionnel, mais la critique tresse des couronnes au réalisateur et au premier rôle. Comme s'il refusait de se laisser enfermer dans une catégorie, un genre, et souhaitait dérouter ses admirateurs — ce qui est sa règle d'or au music-hall —, le comédien retient, après la veine « populaire » de Lelouch, le script « difficile » (et très modestement doté) d'*Un soir, un train* que lui amène le Belge André Delvaux.

L'autodidacte de la Cabucelle goûte l'idée de se fondre dans l'univers complexe, traversé par la querelle linguistique, de ce professeur d'université — sérieux comme toujours, il est allé assister à des cours pour mieux sentir son personnage — qui découvre, sous les apparences, la fragilité des certitudes, la profondeur de bouleversements insoupçonnés. La presse, encore une fois, loue Montand de réussir à exprimer avec tant de vérité les désarrois de cet intellectuel qui croyait tout savoir et s'aperçoit qu'il ignore l'essentiel. « J'ai frémi par anticipation en découvrant que Montand allait être professeur d'université, écrit par exemple Jean-Louis Bory dans *Le Nouvel Observateur*. Frisson d'erreur : il est l'homme tel que l'a voulu Delvaux, parce que Delvaux l'a réduit à l'essentiel : un rayonnement physique, un poids charnel et un visage sur lequel on lit à livre ouvert. »

Le réalisateur, qui a jeté son dévolu sur Montand en voyant *La guerre est finie*, croit déceler dans le travail de l'acteur les signes d'un cheminement intime : « Montand prend depuis trois ans un tournant capital. Il se détache de son personnage traditionnel pour devenir un comédien très authentique, très personnel et doué d'une intuition exceptionnelle. C'est un rôle qui le tire hors de sa tradition apparente pour retrouver quelque chose de très profond en lui. » Désormais, à chaque film, les journalistes ne cesseront de découvrir un « nouveau » Montand et salueront la « naissance » d'un grand comédien (même si, pour l'instant, il n'a guère joué de comédie). Depuis *Compartiment tueurs*, Montand campe à travers des films très différents une sorte de croisement d'Henry Fonda et d'Humphrey Bogart — ces flatteuses références reviennent souvent sous les plumes des critiques : on le juge dense, viril; d'abord solide, mais en réalité fragile et tourmenté. Sérieux, en tout cas.

Au printemps 1968, Montand interrompt brutalement cette série grave pour se lancer dans la comédie. Ce sera là aussi une révélation. Mais, ce printemps-là, une autre comédie domine la scène, qui n'est pas seulement française.

Pour un homme qui fut dans les années cinquante le prototype du chanteur engagé, Montand traverse Mai 68 d'une allure bien dégagée. Certes, il éprouve de la sympathie pour la révolte de la jeunesse étudiante, voire une certaine admiration devant la témérité des manifestants (Montand a toujours eu la phobie de la foule et ressent de l'angoisse à la perspective de se noyer dans un cortège). Mais, approchant de la cinquantaine, le comédien redoute le ridicule de cavaler après une jeunesse qui lui échappe. Cette révolution de mai n'est pas la sienne, ce qui ne l'empêche pas d'espérer, sans trop y croire, un changement. En tout cas, Montand se tient à l'écart. Pas une seule fois il ne se rend à la Sorbonne, le temple des humanités transformé en souk idéologique où s'étalent les bonnes intentions et où s'encanaille le Tout-Paris artistique et intellectuel.

Il évite aussi le théâtre de l'Odéon d'où ont été chassés les trop « bourgeois » Madeleine Renaud et Jean-Louis Barrault, remplacés par une faune pittoresque qui s'enivre de potions magiques en tous genres, de générosité et de formules creuses. Un jour, avec Jorge Semprun, il regarde, sur le bord du trottoir, passer un cortège qui descend de Montparnasse et est ému par la joie contagieuse des participants. Pas au point de s'y mêler. Il ne s'imagine pas, lui qui exècre la démagogie, gueulant sur les Grands Boulevards : « Nous sommes tous des juifs allemands ! » — même si la beauté du slogan l'atteint profondément et s'il juge Daniel Cohn-Bendit particulièrement sympathique. Une autre fois, il laisse ses pas le conduire jusqu'à l'École des beaux-arts où un « atelier populaire » tire les affiches de mai ; le trait est pertinent, la caricature efficace : Montand apprécie en artiste. Il estime que ce mouvement ne manque pas d'une certaine *allegria*, mais il ne comprend pas ce cocktail bizarre de fête et de secte.

Semprun, bien informé par son beau-fils qui s'active chez les étudiants, l'éclaire sur les démêlés des gauchistes avec le Parti communiste. Les sympathies de l'exclu du PCE, qui voit d'abord dans ce soulèvement un élan libertaire contre les staliniens, vont aux contestataires de l'ordre établi — en l'occurrence, l'ordre communiste qui domine la gauche. Montand, lui, ne percevra qu'*a posteriori*, sensiblement plus tard, la dimension anticommuniste de Mai 68. Pour l'heure, il flotte, intéressé mais pas impliqué, persuadé qu'un homme de son statut et de sa génération ne saurait s'accrocher à la remorque de jeunes gens de vingt ans. Sollicité pour chanter le dimanche 20 mai, place Nationale, aux portes des usines Renault, il décline l'invitation et explique : « J'ai refusé d'aller chanter devant les ouvriers dans les usines. C'est un manque de pudeur, de la démagogie, et une manière d'autant plus honteuse qu'elle est élégante de se faire de la publicité[11]. » De même, il se tient à l'écart des « états généraux » du cinéma et de ceux de la chanson qui se déroulent à Bobino.

Pendant toute la durée des « événements », Montand est seul à Paris. Simone, coincée à Saint-Paul par la grève des transports, téléphone abondamment. De loin, la presse aidant, la capitale semble livrée à des hordes sauvages. Son mari corrige la rumeur. D'autant qu'il occupe un poste d'observation idéal : installé au cinquième étage, place Dauphine, il jouit d'une vue imprenable sur le carrefour Saint-Michel, suit de loin quelques corps à corps, les yeux piqués par la fumée des lacrymogènes qui monte jusqu'à lui. Certains jours, aiguillonnée par les récits téléphoniques de Montand, par la peur de « rater ça », Simone est prise du désir de « monter à Paris ». Finalement, elle ne bougera pas. Dans une lettre écrite à elle-même, sur le moment, elle exprimera son état d'esprit, proche de celui de son époux : « C'est triste d'être exclue de ce qu'on serait certainement si on avait vingt ans, et c'est frustrant de ne pas pouvoir le leur dire. Mais c'est extraordinaire et déchirant de voir d'ici, à distance et sous le soleil, comment ils se sont fait cocufier en quelques jours[12]... »

A la fin du mois de mai, la situation est insaisissable, le pouvoir ne réussit plus à contrôler un phénomène paranormal qui l'affole. Plusieurs millions de grévistes attendent la satisfaction de leurs revendications. Que les « capitalistes » soient prêts à lâcher du lest afin de rétablir l'ordre, Montand en acquiert la certitude lors d'une partie de poker. Les autres joueurs sont industriels, petits entrepreneurs; ils ont tellement peur qu'ils sont disposés à tout accepter... Les négociations dites de Grenelle entre les syndicats, le patronat et le gouvernement confirment cette intuition : d'emblée le SMIG (salaire minimum interprofessionnel garanti) est augmenté de 35%.

Mais, au matin du 27 mai, quand les négociateurs syndicaux rendent compte de leur action lors d'un meeting aux usines Renault, les accords de Grenelle sont rejetés par la base. Le soir doit se tenir, dans l'enceinte du stade Charléty,

11. *L'Express*, 10 juin 1968.
12. In *La nostalgie n'est plus ce qu'elle était, op. cit.*

un rassemblement œcuménique des contestataires. Le Premier ministre, fort menaçant, interdit toute démonstration. Pierre Mendès France réplique qu'il sera présent à Charléty, exprimant ainsi sa crainte d'une provocation ; Montand appelle Simone pour lui lire la déclaration de ce dernier, dont l'intégrité les touche — ils sont voisins en Normandie et l'ont rencontré deux ou trois fois. Au fond, leur réaction est la même que celle de l'ancien président du Conseil : un réflexe de protection attendrie vis-à-vis des étudiants en ébullition.

Après le retour à la « normale », quand la répression succède à la contestation, Montand et Signoret sortent de leur silence pour prendre la défense des étrangers qu'on expulse. Dans un communiqué à la presse, ils affirment : « Ni notre âge, ni notre condition ne nous ont incités à jouer des rôles pendant ce mois de mai 1968. Mais, après les menaces d'expulsion clairement exprimées par M. le ministre de l'Intérieur à l'encontre d'étrangers dits ''indésirables'', nous aurions honte d'être français si nous ne protestions pas immédiatement contre des mesures dont nous serions déjà les complices tacites en faisant semblant de ne pas les avoir entendues[13]. » Ce sera la seule déclaration publique de l'artiste en mai 68.

Au début du mois d'août 1968, Yves Montand s'envole pour Alger retrouver son complice Costa-Gavras qui a entrepris le tournage de *Z*. Avant même le premier tour de manivelle, le film a déjà une histoire presque aussi riche en rebondissements que le scénario. L'année précédente, à la mi-avril, Costa-Gavras est retourné en Grèce voir ses parents. « J'avais pris un billet d'avion pour le week-end, parce que c'était moins cher. Je suis arrivé le 16 avril. Mon frère m'a donné le livre de Vassilikos qui venait de sortir, en précisant : ''C'est un copain à moi, on était à l'armée ensemble, c'est un très bon bouquin sur l'affaire Lambrakis.'' Je l'ai lu dans l'avion du retour, le 19, et le surlendemain c'était le putsch des colonels. »

13. *Le Monde*, 30 juin-1er juillet 1968.

Comme tous les Grecs, Costa connaît l'histoire de Gregorios Lambrakis, professeur de médecine et député de la gauche démocratique, renversé par un triporteur à Salonique le 22 mai 1963, au sortir d'une réunion où il avait protesté contre l'installation de fusées Polaris en Grèce. Il meurt quatre jours plus tard sans avoir repris conscience. L'enquête révèle que l'accident est un assassinat prémédité par une organisation d'extrême droite. L'écrivain grec Vassili Vassilikos, qui a eu accès aux documents de l'instruction, en a tiré un « roman vrai » où sont démontés les rouages de la machination.

Emballé par sa lecture, Costa-Gavras est aussitôt saisi par le désir de porter à l'écran cette complexe et limpide affaire. Naturellement, il pense à son ami Semprun pour l'adaptation. « Jorge était dans le Midi. Je lui ai téléphoné ; il connaissait l'affaire Lambrakis. Il me dit : "Je monte." Le livre n'avait pas encore été publié en français et je le lui ai lu en traduisant au fur et à mesure. A la fin, il m'a dit : "Si tu veux, on y va !" » Costa-Gavras obéit à des motivations sentimentales évidentes pour tourner un sujet sur son pays natal, mais Semprun est à peine moins concerné. Réflexe antifasciste : la dictature que les colonels installent sous le soleil d'Athènes s'apparente au régime franquiste. Réaction de « vieux » communiste nostalgique : depuis longtemps, il porte le deuil de la résistance grecque écrasée par l'armée britannique — avec la bénédiction de Staline — en 1944. Il se souvient qu'à Buchenwald il écoutait sur la radio clandestine les nouvelles de ce massacre[14].

Costa obtient des Artistes associés une avance de 1 million de francs et s'enferme avec Semprun pour bâtir le scénario. En un mois, le script est prêt. Les premiers lecteurs sont Simone Signoret, qui s'enthousiasme, et Yves Montand, qui accepte d'emblée le rôle de Lambrakis. Les producteurs, effrayés par la tonalité politique du sujet, ne manifestent pas le même empressement. Son projet sous le bras, le réalisateur effectue un tour à peu près complet des maisons de production — qui toutes se dérobent. Une collaboratrice de Darryl Zanuck lui explique que rien ne se passe dans son

14. *Quel beau dimanche, op. cit.*

film : pas d'histoire d'amour, juste l'assassinat d'un député grec; cela n'intéressera personne. Si encore il proposait un scénario sur Che Guevara ! Derrière elle, au mur, est accrochée la photo christique du révolutionnaire barbu...

Costa-Gavras s'apprête à renoncer, quand Jacques Perrin, un des acteurs pressentis, s'improvise producteur et déniche des partenaires en Algérie (les principaux comédiens, de leur côté, consentent à travailler plus ou moins en participation, allégeant d'autant le budget). Le tournage a donc lieu à Alger, où Montand, interrompant les répétions en vue de sa rentrée à l'Olympia, prévue pour septembre, s'en va jouer les quelques scènes qui le concernent. Au total, il n'apparaît que douze minutes (avant d'être assassiné), mais sa « présence » pèse sur les deux heures du film. A la sortie, en février 1969, *Z*, après quelques jours d'incertitude — 22 660 personnes se dérangent la première semaine —, remporte un prodigieux succès (1,5 million d'entrées). Dans le climat enfiévré de l'après-68, ce film politique déguisé en *thriller*, implacable dans sa démonstration, au rythme haletant, reste trente-six semaines à l'affiche. « Le premier grand film politique français », titre *L'Express* qui s'émerveille : « L'efficacité sans la complaisance, la démonstration sans la pédanterie : c'est le rare équilibre entre le film d'opinion et le film d'action, le cinéma d'idées et le cinéma spectacle[15]. »

Au festival de Cannes, *Z* obtient le Prix spécial du jury, puis triomphe aux États-Unis, où il décroche deux Oscars. Une partie de la critique, à l'extrême gauche, s'en prend toutefois au « système Z ». « Une heure et demie du système le plus racoleur, accrocheur, complaisant, tape-à-l'œil », s'indigne Jean Narboni dans *Les Cahiers du cinéma*[16]. En cet après-mai où le gauchisme opère sa percée sur le pavé et dans l'intelligentsia, deux conceptions du cinéma politique s'affrontent : l'une, choisie par Costa-Gavras, est de faire pénétrer les idées dans le circuit commercial et de mettre au service de celles-ci toute l'efficacité souhaitable, afin de toucher le grand public; l'autre, qui cultive davantage la marginalité, entend se servir de la caméra comme d'une arme

15. 3 mars 1969.
16. Mars 1969.

idéologique et préfigurer un nouveau langage, une nouvelle écriture, hors des circuits officiels.

Pour ces cinéastes militants, en une période où le credo de l'intellectuel est d'aller « servir le peuple », le critère discriminant sépare ceux qui filment des ouvriers et ceux qui les ignorent. Selon leur réquisitoire, *Z* accumule toutes les tares : produit et tourné comme n'importe quel film bourgeois (encore que...), il néglige la classe ouvrière. De ce point de vue, le jugement de *Positif* a valeur de document ethnohistorique : « Aucune analyse sociale, aucune vision réelle de la lutte des classes, aucune indication sur le rôle joué par le prolétariat, par l'avant-garde de la révolution. »

Suprême reproche : les auteurs de *Z* situent leur dénonciation sur un plan moral, ils revendiquent la primauté du droit qu'incarne le petit juge, ils se font les défenseurs des « libertés bourgeoises » qui ne sont, aux yeux de leurs critiques, qu'un simulacre. L'après-mai néglige l'État de droit et vaticine sur la démocratie directe ou la démocratie prolétarienne. Pourtant, si les comploteurs grecs, partisans d'un régime musclé, veulent détruire cette « démocratie bourgeoise », c'est qu'elle doit avoir quelque vertu dans la protection des individus — individus subversifs compris. En un temps où l'intelligentsia s'évertue à dénoncer des « libertés formelles » qu'elle souhaite dépasser, ce plaidoyer pour les droits de l'homme semble avoir une bonne décennie d'avance.

C'est à Alger que Montand apprend l'invasion de la Tchécoslovaquie par les troupes du pacte de Varsovie. Depuis le début de l'année, il a suivi avec espoir les efforts d'Alexandre Dubcek pour donner au socialisme un « visage humain ».

J'ai été assommé, littéralement assommé. Depuis 1956, la Hongrie et mon voyage à l'Est, je m'étais tenu à distance, mais, tout de même, j'étais resté dans le cercle de famille. Là, c'est la cassure. Je suis submergé par le dégoût, l'écœurement. Les chars russes à Prague, ce fut le coup de grâce, la fin de l'illusion que le communisme pouvait se réformer, être réformé. Ma réaction a été immédiate, primaire : je tourne la page communiste de mon existence.

Sur le moment, Montand ne dit rien au sujet de la Tchécoslovaquie; il rumine en solitaire de sombres pensées. A Alger, les débats politisés concernent davantage la guerre des Six Jours et le conflit israélo-arabe que les problèmes des pays de l'Est; un soir, lors d'une rencontre, des étudiants arabes lui reprochent son «sionisme» (mot dont il ignore l'exacte signification), et Montand défend Israël bec et ongles. Quand il regagne Paris, à la fin du mois d'août, il est absorbé par son retour sur scène, à l'Olympia, après cinq ans d'absence. Même s'il a, quelques mois plus tôt, enregistré une émission (la deuxième du genre) avec Jean-Christophe Averty, le plus «scandaleux» des hommes de télévision, il revient de loin.

Il a très peur, comme d'habitude. Comme d'habitude, il a raison et tort à la fois. Raison, parce qu'il est meilleur quand il tremble. Tort, parce que les Parisiens — les Parisiens de Paris et les Français qui sont épisodiquement devenus parisiens pour l'applaudir — lui sont indéfectiblement attachés. Trente-trois soirées, 2 millions de francs de recette, des dizaines de milliers de frustrés qui lui reprochent de s'interrompre trop vite. Il est, il reste le roi du music-hall.

Était-ce gagné d'avance? Une réponse affirmative serait reçue par Yves Montand comme une injure. D'autant qu'en cet automne la tendance, chez les artistes de toute spécialité, serait à foncer dans l'air ambiant et dans le sens du poil, bref à jouer les ramasse-miettes du printemps des barricades. Il est d'excellent ton de se produire pavé en poche et de parsemer le programme des insolences courantes. Nombre de chanteurs illustres ou moins illustres ont clairement perçu quel *la* donne le diapason du moment, et soufflent avec le vent.

Montand n'éprouve nul mépris envers le «mouvement de Mai», au contraire. Reste qu'il partage avec le gros des troupes qui ont tant défilé sur le boulevard Saint-Michel une aversion viscérale : il déteste à la fois les récupérateurs et les récupérés (la ligne de partage n'étant pas toujours bien nette). Qu'on n'attende donc pas de lui, du Diego de *La guerre est finie*, qu'il entonne *L'Internationale* parce que c'est de saison et que les jeunes prodiges de l'École normale supérieure ont remis le marxisme à la mode. La dernière fois, il a soigneusement évité de se reconvertir dans le simili-yéyé. Cette fois-ci, avec la même vigilance, il ne se mêlera point aux gauchistes de la dernière heure. Le « compagnonnage de route » est une affection qu'il a soignée à la dure. Aucune rechute n'est imaginable.

Sans le savoir clairement, et sans le vouloir aucunement, il agit de la manière la plus authentiquement « soixante-huitarde » qui soit : il fait ce qu'il lui plaît. Pas de message « révolutionnaire ». Pas — surtout pas — de clin d'œil appuyé. Il chante ce qu'il aime, Prévert, *L'Étrangère, Coucher avec elle* ou *Planter café*, sans souci d'être ou ne pas être dans la ligne. Il ressuscite des « vieilleries » qui lui sont chères afin que nul n'ignore quelle génération est la sienne (et même *Les Plaines du Far West*, comme par défi). Quant aux airs nouveaux — la *Bicyclette* de Pierre Barouh —, ils parlent plus de papillons, d'amours et de reinettes que de la guerre du Vietnam.

Évidemment, Montand n'est pas indifférent à l'odeur de poudre qui circule depuis Nanterre jusqu'à San Francisco. Mais son discours se veut lavé des slogans. Il va ressortir *Bella Ciao* (combien, dans la salle, sauront que les antifascistes italiens marchaient au son de cette apparente bluette... ?). Il va chercher chez Nazim Hikmet, pas chez Mao ni chez Marcuse, son utopie qui ne s'encombre ni de messie ni de classe messianique :

La plus belle des mers
Est celle où l'on n'est pas encore allé
Le plus beau des enfants
N'a pas encore grandi
Les plus beaux jours
Les plus beaux de nos jours
On ne les a pas encore vécus
Et ce que moi je voudrais te dire de plus beau
Je ne l'ai pas encore dit.

Ça grince un peu dans les chapelles. Ici ou là, on le juge un brin « dégagé », détaché, ce récital. Mais, là-dessus, il ne bougera pas, il ne bougera plus. Claude Sarraute, qui « couvre » la première, le 19 septembre, pour *Le Monde*[17], prend

17. 21 septembre 1968.

la mesure du chemin parcouru : « Yves Montand, dans l'esprit du public, c'était le "prolo", le militant, c'était l'ouvrier de chez Renault, le routier à son volant, c'était le samedi soir sur les boulevards, l'œuf dur cassé sur le comptoir... Ce personnage-là a vécu. L'ouvrier d'autrefois, au lieu de s'embourgeoiser, s'est intellectualisé. Le blouson du petit fraiseur est devenu celui du grand reporter, la bicyclette des claires vacances enfantines a remplacé le vélo des matins blêmes et des sorties d'usine. Oui, Montand a changé. Avec son temps. Il explique à sa façon les dernières barricades, il incarne à lui tout seul la thèse selon laquelle le chemin du pouvoir réel passe par la connaissance plutôt que par l'argent... »

A l'issue de ces six semaines où il s'est « fait plaisir », Montand annonce que c'est fini, qu'il abandonne le récital. Qu'il abandonne derrière lui ce que fut Yves Montand jeune. Qu'il a désormais autre chose en tête. Que la star de l'Étoile s'est très naturellement éteinte.

Mais, avant de sortir, il laisse à son public la mise en garde du même Nazim Hikmet, un texte que lui avait révélé l'ami Gérard Philipe :

> Comme le scorpion, mon frère
> Tu es comme le scorpion
> Dans une nuit d'épouvante...
> Et tu n'es pas un, hélas
> Tu n'es pas cinq
> Tu es des millions
> Tu es comme le mouton, mon frère...

Ce texte — murmuré à l'oreille du spectateur — ouvrait le show. Un show qui, dans l'esprit de Montand, ponctuait un changement d'époque, de vie.

15

Juste après le démarrage du récital, Montand est le « rédacteur en chef » invité de la station Radio-Luxembourg. Pour la première fois, il s'exprime sur les événements du printemps précédent, à Paris comme à Prague, et la colère sourde accumulée contre les communistes s'exprime avec une violence nouvelle. L'intervention en Tchécoslovaquie ? « Déjà, il y avait eu Budapest, difficilement acceptable et que j'ai accepté en allant à Moscou. Mais ce coup de poing monstrueux de l'invasion du mois d'août, décoché en pleine figure et auquel on ne peut trouver aucune explication, ah ça, non !... Quand c'est mal, il faut le dire. Qu'on continue à mentir, à tuer, et, ce qui est encore plus dégueulasse, à moucharder, tout cela condamne une politique. » Interrogé sur son refus d'aller chanter devant les usines Renault durant le mois de mai, Montand réplique : « Une grève n'est pas une kermesse. »

Questionné sur le rôle de Georges Séguy, il coupe :

— Séguy, connais pas !

Il renvoie ainsi au fameux « Cohn-Bendit, connais pas ! » lancé dédaigneusement, en mai, par le numéro un de la CGT.

A peine rentré place Dauphine, Montand voit débouler son frère Julien, hors de lui. Se joue alors un épisode de passion et de colère inouïes. Le drame intime de Montand se noue là : en quelques heures d'affrontement, il opère une double rupture, avec sa famille politique, avec (une aile de) sa famille naturelle.

Julien Livi :

« J'étais au siège de la Fédération de l'alimentation où j'avais passé pratiquement tout le mois de mai, assurant jour et nuit le ravitaillement de la région parisienne. Un camarade m'a prévenu qu'Yves avait attaqué Séguy sur une radio. J'ai appelé à la maison, et Elvire m'a confirmé :

— Viens tout de suite.

« J'arrive. Je reverrai cette scène toute ma vie. Je devais avoir une tête terrible, car il m'a dit :

— Écoute, calme-toi, prends une bière. Je vais te faire entendre l'enregistrement de l'émission.

« J'ai écouté et, à la fin, j'ai explosé :

— C'est ignoble. Comment peux-tu dire des choses pareilles publiquement ?

« J'étais dans une colère noire, prêt à lui taper sur la figure. Mais je me suis retenu *in extremis*. Alors tout est sorti. On s'est engueulé. Il m'a répondu sur le même ton. On hurlait tous les deux. Tout le quartier a dû entendre. J'avais vraiment le sentiment qu'il trahissait tout ce qui avait été sa vie. Il essayait d'argumenter, m'a cité Semprun, ce qui m'a excité encore plus :

— Semprun, c'est un menteur. Il ne faut pas qu'il me prenne pour un con, si toi il te prend pour un con.

« Cela l'a mis en fureur. Il criait encore plus. Je suis parti en claquant la porte. J'étais dans un tel état que, quand je suis rentré à mon bureau, ma secrétaire a dû aller m'acheter une chemise, tant la mienne était trempée. Je considérais qu'entre nous c'était fini. Il avait rompu le pacte moral. »

Par ce coup de gueule, exutoire de pensées trop longtemps refoulées, Montand, à quarante-sept ans, s'émancipe de la tutelle idéologique qui pesait sur lui depuis l'enfance. En même temps que les prêches orthodoxes de Julien, il rejette la mauvaise conscience d'avoir échappé à son milieu d'origine. Le tabou qu'il a cassé sur les ondes de Radio-Luxembourg, c'est l'autocensure qui interdit aux membres du clan de le critiquer ouvertement. Désormais, Montand non seulement raisonne librement (c'est acquis depuis 1956), mais encore parle sans crainte de « donner des arguments à l'adversaire ». Car l'adversaire a changé : il s'agit bien maintenant du système de pensée communiste. Ce renversement des valeurs, Montand l'effectue dans la souffrance. Tous les « hérétiques », au moment de leur éloignement, traversent ces états transitoires où la haine le dispute à la ferveur défunte. Que ce déchirement s'accompagne d'une séparation entre

« vrais » frères augmente le désarroi de Montand. La figure détestée du Parti s'incarne en un être, un visage qui ne lui inspirèrent longtemps qu'affection et respect.

A cause des quatre années qui les séparent, Yves et Julien n'ont pas connu, enfants, une réelle complicité quotidienne. Quand le cadet atteint l'adolescence et que les deux jeunes gens commencent à souhaiter des rapports plus suivis, Julien est absorbé par son engagement militant qui l'éloigne de la maison. Quand Yves a dix-sept ans, il part pour l'armée et ne retrouve son frère que sept ans plus tard, devenu un homme et une vedette. Pourtant, pendant ces années de séparation, Julien est demeuré très présent dans l'esprit d'Yves, comme un modèle parfois culpabilisant — impasse des Mûriers, il gardait, accrochée au miroir de sa chambre, une photo de Julien prisonnier, rappel permanent du code de bonne conduite. Après la guerre, malgré son succès, le « petit frère » demeure aux yeux de son aîné quelqu'un qu'il faut protéger, parfois à son insu. Un soir, avec le mari de Lydia, André Ferroni, Julien s'en est allé casser la figure d'un journaliste marseillais qui avait écrit des insanités sur Montand. Et ce dernier n'en a rien su.

Plus tard, dans les années cinquante, le cercle d'intimes autour de Montand et Signoret prend une place prépondérante. Chacun à sa manière, Bob Castella ou Henri Crolla occupe dans la vie de l'artiste un espace considérable. Mais Julien et Elvire sont inclus dans le cercle. Les accointances communisantes sont un ciment supplémentaire. Montand n'hésite d'ailleurs pas à s'appuyer sur Julien afin de combattre ses propres doutes ou ceux de ses amis. A l'occasion, il provoque l'échange :

— Tenez, voilà un « coco », un vrai. Racontez-lui vos états d'âme.

Les premiers heurts entre les deux frères naissent de leur divergence politique. En 1957, au retour de la tournée à l'Est, Julien reproche à Montand de s'être mal comporté — selon le témoignage de « camarades » — dans les « démocraties populaires ». Montand s'insurge, mais ces coups de colère s'évanouissent sans remettre en cause les liens fraternels, menacés davantage par l'arrivée de Jorge Semprun. Il n'est pas fortuit que, dans leur engueulade, Julien s'en prenne à l'exilé espagnol. Elvire Livi ne s'y trompe pas : « Jorge Semprun, c'était son frère spirituel. D'ailleurs, du moment où il l'a connu, il a ignoré complètement son vrai frère. Et cela, je ne le lui pardonnerai jamais. »

Ce jour-là, le jour de l'émission, Montand hurle si fort qu'il devient aphone. Le médecin consulté diagnostique deux ampoules sur les cordes vocales :

— Vous avez failli vous casser définitivement la voix. Je vous en supplie, ne dites plus un mot pendant quarante-huit heures.

Le soir, les spectateurs de l'Olympia ont la surprise de voir l'artiste s'approcher du bord de la scène. Avec difficulté, il chuchote un « mesdames et messieurs » presque inaudible qui arrache un « oh ! » de désappointement à la salle.

— Je suis désolé...

Les sons semblent sortir d'une râpe à fromage.

Julien Livi n'est pas le seul communiste à réagir aux propos de Montand. *La Vie ouvrière* le prend à partie avec une mauvaise foi méthodique. Le chanteur avait déclaré à la radio : « Une grève n'est pas une kermesse. » Dans le journal de la CGT, cette opinion est ainsi transcrite : « Les 9 millions de grévistes savent désormais, grâce à Yves Montand, que leur grève n'a été qu'une vaste partie de rigolade[1]. » Exactement l'inverse des propos tenus : l'exaspération de l'intéressé n'en est évidemment point atténuée...

Ayant sauté le pas, s'étant affranchi de l'« œil du Parti » qui le paralysa si longtemps, Montand récidive. Juste après l'émission de Radio-Luxembourg (et donc après l'altercation avec Julien), il donne une interview à *Témoignage chrétien* où il persiste dans la déviation : « Les choses ne sont pas aussi simples qu'on a voulu nous les expliquer, à savoir que les bons étaient d'un côté et les méchants de l'autre. C'est absurde et ridicule... Nous baignons dans un tel monde de mensonges, de contradictions que nous arrivons à oublier où nous en sommes. Certes, je crois encore aux lendemains meilleurs, mais pas dans la béatitude. Je n'hésite pas à condamner et à dire non[2]. »

1. 9 octobre 1968.
2. 26 septembre 1968.

Cette polémique par journaux interposés entérine la rupture politique. Place Dauphine, depuis le choc frontal, la séparation est effective. Julien ne descend plus jamais à la « roulotte », se calfeutre dans son appartement du cinquième étage. Trop cabrés, trop orgueilleux l'un et l'autre pour esquisser le pas qui permettrait une réconciliation, les deux frères s'évitent. Finis les déjeuners en commun, les conversations sur un coin de table. Elvire, toujours au service des Montand, se retrouve en position intermédiaire, mais l'atmosphère est si lourde que la situation semble intenable.

Aucun scénariste n'oserait recourir à un tel « rebondissement » par crainte de sombrer dans le mauvais mélodrame : au moment précis où les deux frères se heurtent, leur père, qu'ils vénèrent l'un et l'autre, meurt. Giovanni Livi s'éteint le 7 octobre 1968 dans sa maison d'Allauch, à soixante-dix-sept ans. Cinq années auparavant, après une première attaque, il était resté à demi paralysé, et son état, depuis lors, avait nécessité des soins constants (assurés par la dévouée Lydia et dont Montand, comme toujours, assumait la charge). Malgré l'éloignement géographique, le père Livi était resté l'être dont Montand guettait l'approbation tacite, c'était la référence suprême, la voix des origines. Longtemps, Ivo Livi a identifié la fidélité au communisme avec la fidélité à Giovanni : rompre avec l'un, c'était inconsciemment renier l'autre. Faut-il pour autant, selon les termes de Jorge Semprun[3], affirmer que « ce deuil privé a rendu plus aisé le travail du deuil politique » ? « La mort du père, poursuit Semprun, malgré toute la douleur qu'elle a entraînée, a rendu plus aisée la rupture avec la sainte Famille... »

La concordance des temps semble plaider en ce sens. Encore observera-t-on que la « sortie » publique contre les communistes à Radio-Luxembourg et l'affrontement avec Julien précèdent d'une quinzaine de jours le décès de Giovanni. Montand largue les amarres du vivant de son père et sous le regard de son père. Il est orphelin de parti avant de l'être vraiment.

3. *Montand. La vie continue, op. cit.*

Je n'ai pas eu de discussions politiques avec mon père dans les années qui ont précédé sa mort. Il était affaibli, ne lisait plus les journaux. Et puis, je n'avais jamais eu ce type de relation avec lui; Julien, lui, avait des échanges politiques, parce que Julien était devenu ce qu'il est, un militant professionnel, par admiration pour mon père. Il reprenait le flambeau, en quelque sorte. Moi, je riais avec mon père. Pour la mystification, les blagues, la joie de vivre, nous étions sur la même longueur d'ondes. Mais, contrairement à Julien, qui n'était pas là, mon père, je l'ai vu douter, je l'ai vu déchiré au moment du pacte germano-soviétique. Je ne veux pas extrapoler, ce ne serait pas honnête, mais je pense qu'au fond il aurait été d'accord avec moi. Mon père est un communiste italien, tandis que Julien est un communiste français.

Sa mort n'a pas libéré ma parole. J'en étais arrivé à un point où je ne pouvais plus me taire. Mais je suis convaincu qu'en condamnant les abominations du système communiste je suis resté fidèle à mon père.

Derrière la querelle politique se profile maintenant une querelle d'héritage, laquelle ne cessera de s'infecter. Qui, de Julien ou d'Yves, est le continuateur de Giovanni? A qui aurait-il donné raison? Longtemps après sa disparition, le père Livi continuera de servir d'enjeu et de référence. Pendant des années, il arrivera que Montand « parle » à son père dans son sommeil ou même en état de veille. Semprun fut à plusieurs reprises témoin de ce « dialogue » et rapporte cet échange bizarre : « Un jour, Montand m'a confié : je ne parle plus à mon père; il m'a envoyé balader, il m'a dit : "Tu es assez grand maintenant, débrouille-toi tout seul!" »

Ce que fut la peine de Montand à la disparition de Giovanni, on doit se contenter de l'imaginer à l'aune de l'amour et de l'admiration qu'il lui a manifestés sa vie durant. Montand le pudique ne prononce pas les mots dérisoires qui ne guérissent que les plaies superficielles. Il ne « descend » pas à Marseille pour l'enterrement. Pas seulement parce que Simone et lui tiennent ces démonstrations en horreur : le jour des obsèques, il doit chanter à l'Olympia comme tous les soirs. La loi du métier impose ce genre de dédoublement. Son absence devant la tombe ouverte s'ajoutera d'ailleurs au contentieux en cours.

Le chef mythique disparu, la cellule familiale éclate, et cette dislocation s'accomplit dans la douleur pour chacun des protagonistes, Montand compris. Jean-Louis Livi : « Nous avons vécu cette rupture de manière terrible. C'est affreux, une famille qui se déchire. C'est affreux d'être au milieu de ces tiraillements contradictoires. Tout le monde a souffert. Tout le monde en a pris plein la gueule : Montand, Simone, mon père, ma mère, Catherine et moi. » Catherine Allégret : « Je hais la politique. La politique a fait exploser ma famille; parce que ma famille, c'était aussi le ''cinquième étage''. Elvire, que j'appelle Tatie, c'est ma deuxième mère. C'est elle qui m'a élevée. C'est chez elle que j'étais lorsque j'ai eu une attaque de rhumatismes si grave qu'on a cru à une polio, et elle passait des nuits à mon chevet. J'ai vu des choses abominables à cause de la politique. Ils s'étripaient : l'antistalinisme de Montand était aussi violent que le communisme primaire de Tonton. Il n'y avait plus de place pour rien. L'idéologie, c'est la chose la plus polluante de mon existence; j'estime en avoir été victime. »

Quelques mois plus tard, constatant que toute cohabitation est devenue impossible, Julien et Elvire Livi quittent la place Dauphine. Montand et son frère ne se rencontreront pratiquement plus.

Huit jours après la mort de son père, Montand signe avec Simone Signoret, Jorge Semprun, Alain Resnais et Vanessa Redgrave un télégramme adressé à l'ambassadeur d'URSS à Paris, où les signataires prennent la défense de la poignée d'intellectuels soviétiques qui ont manifesté sur la place Rouge, à Moscou, contre l'intervention de « leur » armée en Tchécoslovaquie. Désormais, les soubresauts du monde communiste et la lutte des dissidents requièrent toute son attention.

Le show de l'Olympia juste bouclé, Montand s'envole en novembre pour Hollywood afin d'entamer un nouveau film (le quatrième du millésime 1968 !) avec Barbra Streisand. A la veille des fêtes de fin d'année, il reçoit, dans son bungalow du Beverly Hills Hotel, un appel téléphonique de Costa-

Gavras, qui lui propose le rôle d'Artur London. «Au réveillon de Noël, qui se passait chez Françoise Arnoul, rue Monsieur-le-Prince, raconte le cinéaste, Claude Lanzmann parlait d'un bouquin formidable qui venait de sortir, *L'Aveu*, de London. Je me suis précipité dans une librairie et je l'ai avalé d'un coup. Tout de suite, j'ai eu envie de le mettre en images. J'en ai parlé à Jorge. Il connaissait London, il connaissait son histoire. Il m'a dit : "Tu crois qu'on peut en faire un film? Et pour jouer London, qui vois-tu? — Montand." Je lui ai répondu immédiatement. Pour moi, c'était évident. Je n'avais envie de travailler qu'avec Montand. Alors, on a téléphoné à Los Angeles. Yves a réagi au quart de tour : "Si Jorge et toi, vous êtes d'accord pour le faire, comptez sur moi!..."»

C'est ainsi que le trio d'immigrés, l'Italien, l'Espagnol et le Grec, décide de prolonger l'existence — *Z* est toujours au montage — de la PME la plus performante du cinéma politique français. A Hollywood, Montand, s'il a immédiatement donné son accord à ses copains Semprun et Costa, s'interroge. Du livre il ne parcourt que quelques pages qui suffisent à lui infliger des cauchemars, mais la tragédie d'Artur London n'est pas une découverte : Semprun, quelques années plus tôt, lui en a parlé. Il sait que, pendant vingt-deux mois, ce communiste tchèque, ancien des Brigades internationales, chef de la MOI (l'organisation secrète de la main-d'œuvre immigrée) dans la Résistance, déporté à Mauthausen puis nommé vice-ministre des Affaires étrangères de son pays en 1949, a été torturé physiquement et moralement par les sbires de son propre parti en 1951; il sait que London, qui a tenu tête aux nazis, s'est progressivement effondré devant des bourreaux porteurs de l'étoile rouge, qu'il a signé les aveux les plus fantaisistes. Il sait qu'avec un tel sujet la puissance évocatrice du cinéma va exercer des ravages à l'encontre du communisme stalinien.

Lui reviennent alors les scrupules anciens qui l'ont tétanisé si longtemps : ne va-t-il pas «faire le jeu de l'adversaire»? Tandis que les paysans vietnamiens sont grillés au napalm, que les péons d'Amérique latine étouffent sous des dictatures militaires d'extrême droite, souvent avec l'aval de Washington, cette dénonciation filmée du système communiste n'apparaîtra-t-elle pas comme un soutien indirect au « camp impérialiste » ? Ces hésitations, dont il admet avec scrupule, aujourd'hui, qu'elles furent vives, soulignent combien il lui fut malaisé de s'arracher à la matrice communisante, et révèlent aussi l'état d'esprit d'une époque où, malgré son visage inhumain, l'empire soviétique continuait d'exercer une pression idéologique efficace. Signe pourtant d'une irréversible évolution, Montand ne balance pas au-delà — ce qu'il balance, c'est la mauvaise conscience héritée du passé. Qu'importe ce qu'en penseront les « autres » qui étaient naguère les « siens » : la vérité est la vérité, la vérité est bonne à dire, même si elle blesse et celui qui parle et celui qui entend.

En attendant le retour à Paris de son acteur fétiche, prévu pour avril, Costa-Gavras entreprend les démarches nécessaires. Il rend visite, avec Semprun, à Artur et à Lise London, qui espéraient que le film fût tourné par un cinéaste tchèque. London était familier de Milos Forman, à qui il avait, quelques années auparavant, relaté son itinéraire — Forman avait émis le désir de s'en inspirer. Mais l'auteur des *Amours d'une blonde* est parti aux États-Unis préparer son premier long métrage américain, et décline l'offre. La voie est libre pour le tandem Gavras-Semprun, qui ne souhaite rien engager sans l'approbation des London : le film ne doit pas risquer d'être dissocié du livre. Sage précaution.

Son histoire, London souhaitait l'écrire depuis sa libération, en 1956. D'une certaine manière, il avait commencé le travail en cellule. De sa prison, après le procès, il avait réussi à faire sortir clandestinement, par deux fois, des textes rédigés d'une écriture microscopique sur du papier pelure (une fois quatre pages, une fois trois pages) où il décrivait les méthodes utilisées pour obtenir des aveux. Tapées à la machine, les sept pages se sont transformées en soixante-cinq feuillets. Par la suite, pour la commission de réhabilitation, il avait élaboré deux rapports de cent cinquante et deux cents pages. Tous ces documents fournirent le point de départ, le matériau de base. « Gérard[4] attendait le moment opportun, témoigne Lise London. Il craignait de ne pas être compris,

4. Tel était le pseudonyme d'Artur London dans la clandestinité et la Résistance. Ses amis et ses proches ont continué de le désigner ainsi.

d'être traité de nouveau Kravchenko. Il voulait écrire avant tout pour les communistes. Quand le printemps de Prague est arrivé, il s'est décidé. En quatre ou cinq mois, le livre était prêt. »

L'intervention des chars n'a pas suffi pour rétablir l'ordre stalinien. Durant les quelques mois qui précédèrent la normalisation, la résistance passive des Tchèques maintient une sorte de climat en demi-teintes, assorti d'une relative tolérance. En avril 1969, des manifestations de joie délirantes saluent la victoire de l'équipe tchèque de hockey sur glace sur celle de l'URSS. Dans la même période, *L'Aveu* sort à Prague, et le tirage de 30 000 exemplaires est épuisé en un rien de temps. Costa-Gavras espère encore tourner sur les lieux mêmes. Semprun et lui se rendent en Tchécoslovaquie au mois de mars, et tous deux rencontrent Podleniak, haut responsable du cinéma tchèque (c'est lui qui avait annoncé, en 1966, à Resnais et à Semprun que *La guerre est finie* était retirée de la compétition au festival de Karlovy Vary).

Podleniak manifeste plus que de l'intérêt pour le projet. Ils se revoient au festival de Cannes où triomphe *Z*, et un accord de coproduction est signé. Aussitôt, Semprun et Costa attaquent l'élaboration du scénario. Mais, pendant l'été, le nœud coulant se resserre à Prague, l'épuration est en marche. Au téléphone, Podleniak avertit Costa qu'il n'est plus possible de filmer là-bas. Peu après, il sera remplacé et expédié « à la base ».

Costa-Gavras dépêche toutefois son premier assistant, Alain Corneau, dans la capitale tchèque. « Costa m'avait dit d'examiner la situation sur place, raconte Corneau, de repérer d'éventuels décors. J'arrive à peu près au moment du premier anniversaire de l'intervention. Il y avait des chars partout, des jeunes qui traînaient dans les rues, attendant je ne sais quoi. Je vais aux studios, qui étaient totalement déserts; un type me dit que tout est complet, qu'il est impossible d'utiliser le matériel, et me donne rendez-vous dans un bar, le soir. Là, il m'explique : ''Vous êtes inconscient, vous ne voyez pas ce qui se passe ici, il faut partir, vite.'' J'ai quand même étudié la ville, ce qui nous a servi par la suite pour la recherche d'un autre site, et je suis rentré. »

Le tournage étant prévu pour septembre, il faut rapidement trouver de nouveaux lieux. Au cours de ses repérages, Corneau s'avise que les maisons du vieux Lille ont un air de parenté avec celles de Prague. L'adaptation est bouclée (bien qu'elle soulève maints problèmes : réduire une histoire complexe qui court sur plusieurs années en une continuité de deux heures, compréhensible pour le spectateur, exige de simplifier sans édulcorer). En outre, Costa et Semprun se refusent, « pour des raisons d'ordre moral, à jouer... sur les ressorts du suspense et de l'identification[5] ». Autrement dit, ils ne veulent pas utiliser le suspense dramatique le plus ordinaire, celui qui tient le spectateur en haleine : le héros va-t-il être à la hauteur ? Survivra-t-il au terme de l'épreuve ? Assez tôt dans le déroulement du récit, les auteurs introduisent donc des *flashes forward*, des « projections avant » : au beau milieu d'un interrogatoire, on découvre Artur-Gérard, plusieurs années après, narrant son aventure au soleil d'une terrasse méditerranéenne. Ces « soleils » cassent le premier degré de l'émotion, obligent le spectateur à prendre ses distances, à s'intéresser au fond de l'affaire, à se délivrer du « polar ». Plutôt qu'un film « à l'estomac », Semprun et Costa souhaitent imposer, en l'occurrence, une œuvre de réflexion.

Jorge Semprun insiste — le motif, expose-t-il, en est politique — pour signer seul l'adaptation et les dialogues. Comme s'il avait un compte à régler ou à solder au travers du dossier London. Il en a un, en effet. Quand Costa a parlé pour la première fois de *L'Aveu* à Semprun, il ne s'est pas étonné que son copain connaisse London. Mais il ignorait à quel point.

Il se trouve que, lorsque Semprun entra dans la Résistance, on l'affubla du même pseudonyme que London — Gérard — non par hasard, mais, apprit-il ultérieurement, en hommage à celui qui était un des grands chefs de la MOI. Gérard (l'aîné) avait combattu dans les Brigades internationales, ce qui, pour l'exilé Semprun, nouait d'inévitables liens affectifs... Gérard avait été déporté à Mauthausen ; pour le rescapé de Buchenwald, rien n'égale la fraternité du matricule. Et c'est précisément à propos du camp de Buchenwald que la tragédie de London vint éclabousser la conscience de

5. *Montand. La vie continue, op. cit.*

Semprun : à trois reprises, dans trois livres différents, ce dernier aborde l'épisode où interfèrent l'horreur concentrationnaire nazie et la monstruosité totalitaire communiste.

En 1952, lors du procès Slansky où comparut London, un des quatorze coïnculpés s'appelait Josef Frank, secrétaire général adjoint du Parti communiste. L'acte d'accusation lui reprochait d'avoir été, au camp de Buchenwald, un agent de la Gestapo. Frank avait avoué. Or, dans ce même camp, Frank était le camarade de Semprun ; ils appartenaient tous deux à l'organisation communiste clandestine. Et l'Espagnol savait donc que Frank ne pouvait être un agent nazi. « Tu sus que Frank était innocent, se reprochera ''Federico Sanchez'', tu compris d'emblée qu'aussi bien l'accusation portée contre lui que ses propres aveux étaient faux ; dans une espèce de vertige nauséeux, tu entrevis les conséquences de cette innocence de Frank. C'est comme une goutte d'acide qui se mettait à ronger toutes tes certitudes. »

Il faudra dix ans pour que l'acide creuse une fissure assez profonde. En 1952, le militant communiste espagnol Jorge Semprun s'est tu, gardant son secret pour lui, alors qu'il avait la conviction que tous ces procès étaient truqués. La fabuleuse machine à tuer la conscience que fut le totalitarisme stalinien se fondait sur une foi irrationnelle dans l'absolue clairvoyance du Parti. En 1969, quand Semprun conçoit le scénario de *L'Aveu*, son mutisme de 1952 surgit entre chaque ligne. Elle est terrible, la scène où d'anonymes policiers dispersent dans la neige les cendres des pendus. Une poignée de ces cendres : c'est tout ce qu'il restait de Joseph Frank — qui avait échappé au crématoire de Buchenwald...

A l'image de l'ami Semprun, Montand traîne comme un boulet, dans sa propre mémoire, son comportement au moment du procès Slansky. Il se rappelle comment, d'une chambre d'hôtel à Angers où il était en tournée, il avait récité au téléphone, questionné par un journaliste du *Figaro*, la phrase de Paul Eluard : « J'ai trop à faire avec les innocents qui clament leur innocence pour m'occuper des coupables qui clament leur culpabilité. » Les innocents, c'étaient les Rosenberg ; en 1954, au théâtre Sarah-Bernhardt, Montand et Signoret s'identifiaient à ces derniers en jouant les époux Proctor. Lisant Artur London, Montand vérifie que les innocents qui clament leur innocence peuvent être coupables et que les coupables qui avouent peuvent être innocents.

Justement. Parce que le couple Montand-Signoret avait été l'âme des *Sorcières de Salem*, Costa-Gavras souhaiterait que Simone incarne le personnage de Lise London, dont l'itinéraire militant n'a rien à envier en héroïsme à celui de Gérard. Fille de communiste espagnol, militante dès l'âge de quatorze ans, elle passe, entre 1934 et 1936, deux ans à Moscou, où elle rencontre et épouse Artur London. A vingt ans, en 1936, elle travaille pour les Brigades internationales. Résistante dès 1940, arrêtée et condamnée à mort, elle doit d'être restée en vie à la naissance, en prison, de son fils Gérard. Elle est déportée à Ravensbrück en mai 1944. Jusqu'à son départ pour la Tchécoslovaquie, en 1949, elle occupe d'importantes fonctions dans l'appareil du Parti communiste français. Lorsque son mari est arrêté, elle reste sans nouvelles de lui pendant des semaines, des mois.

Et puis, un jour, lisant le journal par-dessus une épaule, elle découvre le nom d'Artur London parmi ceux des inculpés qu'on s'apprête à juger. Lise est persuadée que Gérard va nier les charges qui pèsent sur lui. Quand elle entend, à la radio, la voix de son compagnon qui reconnaît ses fautes, entre le Parti et son mari, elle n'hésite plus et rédige une lettre où elle répudie ce dernier. C'est à cause de ce geste que Simone Signoret hésite à interpréter le rôle. Lise London : « Pour elle, c'était impensable qu'une femme puisse agir contre son mari. Quoi qu'il fasse, on lui reste fidèle. Afin de la convaincre, Chris Marker a organisé la projection d'un documentaire italien sur *L'Aveu* où j'expliquais pourquoi j'avais écrit cette lettre. Après, elle s'est décidée. »

Là encore, les profanes que laissent indemnes les perversions de la croyance éprouveront quelque peine à comprendre. Artur London qui, au fond de sa prison et du désespoir, continuait à partager la même foi que sa compagne, ne doutait pas de la réaction qui serait la sienne et n'en fut point surpris : « Pour moi, je gardais confiance dans mon parti... Je le sais, ce sont des sentiments inaccessibles à ceux qui ne savent pas ce qu'est un communiste : cette lettre qui demandait mon châtiment, je l'attendais[6]. »

Indice du lien extraordinaire qui l'unissait à Montand, Simone Signoret, fût-ce par procuration, ne supporte pas l'idée de le « trahir ». Costa-Gavras : « Simone était gênée ; elle répétait tout le temps : "Je ne peux pas dire ces mots, ce n'est pas moi." Pendant le tournage, une fois ou deux, nous nous sommes accrochés, tant elle avait de peine à entrer dans un personnage qu'elle détestait (sur un plan éthique). Cette réticence renvoie à une appréhension plus générale qu'elle avait devant l'entreprise. Au fond, elle a marché par solidarité avec nous, avec Montand surtout. »

Le tournage commence à Lille, le 22 septembre 1969. Les façades du Nord, les rues pavées, les tramways bringuebalants simulent Prague. L'équipe s'est même procuré d'introuvables automobiles tchèques, les Tatraplan, dont la carrosserie est inimitable ; c'est un assistant qui, un matin, rue de Ponthieu, est tombé par hasard sur un modèle en stationnement. Il attend que le propriétaire revienne, un touriste tchèque, lequel, apprenant ce qui motive l'étrange requête du passant, prête aussitôt son véhicule et indique le nom d'un de ses amis, également en France, pourvu d'un engin plus récent. Pour les scènes d'intérieur, Corneau déniche un hospice à moitié désaffecté, énorme bâtisse du XVIIIe siècle dont les sous-sols offrent d'infinies possibilités. Une partie du bâtiment, que le directeur a demandé à ses hôtes d'éviter, demeure affectée aux malades mentaux ; un jour, alors que l'équipe filme une scène dans la cour, les têtes de nombreux pensionnaires apparaissent aux fenêtres. Et scandent avec force grimaces et mimiques : « Montand ! Montand ! »

— Tu es populaire, ici aussi, plaisante Costa.

Ce lieu sinistre alourdit encore les conditions psychologiques du travail. Pas question, en pareil endroit, d'échapper à une impression d'enfermement, de fragilité, de menace. Chaque semaine meurt un vieillard de l'hospice.

Costa-Gavras est un réalisateur minutieux, attentif aux détails. Pour les séquences du procès, les décors sont reconstitués à l'identique, d'après un document d'archives dont

6. *Démocratie nouvelle*, juillet 1956.

il a obtenu copie à Prague. Quant aux fameuses lunettes de soudeur qui, sur l'affiche, feront le tour du monde, il les choisit avec le même soin. Entre une dizaine de modèles, il sélectionne celui qui relie les deux verres par une curieuse barre de fer : dans son esprit, cela rappelle les entraves que London-Montand porte aux mains. (Dix ans plus tard, grâce aux révélations de Sandor Kopacsi, préfet de police de Budapest en 1956, rallié à l'insurrection, Montand apprendra qu'Imre Nagy, lorsqu'il fut ramené de Roumanie menottes aux poignets pour être exécuté — ce qui provoqua la première indignation du compagnon de route contre le système communiste —, avait été affublé de ces mêmes lunettes).

Dans un décor aussi soigneusement planté, Montand n'a pas l'intention de faire semblant. Psychologiquement, toute son histoire le nourrit pour devenir London. Mais il est décidé à ce que le spectateur perçoive physiquement les souffrances de ce dernier. Le plan de tournage suit le déroulement chronologique de l'histoire, de l'arrestation au procès. Au fil des interrogatoires, London avait perdu une douzaine de kilos. L'acteur se soumet à un régime draconien qui, en six semaines, l'allège de douze kilos et demi. Il s'est procuré une bascule médicale et surveille au gramme près son amaigrissement. Le soir, afin de ne pas céder à la tentation, tandis que l'équipe du film se goberge joyeusement, il passe par une porte de derrière, gagne une petite pièce où il avale ses cent cinquante grammes de viande grillée et ses haricots verts. De temps en temps, d'un regard oblique vite refréné, il aperçoit les hors-d'œuvre destinés à ses camarades et presse le pas.

Costa-Gavras : «Parfois, il arrivait au milieu du déjeuner, se baladait entre les tables en nous injuriant : "Bande de salauds, vous bouffez encore !..." Et il repartait. Et puis, il revenait, avalait une cuillerée d'épinards et trois bouchées de viande. Juste ce qu'il fallait pour tenir. Et encore.» Au fil des semaines, Montand se liquéfie, obsédé par son poids, fugitivement rongé par la tentation.

J'ai commis un sacrilège. Un après-midi, on tournait une scène où un gros gardien dégueulasse — formidablement joué par Gérard Darrieu — m'interroge en bouffant un sandwich à la saucisse; il bouffe devant moi, boit devant moi de la bière, rote devant moi. Je regarde son sandwich avec une envie folle. Dans la pièce à côté, on avait préparé quelques sandwiches identiques en prévision de plusieurs prises. Je passe devant. Je m'insulte intérieurement : tiens bon, tiens bon, tu n'as pas le droit! Et, d'un coup, je craque, je me jette sur un sandwich comme un fou et l'avale gloutonnement, comme si quelqu'un allait me l'arracher. Pendant quelques secondes, j'oublie que je suis Montand. Je suis London et je crois que les soldats vont me tabasser. Après, j'ai éprouvé un remords affreux. Tous ces efforts depuis des jours, pour céder... Mais cet écart ne m'a pas fait reprendre un gramme. Insoutenable légèreté de l'être...

La conscience professionnelle exacerbée de Montand ne se limite pas à cette cure forcée. Il demande qu'on lui attache les menottes dans le dos, ce qui provoque d'atroces élancements dans les épaules. Il a choisi des menottes qui serrent le poignet; il les garde même entre les séances afin qu'elles marquent la chair et que la douleur qu'il éprouve soit sincère (un mois après la fin du film, il en portera encore les stigmates). Dans une scène, les gardiens jettent, pour le ranimer, un seau d'eau sur London évanoui dans sa cellule. Montand veille à ce que le liquide soit glacé. Vingt et une prises seront nécessaires...

Pendant les pauses, l'acteur s'astreint à marcher en rond dans sa cellule, sans s'arrêter, au point qu'un jour il défaille de fatigue. Avant le début du tournage, Montand, Costa et Semprun sont tombés d'accord pour bannir les épisodes les plus durs du livre, les scènes de torture physique. Il subsiste néanmoins des séquences où London est molesté par les gardiens. Montand demande aux acteurs de ne pas le ménager, de le projeter contre le mur avec violence. « Costa appréciait cette recherche de vérité, se rappelle Alain Corneau. Lui-même se colletait avec les figurants pour les rendre plus nerveux. Un jour, il a agrippé un type qui n'arrivait pas, heureuse nature, à effacer de son visage un sourire béat, se battant vraiment. C'était pour l'énerver, pour le forcer à rentrer dans le lard — si je puis dire — de Montand. »

A l'hôtel, délaissant la suite qui lui a été réservée, la star se fait attribuer une petite chambre sur la cour, sans grand confort, dont il masque la fenêtre d'un rideau noir afin d'être coupé du monde. Le soir, son maigre repas avalé, il se réfugie dans cette retraite solitaire, essayant par l'isolement volontaire de se rapprocher du prisonnier qu'il incarne. Souvent, dédaignant le lit, il dort à même le sol, dans son costume de taulard, grelottant de froid. Une nuit, il est la proie d'un cauchemar : il est bouclé dans sa cellule, et les murs se rapprochent, le plafond descend jusqu'à l'écraser. Il hurle et se réveille. La nuit suivante, le même cauchemar recommence, et encore la nuit suivante. Ses cris réveillent l'hôtel. La première fois, Simone Signoret, Costa-Gavras se précipitent et surprennent un Montand hagard, trempé de sueur. Puis les pensionnaires s'habituent aux hurlements qui trouent parfois le silence. A Artur London, venu constater l'avancement des travaux, Montand raconte son cauchemar chaque nuit recommencé. Gérard le regarde, stupéfait :

— C'est exactement le même rêve qui m'obsédait dans ma cellule, à Prague !

Après quelques semaines de ce régime, l'état physique et psychologique du comédien inquiète Costa au point qu'il propose à Montand — sans succès — d'interrompre le tournage. Le corps est si maigre que les côtes saillent. Le visage émacié, mangé par la barbe, les yeux dévorés de cernes trahissent un affaiblissement de l'organisme et une fièvre de la cervelle. L'ami Chris Marker a eu l'idée de tourner le tournage et a réalisé un court et un moyen métrage où il a enregistré le regard fixe, hébété, qui traduit une souffrance intime, vécue. Cette autoflagellation que Montand cultive est l'expression d'un combat entre lui et lui, ou plutôt entre ce qu'il fut et ce qu'il devient. Témoin privilégié de cette pénitence délibérée, Jorge Semprun l'analyse avec les yeux de la mémoire : « Il paie lourdement, volontairement pour l'ignorance passée, pour l'aveuglement de la bonne foi, pour les lourdeurs de la mauvaise conscience, pour les phrases à l'emporte-pièce... Mais il paie pour nous tous aussi. Il paie nos dettes, il nous libère. Il nous rachète une vie nouvelle par sa passion d'acteur[7]. »

Tous ceux qui assistent à ce corps à corps de Montand avec son histoire sont frappés par la métamorphose physique, l'acharnement à se punir, à expier. Alain Corneau : « Il a été aussi loin que possible dans l'implication personnelle. Il devait s'aider beaucoup avec des choses intimes, des conflits personnels. Quelquefois, il semblait sonné, et cela durait plusieurs jours. » Costa-Gavras recourt presque aux mêmes termes : « Il était complètement dans le personnage. Il le vivait. Il souffrait jour et nuit. Je pense que c'est un cas unique où un acteur a pu à ce point s'impliquer dans son rôle. Je crois qu'il devait aller puiser en lui des éléments très personnels pour se nourrir. » Semprun : « L'identification, à ce point, c'est presque dangereux. Cela avait un côté christologique. »

Lise London accompagne son mari à Lille et observe quelques prises de vues : « Quand nous avons découvert combien il était entré dans la peau de Gérard, nous étions sidérés. C'était extraordinaire. Il était claqué. Après une scène, il a demandé à mon mari comment il l'avait trouvé. Gérard était totalement impressionné. Ce n'était pas Montand, mais lui-même qu'il regardait. » Quant à Simone Signoret, elle souligne combien la motivation intime dépasse la conscience professionnelle ou la performance physique : « Je ne vois pas qui aurait pu jouer le personnage de London comme il l'a fait. Il fallait être déchiré intérieurement comme il l'était... Il fallait se sentir soi-même terriblement culpabilisé pour être en mesure de le jouer comme il l'a joué. Il fallait être animé d'un sentiment beaucoup plus fort que celui qui anime un simple acteur. Il fallait qu'il sache de quoi il parlait, qu'il soit déchiré à la pensée de ce qu'il ignorait au moment de ces crimes... »

C'était facile. Oui c'était facile d'investir ce rôle. Il est arrivé au bon moment, à une époque où j'avais envie de raconter aux jeunes générations de quelle folie nous avions

7. *Ibid.*

été capables. L'Aveu, *c'est mon acte de rupture avec le sentimentalisme généreux de cette gauche aveugle sur ses propres crimes, qui cultive une forme de messianisme, prévoit de faire le bonheur des hommes en les massacrant au besoin. Bien entendu, comme j'y avais cru, il y avait dans ce que je m'infligeais une part d'expiation. Un lavage interne. Et ce lavage passait par la souffrance du corps. Mais n'exagérons pas : ce n'était pas la Sibérie! N'importe qui est capable d'accomplir un exploit physique pour les besoins d'un rôle. Ce que je supportais était de la rigolade à côté de ce qu'a enduré London. Ce serait scandaleux de comparer. Quand je pense qu'il m'a dit, sur le tournage : « Vous avez l'air crevé; vous devez souffrir beaucoup. » De sa part, je l'ai pris comme un grand compliment, mais enfin...*

Et puis, pour bien jouer, pour bien « être », il faut garder un peu de distance. Pour tourner une scène de soûlographie, mieux vaut être à jeun. La fatigue devait se lire sur le visage, mais il fallait que je garde assez d'énergie pour travailler huit heures par jour. Parfois, je jouais au poker toute la nuit. Je m'échappais ainsi, mais en toute bonne conscience, car j'avais l'air encore plus crevé le lendemain.

Durant ses six semaines de jeûne, Montand songe au dernier jour de tournage et au gueuleton qu'il s'offrira. Ce soir-là, il commande de tout, entrées, charcuterie, viandes. Mais il ne peut avaler que quelques bouchées et boire un demi-verre de vin. Son organisme n'est plus habitué à être repu. Il mettra quelques mois à reprendre ses kilos, mais regrettera la sensation d'apesanteur que lui procurait l'état antérieur. Vidé, essoré, il se repose à la Colombe en attendant que le film soit prêt.

Dès que le metteur en scène a achevé son montage, une projection est organisée, à la fin du mois d'avril 1970, pour les acteurs et participants. Costa-Gavras : « Les London étaient assis devant ; nous étions quelques rangs derrière, avec Yves et Simone. Quand la lumière s'est rallumée, Gérard est resté immobile, prostré, un long moment, dix minutes peut-être. Montand m'a glissé : "Il n'a pas aimé, c'est foutu."

Gérard semblait effondré, complètement effondré. Il ne pouvait pas parler. Puis nous sommes allés au bar, et et il a fini par articuler : "C'est formidable!" » Lise London se rappelle cette séance : « Gérard était assommé, tellement il était bouleversé de revivre son histoire. Même dix-sept ans après, il continuait de faire des cauchemars, il ne supportait rien aux poignets, cela lui rappelait le contact des menottes. Alors, d'être replongé là-dedans... Quant à moi, j'avais l'impression de voir mon Gérard sur l'écran, je devais fournir un effort pour me dire : ce n'est pas Gérard, c'est Montand. »

L'Aveu sort en salle le 29 avril 1970. L'ensemble de la presse salue la rage du comédien. « C'est peu dire que Montand incarne Artur London. L'identification est si totale, si douloureusement absolue que l'on aurait honte de parler d'une performance d'acteur », écrit Jacqueline Michel dans *Télé 7 jours*. Jean Cau, pour *Paris-Match* : « Saluons Montand qui, dans la peau de son rôle, n'a pas hésité à en vivre la passion jusqu'à ce que sa peau flotte, de vrai, sur les os[8]. » François Chalais : « Admirable comme peu d'acteurs le furent jamais[9]. » Robert Chazal, dans *France-Soir* : « Montand n'est plus un acteur, mais le personnage lui-même. C'est une véritable identification qui dépasse de mille vérités le talent[10]. » Henry Chapier : « Il n'y a pas un acteur, fût-il français ou américain, qui aurait donné à ce film une résonance aussi poignante, aussi juste[11]. »

Tel son principal interprète, *L'Aveu*, plus encore que *Z*, est encensé par la critique, du *Monde* à *L'Express*, de *L'Aurore* à *Combat*, qui loue l'écriture et la réalisation de ce huis clos cauchemardesque, de cette machine broyeuse d'hommes, de cette destruction d'un individu jusqu'à l'humiliation et au reniement. Jean-Pierre Melville (avec lequel Montand s'apprête à tourner *Le Cercle rouge*) résume le sentiment général en adressant à Costa-Gavras un joli compliment : « L'année dernière, avec *Z*, vous étiez la gloire de notre profession; cette année, vous êtes son honneur. » Malgré la

8. 23 mai 1970.
9. *Europe 1*, 29 avril 1970.
10. 30 avril 1970.
11. 29 avril 1970.

« difficulté » du sujet et le caractère oppressant du film, le public plébiscite l'équipe de *L'Aveu* : 450 000 entrées à Paris, plus de 2 millions en France, la neuvième place au box-office de 1970. Comme pour *Z*, l'accueil à l'étranger dépasse toutes les espérances.

L'audience et l'impact du film amènent les communistes à réagir. Ils avaient toléré le livre de London alors que la normalisation n'était pas achevée en Tchécoslovaquie. Le secrétaire général, Waldeck Rochet, partisan du printemps de Prague, avait toutefois dû intervenir en personne (après une démarche des London) pour que *L'Humanité* rendît compte de l'ouvrage[12]. Mais, en 1970, le vent d'Est souffle de nouveau, l'atmosphère s'est rafraîchie. Georges Marchais a remplacé Waldeck Rochet à la tête du Parti communiste et oriente sa formation vers une ligne dure. Le PCF ne supporte pas cette éclatante dénonciation du système stalinien. Les dirigeants communistes ont pourtant été parmi les premiers spectateurs de *L'Aveu*, puisqu'une séance privée leur a été réservée aux studios de Boulogne. Le projectionniste confiera à Costa-Gavras que des cris d'indignation ont accompagné le retour de la lumière.

L'Humanité reproche au réalisateur d'avoir transformé un livre qui se voulait communiste en « un film anticommuniste[13] ». La manœuvre, à destination des militants, est assez limpide : il s'agit de dissocier l'un de l'autre. Mais Artur London, dans un entretien accordé au *Monde*, la déjoue sèchement : « Costa-Gavras et Jorge Semprun ont respecté l'esprit de mon livre... La mise en images ne trahit pas le récit... De cette fidélité du film à l'esprit du livre, il découle qu'être contre le film, déplorer sa diffusion, c'est reconnaître qu'on est aussi contre le livre et en déplorer la publication[14]. » Cette fois, *L'Humanité* se retourne contre London et embrasse tous les complices dans un même opprobre, suivant l'imparable logique de la complicité objective : puisque les auteurs critiquent le camp « socialiste », ils sont du côté de M. Nixon qui bombarde les Viet-

12. Témoignage de Lise London.
13. 29 avril 1970.
14. 20 mai 1970.

namiens. L'argument des procès staliniens revient à l'ordre du jour.

Artur London est fort malmené. D'anciens camarades de déportation à Mauthausen se détournent du « traître ». L'un d'eux lui reproche même d'avoir entretenu cette agitation anticommuniste pour de l'argent. Au moment même où les communistes français (à l'exception notable des *Lettres françaises* — dirigées, il est vrai, par Pierre Daix, gendre de London) instruisent ce « deuxième procès », leurs homologues tchèques, comme en écho, annoncent que *L'Aveu* est l'instrument d'une « campagne provocatrice et haineuse contre la Tchécoslovaquie ». Pire, le 5 août, London est déchu de sa citoyenneté tchécoslovaque : les raisons invoquées concernent explicitement sa défense du film dans les colonnes du *Monde* (gênée, *L'Humanité* se désolidarise de cette mesure).

A Prague, l'hiver stalinien est à nouveau tombé. Les acteurs du « printemps » sont écartés. Alexandre Dubcek est exclu du Parti communiste. Rudolf Slansky, le fils du pendu de 1952, perd son emploi aux usines CKD. Sa lettre de licenciement stipule que cette mesure est destinée à renforcer « la qualité de la direction collective de l'usine. » La première décision, vingt ans plus tard, du président Vaclav Havel, sera de nommer Rudolf Slansky ambassadeur à Moscou. Dubcek le déchu présidera l'Assemblée nationale, et *L'Aveu*, par une encourageante ruse de l'Histoire, sera diffusé à Prague.

En janvier 1990, Montand, Costa, Semprun assistent à la projection inaugurale auprès de Vaclav Havel et de Lise London. Pendant toute la séance, l'assistance retient son souffle, bouleversée par la résurgence d'une histoire si proche. Mais à la dernière séquence, alors que des étudiants tracent sur les murs « Lénine, réveille-toi, Brejnev est devenu fou », des ricanements moqueurs éclatent dans l'obscurité. Semprun : « On s'est regardé avec Costa, l'air de dire : ''Mais qui a rajouté ce plan ?''. Havel nous a dit après la projection, dans un sourire : ''Le slogan date un peu. Les gens vont rire ou s'indigner...'' »

Cette dernière phrase qui provoque l'hilarité des Praguois de l'après-communisme montre en tout cas que l'équipe de *L'Aveu*, au contraire de ce qu'affirmait à l'époque *L'Humanité*, n'a pas conçu son œuvre comme une déclaration de rupture. Le film se situe à l'intérieur de la gauche et préconise un retour aux sources afin de corriger une déviation monstrueuse. C'est une critique du stalinisme, pas une dénonciation du communisme. Costa-Gavras : « *L'Aveu* était une analyse conduite de l'intérieur. Par souci d'efficacité : les remises en cause de l'extérieur n'auraient pas eu prise sur les militants communistes que nous voulions toucher. Et par nécessité intellectuelle : nous avions promis à London de rester fidèles à son esprit ; or son état d'esprit, à ce moment, était celui-là. »

Montand et ses amis s'inscrivent alors dans ce courant de la gauche intellectuelle qui rejette avec force le stalinisme, mais le dénonce davantage comme la perversion, voire la trahison d'un socialisme authentique, que comme une tare originelle et fatale, indissociable du « socialisme réel ». Il a cessé de croire que le communisme serait susceptible de se rénover lui-même, mais il continue d'espérer qu'il existe une alternative, une forme de socialisme démocratique. En somme, le communisme d'État, à l'Est, n'est pas le socialisme et ne le sera jamais, mais le socialisme véritable, qui n'existe sous aucune forme au monde, reste à inventer, à définir. La quête continue. Il lui faudra encore du temps pour admettre que Staline n'est pas une aberration, une excroissance folle, mais le fils naturel de la Révolution. Grâce à la lecture de Soljenitsyne, trois ans après la sortie de *L'Aveu*, Montand percevra que la répression de masse n'est pas la face cachée et honteuse d'un système qui, par ailleurs, pourrait avoir sa valeur, mais qu'elle se niche au cœur du système, qu'elle EST le cœur du système.

Tel quel, en 1970, *L'Aveu* constitue un excellent sismographe enregistrant les secousses idéologiques qui affectent l'intelligentsia de gauche. Et il les avive, ces secousses. Parce que la critique vient de l'intérieur, elle est plus recevable, même si elle ne va pas au fond. La force de la démonstration, l'impact des images, la vérité de l'acteur offrent en cent vingt-sept minutes de projection plus d'arguments à des millions de spectateurs que des milliers de pages et des années de discours. Rarement la caméra aura été à ce point une arme politique.

La condamnation, par le Parti communiste, d'une œuvre

où Montand s'est engagé avec un tel don de soi ne fait que creuser le fossé entre l'ancien compagnon de route et les dignitaires du PCF. Comme toujours dans la vie du comédien, la polémique publique se double d'un différend familial. Julien n'habite plus place Dauphine, mais, toujours dans la ligne, adresse à Costa-Gavras une lettre qui reprend l'argumentaire de *L'Humanité*. Elle mérite citation, car elle sera, six ans plus tard, au cœur d'une nouvelle empoignade publique et privée.

« Ce film, écrit Julien Livi, ne pouvait pas ne pas être, au fond, non seulement une charge contre les idées du communisme en général et de l'Union soviétique en particulier, mais aussi et surtout un brevet de bonne conduite fourni au capital, à la vieille société pour les innombrables crimes commis depuis toujours contre ceux qu'elle exploite et écrase, en premier lieu contre les communistes. Que scénario et dialogue... veuillent porter le coup principal contre les communistes et leur combat d'hier et d'aujourd'hui saute aux yeux. » Les trois pages sont de cette encre amère, et Montand, qui en connaît la teneur, s'exaspère devant la cécité de Julien. Lui qui aimerait tant le convaincre s'impatiente, se heurte à un mur. « Il a beaucoup souffert moralement à cette époque, confiera Artur London, et son mérite n'en est que plus grand d'avoir tenu bon. Il a notamment beaucoup souffert de l'opposition de son frère[15]. »

Vingt ans après, avec le recul, Julien Livi tempère la sévérité de son jugement d'alors : « Ce film faisait mal; j'ai eu une réaction trop passionnelle, certainement, qui provenait, il faut l'admettre, de mes interrogations profondes, de mes réflexions, que j'opérais sur ce qui avait nourri ma jeunesse. Admettre que l'on s'est trompé, ce n'est pas un déshonneur, à condition de ne pas tout jeter, parce que, alors, la vie n'a plus aucun sens. Aujourd'hui, je ne reprocherais pas à mon frère d'avoir tourné dans *L'Aveu*. Ce film a peut-être fait accélérer l'Histoire. » Au début des années soixante-dix, les frères Livi n'ont pas atteint cette relative sérénité. Le film politique suivant auquel contribue Montand va un peu plus aviver la plaie.

15. *In* Richard Cannavo et Henri Quiqueré, *op. cit.*

A l'automne 1971, il accepte une proposition de Jean-Luc Godard. Depuis Mai 68, Godard a rompu avec le cinéma « commercial » et a commis des petits films militants, des films-tracts qui n'ont connu qu'une diffusion marginale dans des circuits parallèles *(Vents d'est, Luttes en Italie, Vladimir et Rosa)*. Godard fonctionne au sein d'un groupe de cinéastes révolutionnaires, le groupe Dziga-Vertov, avec un normalien, Jean-Pierre Gorin. Tous deux cosignent leurs productions. Cette fois, le tandem entend bien sortir du ghetto militant et se servir du grand écran pour atteindre un vaste public. Dans le dialogue qui sert de prologue à *Tout va bien*, les deux auteurs réalisateurs précisent leurs intentions :

Gorin : J'veux faire un film.

Godard : Pour faire un film, faut de l'argent. Si on prend des vedettes, on nous donnera de l'argent.

Gorin : Bon, alors y a qu'à prendre des vedettes.

Godard : Et qu'est-ce que tu vas leur raconter, à Yves Montand et Jane Fonda ? Parce que les acteurs, pour qu'y-z-acceptent, il leur faut une histoire.

Gorin : Ah bon, faut une histoire ?

Godard : Ouais, une histoire d'amour, en général. Y aurait lui, et y aurait elle, et y-z-auraient des problèmes pour s'aimer.

Le choix des deux « vedettes » ne doit rien au hasard. Montand s'affirme comme une des « locomotives » du box-office, et Jane Fonda vient de remporter un Oscar avec *Klute*. Lui doit interpréter un cinéaste qui a rompu avec le Parti communiste et s'interroge sur son métier. Jane Fonda, qui a pris une position en flèche contre la guerre du Vietnam, joue une journaliste américaine progressiste. Montand comme sa partenaire ont accepté de figurer au générique sans toucher de cachet.

En cet automne 1971, le gauchisme demeure florissant ; la société française tout entière paraît s'ébrouer. Les OS mènent des grèves dures, les séquestrations de patrons se multiplient, les élèves et des enseignants rejettent l'« école de classe », les marginaux se démasquent, la révolution sexuelle déferle, les femmes se rebellent, les prisonniers se mutinent et les militants d'extrême gauche préparent le Grand Soir.

Montand préserve son quant-à-soi. Cependant qu'une partie de l'intelligentsia est fascinée par le gauchisme, ses prises de position n'excèdent pas le geste humanitaire. En janvier 1971, il est allé en compagnie de Simone Signoret visiter à la Sorbonne des grévistes de la faim qui exigeaient le régime politique pour des militants emprisonnés. Il est retourné une fois à la chapelle Saint-Bernard dans le même but (François Mitterrand, député de la Nièvre, interpelle au Palais-Bourbon le garde des Sceaux sur les conditions de détention « inadmissibles » auxquelles sont soumis les gauchistes « dont les actes, fussent-ils critiquables, n'en relèvent pas moins d'un choix idéologique »). Montand a également protesté contre les interdictions de journaux maoïstes et l'incarcération de leurs directeurs. A l'automne 1971, avec Sartre et Foucault, il signe un texte dénonçant un crime raciste perpétré dans le quartier de la Goutte d'Or à Paris…

Godard/Gorin, eux, sont liés à l'organisation maoïste la plus débridée et la plus violente, la Gauche prolétarienne. Quelques mois plus tôt, Jean-Luc Godard a participé au lancement d'un journal, *J'accuse*, soutenu par des intellectuels et des journalistes sympathisants comme Agnès Varda ou Marin Karmitz. Dès le premier numéro, le réalisateur d'*A bout de souffle*, sous pseudonyme, règle son compte au *Cercle rouge* : « … On était furieux de s'être laissé baiser comme des lapins par Melville-Marcellin. Melville, il a beau s'appeler comme ça, et Delon et Bourvil et Montand aussi, en fait, dans *Le Cercle rouge*, ils s'appellent tous Marcellin. » Raymond Marcellin est le ministre de l'Intérieur qui s'est taillé une solide réputation dans la chasse aux gauchistes. Cette assimilation pour le moins hâtive n'empêche pas Montand de donner son accord au cinéaste.

Godard/Gorin entendent prouver que la crise de Mai couve sous la cendre, et que tous les rapports humains, y compris les rapports amoureux, sont déterminés par le contexte social. *Tout va bien* est l'histoire d'un couple qui s'aperçoit, à l'occasion d'un reportage (il se trouve témoin et victime d'une séquestration, dans une usine), que le monde réel existe, qu'il ne peut plus penser à gauche et vivre à droite. Dans les quelques discussions qu'il a eues avec Godard, Montand a, *grosso modo*, entériné la démarche. Mais, lorsque Gorin expose, dans un appartement aux murs couverts de *dazibaos*, comment la lutte des classes commande tel travelling, il arrive que Jane Fonda et lui échangent des regards perplexes. De cette expérience Montand a conservé des notes rédigées sur le vif. Cela donne :

> *Conversation avec Gorin*
> *Gorin :* C'est dur, c'est pas marrant. Des conditions impossibles... C'est pénible... Si tu crois que c'est facile...
> *Moi :* Vous avez une vie de rois. Du pognon, des stars, un sujet que vous ne vous donnez même pas la peine de raconter.
> *Gorin :* Moi, dans mes films précédents...
> *Moi :* C'est quoi, tes films précédents ?
> *Gorin :* Les films de Godard...

Comme d'habitude chez ce dernier, aucun scénario écrit n'est disponible (sur une feuille, Montand griffonne : « Script Godard-Gorin = the Big Bordel »). Le cinéaste laisse ses comédiens dans l'ignorance absolue de ce que seront leurs personnages. Montand, qui a besoin d'apprendre son texte — en particulier deux pages de monologue —, d'entrer dans son rôle longtemps à l'avance (y compris en inventant des détails vestimentaires), s'inquiète. Il écrit au metteur en scène :

> Mon cher Jean-Luc,
> Il existe un très joli petit texte de Brecht qui raconte en une page et demie comment il a observé un jour un jeune acteur chez un costumier de théâtre hésitant entre les casquettes et les chapeaux mous qui coifferaient le personnage pour les trois répliques qu'il était en train de répéter.
> Je suis dans le cas de ce jeune débutant. Si je me mets à ta disposition pour t'aider à raconter ce que tu as envie de raconter, j'ai le plus grand besoin de correspondre à l'idée que tu te fais du personnage. « Le costume » qui fait tant rigoler les gens qui ne sont pas acteurs, parce qu'ils confondent coquetterie avec nouvelle peau, « le costume », donc, dans lequel tu me rêves, je ne peux pas le décider tout seul parce que je ne sais pas encore qui je suis... Et pour cause... Alors, même si c'est démodé, fais, s'il te plaît, l'effort de me rejoindre au moins dans ce domaine qui est l'abc de mon métier.

Avec le premier tour de manivelle, les relations se tendent soudain sur le plateau. Godard a voulu des stars ; il entend les traiter comme les derniers figurants, leur faire oublier le statut qu'elles ont conquis. Il s'en expliquera ultérieurement : « Travailler avec une vedette, ça consistait à essayer de la mettre dans la même position que nous. Puisque ce sont des dieux de l'Olympe qui condescendent à jouer des rôles de mortels, essayons de les présenter pour ce qu'ils sont[16]. » Le résultat ? Godard rudoie ses acteurs ou les ignore superbement, refuse de leur indiquer le sens de ce qu'ils dessinent. Après quinze jours de tournage au cours desquels l'ambiance s'épaissit, les comédiens assistent à une première projection de rushes : n'apparaissent que des bouts d'oreilles, de nez, de pieds, cadrés très près. Montand pique alors une de ses colères mémorables, menace Godard, mais retient son bras lorsqu'il se rappelle que le metteur en scène, relevant d'un grave accident de moto, est présentement handicapé. Godard, courageux, fait front, avance en claudiquant, et brandit sa canne :

— Poule mouillée, tu n'oses pas frapper un infirme suisse ?

Montand s'emporte : il exige d'être filmé de dos, ou alors avec des lunettes noires :

— Tu es vraiment le plus con des metteurs en scène suisses prochinois[17].

— C'est comme ça que je tourne, et pas autrement.

— Tu tournes comme tu veux. Mais sans nous !

Le soir, à la demande de Simone Signoret, qui s'entremet, Jean-Luc Godard sonne place Dauphine. La conversation dure deux heures. Pour la première fois, l'auteur explicite ses intentions : il veut dépouiller Montand de sa tenue de star, le perturber assez pour qu'il se remette en cause, comme le personnage du film qui s'interroge sur son métier. Ce conflit est utile, voulu même, il aiguise les contradictions, et de cellesci naîtra un élan productif. Montand objecte qu'il est un peu paradoxal d'avoir une attitude amicale avant le tournage et de devenir ensuite un dictateur insupportable. Quand le cinéaste prend congé, il lui lance :

16. *Le Nouvel Observateur*, 17 avril 1972.

17. Slogan situationniste inscrit sur les murs de la Sorbonne en mai 1968.

— Si toi et Gorin, vous faites un complexe vis-à-vis de la classe ouvrière, moi pas.

Après ce vif incident, le tournage se poursuit dans une meilleure ambiance. Échaudé, bousculé par cette manière de travailler, Montand se remet les idées à l'endroit en écrivant, pour son usage personnel, quelques réflexions spontanées. Ce document est ainsi l'exact reflet de son état d'esprit durant les prises de vues :

> *Petit Lexique pour l'avenir*
>
> C'est vrai que je suis flatté qu'à cinquante ans les « jeunes » viennent me chercher. Je ne suis pas dupe une seconde des vraies raisons de votre choix (apport commercial, tromperie sur la marchandise, contrebande révolutionnaire. Bravo !).
>
> C'est rigolo et ça m'intéresse. Je sais ce que vous pensez de moi en profondeur. Je veux que vous sachiez que je le sais. Vous ne me culpabiliserez pas. Je revendique les trente années de boulot qui m'ont fait ce que je suis — pour le meilleur et pour le pire... Je viens avec vous raconter une histoire. Je dis bien *avec* vous. Ce qui ne veut pas dire que je la raconte *contre* moi...
>
> Vous vous sentez coupables de ne pas être ouvriers. Vous ne me rendrez pas coupable d'être acteur. Je suis passé de l'état d'ouvrier à celui d'acteur, j'en connais un bout, moi aussi. J'ai été « dérangé » déjà quand vous étiez en couches-culottes. A l'époque, c'est vrai, les choses étaient plus claires. Plus « chinoises », si vous voulez. Il suffisait de choisir de ne pas chanter des conneries pendant la guerre d'Indochine et de jouer *Les Sorcières de Salem* en plein maccarthysme, de renoncer à passer à la radio et à la télé tant que les signataires du Manifeste des 121 y étaient interdits, etc.

Godard/Gorin entendent inscrire la réalité sociale de 1972 dans leur film. Les ouvriers en colère d'une usine d'alimentation séquestrent leur patron. La réalité, en ce mois de février 1972, rattrape la fiction. Aux usines Renault, des groupes d'ouvriers spécialisés emmenés par les camarades maoïstes de Godard contestent les « petits chefs » et agressent les cadres. A la suite de l'une de ces actions, des militants sont licenciés et, pour obtenir leur réintégration, engagent dans l'indifférence générale une grève de la faim. C'est alors que

Simone Signoret est sollicitée : on lui demande de soutenir les grévistes de la faim, de montrer qu'ils ne sont pas seuls. D'abord réticente à l'idée de jouer les dames patronnesses, elle accepte. Sartre, Costa-Gavras, Chris Marker viennent aussi rendre visite aux licenciés qui ont cessé de s'alimenter. Mais, le 25 février, un jeune ouvrier maoïste est abattu par un vigile aux portes de l'usine. Le jour des obsèques, la comédienne se fond dans la foule immense qui rend un dernier hommage à « Pierrot ». Place Dauphine, parmi les nombreuses photos qui constellent les murs, se détache toujours celle de Pierre Overney.

Parallèlement, Montand assiste à un autre enterrement. Sa mère s'éteint à quatre-vingts ans dans sa maison de Marseille. La famille se retrouve au complet, bien que le comédien ait hésité à venir tant il redoute l'indiscrète présence de curieux. Lydia a égaré la lettre où Giuseppina a dicté ses dernières volontés et se demande si une cérémonie religieuse s'impose. Elle décide finalement de demander l'assistance d'un prêtre.

Je déteste les enterrements, les cérémonies, les cimetières... J'ai vu ma mère sur son lit de mort. Ce corps rigide déjà, ce visage fermé pour toujours, ce n'était plus ma mère. C'est quelque chose d'étranger. Je l'ai embrassée et je garderai jusqu'au bout ce souvenir, cette sensation de froid qui brûle...

Un soleil d'hiver réchauffe la terrasse de la maison d'Allauch sur laquelle la tribu Livi attend l'heure de la cérémonie. Montand, le visage fermé, enveloppé dans un trench-coat, marche en rond. A deux pas, Julien Livi ; ils ne se sont pas réellement parlé depuis plus de trois ans. Julien fait signe à son fils Jean-Louis d'approcher et lui chuchote à l'oreille :

— Va le consoler, va, il a l'air d'un grand oiseau désemparé.

Dans le car qui suit le fourgon mortuaire, les deux frères s'assoient côte à côte. Jean-Louis Livi : « Je les voyais de trois quarts, mon père et Montand. C'était une scène poignante.

Ils ne disaient pas un mot, ne se regardaient pas. Mon père avait un visage de marbre et Montand pleurait en silence, les yeux ouverts, fixés droit devant lui. » Quelques semaines auparavant, les frères Livi, pour le réveillon de Noël, avaient donné le change une dernière fois devant Giuseppina. « Ma mère avait senti quelque chose, raconte Lydia. Elle avait remarqué : ''On dirait qu'ils ne s'aiment plus, ces deux-là.'' Mais ses soupçons ont été balayés parce que, quand Yves est arrivé, il a été formidable : il a embrassé Elvire, Julien, comme si de rien n'était. Ma mère était heureuse. Elle est partie juste après, en février. »

Précédée d'une campagne publicitaire de plus de deux mois (les placards, dans la presse, utilisent des phrases telles que « 53 % des jeunes de 15 à 20 ans éprouvent de la sympathie pour les gauchistes »), la sortie sur les écrans de *Tout va bien* est fort controversée. Si, pour *Le Monde*, *Tout va bien* « s'impose comme le plus jeune, le plus vivant, le plus actuel des films[18] », *Le Nouvel Observateur* juge que « le cheval Godard s'est assagi : c'est aujourd'hui un percheron[19] ». Delfeil de Ton tranche en une ligne dans *Charlie-hebdo* : « Quel mec ce Gorin ! »

Quant à la presse communiste, elle dénonce le gauchisme et l'anticommunisme de l'œuvre. La polémique altère une fois encore les relations familiales des Livi. En août, soit quatre mois après la sortie, la Fédération CGT de l'alimentation publie un communiqué sévère qui attribue à Yves Montand la paternité du film et lui reproche de caricaturer un syndicaliste (alors qu'il interprète un cinéaste) : « Vous acceptez allégrement de salir une organisation et des militants qui, eux, restent fidèles à leur classe et à leurs origines... Libre à vous de passer dans l'autre camp et de tenter de nuire à ceux qui n'ont pas changé : chacun reconnaîtra les siens. »

Les initiés savent que le secrétaire général de cette organisation n'est autre que Julien Livi. La Fédération CGT précise pourtant que le communiqué n'émane pas de son dirigeant, afin de ne point mélanger contentieux personnel et débat politique. Chassé-croisé d'autant plus baroque que,

18. 3 mai 1972.
19. 8 mai 197.

dans le film, le délégué syndical lit un discours « carré », bien orthodoxe : « ... Ces actions provocatrices ne servent que les patrons. Nous devons nous unir pour lutter contre les trusts. » Or, ces phrases, Godard les a trouvées dans le journal de la CGT *La Vie ouvrière*, sous la propre plume de... Julien Livi. « J'étais en voyage, rapporte le frère de Montand. A mon retour, j'ai découvert le communiqué de ma fédération qui attaquait Yves. Honnêtement, j'ai été effondré. Ils ont voulu défendre leur secrétaire général. Il faut dire que le film a été tourné chez Olida, une usine où je m'étais fait casser la figure pour soutenir les ouvriers lock-outés. Mon syndicat avait pris ce film comme une agression. Et ils ont critiqué mon frère parce qu'il avait été si longtemps l'homme qui exprimait par la chanson leurs aspirations qu'ils ne comprenaient pas cette attaque. »

Ce nouvel incident n'est évidemment pas de nature à détendre les relations entre les frères ennemis. Mais Montand est déjà loin de *Tout va bien*. Obstinément fidèle à sa conception du cinéma « politique », il rentre du Chili, où il a interprété le personnage principal du dernier film de Costa-Gavras.

Avec *État de siège*, qu'il présente comme le troisième volet de sa trilogie, ce dernier, après les colonels grecs et les inquisiteurs staliniens, dénonce les méthodes utilisées par les États-Unis pour assurer leur emprise sur divers pays d'Amérique latine. Muni de sa caméra impitoyable, le procureur pourfend l'oppression sur tous les continents — qu'elle revête l'allure du fascisme, du communisme ou de l'impérialisme. Tout est authentique dans cette histoire où Montand incarne un fonctionnaire de l'*Agency for International Development*, séquestré puis abattu par des guérilleros urbains : il était en réalité un envoyé de la CIA, « conseiller » de la police politique. L'histoire remonte à 1970 et est inspirée directement de l'enlèvement et l'exécution en Uruguay, par les Tupamaros, d'un citoyen américain, Dan Mitrione. Avec le scénariste Franco Solinas, Costa a mené une sérieuse enquête afin de reconstituer le dossier avec sa précision coutumière. Il a même récupéré les enregistrements des conversations entre les guérilleros et leur prisonnier.

Montand traverse le miroir. Il ne campe plus un héros positif, mais un salaud sûr de son droit — encore que les auteurs veillent à éviter la caricature : bon père, bon mari, il est solidement convaincu de défendre les valeurs de la démocratie américaine. Le tournage permet au comédien de découvrir le Chili de l'Unité populaire. Salvador Allende est au pouvoir depuis deux ans, et déjà les contradictions et les menaces pèsent sur son gouvernement. Le Parti communiste chilien, qui n'a guère apprécié la sortie à Santiago de *L'Aveu* et flaire dans le nouveau film de Costa-Gavras l'exaltation d'actions minoritaires et « aventuristes », multiplie les embûches : des comédiens abandonnent le tournage, des techniciens désertent. C'est grâce à l'intervention personnelle d'Allende que le film peut s'achever.

Un soir, Montand et Costa sont invités à dîner par Allende dans sa maison de campagne. Le président ne cache rien des difficultés, économiques et autres, qui l'enserrent.

Lorsque, l'année suivante, Salvador Allende sera renversé par le putsch de Pinochet, Montand souhaitera manifester son émotion. D'un coup, l'idée lui viendra de remonter sur scène pour un gala unique — dont la recette sera versée aux réfugiés chiliens. Comme souvent chez lui, semblable décision est issue d'un coup de dés. Il avait décidé d'en soumettre l'idée à Régis Debray ; si l'ancien compagnon du Che était chez lui et répondait au téléphone, il lançait le récital ; sinon, il renonçait. Debray est bien là et s'enthousiasme pour l'initiative. Dans *La Solitude du chanteur de fond* — quiconque porte de l'intérêt au travail scénique de Montand trouvera là le plus fin et le plus complet des portraits —, la caméra de Chris Marker a saisi ce que fut ce marathon de huit jours pour un homme qui ne s'était pas produit en public depuis presque six ans. Elle n'a surtout pas manqué la petite larme qui mouille l'œil du chanteur quand il entonne *Le Chant des partisans*.

Une larme à gauche. Tout de même.

16

Seize films en dix ans. Pour Yves Montand, la décennie 1970-1980, celle de sa cinquantaine, marque la consécration cinématographique qu'il avait tant espérée. C'est celle où l'artiste rassemble tout ce qu'il sait faire, où il offre le tableau complet de ses ressources et de ses fragilités. C'est là qu'il convient de photographier l'homme en pied : le portrait ne saurait être plus dense, plus exhaustif. Et c'est là qu'il faut prendre la mesure de l'artiste : le plus populaire comédien français de sa génération s'en va triompher sur les écrans des cinq continents et s'offrira comme dessert une ovation au Metropolitan Opera de New York. Montand n'apprécie point le mot « carrière », qu'il juge plat, fonctionnel, étriqué, mesquin. Disons que sa « course », alors, s'est emballée.

Jean-Louis Livi, qui est — s'agissant du cinéma — l'agent de son oncle à l'orée de cette décennie prodigieuse, témoigne et tient à préciser que ce témoignage est d'abord professionnel : « Ne me croyez pas, là-dessus, emporté par la solidarité familiale. Parce que Montand, quand ça l'arrangeait, me traitait comme son neveu, et, quand ça l'arrangeait, me traitait comme son agent. Si l'on survit à cela, si l'on est capable de représenter Montand, c'est que le métier est vraiment rentré. Eh bien, je vous le certifie : tout au long de ces années, Montand, c'est le numéro un des comédiens français. Il y a Belmondo qui pratique un certain genre. Et il y a lui qui, dans la plénitude de la cinquantaine, participe aux plus belles créations du moment, avec de formidables réalisateurs dont beaucoup s'affirment en même temps que lui. »

Ce chemin n'est pas seulement parsemé d'incontestables victoires. *Le Fils*, de Pierre Granier-Deferre (1973), est un *flop*, malgré l'attachement que porte le principal interprète à l'histoire et au metteur en scène. *Le Hasard et la Violence* (1974), tentative de Philippe Labro pour s'évader d'un style «efficace» qui lui avait réussi, se perd dans les méandres d'un script alambiqué. *Le Grand Escogriffe*, de Claude Pinoteau (1976), comédie bouffe sur un sujet «sensible» — l'enlèvement d'un enfant —, est mal reçu par la critique, qui estime la pochade trop appuyée. *Les Routes du Sud*, de Joseph Losey (1978), pâtit d'un réel divorce entre le réalisateur, le scénariste (Semprun) et le premier rôle : Montand déclarera carrément que Losey raisonnait à la manière d'«un stalinien des années cinquante».

Oui, il y eut très «normalement» le lot classique de déceptions, conflits, ratages et injustices qui forment la rançon des paris multiples, fussent-ils réfléchis. Yves Montand se reproche d'avoir quelquefois accepté une proposition par sentimentalisme, par amitié, par respect ou, simplement, parce qu'il appréciait une séquence (le tout début des *Routes du Sud*, justement, où un soldat communiste allemand déserte afin de prévenir Staline que la Wehrmacht est sur le point d'attaquer, et finit fusillé comme «provocateur»). Mais l'autre plateau de la balance est incroyablement lourd : le rire du *Diable par la queue* ou de *La Folie des grandeurs*, l'humanité douce amère de *César et Rosalie* ou de *Vincent, François, Paul et les autres*, la rigueur austère du *Cercle rouge*, le souffle du *thriller* — au second degré — dans *Police Python 357* ou *La Menace*... Entre autres.

Le signe le plus évident que l'acteur a été débloqué, «délivré» au fil des *sixties*, c'est l'étendue du territoire qu'il se permet maintenant d'explorer. On l'a vu, en 1967-1968, basculer du registre très «grand public» de *Vivre pour vivre* vers la méditation complexe d'*Un soir, un train*. On le voit devenir le symbole d'un nouveau cinéma politique. Il s'enhardit à étirer le parcours, à brasser les genres. Moins de trois semaines avant la sortie parisienne de *Z*, en février 1969, il occupe le haut de l'affiche dans une comédie de Philippe de Broca, *Le Diable par la queue*, où il incarne César Anselme de Malicorne, faux baron et authentique voleur, flambeur, hâbleur, séducteur. Les dialogues de Daniel Boulanger, la loufoquerie de Madeleine Renaud (en marquise fauchée et assassine), de Jean Rochefort, de Jean-Pierre Marielle ou de Claude

Piéplu, fonctionnent parfaitement. Les critiques se frottent les yeux : est-ce bien le même homme qui fait des claquettes chez Broca et matérialise la démocratie bafouée chez Costa-Gavras ?

C'était un risque à prendre, le risque sérieux de brouiller son image en mêlant rires et larmes. Les spectateurs français s'y retrouvent fort aisément et couronnent la double performance. A l'étranger, notamment aux États-Unis, on est en revanche admirativement déconcerté : le Montand de *La guerre est finie*, célébré par les plus grands (Elia Kazan, par exemple), est inscrit dans une lignée « camusienne » ; et voici qu'émerge, côté jardin, un personnage de la *commedia dell'arte*. En réalité, les *fans* du Montand-chanteur n'ont nulle raison d'être étonnés : depuis l'Étoile, depuis qu'il est l'artisan de son propre show, l'artiste n'a cessé d'alterner, de combiner l'humour et la gravité, *Sir Godfrey* et *C'est à l'aube*. Il vient seulement de transposer à l'écran l'équivalent de ce qu'il a toujours pratiqué sur scène, où il ne dépendait que de lui-même.

Et il réédite l'expérience deux ans plus tard. Après *L'Aveu*, il tourne, en 1970, *Le Cercle rouge* sous la direction de Jean-Pierre Melville : aux côtés d'Alain Delon, de François Perier, de Gian-Maria Volonte et d'un Bourvil pathétique corrodé par la maladie, il est un flic déchu, ex-tireur d'élite imbibé d'alcool (le scénario comporte une scène hyperréaliste de *delirium tremens*). L'œuvre et le rôle sont d'un dépouillement quasi japonais, âpres, noirs.

De cette rencontre fatale naît une des plus plaisantes aventures professionnelles qu'ait tentées Montand. A peine *Le Cercle rouge* a-t-il entamé une glorieuse exploitation que Bourvil meurt. Le monde du spectacle est bouleversé, et, plus que quiconque, Gérard Oury. Parce que le réalisateur du *Corniaud* et de *La Grande Vadrouille* perd un complice privilégié. Et parce que ce dernier devait, une fois encore, être associé à Louis de Funès dans le prochain film d'Oury, *La Folie des grandeurs*, adaptation extrêmement libre de *Ruy Blas*. Comment imaginer de Funès sans son valet à tout faire, son souffre-douleur candide? Oury ne voit aucune issue. Jusqu'au soir d'octobre 1970 où il croise par hasard Simone Signoret dans une soirée. « La conversation bifurque, raconte-t-il[1], sur la mort navrante de Bourvil. "Par qui comptes-tu le remplacer ?" s'enquiert Simone. Je réponds que le film ne se fera sans doute pas, parce que personne n'est capable de jouer le rôle. "Lui !" fait-elle alors, pointant l'index vers quelqu'un derrière moi. Je me retourne et découvre Montand, dos à nous, en conversation avec Michel Auclair. »

Il accepte sans totalement mesurer le danger (si le film est un succès, l'affaire semblera fort simple ; si c'est un échec, il portera le chapeau). Il accepte, car il est follement séduit à l'idée de jouer les valets qui reçoivent des coups de pied au derrière, mais, finalement, bernent leur méchant maître — la solide tradition de l'éternel théâtre. Le costume est retaillé, le scénario également. Et Montand conclut un pacte avec son partenaire afin de le mettre à l'aise :

— D'accord, 75% du film sont pour toi, mais les 25% qui me restent, je ne veux pas qu'on y touche.

Dans son esprit, la proportion serait plutôt de 60/40, et de Funès n'est point dupe. Mais le pacte est mutuellement et joyeusement respecté. Montand *alias* Blaze, ordinairement si précis, est surpris par les trouvailles impromptues du grand clown qu'est son compère, surpris par la générosité désordonnée de ce talent.

Louis de Funès n'est lui-même qu'à la troisième ou quatrième prise, le temps de se « chauffer » ; « Blaze », lui, veille à ce que son personnage soit léger sans devenir sautillant, vérifie combien cette application secrète est plus contraignante dans la comédie que dans le drame, répète le flamenco composé par Michel Polnareff à son intention. Et se laisse ensuite aller aux délices de l'improvisation. Venant réveiller le cupide individu qu'est don Salluste, il a l'idée de susurrer :

— Monseignor, c'est l'or...

Le dialogue n'avait pas prévu cela, mais Oury se régale : « Moi qui suis passé par le Conservatoire, je me suis aperçu, surtout quand j'ai cessé d'être comédien, vers la quarantaine, que les plus grands, Bourvil, Fernandel, Montand, Raimu, avaient mieux su profiter d'une formation différente. On ne peut pas jouer avec plus de sensibilité, de drôlerie que Bourvil. Et d'où sort-il, ce phénomène ? Il a quitté sa campagne

1. *Mémoires d'éléphant, op. cit.*

pour chanter *Il vendait des crayons et des cartes postales* à Montmartre. Alors j'en suis revenu, des écoles. Un autodidacte est un type qui s'ouvre à tout, qui est obligé d'être intelligent. Yves et Louis ont constitué une équipe sensationnelle. Mais il a fallu des années à de Funès pour inventer sa silhouette de chauve rebondi, lui qui ne parvenait pas à imposer le maigre bouclé qu'il fut d'abord. Et il a fallu des années à Montand pour que le cinéma sache récupérer la force comique, l'ampleur de possibilités qu'il déployait au music-hall. »

Quelques mois auparavant, le protagoniste de *L'Aveu* se mortifiait pour mieux s'approcher d'Artur London. A présent, il roule des yeux effarés (c'est le relais d'un témoin qui suscite le rire, note Gérard Oury) devant l'extravagant strip-tease dont le gratifie Alice Sapritch, la duègne de *La Folie des grandeurs*, laquelle a répété son numéro avec Sophia Palladium, reine sans voiles du Crazy Horse Saloon. C'est cela, le métier, c'est exactement cela : *tragediante, commediante*, un cocktail de catastrophes et d'enfantillages qui requièrent, dans tous les cas de figure, une disponibilité complète.

Le film, dont le budget (2 milliards de l'époque) était énorme, atteindra le million d'entrées en exclusivité. Oury est aux anges, et pas seulement parce que les caisses sont pleines : ayant grandi sous la férule de Raymond Rouleau, il a reconnu chez son interprète de la dernière heure le professionnalisme intransigeant qu'appelle singulièrement la quête du rire — et puis les confidences, les plaisanteries les rapprochent, tandis qu'ils font voiture commune entre le Guadalquivir et la Sierra Morena. Il rêve de perpétuer le couple de Funès-Montand dans un scénario qui se déroulerait à La Nouvelle-Orléans, l'un au piano (ce fut son premier emploi), l'autre poussant la chansonnette. Mais les lourdeurs financières, les calendriers incompatibles, enfin les coronaires de Carlos Luis de Funes de Galarza — c'était son véritable patronyme, sans blague ! — ont dissipé ce projet.

Commediante, tragediante, la Gaumont a failli perdre une fortune à cause d'Yves Montand — ou plutôt d'Yves Montand et du général Franco. Lorsqu'il apprend qu'on tournera en Espagne, principalement à Madrid, Tolède, Séville et Grenade, l'ex-*tramp* du *Salaire de la peur* réagit comme il l'avait fait face à Clouzot : chez le Caudillo, jamais ! Oury, épaulé par maints amis espagnols, et d'abord par Jorge Semprun, plaide que les temps ont changé, que les phalangistes sont à la retraite, que l'ONU a ratifié cette évolution, que les communistes espagnols eux-mêmes sont favorables à la venue d'étrangers. Peu à peu, le rebelle cède du terrain.

Mais, le 9 décembre 1970, un tribunal militaire réuni à Burgos réclame la peine de mort contre six militants basques. Le lendemain, Montand porte en personne le communiqué qu'il vient de rédiger au réalisateur et au producteur, Alain Poiré : « Si un seul des accusés de Burgos devait être exécuté, Yves Montand prie la société Gaumont de renoncer à tourner une partie des extérieurs en Espagne... Au cas où cette décision serait maintenue, il se verrait, à son grand regret, dans l'obligation de rompre son contrat, quelles que soient pour lui les conséquences pécuniaires d'une telle démarche — c'est-à-dire la perte de tout ce qu'il possède. »

Il n'en démordra pas. Jean-Louis Livi cherche vainement une issue juridique. Le 14 décembre, les libertés individuelles sont suspendues de l'autre côté des Pyrénées. Le 28, le verdict tombe : non pas six, mais neuf condamnations au garrot. Le 30, *in extremis*, Franco, assiégé par l'opinion internationale, gracie les Basques.

On tournera en Espagne *La Folie des grandeurs*.

Au moment où l'avion Paris-Madrid survole Pampelune, Gérard Oury ne prête guère attention à Montand, qui se dirige vers les toilettes. Pour y pleurer discrètement, pour libérer le sanglot qui remonte de son adolescence avant que le rideau ne se lève sur une très bonne farce...

Ensuite, le comédien « explose ». Il était César de Malicorne dans *Le Diable par la queue*. Il est César tout court dans *César et Rosalie*, de Claude Sautet. « C'est une révélation, mais ce n'est pas une découverte : un grand acteur est né », annoncera Danièle Heymann — qui suit Montand à la trace depuis la Libération — aux lecteurs de *L'Express*. Le « grand acteur » a déjà eu l'occasion de se manifester, mais parler de révélation n'en est pas moins fondé. Montand lui-même confessera, au sujet de Claude

Sautet[2] : « Il m'a vraiment percé à jour, à mon insu, si je puis dire. »

Qu'a-t-il de particulier, ce César, ferrailleur, *self-made man*, grande gueule, généreux, tendre et mâle, vulnérable, qui joue à qui perd gagne entre Sami Frey et Romy Schneider ? Il renvoie aux oubliettes le garçon-sympathique-et-pas-compliqué-pour-deux-sous des années cinquante, aussi bien que l'homme fait, assuré, de la décennie suivante. Il fournit à l'« acteur » ce qui, précisément, rend le terme caduc ou équivoque : un personnage dont les quatre cinquièmes sont, peu ou prou, lui-même.

« Tu es ton propre matériel », a coutume d'observer le spécialiste du *one-man show*. Le voici, devant la caméra, dans une situation réellement analogue. César bouge, parle, pleure, bat les cartes et rigole comme Montand. César, comme Montand, est malin et naïf, égoïste et attachant, courageux et timide, enthousiaste et colérique, sincère. Le public non averti sera tenté de croire qu'il est plus facile de travailler si près de soi. Au contraire : ce qui est — relativement — facile, c'est d'être le Mario du *Salaire de la peur*, bien musclé, bien lisse et un peu creux. Ce qui est acrobatique, c'est de se dévorer soi-même afin de se rendre aux autres complètement nu et pourtant un rien décalé : César est presque Montand, et ce *presque* résume l'exploit.

Ni les spectateurs ni les critiques ne s'y tromperont : *César et Rosalie* sera *le* film de l'année 1972 (ce que confirmera le « Palmarès du palmipède » publié par *Le Canard enchaîné*, habituellement avare d'éloges). La revue de presse ne comporte d'ailleurs pas le moindre couac. « Yves Montand campe le personnage de César avec une finesse, une sensibilité et une drôlerie sans précédent… Après cette performance, il se situe en tête des acteurs français[3]. » « Tour à tour fort en gueule et pitoyable, roublard et maladroit, Yves Montand joue le rôle avec un extraordinaire brio. Jamais il ne fut meilleur[4]. » « Yves Montand donne ici la confirmation éclatante d'une ascension qui fut longtemps patiente et maintenant est

2. Propos recueillis par Alain Rémond, *op. cit.*
3. Henry Chapier, *Combat*, 27 octobre 1972.
4. Jean de Baroncelli, *Le Monde*, 31 octobre 1972.

éblouissante[5]. » « Yves Montand joue comme il n'a jamais joué. Sa composition convainc, divertit, séduit, impose une sorte de charme lyrique, engendre une perpétuelle euphorie[6]. » « Un Montand sensationnel[7]... »

Etc.

Claude Sautet, le « médium » de cette éclosion, est un homme de grande culture littéraire, de grande habileté technique, et soigne farouchement la préparation de ses tournages. Outre un caractère impétueux et une minutie frénétique, il partage avec Montand les rendez-vous idéologiques qui ont dominé deux générations (il a, lui, quitté le PC au moment de l'offensive contre Tito). Huit ans se sont écoulés entre la première rédaction de *Rosalie* — ce fut l'idée originelle — et la version définitive, bouclée en compagnie de Jean-Loup Dabadie, qui place César au sommet du générique.

« A l'origine, raconte Sautet, les personnages principaux étaient ceux qu'ont joués Romy Schneider et Sami Frey. Puis j'ai songé à un deuxième homme qui a eu dans mon esprit les traits de Broderick Crawford, de Vittorio Gassman. Je tâtonnais encore lorsque j'ai été associé au scénario du *Diable par la queue*. "Je vais choisir Montand", m'a dit Philippe de Broca. Montand ? Dans une comédie ? Ça m'étonnait. Quand j'ai vu le film, j'ai pensé : "Il en fait un paquet, il est drôle. Mais est-ce qu'il saurait jouer un personnage totalement quotidien, totalement crédible ?" J'avais de lui l'image d'un type sérieux, consciencieux, d'un chanteur plein de charme et cependant porteur du grave message social de gauche. »

La rencontre qui va tant influencer leurs trajectoires respectives se produit par hasard, comme dans un script proprement ficelé. Claude Sautet : « Cela se passe aux studios de Boulogne, en 1971. Yves et Simone sortent de la projection du *Chat*, le beau film de Granier-Deferre fondé sur le couple Gabin-Signoret. Il me prend le bras et me dit avec une espèce de conviction enfantine : "Ah ! la Simone, c'est bien simple, j'en suis jaloux !" Je parle avec lui dix minutes sur

5. Robert Chazal, *France-Soir*, 28 octobre 1972.
6. Louis Chauvet, *Le Figaro*, 30 octobre 1972.
7. Henry Rabine, *La Croix*, 29 octobre 1972.

ce ton léger, et je songe : "Mais oui, il est très drôle, il a de l'humour et une source fraîche complètement ignorée. Pourquoi chercher ailleurs ? César, c'est lui !" Je ne l'ai plus lâché. Je me prends de passion pour "mes" comédiens, je guette leurs zones vulnérables, cachées, au-delà du procédé, je rêve d'une osmose entre leur tempérament et ce que j'imagine. Un acteur peut rentrer dans tout, mais il faut d'abord que ce tout transite par lui. Montand-César, je serais incapable de me l'ôter de la tête, maintenant. Si un comédien est parfait, le rôle lui appartient définitivement. »

Le premier contact, sur le plateau, ne fut pas si « évident ». Aimant négocier, discuter, Montand se sent prisonnier de cette écriture scénique entièrement ajustée, calculée à la virgule et au millimètre près. Et il s'aperçoit que le réalisateur — qu'il compare aujourd'hui à Renoir ou à Becker — monte vers les aigus, pique des colères encore plus vite que lui, ne supporte pas d'être « dérangé ». Mais, une fois l'orage apaisé (les coups de tonnerre ont claqué sec, des deux côtés), il s'aperçoit également qu'il est possible de se glisser dans ce que l'autre a conçu, d'enfiler avec aisance ce « costume », parce que Sautet a déjà joué, lui-même, toutes les scènes et tous les rôles. Le metteur en scène place sa caméra comme prévu, et c'est bon.

L'immense succès populaire de *César et Rosalie* dévoile — y compris à l'intéressé — de quoi est composé le capital de sympathie dont jouit désormais Montand-acteur. Une épithète regroupe, synthétise les autres qualificatifs qu'on pourrait lui accoler : « proche ». Il est proche des gens par la curiosité de l'autodidacte qui s'est lui-même frayé tant de chemins. Proche par l'accent, par les rides avouées, par la gouaille. Proche par l'énergie disponible et par la fragilité manifeste, par la pudeur et l'emportement, l'autodérision et la jovialité. Dépouillé de la frime du *macho* (ou ne s'en montrant point dupe), d'une faconde trop convenue ou d'une réserve trop gelée, le personnage gagne en maturité, en épaisseur, en séduction, en chaleur. Il gagne à s'exposer tel quel.

L'année suivante (Montand n'a pas bouclé moins de quatre films en 1972 !), Sautet et Dabadie récidivent. *Vincent, François, Paul et les autres* connaîtra dès sa sortie, au mois d'octobre 1974, un triomphe au box-office. Vincent, c'est

Montand, François, c'est Piccoli (avec lequel Sautet a tourné *Les Choses de la vie* et *Max et les Ferrailleurs*), Paul, c'est Reggiani. Les "autres", c'est un petit jeune, Gérard Depardieu, et Stéphane Audran, Ludmilla Mikaël, Marie Dubois, Catherine Allégret. « Plus une histoire de bande qu'une histoire d'amitié », précise le réalisateur, une bande qui a en commun des illusions perdues et « la mélancolie de l'homme mûr ». Gérard Oury avait envisagé, un moment, de bâtir une histoire intitulée *Les Ritals* (mais Cavanna, avec un best-seller du même titre, lui avait fauché l'herbe sous le pied). Jean-Loup Dabadie puise avec bonheur à la même source.

Petit industriel dont la réussite flageole, Vincent n'est pas César mais lui ressemble beaucoup, en plus tendu, plus menacé, plus rigoureux. Le choc est douloureux, ambigu, avec François-Piccoli, médecin enrichi, et Paul-Reggiani, écrivain manqué. Et avec les femmes, qui ont le beau rôle, en tout cas le vrai rôle, comme dans la vie. Ce qu'on appelle du grand cinéma d'acteurs. Jean-Louis Bory, qui étrillait Montand à son retour d'Hollywood dix ans plus tôt, rend les armes : « On ne sait qui admirer le plus. Moi, je sais : Stéphane Audran et Yves Montand. Ils ont une scène à deux qui nous donne tout simplement à voir l'intelligence du cœur à écran ouvert[8]. » Et Gilles Jacob, de *L'Express*[9], emploie exactement la même formule, appliquée à l'œuvre entière : l'intelligence du cœur...

Il y aura un troisième Sautet-Dabadie-Montand : *Garçon*, en 1983, moins achevé, moins « rond » que les précédents. Le comédien a longtemps renâclé avant d'accepter un scénario qui lui semblait bancal, brillant au début, où l'on découvre l'envers d'une brasserie, mais s'effilochant ensuite au gré des amours assez improbables du héros — dans une tonalité « César » dix ans après *César*. Le metteur en scène, lui, soupçonne son complice d'avoir jugé le personnage un rien falot, un brin quelconque pour l'homme public, l'homme politique qu'il était entre-temps devenu. Polémique à fleurets mouchetés — *Garçon*, sans doute, n'est pas l'égal des œuvres antérieures.

8. *Le Nouvel Observateur*, 28 octobre 1974.
9. 30 septembre 1974.

Mais une anecdote révèle combien ces années furent placées sous le signe de la tendresse et de la connivence. Un matin, Jean-Loup Dabadie est aimablement convoqué place Dauphine. Il sonne à la porte épaisse et basse. Yves Montand ouvre lui-même : le plateau sur le bras droit, la serviette sous le coude gauche, il arbore la tenue réglementaire du serveur accompli. Manière de dire oui au scénariste qui le pressait tant, manière d'endosser le rôle en revêtant l'habit.

Manière de sourire, à la fin des « années Sautet ».

Le troisième registre sur lequel s'exprime l'acteur durant la décennie est celui du « polar », du film d'action. Rien de très neuf, observera-t-on : voilà le plus éculé des filons. L'affaire est autrement complexe. D'abord — et *Le Cercle rouge* en est la meilleure illustration —, Montand goûte les sujets où point, derrière la convention, un propos moins banal. Même *I comme Icare* (signé Henri Verneuil, en 1979), d'une facture très classique, renvoie au meurtre de John Kennedy et à la thèse de l'assassin paravent. Ensuite, l'abondance de tournages exigeant un fort investissement physique — courses, cascades, maniement d'armes, etc. — n'est sûrement pas fortuite. Montand « teste » sa cinquantaine : les rushes lui renverront chaque soir l'exacte mesure de ses accélérations et de ses ralentissements, de ce que son corps a cru produire et de ce qu'il a effectivement produit. Défi, interrogation devant l'impitoyable miroir.

Enfin, c'est l'occasion d'une rencontre forte, d'une « amitié amoureuse » définitive. Le jeune réalisateur Alain Corneau, assistant de Costa-Gavras pour *L'Aveu*, vole de ses propres ailes en 1973 avec *France société anonyme* — une œuvre qui ravit les cinéphiles et désespère ses producteurs. Corneau : « Si c'était à refaire, je le referais. Mais il était temps que j'accouche d'un film qui serait vu par quelques spectateurs. Et j'ai donc songé à me lancer dans un genre que j'aime profondément : le film noir. Je suis parti sur le thème d'un flic en pleine perte d'identité, amené à découvrir qu'il est le suspect numéro un de sa propre enquête. Ainsi est né, avec Daniel Boulanger, le scénario de *Police Python 357*. L'idée de solliciter Yves paraissait un peu biscornue ; malgré *Compartiment tueurs* et *Le Cercle rouge*, ce n'était franchement pas sa spécialité. Et puis, en 1975, le "polar" était suspect de véhiculer des "mythes fascisants"... Yves lit le script pendant deux heures. Seul, j'y insiste (on a souvent raconté que Simone était à l'initiative ; moi, par deux fois, j'ai été témoin du contraire). J'attends. Et c'est oui. Sans lui, rien n'aurait été possible. »

Montand apprécie le sujet. Il apprécie l'homme, aussi, dont il a constaté, auprès de Costa-Gavras, les qualités multiples : une vraie culture, assortie d'une solide maîtrise technique ; une détermination très réfléchie, combinée avec infiniment de souplesse, de patience dans la direction d'acteurs. Assez vite, le « coup de main » prêté au « petit » Corneau (il a trente-trois ans) va devenir une histoire de famille : « Je n'aurais jamais osé suggérer que Simone Signoret tienne un rôle secondaire — j'apprendrai plus tard que, professionnellement, la période ne lui fut pas très favorable. Pour moi, c'est une reine, et Autheuil, c'est le saint des saints. Alors, quand Montand propose de l'associer au film, et, quand tous deux y associent, en plus, François Perier, vous imaginez ! Ce qui m'a épaté, c'est qu'au démarrage ces grands comédiens, ces "vedettes" avaient un trac pire que le mien : chaque film, pour eux, était une "première fois". »

Oui, c'est une heureuse péripétie que ce tournage où — clin d'œil — Perier est le mari de Signoret (immobilisée dans un fauteuil d'infirme), tandis que Montand s'enfonce dans sa solitude. « Mon bonheur de travailler avec lui, explique encore le cinéaste, a été de vérifier à quel point son image de star est contradictoire. Il mêle un aspect paternel intelligent à une naïveté enfantine qui en est l'opposé. C'est à mon avis ce qui provoque son succès de comédien : le côté grand bonhomme rassurant qui cache une fragilité extraordinairement féminine. »

Le commissaire assassin, l'héritière paralysée, une maîtresse fatale, le flic pris au piège : ça a l'allure, le timbre, le rythme d'un *thriller*, ça rebondit comme un Don Siegel (Montand — indice déposé par Corneau à l'intention des amateurs purs — porte la même veste que Clint Eastwood dans *Dirty Harry*), ça serre les tripes comme un Hitchcock.

Mais ce n'est pas (uniquement) un *thriller*. Drôle de « polar » dont une réplique, volée à quelque Bernanos, crie que « Dieu est immobile »... Malgré un budget trop serré, l'équipe éprouve la sensation de s'offrir un luxe : le luxe excessivement rare du second degré, où les bons et les méchants, les violences et les silences, les paniques et les calculs ne sont pas sagement rangés de part et d'autre d'une frontière manichéenne.

Elle en sera amplement récompensée à la sortie, cette équipe. Yves Montand est comparé par le critique de *La Croix* à Humphrey Bogart (le rapprochement est de plus en plus fréquent). Et *Télérama*, sous la plume de Jean-Luc Drouin[10], voit en lui « le seul acteur qui soutienne la comparaison avec les stars américaines ». « Il donne, commente le journaliste, de la voix, du geste et des idées avec le même talent. Il est à la fois Sinatra, Mitchum et Fonda... »

Bref, ce qu'il était allé chercher à Hollywood, c'est Paris qui le lui octroie.

Parallèlement à la série « rose » (un rose qui saigne, pas un rose bonbon) des Sautet-Dabadie, une série noire se dessine ainsi, dont Corneau demeurera le fil conducteur. *La Menace* (1977, avec Marie Dubois et Carole Laure) entraîne Montand au Canada. Vingt-cinq ans après *Le Salaire de la peur*, le voici de nouveau pilotant un poids lourd, un de ces poids lourds géants qui sillonnent le Nouveau Monde et sous lesquels il finira écrabouillé. L'intention n'a pas varié : c'est toujours de l'identité, de la manipulation qu'il s'agit. Mais le réalisateur tire au maximum vers l'abstraction, vers une aridité presque mécanique : les scènes entre « héros » se réduisent à un squelette ; vingt-cinq minutes du film, record mondial, sont dénuées de tout dialogue. En contrepartie, il mise sur le baroque des cascades, des poursuites en « bagnole », hommage à un cinéma désuet, décadent. Le premier rôle, plus « américain » que jamais, s'amuse beaucoup. Et le public marche, court.

Le dernier Corneau, *Le Choix des armes*, conclut ces dix années particulièrement fécondes. Cette fois, le metteur en scène a voulu restituer l'atmosphère du « policier » bien fran-

10. 31 mars 1976.

çais, dans la lignée de Julien Duvivier ou de Gilles Grangier — rites et codes d'un milieu situé et daté, où des truands entre deux âges, entre l'action et la retraite, sont bousculés par les petits jeunes qui s'emballent. Il aurait même voulu tourner en noir et blanc, puis a craint que cela ne semble une coquetterie appuyée, mais il n'a pas hésité à collectionner méthodiquement les poncifs du répertoire en leur imprimant sa torsion personnelle. Le second degré, pour la circonstance, ne sera pas unanimement admis. Reste que Montand, Catherine Deneuve et Michel Galabru, les chevronnés de la bande, ont la chance de donner la réplique à un Depardieu en pleine ascension et d'escorter deux néophytes remarqués : Richard Anconina et Gérard Lanvin. Si quelques critiques conseillent à Corneau de se méfier du procédé, Montand, ancien truand rangé des voitures et obligé par les circonstances de ressortir son flingue, est consacré comme acteur « physique », comparé au John Wayne des dernières cuvées, simultanément puissant et marqué.

Du valet Blaze à l'inspecteur Ferrot (le protagoniste de *Police Python*) en passant par César, Vincent et Philip Michael Santore (celui d'*État de siège*), on mesure combien le jeu du comédien s'est ouvert. Non seulement le septième art, dans l'Hexagone, s'est donné un champion toutes catégories, mais le phénomène se propage, devient mondial. Alain Corneau : « Yves m'avait accompagné au Canada, dans les Rocheuses, où je préparais mes longues scènes de camions. Nous étions là, sur une route forestière, en train de discuter les plans, d'imaginer les mouvements, lorsque est apparu un type, une espèce de bûcheron. Il s'est approché de Montand et lui a dit : ''Ah ! c'est vous, le Milliardaire !...'' »

C'était bien lui.

Impossible de séparer Yves Montand « professionnel » d'Yves Montand « civil ». Les deux portraits coïncident : le comédien — contrairement à sa femme — ne possède pas, ou quasiment pas, un double susceptible de fonctionner au repos, de respirer ailleurs. Quand il est chanteur, il vit entre cintres et planches. Quand il est acteur, il vit entre pauses et prises. Encore juge-t-il que le cinéma est autrement « porteur », sécurisant que le *one-man show* : on dépend d'une équipe, avec tout ce que cette dépendance implique de contraintes et de compromis, mais on n'est pas abandonné seul sur sa banquise.

Montand ne sait pas — ou ne sait plus, faute de l'avoir jamais expérimenté — ce que sont réellement des vacances. Une traversée des États-Unis avec Catherine Allégret et son fils Benjamin, quinze jours à l'île Maurice où le téléphone était coupé, et les douces heures de la Colombe : instants détournés, volés... Un « voyage », pour Montand, c'est un repérage ou une tournée, c'est un aéroport de plus, une scène de plus, un hôtel de plus — il file toujours, sitôt débarqué d'avion, inspecter le théâtre avant de défaire sa valise et de jeter un coup d'œil aux maisons, aux rues. Il aime le jaillissement brutal des « villes debout », selon le mot de Céline : New York, Tokyo, Hong Kong; il aime Londres et Leningrad, il aime Rio où les gens dansent en marchant, il aime Paris, Rome ou Madrid — « surtout quand on est un ancien pauvre »... Il n'empêche : ce ne sont, à chaque fois, que des fantômes de voyages, entrevus, effleurés. « Il ignore ce que c'est que d'être quiet, tranche Catherine Allégret, de s'asseoir et de buller. Il se bouffe lui-même... »

Un film, pour lui, c'est un temps et un lieu où l'on pénètre, où l'on s'installe, ou l'on entre. Même travaillant à Paris, il lui est arrivé de loger à l'hôtel Concorde-Lafayette, retranché dans sa suite panoramique, plutôt que de dormir place Dauphine, de revenir à la maison : ce serait sortir du cercle, fausser compagnie au tournage. Comme beaucoup d'acteurs, il a besoin de s'approprier les vêtements, les accessoires du personnage. Le meilleur exemple en est le fameux Police Python 357, véritable canon pesant près d'un kilogramme, dont le recul casserait le poignet d'un débutant. Il le porte en permanence, fourbit l'étui, reçoit les conseils d'un expert (l'inventeur du « tir instinctif »), apprend qu'il convient de dégainer pieds parallèles, la poche du veston lestée de clés ou de monnaie afin qu'elle pivote au moment opportun. Il fréquente enfin l'école des brigades spéciales et y réussit des cartons plus qu'honorables. En un mot, il est flic.

Ses metteurs en scène et ses partenaires sont d'ailleurs

impressionnés par la manière troublante, trouble, dont il pratique ce dédoublement. Claude Sautet : « Ce qui était très touchant, dans *César et Rosalie*, c'est qu'il suivait les hauts et les bas de son personnage. Si César, sur le papier, était de bonne humeur, il était de bonne humeur. Et si l'intrigue, soudain, virait en sa défaveur — je me rappelle certaines scènes que nous avons faites en Vendée —, il était extrêmement triste le soir. » De même, à l'époque de *Vincent, François, Paul et les autres*, Montand-Vincent doit, selon le script, être victime d'un infarctus. Il s'y prépare avec tant de cœur, si l'on ose dire, tant d'appréhension, qu'il éprouve des palpitations, consulte un spécialiste, lequel lui parle de l'« aigle noir », cette sensation d'étouffer qui vous enserre la poitrine. Et, le jour convenu, devant les caméras, il s'abandonne à la crise de telle manière qu'aucune voix, le « jeu » achevé, ne se hasarde à prononcer : « Coupez ! » Le réalisateur, l'opérateur, les techniciens observent en silence l'homme à terre, admiratifs et un peu effrayés.

Les haines et les amours l'envahissent de la sorte. En 1975, sous la direction de Jean-Paul Rappeneau, il connaît un long tête-à-tête avec Catherine Deneuve (aux Bahamas). *Le Sauvage* conte l'histoire d'un misanthrope endurci, un industriel artiste, créateur de parfums, qui s'isole sur une île déserte où le poursuit une ravissante emmerdeuse. Montand estime, admire Deneuve. Mais, deux mois plus tard, à Paris, lorsqu'ils se retrouvent pour des raccords, il songe, un rien contrit et frustré, qu'il s'est montré distant, assez rude avec elle, alors qu'il aimerait maintenant lui parler, l'inviter à dîner… C'est le Robinson hargneux, c'est l'autre qui avait déteint.

A contrario, dans *Le Choix des armes*, Deneuve est une épouse douce, rassurante, compréhensive. Le tournage s'achève, tout le monde se disperse. C'est une mort, une petite mort. Et Montand, durant une quinzaine de jours, se demande, malheureux : « Mais pourquoi n'appelle-t-elle pas ? » C'est sa femme, non ? Sa femme qui le laisse tomber. Deux à trois semaines sont nécessaires pour que le personnage le quitte (Simone Signoret rapporte plusieurs expériences analogues), par déchirures successives, par lambeaux. Cette charge émotionnelle prolongée est « naturellement » plus forte vis-à-vis des femmes, du moins certaines femmes, notamment quand le rapport père-fille — l'équivoque sera complète dans *Trois Places pour le 26*, avec Mathilda May — autorise une subtile confusion des sentiments. La rencontre d'Isabelle Adjani — sous la houlette, une nouvelle fois, de Jean-Paul Rappeneau, dans *Tout feu tout flamme*, pendant l'été 1981 —, qui permet à Montand d'utiliser cette fibre « paternelle-complice », lui laissera d'excellents souvenirs.

Bref, l'homme du film n'est pas le même que celui d'avant. Et celui d'après balance quelque temps entre les deux. La fin de l'histoire du Police Python est très révélatrice de ce flou singulier. Montand s'est habitué à l'arme. Il la manie avec dextérité. Son contrat honoré, elle lui manque (affectivement, s'entend : il n'éprouve aucune inclination pour les engins de mort). Il obtient un permis, se rend chez un prestigieux armurier des Champs-Élysées, descend au sous-sol essayer l'engin. Lamentable ! Ses balles paraissent éviter la cible. Pas la peine de s'obstiner : l'aventure était terminée, il n'était plus ni flic ni tireur. Il n'a conservé que le Python à canon bouché réglementairement utilisé au cinéma.

Sur le plateau, la réputation qu'il s'est taillée lui est propre, et Alain Corneau la résume d'une formule : il est *accro* (le terme, ordinairement, s'applique aux drogués incapables de supporter le sevrage). A ses débuts, il se faufilait entre les câbles, les perches, essayant timidement de saisir les lois de l'exercice, les secrets de la machine. *Leading man*, il n'est pas moins assidu, mais pour d'autres raisons. Ses films, il les choisit en fonction (dans l'ordre) du sujet, du scénario et du rôle, du metteur en scène. Il ne se conçoit pas comme un rouage, fût-il central : habitué à se penser dans l'espace, à s'autodiriger, à sélectionner des textes, il souhaite être associé aux trouvailles du chef d'orchestre, pouvoir contester, corriger, enrichir. Sautet résiste (mais en apportant une réponse à la question), Rappeneau se cabre, étonné qu'on veuille, selon l'expression de Catherine Deneuve, « ajouter des notes à sa partition », Costa-Gavras accepte le duel, Granier-Deferre aussi. Bref, c'est un cas, Montand.

Corneau : « Il y a les acteurs qui viennent aux rushes et ceux qui n'y viennent pas. Je ne puis me représenter Yves n'allant pas aux rushes, c'est inimaginable. Il visionne aussi les montages — il ne se mêle pas du montage au sens technique, mais regarde les épures successives, commente, voit si l'on termine sur lui ou non, donne son accord ou exprime son désaccord. Si nous sommes têtus, il abandonne; s'il croit vraiment avoir raison, il continue. Ce qui est très bien, ce qui sauve la relation, c'est qu'il dit ce qu'il a à dire. Devant vous, pas derrière. C'est pour ça qu'on ne peut pas lui en vouloir : il n'a aucune méchanceté. Les acteurs qui vous harcèlent : rushes, gros plan, etc., et qui sont sûrs d'eux, c'est insupportable. Mais Yves, non. Son angoisse, son inquiétude sont complètement spontanées. Et, après cela, il s'occupe de l'affiche (c'est lui qui a conçu celle de *Police Python*), du lancement, de la publicité, des pavés dans les journaux, etc. Il est capable d'investir une part de son cachet dans la promotion lorsqu'il adhère au film... »

La rançon de cette formidable disponibilité, de cette anxiété créatrice, de cette générosité, est une tendance indéniable à envahir la scène, à se camper au centre du système. Tous les hommes de spectacle, par définition, sont portés dans cette voie. Mais l'égocentrisme d'Yves Montand n'est pas moins légendaire que son exceptionnelle concentration. « En matière de narcissisme, nous sommes tous doués, plaisante François Perier, mais il est certain qu'Yves est un des plus doués d'entre nous. » Gérard Oury nuance : « Un comédien qui n'est pas narcissique, qui ne se gonfle pas, n'est plus un comédien. S'il ne fait pas du nombrilisme, s'il ne s'installe pas au cœur de lui-même, il cesse d'être cet enfant égoïste qui veut — légitimement — s'approprier, comme un jouet, le beau rôle. Mais il y a autant de traumatisme dans le succès que dans l'échec. Et c'est une étrange condition que d'être à la fois le Stradivarius et le violoniste. »

Montand lui-même ne nie guère la chose. Sa pente, avoue-t-il, serait volontiers de considérer que le monde tourne autour de lui. Orgueil, vanité? Assurément. Mais il ajoute aussitôt que, sans ces derniers, il n'aurait rien à « rendre » au public : force lui est, plaide-t-il, de « nourrir le monstre », l'autre, celui qui partage son plaisir avec des milliers de spectateurs; de se ramasser, se replier, avant de livrer son art. Plus haute est la solitude dans le métier, et plus défendue la prison où il se recueille. A l'appui, il cite une de ses lectures préférées,

Milan Kundera : « La vanité est l'unique façon de sortir de notre égoïsme. Celui qui désire être admiré se donne aux autres, il ne pense qu'aux autres, ne vit que pour eux. » Plus sans doute le plaisir de se faire plaisir. Paradoxe du comédien qui atteint son apogée chez l'artiste de *one-man show*.

Le narcissisme, c'est le désir d'offrir à l'objectif son meilleur profil (trois quarts gauche : le profil qu'a mis en valeur Chris Marker filmant le récital de 1974). Ce sont les mille petites ou grandes négociations avec le réalisateur à propos d'un plan, d'une réplique. C'est surtout le rapport mi-fasciné, mi-conflictuel aux autres acteurs — les bons, les beaux, évidemment. Lorsqu'il a échafaudé la distribution de *Vincent, François, Paul et les autres*, Claude Sautet n'ignorait pas quels périls le menaçaient. Tous copains, cela va de soi, les « Ritals », échangeant mille blagues sur le tournage et non moins de compliments aux rushes. Oui, mais... Mais Piccoli a failli renoncer (et être remplacé par Rochefort) quand il a découvert que le cachet de Montand serait supérieur au sien. Mais Reggiani s'est trouvé quelque peu en porte à faux avec son vieux camarade. Chacun fut enfant prodige dans un genre, et voici que, beaucoup plus tard, leurs routes devenaient parallèles, séparées par un inévitable non-dit. Ils s'admirent : s'aiment-ils ?

Fin renard, Sautet a multiplié les caméras, nul n'étant alors en droit de suspecter l'autre d'avoir « volé le plan », il a exploité cette rivalité, cette émulation sans laquelle, fréquemment, les comédiens ne concèdent pas le meilleur d'eux-mêmes. Quant au narcissisme spécifique de Montand, il observe tranquillement : « Lui, sa vraie différence avec quelques autres, c'est qu'il ne se cache pas. Ou si mal, de manière si ingénue que personne n'est dupe. J'ai apprécié cette ruse "latine", agaçante et plaisante à la fois, dont on n'a pas besoin de se méfier. »

L'argent, dans ce type de joute, est d'abord un signe de considération. Montand a voulu en gagner pour prouver qu'il avait gagné, non pour l'amasser. Il en a gagné beaucoup parce qu'il a beaucoup gagné.

En 1968, la Paramount souhaite l'associer à Barbra Streisand dans une comédie musicale, *On a Clear Day, You Can See Forever* (en français, *Melinda*). A la clé : 200 000 dollars.

Il éprouve du respect pour Barbra Streisand, de l'admiration pour la chanteuse qu'elle est, mais n'a aucune envie de jouer les utilités, de reprendre l'éternel emploi du *French lover*. 400 000 dollars, réplique-t-il «pour voir». Simone Signoret et Jorge Semprun rient de bon cœur. Jusqu'au matin où lui parvient l'accord de la production. Piégé, il part pour New York, goûte les talents de Barbra Streisand, et découvre, *in fine*, que ses numéros musicaux — sauf une superbe séquence où il chante au sommet du building de la Pan Am — ont été impitoyablement limités.

Souvent, à l'inverse, il tourne «en participation», afin que son cachet n'entrave pas les espoirs d'un réalisateur ami (*Z*, *L'Aveu*, *César et Rosalie*, *Vincent, François, Paul et les autres* furent ainsi montés). Alain Resnais mettra toujours un point d'honneur à rappeler que Montand n'a perçu que 80 000 francs contre les mois de travail qu'a représentés *La guerre est finie*. Mais, si un producteur est solide (la Gaumont, pour *La Folie des grandeurs*), si le contrat symbolise la place qu'il occupe dans la profession, il réclame le maximum et juge cela moral. Par principe. «Il n'a jamais signé un film pour du fric, rapporte Jean-Louis Livi, l'idée ne lui en aurait même pas traversé la tête. Mais défendre son rang, sa cote, là, il n'a jamais transigé non plus.»

En d'autres termes, l'argent, lorsque les tarifs s'envolent au-delà des critères d'appréciation ordinaires (le contrat de *La Menace* s'élève, par exemple, à 250 millions de centimes), n'est qu'un avatar de la concurrence qui sévit fatalement entre les premiers rôles — le baromètre de l'ascension, de la stabilité ou de l'effritement. Dans le monde du spectacle comme ailleurs circulent des avides, des avares. Mais ils sont l'exception, non la règle. A ce stade de la démesure, 500 000 francs de plus ou de moins ne concernent pas d'abord le portefeuille : il s'agit, *stricto sensu*, d'image, d'une image à défendre, susceptible de se faner, de se ternir. L'argent rassure s'il abonde. Le vrai problème (qui semblera aux smicards un défi ou une faute de goût, éventuellement un scandale) n'est pas d'être riche. C'est d'être, tout court, en se sachant plus mortel qu'autrui.

Outre la maison d'Autheuil, achetée 14 millions en 1954, Montand possède la moitié du café de la Place à Saint-Paul-de-Vence. En 1972, son ami Francis Roux, le propriétaire de la Colombe d'Or, lui a proposé de l'acheter avec lui. Il venait de gagner 250 millions de centimes en tournant *La Folie des grandeurs*, et a immédiatement réinvesti une partie de cette somme. C'est dans cette bâtisse qu'il se fera aménager un appartement de trois pièces, aux dimensions modestes, où il vit quand il est dans le Midi.

Bien sûr, Montand est riche. L'argent compte pour lui-même s'il ne le compte pas. « Ancien pauvre, pas nouveau riche » selon la définition de Coluche. Marqué par ses origines, il vit au-dessous de ses moyens. Plusieurs fois milliardaire en centimes, il n'a guère, loin s'en faut, le train de vie de son portefeuille. Nulle pingrerie dans ce choix : il n'éprouve pas d'autre besoin.

L'argent qu'il a gagné est placé en banque. C'est Bob Castella qui s'occupe de la gestion des comptes, dont Montand ne se mêle point. Il appelle cette confortable cagnotte son « matelas de sécurité ». La règle d'or est de ne jamais toucher à ce bas de laine. Au cinéma, Montand s'est refusé à devenir, comme d'autres, le producteur de ses films.

L'argent, pour lui, ce ne sont pas les zéros impersonnels qui s'enchaînent sur les relevés bancaires, ce sont les liasses de billets qu'on palpe dans la poche du pantalon. Ce qu'il aime, ce qui le rassure, c'est le liquide; c'est pouvoir, sortant d'un restaurant, distribuer des pourboires « royaux ».

Depuis toujours, les proches l'attestent, Montand a aimé se montrer généreux. Naturellement, il a aidé sa famille : ses parents, jusqu'à la fin de leur vie, ont vécu dans la maison qu'il leur avait achetée (il rêvait de leur offrir un grand mas provençal, mais Giovanni préférait le style pavillon de banlieue, entouré d'un grillage). Il épaule sa sœur Lydia. Au couple Mirtilon, qui s'est occupé si longtemps d'Autheuil, il a fait construire une maison sur un terrain attenant — également donné.

Et puis, comme bien d'autres, il est sollicité sans cesse. Et ne cesse de donner. Bob Castella tient à jour l'interminable liste de toutes les associations qui ont profité de ses largesses, voire des particuliers auxquels il répond favorablement s'il estime leur situation désespérée. Ses archives débordent de lettres de remerciements. En mai 1989, il décidera d'ailleurs d'institutionnaliser jusqu'à la fin de sa vie ses dons. Il distribue — sous contrôle — la moitié de ses gains — impôts déduits —, étudie les dossiers, les cas, les œuvres. Il n'ignore pas que, de cette manière, il ne réparera guère les injustices du monde. Au moins croit-il se mettre en paix avec sa conscience. « C'est, dit-il, une question entre moi et moi. »

Réunir en tête d'affiche un couple de monstres sacrés est le meilleur moyen — à l'époque — d'attirer les foules, mais aussi le risque majeur sur l'autre versant du décor. C'est là que la concurrence, le vertige sévissent à l'extrême. Aux yeux du public, César et Rosalie sont un homme et une femme merveilleusement appariés. Au yeux du réalisateur, l'entreprise est audacieuse. « Romy avait très peur d'Yves, atteste Claude Sautet. Elle m'a écrit avant le tournage, disant : ''Je ferai le film. Je ne suis pas Rosalie dans la vie, mais je serai Rosalie dans le film. Et je sais bien que c'est César, le rôle.'' Et puis elle a été impressionnée par la ponctualité de Montand, son assiduité. Elle avait une admiration profonde pour ce qu'il faisait, mais aussi un sentiment de culpabilité, une crainte d'être bouffée. Elle avait de l'énergie, mais manquait d'assurance. Sa beauté photogénique si éclatante se délitait, une fois démaquillée. »

Montand, lui, a perçu sa partenaire comme à la fois vulnérable et dure. Le couple mythique s'est peu à peu formé, dans la douleur, au prix de maintes concessions. Le script stipule que la dernière image sera celle de César, fou de bonheur à l'instant où Rosalie lui revient, éblouissante. Après le montage, c'est sur Rosalie que l'œuvre s'achève (Romy Schneider a arraché cette « compensation » au réalisateur). Voilà le prototype des innombrables froissements qui transforment le terrain de jeu en patinoire. Progressivement, l'un et l'autre apprendront à baisser leur garde. Montand retrouvera Romy sept ans plus tard dans le très complexe *Clair de femme*, de Costa-Gavras. Cette fois (le film est un énorme succès, alors que la critique fait la moue), ils transposeront à la ville la complicité qu'ils affectent à l'écran.

La difficulté, dans cette profession, c'est qu'on ne peut être compris que par quelqu'un qui pratique le même métier. Sinon, des sentiments, des réactions, des conflits qui viennent du plus profond seront perçus comme des caprices de surface. Tout le monde vieillit, tout le monde sait ce qu'est vieillir. Mais vieillir quand on s'appelle Romy Schneider, Simone Signoret, Isabelle Adjani ou Marilyn Monroe, personne ne sait ce que c'est, sauf les intéressées (pour les hommes, c'est plus facile : regardez comme Paul Newman ou Sean Connery n'ont cessé d'être beaux). Tout le monde sait ou imagine qu'il est difficile d'être menacé dans son emploi. Nous, les comédiens, nous sommes menacés en permanence, et cet emploi est notre vie même. Il est inévitable que, dans cet artisanat de luxe, tout tourne autour de ta personne.

Le premier contact avec Romy n'a pas été facile. Elle était sur ses gardes. L'âge la préoccupait (elle avait eu l'intelligence et le courage d'accepter un film terrible avec Zulawski). Nous nous sommes surtout formidablement rapprochés au moment où nous avons travaillé pour Costa-Gavras. Là, je n'avais pas seulement près de moi la fantastique Romy Schneider, l'actrice, mais une vraie femme qui confiait volontiers ses très réels complexes. Elle m'a avoué qu'elle se jugeait dépourvue d'humour, un peu « béton », trop « germanique ». Et là, dans son désarroi, elle m'émouvait beaucoup.

Ne vous laissez pas, en revanche, abuser par l'intimité apparente qui se montre dans un film. Pour Clair de femme, *par exemple, nous avions une scène très difficile, un déshabillage mutuel (ce qu'on cache toujours parce que le ridicule n'est pas loin). Ensuite, nous sommes allongés l'un sur l'autre. C'est sans doute érotique du point de vue du spectateur. Mais, au tournage, il y a quinze personnes autour de toi. Un machiniste, debout sur le lit, te soutient avec des sangles parce que la caméra est haut placée derrière ton épaule. « Attention, tu la caches ! Marcel, tire-le, tire-le vers toi ! » Tout le mystère, tout l'imaginaire est cassé. Toi : « Je ne t'écrase pas trop, ma chérie ? » Elle déplace un peu son sein. Gros plan sur la main courant sous les draps. « Moins haut, la main ! Non, plus haut ! » Je vous assure, si de la chaleur passe, de l'affection ou du désir, c'est avant ou après...*

Interrogés les uns sur les autres, les comédiens sont fréquemment décevants. Ou bien ils se couvrent mutuellement et prudemment d'éloges, ou bien ils trahissent leur jalousie consubstantielle par quelque perfidie. Ce n'est pas seulement, on l'aura compris, le travers d'un milieu (comme les médecins sont doctes et les notaires discrets) : c'est le réflexe de survie d'une population qui n'existe qu'à travers autrui. Retenons deux portraits du Montand des années soixante-dix, synthèses des approches précédentes. Ils sortent de la norme, et par la personnalité des témoins, et par l'authenticité du témoignage.

Catherine Deneuve, star entre toutes, a été confrontée avec Yves Montand presque à huis clos (l'île choisie pour *Le Sauvage*, aux Bahamas, était perdue, loin de tout).

« Je crois bien, dit-elle, qu'au départ il voyait en moi une blonde plutôt gracieuse et futile, une petite ambitieuse. Il s'est rendu compte que j'étais plus amicale, très secrète, qu'on peut me faire confiance et que j'aime écouter. Montand, c'est un partenaire qui vous dérange, parce qu'il est investi à 99%, qu'il y va totalement. Et parce qu'il veut diriger ou codiriger. Ce n'est pas pour prendre le pouvoir, non : son habitude du *one-man show* fait qu'il possède une vision à lui, une vision de metteur en scène. C'est usant, c'est touchant. Et, en plus, il a souvent raison parce que ce qu'il a de mieux, c'est un sens du déplacement, surtout dans les comédies, une espèce de grâce, d'aptitude à bouger, un côté danseur qu'on trouve chez les femmes, très rarement chez les hommes. Je ne me sentais nullement bouffée : peut-être suis-je naïve, mais j'ai généralement eu l'impression de tourner avec des acteurs généreux. Montand ou Depardieu ont ceci en commun qu'ils font démarrer les scènes un cran au-dessus, jamais au niveau plancher. Ce qui m'épatait, c'est qu'il venait assister aux prises même les jours où il n'avait pas de scène. Il ne peut pas quitter les films, il est follement réaliste, il tombe amoureux si son personnage est amoureux. C'est un homme de soleil, un Italien, un homme de comédie qu'on a trop enfermé dans le sérieux. Il est unique en son genre, dans sa vraie catégorie qui est, à mon avis, celle-là, le mélange de gravité et de légèreté. Il avait été question que je joue Rosalie. C'est un de mes regrets... »

Gérard Depardieu complète, avec cette sorte de finesse rêveuse qui le caractérise, le tableau d'ensemble brossé par Catherine Deneuve. Il a, lui, découvert Montand sous la férule de Claude Sautet, dans *Vincent, François, Paul et les autres*, et l'a retrouvé (Deneuve en était aussi) pour *Le Choix des armes*. Il s'est produit entre les deux hommes une étincelle analogue à la flamme qui court du « Papet » à Daniel Auteuil tout au long de *Jean de Florette*. Dès qu'il est en présence d'un jeune talentueux, Montand fond, le prend sous son aile. Héritage du Midi où l'on baptise « fils » n'importe quel cadet ? Souvenir du malheureux Diego des *Portes de la nuit* que nul, alors, n'avait accueilli ? Toujours est-il que la concurrence, en pareille situation, s'efface derrière une tendresse attentive. Avec Depardieu, en outre, il y a une certaine similitude d'extraction et d'expérience.

« Oui, nous sommes l'un et l'autre des enfants de la rue, observe ce dernier. Mais Montand avait hérité d'une forte structure familiale, tandis que les miens, c'étaient un peu des Indiens... J'ai eu, en lui, une espèce de protecteur. Sans paternalisme, comme si j'étais son fils qu'il avait finalement rencontré. Il ne me donnait pas de conseils, il me donnait un abri. J'étais très impressionné devant ses inquiétudes, ses incertitudes. Je me disais : "Pourquoi se met-il dans des états pareils, puisqu'il est bon ?" Pas du tout un comportement de star : une star, c'est quelqu'un qui s'enferme dans sa caravane et qui fait chier tout le monde. Non, un déplacement d'air, une angoisse, et en même temps une roublardise de paysan. Montand, quand il rentre dans un palace, repère tout de suite la sortie de secours. C'est un truc de pauvre, c'est un truc de gens habitués au voyage, à la route, à ce que rien ne soit définitivement en place. Sa façon de travailler, on ne peut pas appeler cela du travail : c'est une réflexion vivante, c'est la peur en action d'un homme qui est à la fois un paysagiste (ça, c'est le chanteur) et le vent (ça, c'est l'acteur), d'un homme qui entretient sa peur à coups de répétitions comme on remet une bûche dans la cheminée. »

Le maître mot est lâché. Pierre Granier-Deferre, qui connaît bien personnellement et professionnellement Montand, y insiste : « L'angoisse, à mon avis, c'est presque son moteur. Parce que, à force de surmonter cette peur, il finit par faire des choses formidables, pour se prouver à lui-même qu'il en est capable... C'est un gagneur : cette peur, il veut la dominer. Mais moi, je crois qu'il a peur de tout, en fait, de tout. Alors il se réfugie derrière une espèce de faconde sympathique et drôle[11]. »

Le propos est doublement pertinent. Plus Montand s'affirme, plus il se hisse vers le sommet, et plus il a peur. Même au cours de ces « dix glorieuses » (qui en suivent et en précèdent d'autres), même provisoirement débarrassé de la terreur suprême du récital, sa marche reste une chute compensée ; toutes choses égales par ailleurs, il demeure la « révélation » de l'ABC qui sillonne Paris après le couvre-feu et se demande quand tout cela va s'arrêter. Rien ne l'apaise réellement, rien ne le calme durablement. Ni les triomphes au box-office ni les congratulations du très vieux Charlie Chaplin qui, l'apercevant à la terrasse de la Colombe d'Or, s'avance jusqu'à lui d'un pas flottant, serre les larges paumes dans ses petites mains tremblotantes et chuchote que *L'Aveu* était un film nécessaire...

Granier-Deferre frappe juste, également, lorsqu'il souligne que la jovialité d'Yves Montand n'est point synonyme de gaieté. Marrant, volontiers, comique, à souhait, mais gai, pas vraiment. En amont de cette jovialité, le timide se cache, se protège. « Qu'est-ce que c'est qu'un timide ? note Gérard Depardieu. C'est quelqu'un qui ne sait pas dire "je t'aime", et qui hurle "JE T'AIME" parce qu'il n'y arrive pas autrement. C'est quelqu'un de courageux parce qu'il est obligé de vaincre ses défenses. Et c'est quelqu'un de maladroit parce que l'abondance engendre la maladresse. Tout ça, c'est Montand. » L'exubérance faussement détendue — les familiers des rives de la Méditerranée ne s'y trompent guère — est parfois la meilleure manière de conserver ses distances, sans aucun mépris, sans condescendance ni froideur.

Montand est ainsi. La charpente solide, la carrure gouailleuse de César dissimulent une réserve secrète, une méfiance vigilante, une culpabilité inépuisable.

11. *In* Richard Cannavo et Henri Quiqueré, *op. cit.*

Ça vient de ma mère. Et de l'éducation communiste : il faut donner l'exemple, il faut être irréprochable, il faut être sympathique (j'en ai soupé, de la sympathie à tout prix, qui était aussi la règle absolue du music-hall lors de mes débuts !). Malgré mes lacunes, les dieux, les diables, les circonstances, le hasard m'avaient donné cette chance inouïe, cette chose mystérieuse, impalpable, ce charisme. Et j'ai vécu partagé entre la gratitude d'avoir reçu ce don et la crainte de trahir — voilà ma mère, au-dessus de ma tête — en ne l'utilisant pas bien, pas assez.

Et puis il y a le mythe du héros positif. Ça, c'est mon père. Quand j'ai commencé à chanter, à chercher des pas, il m'a dit : « Mon fils, si j'étais toi, je voudrais être capable de danser sur le goulot d'une bouteille... » J'ai parfaitement compris la métaphore. Et j'ai essayé de le faire.

A lire les magazines, l'enfant coupable qui ne dort jamais profondément au creux d'Yves Montand devrait enfin atteindre le sommeil du juste. Car sa popularité dépasse alors l'imagination. A quarante ans, les Américaines l'avaient plébiscité. Quinze à vingt années plus tard, non content de pulvériser les records d'entrées, il est promu *sex symbol* par ses concitoyennes. La presse à gros tirages commande même une enquête d'opinion[12], d'où il ressort que 30% des sondées le préféreraient comme compagnon de vacances (lui qui n'en prend pas !) à d'illustres rivaux : Philippe Noiret (21%), Jean-Paul Belmondo (16%), Bernard Pivot (13%), Gérard Depardieu (10%) ou Alain Delon (9%)...

Françoise Sagan, commentant l'événement, salue « le seul des play-boys de mes vingt ans à être encore considéré comme tel à cinquante », et fournit ses éléments d'interprétation : il a « acquis la vulnérabilité, la compréhension, la modestie et l'indulgence... tout en conservant sa force, sa décision, sa virilité ».

Si elles savaient, ces *groupies* romanesques ! Si elles savaient

12. *France-Soir Magazine*, 25 juin 1983.

que le mâle français par excellence, à qui elles prêtent probablement une « vie d'artiste » excitante et dorée, courant de conquêtes en bravos, mène une existence double, intimement déchirée... Sous les projecteurs, il salue, rayonne, sourit. Et ce n'est pas feint : tant de succès, tant d'énergie judicieusement investie le comblent, le flattent. Il tient sa revanche sur un long purgatoire et la déguste sans bouder son plaisir. Mais, à la maison, comme on dit, ce n'est pas tous les jours fête. D'abord, elle a rétréci, la maison, les brouilles idéologico-familiales sont à vif. Et puis, la vie de couple, ces temps-ci, n'est plus ce qu'elle était.

On serait tenté d'écrire que la fêlure est apparue avec la quarantaine, et la fracture avec la cinquantaine. Ce ne serait pas chronologiquement faux, mais ce serait quand même un total contresens. Car fêlure et fracture induisent rupture, cassure. Or, s'il est une vérité d'évidence dans la légende du couple Montand-Signoret, c'est que cela ne fut jamais sérieusement à l'ordre du jour. Leur joie et leur souffrance, au contraire, sont d'avoir exclu cette hypothèse non point dans les mots, mais dans les faits. Malgré les engueulades — il n'est pas d'autre terme — parfois incessantes, les bravades mutuelles, les larmes, ils ont farouchement tenu l'un à l'autre jusqu'au bout — pas jusqu'à la mort : du moment que l'un survit, ce n'est pas fini. S'ils se sont rendus malades, ce n'est guère d'indifférence, c'est de jalousie, de dépendance, de solidarité. D'amour.

Les années soixante, après l'épisode Marilyn qui ne fut pas une passade (Jean-Louis Livi se rappelle encore son oncle, bouleversé, lui tendant près du piano, à la « roulotte », un télégramme composé d'un seul mot : *Come*), ont été les vraies années de maturité du ménage. Petit à petit, il a retrouvé son assiette, un équilibre. Non plus la fièvre du commencement, mais une alliance solidement établie, posée, nourrie de ses propres accrocs, éclairée de tendresses, de désirs, de retrouvailles.

La décennie suivante est tout autre, et se résumerait volontiers par une réplique qu'a glissée Jorge Semprun dans *Z* : « Comment va ta femme ? — Bien. Nous ne vieillissons pas de la même façon... » C'est peu dire. Alors que Montand « éclate », « s'éclate », impose à l'écran l'image d'un homme plus beau qu'autrefois, plus mobile, plus chaud, Signoret s'éloigne extrêmement vite d'un point culminant très à l'amont de son chemin : parce que *Casque d'or* est inoubliable, il est infiniment douloureux de n'être plus *Casque d'or*. Et comme Simone Signoret n'est pas une quelconque star défraîchie ravaudant l'illusion à force d'échafaudages pathétiques, comme elle est intelligente, fière et courageuse, elle risque le pari inverse : elle casse le miroir en basculant prématurément. Puisqu'elle vieillit, elle se vieillira, préférant accentuer l'outrage que le subir passivement ou le combattre sans espoir de vaincre.

Entre la superbe (presque) cinquantenaire de *L'Armée des ombres* (Melville, 1969) et Mme Rosa, la femme « soufflée » de *La Vie devant soi* (Mizrahi, 1977), il n'y a pas huit ans, mais un abîme — où elle ne tombe pas : elle s'y jette. « J'ai vécu, j'ai vieilli, j'ai grossi, et j'ai essayé essentiellement d'en tirer parti[13] », déclarera-t-elle sereinement. Sérénité vraisemblablement présomptueuse. Un symptôme le trahit : à quarante-trois ans, elle accepte d'incarner la *Bouboulina* dans *Zorba le Grec*, figure tragi-comique d'une coquette hors de saison. Fausses dents, faux seins, mâchoire épaissie, sourcils rasés : au maquillage, elle encaisse, au démaquillage, elle s'effondre et renonce. Il faut un extraordinaire sentiment de soi pour s'aventurer sur de telles pentes. Simone Signoret s'y est engagée, accrochée, avec une obstination téméraire et absolue.

Alain Corneau, pendant le tournage de *Police Python 357*, a été plus que troublé par cette quête de la nudité, par cet aveu péremptoire et sombre : « Simone avait le rôle d'une bourgeoise orléanaise poudrée, en manteau de fourrure. Elle résistait, cherchait à se défigurer, refusait que l'image soit légèrement tramée, protestait, aux rushes, parce que son œil était adouci. Consciemment ou inconsciemment, elle se voulait marquée, violentée. Son visage et son corps étaient assez bouffis. Sa voix devenait de plus en plus basse — au mixage, nous avions toutes les peines du monde pour la faire sortir ; sur le plateau, le silence devenait intégral quand elle parlait, mais on l'entendait à peine, ce qui donnait à la scène une intensité rare. »

13. *Le Monde*, 12 juin 1973.

C'est l'époque où une puissante vague féministe, principale postérité culturelle de Mai 1968, submerge les pays développés, noie jusqu'aux groupuscules qui en furent l'origine. Mais, bien que son attitude soit louée et « récupérée », Simone Signoret, agissant de la sorte, ne sacrifie guère à l'esprit du temps : ce débat lui est intérieur. Catherine Allégret, à distance, juge que sa mère allait au-devant de ce qu'elle redoutait : « Je ne sais pas si, malgré ses grandes déclarations concernant le vieillissement, Maman n'a pas au fond d'elle-même très mal vécu cela. Elle a vraiment péché par orgueil : je suis Simone Signoret, et je travaillerai avec mes rides, avec mon âge, etc. »

Il est exact qu'elle y parvient ; *Rude Journée pour la reine* (René Allio, 1973) en témoigne, ainsi que plusieurs séries télévisées (*Madame le juge, Thérèse Humbert*). Au prix fort.

Un soir, ça m'a frappé. J'ai soudain vu Simone avec des cheveux blancs. Ils devenaient poivre et sel, et puis, tout d'un coup, ils étaient blancs. C'était à Autheuil, elle était assise sur le fauteuil — que j'ai conservé —, elle portait ses lunettes et elle tricotait. Ce fut un coup de tendresse. Je l'ai regardée longuement et j'ai eu envie de la prendre dans mes bras, de la bercer (j'ai regretté ensuite de ne pas l'avoir fait). Elle l'a perçu, étonnée mais contente. J'étais bouleversé, amoureux. Il y avait quelque chose de très doux, de très paisible dans cet instant.

Ce n'est pas de la sentir vieillir que je ne supportais pas. C'était cette tendance à l'autodestruction, c'était le caractère systématique de cette autodestruction. Je le lui ai dit. Je lui ai demandé où était passé ce fameux grand amour, puisqu'elle se flanquait en l'air. Et elle me répondait avec un sourire : « Oui, je me fous en l'air, oui, je trouve que je deviens moche, et alors ? Autant pousser que freiner, non ? »

Ni pour elle ni pour moi il n'a été facile de passer de Casque d'or à Mme Rosa. Être l'amant de Casque d'or, c'était facile, mais il a fallu beaucoup d'amour pour aimer Mme Rosa. Après ces dures années, elle a eu un pépin de santé (une opération bénigne, quoique douloureuse). Elle s'est reprise, s'est habillée de nouveau avec soin. Et j'ai retrouvé ma Simone, tout en bleu avec un col blanc, très belle, moins cassante.

Aujourd'hui, l'image qui me vient spontanément, si vous prononcez son nom, n'est pas Casque d'or ni l'inconnue fascinante que j'ai rencontrée à la Colombe. C'est cette femme en blanc qui ne pouvait pas regarder la télévision sans que je lui tienne doucement la main. Quand je « sens » Simone, c'est d'abord cela que je sens : cette main chaude dans la mienne.

Simone Signoret, pendant longtemps, n'a pas aimé l'alcool. Elle appréciait le champagne. Devenue par la suite quelque peu anglaise d'adoption (elle a même eu le cran d'incarner à Londres Lady Macbeth, en 1966, dans la langue de Shakespeare, désastre que la *Nostalgie* conte avec humour), elle a découvert le whisky, le mordant de l'eau de vie, l'âpreté du malt. Catherine Allégret : « Peu à peu, au fil de cette période, Johnnie Walker a occupé une place croissante dans notre vie. Je reprochais à Jorge Semprun de ne pas assez intervenir, disant que lui, au moins, elle l'écouterait. Montand en souffrait beaucoup. Ensemble, nous coupions d'eau les bouteilles, mais cela ne diminuait pas sa consommation globale. Le pire, ce fut au moment de *La Vie devant soi...* »

Qu'on n'imagine pas une seconde Simone Signoret ivre ou titubante. C'est un processus lent et tranquille — l'apéritif avant le repas, le vin rouge à table, l'amer Fernet-Branca « pour digérer ». Le Bloody Mary quelquefois. Rien de spectaculaire. Juste une comédienne magnifique en route vers Mme Rosa. La vivacité intellectuelle, l'attention à l'actualité, l'incroyable capacité d'écouter, l'invention verbale et le sens de la repartie, le coup de plume, le don d'analyse ne sont nullement atteints. C'est la femme qui est atteinte, et c'est l'homme auquel cette femme est viscéralement liée.

A-t-elle voulu le frapper, ou se frapper, ou les deux ? En tout cas, il n'était pas pire méthode. Ivo Livi, issu d'une Toscane où le vin n'est que le parfum des collines, ne comprend ni cette inclination ni cette entorse à la discipline de soi. Pour lui, Édith Piaf et Marilyn Monroe ont refréné, l'espace d'un amour, leurs penchants destructeurs. Pour lui ou contre lui, Simone Signoret se détériore, s'esquinte, se désagrège. Elle appuie très intentionnellement là où cela fait le plus mal — à l'un et à l'autre.

Il ne s'agit pas seulement de rides, de poches sous les yeux, de tour de taille. C'est l'essence même de leur relation, sa viabilité qui sont en cause. C'est le roman, ouvert ou fermé, des inséparables. Un non-dit accumulé monte, gicle, à propos de tout et du reste. « Ils jouaient *Qui a peur de Virginia Woolf?* vingt-quatre heures sur vingt-quatre », résume, avec sa franchise habituelle, Catherine Allégret. Les amis, à Autheuil, place Dauphine, à Saint-Paul-de-Vence, sont embarqués malgré eux dans des altercations innombrables, et se taisent ou louvoient. Parce que la cheminée fume. Parce que la Haute-Volta change de régime. Parce qu'Untel a tort. Ou raison. Parce que Simone commande un jambon-beurre dans un restaurant trois étoiles (le comble du bourgeois, objecte Montand, qui cite Jules Renard : « L'horreur du bourgeois *est* bourgeoise... »). Parce qu'elle entend flotter sur la vie comme un bouchon et que lui rêve de commander le destin.

Ils jouent à frôler la limite au-delà de laquelle leur mariage n'est plus valable. Et se le signalent par la bande ou directement. Ils échangent des lettres, des messages. Montand conserve sur lui un mot de son épouse où cette dernière a jeté, commentant le divorce d'amis : « Tu as vu ? Ils ont rompu. Nous, ça ne va pas, mais c'est formidable que ça aille... » D'autres fois, elle le met en garde : attention, si tu continues, moi, je divorce...

Quel est donc le noyau stable de ce discours, le cœur du différend ? Il est tout entier dans cette lettre — glissée par Simone sous la porte d'Yves après une empoignade, en 1978 — que, depuis, Yves Montand se répète inlassablement :

> Tu es culpabilisant parce que tu n'es pas heureux. Tu n'es pas heureux parce que tu es fait comme ça. Je t'ai connu enthousiaste, drôle, inquiet, passionné, jaloux, en colère. Je ne t'ai jamais connu « heureux ». Heureux de perdre ton temps, heureux de traîner, heureux d'écouter, heureux de partager. Tu es le plus égocentrique de tous les gens que j'ai

> connus. Tu es le plus égocentrique des jaloux malheureux et généreux que j'aie jamais connus. Tu es le plus orgueilleux, le moins reconnaissant envers les gens qui t'aiment, le plus cruel envers les gens qui t'aiment. Tu es le plus aimable avec les gens dont tu n'as rien à foutre, le plus blessant envers les gens qui t'aiment. Tu te détestes d'être attelé à cette trop vieille, trop grosse «contemporaine». Défais-toi de l'attelage. Je ne t'en aimerai pas moins pour cela.

Elle est cruelle, cette lettre, elle n'est pas injuste (c'est Montand lui-même qui le concède). Surtout, elle trahit combien le reproche, la mise en demeure, la fausse incitation à l'abandon signifient tout le contraire de ce qui est écrit. Il n'est point nécessaire d'être fin psychologue pour deviner que «défais-toi de l'attelage» appelle un démenti. Et l'obtient. Dès qu'ils sont ensemble, Yves Montand et Simone Signoret se heurtent, se querellent. Dès qu'ils sont séparés, ils s'adressent des télégrammes dignes de fiancés transis. «Je t'aime», câble Montand sans raison particulière, parce que l'envie l'a saisi de le dire. «Et moi aussi je t'aime», répond trois heures plus tard le coursier des PTT...

Dès qu'il sont entre eux, ils s'agressent. Dès que l'extérieur les sollicite, le front commun se reconstitue, qui n'est pas une façade hypocrite, mais la fondation — au sens architectural — de leur existence. Il ne s'agit pas de sauver les apparences : au vrai, ce sont les apparences qui sont trompeuses.

Mille fois, Montand se lève de table, claque la porte, quitte la salle à manger d'Autheuil et fonce au jardin retrouver son souffle, calmer sa colère. Mais il revient. Il revient toujours. Mille fois, Simone l'interpelle sur une bricole, un détail, avec la précision batailleuse du Misanthrope. Mais, après la leçon, après la polémique, elle rend hommage, dans l'oreille des intimes, à son compagnon. Alain Corneau, qui a bénéficié d'un exceptionnel poste d'observation, est formel : «Intellectuellement, entre eux, ce n'était pas du tout à sens unique, comme le croient les gens. Simone a très souvent évoqué devant moi des grandes décisions de leur vie dont la responsabilité incombait à Montand. Et elle disait : "Tu sais, lui, il a senti. Moi, c'est plus compliqué, il faut que je réfléchisse. Tandis que lui, d'instinct, il a bien réagi, et il avait raison. Je n'ai fait que suivre.'' Elle était très émouvante, là, très petite fille, *groupie* jusqu'à la fin. » Anne Sinclair, qui a régulièrement fréquenté le couple, ratifie et élargit le propos : « Oui, ils s'engueulaient à longueur de soirée. Mais ils ne se sont jamais, quant au fond, envoyés paître. Il manquait à Simone de coller au peuple, et Montand collait au peuple parce qu'il est infiniment généreux — qu'est-ce qui l'aurait empêché, sinon, de s'enfermer douillettement dans une propriété sublime ? Sans lui, Simone serait devenue une intellectuelle ''rive gauche''. Il se trompe, comme tout un chacun, mais il flaire les choses. »

Une scène de *Police Python 357* est particulièrement bouleversante pour qui connaît l'envers du décor. Marc Ferrot, le flic incarné par Montand, accepte d'aider Thérèse Ganay-Simone Signoret à se suicider (infirme, épouse du coupable, elle a décidé d'en finir). L'équipe tourne au bord de la Loire, et Simone n'arrive pas à jouer. Elle est dans sa voiture, une Mercedes, le revolver à la main. Et elle doit demander à Montand de presser avec elle la gâchette. Mais les mots ne sortent pas. Pas ces mots-là. Corneau insiste, supplie. Au terme d'un long blocage, elle se lance, improvise quelque chose qui ressemble au scénario, comme se débat un noyé. Il n'y aura pas d'autre prise. Ni elle, ni son mari, ni le réalisateur n'en reparleront.

A natures fortes, émotions fortes. Et traversées mouvementées. Il lui faudra attendre l'aube des années quatre-vingt pour gagner vraiment l'autre rive. Secouée par une pancréatite, elle interrompra du jour au lendemain toute consommation d'alcool, se réservera un jus de tomate ou une fausse bière sans broncher — invitant ses hôtes à ne point se priver en sa présence —, avec la même résolution qui fut sienne, peu auparavant, dans l'autre sens. Preuve s'il en est que le « laisser-aller » antérieur n'était pas une peccadille. Les étapes, jusqu'à l'apaisement, seront inévitables et pénibles. Le moment où le couple constate l'effilochage de sa vie sexuelle... Le moment où il apparaît « sage » de faire chambre à part, d'abord dans les larmes, puis avec le secours d'adieux tendres, de soirées douces devant la télévision (Simone ne manque jamais l'apparition, fût-elle succincte, du moindre copain, du moindre figurant croisé six ans plus tôt)...

Au jeu de « Tu m'aimes ? Moi non plus ! » tout alimente la guerre, tout se charge d'équivoque et de poudre, même le meilleur. Ainsi Montand perçoit-il avec un mélange d'admiration et de lassitude le surprenant sens de la « tribu » que son épouse entretient et développe. Constamment aux aguets, vérifiant les accords, traquant les désaccords avec rigueur et scrupule (si elle se trompe, si elle est injuste, elle pourchassera et confessera sa propre erreur de la même manière), Simone Signoret est l'âme d'une bande, d'un réseau qui lui sert de famille et qu'elle étoffe inlassablement. Quiconque est invité à Autheuil ou place Dauphine est patiemment questionné, encouragé à se raconter, des heures et des heures. L'interdit suprême est de chercher à passer pour ce qu'on n'est pas. Et ce jeu de la vérité, il faut l'accepter jusqu'aux ultimes recoins. Moyennant quoi on est intouchable. Critiquable mais intouchable. Sûr que la fidélité de Simone ne sera pas en défaut.

C'est un réseau d'hommes, ce réseau. Bien que Simone Signoret soit signataire du fameux « Manifeste des 343 » (le 5 avril 1971, dans les colonnes du *Nouvel Observateur*, 343 femmes en vue déclarent publiquement avoir avorté et exigent que la législation et le fait s'accordent), elle n'est nullement féministe dans l'âme, ne porte pas en bandoulière un goût prononcé de la « sororité ». Au contraire : un esprit narquois la jugerait plutôt misogyne, trop consciente du pouvoir des femmes pour ne pas entourer son refuge d'un épais et solide cercle mâle. Un cercle brillant, drôle, affectueux, où se brassent camarades d'enfance, camarades de métier, camarades tout court — militants des « justes luttes », défenseurs des droits de l'homme, protecteurs des OS, des taulards, des marginaux du tiers monde et autres oubliés des banderoles habituelles.

Peu à peu, la star qui ne veut pas l'être, la comédienne qui se refuse à « gérer » efficacement une « carrière » va se transformer en *mamma* assise au salon, diserte et attentive, lisant abondamment, curieuse de tout et de tous, grande consommatrice d'émissions télévisées, engagée dans une réflexion intense, multiple, où ses origines tiennent une part essentielle, et travaillée par l'écriture.

Yves Montand observe cette évolution avec des sentiments

mitigés. La noria des amis, les bonnes causes au coin du feu, les palabres ardentes, il aime cela, bien sûr. Mais une gêne, un déséquilibre perturbent l'apparente harmonie. Ces amis sont les amis de Simone. Et même lorsqu'ils deviennent les plus chers des siens — Chris Marker, Jorge Semprun —, ils ont, en quelque sorte, « transité » par elle. Et puis, quand sa femme lance : « Là-dessus, consultez le chanteur ! », il a peine à réprimer quelque irritation. Il n'ignore certes pas l'autorité qui lui est reconnue au sein du ménage ; reste que, s'il a méthodiquement parcouru *Salammbô, Les Cloches de Bâle, La Condition humaine*, pas mal de Maupassant, presque tout Sartre (« littéraire ») ou l'intégrale de Vallès, il demeure et demeurera le cancre de la petite classe. Alors il « joue au con » (« sans gros effort », plaisante-t-il), il joue les « primaires » et n'en pense pas moins (aujourd'hui, il adopte une tactique analogue s'il vient à buter sur un mot difficile ou nouveau : plutôt que de s'excuser et de corriger la faute, il l'accentue, crachouille sa phrase et surveille du coin de l'œil, malicieusement, la surprise ou le désarroi de son interlocuteur).

Chez lui, il ne se juge pas si « chez lui » que cela. Plus ou moins consciemment, il a l'impression d'être dépossédé. Le phénomène est spécialement remarquable lorsque Simone Signoret, mécontente de la transcription brute des entretiens qu'elle a accordés à Maurice Pons, entreprend de rédiger elle-même des Mémoires — *La nostalgie n'est plus ce qu'elle était* sera publiée en 1976. Voilà déjà cinq ou six ans que Simone noircit du papier, s'essaie à de courtes productions : nouvelles, souvenirs sur ses frères, sur Saint-Gildas, en Bretagne, où elle fut retenue par la guerre. Premier lecteur de ces tâtonnements, Montand les encourage, jaloux et fier à la fois. C'est pour une bonne part grâce à lui, souligne-t-il, que l'actrice s'enhardit sur un nouveau terrain. Et il l'encourage encore, solidaire, quand elle consigne par écrit non seulement son itinéraire propre, mais d'amples tronçons de leur parcours commun.

La *Nostalgie*, dans un genre diablement rebattu, est un énorme et légitime succès. Le livre est vif, l'auteur n'a pas « simplement » de l'humour et un sens inné de la narration efficace. L'auteur est un écrivain. Montand est ravi que le message circule avec tant d'allégresse, quoiqu'il estime

Simone trop carrée, trop bourrue sur le plateau d'*Apostrophes*. Parallèlement, voyant des centaines de milliers de Français (et bientôt d'étrangers) se jeter sur l'ouvrage, il ne peut esquiver un réflexe de recul, un trouble : cette histoire qui passionne les foules et qui, maintenant, appartient au conteur, c'est — c'était — aussi, et parfois d'abord, son histoire. C'est lui qui a donné la réplique à Nikita Khrouchtchev, lui dont le show a séduit Broadway, lui qui a exploité ce que l'ami Semprun baptise une « intelligence sauvage, naturelle », et Jean-Loup Dabadie un « art de l'embuscade », l'art de surgir à l'improviste là où le public, l'opinion, ne l'attend pas ou plus.

Jorge Semprun : « Oui, "dépossédé" est le mot juste. Yves a été quelque peu dépossédé lorsque Simone est devenue la chroniqueuse officielle du couple, la dépositaire exclusive de la légende. Elle revendiquait d'ailleurs ce statut, de façon tacite. J'en ai eu confirmation quand j'ai moi-même publié mon livre : je lui ai montré le manuscrit, elle m'a demandé certaines corrections. Et j'ai parfaitement perçu qu'à son tour elle se sentait dépossédée. »

Une complicité totale, une confiance entière et réciproque, un attachement définitif, et, pendant dix ans, une difficulté continuelle à respirer durablement le même air (ce qui n'empêche nullement le besoin de l'autre). Montand l'avoue plus qu'à demi-mot dès 1972, dans une interview accordée à *Elle*[14] :

« Vous êtes mariés depuis vingt ans ? questionne la journaliste.

— Vingt-trois.

— "Nous vieillirons ensemble"...

— On l'espère bien, oui. Bien que ce ne soit pas toujours de la tarte !

— Qu'est-ce qui n'est pas "de la tarte" ? Que vous soyez tous les deux comédiens ?

— Non, pas du tout. Mais, en avançant en âge, eh bien, je crois qu'on éprouve le besoin, non pas de plus de liberté, parce qu'on a toujours été libres tous les deux, et si on a eu envie de rester ensemble, c'est qu'on est bien ensemble, mais,

14. Propos recueillis par Catherine Laporte, 30 octobre 1972.

je dirais, de ne pas nous emmerder l'un l'autre. C'est-à-dire que, si elle a envie de se lever à 3 heures pour bouquiner, elle se lève à 3 heures, et si j'ai envie de me coucher à 9 heures, je me couche à 9 heures...

— Est-ce que ce respect de la liberté de l'autre ne vous a pas forcés à des sacrifices?

— Non. Ce que nous avons fichu en l'air, c'est ce que les gens continuent à appeler l'amour et qui n'est en fait que le sens de la propriété. Quand vous avez démonté le mécanisme et que vous avez compris qu'il ne s'agit plus d'amour, avec un grand A, mais d'une forme, si vous voulez, d'habitude tendre, les rapports deviennent beaucoup plus simples.»

Plus simples? En un sens, oui. Mais ce que Montand n'avoue pas, et ne livre aujourd'hui que du bout des lèvres, tant il craint de manquer à la mémoire de la femme de sa vie, c'est qu'il étouffe, malgré tout.

«Ah! mon grand fils est revenu...» Vers le milieu des années soixante-dix, Simone Signoret parle fréquemment de son mari comme d'un adolescent qu'elle protège, dont elle admet les impatiences et tolère les écarts. Un discours maternel, une chaleur maternelle, une indulgence maternelle, une étreinte maternelle. «J'ai fait ma vie à l'envers», répond Montand en écho. Dévoré pendant trois décennies par la discipline du show — et par la peur du show —, il ne se rend à lui-même que fort tard, passé la cinquantaine. Trop tard pour partager avec cette femme qui, à certains moments, lui semble plutôt une mère, le champ libre qu'il découvre soudain.

«Montand? Il fait le jeune homme sur la côté d'Azur!» Jorge Semprun se rappelle la phrase et atteste qu'elle fut prononcée d'un ton léger. La convention qui régit désormais le couple stipule en effet que chacun est libre de ses mouvements et humeurs (mais la balance, en ces matières, n'est jamais égale), pourvu que rien n'entraîne l'un ou l'autre vers le vaudeville ou le ridicule. Peu importe à Simone que son conjoint soit sensible aux charmes de la jolie Karin Schubert, reine d'Espagne dans *La Folie des grandeurs*. Mais les époux Livi portent tous deux plainte contre *France-Dimanche*, qui, sur la « foi » d'une fausse interview, titre : « Ma femme accepte que je sois parfois infidèle[15] », et assortit cette « révélation » d'une photographie de l'actrice allemande, les seins nus, et d'une autre où Simone Signoret se ronge les ongles. Le magazine est condamné à 30 000 francs de dédommagement et à la publication de l'arrêt.

Souci « bourgeois » de la bonne réputation ? Certainement non. C'est affaire d'orgueil et d'amour. Ce que Simone a le moins admis, dans le « scandale » Marilyn, c'est le scandale, justement — pas l'atteinte aux bonnes mœurs, mais l'humiliation étalée (« J'ai été la cocue la plus célèbre du monde », soupirera-t-elle ultérieurement). Montand veille donc à ce que ses frasques ne débordent point sur la place publique (l'histoire de *France-Dimanche* sera l'exception qui confirme la règle), parce que la culpabilité le démange autant que la frustration, parce qu'il ne veut à aucun prix tourmenter sa compagne, parce que leur jalousie mutuelle ne serait pas éteinte dès lors qu'une aventure prendrait un caractère « sérieux ». En fait, le « play-boy » célébré par Françoise Sagan cultive la discrétion, se cache, n'entretient nulle liaison durable. Drôle de play-boy...

Mais c'est vrai qu'« il fait le jeune homme », lui qui n'a guère eu l'audace ni le loisir de s'y adonner lorsqu'il débutait à la scène. C'est surtout vrai pendant un été — il a cinquante-trois ans — où il séjourne seul à la Colombe d'Or. Les enfants Roux et quelques jeunes gens de Saint-Paul (le plus vieux n'a pas vingt-cinq ans) lui proposent de l'emmener « en boîte ». A son âge ? Lui qui s'est juré de ne plus jamais remettre les pieds dans un cabaret, qui a refusé l'Americana, un des meilleurs établissements de New York ! La dernière fois qu'il a fréquenté quelque refuge nocturne, ce fut vers 1950, à Antibes, avec Simone et Prévert. Une « boîte », pour Montand, c'est du passé, ce sont les retours à pied jusqu'à Neuilly, l'émotion de surprendre le chant des oiseaux du bois de Boulogne quand l'obscurité s'estompe, et le regret d'abandonner la chaleur naissante d'un jour de soleil.

Du passé, les enfants.

15. 25 mai 1971.

Mais les enfants insistent, et le voici devant une bouteille de whisky (du whisky, pour comble!) dans un lieu, ça n'a pas d'autre nom, où ce que les habitués baptisent musique imite le réacteur d'un Boeing. Deux femmes nues en matière plastique se détachent sur fond noir, derrière la piste. Les gosses s'agitent, se démènent, « Papa » est peu à peu gagné par le sommeil. Il paraît que l'ambiance, ce soir-là, n'est pas si terrible (Montand se demande comment cela pourrait « chauffer » plus). Il paraît que le whisky doit être mélangé à du *coke* (il rit dans sa tête, songe à Simone et à Jorge). Et puis l'inattendu s'opère : aux alentours de 1 heure du matin, un pétillement bizarre dissout la fatigue. Beaucoup plus tard, le *disc-jockey*, devinant sa clientèle épuisée, bascule en plein rétro. Charleston, *blues*, c'est Montand, à présent, qui se lève, heureux de s'exprimer enfin, amusé par les gentilles minettes qui papillonnent autour de lui. L'aube assiège Nice. On avale des spaghettis place Masséna, puis les premiers croissants chauds à la Colombe. Une baignade dans la piscine et l'on va délicieusement se coucher.

C'est la première et la dernière fois que vous me dévergondez, explique-t-il aux « petits ». Les autres rient : mais non, tu vas y prendre goût, tu verras...

Et il y prend goût. Il s'émancipe, Montand, comme s'émanciperait, effectivement, un jeune homme. Il s'émancipe de la règle familiale qui l'a toujours contraint, de la tutelle conjugale qui lui est, ces temps-ci, douce amère. Il ne se défend plus — euphémisme — des tentations féminines qui l'assaillent : avec une sorte de boulimie joyeuse, il cherche ou saisit toutes les occasions. Ce fut, dit-il, un très bel été, éblouissant, « comme une étoile nova qui s'éteint ».

Sur un des cahiers où il note, souvent la nuit, les réflexions qui lui traversent l'esprit, Montand a écrit (à Saint-Paul-de-Vence, précisément) : « Les plus beaux voyages, c'est tout de même ceux où l'on ne quitte pas la chambre. On dévalise le réfrigérateur, on se dit qu'il est temps de sortir. Et paf! on recommence, on plane à des années-lumière... »

Le « démon de midi », selon la formule populaire, est-il responsable de ces débordements? Peut-être. Mais Catherine Deneuve n'a sans doute pas tort, non plus, de soutenir qu'Yves Montand a trop été tiré du côté du sérieux : par sa pauvreté originelle, par sa formation idéologique, par son talent singulier, par son environnement, par ce trait acquis ou inné qui fait de lui, foncièrement, un solitaire.

Reste que ni les plaisirs furtifs ni les escapades exotiques ne fournissent alors la principale « soupape » de ces années complexes. Sa vraie vie parallèle, c'est le poker. Il a toujours joué, auparavant, pour des allumettes, pour une mise limitée ; il a toujours aimé, presque sensuellement, ouvrir un paquet de cartes neuves. Il a connu quelques sueurs froides, notamment face à Jean-Louis Trintignant, aussi dur sur le tapis vert qu'il paraît fragile à l'écran. Il joue encore, et ne saurait manquer sa belote coinchée quotidienne au café de la Place, à Saint-Paul, avec les amis du village. Mais il s'agit d'autre chose. Il s'agit cette fois d'aller jouer avec les grands, de se frotter à des « pros » ou à des amateurs qui mériteraient de l'être.

Toute la nuit du 20 au 21 juillet 1969, Montand compte paires, tierces, carrés et quintes avec une poignée d'hôtes. Au petit matin, vers 6 heures, il allume la télévision. Edwin Aldrin et Neil Armstrong sont en train de tâter du pied le sol lunaire. Un petit déjeuner est servi au-dehors, sur la table de marbre noir, le long de la façade. Mais les joueurs préfèrent rentrer afin de continuer devant le poste. L'image est d'ailleurs si forte que la partie s'interrompt...

Une belle scène, quoique trompeuse. Montand a rarement pratiqué le poker de haut niveau place Dauphine ou à Autheuil. Entre copains, dans les années cinquante, c'était un rite amical. Entre vrais joueurs, il recherche plutôt l'hospitalité d'autrui — tant il est évident que le poker, à cette époque, est aussi une manière de quitter la maison, de prendre du champ.

Il entre dans un cercle de partenaires cooptés qui partagent la même passion, et y croise quelques figures du monde du spectacle, mais surtout des personnages qu'il n'aurait « normalement » guère côtoyés : industriels de rang élevé, hommes de *management*, le directeur d'une radio périphérique, un éditeur. « Je m'encanaillais », ironise-t-il maintenant.

Par décantations successives, au fil des ans, ils seront six ou huit « mordus » qui se réuniront jusqu'à trois ou quatre fois par semaine : la première séance est fixée au mardi, et la dernière, celle où l'on arrête les comptes, le dimanche.

Ces messieurs, en praticiens rigoureux, évitent de prolonger interminablement l'exercice (on s'attarde un peu, parfois, quand il serait désobligeant envers le perdant du soir de ranger brutalement les cartes). C'est le premier enseignement que tirera Montand : un joueur solide est un ascète, tout le contraire du César qui « tape le carton » sur l'affiche du film de Sautet, les yeux plissés de fatigue, fébriles, brouillés par la fumée. La coutume est de se retrouver dans l'appartement de l'un ou de l'autre en fin d'après-midi. On joue durant deux heures. On dîne ensuite — très bien, très légèrement. Et l'on rejoue jusqu'à minuit, pas au-delà, sauf exception. L'ambiance, en mangeant, est blagueuse. A la table de jeu, elle reste courtoise, mais on ne blague plus. Aucune tenue particulière n'est imposée. C'est plutôt le fétichisme du joueur (tel qui portait un blouson lorsqu'il a gagné aura tendance à le revêtir la fois suivante) qui dicte les conventions.

Le solde de la semaine est susceptible d'atteindre plusieurs millions de centimes. Mais Montand n'est ni Rudolf Valentino ni Jules Berry, légendaires flambeurs de l'univers du cinéma. Il ne laissera pas sa chemise sur le tapis d'un casino. D'ailleurs, la roulette ne l'excite pas ; ce qui le séduit au poker, c'est qu'on est (sans jeu de mots) acteur, responsable du cours des événements, les cartes n'offrant qu'un prétexte. Il consacre au jeu les *royalties* de ses disques, exclusivement, s'astreignant à consigner au fur et à mesure ses gains et ses pertes, à la fois par prudence et par discipline d'athlète : un barème soigneux est l'unique façon de s'évaluer, d'apprécier la chance et la malchance, d'avoir la force de renoncer si cette dernière persiste.

Il a appris patiemment, c'est-à-dire qu'il a longtemps perdu. Il a appris que les pertes sont cumulatives et suivent une progression géométrique, que la tentation est extrême de « se recaver », d'enchérir, si la partie tourne mal, et que cette tentation, neuf fois sur dix, est fatale. Il s'est aperçu que quelque chose en lui trahissait le mensonge, le bluff, alors même qu'il se croyait impeccablement rigide — un infime mouvement du corps, un détachement trop apparent, une raideur trop appuyée. Cela lui a coûté des mois, quasiment des années, et pas mal d'argent. Mais il a appris. Jean-Louis Livi : « Un jour, il m'a dit : "Ça y est, je crois que je sais jouer, je ne perds plus." Effectivement, il a remonté la pente. Et c'est ce qui l'intéressait. » Bob Castella, le grand argentier, soupire et confirme : « Oui, finalement, nous ne nous en sommes pas si mal sortis. » A la fin des années soixante-dix, le bilan est légèrement créditeur.

Le suspense a été interminable. Outre le plaisir sportif, le plaisir de la joute, outre cette lutte acharnée dans une atmosphère policée de club anglais — mélange des genres dont l'ancien gamin de la Cabucelle est friand —, il est probable que l'époux de Simone Signoret n'a pas été mécontent de s'octroyer le frémissement d'une transgression majeure. Jorge Semprun démonte le mécanisme : « Simone n'a pas aidé Yves sur le terrain de l'argent — avec lequel elle entretenait un rapport pervers, culpabilisé et culpabilisant. Elle manifestait, sur ce sujet, un pessimisme de persécutée (souvenirs de la jeune juive sans papiers dans le Paris de l'Occupation ?). L'argent, à ses yeux, recelait un pouvoir de corruption irrésistible. Quand j'ai commencé à en gagner avec mes scénarios, elle m'a très sérieusement mis en garde. J'ai dû lui expliquer que l'argent, dans ma famille, on savait vivre avec depuis des générations... » Il n'est pas impossible que le Montand-joueur n'ait pas, là encore, satisfait un désir d'émancipation. Cela dit, Simone n'a ni contesté ni freiné l'inclination de son mari. Cela entrait dans le contrat tacite : il partait rejoindre ses partenaires, et elle, à Autheuil, poursuivait avec l'hôte ou les hôtes du jour cette sorte de conversation ininterrompue qu'était devenue son existence.

La fréquentation de personnalités fort étrangères à son cadre habituel n'est pas non plus pour déplaire à Montand. Il est étonné (et intéressé) par la désinvolture que trahissent des industriels de poids envers les hommes politiques, surpris (et curieux) d'entendre que Boussac est irrécupérable, que la production d'une tonne d'acier prend deux fois moins de temps au Japon qu'en France... Même s'il assume volontiers sa notoriété d'homme de gauche (et, pour rire, crie à l'occasion « Vive Messmer ! » depuis le balcon d'un appartement de l'avenue Foch), il est troublé par la certitude qu'ont ses partenaires de compter parmi les décideurs réels, et par la dimension internationale de leurs préoccupations.

Un soir, un nouveau venu lui est présenté sous le nom de « Wado ». Il n'ose utiliser ce sobriquet réservé aux intimes et découvrira que Wado s'appelle Édouard-Jean Empain, baron d'industrie, héritier du plus influent des maîtres de forges, alors à la tête d'un empire colossal et diversifié, depuis les chantiers d'autoroutes jusqu'aux missiles Pluton. C'est un homme doux, Wado, un joueur timide au début, qui s'enhardit, et, lui aussi, la partie achevée, lâche des prédictions auxquelles le chanteur-comédien prête attention : « Non, le Concorde ne sera pas rentable... » Le 23 janvier 1978, Édouard-Jean Empain est enlevé devant son domicile. Mutilé, séquestré dans des conditions atroces (« C'était *L'Aveu* », dira-t-il à Montand), il ne sera libéré que deux mois plus tard, le 26 mars. Il sortira de l'épreuve non seulement traumatisé — cela va de soi —, mais portant sur le monde un regard aigu, émouvant, détaché. Le public découvrira la solitude, la sincérité et le désarroi d'un homme en qui le Tout-Paris ne voyait qu'un play-boy richissime.

Yves Montand est très touché par l'horreur qui frappe Wado (ses ravisseurs, des truands, l'ont amputé d'une phalange afin d'authentifier la capture). Il s'est rapproché de ce dernier, a jugé qu'il n'était dupe ni de la naissance ni de la fortune, et lui reconnaît même un bon sens populaire (c'est un palefrenier de la maison qui fut d'abord chargé de l'élever). Mais l'épisode n'est pas sans conséquences sur les compagnons de jeu du baron. Fort logiquement, la police explore toutes les pistes, y compris l'hypothèse d'une dette de poker non honorée. Et bientôt la capitale bruisse des soirées flambantes du comédien et de ses fréquentations capitalistes. Agacé, il accepte une invitation d'Ivan Levaï sur l'antenne d'Europe 1 : « C'est ma vie privée, explique-t-il, c'est avec Wado, pas avec le baron Empain que je jouais. Je ne voterai pas à droite aux législatives parce que c'est triste de vivre uniquement pour l'argent. » Et d'ajouter que sa démarche n'est pas plus immorale que celle du père de famille qui confie au PMU une part du nécessaire. Ni que celle de l'État qui s'enrichit à ce compte.

A un journaliste qui lui demande : « Ne pensez-vous pas que votre célébrité, et le fait que l'on vous admire et que l'on vous aime, vous confèrent des responsabilités morales ? », il rétorque : « Vous parlez exactement comme Simone. Je lui réponds toujours que j'ai peut-être, c'est vrai, une certaine responsabilité, mais j'ai quand même envie de ruer dans les brancards. Je veux aussi vivre en tant qu'homme, avec mes pulsions, mes défauts[16]. »

Ce qui est plus « privé » encore, ce sont les larmes qui lui montent parfois aux yeux quand, le soir tombant, il quitte Autheuil, où Simone mène « sa » vie à elle, et fonce vers Paris, fonce s'étourdir.

Surtout dans la seconde moitié des années soixante-dix (à l'époque de Mme Rosa), le poker, c'était avant toute chose une fuite. Je m'en allais avec un gros chagrin, la gorge nouée. Cela durait encore cinq ou dix minutes, parfois même après que je m'étais assis à la table de jeu, et puis le jeu prenait le dessus, et moi aussi.

Tu ne peux pas jouer avec des gens que tu aimes profondément, avec un ami qui a des difficultés d'argent et qui essaie quand même de remonter à la surface. Tu ne peux pas, c'est affreux. Et c'est ce qui fait le caractère excitant et cruel du poker. Il faut rester froid. Le gagnant dont la veine t'exaspère, tu as envie de le trucider, tu as envie de l'avoir, mais n'essaie pas, n'essaie jamais, ne te bats jamais contre le gros gagnant. Apprends à perdre, au contraire, à perdre le moins possible en méforme et à gagner « un max » en forme. C'est ça, un vrai joueur de poker. Apprendre à perdre t'apprendra aussi à gagner sans avoir de grosses cartes, avec un petit jeu. Et en bluffant très peu — contrairement à ce que l'on croit. Un bluff, ça se prépare de longue haleine, c'est affaire de psychologie, de fatigue, de forme ou de méforme. Le bluff de la dernière heure, c'est toujours suicidaire. L'essentiel, la difficulté principale, c'est de diversifier son jeu, de devenir relativement imprévisible… si on peut.

16. A Gilbert Salachas, *Télérama*, 30 avril 1980.

J'étais joueur, mais pas flambeur, ce qui est complètement distinct. Un flambeur, c'est quelqu'un qui est malade du jeu, qui ne sait plus, au bout d'un certain temps, s'il gagne ou s'il perd : c'est l'émotion qui compte pour lui, un mélange de sadisme et de masochisme. Là où je jetterais mes cartes, le flambeur fonce. Il veut un huit, il y va, même si, mathématiquement, ses chances sont très faibles. Moi, à l'inverse, ce qui me séduit, c'est la retenue nécessaire (je parle du sport lui-même, pas de ces soirées entre hommes qui étaient cordiales et gastronomiques). Le meilleur moment, c'est lorsque tout commence. A ce moment-là, tout est possible...

Le poker était plus ou moins compatible avec mon métier. Quand je tournais Le Cercle rouge *où je devais être très marqué, pas de problème. Mais, pour* César et Rosalie, *je me suis culpabilisé, je n'ai plus joué qu'une fois par semaine.*

Et, quand j'ai décidé de chanter à nouveau, je me suis arrêté complètement. Le show et les cartes, c'est absolument inconciliable.

Il n'avait pas «perdu la voix». Grâce au récital de 1974 en faveur des Chiliens. Grâce aux rendez-vous télévisés (*Le Grand Échiquier*, en octobre 1973 ; la première d'une série d'émissions conçue par José Artur et Pierre Bouteiller, *Banc public*, dont il est l'invité vedette et bénévole en janvier 1975). Grâce, surtout, à l'ingéniosité fidèle, vocifératrice, fumante et poétique de Jean-Christophe Averty — quatre shows naîtront de ce coup de foudre : *Happy New Yves* (1er janvier 1965), *Montand chante Prévert* (19 octobre 1968), *Montand de mon temps* (5 mars 1974) et *Montand d'aujourd'hui* (7 mai 1980). «Averty, dira-t-il[17], c'est le grand défricheur, le pionnier... C'est quelqu'un de gentil, de tendre, un écorché vif qui ne peut pas se résoudre à voir la télévision partir en lambeaux.»

Il a «fait la chanson buissonnière» l'espace d'une décennie et, soudain, «ça» le travaille. Jorge Semprun[18] : «C'est

17. *Ibid.*
18. *Montand. La vie continue, op. cit.*

à Autheuil, deux ans à peu près avant sa réapparition à l'Olympia... Il prend dans un placard un chapeau haut de forme. Il le met sur sa tête, il se balade avec. Tout à coup, dans la glace en pied de la porte qui sépare sa chambre — dite aussi "chambre rouge"... — de la salle de bains attenante, Montand aperçoit sa silhouette. Instinctivement, sans encore penser à rien, il esquisse un pas de danse. Pas grand-chose : un pas de danse, un geste des bras, un large salut avec le haut-de-forme. En se relevant, le cœur battant, il a décidé de remonter sur scène. »

Sa cinquantaine derrière lui, Montand choisit de renouer avec la peur et la joie d'affronter le public. C'était d'un cœur léger qu'il avait exorcisé le chanteur. Quand il a le choix — plus jeune, il ne l'avait pas —, il ne s'approche du gouffre qu'à reculons. Il comprenait Brel qui vomissait chaque soir avant le lever de rideau. Il n'a pas compris la jubilation de Bécaud, rencontré à Nîmes en tournée, heureux d'« y » aller. Et il a été remué, étonné par Maurice Chevalier lui rendant visite dans sa loge, en 1968, et lâchant, malade de nostalgie : « C'est fabuleux, c'est fabuleux d'être là, devant les gens... » Non, pour « replonger », il faut qu'il ruse, Montand, qu'il apprivoise sa panique, qu'il se dise à lui-même oui, puis non, puis oui, qu'il entraîne cruellement Bob, « Bobby », dans chaque recoin du labyrinthe.

Il ne sait toujours pas ce qui l'a motivé. Il a enregistré *Rose de Picardie* presque par hasard, s'est surpris à siffloter dans son bain. Mais, visionnant les rushes du *Choix des armes*, dans une séquence où son corps devait se détendre à fond, il a été secoué par le décalage entre l'énergie qu'il avait pensé fournir, la vitesse qu'il avait cru donner à son corps, et l'évident retard de la machine sur l'intention. Pourtant (ou peut-être à cause de cette interrogation), il se lance. Parce qu'il en a envie. Parce que Simone est redevenue belle. Parce qu'il aimerait que Benjamin, le fils de Catherine Allégret, voie ça. Parce qu'il souhaite, pour changer, faire l'amour sans se cacher, en public, au public.

Un show, c'est tout différent d'un scénario. On a mille idées de débuts de films (Montand lui-même a essayé, une fois, d'explorer cette voie, sur un sujet de science-fiction), mais le reste ne suit guère, la belle image s'évanouit dans les sables. Pour bâtir un récital, en revanche, l'attaque commande le déroulement, le «climat» des opérations. Or l'attaque, il la voit. Il voit même, avant les trois coups, une canne et un haut-de-forme, sur la scène vide, sous deux projecteurs. Et il entend déjà *Malgré moi*, un petit poème donné par Prévert quinze ans plus tôt et retrouvé dans la poche de son gilet :

> Embauché malgré moi dans l'usine à idées
> j'ai refusé de pointer.
> Mobilisé de même dans l'armée des idées
> j'ai déserté.
> Je n'ai jamais compris grand-chose
> il n'y a jamais grand-chose
> ni petite chose
> il y a autre chose.
> Autre chose
> c'est ce que j'aime qui me plaît
> et que je fais.

Ce que fut ce grand retour n'est pas racontable, tant l'histoire et l'actualité, ici, se mêlent, tant l'empreinte en est restée vive en France comme à l'étranger. Du 7 octobre 1981 au 3 janvier 1982, l'Olympia est pris d'assaut. Avant même la première, 180 000 personnes ont acheté de haute lutte toutes les places, sans exception. Et lorsque Montand part en province pour quarante-huit représentations, le phénomène se reproduit à chaque halte.

Charley Marouani, l'imprésario du chanteur, a limité la publicité au strict minimum afin d'atténuer la bousculade. Vainement. A Bordeaux, les caissières de la patinoire (4 500 places) sont empêchées par la foule, dix-neuf heures durant, de quitter leur poste. A Tours, où le spectacle se déroule sous chapiteau, une employée, par erreur, vend en double 1 600 fauteuils : on frôle l'émeute; Montand verse l'intégralité de son cachet à diverses œuvres, «puisque tout le monde n'est pas heureux ce soir». Des centaines de chèques en blanc sont adressés place Dauphine. Des sacs postaux entiers de demandes de location sont réexpédiés : à quoi bon les ouvrir ? La pression est telle que l'artiste, du 20 juillet au 14 août 1982, retourne à l'Olympia — en plein été, la chose est inédite. Et cela recommence : complet, complet, complet...

Catherine Allégret a suspendu ses propres engagements. C'est elle qui conçoit le programme, la pochette du disque, elle qui trie le courrier, filtre les appels, planifie les interviews. Elle s'en souvient comme d'un cauchemar euphorique où son existence personnelle s'est fondue. Et garde, plus chère que les autres, une image : « Un soir, Montand s'est trompé. Au moment d'annoncer *Les Bijoux*, qu'il chantait *a cappella*, il les a attribués à Jacques Baudelaire. Ça partait mal. Et puis il a eu un trou entre deux couplets. Alors il a dit n'importe quoi, des sons, des mots, et il est retombé sur le dernier vers avec un aplomb si incroyable que personne n'a bougé. C'était magnifique. Je ne lui avais jamais connu une telle joie de chanter. Il n'était pas heureux, d'habitude, il se mettait en ascèse ouverte. Mais, là, il s'est lâché... »

Chacun, dans l'entourage, parmi les amis, a ainsi gardé son souvenir fétiche. Pour Charley Marouani, c'est une colère de Montand à Marseille quand il s'aperçoit que les gradins, au fond du chapiteau, sont inconfortables. De la moquette, exige-t-il ! Mais le budget ? Il s'en fout, il la paiera, cette moquette. Mais on est le 1er mai ! Il s'en fout aussi. Qu'on lui trouve un poseur de moquette. Finalement, un fournisseur arménien acceptera d'ouvrir illégalement, réunira une équipe d'ouvriers, et les spectateurs des derniers rangs seront un peu plus moelleusement assis. Question de respect.

Pour Bob Castella, c'est l'accueil insensé du public japonais qui est successivement capable, dans des salles géantes, d'observer un silence imperturbable et de libérer une émotion tonitruante, chaude, sincère. Pour Pierre Bouteiller, qui était placé près de Daniel Gélin à la première de l'Olympia, ce sont les larmes de son voisin lorsque Montand aborde *Les Feuilles mortes*, et, un an plus tard, le 13 octobre 1982, à San Francisco, la salle entonnant *Happy birthday to you* en l'honneur du *Frenchman*.

Jorge Semprun a placé en tête du livre qu'il a consacré à son ami la scène la plus marquante qu'il ait retenue de la tournée internationale. C'est au stade de Maracanàzinho, à Rio, le 31 août 1982, un stade couvert où s'entassent 20 000 personnes. Les spécialistes du son ont réussi à casser l'écho en disposant 10 000 sacs de pommes de terre (vides) sur le béton des tribunes. Devant les 20 000 Brésiliens dont quelques centaines, au plus, comprennent le français, Yves Montand chante Baudelaire, *Les Bijoux.* Et les 20 000 Brésiliens, suspendus à la colonne d'air qu'expire l'interprète, écoutent religieusement. Catherine Allégret serre la main de Jorge et chuchote : « Ce mec est fou. »

Mais lui, Montand, s'il ne devait choisir qu'une soirée (pas seulement de cette aventure, mais peut-être de toute sa « carrière »), n'hésiterait pas : le mardi 8 septembre 1982, le Metropolitan Opera de New York est sien. En quatre-vingt-dix-huit années, le plus célèbre temple lyrique du monde ne s'est point écarté de sa vocation première. Yves Montand sera l'exception. Clive Barnes, le critique du *New York Post*, en proposera la justification : « Il est un artiste classique doté d'un style propre et d'une grâce innée qui a autant le droit de se produire au Met que Placido Domingo. »

Pour la circonstance, Simone Signoret, dont la vue est depuis peu défaillante, a franchi l'Atlantique. Elle attend que les lumières décroissent dans l'immense théâtre de 4 500 places (certaines ont atteint, au marché noir, 120 dollars) pour se faufiler jusqu'à son fauteuil. Mais l'assistance connaît son monde : les applaudissements éclatent, enflent, le public se lève, ovationne Casque d'or et Alice Aisgill, cinq bonnes minutes… Catherine Allégret, bouleversée, n'en pense pas moins au chanteur qui attend en coulisse, mort d'angoisse : « Mon Dieu, songe-t-elle, il ne va pas pouvoir entrer, ce n'est pas possible. » Il entre. Et c'est terrible. La *standing ovation* dure interminablement. Quand le public, enfin, le laisse entamer le récital, il jure aujourd'hui que ses genoux s'entrechoquaient, qu'il craignait par-dessus tout que le public ne voie tressaillir ses jambes de pantalon. Il le jure, mais nul, pas même ses musiciens, ne s'en est rendu compte.

A la fin du *Petit Cireur de souliers de Broadway*, le public américain ne semble pas déconcerté par les étranges syllabes, très *blues* mais incompréhensibles, qui émaillent le refrain. Comment imaginerait-il qu'Ivo Livi, à ses débuts, avait ainsi engrangé des bribes, des bulles sonores dont la signification lui était inconnue, extraites des bandes de films en version originale projetés au cinéma Le Star, et que, pour sonner « plus vrai », il avait parsemé sa chanson de ces épices hasardeuses ? Comment imaginerait-il qu'Yves Montand, qui pratique maintenant l'américain, a conservé en clin d'œil ces onomatopées de jeunesse ? *What kind of english is that ?* Rien, ce n'est rien, et sûrement pas de l'anglais. Juste le rêve d'un garçon qui prétendait conquérir l'Amérique. Et qui l'a conquise.

Que saura-t-il inventer, à présent, pour se faire encore peur ?

17

Au mitan des années quatre-vingt, lorsque magazines, radios et télévisions se disputeront la parole du comédien Montand, mué en « phénomène Montand », rien n'irritera plus l'homme public qu'il sera devenu que l'annonce d'une soudaine « entrée en politique ». La politique, grommellera-t-il, voilà quarante ans que j'en fais, je suis né dedans. Constat d'évidence qu'on a pu vérifier au fil de ces pages. Il est vrai, toutefois, qu'après une dizaine d'années de compagnonnage communiste (jusqu'en 1956), un éloignement silencieux durant une autre décennie, enfin après la rupture « familiale », les interventions de l'acteur en ce domaine s'effectuent surtout, au lendemain de 1968, par le truchement des caméras *(Z, L'Aveu, État de siège)*. Au milieu des années soixante-dix, un Montand nouveau s'affirme, « décommunisé », militant des droits de l'homme, critiquant les dictatures de droite comme de gauche ; la chanson symbole de ces années est certainement *Casse-têtes*. C'est le Montand qui chante au profit des réfugiés chiliens, qui part en délégation pour Madrid avec, entre autres, Foucault, Debray, Lacouture ou Costa-Gavras pour tenter de sauver onze condamnés à mort en 1975. Son nom sera désormais associé à la défense des torturés argentins, des syndicalistes turcs, des « psychiatrisés » d'URSS, des intellectuels tchèques…

Depuis la publication de *L'Archipel du Goulag*, en 1974, l'« effet Stalingrad » qui avait si longtemps modelé la pensée de Montand s'estompe derrière l'effet Soljenitsyne. Alors que les communistes dénoncent les visées antisoviétiques de l'ancien *zek* et qu'un certain nombre d'intellectuels de gauche, cédant à l'intimidation, attaquent l'écrivain proscrit, Montand trouve dans la minutieuse et gigantesque reconstitution de la tragédie de l'Archipel la force d'une vérité trop longtemps occultée par le mensonge d'État. Démontrant que la terreur est au cœur du système, Soljenitsyne ôte tout fondement aux illusions «évolutionnistes». De la lecture de l'*Archipel*, Montand, plus que la révélation de l'horreur, retire la conviction que le communisme ne saurait être amendable. L'antistalinien devient anti-communiste. Ce glissement ne lui est pas propre. Ses proches, ses amis, l'opinion intellectuelle épousent progressivement le même parcours.

La génération de 1968, après avoir tenté de ressusciter l'idéal révolutionnaire, balaie derrière elle et récuse à son tour l'idée même de «grand soir» — grosse de petits matins où l'on colle au mur les ennemis du peuple. *C'est à l'aube...* Montand se nourrit de cette réflexion antitotalitaire qui privilégie la défense de l'individu, voit dans l'État de droit un souverain bien. Il se méfie des théories globalisantes, des programmes ciselés annonciateurs d'avenir radieux (pour les générations futures). Il rejette tout projet politique qui se fixe comme objectif le bonheur des hommes, car il sait que cette grandiose perspective — et ce formidable alibi — débouchent sur la Kolyma. Si le citoyen Montand veut encore croire à un monde amélioré, il érige le doute méthodique en stratégie et fait sienne la phrase de Scott Fitzgerald : «Il faudrait comprendre que les choses sont sans espoir et être pourtant décidé à les changer.»

A partir de 1975, avec Simone Signoret et Jorge Semprun, il va consacrer l'essentiel de son activité politique à soutenir le combat des dissidents de l'Est (il adhère ainsi au comité pour la libération du mathématicien Leonid Pliouchtch). Et puis, il ne prend plus de gants pour cogner sur le Parti communiste. Le 14 décembre 1976, il inaugure une série de coups de gueule qui vont bientôt, par la hardiesse du ton et la véhémence du propos, trancher avec les patientes et pédagogiques interrogations habituelles. Ce matin-là, au micro d'Europe 1, Montand relève les propos tenus la veille, à la télévision, par le dirigeant communiste Jean Kanapa lors d'un débat qui a suivi la projection de *L'Aveu*.

Pour une telle occasion, le premier cercle s'est refermé autour du poste de télévision, à la «roulotte». Aux côtés de Montand et de Signoret, il y avait là les intimes : Semprun,

Costa-Gavras et leurs épouses, ainsi que Chris Marker. Tous ont sauté en l'air quand Kanapa a soudain « avoué » que *L'Aveu* était une œuvre bouleversante, d'une authenticité totale, et que les communistes auraient dû eux-mêmes tourner un tel film. Tous se souvenaient de la critique de *L'Humanité* six ans plus tôt... Mais l'idéologue du PCF s'est efforcé d'offrir un visage avenant, prétendant que le parti français ignorait les horreurs commises de l'autre côté du rideau de fer. Aussi, le lendemain matin, sur les ondes, Montand laisse-t-il libre cours à son indignation : « Il m'est difficilement supportable d'entendre des hommes de ma génération, et particulièrement ceux qui se trouvaient à la tête de l'appareil du Parti, dire aujourd'hui qu'ils ne savaient pas... Ceux-là doivent reconnaître : oui, nous avons été cons, et, ce qui est pire, nous avons été dangereux ; cons et dangereux. »

Montand a-t-il en tête la célèbre phrase de Sartre sur ce « crétin » de Kanapa (« Il faut plus d'une hirondelle pour ramener le printemps, plus d'un Kanapa pour déshonorer un parti... ») ? Toujours est-il qu'il frappe fort ; il entend prouver que le cas London n'appartient pas à une histoire révolue : « Il y a encore aujourd'hui, assène-t-il, en Tchécoslovaquie, le mouchardage institutionnalisé, des hôpitaux psychiatriques où des centaines de gens sont emprisonnés et où des gens en parfaite santé en arrivent à manger leurs propres excréments. » La colère radiophonique du comédien est répercutée dans toute la presse, qui juge sévèrement le porte-parole du PCF. Plus de 10 millions de téléspectateurs ont regardé le film, beaucoup ont assisté au débat, observé les contorsions de Kanapa. Ainsi que l'écrit un commentateur, « Yves Montand, descendu de l'écran, sera durant quelques minutes le représentant de tous ceux qui ont fermé leur poste le cœur étreint par l'inquiétude et le dégoût[1] ».

En cette année 1976, le Parti communiste est pourtant dans une phase d'ouverture. Sous l'impulsion de Kanapa lui-même, chargé des relations internationales, il semble prendre ses distances envers l'Union soviétique. Avec vingt ans de retard, il reconnaît que le rapport Khrouchtchev devait bien être attribué au camarade Nikita. En France, il ébau-

1. « Le choc de *L'Aveu* », *Le Point*, 20 décembre 1976.

che, au sein de l'Union de la gauche, un flirt poussé avec le Parti socialiste. Les temps sont donc plutôt aux « demi-aveux », à une esquisse d'introspection. Le décalage n'apparaît que plus flagrant entre la relative modération officielle des communistes face aux propos du comédien et la virulence de ce qu'ils déclenchent dans la sphère privée — dans la tribu Livi. A son frère Julien (avec lequel il ne conserve que des relations épistolaires), à sa sœur et à ses amis qui lui reprochent de taper sur le Parti au moment même où ce dernier se décide à évoluer, le comédien réplique par une lettre frémissante, écrite d'un jet, sans souci de correction grammaticale.

Ce document, daté du 15 janvier 1977, atteste l'exact état d'esprit du citoyen Montand :

> Comment pouvez-vous vous permettre de continuer à nous faire la leçon... ? Mais qu'est-ce que c'est que ce langage qui consiste à dire, en résumé : puisqu'on s'est trompé et qu'on le reconnaît, continuez de nous croire (quel exploit ! quel courage !) ? Merde ! mais qui êtes-vous donc, à la fin ?
>
> Croire quoi ? Pour ma part, je laisse ça aux croyants... Ce qui ne veut pas dire pour autant que je sois nécessairement fort. Je suis aussi faible, aussi désarmé, aussi dérisoire et pitoyable que le plus ordinaire citoyen de cette planète, mais je m'efforce néanmoins de rester lucide et de savoir, entre autres, qu'il n'y a pas de papa, qu'il n'y a plus de papa, qu'il ne peut pas y en avoir... Ça suffit. Nous avons accepté par « discipline », par « solidarité », pour « ne pas gueuler avec les loups ». EXÉCUTER ! Ils ont EXÉCUTÉ. Que répondez-vous à cela ? « Pardon, nous ne savions pas. » Soit ! (Alors, tu m'excuseras, il fallait quand même être drôlement aveugles, sourds et un peu cons, non ? Mais, surtout, ne pas vouloir entendre. La puanteur qu'on dégage aujourd'hui est insupportable, même recouverte des roses de la pureté...)
>
> Donc, il fallait agir. Alors j'agis.
>
> Et j'ai agi contre vous tous, en premier lieu la famille, les amis, et cela depuis vingt ans ! Et depuis vingt ans, j'ai eu le tort, avec beaucoup d'autres, d'avoir eu raison trop tôt... Dis-moi où j'ai eu tort ? Qu'avez-vous fait, vous ? Rien ! Si : la leçon, à nouveau. Agir, c'est avoir le courage, avec le déchirement que cela comporte, de faire *L'Aveu* contre vous...

Insulté à nouveau par son propre frère, il faut voir avec quelle

> ignominie de suiveur borné : il traîne le film, le scénariste, l'interprète dans la merde stalinienne, je dis bien la merde ! Cinq ans après, le Parti déclare : « Il fallait montrer ce film, il respecte le livre. » Donc, nous ne sommes pas des salauds ? On serait en droit d'attendre, après ces déclarations, pas des excuses, je n'en demande pas tant, mais disons un peu d'humilité, de chaleur, de pudeur. Pas du tout. La leçon, à nouveau...

Montand jette les mots sur le papier comme il parle : un torrent furieux qui charrie la mémoire d'une vie, la grandeur des engagements anciens, des illusions défuntes, des espérances piétinées. La véhémence du discours public, qui surprendra ou choquera, provient de cette blessure intime, du besoin irrépressible d'établir aux yeux des siens, encore et toujours, qu'il n'a pas failli, qu'au contraire, en dénonçant les crimes commis en leur nom, il incarne la véritable fidélité aux idéaux de justice et de liberté. Lorsqu'il parle « aux communistes », Montand s'adresse aussi à un communiste précis, à son frère Julien qui maintient le cap, arc-bouté contre l'Histoire au risque d'être rattrapé et désavoué par elle.

Le duel fratricide pour l'héritage spirituel du père se dévoile devant l'opinion à l'automne 1977. Franz-Olivier Giesbert, du *Nouvel Observateur*, demande à Montand comment il est devenu compagnon de route du PCF. « Une question de milieu, répond l'artiste. J'étais communiste de naissance d'une certaine façon... » Parlant de son père, il ajoute : « Politiquement, il était plutôt socialiste, mais socialiste unitaire. » La formulation, quoique incomplète, n'est pas inexacte : Giovanni Livi, comme tout communiste, a bien été socialiste avant d'adhérer au PC. Dans la livraison suivante du *Nouvel Observateur*, Julien Livi publie une mise au point afin de rappeler à « Monsieur Yves Montand » que « Père a été l'un de ceux qui ont activement contribué à la fondation du Parti communiste italien » ; plus loin, il assène la phrase qui plonge Montand dans une rage folle : « Jusqu'à sa mort, et Yves Montand devrait avoir au moins la pudeur de ne pas le dissimuler, il resta fidèle à l'idéal généreux qui marqua toute sa vie. »

Cette polémique imprimée parachève la rupture familiale. Depuis l'« engueulade » de 1968, les deux frangins ne se voyaient plus et communiquaient par l'intermédiaire de Lydia. Désormais, la querelle de légitimité se charge d'une telle passion qu'elle confine parfois à la haine. Il faudra sans cesse avoir cette grille d'interprétation à l'esprit quand on voudra analyser le langage public de Montand.

Trois jours après la publication de l'interview au *Nouvel Observateur*, l'Union de la gauche, patiemment rafistolée, vole en éclats. A l'aube du 22 septembre 1977, la rupture est inévitable entre le Parti socialiste et le Parti communiste. Dans ce contexte, aux yeux d'un membre du PCF aussi orthodoxe que l'est Julien, l'épithète «socialiste», associée à Giovanni, revêt une connotation insupportable. Le bras de fer entraîne encore une autre conséquence, mi-familiale, mi-professionnelle : Jean-Louis Livi, fils de Julien et agent de Montand pour le cinéma, renonce à représenter son oncle. La lettre que Montand lui adresse à cette occasion révèle la profondeur du mal :

> Jean-Louis,
>
> Il est bien évident que, placé comme tu l'es entre un oncle qui se permet à l'âge de cinquante-six ans de donner son opinion personnelle (qu'on n'est pas obligé de partager) à un journal, et un père de quatre ans son aîné qui le réprimande sévèrement dans le journal en parlant de «Monsieur Yves Montand», ta position de représentant dudit oncle est devenue difficile.
>
> Elle l'a toujours été, je suppose, et je t'admire de l'avoir assumée pendant si longtemps.
>
> Je t'admire d'autant plus que si, comme ton père l'affirme, tu as toujours été associé à ses prises de position vis-à-vis de moi, tu as dû beaucoup souffrir en 1969, alors que tu menais les négociations pour le tournage de *L'Aveu*, dont presque tous les participants étaient des clients de ton agence.
>
> Je m'apprêtais à te faire un long historique de ma mémoire familiale, ce ne sera plus nécessaire. Garde celle de ton enfance. Je garde celle de la mienne, de mon adolescence, de ma jeunesse, de ma vie d'homme. Je garde de Papa (que nous n'avons jamais appelé Père), le souvenir que je souhaite à beaucoup de fils de conserver de leur père, et je continuerai de qualifier de consternant (pour ne pas dire ignoble, injurieux et con) ce certificat de bonne conduite filiale que ton père s'est décerné à lui-même avec cette mise au point dans laquelle il se permet de me rappeler à la pudeur vis-à-vis d'un

mort, quand ce mort est justement l'homme que j'ai le plus aimé au monde.

Il est vrai que le mot de « socialiste unitaire » est devenu un mot pornographique depuis le mois de septembre dernier, et qu'il est urgent que le PEDIGREE d'un stalinien inconditionnel soit reconstitué au plus vite dans les colonnes du même journal dans lequel le frère cadet avait laissé échapper cette cochonnerie de « socialiste unitaire ».

C'est lamentable.

Montand

Tout est dit. Le drame familial est consommé. La démarche politique de Montand en sera définitivement affectée.

A la fin des années soixante-dix, l'ancien compagnon de route du PCF se situe-t-il toujours à gauche ? Dans la même interview qui provoque l'ire de Julien, il bute sur cette question : « Je me tiens en retrait de la gauche. A regret, parce qu'il est frustrant de ne pas se sentir dans le coup ; j'étais mille fois plus épanoui autrefois, quand j'avais mon catéchisme et ma bonne conscience... » Et il insiste : « On ne m'aura pas deux fois, c'est fini. La gauche a un lourd fardeau à porter, je m'excuse. C'est celui de tous les crimes commis en son nom, à commencer par le goulag. Je désespère peut-être Billancourt en disant cela, mais Billancourt me désespère quand les travailleurs de chez Renault refusent de soutenir Sakharov. »

Les « modèles » socialistes, partout sur la planète, s'effondrent dans l'horreur ou le grotesque. La Chine enterre son Timonier sous mille fleurs, tandis que le bilan de la grande Révolution culturelle qu'il a suscitée se solde en millions de victimes. Saigon « libérée » est aussitôt nord-malisée ; du Cambodge rouge khmer monte la plainte d'un peuple supplicié. Le sociologue Edgar Morin évoque ce qu'il appelle « le grand collapsus du marxisme ». C'est bien de cela qu'il s'agit, d'un dégonflage subit de la croyance messianique. L'enfer, ce n'est plus seulement les autres. Avec son ami Semprun, qui étudie comme un médecin légiste la décomposition du cadavre, avec son nouvel ami André Glucksmann, que la presse a rangé parmi l'escouade des «nouveaux philosophes», Montand s'acharne à démonter le totalitarisme, tandis qu'une partie de la gauche socialiste tergiverse — récusant le concept même.

Ce combat exige un soutien de tous les instants aux persécutés des régimes communistes. Montand est, avec Graham Greene et Arthur Miller, un des fondateurs du Comité international pour le soutien aux signataires tchèques de la charte adoptée le 1er janvier 1977 : la plupart d'entre eux sont pourchassés par la police politique. Les trois porte-parole désignés de la «Charte 77» sont Jan Patocka, Jiri Hajek et Vaclav Havel. A la tribune de la Mutualité, en octobre 1978, Montand lit un message de ce dernier : «Le pouvoir actuel en Tchécoslovaquie, emmêlé dans ses mensonges, doit continuer à falsifier pour survivre. Il falsifie le passé, le présent et le futur. Il prétend que son appareil policier omniprésent et tout-puissant n'existe pas... Puisque le système réprime en fait la vie même des hommes, chaque manifestation d'une envie tout simplement humaine devient acte politique... Voilà ce que signifie être dissident, et j'insiste sur le fait que ce mot, créé à l'Ouest, ne désigne qu'imparfaitement notre réalité. Ce n'est pas une profession, bien qu'on puisse être amené à s'y consacrer vingt-quatre heures sur vingt-quatre. C'est tout simplement une attitude existentielle.»

Quand je suis arrivé à Prague en janvier 1990 pour remettre le prix Jan Palach aux étudiants de la ville à la demande du Comité de soutien à la Charte 77, bien des images se bousculaient dans ma tête. Les chars russes à Prague en 1968, le tournage de L'Aveu, *les réunions et les meetings pour soutenir Vaclav Havel et ses amis. Et je me retrouvais soudain aux côtés d'Havel devenu président de la République, sur cette immense place, noire de milliers d'étudiants ! J'étais vraiment heureux de leur lancer quelques mots, d'évoquer le rêve d'une grande Europe fondée sur la culture commune de la démocratie et de la liberté. Simone était partie en voyage depuis plus de quatre ans, mais je la sentais à mes côtés. Elle était là encore quand je suis allé fleurir la tombe de cet étudiant qui s'était immolé par le feu pour protester contre l'invasion soviétique. Comment mieux mesurer le fantastique emballement de l'Histoire? Quelques jours plus tôt, cet endroit s'appelait encore la place de l'Armée rouge; elle portait maintenant le nom de Jan Palach. J'étais si ému que la « présence » de Simone à mes côtés me réconfortait. Je pensais à tout ce combat que nous avions mené ensemble; je pensais à tous ces jeunes du printemps de Prague qui furent arrêtés et emprisonnés; je pensais à mon père et j'étais convaincu que, là où il est, il serait fier de moi.*

L'instauration d'un régime communiste au Sud Vietnam entraîne le départ de milliers de réfugiés qui risquent leur vie sur des esquifs de fortune en mer de Chine. L'image d'une barque en perdition, bondée de Vietnamiens, envahit l'écran de la télévision un soir de l'automne 1978. C'est le point de départ de l'aventure d'une poignée d'individus emmenés par le Dr Bernard Kouchner afin d'affréter un navire sauveteur, *L'Ile de Lumière*. Montand, comme beaucoup d'autres, avait manifesté contre la guerre du Vietnam (il a signé en 1973 un télégramme au président Nixon dénonçant « les méthodes barbares employées depuis des années contre le peuple vietnamien »). Il participe activement au « lancement » du bateau. Il est présent, avec Simone Signoret, le 29 juin 1979, quand Sartre et Aron tiennent une conférence de presse commune pour venir en aide à ceux qui se noient. En avril 1981, Montand se rend encore à Lausanne, avec Michel Foucault, Glucksmann et Kouchner, afin de créer un Comité international contre la piraterie.

Le militant des droits de l'homme qu'est devenu le comédien n'encourt cependant pas le reproche de se mobiliser à sens unique. On le voit, devant l'ambassade d'Argentine, réclamer des nouvelles des disparus (le 26 mars 1980, par exemple), exiger la libération du pianiste Estrella, appeler avec Simone Signoret, en 1978, au boycott de la Coupe du monde de football — qui se déroule précisément en Argentine. Durant toute cette période, en revanche, l'artiste n'intervient point dans le débat politique français. L'élection de François Mitterrand (pour lequel il a voté) ne signifie guère, à ses yeux, le passage « de la nuit à la lumière ». Il évite les pompeuses cérémonies d'intronisation du nouveau pouvoir, fidèle à la ligne de conduite tracée en compagnie de Simone : il a refusé de chanter pendant la campagne du candidat socialiste, ce qu'il n'a jamais fait en faveur de quiconque, et s'en est félicité quand il a vu les communistes entrer au gouvernement. S'il ne partage pas l'engouement qui s'empare de nombre d'artistes — notamment sensibles au charme du ministre de la Culture, Jack Lang — au moment de l'« état de grâce », Montand n'affiche pas non plus d'hostilité envers le nouveau pouvoir. Il applaudit même certaines mesures, telle l'abolition de la peine de mort.

A l'aube du 13 décembre 1981, les Polonais se réveillent en guerre : les chars patrouillent dans les rues des principales villes, le syndicat Solidarnosc est interdit, les militants ont été cueillis au saut du lit, la loi martiale est décrétée. Le général Jaruzelski espère, par ce putsch, enrayer la rébellion ouverte de la société civile contre l'État-Parti. Ce dimanche 13 — cela fait deux mois, jour pour jour, qu'il est remonté sur la scène de l'Olympia — Montand chante en matinée. Depuis les accords de Gdansk, il a suivi avec passion les efforts de Lech Walesa et de ses amis pour implanter un syndicat libre dans un pays communiste, et, quelques semaines plus tôt, il a accueilli le leader de Solidarnosc, escorté d'Edmond Maire, dans sa loge après le spectacle. Le coup de force polonais est bien pour lui un coup au cœur.

La mollesse précautionneuse des premières réactions du gouvernement socialiste est jugée par maints intellectuels de gauche comme déshonorante. Le ministre des Relations extérieures, Claude Cheysson, prononce une phrase maladroite qu'il regrettera plus tard : « C'est une affaire interne polonaise… Bien entendu, nous n'allons rien faire… », tandis que le Premier ministre Pierre Mauroy confirme que son gouvernement se refusera « à toute ingérence dans les affaires polonaises ». Deux prestigieux professeurs au Collège de France, Pierre Bourdieu et Michel Foucault, prennent l'initiative d'une pétition qui récuse tant de prudence diplomatique.

Contactés, Montand et Signoret apposent immédiatement leur signature au bas du texte, à côté de celles de Guy Bedos, Patrice Chéreau, Marguerite Duras, Costa-Gavras, Bernard

Kouchner, Claude Mauriac, Claude Sautet et Jorge Semprun. Le mercredi 16 au matin, Foucault et Montand sont invités à expliquer le sens de leur démarche au micro d'Europe 1. L'acteur lit le manifeste rédigé par Bourdieu et Foucault : « En affirmant, contre toute vérité et toute morale, que la situation en Pologne ne regarde que les Polonais, les dirigeants socialistes français n'accordent-ils pas plus d'importance à leurs alliances intérieures qu'à l'assistance qui est due à toute nation en danger ? La bonne entente avec le Parti communiste français est-elle donc, pour eux, plus importante que l'écrasement d'un mouvement ouvrier sous la botte militaire ? » Puis, après Foucault, Montand exprime son émotion avant d'exploser, la voix gonflée de colère : « Ils ont demandé des élections libres. Des élections libres ! La chose la plus élémentaire... » Plus encore que la pétition, le cri de Montand fait l'événement. L'Élysée envoie un motard chercher la cassette de l'émission. L'opinion proclame son soutien à Solidarnosc ; les militants socialistes, troublés, écrivent ou téléphonent par centaines à leur parti afin d'obtenir des éclaircissements.

Ce même mercredi, en Conseil des ministres, le président de la République prononce une déclaration qui rectifie le tir et condamne avec fermeté le coup de force de l'armée polonaise. Dans le secret du Conseil, François Mitterrand ne dissimule toutefois pas son irritation devant l'initiative de ces intellectuels plus enclins à la critique qu'à l'adhésion et s'en prend nommément à Yves Montand : « Anarchiste de droite ! Qui est intervenu pour les démocrates et syndicalistes turcs emprisonnés en octobre par le gouvernement militaire du général Evren ? La Pologne est pour beaucoup un prétexte à agitation intérieure[2]. » Le texte de Bourdieu-Foucault est devenu l'appel d'Yves Montand. Ce dernier s'est contenté d'expliciter la démarche collective d'un groupe d'intellectuels bientôt rejoints par des centaines d'autres, mais c'est sur lui — privilège ou rançon de la gloire — que cristallise la vindicte du pouvoir socialiste.

Le soir même, Lionel Jospin interpelle le chanteur et lui

2. Cité par Pierre Favier et Michel Martin-Roland, *La Décennie Mitterrand*, Paris, Éd. du Seuil, 1990.

reproche sa tournée de 1956 en Union soviétique. « Pouah ! » commente *Libération*, qui juge l'« attaque basse ». Montand objecte par lettre que, justement parce qu'il est parti en 1956, il ne peut avaler des mots comme « non-ingérence dans les affaires intérieures », et ne se prive pas de relever que l'écho rencontré par la pétition des intellectuels n'est peut être pas étranger au changement de ton des autorités françaises. Dans les jours qui suivent, le ministre de la Culture, Jack Lang (qui a traité les signataires de « clowns »), organise à son tour une soirée officielle de protestation contre Jaruzelski. La « gaffe » initiale semble réparée. Reste qu'à cette occasion un hiatus est devenu perceptible entre les socialistes au gouvernement et une fraction importante de l'intelligentsia (pour certains, tel Foucault, il s'agira d'une véritable rupture).

L'artiste Montand poursuit son activité d'artiste, mais n'oublie pas la Pologne. Chaque soir, à l'Olympia, après la fin du spectacle, il fait descendre des cintres une immense banderole sur laquelle est inscrit le mot *Solidarnosc*. Il portera longtemps l'insigne du syndicat polonais à la boutonnière, geste qu'il estime aussi dérisoire qu'indispensable pour se prémunir contre l'oubli. Joignant l'acte à la parole, il adresse, le 28 décembre, un chèque de 109 310 francs au Comité de coordination Solidarité. Quatre jours plus tard, le 1er janvier 1982, au micro de France Inter, il insulte le secrétaire général du PCF : « Quant à M. Marchais qui nous accuse d'être des hommes de la fausse gauche, je lui dis merde ! » En février, Montand prouve une nouvelle fois qu'il n'a pas l'indignation sélective : il signe une déclaration de soutien à des syndicalistes turcs condamnés à mort.

Par les centaines de lettres de félicitations reçues place Dauphine, par les témoignages de sympathie qu'on lui a prodigués, par l'ampleur des articles que la presse lui a consacrés, le comédien, en professionnel averti, a pu mesurer l'impact de ses prises de position. Montand n'est plus simplement un visage sur l'écran, une silhouette sur les planches. Il est un porte-voix efficace. Et, de plus en plus, ce sont ses propres paroles qu'il a l'intention de répandre.

En fait, happé par le show et la tournée mondiale, il ne revient sur la place publique qu'à la mi-1983. Pendant ces dix-huit mois, tandis que *Les Feuilles mortes* volaient de Rio à Tokyo, la vie politique française a infléchi son cours. Le gouvernement socialiste, étranglé par les contraintes économiques dont il avait prétendu s'affranchir, a été obligé de bifurquer vers plus de rigueur. Prix et salaires ont été provisoirement bloqués, et les Français, après avoir rêvé de lendemains roses, apprennent à conjuguer l'austérité sur tous les modes. Le président Mitterrand promet des efforts, encore des efforts, et s'engage dans une difficile politique de restructuration industrielle qui entraîne licenciements et chômage. La gauche militante, déboussolée par ce virage sur l'aile qu'un discours pâlot tente vainement de camoufler, est privée de ses repères habituels. Le socialisme généreux et dispendieux des débuts laisse place à une gestion économe, sinon pingre. Complet retournement pratiqué à chaud, dans un bizarre climat où pédagogie et démagogie s'emmêlent. La grande lessive des idéologies inspire, on s'en doute, le chanteur-acteur. Soudain, il est partout.

La rentrée 1983, après les vacances d'été, est un véritable festival Montand. « Qu'on s'en gausse, qu'on s'en agace ou qu'on s'en épate, le fait est là, incontournable : la vedette politique de septembre, ce fut un chanteur-comédien devenu célèbre avec les phrases des autres, mais qui ne passe pas inaperçu quand il se mêle de parler à son propre compte[3]... » Déjà, en pleine chaleur estivale, une tribune dans *Libération*, cosignée par Montand, Kouchner et Glucksmann, avait attiré l'attention. Les auteurs reprochaient au gouvernement français de « s'engager à reculons » au Tchad, rappelaient que les chars libyens sont soviétiques, et qu'il était nécessaire de répliquer sans délai à l'impérialisme de Kadhafi. La tradition tiers-mondiste et non interventionniste de la gauche en prenait pour son grade. Peu de temps après cet appel, les paras français gagnaient N'Djamena.

Ceux qui se souviennent du répertoire antimilitariste de naguère s'émeuvent de pareille volonté d'en découdre comme ils s'étaient émus, en avril, d'une interview accordée par

3. *Le Point*, 3 octobre 1983.

Montand au *Figaro-Magazine*. Le « *Fig-Mag* » étant alors un des organes de presse les plus marqués à droite et les plus virulents contre le gouvernement socialiste, la présence de Montand dans ses colonnes étonne jusqu'aux proches. « C'est un suicide ! » s'alarme Jorge Semprun, et Simone Signoret désapprouve : pour elle, il est des lieux qu'on ne fréquente pas, par principe. Plus sensible que son mari au mal-être que provoque la levée des tabous chez les militants de gauche, elle redoute que des erreurs tactiques n'altèrent le fond du message. Montand récuse ces appréhensions :

— Tu es une boy-scout ! Cela ne m'intéresse pas de convaincre les convaincus. Ou alors on n'a rien appris.

— Il vaut mieux être boy-scout que de parler pour ces salauds !

— Tu crois vraiment que deux millions de lecteurs, cela fait deux millions de salauds ?...

Le « sentimentalisme » de Simone hérisse Montand qui claque la porte à l'issue d'une mémorable empoignade. Il se moque à présent comme d'une guigne d'être « récupéré » par la droite. Il entend dire ce qu'il veut, où il veut, sans ménager les susceptibilités. Au risque d'être écartelé entre des vérités trop entières.

Le dimanche 4 septembre 1983, les électeurs de Dreux sont appelés aux urnes afin d'élire leur conseil municipal, l'élection précédente ayant été annulée. Pour la gauche, c'est un échec sévère, mais, surtout, la liste du Front national, qui dénonce la forte implantation d'immigrés, recueille un score inattendu (17%) ; brutalement, la France découvre la question de l'immigration et la menace d'une poussée raciste. La gauche se mobilise pour le deuxième tour, cependant que la droite classique fait alliance avec l'extrême droite. L'ancien maire de Dreux alerte Simone Signoret : elle lance une pétition dont les signataires, de Costa-Gavras à Guy Bedos, de Patrice Chéreau à Montand, Depardieu, Minkovski ou Kouchner, affirment que « la France entière est concernée par la recrudescence à Dreux des idées racistes qui conduisent aux guerres civiles et aux guerres tout court ». Sans donner de consigne de vote, le texte condamne l'alliance avec le Front national, et donc appuie la liste de gauche. « De quoi se mêle ce milliardaire de la chansonnette ? » ironise le candidat du FN, Jean-Pierre Stirbois.

Saluant le retour au bercail du fils prodigue, Ivan Levaï, directeur de la rédaction d'Europe 1, souhaite ouvrir encore une fois son antenne à Montand. Depuis la Colombe d'Or, celui-ci explique au téléphone pourquoi il a signé la pétition, réaffirme le sentiment de dégoût que lui inspirent certains slogans du type : « Maghrébins d'au-delà de la Méditerranée, retournez dans vos gourbis ! » Mais, pressé par son interlocuteur, il se retourne promptement contre ses adversaires favoris, « les responsables staliniens, complices de solidarité avec les mouchards de Prague et les Pinochet de Varsovie ». Et il lâche que, s'il devait voter à Dreux, il s'abstiendrait par refus de s'associer aux gens qui couvrent l'invasion de l'Afghanistan ou la répression en Pologne. Et il martèle : l'ennemi principal, c'est le goulag, c'est le système qui produit le goulag. Au moment où il parle, Montand ignore que la conversation téléphonique est enregistrée. Quand Levaï lui demandera l'autorisation de la diffuser, il acceptera sans rechigner.

Sur l'immigration, Ivo Livi n'aime guère qu'on lui donne des leçons. Chez le rejeton de la Cabucelle élevé au milieu des « Ritals », des Arméniens, des Espagnols et des petits Arabes, l'antiracisme est un truisme, une matrice (il a soigneusement découpé et conservé un article datant de 1948, reproduit dans *Le Figaro*, où le ministre de la Santé publique et de la Population déclarait que la France, afin de se relever, devait attirer 3 millions de travailleurs étrangers). Les idées du Front national lui font horreur, et, comme il estime — à tort — cette indignation partagée par quasiment tous, il préfère porter l'accent sur ce qui constitue à ses yeux le « vrai danger ». En affirmant que le fascisme n'est pas à Dreux, mais à Prague, Montand signifie que l'essentiel du clivage politique s'opère sur la question communiste. Et n'en démordra pas. Ce ne sont point quelques « connards d'extrême droite » qui gommeront les déportés en Sibérie. A gauche, on fustige cette « dérobade devant le danger fasciste »; à droite, on loue cette clairvoyance qui ramène l'affaire de Dreux à de justes proportions. Chacun juge à son aune. Et Montand s'obstine.

Trois semaines plus tard, il est l'invité de l'émission de télévision *7 sur 7*. Cette fois encore, il ne mâche pas ses mots, utilisant ce langage direct, riche en formules choc, qui tranche avec les contorsions linguistiques des hommes politiques. Il souligne qu'à Dreux ce sont les quartiers les plus populaires qui ont voté pour le Front national.

Son terrain de prédilection reste cependant l'affrontement planétaire entre l'Est et l'Ouest. Les Soviétiques ont décidé l'implantation de fusées d'une portée de 5 000 kilomètres, les fameuses SS 20, mais, en Europe occidentale, un courant pacifiste se développe, qui répugne à laisser les États-Unis déployer symétriquement leurs engins Pershing. En Allemagne occidentale, les manifestants défilent aux cris de : « Plutôt rouges que morts ! » Le 20 janvier 1983, dans un discours musclé devant le Bundestag, le président Mitterrand n'hésite à bousculer ni l'opinion publique ni celle de son propre parti, et martèle que, face au désir d'hégémonie soviétique, le pire calcul serait de céder à l'esprit munichois. Montand approuve des deux mains : « Pourquoi les pacifistes n'ont-ils pas défilé quand les Soviétiques installaient leurs SS 20 ? Plutôt rouges que morts ? Non ! Ni rouges ni morts : libres ! » Cette formule, dont il est particulièrement fier, le comédien l'a trouvée en préparant l'émission. Quelques jours après, le président de la République lancera : « Les pacifistes sont à l'Ouest, les euromissiles sont à l'Est. »

Montand, avec son franc-parler qui percute l'opinion, est le héraut d'un courant de pensée pour lequel le discriminant majeur reste l'attitude face au totalitarisme. De l'affaire du Tchad à l'élection de Dreux, en passant évidemment par les euromissiles, c'est toujours là-dessus qu'il revient. Dans cette obsession, certains ne se privent pas de déceler le reflet inversé de ses amours anciennes. D'un revers, l'interpellé balaie l'objection, raille la gauche, qu'il baptise « romantique ». Après tout, les communistes participent au gouvernement, et beaucoup de socialistes clament leur attachement à l'union. Au congrès du Parti socialiste qui se réunit à l'automne 1983, un des leaders du PS n'affirme-t-il pas que « l'anticommunisme est un péril pour toute la gauche » ?

L'irruption brutale de la star de l'écran et de la scène dans le débat politique surprend, irrite, dérange ou comble. Le lendemain de l'émission *7 sur 7*, *France-Soir* titre en première page : « Yves Montand s'en prend à la gauche. » C'est de bonne guerre. *Le Point* consacre sa couverture et six pages à « L'affaire Montand[4] ». Médusés ou charmés, les Français écoutent ce saltimbanque évadé de son répertoire, même si certains trouvent le refrain quelque peu obsédant. En novembre, plusieurs magazines font de Montand l'homme de l'année 1983. *Le Quotidien de Paris* publie un sondage d'opinion selon lequel 2 Français sur 3 lui donnent raison d'avoir pris position en matière politique, et 55 % jugent son discours plus important que celui d'un politicien professionnel (contre 38 %). En deux interventions médiatiques remarquées, le cocktail sincérité — conviction — séduction — simplicité fait un malheur.

L'« événement » reste à venir. Le 3 janvier 1984, Montand est l'unique invité de l'émission *Les Dossiers de l'écran*.

Il a préparé sa prestation seul et avec un soin extrême. Sur de grandes feuilles de papier, il a tracé en gros caractères ses mots clés (« aujourd'hui ennemi principal », « nazi rouge »), des aphorismes (« la liberté consiste à dire aux gens ce qu'ils ne veulent pas entendre ») —, mais il n'aura pas l'occasion de s'en servir. Le meneur de jeu lui pose d'abord des questions sur sa carrière et ses amours, et les aspects politiques ne sont abordés que peu avant minuit. L'invité évoque le goulag, critique les responsables socialistes qui serrent la main des chefs staliniens, se moque de Charles Fiterman (ministre des Transports en exercice), qui, à propos de la Pologne, parlait en 1980 de « miracle polonais avec une augmentation de la production industrielle de 150 % », s'affirme hostile au capitalisme sauvage et favorable au capitalisme libéral. Tour à tour grave, enjôleur, violent, s'adressant directement au téléspectateur, Montand réussit un formidable numéro. Sitôt l'émission achevée, il appelle Simone :

— Merveilleux, dit-elle simplement.

En effet, l'impact est immense. Près de 10 millions de téléspectateurs restent rivés à leur poste jusqu'au bout. Jamais, hormis en période de fête, les Français n'ont veillé si tard ni si nombreux devant la télévision. Alors que sonnent les

4. 3 octobre 1983.

douze coups de minuit, Montand obtient une audience plus élevée que le chef de l'État à 20 h 30. 32 000 appels téléphoniques (record absolu de l'émission) submergent le standard : plus de 95% des questions posées concernent les engagements politiques du comédien. Une montagne d'articles lui est consacrée par la presse les jours suivants. A l'exception de *L'Humanité*, on ne relève guère de fausse note.

Une recension s'impose, car, à n'en pas douter, cette émission du 3 janvier marque un tournant. Philippe Tesson : « Ce que Montand sollicite et exprime, c'est la meilleure part de nous-mêmes, la part généreuse, juste, innocente. Il nous renvoie à nous-mêmes le reflet le plus avantageux. Sa parole, son visage, ses maladresses répandent une lumière, une simplicité, une humanité qui donnent aux gens l'impression que tout est possible dans le domaine du bien public. » André Frossard, pour *Le Figaro* : « Il n'a pas crevé l'écran, il y a mis le feu. C'est superbe, l'indignation d'un honnête homme ». Claude Sarraute : « Il a du cran, Montand. Il en faut pour dire tout haut ce que beaucoup d'entre nous pensent tout bas sans oser encore appeler un chat un chat[5]. » Dans le même journal, Patrick Jarreau estime que « Montand et les Français des années quatre-vingt se comprennent. [...] Cet homme de spectacle, ajoute-t-il, donne peut-être une voix à l'introuvable société civile ». *Le Figaro*, encore, titre : « Yves Montand, star de la politique », et Jean Bothorel s'interroge : « Devient-il pour des millions de Français une conscience ? Il a pour lui l'intelligence, l'indignation sincère, le goût et le talent des raccourcis assassins. Indéniablement, il parle vrai. Il parle aux tripes, en rassembleur. Ni droite, ni gauche. »

A gauche aussi, on s'émerveille. Il importe de citer ici longuement l'éditorial que Jean Daniel signe dans *Le Nouvel Observateur* : « J'espère, je veux croire que tous les hommes politiques et notamment ceux du gouvernement auront vu Yves Montand occuper l'écran et s'installer face à la France, mardi soir... Pour ce qui est de la télévision, certains moments constituèrent ce qu'on appelle des *événements*. Quelle aisance ! Quel charme ! Mais aussi quelle maîtrise ! A part

5. *Le Monde*, 5 janvier 1984.

quelques minutes à la fin, où il a dérapé sur des questions d'argent, son numéro était parfait. Numéro étudié, préparé ? Oui : par une vie entière... Chaque fois qu'il disait ou faisait quelque chose, il pouvait savoir qu'il y avait derrière lui déjà la sanction de quarante années de succès et aujourd'hui le plébiscite des sondages... Le jeu qu'il joue, c'est le sien, et il sonne juste, vrai. Mardi soir, il a joué son jeu et les Français ont découvert que ce jeu était aussi le leur. Autrement dit, pour connaître les Français, il va peut-être falloir, aussi, entendre — et voir ! — Yves Montand. » La conclusion du directeur du *Nouvel Observateur* résume bien le sentiment général : « Oui, vous êtes décidément un phénomène, monsieur Montand. »

Des dithyrambes de cet ordre, propres à tourner la tête du commun des mortels, s'étalent à longueur de colonne. « La presse applaudit Montand », constate d'ailleurs *Libération*[6]. Les commentateurs tentent déjà de l'expliquer, le fameux « phénomène ». Les uns avancent le passé de l'artiste : « C'est d'avoir été l'un des emblèmes efficaces de l'engagement communiste, estime *Le Monde*, puis de la perte de foi, qui semble demeurer l'une des causes de l'écoute accordée à Montand. » Même diagnostic chez Philippe Tesson dans *Le Quotidien de Paris* : « Montand ne serait pas Montand sans son passé de communiste, il vient de loin. » La force du témoin, c'est qu'il parle avec presque un demi-siècle d'histoire derrière lui, et que les erreurs et errements qu'il recense ont été tant partagés que leur aveu confère à ses propos d'aujourd'hui une garantie d'authenticité. « Il parle, note Pierre Billard[7], du haut de sa stature d'homme du peuple revenu d'un douloureux périple en terre d'illusions. Sa trajectoire restitue, jusqu'à la caricature, l'odyssée de la conscience de gauche. »

L'ancien compagnon de route constate la faillite historique du communisme. L'hégémonie intellectuelle du PCF sur la gauche française pendant presque un demi-siècle s'est dissoute au fil des années soixante-dix ; mais, sur le plan politique — et électoral —, le Parti communiste est resté un inter-

6. 6 janvier 1984.
7. *Le Point*, 3 octobre 1983.

locuteur privilégié de la gauche socialiste. En ce début d'année 1984, il est toujours au gouvernement. C'est cette anomalie, cet anachronisme que dénonce Montand. En ce sens, il précède les politiques, annonce le basculement culturel prochain. « L'establishment intellectuel français, qui fut longtemps un fief de la gauche, brise avec ses tuteurs politiques. M. Montand a été félicité de dire tout haut ce que d'autres se murmuraient dans leur for intérieur », conclut la sagace Flora Lewis[8].

Bref, parmi d'autres, Montand contribue à « démarxiser » la gauche socialiste. Sous l'impulsion du président de la République, le PS est en train d'acquérir une culture de gouvernement antinomique avec les envolées de congrès, avec la promesse de ruptures, de brèches vite ouvertes dans le capitalisme. Le conflit est inévitable entre le discours programmatique et le discours gestionnaire. Montand est libre de souligner ce que Mitterrand tait, mais que l'électorat flaire et approuve : l'union de la gauche est un leurre. Anne Sinclair : « Il a senti l'évolution de l'opinion. En disant : je veux témoigner de l'aveuglement d'une génération, j'ai été abusé, ne vous laissez pas abuser, il a contribué à la prise de conscience générale de l'imposture totalitaire. Il a marqué des points parce qu'il s'est moqué d'être récupéré par la droite. C'était courageux et nouveau dans la mesure où, à l'époque, les clivages étaient très prononcés. »

L'impact de Montand réside également dans la force d'un discours iconoclaste qui rompt avec les rigidités politiciennes et le manichéisme idéologique. A un pays qui sort de l'ère des certitudes, Montand tient le langage du doute. Aux Français fatigués du découpage droite-gauche, il affirme qu'il faut en finir avec la guerre civile franco-française : les bons ne sont pas tous d'un côté, ni les méchants de l'autre.

Félicité par les journalistes, le provocateur ne l'est pas moins par des personnalités de tous bords. Son ami Coluche affirme : « S'il se présente à une élection, je voterai pour lui. Avec plaisir, même. Quand on vient du ras du sol, on a une vision de la pyramide qui est différente de celle qu'on peut avoir lorsqu'on se trouve au sommet. »

8. *International Herald Tribune*, 15 janvier 1984.

Ce n'est qu'*a posteriori*, quarante-huit heures après l'émission, que Montand commence à évaluer l'audience qu'il a conquise. Ce « coup médiatique » n'était en rien prémédité. Voilà deux ans qu'Armand Jammot, le producteur des *Dossiers de l'écran*, le pressait de répondre à son invitation ; le comédien a attendu que sorte son dernier film, *Garçon*, de Claude Sautet, pour affronter les questions devant la caméra. La vague de louanges qui l'engloutit le déconcerte davantage qu'elle ne le grise. Tout au plus, en professionnel, mesure-t-il mieux que quiconque la force de frappe que représente la télévision.

Un mois plus tard, il sera encore la vedette du petit écran.

C'est en novembre 1983 que le journaliste Jean-Claude Guillebaud lui a proposé d'être le « récitant » d'une émission consacrée à la crise économique mondiale. Après hésitation (« De vous à moi, je n'y connais rien », confiera-t-il au *Nouvel Observateur*), le comédien accepte de jouer les M. Loyal. Professionnalisme oblige, il potasse *Le Pari français*, le livre de Michel Albert, ancien commissaire au Plan, dont est imprégné le scénario, écoute fidèlement les chroniques de Jean Boissonnat sur Europe 1, avale la presse économique, consulte Alain Minc, et se déclare d'accord « à 90% » avec le texte qu'on lui demande de dire. L'émission, enregistrée à la fin de 1983, est donc programmée un mois après les *Dossiers de l'écran* et bénéficie de l'incroyable popularité médiatique acquise par Montand. Rarement un spectacle télévisé aura été autant annoncé. Des ministres se battent pour visionner la cassette et préparer un commentaire. Douze magazines consacrent leur couverture à Montand. Le soir même de l'émission, la presse rapporte que le président de la République l'a regardée en direct et qu'il l'a jugée bonne, malgré quelques effets « trop dramatisés ». Ce soir-là, Yves Montand est invité à visionner l'émission chez Jean Daniel. Sont notamment présents Michel Rocard et Milan Kundera.

Le lendemain, quelques plumes grincent, mais la plupart accordent la mention très bien au professeur Montand. Qu'on en juge d'après ce collage :

« On attendait un honnête succès de télévision, ce fut un tabac multimédia comme on en avait peu vu en France. On escomptait bien des commentaires, ils furent innombrables, le plus souvent laudateurs. *Vive la crise* fait l'événement. Comme tous les grands moments de télévision, l'émission dérange, brouille les cartes, perturbe les discours établis. On ne s'ennuie pas une minute. Montand entre comme chez lui dans le salon de l'économiste, parle entre chacune des séquences filmées, avec l'aisance et la chaleur qu'on lui connaît. Battling Montand a fait un tabac au petit écran. Il a battu tous les records d'audience (30,9) pour une émission politique et économique. Mieux encore, il a provoqué des réactions de tous les états-majors politiques comme s'il s'était agi d'un événement de dimension nationale. Il vient d'étrangler Super-Goulag, proprement, avec ses grandes paluches de métallo. L'inventeur de la chanson-spectacle inaugure l'*economic show*. Avant Montand, on avait des maîtres à penser. Lui, dans *Vive la crise*, c'est l'élève à comprendre. Seul un vrai pro peut faire aussi bien l'amateur. Avec Yves Montand, la classe politique tout entière vient de trouver son point de mire. Désormais, à gauche comme à droite, chacun s'efforce de se situer par rapport à lui. Rien d'étonnant, après tout. Les hommes publics sont abasourdis par le succès de Montand lorsqu'il vient les titiller sur leur propre terrain. »

Ce court florilège, extrait des centaines d'articles consacrés à *Vive la crise* et à son protagoniste, donne une petite idée de l'ampleur du séisme. La presse étrangère ne lésine pas sur l'encre et, dans les journaux français, on se bouscule pour parler du boutefeu. Jacques Delors, ministre de l'Économie, Pierre Bérégovoy, ministre des Affaires sociales, Edmond Maire, secrétaire général de la CFDT, chacun prend sa plume afin d'approuver ou de critiquer Montand. On oublie plus ou moins que, dans cette émission, contrairement aux *Dossiers de l'écran*, ce ne sont pas ses propres paroles que le comédien a prononcées. Il a récité, avec d'autant plus de conviction qu'il en approuvait la teneur, un texte rédigé par d'autres, il a réclamé des amendements, inventé partiellement la chute. Mais une ambiguïté certaine subsiste : est-ce Montand acteur qui a convaincu, ou bien est-ce le citoyen Montand développant une analyse pédagogique ? Les deux s'imbriquent, sans doute, la naïveté du profane confortant le talent du professionnel, ajoutant ce «plus» à base de sincérité qui perce l'écran.

Outre sa forme vivante et enlevée (l'économie racontée comme un suspense policier), l'étonnant succès de l'émission tient au message qu'elle délivre : la crise économique que traversent les pays industrialisés n'est pas une fatalité, un accident, une classique «dépression». L'inflation, les courbes de chômage, tout s'explique par un dérèglement mondial, lui-même résultant d'une formidable mutation : les données qui, depuis les années cinquante, nous ont assuré une expansion continue, sont complètement redéfinies par les soubresauts du système monétaire, l'apparition de nouveaux pays concurrents, la mutation du marché des matières premières. Il faut s'adapter ou stagner. Pour les Français qui se serrent la ceinture, redoutent les licenciements, surveillent le pouvoir d'achat, ces explications, qui replacent leur cas particulier dans un contexte global, tombent à pic.

Montand apparaît comme le grand pédagogue de la crise à un moment où le président Mitterrand s'est lui-même lancé (depuis avril 1983) dans une révision déchirante : le 15 septembre 1983, au cours de l'émission *L'Enjeu*, il a réhabilité en fanfare un des mots tabous de la gauche socialiste : le profit — «dès lors qu'il est justement réparti» — est acceptable et même bénéfique. Autrement dit, avant de redistribuer, il faut produire, rationaliser, moderniser. Ce credo, Montand l'adopte.

Comme tous les autodidactes qui respectent l'écrit, il aime les citations exactes, les formules «rondes». Et il ne se sépare pas, en cette période, de deux textes. L'un provient d'un article de Jean Jaurès paru à la une de *La Dépêche de Toulouse*, le 28 mai 1890 : «Lorsque les ouvriers accusent les patrons d'être des jouisseurs qui veulent gagner beaucoup d'argent pour s'amuser, ils ne comprennent pas bien l'âme patronale. Sans doute, il y a des patrons qui s'amusent, mais ce qu'ils veulent avant tout quand ils sont vraiment des patrons, c'est gagner la bataille.» Le deuxième morceau d'anthologie que Montand aime à brandir est dû à Victor Hugo. L'auteur des *Misérables* a écrit : «Tous les problèmes que les socialistes se posaient, les visions cosmogoniques, la rêverie et le mysticisme écartés, peuvent être ramenés à deux problèmes principaux : produire la richesse, la répartir... Par bonne distribution, il faut entendre non distribution égale, mais distribution équitable. La première égalité, c'est l'équité.» Et encore : «Le partage égal abolit l'émulation. Et par conséquent le travail. C'est une répartition faite par le boucher qui tue ce qu'il partage.»

L'«effet Montand» que chiffrent les sondages devient une réalité politique. Et les «vrais» politiciens ou les journalistes s'interrogent : quel usage va donc faire le comédien de cet énorme capital accumulé en quelques semaines? Va-t-il «passer pro», se lancer dans une carrière politique? Le matin même de la diffusion de *Vive la crise*, interrogé (par Ivan Levaï) sur Europe 1, Montand a nié toute ambition de cet ordre, mais le dialogue laisse apparaître un vif désarroi :

— Je suis concerné plus que jamais par la chose publique. Mon état d'esprit est tel que j'envisage de ne plus chanter, de ne plus tourner. Je me sentirais trop mal à l'aise.

— Qu'est-ce que ça veut dire? Finie la chanson, fini le cinéma? Et seulement la politique?

— Il faut remettre les choses dans leur vrai contexte. Je n'ai rien demandé. Tout le monde s'excite. Qui à gauche. Qui à droite. Je me demande pourquoi. Je n'ai rien fait. J'ai simplement répondu présent à des émissions. On m'a posé des questions. J'ai répondu comme je savais, j'espère avec un certain bon sens, avec une certaine maladresse qui a pu faire plaisir à certains, en agacer d'autres. Mais c'est un truc que je n'ai pas recherché.

— Soyons clairs. Est-ce que vous allez être un jour candidat à la présidence de la République? Oui ou non?

— Pour la énième fois, non. C'est clair!

Malgré la netteté de la dénégation, le doute subsiste, les spéculations courent. Yves Montand n'a pas réussi à dissiper toutes les équivoques. Désormais, la question plane : le chanteur-comédien est-il en train d'opérer un transfert, de quitter la scène pour l'arène politique? Selon certains sondages, 36% des Français seraient prêts à voter pour lui lors de la prochaine élection présidentielle. Chiffre extravagant qui trahit combien l'opinion a perdu ses repères. Montand n'a pas, jusqu'à maintenant, tenu le discours exhaustif, cohérent, qu'on est en droit d'attendre d'un futur candidat. Son anticommunisme fait mouche, mais ne suffit pas à tracer des perspectives économiques et sociales, à définir une politique étrangère.

Pour l'heure, c'est un imprécateur expédiant quelques bons crochets du droit plutôt que le dirigeant potentiel d'un pays inquiet. Détecteur du vide creusé par la faillite des croyances, il surgit à un moment où ses concitoyens n'ont plus de maîtres à penser, de directeurs de conscience. Après la guerre, Sartre, Camus, plus tard Aron, servirent de guides à l'intelligentsia et au-delà. Signe de ces temps où l'idéologie part en quenouille, c'est un saltimbanque qui fait, au sens propre, « réagir » la France. Sartre est mort, les intellectuels, conscients d'avoir trop parlé, trop écrit, se taisent. « Pourquoi le discours de Montand, anticommuniste et banal, qui reproche au gouvernement socialiste sa suffisance et ses insuffisances, provoque-t-il une telle secousse tellurique ? » se demande Franz-Olivier Giesbert.

Oui, pourquoi ou pourquoi pas Montand dans la course à l'Élysée ? Telle est bientôt la conclusion rituelle d'innombrables éditoriaux.

En soi, la présidence de la République ne m'intéressait pas, puisque, pour l'essentiel, c'est la satisfaction d'un désir de gloire et de réussite, d'une ambition. Toutes proportions gardées, cela, je l'avais déjà. Mais j'avais envie de dire des choses. Or, pour les dire et être entendu, il fallait jouer le jeu. J'espérais faire de la politique sans devenir politicien. C'est impossible.

Me retrouver propulsé en quelques semaines par la presse comme présidentiable, constater que, dans les sondages, 20 à 30% des gens se disaient prêts à voter pour moi, cela m'a beaucoup troublé et touché. Un tel impact m'affolait et m'indiquait que mes propos répondaient à une attente, à une demande. Ce succès ne me grisait pas. J'étais blindé depuis mon voyage à Moscou, en 1956, où j'ai vraiment été reçu comme un chef d'État. Je gardais donc la tête froide ; mon angoisse était de savoir comment j'allais maîtriser ce tour-

billon, comment j'allais utiliser ce courant d'opinion. Après tout, je n'étais qu'un saltimbanque, un haut-parleur — de talent, peut-être — et je me tuais à répéter dans les interviews que je n'avais rien recherché, rien prévu, que tout ce déferlement m'était tombé dessus en trois émissions.

Il n'empêche que je me trouvais embarqué sans savoir très bien vers où. Je me couchais le soir en me disant : "Eh! Montand, qu'est-ce que tu vas faire, maintenant que tu as déclenché tout cela?" Il est vrai que chanter ou jouer la comédie me mettait mal à l'aise : je ne voulais pas provoquer d'interférences entre mon impact politique et mon métier. Les problèmes politiques m'ont toujours passionné, mais là, à ce moment précis, j'avais le sentiment que je pouvais être utile en disant certaines choses, en dénonçant certains tabous.

Mais je ne me voyais pas non plus me lancer dans une carrière politique classique. Ce n'était pas mon emploi, ni ma formation. Surtout, je voyais très bien qu'une de mes forces, c'était précisément que je parlais de l'extérieur du cercle politique. Plus j'avançais, plus je me rendais compte que c'était un jeu cruel, un jeu sans pitié. Dans ma vie, j'avais toujours réussi ce que je souhaitais vraiment; là, c'était un enchaînement que je subissais, décidé malgré moi, contre ma volonté profonde. Et puis j'étais seul. Pousser plus avant supposait une équipe, des soutiens, un projet collectif dont j'aurais été le grand communicateur. Il n'y avait personne.

L'entourage d'Yves Montand ne l'incite point à franchir le pas; François Perier, qui le croise dans les couloirs d'Europe 1, le félicite d'avoir déclaré haut et clair qu'il ne briguait aucun poste électif. Jorge Semprun, le confident et l'intime, se réjouit que le discours de son copain, fruit de leur interminable échange, « fasse un tabac », mais il le connaît trop pour ne pas sentir les dangers qui le guettent. Il imagine Montand interpellant à temps et à contretemps les Français, mais du dehors de l'institution. Bernard Kouchner, président de Médecins du monde, est volontiers partisan des actions de commando venues des marges. Montand le voit beaucoup, ainsi qu'André Glucksmann, mais ces rencontres amicales n'ont pas grand-chose de commun avec les réunions méthodiques d'une équipe en campagne. Pas une seule fois Montand ne rassemble ses amis les plus proches pour leur demander ce qu'il doit faire. Jorge Semprun : « Ces histoires de *brain-trust* de Montand ou de bureau politique officieux nous faisaient rire. Jamais nous ne nous sommes retrouvés tous ensemble avec Kouchner ou Glucksmann pour discuter stratégie. Le *brain-trust* de Montand, c'étaient ses copains avec lesquels il parlait politique. Montand n'est pas un pantin, personne ne tire les ficelles. Il ne faut pas oublier que, toute sa vie, il a été un solitaire, qu'il s'est fait seul — en utilisant certes les apports des autres, mais seul. C'est sa grande qualité et sa force. »

Afin de préparer *Vive la crise*, Montand discute avec Michel Albert ou Alain Minc, ce qui vaudra à ces deux *managers* d'entrer — aux dires de journalistes inventifs — dans le « cabinet présidentiel » du comédien. A deux reprises, Montand écoute également les analyses internationales de Marie-France Garaud, ancienne conseillère de Georges Pompidou. Il estime en tirer profit, mais, là encore, la presse accordera à cette « éminence grise » un rôle qu'elle n'a jamais tenu. La réalité est plus prosaïque. Le citoyen Montand est livré à lui-même. Il note inlassablement sur des petits carnets ses réflexions, ses idées ou les citations qu'il aime glisser dans la conversation (par exemple, cette pensée de Jean Rostand : « Tant qu'il y aura des dictatures, je n'aurai pas le cœur à critiquer une démocratie »; ou cette autre, de Zola : « La question est de savoir si on fera jamais du bonheur avec la vérité »; et encore ceci : « La gauche est ma patrie, elle n'est pas ma prison, même si elle devient souvent un tombeau pour beaucoup... »).

Montand, hormis le fidèle Bobby, ne dispose d'aucun secrétariat. Il doit répondre lui-même à un abondant courrier (des centaines de lettres dont la lecture troublerait le cerveau du plus impassible; divers correspondants veulent créer des comités Montand, d'autres le pressent de se déclarer, s'affirment disposés à le suivre).

Quant à Simone Signoret, elle soutient « son homme ». Ce n'est pas elle — qui pétitionne, proteste et manifeste depuis bientôt quarante ans — qui va lui reprocher d'intervenir dans le débat public. Sa crainte (qu'elle a exprimée au moment du premier entretien accordé au *Figaro-Magazine*) est que Montand se coupe de la militance de gauche. Mais, sur l'essentiel, elle approuve son mari. Pourtant, on cherchera à les dissocier, voire à les opposer. A l'automne 1983, *Le Nouvel Observateur* titre une interview : « Signoret répond à Montand. » L'un et l'autre en seront affectés. Jean Daniel envoie d'ailleurs un télégramme d'excuses : « Le titre donné à l'entretien avec Simone Signoret ne correspond nullement au contenu — Stop — Sincèrement désolé pour cette erreur non conforme à mon éthique. » Quels que soient leurs différends tactiques (Catherine Allégret rapporte qu'ils ne furent pas minces), Simone Signoret confirme en 1985, sur les antennes, son plein accord avec la démarche de son époux, et certifie qu'elle a, elle aussi, « franchi la frontière » : « J'étais assez molle sur l'anticommunisme. Je crois que je vais entrer dans ce que *L'Humanité* appelle la "clique" ou le "lobby" anticommuniste. »

Sollicité par tous les médias, Montand parle beaucoup. Trop, sans doute. Le voici qui donne son opinion à tout propos, sans calculer combien cette omniprésence risque d'irriter ou d'indisposer. Personnage public, il est fatal que ses déclarations soient critiquées, ses défauts relevés, ses qualités tournées en ridicule. Émotif à l'excès, totalement sincère, il n'a pas — c'est son charme — la carapace des vieux routiers, et supporte mal coups de griffe ou coups de patte, certains de fort mauvais goût.

En 1983, Pierre Desproges, génie de la dérision, lâche dans un périodique, à propos de Simone Signoret : « Tiens, elle n'est pas encore morte, celle-là ? » Montand décroche son téléphone, hurle. Dès le lendemain, l'humoriste lui adresse une longue lettre très révélatrice des sentiments ambigus, mélange d'admiration et d'agacement, qu'inspire le comédien :

> Monsieur Montand,
>
> Vingt-quatre heures après, je reste bizarrement remué par votre coup de fil. Plus que remué : secoué entre diverses émotions contradictoires. Assez sottement, je me suis senti d'abord délicieusement flatté, dans ma vanité de scribouillard ironico-satirique, en découvrant qu'une sommité mul-

tinationale de votre acabit pouvait prendre ombrage de mes ricanements approximatifs au point d'y consacrer plusieurs minutes d'un jovial courroux vitupérant que vous réservez d'habitude plus volontiers aux grandes causes humaines.

Flatté mais aussi et surtout ému de recevoir directement, dans ma propre oreille, en mon humble logis, l'expression exubérante, intempestive et spontanée de cette générosité sans calcul qui distingue si totalement votre discours des traditionnels cris du cœur cul-pincé que la plupart des grands hommes publics éructent parcimonieusement dans les médias quand ils ont quelque chose à vendre.

Flatté, ému, et un peu déçu aussi, de n'avoir pas su très bien vous convaincre de mon absence d'agressivité à votre endroit. J'essaie d'être clair :

Que vous le vouliez ou non, Monsieur Montand, vous êtes devenu une espèce de statue vivante, une institution vénérable avant l'âge, un symbole sacré. Quand vous chantez Prévert à l'Olympia, on commettrait le même sacrilège en vous conspuant qu'en pissant sur la tombe du Soldat inconnu. Or il se trouve qu'à la suite de je ne sais quelle perversion originelle, et malgré ma vénération pour Prévert et les poilus, je ne sais me moquer que du sacré.

Déboulonner les statues m'a toujours semblé être une entreprise de salubrité publique pour lutter contre l'immense panurgerie moutonnière des Béats. Ce n'est pas vous, qui remettez publiquement en question vos idées et vos combats, vous qui secouez périodiquement vos certitudes, qui allez me contredire...

D'autres se sont également avisés que Montand était devenu une « institution ». Les policiers découvriront dans les archives du groupe terroriste Action directe que le comédien a fait l'objet d'une surveillance rapprochée en vue de quelque opération. Un peu plus tard, les mêmes assassineront Georges Besse, le PDG de Renault.

Un artiste de cinéma reconverti dans la politique, il en est un, en ces années, qui n'a pas trop mal fini : Ronald Reagan, le cow-boy ridé par le soleil des westerns hollywoodiens, occupe la Maison Blanche. Dès que le phénomène Montand a commencé à croître, la tentation du parallèle a démangé toutes les plumes. Montand sera-t-il le Reagan français ? Aux *Dossiers de l'écran*, le comédien avait répondu par une pirouette : « Reagan est un bon président, mais il n'a pas vraiment réussi dans le spectacle, ce qui n'est pas mon cas. » Ronald Reagan n'est pas seulement un comédien médiocre qui a bien conduit sa carrière politique ; il est devenu un symbole de la décennie quatre-vingt, celui du capitalisme libéral qui s'affiche sans complexe, celui aussi d'une Amérique à nouveau conquérante, fière de son drapeau, capable de tenir la dragée haute à l'Union soviétique d'avant la perestroïka.

En France, où le choc est frontal entre la majorité socialiste et l'opposition libérale, Reagan est fréquemment la référence de cette dernière. Aussi Montand, pour les militants du PS, paraît-il flirter avec le diable lorsqu'il déclare ironiquement qu'il est « de gauche, tendance Reagan ». Le paradoxe de la conjoncture est qu'en matière de relations internationales Reagan et Mitterrand se retrouvent sur des positions voisines au sujet des Pershing et de la résistance à la volonté hégémonique de l'URSS. C'est surtout cette fermeté de Reagan dans le dialogue Est-Ouest que Montand approuve, mais on lui reprochera vivement d'avoir été l'apologiste d'un homme dont la politique économique a suscité la marginalisation sociale de millions d'Américains. A cette objection de taille le comédien répondra invariablement qu'il est partisan du capitalisme libéral, non du capitalisme sauvage, et qu'il est nécessaire de corriger les excès du marché par la justice et la protection sociales. Il aura beau jeu, au demeurant, de citer les articles de la presse spécialisée démontrant à l'envi que Reagan a fait reculer le chômage[9].

Au fond, ce qui hérisse Montand, c'est la condescendance avec laquelle le « cow-boy » a été traité, au début, par la presse hexagonale. Le président américain, régulièrement élu, et investi par un des deux grands partis, restait un acteur de second plan, fût-ce à la Maison Blanche. Un gentil figurant, presque illettré. Montand devine que sa propre irruption dans le champ politique éveille une réticence analogue : pour « faire

9. Cf. Paul Fabra, « Vers le plein-emploi aux États-Unis ? », *Le Monde*, 1er septembre 1987.

de la politique», il convient d'appartenir au sérail, de sortir de l'ENA. Sous peine de se tromper de rôle.

La presse américaine, elle, salue la percée politique du chanteur-acteur[10]. Le 23 mars 1984, la chaîne ABC consacre dans son journal de 19 heures deux minutes et demie à un portrait de Montand (par comparaison, François Mitterrand, en visite officielle au même moment, n'a droit qu'à trente-cinq secondes). Montand-Reagan : dès février 1984, *Paris-Match* rêve d'organiser un très médiatique face-à-face où l'acteur interrogerait le président. L'affaire ne se conclut pas, mais le contact entre les deux hommes s'est effectivement établi. D'abord, le 5 décembre 1982, il a été invité à la Maison Blanche, où une réception était donnée en l'honneur de Gene Kelly. Et puis, en 1987, Montand vient à New York et à Washington pour présenter *Jean de Florette*. En trois jours, il accorde aux journaux américains qui l'assiègent une trentaine d'interviews où il répète inlassablement : «Il ne faut pas voir en moi un supporter inconditionnel de Reagan, loin de là. Mais je ne vais pas nier qu'il a fait des choses positives[11].»

Au cours de ce voyage (pour lequel il a dû solliciter, comme d'habitude, un visa temporaire — affublé d'un code, toujours le même : 212-(D)(3)(A) : 28 — car les services de l'immigration n'ont pas oublié le procommuniste des années de guerre froide), le président américain en personne l'appelle à son hôtel et s'enquiert aimablement :

— Êtes-vous bien installé ? J'espère que vous ne manquez de rien. Je suis très heureux que vous soyez ici.

Le «Reagan français» félicite le vrai Reagan pour son récent discours où il a exhorté Gorbatchev à ouvrir le mur de Berlin...

La passion immodérée qu'il voue aux questions stratégiques, Montand saisit l'occasion de la satisfaire en mars 1985. Sur le modèle de *Vive la crise*, il est sollicité pour participer

10. *The Wall Street Journal*, 16 mai 1984.
11. *Le Monde*, 27 juin 1987.

à une nouvelle émission de télévision, *La Guerre en face*. Il répète, là encore, qu'il n'est pas plus expert en géopolitique qu'il n'était un économiste, qu'il se contentera de dire un texte avec lequel il est d'accord « à 90% ». Jean-Claude Guillebaud et Laurent Joffrin ont conçu l'émission à partir d'une fiction : les forces conventionnelles soviétiques attaquent par l'Allemagne ; en quelques heures, elles bousculent les armées de l'OTAN ; en quelques jours, elles réussissent la percée. L'Europe occidentale peut-elle se défendre par des moyens conventionnels ou la France doit-elle utiliser l'arme nucléaire afin d'arrêter les blindés russes ? La thèse sous-jacente est que l'équilibre de la terreur (la parité nucléaire entre l'Est et l'Ouest), qui a permis de sauvegarder la paix en Europe depuis 1945, est aujourd'hui rompu.

Pour les auteurs de *La Guerre en face*, pour Montand en particulier, il s'agit de préconiser la vigilance devant une menace qui demeure effective, de ne point baisser sa garde alors que le pacifisme gagne du terrain. Montand redoute une Allemagne neutralisée (il aime citer la phrase d'Aristote : « Les peuples qui ne veulent pas se défendre suscitent le malheur. C'est toujours par chez eux comme par hasard que se ruent les invasions... »). Sur les pacifistes, il ironise : « Ce sont de tendres et généreuses brebis qui croient que les loups sont végétariens. » Les concepteurs de *La Guerre en face*, épaulés par une kyrielle d'experts, ont voulu mettre en débat la force de dissuasion, sa pertinence et ses limites à l'heure où les Américains préparent la « guerre des étoiles ». Les questions stratégiques, par nature complexes, sont l'objet de controverses infinies. *La Guerre en face* — l'émission n'est pas sans défaut — n'échappera pas à une légitime controverse entre spécialistes.

Mais, sur cette dernière, se greffe une polémique dont Montand lui-même est l'objet. *Le Matin*, journal proche du Parti socialiste, le représente en première page coiffé d'un casque guerrier. *Le Canard enchaîné* raille Yves « Montank ». Et c'est du Parti communiste que vient la riposte la plus fournie. Contre l'acteur, le PCF mobilise. Un vieux militant provoque l'interprète de *Battling Joe* en combat singulier, sur la place Nationale, aux portes de Renault. « Montand la guerre », titre *L'Humanité*. Ou encore : « Après vive la crise, vive la guerre. » Au dos d'une carte postale (une vue aérienne de l'île de la Cité avec, au premier plan, la place Dauphine), Montand rédige un pense-bête pour affûter sa réplique :

« Il est plus facile de ricaner Papy Montand s'en va-t-en guerre que de raisonner. 1° La seule force militaire en Europe (je dis bien en Europe), c'est l'URSS. 2° L'Europe unie peut résister. NON EN FAISANT LA GUERRE. Mais être respectée et libre. Désunie, elle sera liquidée. C'est une loi. 3° Nous avons montré des événements qui pourraient se produire. Maladroitement peut-être, avec des lacunes, c'est possible, mais un fait demeure impossible à contourner : L'EUROPE EST NUE. Que faisons-nous ? »

Le Parti communiste exige et obtient une émission de réponse à la « propagande militariste » de Montand. Aveu de sa dépendance envers l'URSS, le PCF ne monte vraiment au créneau que si les intérêts vitaux du Kremlin sont concernés.

Reste que les escarmouches n'ont pas cessé depuis que l'acteur est « rentré » en politique. Après sa première grande émission de télévision, *7 sur 7*, en septembre 1983, *L'Humanité* avait déjà écrit : « Ses idées font un bruit de culasse : cet homme ne pense pas, il tire. Sur tout ce qui est rouge. » Signe que la direction du PCF prend au sérieux l'adversaire, l'auteur de l'article tente de le disqualifier, daube sur les « parties de poker nocturnes avec le baron Empain », évoque la « fortune colossale » de l'intéressé. A la suite des *Dossiers de l'écran*, Charles Fiterman, ministre des Transports, interpelle « ce curé défroqué » : « Je dois dire que c'est pour moi un spectacle assez affligeant que cet homme qui s'acharne sur son passé, sur son idéal de jeunesse, pour plaire, et pour plaire à qui ? Vraiment, c'est triste. Montand me fait pitié. »

La presse soviétique n'est pas en reste. Les *Izvestia* le comparent à un « taureau qui se met en rage à la vue du rouge ». En mai 1984, la revue satirique *Krokodil* publie une bande dessinée moquant les « grâces et disgrâces » de l'artiste. Dans le premier carton, devant un gros capitaliste (cigare et haut-de-forme) qui tient la baguette du chef d'orchestre, Montand vocalise : « Les chômeurs sont responsables de ce qui leur arrive. » Ensuite, un agent de la CIA remplace le capitaliste, et le chanteur entonne : « Le capitalisme n'est pas la racine du mal. » Un général américain prend à son tour la baguette et dirige l'artiste dans son morceau de bravoure :

« Attention à la menace soviétique. L'Europe est sans armes. » La dernière image peint un Montand obséquieux et avide, tendant son chapeau où s'amasse une pluie de dollars, et laissant échapper : « C'est si bon... »

Selon la tradition, la bagarre familiale reprend du même coup. Dès l'automne 1983, l'hebdomadaire du PC *Révolution* consacre quatre pages à « La ballade de Julien », un syndicaliste qui raconte son enfance et sa jeunesse à Marseille. Il faut attendre la quatrième page pour que le lecteur profane découvre qu'il s'agit du frère de Montand. La fin du papier vise à briser la légende du « Montand prolo », lequel aurait peu travaillé et se serait coupé de ses origines.

Parmi le courrier des lecteurs qu'a choqués *La Guerre en face* se glisse dans *L'Humanité*[12] le message de Julien Livi : « Profondément indigné par l'émission qui déshonore ses auteurs et le haut-parleur de service, je suis plus que jamais avec toutes celles et tous ceux qui n'acceptent ni le mensonge, ni l'apologie de la course aux armements, ni la haine entre les peuples. » Seuls les initiés comprendront que le « haut-parleur de service » est le frère du signataire.

Montand ne fait pas non plus dans la dentelle quand il déclare à *Paris-Match* : « Quand le Parti disait que les procès étaient bons, le Parti avait raison. Quand, dix ans après, il a dit que les procès étaient mauvais, il avait encore raison, parce que le Parti a toujours raison... Je suis tellement écœuré, tellement scandalisé même, que, si un homme de plus de cinquante-cinq ans et encore MEMBRE du Parti communiste veut me rencontrer et me dire bonjour, je lui fous sur la gueule. Vous voyez jusqu'où je vais. » L'apostrophe ne peut qu'exciter d'anciens résistants toujours communistes, d'autant que l'imprécateur ajoute : « Je n'ai pas envie que cet homme me parle, il est aussi dangereux pour moi qu'un SS, que tous les fanatiques. Je peux être patient avec un jeune du PC s'il a 35 ans, 40, 45, même 50 ans. Mais pas au-delà. Parce qu'eux savent. » Ce propos outrancier, pour le moins dépourvu de pédagogie, destiné à rappeler que Staline a tué plus de communistes que Hitler, vise surtout un destinataire : Julien, évidemment. Ce dernier ne s'y trompe d'ailleurs pas.

12. 22 avril 1985.

Le 27 avril 1985, il écrit à Montand une longue lettre qui porte la querelle au paroxysme :

> Yves ?
> Montand ?
> Livi ? A toi de choisir.
>
> Peu de chose à ajouter à la brève et digne réponse faite à tes propos délirants dans le journal de ceux qui peinent et luttent. Peut-être d'exprimer de la tristesse en sachant que son destinataire, c'est son frère.
>
> Je sais, on ne choisit pas sa famille, mais elle existe quand même... En être arrivé à ce point, crois-moi, je suis sincère : je te plains.
>
> Et, vois-tu, s'il est une chose qui, face à cette diarrhée verbale répandue dans *Paris-Match*, me console, c'est de penser que nos parents n'auront pas eu le chagrin de la connaître.
>
> Je me demande quel effet on peut éprouver en imaginant que l'un des plus enthousiastes admirateurs de ta prose aurait été l'oncle Gigi.
>
> Je suis sûr que ce fasciste instigateur de la bastonnade qui meurtrit Papa, celui qui exultait face à l'incendie qui devait nous griller tous, serait aujourd'hui un de tes supporters les plus fanatiques.
>
> Tes menaces envers les communistes, Gigi les avait aussi proférées contre Papa. Elles sont identiques à celles entendues ou reçues par moi et par beaucoup de communistes depuis toujours. Et souvent, hélas ! elles ont été suivies de beaucoup de crimes et d'exactions...
>
> Je te souhaite que nos petits-enfants n'aient pas un jour à te maudire pour cette sale besogne.

Cette missive plonge son destinataire dans une rage froide. Toute l'épopée de la famille Livi s'est bâtie à partir du crime originel commis par l'oncle Gigi en chemise noire, incarnation du mal absolu. Assimiler Montand à Gigi revient à l'accuser d'avoir trahi le père. C'est ôter tout sens à sa vie. Ces phrases que Julien lui jette à la figure fournissent également une clé pour comprendre le Montand public : sa véhémence parfois désordonnée, ses colères incontrôlées, son obsession anticommuniste proviennent de cette déchirure. Il souffre de ne pas être compris par les siens, il hait leur aveuglement.

Ce n'est pas là une simple anecdote, ce n'est pas une brouille comme en vivent la plupart des familles. Le drame des Livi est la parabole des malheurs du siècle; les destinées des deux frères s'inscrivent dans l'histoire collective d'une génération qui crut que le communisme incarnait l'espoir de l'humanité. L'un se veut ancré dans des idéaux mythiques et se refuse à envisager que la fidélité est parfois le pire masque de la trahison. L'autre conclut avec René Char que « le mot bonheur est le cheval de Troie de l'intolérance », et que le reniement apparent peut constituer une forme supérieure de la fidélité.

Entre les deux, le dialogue est impossible, mais le tribunal de l'Histoire, si souvent convoqué, a tranché. Le communisme — en termes de comptabilité macabre — n'a certes rien a envier au fascisme. Et il a fait bien plus qu'exterminer ses victimes. Il a tué au nom de l'espérance. Il a tué l'espérance. Voilà pourquoi Montand s'indigne devant l'obstination de Julien, de même qu'il ne parvient pas à s'estimer quitte d'avoir été complice (involontaire, comme la plupart) de la perversion de cet idéal. Certains, à gauche, se gaussent de l'obsession qui l'habite. Mais il n'y a là nulle démagogie : la pensée des millions de *zeks* dispersés dans l'Archipel immense le réveille vraiment la nuit. Sa révolte contre les meurtrissures de l'époque est aussi une révolte contre lui-même.

Au début de l'année 1985, Jacques Attali organise chez lui un dîner avec Simone Signoret, Yves Montand et François Mitterrand. C'est la première fois que tous deux rencontrent le président de la République. Ils sont volontairement demeurés à l'écart du pouvoir socialiste, au point que Mitterrand les a qualifiés de « précieuses de la gauche ». Dans une interview, Simone Signoret avait résumé le sens de cette attitude : « Le 10 mai, comme tous les gens qui ont voté comme nous, nous avons été très contents, et si nous avons observé une certaine réserve, c'était pour ne pas tomber dans le clan des courtisans... C'est vrai qu'on n'a peut-être pas crié "Bravo" assez fort quand on a été contents, alors on s'est fait remarquer en disant ‘‘Attention’’ quand on ne l'était pas. Mais les amis, c'est fait aussi pour crier ‘‘Attention’’. Les amis, pas les courtisans[13]. »

Depuis, le président a salué la compétence du comédien au cours de ses prestations télévisées, sans dissimuler l'agacement qu'il a ressenti quand les piques contre ses gouvernements lui ont paru trop acérées. Interrogé une dizaine de jours avant la diffusion de *Vive la crise* sur le phénomène Montand, François Mitterrand avait tiré son chapeau : « C'est une personnalité intéressante. C'est un homme qui mérite la sympathie. Et puis, et puis quel talent ! Si tous les hommes politiques en avaient autant, alors, en France, on ne s'y reconnaîtrait plus. »

Ce soir-là, tous les invités sont d'excellente humeur (Claude Durand, l'éditeur de Simone Signoret, de Jacques Attali et de François Mitterrand, est également présent), et la conversation roule sur le chômage, la hausse du dollar. François Mitterrand, qui n'a pas oublié la démarche de Montand à propos du Tchad, se lance dans une grande fresque géostratégique, expose les obstacles techniques qui accroissent les difficultés d'une intervention militaire dans ce pays. En 1987, lorsqu'il présidera le festival de Cannes, le comédien acceptera pour la première fois une invitation officielle à l'Élysée (tous les anciens présidents du festival y sont conviés). François Mitterrand le fera asseoir en face de lui, avec ce commentaire amusé :

— Entre présidents, c'est normal, non ?

Le politique peut être mauvais comédien. Le comédien peut-il être bon politique ? Lorsqu'il joue au cinéma ou au théâtre, l'artiste doit être à la fois lui-même et *l'autre*, l'inconnu qui se glisse dans sa peau. Officiellement, l'homme politique affirme ne pas jouer. La réalité, on le sait, est fort différente. Il répète son texte, se grime, se refait les dents, change sa coiffure, soigne la mise en scène, calcule ses apparitions. Entre l'État-spectacle et le spectacle tout court, où

13. *Le Nouvel Observateur*, 27 mars 1982.

gît la plus vive sincérité? chez l'acteur qui se déguise au su de tous, ou chez le politique qui se grime en secret?

Qu'advient-il alors quand c'est un comédien, un des plus grands de surcroît, qui s'introduit sur la scène politique? Toutes les cartes sont brouillées, et d'abord les siennes. «Montand président?» interroge la presse à mesure qu'approche l'échéance de 1988. S'agit-il encore de Montand? Ou d'un autre qui a l'allure de Montand, avec ses rides sur le visage et ses angoisses dans le regard, mais qui ne serait qu'une enveloppe, un leurre? Le principal intéressé finit par se demander quel est ce type auquel il a prêté sa gueule et sa voix, qui prétend parler en son nom. Il l'observe de la même manière que le jeune Ivo Livi regardait le trépidant Montand chanter sur la scène de l'Alcazar : de l'extérieur, avec une pointe d'envie, un zeste d'admiration et beaucoup de perplexité.

Cet autre, c'est lui, à n'en point douter, c'est sa chair, son histoire. Mais quel étrange carburant ravitaille donc son moteur, le pousse à dominer son angoisse, à camper un individu fort distinct de son moi profond, à affronter un monde qui n'est pas le sien, où les coups se ramassent à la pelle?

Le Montand politique n'est pas moins «dédoublé» que le Montand comédien. Effleuré par le rêve de briguer la magistrature suprême, ne cherche-t-il pas à exorciser, aimant la France et aimé des Français, le petit immigré d'antan? Comme s'il avait besoin d'astiquer les ors de la République pour se sentir définitivement intégré. Tous les étrangers, tous ceux qui viennent d'«ailleurs», ont connu cette pulsion d'assimilation totale, cette envie de se fondre. Costa-Gavras, un autre immigré, avance l'hypothèse : «Il a tout réussi, tout : élevé dans les faubourgs de Marseille, il est devenu le maître du *one-man show*, l'un des plus grands comédiens du monde. Il est reçu partout comme une star. Les chefs d'État sont flattés de l'avoir à leur table. Il est un monstre sacré. Mais il reste chez lui, enfouie, increvable, une part d'immigré qu'il ne renie pas, mais qu'il cherche à résorber complètement pour être un Français comme les autres. Et son "entrée en politique", son tabac dans les sondages, c'est aussi la vérification qu'il est chez lui, qu'il est admis.»

A mesure que Montand s'investit dans la politique, la frontière s'estompe entre le pouvoir de la comédie et la comédie du pouvoir. Signe qui ne trompe pas, Semprun ébauche, avec la complicité de Costa et l'approbation de Montand, un scénario qui est une sorte d'apologue sur la vanité de ces choses. Le script en est éloquent : *Montand président* raconte l'histoire d'un comédien célèbre qui a été élu chef de l'État en parlant vrai, en ne dissimulant aucune conviction ni aucun problème. Une fois installé dans «ses» meubles élyséens, il s'aperçoit que les réalités sont plus complexes ; il est bloqué par mille contraintes et, bientôt, doit ruser, tricher, enrober, composer. Tout lui pèse vite, les charges de représentation l'ennuient, les réceptions, les dîners, les discours l'endorment. Jusqu'au jour où, seul devant la glace, il coiffe son chapeau haut de forme et, pour lui-même, se met à chanter et danser...

Le premier tour de manivelle ne sera jamais donné, mais rarement la vie — même rêvée — et le spectacle ne se seront tant mêlés. Costa-Gavras témoigne :

«A l'époque où nous parlions de ce film, nous sommes allés un jour faire un tour dans sa jeep. Montand me disait : "On pourrait imaginer une scène où il conduirait sa jeep avec une musique de ce genre-là." Il me chante la musique. C'était l'homme de spectacle qui s'exprimait. Et puis, en l'écoutant, je me suis dit tout à coup : mais non, dans sa tête, il est en campagne électorale, pour de bon ! Après, j'en ai discuté avec Jorge :

— Tu sais, on a préparé la campagne électorale.

— Pour le film ?

— Non, non, la campagne, la vraie.

— Tu fantasmes !

« Je ne fantasmais pas : Montand esquissait des scènes du film, mais il rodait aussi des idées pour une éventuelle course à l'Élysée. Dans son esprit, les deux se mélangeaient... »

En 1987, Montand, fort d'un courant d'opinion qui ne se dément pas, lassé des paillettes glorieuses dont il n'a plus rien à attendre, s'interroge sérieusement. C'est le moment où un certain nombre de financiers, de politiques l'approchent. Nul ne sait si François Mitterrand, coincé dans la «cohabitation», se représentera. Un temps, l'artiste acquiert la conviction que le climat lui est favorable et qu'il peut tenter en France ce que Reagan a réussi outre-Atlantique ; après tout, le chemin qui le sépare de l'Élysée est bien moindre que celui qu'il a parcouru depuis la Cabucelle. L'essentiel, pour un président, est de savoir communiquer et de s'appuyer sur des valeurs fortes. Les idées, les projets, les dossiers, il y a des conseillers pour cela. Qui récite Baudelaire à un public brésilien est capable d'assimiler quelques notes sur l'inflation. Vision qui n'est certes pas exempte de naïveté. Il n'empêche : quand des gens réputés sérieux, compétents, vous incitent à y aller, quand la presse vous harcèle, quand les sondages s'emballent, quand la pression s'accentue, la tête vous tourne, le scénario devient — presque — plausible.

« J'ai vraiment cru qu'il allait se présenter, raconte Catherine Allégret. A un moment, il s'est échappé de lui-même. C'est un homme formidablement orgueilleux, qui se lance constamment des défis. Et ce défi l'a aidé à vivre. » Ivan Levaï abonde dans le même sens : « Dans cette période, il se demandait que faire de sa vie. Il avait tout réussi. Il était entraîné dans un processus et il a suivi la pente. Je suis persuadé qu'il a eu la tentation de jouer son jeu, de troubler le jeu. N'importe qui dans sa situation aurait eu la même envie de transformer sa notoriété en action. » Serge Reggiani, qui, à l'époque, ne le voit plus guère : « Il est sorti de son rôle. Je suis tout à fait convaincu qu'il a songé à se présenter. Il y pensait vraiment. Cela fait partie de sa charmante naïveté. » A l'inverse, Anne Sinclair : « Il était lucide. Il a toujours considéré qu'il fallait utiliser sa notoriété pour faire passer un discours. Il a joué de l'ambiguïté, mais il n'a jamais cru qu'il allait se présenter. Sa motivation était plus altruiste que personnelle. » Jorge Semprun, le confident, penche catégoriquement de ce côté : « Il a toujours conservé une distance ironique vis-à-vis de la situation où il se trouvait projeté. Nous en plaisantions tous les deux ; souvent, il me soufflait, l'œil en coin : "Non, mais, tu t'imagines un peu..." »

Montand s'attribue-t-il un destin national ? En décembre 1987, Anne Sinclair s'invite à Autheuil avec les caméras de la télévision afin de poser la question qu'on retrouve dans toute la presse : Yves Montand sera-t-il ou non candidat à la prochaine élection présidentielle de mai 1988 ?

Une semaine avant l'émission, un sondage indique que 29% des Français seraient tentés de voter pour lui[14]. Une autre enquête, préparée spécialement pour ce *Montand à domicile*, montre que la vedette de l'écran jouit d'une cote de sympathie impressionnante (78%); les sondés lui donnent raison d'intervenir sur les grands sujets de société (65%), le jugent sincère (74%), moderne (60%), compétent (66%). C'est un plébiscite. Le «phénomène», malgré un silence cathodique de plus de dix-huit mois, n'est pas retombé. Le politologue Olivier Duhamel note que la force de Montand tient au fait qu'il n'occupe pas une place claire dans le clivage droite/gauche : au moment où «nombre de Français sont également perdus avec la grande coupure droite/gauche, Montand exprimerait donc une sorte d'aspiration à un consensus sur les grandes questions fondamentales». Pour autant, conclut Olivier Duhamel, Montand ne sera jamais président : s'il dispose d'un réel capital de notoriété et d'adhésion, il lui manque le soutien d'un grand parti et on ne lui reconnaît pas le profil d'un homme d'État. Le courant de sympathie n'équivaut pas à des suffrages[15].

L'intéressé partage cet avis puisque, en fin d'émission, au terme d'un suspense artificiel — voulu par les animateurs, accepté par Montand — et un peu laborieux, il écarte d'une pichenette l'idée de sa possible candidature : «Soyons sérieux ! Je n'ai jamais eu cette ambition-là. Je connais mes limites : je n'ai pas la culture, pas les connaissances suffisantes pour être président de la République.» Bref, il en remet dans la dénégation. Rideau sur une prestation au bout du compte décevante : Montand n'avait, une fois hors jeu, plus rien à dire, sinon qu'après avoir examiné les qualités respectives de Raymond Barre et de Jacques Chirac, il voterait «pour le candidat le mieux placé de la droite démocratique et républicaine, François Mitterrand». Piégé par la pression médiatique (qu'il a lui-même entretenue en cultivant une certaine ambiguïté), l'adepte du langage direct semble, ce soir-là, gêné aux entournures. Il ébauche cependant l'esquisse d'un plan contre le chômage des jeunes — qui apparaît comme

14. *Le Journal du dimanche*, 6 décembre 1987.
15. *Télérama*, 9 décembre 1087.

une recette miracle ou un tour de passe-passe, alors qu'il a fait l'objet d'une minutieuse préparation.

Un groupe de patrons et d'experts a en effet élaboré un schéma suivant lequel une taxe de 1% sur tous les revenus serait recueillie par une fondation ; celle-ci verserait l'argent aux entreprises afin qu'elles embauchent et forment des jeunes sans emploi rémunérés au SMIG. Une grande campagne sur le thème : « Prêtons à nos enfants, ils nous le rendront », est envisagée, les maquettes des affiches sont dans les cartons : Montand a pour mission de populariser l'initiative que les plus grands médias s'apprêtent à relayer (Jean-Pierre Elkabbach, Serge July, Philippe Labro assistent à une réunion préparatoire). Mais, au dernier moment, Antoine Riboud s'avise que, pour profiter des subventions, les dirigeants des petites et moyennes entreprises risquent de pousser dehors les salariés plus âgés. Tout est alors arrêté.

Montand à domicile a été conçu comme une émission patchwork mêlant les propos les plus sérieux sur l'économie ou la politique étrangère et les souvenirs d'enfance, les confidences personnelles, le tout entrecoupé de quelques chansons. Anne Sinclair a d'abord souhaité offrir aux téléspectateurs un divertissement du samedi soir — dans un tel « créneau », les propos de Montand sur la nécessité d'abaisser le niveau de vie de 5% et d'augmenter de 10% les impôts des plus aisés semblent bien austères. Et pourtant, avec 22% d'écoute, cette visite à Autheuil, où les caméras n'avaient jusque-là presque jamais pénétré, triomphe de la concurrence des autres chaînes. Objectif atteint.

C'est alors que la tourmente va s'abattre sur Montand. Dix jours plus tard, *Le Canard enchaîné* informe ses lecteurs que l'acteur a touché 800 000 francs pour participer à l'émission (le cachet avait déjà été mentionné sur l'antenne de RTL). L'effet est désastreux. Les journaux tombent à bras raccourcis sur celui qui s'est fait payer pour délivrer son propre message.

Seul ou presque de son espèce, Delfeil de Ton, dans *Le Nouvel Observateur*, se range du côté de la défense : « C'est bien le moins que Montand se soit fait payer... Oui, mais Montand s'est fait payer pour faire la morale aux autres, objectent à l'envi chroniqueurs et éditorialistes. Chroniqueurs et éditorialistes me font marrer. Pour leur leçon de morale à Montand, ils ont renoncé à leur salaire ? »

Le scandale occupe la une de toute la presse. Peut-on toucher pareil chèque et prêcher l'austérité ? Immédiatement, Montand réplique : « Je n'ai rien à cacher, je n'ai rien volé, je n'ai à rougir de rien. » Sa ligne de défense est claire : TF1 est une télévision privée. En programmant Montand le samedi soir à une heure de grande écoute, les responsables de la chaîne font une excellente opération commerciale qui leur rapporte beaucoup d'argent grâce aux spots publicitaires (3 millions, selon les experts[16]). Et le comédien refuse d'en démordre : pourquoi irait-il arrondir les bénéfices de M. Bouygues, marchand de béton de son état ? La logique du raisonnement est imparable : la télévision commerciale, fondée sur le profit, se doit de rétribuer les prestations qui lui rapportent un profit. Tant de bon sens ne souffrirait point l'objection s'il ne s'agissait précisément d'une émission ambiguë, mêlant divertissement et politique. Nul n'aurait contesté que TF1 rémunère au meilleur tarif un show du chanteur. Le malaise provient de ce que le spectacle ne se donnait pas seulement pour un spectacle.

Afin de comprendre comment le piège s'est refermé sur Montand, il importe de retracer l'historique de l'émission. Charley Marouani, l'imprésario qui a négocié le cachet, expose sa version des faits :

« Quand il m'a parlé de la proposition d'émission avec Anne Sinclair, je lui ai dit tout de suite qu'il ne devrait pas accepter qu'elle soit coupée par des écrans publicitaires. Montand était d'accord. J'ai déjeuné au Fouquet's avec Étienne Mougeotte. La Une voulait absolument Montand. J'ai dit à Mougeotte :

— Vous aurez Montand gratuitement, mais à condition qu'il n'y ait pas d'écrans publicitaires.

— Charley, c'est impossible.

— Si vous mettez de la publicité, je vous demande 1 million de francs pour vous dissuader de le faire.

— Je vous rappelle. »

Quelques jours après, au terme d'une négociation entre

16. *Le Point*, 4 janvier 1988.

l'imprésario et Mougeotte, TF1 accepte de verser 800 0000 francs.

Marouani : « J'ai dit à Montand : "Cet argent, on le prend ou on le laisse à Bouygues." A partir du moment où la chaîne faisait des recettes publicitaires sur le nom de Montand, celui-ci n'avait aucun scrupule à toucher de l'argent. »

En vérité, l'affaire est un peu plus complexe. A l'origine, Marouani avait eu l'idée que l'émission fût discrètement « sponsorisée ». Des pourparlers avec la société Perrier avaient été assez engagés. Pendant toute la durée de l'émission, une bouteille d'eau pétillante aurait trôné sur la table et, à un moment donné, Montand aurait proposé aux journalistes un verre du délicieux breuvage. Ce sont finalement les dirigeants de la firme qui ont renoncé. Innocence ? Naïveté ? Persuadé que l'astuce évitait une véritable coupure, Montand était prêt à interrompre une tirade sur l'Afghanistan par un geste publicitaire — sans voir que, s'il mettait la même conviction à vanter les mérites des petites bulles qu'à conjurer le péril soviétique, il perdrait toute crédibilité. (Dix ans auparavant, Montand avait eu l'idée d'un film publicitaire : il était assis en train de boire un verre de Perrier dans un très beau décor. Un journaliste survenait : « Monsieur Montand, que pensez-vous de l'eau Perrier ? » Il répondait : « Écoutez, quand on boit de l'eau Perrier, on n'a pas besoin de faire de la publicité, je vous en prie. » Et il se retournait.)

Montand est tellement convaincu qu'une télévision marchande doit payer sa marchandise qu'il révèle au *Monde*, une semaine avant l'émission, le « truc » de la publicité « clandestine » avec Perrier. Preuve absolue qu'il n'entend rien cacher. En outre, les négociations entre Charley Marouani et TF1 ont eu lieu par télex, ce qui confirme qu'elles ne sont nullement clandestines.

Dans le tollé général qui accable le comédien, deux reproches dominent : le premier est de ne pas avoir dit publiquement qu'il touchait un cachet. Si, à la fin, il avait remercié M. Bouygues pour son beau cadeau et averti le téléspectateur que cet argent serait reversé aux bonnes œuvres, les mêmes qui lui reprochent son appât du gain l'auraient encensé. Il n'y a pas songé et regrette que ses interlocuteurs ne lui aient pas posé la question. Anne Sinclair : « Lorsque

Montand m'a dit qu'il percevrait un cachet pour l'émission, je lui ai répondu que c'était son problème. J'aurais dû lui dire : ne fais pas cela. Je n'ai pas mesuré les conséquences. J'ai occulté cette histoire, je l'ai refoulée, et nous n'en avons plus parlé. Si bien que, pendant l'émission, je n'ai pas pensé à lui poser la question du cachet. Si je l'avais fait, il aurait naturellement répondu sans rien dissimuler et serait sorti grand gagnant. »

L'autre grief touche au fond et tient à l'ambiguïté même de ce *Montand à domicile*. Est-ce de la politique ? Est-ce du show-biz ? Montand candidat potentiel à l'Élysée ne saurait monnayer ses réflexions sur le cours des planètes. Montand saltimbanque est en droit de se faire rétribuer lorsqu'il chante pour une télévision privée. L'émission mélangeait les genres, et Montand s'est mélangé les pieds. La verdeur des réactions montre qu'une bonne partie du public regardait bien, ce soir-là, un homme politique, pas un artiste. Habitués au Montand moralisateur et intègre, les téléspectateurs n'ont pas accepté que TF1 s'offre du Montand comme n'importe quel produit. Ils n'ont pas supporté non plus que l'imprécateur se « laisse acheter ». Par son engagement, ses cris du cœur, sa sincérité, la vedette jouissait d'un immense crédit. D'un coup, l'image morale s'écorne. Ce cachet qui passe mal jette la suspicion sur l'ensemble de ses combats. On le soupçonne, comble de l'absurde, de n'avoir agi que pour le gain. Un flot d'invectives déferle. Tous ceux que Montand a irrités ont enfin trouvé le défaut de la cuirasse. Et sonnent l'hallali.

Il apprécie d'autant plus les témoignages spontanés de soutien ou d'amitié que lui adressent Daniel Auteuil, Belmondo, le commandant Cousteau, Godard, Piccoli, Jeanne Moreau, Michel Sardou, d'autres encore. La lettre qui le réconforte le plus provient du docteur Escoffier-Lambiotte, secrétaire général de la Fondation pour la recherche médicale — que l'acteur a parrainée et financièrement aidée :

> En un temps où j'entends une poignée de mesquins, d'envieux, de médiocres ou de scribouillards se permettre de vous critiquer, je voudrais simplement vous dire que je vous approuve pleinement et qu'il en est de même pour les très nombreux chercheurs que vos efforts et votre aimable générosité ont permis d'aider.

> Le talent est certes un don du Ciel. Mais il est, au niveau où vous l'avez porté, le fruit d'un immense travail et je ne vois vraiment pas au nom de quel critère moral il devrait être gracieusement donné à une entreprise commerciale... Même si nul ne peut ignorer que vous l'avez mis, ce talent, gracieusement et à d'innombrables reprises, au service de causes totalement désintéressées...
>
> Tel est le cas pour la Fondation, et très nombreux sont ceux qui souffrent, qui meurent, et ceux qui font tout pour les aider, qui vous doivent beaucoup.
>
> Je souhaite que la société reconnaisse cette dette, comme nous le faisons. Et je tiens, en mon nom, et au nom de tous les chercheurs et médecins, à vous dire et notre solidarité, et notre gratitude.

Plus qu'une erreur, Montand a commis une faute. Mais il paie moins pour avoir touché de l'argent que pour avoir violé le tabou de l'argent. Alors qu'en Amérique une telle démarche est naturelle (c'est l'inverse qui ne l'est pas), la pudibonderie française rejette comme malsain, sale, tout ce qui concerne le « fric ». L'accusé, cependant, joue le jeu jusqu'au bout, se défend comme un beau diable, étale ses comptes, montre, non sans une touchante maladresse, que ce chèque ne l'intéresse pas. Une fois enlevée la commission de son agent et après déduction des impôts, il ne lui reste « que » 350 000 francs, qu'il répartit entre diverses associations caritatives (certains dons — ainsi les 100 000 francs versés aux « Restos du cœur » — étaient déjà libellés avant l'affaire ; d'autres s'y ajoutent, qui soldent le compte). Finalement, sur les 800 000 francs du cachet de TF1, l'acteur ne conservera pour lui-même que le montant d'un dîner — quatre personnes — à la Tour d'Argent...

Si le public, après un demi-siècle de « vie commune », pouvait penser que j'étais homme à me remplir les poches en douce, ce n'était même pas la peine de m'expliquer... Pourquoi me disculper d'un crime que je n'avais pas commis ? J'étais dans une logique simple : la télé privée peut payer. Sollicité quelques mois auparavant, j'avais signé, sans illu-

sions, une pétition contre la privatisation de TF1. Ils avaient voulu une chaîne commerciale : il fallait qu'ils en tirent les conséquences.

J'ai été naïf et même un peu con; c'est vrai; aujourd'hui, avec le recul, les objections paraissent évidentes. Avant, je ne les ai pas vues, et personne ne les voyait. Personne ne m'a dit que j'allais me faire piéger, parce que, pour tout le monde, une télé qui ramassait beaucoup d'argent avec la publicité devait « cracher au bassinet ». Ils veulent la logique du marché, alors je frappe. Je ne suis pas sorti de là. Je n'avais aucune intention de cacher quoi que ce soit. J'aurais béni Dieu ou le diable ou le rabbin de Paris si l'idée de me poser la question avait traversé l'esprit d'Anne Sinclair. Au contraire, cela me semblait une excellente opération. Si moi, Montand, qui avais le rapport de force en ma faveur, je les faisais payer, tous les artistes, derrière, pourraient exiger des cachets substantiels. J'ai manqué de vigilance, je n'ai pas mesuré l'aspect négatif : je n'imaginais pas que les gens qui me faisaient confiance seraient aussi peinés. Cela, je le regrette; mais je ne regrette pas d'avoir fait payer une télé commerciale. Je trouvais cela normal. C'était une question de principe.

Après l'affaire de TF1 — la pire qui soit, car ses protestations d'innocence chargent encore le suspect —, Montand, jeté au bas de son piédestal, peine à reprendre pied dans l'arène politique où il s'est laissé ingénument désarmer. On l'aime moins, on l'écoute moins, pour l'avoir beaucoup entendu. Le citoyen du monde n'entend toutefois pas se taire. Appelé dans maints pays où les rumeurs de la vie parisienne ne sont pas parvenues à ternir son image, il se rend, l'espace de quelques mois, au Chili, en Israël et en Pologne; trois destinations fort symboliques.

A l'automne 1988, le général Pinochet, au pouvoir à Santiago depuis le putsch de 1973, essaie, lors d'un plébiscite, d'obtenir sa confirmation légale à la tête de l'État chilien. L'opposition démocratique qui appelle à voter *non* demande à Montand de venir soutenir sa campagne. Il accepte aussitôt, convaincu d'agir dans le droit-fil de ses engagements antérieurs, notamment le gala donné pour les réfugiés chiliens quatorze années auparavant. Pendant trois jours, il rencontre les défenseurs des droits de l'homme, rend visite à la veuve de Salvador Allende et participe avec un demi-million de Chiliens à une « marche de l'espérance ». Il se déplace aussi jusqu'à la maison où le prêtre français André Jarlan a été abattu en 1984 d'une balle « perdue » dans la nuque. Ovationné par les habitants du quartier de la Victoria, une des banlieues les plus déshéritées de la capitale, Montand se recueille un instant dans la petite pièce de deux mètres sur quatre, quand on le pousse vers la fenêtre en lui tendant un porte-voix. Émù aux larmes, il articule quelques mots. Au retour, Montand sera étonné et blessé d'apprendre que le ministre français des Affaires étrangères a ironisé sur le voyage du « grand artiste que vous savez, qui s'est promené dans les rues avec un haut-parleur... ».

Trois semaines après Santiago, Montand est en Israël. Depuis son premier voyage avec Simone Signoret, en 1959, il ne s'est jamais départi d'un attachement presque charnel à l'État hébreu — la détresse des Palestiniens et le devenir de la Cisjordanie le préoccupent d'autant plus attentivement. Envers les juifs, Montand se sent redevable d'une dette indicible : ne pas avoir partagé leurs souffrances, ne pas avoir réagi, par ignorance et inconscience, durant la guerre, à la vue de l'étoile jaune. Une maxime d'Étiemble le régit en ce domaine : « Dès qu'on touche à l'honneur ou aux cheveux d'un juif, je suis du coup menacé dans ma vie, dans ma liberté de *goy*. » Il a été assommé en visionnant *Shoah*, le film de Claude Lanzmann. L'évocation des responsables de l'horreur programmée le jette dans une fureur terrible ; il suffoque lorsqu'il découvre, dans un journal argentin, un avis de messe à la mémoire d'« Adolfo » Hitler. Ou encore quand les congressistes du Front national acclament debout, au début de 1990, un ancien Waffen SS.

La défense des juifs persécutés en Union soviétique a été longtemps une composante essentielle de son combat anticommuniste (une émouvante réunion, à ce propos, l'a entraîné à Oslo avec Élie Wiesel). En juin 1986, donc, il retrouve Israël après vingt-sept ans, rencontre le dissident Anatoli Chtcharanski, qu'il a contribué à faire sortir d'URSS (l'intéressé en avait d'ailleurs été surpris : il en était resté, lui, au Montand qu'il avait vu chanter à Moscou en 1956). Le proscrit préside un rassemblement à Jérusalem en faveur des *refuzniks* au cours duquel Montand entonne *Le Chant des partisans.*

Ce voyage de 1986 a été préparé par un nouvel ami du comédien-chanteur, Jean Frydman. Ancien résistant, c'est un homme chaleureux, fidèle (lié à Valéry Giscard d'Estaing, il a hébergé ce dernier dans son ranch du Canada après sa défaite aux élections de 1981), fort influent dans le milieu de la communication. Il compte beaucoup de relations en Israël et a eu l'idée de proposer à Montand d'accomplir un geste symbolique : rouvrir la route qui relie, par Aqaba, Israël à la Jordanie. L'opération échoue devant les réticences du roi Hussein, mais Montand, invité personnel de Shimon Pérès, reçoit un accueil d'homme d'État.

Lorsque, deux ans plus tard, l'État hébreu fête son quarantième anniversaire, c'est « naturellement » à lui qu'il est fait appel pour une grande cérémonie sur le site de Massada (cette forteresse dressée sur un piton rocheux de la rive occidentale de la mer Morte résista pendant trois ans aux légions romaines; les juifs assiégés choisirent de se donner la mort plutôt que de se rendre). Montand lance ces mots avant que ne retentisse la deuxième symphonie de Mahler :

> Gloire, oui gloire aux combattants de Massada
> Salut aux martyrs de Massada
> Pour que vos enfants, vos petits-enfants
> Les enfants de vos petits-enfants puissent
> Répéter après vous :
> Jamais, plus jamais Massada !

Pour ces instants de ferveur, il serait prêt à supporter toutes les vilenies de la terre.

Au printemps 1989, en Pologne, le pouvoir communiste est contraint par Solidarnosc d'organiser des élections (presque) libres; l'événement est inédit à l'Est : des opposants sont autorisés à se présenter, même si le quota de sièges qui leur est dévolu est fixé à l'avance. Montand est invité par les amis de Lech Walesa à appuyer leur campagne. Il n'hésite pas, débarque à Varsovie en apportant du matériel de reprographie, rencontre les étudiants de l'université mobilisés pour obtenir la reconnaissance de leur syndicat, participe à plusieurs meetings, s'incline sur la tombe du père Popieluszko, embrasse Walesa, chante *Les Feuilles mortes*. L'homme qui, à l'Olympia, en 1981, affichait sa solidarité avec les syndicalistes emprisonnés, agit en plein accord avec lui-même. L'issue du bras de fer entre Walesa et Jaruzelski (dont il n'a jamais admis la visite à l'Élysée, en 1985) est incertaine. Avant de repartir pour Paris, Montand dit aux étudiants : « Il y a une chance à saisir. Il faut obliger les autorités à ne plus faire marche arrière. Ce qui se passe en Pologne, c'est un printemps qui pourrait se transformer en été. »

L'écrasante victoire de Solidarnosc oblige le Parti communiste à composer, puis à reculer. Pour la première fois depuis Yalta, un gouvernement non communiste voit le jour derrière le rideau de fer. C'est le début d'un ébranlement majeur qui, en quelques semaines, du mur de Berlin à Prague, de Budapest à Bucarest, va balayer le système totalitaire. Il n'est pas fortuit que Montand ait été présent à Varsovie au commencement de ce processus.

L'écroulement du communisme est le signe d'une fin de siècle, le signe qu'il faut maintenant observer le monde sous un autre angle, avec un autre regard. La liberté retrouvée à l'Est, l'unification allemande, le surgissement d'une grande Europe bousculent les schémas anciens, le « catastrophisme » des uns, l'indifférence ou la complicité des autres.

Le communisme a marqué la vie de Montand comme il a façonné l'existence de millions d'individus. Qu'on y ait puisé des raisons de vivre ou qu'on en soit mort, qu'on en ait été le partisan ou l'adversaire, le communisme a été l'axe autour duquel, pendant plus de soixante ans, ont tourné la réflexion, la passion, l'espoir et la détresse de plusieurs générations. Le système qu'il a engendré bascule avec la même brutalité qu'il avait déployée pour s'asseoir. Le monde devra apprendre à vivre sans cet épouvantail, à penser sans ce repoussoir. Il n'est pas si facile de perdre un ennemi, peut-être moins facile que de perdre une espérance, un modèle. Le communisme s'effondre littéralement sous son propre poids. Sa disparition n'en creuse pas moins un vide. A défaut d'être croyant, il était possible de récuser les croyants. C'est l'objet même de la croyance qui s'est maintenant évanoui. Le temps de changer de siècle, force sera de vivre dans le vide.

En juin 1990, le journal *Les Nouvelles de Moscou*, « avant-garde » de la perestroïka, invite l'équipe de *L'Aveu* à présenter son film devant le public russe. Dès l'aéroport Charles-de-Gaulle, il suffit d'observer le conseiller de l'ambassade soviétique portant la valise d'Yves Montand pour se convaincre que les temps changent...

Dans la salle du Centre de cinéma, le Tout-Moscou s'entasse afin de questionner Montand, Costa-Gavras, Semprun, à l'issue de la projection. « Khrouchtchev, dit Montand, a essayé de sauver le communisme dans son pays. Gorbatchev tente de sauver son pays du communisme. » Un vieux, très vieux monsieur frêle se lève dans la salle et articule d'une voix restée forte, en direction du comédien : « A lui, je veux lui dire : votre film nous parle aussi à nous, Soviétiques ; ceux qui sont assis ici ont soit un parent, soit un proche, soit un ami qui est mort là-bas. Nous avons tous souffert comme souffre cet homme dans *L'Aveu*. Nous l'avons tous regardé comme nous aurions regardé notre film. C'est notre histoire. C'est notre film. » Le vieil homme se rassied sous les applaudissements : c'est Obratzov, celui-là même qui avait accueilli Montand à Moscou en 1956 et fait connaître ses chansons en URSS.

Plus tard, dans un bar d'hôtel aux lumières jaunâtres, le trio, auquel s'est joint Chris Marker, entre plaisanterie et nostalgie, met un point final à l'aventure cinématographique et politique entamée vingt ans plus tôt. Montand a souvent répété au cours de ces années :

— Je croirai à une démocratisation lorsqu'ils projetteront *L'Aveu* à Moscou.

Cela vient d'avoir lieu et il se pince encore :

— Vous vous rendez compte, les enfants, de ce qu'on a vécu aujourd'hui ?

Semprun, ancien dirigeant communiste devenu ministre de la Culture en Espagne, ne plaisante qu'à moitié :

— On a passé notre jeunesse à combattre la démocratie. On va passer notre vieillesse à la défendre.

Le trio sourit.

Montand, soudain grave :

— Je ris, mais je n'ai pas envie de rire.

Vers minuit, il arpente la place Rouge. Les coupoles de l'église Basile-le-Bienheureux, sous la lueur des gros projecteurs, semblent d'énormes pâtisseries. Les murailles du Kremlin se détachent sur le ciel sombre et, tout en haut, le drapeau rouge flotte dans un pinceau de lumière. Montand, le nez en l'air, contemple un instant l'oriflamme de la révolution d'Octobre :

— Même quand ils auront oublié le communisme, les Russes devraient le garder, ce drapeau. Mais sans la faucille et le marteau. Juste pour la beauté du décor.

Tournant le dos au mausolée de Lénine, il s'éloigne.

Épilogue

C'est un matin de juin ; le boulevard des Capucines est tout ensoleillé, et le contraste n'en est que plus vif quand on pénètre par l'entrée des artistes, rue Caumartin, sur le plateau de l'Olympia. C'est bizarre, de jour, un music-hall. Quelque lampes blanches, froides, sont bien incapables d'éveiller le bleu du plafond, le vieux rouge des fauteuils aux dossiers de bois. Les rideaux noirs semblent pendouiller. Et la scène n'est que ce qu'elle est : un assemblage de planches qui sonnent creux et sont glissantes ici ou là (pour y remédier, un machino répand aux endroits périlleux un peu de Coca-Cola : remède souverain, explique-t-il). Yves Montand, costume sombre, chemise rose, cravate noire, s'est fait apporter deux accessoires — son haut-de-forme, dans un carton blanc, et l'arme de Sir Godfrey, cette canne-épée que les douaniers japonais, soupçonneux, avaient failli refouler en 1982, et qui a giclé de son fourreau, un soir, en province, se plantant près d'un spectateur effaré...

Les musiciens déballent leur matériel. « Ça, c'est sûr, je vais en coller pas mal dehors », annonce préventivement Arpino, le batteur : il parle des notes qui grouillent sur sa partition déjà ancienne. Même les équipiers de longue date, Azzola, Paraboschi (aux percussions) n'ont pas accompagné « le grand » — ainsi est-il surnommé — depuis presque sept années. Bob Castella, en gilet frileux caca d'oie, se concerte avec Hubert Rostaing, l'« arrangeur[1] ». Les techniciens déroulent des câbles, branchent la console. « Gérard, ça sera un micro à fil ! » (Gérard, en jeans et T-shirt, est l'homme du son, un génie, repéré par Catherine Allégret au récital de

1. Hubert Rostaing est décédé depuis.

Jonasz. Telle est la politique de Montand : il veut les meilleurs et paie plus que les autres). Deux retours sont disposés à l'avant-scène.

Montand tombe la veste, s'approche du micro :

— Tu ne peux pas envoyer deux ou trois projecteurs ? Il fait frisquet, ici.

L'homme invisible auquel ce discours s'adresse réagit sans tarder. La lumière chaude encercle l'île, le *no man's land* où ils sont une douzaine à s'activer. Patricia Coquatrix, la maîtresse céans, vient embrasser le visiteur auquel elle doit tant. Avant de se lancer, le chanteur parle de choses et d'autres : pas un *briefing*, non, c'est moins solennel, histoire de renouer le contact. « J'ai été voir Michael Jackson avec des mômes, avec la ''petite'', la belle Mathilda May. Il y a de la fumée, des lasers et vingt minutes de ''déchet'' sur deux heures. Mais il bouge fabuleusement. Cinq minutes avant le décollage, tout le Parc des princes est averti par un son sourd, du synthé ou de la basse électrique. C'est un vrai coup à l'estomac, comme Prince à Bercy. » Et puis : « Bon, on va prendre *Hollywood*, mais très *country*... »

— Les gens vont se mettre à danser, blague Arpino.

— J'espère.

En principe, cette répétition prépare un passage chez Michel Drucker, le samedi suivant. Mais l'enjeu réel est tout autre. Montand s'« offre » l'Olympia pendant deux jours afin de se tester, de tester ses soixante-huit ans. L'envie de chanter l'a repris. La passion politique, ça n'est pas fini, bien au contraire. Au cinéma, il y a eu le triomphe du « Papet » et l'échec de *Trois Places pour le 26* — malgré une critique très élogieuse. Oui, l'envie de chanter pointe. Montand a donc décidé d'inspecter la « machine », d'éprouver sa résistance, d'observer ce que *l'autre*, celui qui bat les estrades, est capable d'accomplir. Un récital, c'est un dix mille mètres. Eh ! bien, il va courir un marathon ; d'ici au lendemain soir, il va mettre en place son émission et enchaîner trois fois le show de 1981-1982. S'il n'en meurt pas, c'est qu'il est bien vivant.

Le public se résume à six personnes. Il n'empêche. Six ou six mille, Montand a le trac. C'est un jugement de Dieu qu'il sollicite, en quelque sorte.

Au milieu du huitième rang, il manque un spectateur. Une spectatrice, plutôt. C'était la place de Simone, c'est là qu'elle s'installait, attentive et critique. Simone Signoret est « partie » le 30 septembre 1985, à soixante-quatre ans. Elle était atteinte d'un cancer et le savait. Les médecins ont d'abord espéré qu'il s'agissait d'une affection douloureuse mais bénigne, comme celle dont elle avait été opérée quelques années plus tôt. A la première investigation chirurgicale, il s'est révélé que le mal était étendu et probablement incurable. Quand elle s'est réveillée — elle était alors quasiment aveugle —, elle a posé sa main sur celle de sa fille, puis ses doigts ont prestement remonté jusqu'aux paupières afin d'y détecter la trace de larmes. Et Catherine, bon sang ne saurait mentir, est parvenue à garder les yeux secs. Le docteur Léon Schwartzenberg ne l'a plus quittée, couchant à Autheuil s'il le fallait. Elle affirmait qu'elle était sereine, qu'elle n'avait pas peur, qu'elle souhaitait seulement ne pas souffrir.

Tous ceux qui l'ont alors approchée livrent des témoignages analogues. Jean-François Josselin, qui fut un de ses derniers visiteurs, a raconté[2] comment elle l'a interrompu cependant qu'il lui lisait *Sans la miséricorde du Christ*, le roman d'Hector Bianciotti : « Elle m'a fait un signe : "Excusez-moi, mais je crois que je vais plonger." Je l'ai embrassée sur la joue. Et j'allais sortir de la chambre quand elle m'a arrêté. Son œil de chat, son œil de mer me regardait avec douceur. » Yvette Étiévant, qui débuta sur scène auprès de Simone (et travaille aujourd'hui comme agent artistique), conserve la même image : « J'étais venue la voir dans la journée. Elle m'a rappelée le soir pour me dire : "J'ai eu l'impression que tu étais triste. Je voudrais que tu ne le sois pas." Ce n'était pas une façon de parler. »

Catherine Allégret, enfin, a eu le sentiment que sa mère et elle ont été plus proches que jamais au terme de la vie de Simone : « Maman a continué, un temps, à faire de la politique romantique. Elle avait été opérée de la cataracte et ne voyait bien que d'un œil. Mais elle s'est rompu un vaisseau,

2. *Le Nouvel Observateur*, 4 octobre 1985.

et sa vue n'a cessé de baisser. Elle était très vulnérable, alors, ne multipliait plus les défenses vis-à-vis de moi ou de quiconque. Et elle s'est comme détendue. On cessait de s'alarmer à tout bout de champ pour le Burkina Faso. Je la faisais rire... »

La crise profonde, pathétique et violente, qu'a traversée l'actrice et la femme pendant les années soixante-dix, a débouché sur une phase méditative, assez paisible, où l'écriture, malgré la cécité progressive, occupait une fonction majeure. Ce fut une traduction (*Une saison à Bratislava*, de Jo Langer, publiée par les Éditions du Seuil, en 1981), puis un roman, *Adieu Volodia*[3]. La comédienne n'avait pas renoncé — quatre mois avant son décès, elle tournait encore *Music-Hall*, pour la télévision, sous la direction de Marcel Bluwal, et tous se rappellent l'étrange assurance avec laquelle elle se déplaçait, le savant calcul des gestes et des pas auquel elle devait procéder, camouflant son infirmité —, mais l'aptitude à la création littéraire dont elle obtenait confirmation prenait le dessus, la stimulait et l'intimidait à la fois.

Ce lundi de septembre, vers 7 heures du matin, Catherine Allégret a découvert sa mère morte. Montand, qui se trouvait à Autheuil la veille, avait dû repartir pour le Midi où il tournait *Manon des sources* (dès qu'il en avait la possibilité, il s'échappait et rejoignait sa femme). Très vite, le « réseau » s'est mobilisé, la rumeur a circulé. Certains membres du « réseau » étant des journalistes, Catherine a redouté, un moment, que Montand n'apprenne la nouvelle par la radio avant qu'elle n'ait réussi à le joindre : il s'en est fallu de très peu. Lui a gardé la sensation de sortir du temps, de quelque chose d'aussi peu réel que la naissance d'un enfant. Il aurait préféré ne pas voir Simone dans son cercueil — comme il n'avait pas vu son père. Parce que ces images-là sont elles-mêmes des images mortes, dont le sens est ailleurs.

Il y avait foule, le lendemain, mardi 1er octobre, au cimetière du Père-Lachaise. Tous les amis, tous les copains, toutes les relations, et les curieux, et les collectionneurs.

En dix minutes, sous les marronniers somptueux, tout fut pudiquement réglé. Catherine portait une robe à fleurs. Après

3. Paris, Fayard, 1985.

Montand, les proches ont jeté une rose dans la fosse. Simone détestait les enterrements, les trémolos, les pompes en tout genre et les pompes funèbres en particulier.

Il n'est jamais retourné sur sa tombe et n'y retournera jamais. Ce n'est pas là qu'est Simone. Elle est dans l'air, elle est autour de lui, elle a enveloppé toute sa vie d'adulte et l'enveloppe encore. Pas seulement parce que mille signes — quelque trace, soudain, dans le tiroir qu'on ouvre, un plat sur la carte de la Colombe, le panneau indiquant Antibes à tel carrefour — la « rappellent » constamment. C'est beaucoup plus que le sursaut et le chagrin de la mémoire. C'est une présence réelle. « Les morts ne sont pas absents, constate Montand, ils sont invisibles. »

Les Méditerranéens parlent aux morts, et les morts leur répondent. Montand est ainsi. Un de ses proches raconte qu'il s'est trouvé à ses côtés, lors d'un voyage en Israël, près du mur des Lamentations. Ils se sont quittés quelques instants. Dans la voiture, ensuite, le comédien a confié d'un ton très naturel : « J'ai glissé une photo de Simone dans un creux du mur. Mais elle a crié, a protesté qu'elle ne voulait pas rester là. Alors j'ai remis la photo dans mon portefeuille. » Et Jorge Semprun : « L'autre dimanche, nous regardions ensemble un grand prix de formules 1 à la télévision. Yves a brusquement zappé, quelques secondes. Et, très brièvement, Simone est apparue sur l'écran, le regard plutôt sévère (c'était une rediffusion de *Madame le juge*). Montand m'a dit, énervé : ''Ce coup-là, elle me le fait tout le temps.'' Et un peu plus tard, songeur et admiratif : ''Tu as vu comment elle me regarde, comment elle s'y prend !...'' »

Au début de son veuvage, il a envisagé de vendre Autheuil. Mais, maintenant, il estime que cette demeure le protège, que les « rencontres » qui s'y multiplient lui tiennent chaud. Il a gardé tel quel, au premier étage, le bureau où travaillait Simone. La machine à écrire, la lampe, le gilet sur le dos de la chaise sont comme elle les a laissés. Il a même conservé quelques vêtements qu'il aimait : un imperméable, un petit manteau à carreaux, une robe. Et les fines chaussures noires que portait Simone à New York, la première fois : la chaleur de l'été indien était telle que les talons aiguilles piquetaient le macadam. Il jure que n'entre dans cette attitude aucun fétichisme, aucun penchant morbide, que ces souvenirs ne le ramènent pas en arrière. Qu'il sourit en les apercevant.

A son poignet est toujours attachée la montre offerte en 1961, la montre d'après Marilyn, celle dont la dédicace annonce «un autre 13 octobre» en forme de communiqué de victoire. Simone elle-même avait ce rapport affectif aux objets dont la valeur, à ses yeux, résultait d'une histoire, pas d'un tarif. Elle ne s'était pas pardonné d'avoir égaré un petit collier orné d'un cœur que Montand lui avait offert à Hollywood. Le jour où, distraitement, il a remarqué qu'elle négligeait ce bijou, elle a éclaté en sanglots.

Citant une phrase de Romain Gary qu'il avait repérée dans le dialogue de *Clair de femme*, Montand répète souvent qu'«il faut profaner le malheur». Puis ajoute : «Et désacraliser les choses...» Il s'y essaie. Ce n'est pas en ce domaine qu'il est le plus doué. Ceux qui lui dispensent des leçons de fidélité *post mortem* et psalmodient dévotement, croyant ranimer la flamme, des cantiques à sainte Simone, n'imaginent probablement pas combien l'homme auquel ils s'adressent est un homme hanté. Son «travail de deuil» ne s'achèvera pas, jamais.

Vers le douzième rang, côté jardin, Carole Amiel s'est assise au bord de l'allée. Valentin, le fils qu'elle a eu cinq mois plus tôt avec Montand, dort dans la loge de l'Olympia — elle le surveille au moyen d'un talkie-walkie. C'est une gamine de Saint-Paul, Carole, ou presque. Elle est née à Épernay, mais, au milieu des années soixante-dix, son père, négociant en meubles, a décidé de se retirer près de la Côte, entre mer et montagne : son choix s'est porté sur une propriété voisine de la Fondation Maeght, à Saint-Paul-de-Vence. Dès quatorze ans, Carole s'est donc retrouvée inscrite au cours Montaigne de Vence (après le bac, elle tâtera des sciences économiques, mais exploitera surtout son don des langues), s'est mêlée à la jeunesse du coin, a parfois poussé, avec ses parents — des gens aisés, catholiques, penchant à droite —, la porte de la Colombe d'Or. La première fois qu'elle a croisé Montand, c'était en 1974, sur la route du village où il promenait ses chiens.

Pour la tournée de 1982, l'équipe recrutée par Charley Marouani cherche une assistante multilingue. Carole, vingt-deux ans, parle très bien l'anglais et l'italien, pratique convenablement l'allemand et l'espagnol. Elle est engagée et découvre, fascinée, l'univers du show et celui qui en occupe le centre. Cela commence par la province — elle est touchée de voir Montand, chaque après-midi, inspectant le chapiteau, malade à l'idée qu'un poteau risque de gâcher le plaisir des spectateurs désargentés. Et cela continue par Rio, New York, San Francisco, Montréal, Tokyo... Entre la jeune femme et le chanteur, les relations évoluent lentement et à la dérobée.

Une de ses tâches consiste à vérifier si le son est satisfaisant, et notamment si le micro « HF », le micro sans fil qu'utilise Montand pour être libre de ses mouvements à partir de *Sir Godfrey*, remplit bien son office (l'appareil est fragile et capricieux). A la fin de la chanson, elle doit attendre l'artiste en coulisses et lui signifier que tout va bien. Le soir de la première au Met de New York, Montand est sidéré : pas de Carole (il lui a été impossible d'avoir accès aux coulisses). Rentré en scène, il dissimule sa rage, la contient jusqu'à la fin. Lui faire faux bond un jour pareil ! Après le dernier rappel, il file vers la loge, sent la rage qui remonte, hurle : « CAROLE !... » — et s'interrompt net : c'est Simone qui est en face de lui, éberluée, Simone dont il n'aurait jamais cru qu'elle puisse si vite quitter la salle, et qui se méprend sur ce cri qu'elle interprète comme un appel. Il s'explique, s'embrouille, s'empêtre. Simone Signoret, qui, ordinairement, s'efforce d'ignorer les passades de son époux (un jour elle a confié à Bob Castella : « Je me doute bien qu'il n'est pas toujours seul, mais je ne veux pas le savoir »), a-t-elle deviné que celle-ci n'est pas banale ? Elle est jalouse. Montand se reproche encore de n'avoir su dissiper le malentendu.

Pendant cinq ans, la liaison perdure, feutrée, discontinue. Carole, volontaire et midinette, l'esprit tout à la fois réaliste et passionné, accepte tout : elle reste soigneusement dans l'ombre, ne prétend qu'à un rôle second. Disponible et discrète. Culpabilisé, bien sûr, Montand est aussi troublé par cette « gosse » rêveuse — elle parle aux lapins, se lève la nuit pour nourrir une ânesse... — et simultanément dotée d'un jugement carré, pratique. En 1987, alors qu'il préside le festival de Cannes, il estime l'heure venue de briser la « clandestinité » : ce n'est pas un mariage, c'est une sortie du bois. De toute manière, les *paparazzi*, tôt ou tard, ne les manqueront pas. « On ne refait pas sa vie, explique-t-il, on continue simplement de vivre. » Toute la presse reprendra l'image, aux marches du palais, d'Yves Montand entre Carole Amiel et Catherine Deneuve. « Monter ces escaliers dans ma robe noire, pour moi, c'était le Met », avoue Carole. Pour les « scènes d'intérieur » ou les tableaux de famille, il adopte une méthode à laquelle il ne dérogera plus : afin d'avoir la paix, il accorde l'exclusivité à un photographe ou à un journaliste de confiance, et évite ainsi d'être continuellement épié.

La compagne de Montand connaît ses classiques et a longuement médité la chute du dernier chapitre de la *Nostalgie* : Simone Signoret y évoque l'idée qu'à sa place, ou après elle, une jeune femme entre durablement dans l'existence de son mari. « Des fois que ça arrive, prophétise-t-elle, la mignonne m'aurait quand même un peu dans sa maison, aussi. Même si je n'y mets jamais les pieds... Ce ne serait pas juste pour elle. Pas juste de peser sur le présent et le futur des gens au nom du passé... Mais ça serait quand même probablement comme ça. » Carole a parfaitement reçu le message et sait que Simone n'est pas quelqu'un qu'on remplace : « L'avertissement qu'elle a rédigé à la fin de la *Nostalgie* me paraît absolument vrai : si l'on vit avec Montand, on vit aussi, plus ou moins, avec Simone. Ils sont indissociables. Je ne peux pas demander aux copines de Simone de m'accueillir à bras ouverts. Je dérange les amis, c'est fatal. Mais le temps travaille pour moi et dissipera tout cela. Le principal est que Montand trouve une sorte d'équilibre. »

Paradoxe : au moment où il rend public le lien qui l'unit à une très jeune femme, Montand, pour les Français, est devenu le « Papet ». C'est tout le contraire d'une « pagnolade », cette histoire d'eau, cette histoire sèche et rude que narre Claude Berri en deux épisodes. La silhouette du « Papet », antithèse des stéréotypes accolés à Marseille, le comédien l'a soignée avec minutie : les yeux intenses, l'habit strict près du corps, la moustache élégante et sévère. « Montand en fait de moins en moins, s'enthousiasme Danièle Heymann à la sortie de *Manon des sources*[4], se lézarde de l'intérieur comme une bastide abandonnée... Ah le vieux brigand, il nous a eus ! » Montand, lui, est heureux de « rattraper » puis de dépasser son âge au travers d'un personnage beau, physiquement beau. Ce n'est pas uniquement le plaisir de travailler avec Depardieu, avec Auteuil. Ce n'est pas uniquement la satisfaction d'être associé à une œuvre qui fracasse le box-office. Pour un peu, Montand continuerait à s'habiller en « Papet » et ne décollerait plus sa moustache.

Et voici, comble du paradoxe, que le « Papet » est papa. La nouvelle de cette probabilité lui est parvenue sur le tournage de *Trois Places pour le 26*. Déraisonnable, a-t-il pensé et dit. Complètement déraisonnable. C'est déjà peu raisonnable, quand on n'est pas exhibitionniste, de se montrer au restaurant avec une femme qui pourrait être sa fille. Et maintenant ce petit frère imprévu, ce fragment de soi — *stricto sensu* — invraisemblable. « Lui ne voulait pas d'enfant, rapporte Carole, mais plus en raison de son âge que par refus profond. C'est vrai que j'ai pris la décision à sa place, ce qu'il n'aime guère, mais il en est content aujourd'hui : c'est la seule chose que je pouvais lui donner et qu'il n'avait jamais eue, la seule façon aussi d'être avec lui toute ma vie. » Peu après la naissance de Valentin, le 31 décembre 1988 (la clinique Saint-Georges, à Nice, est assiégée par les photographes), la jeune mère déclarera crânement : « Si l'on veut chercher de l'égoïsme, c'est de mon côté qu'il faut chercher[5]. »

Carole Amiel affirme que son fils n'est pas né par hasard le jour de la Saint-Sylvestre : « La veille, *Manon des sources* passait à la télévision. Le spectacle du ''Papet'' sur son lit de mort m'a totalement bouleversée. J'ai éclaté en sanglots. Est-ce ce choc qui en est responsable ? Les premières douleurs sont venues au petit matin. »

Valentin n'est pas longtemps resté ce « petit frère » abstrait. Semaine après semaine, Montand s'aperçoit que la paternité n'est pas un sentiment donné, acquis, « naturel », un sentiment qu'on a une fois pour toutes, ou qu'on n'a pas. Il

4. *Le Monde*, 20 novembre 1986.
5. *Paris-Match*, 12 janvier 1989.

s'aperçoit que la paternité est une histoire d'amour qui se construit, s'invente, s'étonne d'elle-même, de sa propre puissance, du ravissement qu'elle occasionne. Montand a toujours été à l'aise avec les enfants, bien qu'il n'en ait pas eu de Simone Signoret. Et il a toujours cultivé l'enfant, le mélange de fantaisie et de fragilité qui subsistait au fond de lui (sait-on qu'entre matinée et soirée ce monsieur très sérieux, cet artiste chevronné s'offrait tout seul, avenue de l'Opéra, une bouffée de dessins animés, au milieu des mômes et de leurs jolies mamans?). On aura compris que ce «petit» le remue profondément et lui procure beaucoup de joie.

Jean-Loup Dabadie, devinant ce cheminement, a rédigé pour Montand un poème en prose, une chanson parlée. Pendant quelques semaines, le destinataire n'a pas réagi. Pas même accusé réception («Je le connais, sourit Dabadie, il lui faut le temps de s'approprier les mots.»). C'était bien cela. Montand ne voulait pas prononcer sur une scène, devant un objectif, des phrases qui n'eussent pas encore exprimé la vérité de son âme. En fond, un rythme de rock :

Valentin, cette musique que j'aime n'est pas la mienne,
et le monde qui vient,
c'est le nôtre mais c'est le tien.
Une journée nous sépare,
tu es le tout petit matin, Valentin.
Je suis la tombée du jour, mon amour.
Parce que, tu sais, pendant longtemps
on sera enfants ensemble.
Si tu tombes d'un arbre, je compterai tes larmes
et si tu vas au coin, ça sera au coin de moi...

Carole, qui est de culture catholique, souhaitait que son fils fût baptisé. La cérémonie s'est déroulée loin de toute caméra. Christine Ockrent était la marraine; et Jean-Louis Livi, le parrain. Choix symbolique, «stratégique», que celui du neveu (redevenu l'agent de Montand), lequel se situe à l'exacte intersection des chemins et des failles qui parcourent le clan : entre Julien et Yves (ils se sont parlé au téléphone après la naissance du petit), entre Catherine (légalement adoptée par Montand) et Carole, Jean-Louis Livi, parrain de

Valentin Giovanni Jacques Livi, protège la continuité de la tribu.

— Bobby! Non, Bobby, non. NON, BOBBY! BOBBYYY!!!

Montand a « bouffé » une mesure, Bob Castella lui promène sous le nez une main accusatrice, opiniâtre, qu'il ouvre et ferme en cadence. Et l'inévitable se produit : l'Olympia résonne de clameurs exaspérées, tremble sur ses bases, l'ampli sature. Bob, sous l'orage, adopte la position aérodynamique qui lui est habituelle en pareille situation : il se voûte, rentre le cou. Ce n'est rien. Le « grand » se chauffe, se donne du souffle. Trois minutes plus tard, après le dernier accord du *Carrosse*, il s'inquiète, voyant l'autre debout :

— (Tendre:) Tu n'es pas fatigué, mon Bobby? (Impérieux:) Une chaise pour Bobby, une chaise, vite! (Narquois, aux musiciens:) Quatre-vingt-treize ans, sourd comme un pot, et increvable, quel athlète! (Professionnel:) Alors, on peut y aller? Mais qu'est-ce qu'on fait, là? On traîne!

— Trois, quatre, murmure le pianiste de sa voix flûtée...

Si l'on questionne Bob Castella sur les raisons pour lesquelles il supporte Montand, sa réponse tombe, aussi énorme que sereine : « Parce qu'il n'est jamais injuste. » On écarquille les yeux. Pas injuste, Montand? « Non, explique l'accompagnateur, pas injuste. Émotif, coléreux, querelleur dans le feu de la discussion, certainement. Mais réellement de mauvaise foi, sciemment injuste, méchant, sûrement pas. »

Et pourquoi, lui, Montand, s'appuie-t-il sur un partenaire si frêle, si nonchalant, détaché? Frêle, Bob? Quelle blague! réplique le chanteur. « C'est peut-être l'homme qui m'a le plus épaté. Son absence de passion apparente lui donne une force inouïe. L'obstination et la force d'une fourmi. »

Sur le plateau de l'Olympia, pour la seconde fois de la journée, l'artiste dévide son récital de 1981. La voix est plus « ronde » que naguère, la masse scénique plus imposante. Montand s'agace, en route, d'un trou de mémoire, d'un lapsus (il en est un qui, malgré son irritation, le mène au fou rire; dans *Les Bijoux*, il remplace bizarrement «Les hanches de l'Antiope» par celles de «Lambiotte»...). Et puis il se dénoue, se déplie, les mains s'échappent, les claquettes renaissent, les épaules roulent, les yeux s'allument. Tout d'un coup, l'exercice, le test cèdent la place au contentement de se libérer, de se mouvoir, de jouer sur les graves. Il aborde *A Paris* plein coffre, vide ses poumons. Les musiciens aussi ont retrouvé leurs marques. Montand, bras grands ouverts, tient la note finale au maximum, stoppe net :

— OK, les enfants, on remet ça!

Et de nouveau *A Paris*, plein coffre toujours, mais plus souriant, plus jovial.

— C'est mieux. On recommence...

«Il va les tuer tous», chuchote Marouani.

Dans la salle, le «public» sent courir ce frisson heureux où la jouissance le dispute au respect. C'est un grand privilège que de visiter les coulisses de l'exploit, et aussi d'apercevoir un homme perdre quinze ans en l'espace de quinze secondes. Jean Frydman se tait. Chris Marker plaisante (mais, chez lui, qui sait où commence le second degré?) : «Montand, il donne encore plus quand il est fatigué...»

C'est ainsi : il aime se fatiguer, Montand. Ce serait tellement légitime de profiter tranquillement des platanes de Saint-Paul et des futaies d'Autheuil. Il le dit lui-même : qu'y a-t-il de plus doux qu'un déjeuner au café de la Place, en avril, quand arrivent les premières fèves de l'année, les artichauts fondants? Il est 10 ou 11 heures. L'un apporte le pain, l'autre le jambon de campagne, un troisième des olives de Saint-Césaire. Chacun a «son» vin, «sa» spécialité : une huile ramenée d'Italie, un Roquefort, une saucisse sèche. On déjeune gaillardement à la terrasse, gaillardement, mais sans paillardise. Puis on joue aux boules avec le sérieux requis.

Oui, ce serait fort légitime.

Sur le piano, un magnétophone a été branché. Les musiciens, en rond, se pressent autour de l'interprète, de Bob. Montand a retenu une nouvelle chanson de Pierre Barouh (auteur de *La Bicyclette*). Cela s'appelle *Le Cabaret de la dernière chance*. Il faut, expose-t-il, que le refrain ait une allure «amateur», «rétro». Pas *piano : pianola*... Il faut que ça fleure le champagne d'avant-guerre.

— Amateur, surtout, amateur. Il est là sans être là, le mec... vous comprenez.

Montand se retourne vers la salle, attend que l'accordéon le lance, et attaque, sans appuyer :

> Il y a ceux qui rêvent les yeux ouverts
> Et ceux qui vivent les yeux fermés...

Remerciements

Nous ne saurions refermer ce livre sans exprimer plus explicitement notre gratitude à ceux qui nous ont grandement aidés par leur accueil, leurs conseils, leur témoignage, ou les archives, photographies, enregistrements sonores, films et correspondances qu'ils ont bien voulu nous confier.

Que soit d'abord remerciée la famille d'Yves Montand. Sa sœur, Lydia Ferroni, non seulement nous a accordé de longs entretiens, mais a été notre guide dans les quartiers de Marseille où a grandi le fils cadet de Giuseppina et Giovanni Livi. Son frère et sa belle-sœur, Julien et Elvire Livi, ainsi que son neveu, Jean-Louis, malgré des blessures qui n'ont pas toutes cicatrisé, ont accepté de nous rencontrer à plusieurs reprises et nous ont permis de mieux comprendre ce qui soude le groupe et ce qui le divise. Catherine Allégret nous a fait la confiance de parler sans détour, comme à son habitude. Bob Castella, que nous ne saurions ranger ailleurs que dans le cercle familial, a rompu pour la circonstance un mutisme qui fut toujours sa règle.

Carole Amiel est sortie de la réserve qui lui est coutumière.

Jorge Semprun, malgré ses charges ministérielles à Madrid, a tenu à n'être point absent de l'enquête.

Plusieurs camarades d'adolescence de Montand ou compagnons de ses débuts ont, à notre intention, rassemblé leurs souvenirs. Édouard Derderian, R. Pizzo (secrétaire de l'Association des anciens des Chantiers de la jeunesse - délégation régionale de Provence), nous ont été précieux. Raoul André, Louise Carletti, Henri Contet, Renée Lebas ont évoqué avec nous les étapes initiales de la carrière d'Yves Montand.

Georges Martin, dont les recherches biographiques concernant Édith Piaf se poursuivent depuis des années, nous a fourni mille renseignements chronologiques et discographiques.

Colette Crolla, Paul Grimault, Francis Lemarque nous ont peint le Montand chanteur qui triomphait à l'Étoile. Marcel Azzola et Roger Paraboschi ont complété ce tableau professionnel et amical.

Les gens de cinéma sont fort peu libres de leurs mouvements, souvent retenus à l'étranger ou prisonniers de calendriers de tournage. Merci à Catherine Deneuve, Gérard Depardieu, François Perier, Serge Reggiani de nous avoir consacré un temps qui leur était compté. Les réalisateurs Alain Corneau, Constantin Costa-Gavras, Gérard Oury, Claude Sautet et le «complice» de ce dernier, Jean-Loup Dabadie, n'en ont pas été moins prodigues.

Yvette Étiévant nous a reçus dans son bureau d'Artmédia. Charley Marouani nous a révélé ce qu'est la tâche d'un imprésario. Pierre Bouteiller, Jean-Claude Guillebaud, Ivan Levaï, Anne Sinclair, André Glucksmann et Bernard Kouchner ont été de chaleureux interlocuteurs.

Lise London, dont la mémoire n'est jamais en défaut, s'est rappelé le passage d'Yves Montand à Prague en 1957 et nous a rapporté ses souvenirs du tournage de L'Aveu.

Nadia Netchaïeva, à Moscou, a permis de recouper le récit de l'entrevue entre Yves Montand et Nikita Khrouchtchev. Arthur Miller, depuis Roxbury, a accepté de répondre à certaines de nos demandes.

Jean-Christophe Averty, qui sait tout du music-hall en général et de Montand en particulier, a laissé refroidir son bain pour vérifier la chronologie que nous avions établie. Chris Marker nous a confié maintes images dont il est l'auteur et le dépositaire et a lu notre texte d'un œil scrutateur. Stéphane Khémis l'a parcouru en historien vigilant.

Au cours des trente mois qu'a duré ce travail, plusieurs témoins sont décédés. Anne Philipe, Hubert Rostaing, enfin Francis Trottobas (dit «Berlingot») ne se savaient pas si près du terme quand ils ont accepté de nous aider. Que nos dernières lignes soient vouées à saluer leur mémoire.

ILLUSTRATIONS

1er cahier :
Gérard Décaux : 14a. — DR : 9b, 10, 13. — *Elle*/Henri Elwing : 15a. — *Elle*/Michel Roi : 9a. — Louis Foucherand : 2a, 3b. — *France-Dimanche* : 6b. — Jacques Gomot : 12ab. — *Jours de France*/Fournol : 16. — Madoulet : 8. — Michel Mako : 11b. — Coll. Yves Montand : 1, 2b, 3a, 4, 5, 6a, 7, 14b, 15b. — Teddy Piaz : 11a.

2e cahier :
Associated Press : 1a. — DR : 1b, 2a, 3a, 6, 7, 11a, 13a, 14a, 15b. — *Elle*/Henri Elwing : 8b. — Gamma/Martine Pecoux : 10b. — Jacques Gomot : 8a. — Bernard Kouchner : 14b. — Magnum/Bruce Davidson : 4. — Chris Marker : 2b, 9. — Coll. Yves Montand : 3a, 5, 11b, 12, 15a, 16. — Alan Pajer : 10a. — Sygma : 13b.

Index

COMPOSITION : CHARENTE-PHOTOGRAVURE À L'ISLE-D'ESPAGNAC
IMPRESSION : MAURY-EUROLIVRES – 45300 MANCHECOURT
DÉPÔT LÉGAL : SEPTEMBRE 1997 – N° 33325 (97/08/60254)

Collection Points

DERNIERS TITRES PARUS

P300. Vidal et les Siens, *par Edgar Morin*
P301. Dieu et nous seuls pouvons, *par Michel Folco*
P302. La Mulâtresse Solitude, *par André Schwarz-Bart*
P303. Les Lycéens, *par François Dubet*
P304. L'Arbre à soleils, *par Henri Gougaud*
P305. L'Homme à la vie inexplicable, *par Henri Gougaud*
P306. Bélibaste, *par Henri Gougaud*
P307. Joue-moi quelque chose, *par John Berger*
P308. Flamme et Lilas, *par John Berger*
P309. Histoires du Bon Dieu, *par Rainer Maria Rilke*
P310. In extremis *suivi de* La Condition, *par Henri James*
P311. Héros et Tombes, *par Ernesto Sábato*
P312. L'Ange des ténèbres, *par Ernesto Sábato*
P313. Acid Test, *par Tom Wolfe*
P314. Un plat de porc aux bananes vertes *par Simone et André Schwarz-Bart*
P315. Prends soin de moi, *par Jean-Paul Dubois*
P316. La Puissance des mouches, *par Lydie Salvayre*
P317. Le Tiers Livre, *par François Rabelais*
P318. Le Quart Livre, *par François Rabelais*
P319. Un enfant de la balle, *par John Irving*
P320. A la merci d'un courant violent, *par Henry Roth*
P321. Tony et Susan, *par Austin Wright*
P322. La Foi du charbonnier, *par Marguerite Gentzbittel*
P323. Les Armes de la nuit *et* La Puissance du jour *par Vercors*
P324. Voltaire le conquérant, *par Pierre Lepape*
P325. Frère François, *par Julien Green*
P326. Manhattan terminus, *par Michel Rio*
P327. En Russie, *par Olivier Rolin*
P328. Tonkinoise..., *par Morgan Sportès*
P329. Peau de lapin, *par Nicolas Kieffer*
P330. Notre jeu, *par John le Carré*
P331. Brésil, *par John Updike*
P332. Fantômes et Cie, *par Robertson Davies*
P333. Sofka, *par Anita Brookner*
P334. Chienne d'année, *par Françoise Giroud*
P335. Nos hommes, *par Denise Bombardier*
P336. Parlez-moi de la France, *par Michel Winock*
P337. Apolline, *par Dan Franck*
P338. Le Lien, *par Patrick Grainville*

P339. Moi, Franco, *par Manuel Vázquez Montalbán*
P340. Ida, *par Gertrude Stein*
P341. Papillon blanc, *par Walter Mosley*
P342. Le Bonheur d'apprendre, *par François de Closets*
P343. Les Écailles du ciel, *par Tierno Monénembo*
P344. Une tempête, *par Aimé Césaire*
P345. Kamouraska, *par Anne Hébert*
P346. La Journée d'un scrutateur, *par Italo Calvino*
P347. Le Tambour, *par Günter Grass*
P348. La Minute nécessaire de monsieur Cyclopède
par Pierre Desproges
P349. Fort Saganne, *par Louis Gardel*
P350. Un secret sans importance, *par Agnès Desarthe*
P351. Les Millions d'arlequin, *par Bohumil Hrabal*
P352. La Mort du lion, *par Henry James*
P353. Une sage femme, *par Kaye Gibbons*
P354. Dans un jardin anglais, *par Anne Fine*
P355. Les Oiseaux du ciel, *par Alice Thomas Ellis*
P356. L'Ange traqué, *par Robert Crais*
P357. L'Homme symbiotique, *par Joël de Rosnay*
P358. Moha le fou, Moha le sage, *par Tahar Ben Jelloun*
P359. Les Yeux baissés, *par Tahar Ben Jelloun*
P360. L'Arbre d'amour et de sagesse, *par Henri Gougaud*
P361. L'Arbre aux trésors, *par Henri Gougaud*
P362. Le Vertige, *par Evguénia S. Guinzbourg*
P363. Le Ciel de la Kolyma (Le Vertige, II)
par Evguénia S. Guinzbourg
P364. Les hommes cruels ne courent pas les rues
par Katherine Pancol
P365. Le Pain nu, *par Mohamed Choukri*
P366. Les Lapins du commandant, *par Nedim Gürsel*
P367. Provence toujours, *par Peter Mayle*
P368. La Promeneuse d'oiseaux, *par Didier Decoin*
P369. Un hiver en Bretagne, *par Michel Le Bris*
P370. L'Héritage Windsmith, *par Thierry Gandillot*
P371. Dolly, *par Anita Brookner*
P372. Autobiographie d'un cheval, *par John Hawkes*
P373. Châteaux de la colère, *par Alessandro Baricco*
P374. L'Amant du volcan, *par Susan Sontag*
P375. Chroniques de la haine ordinaire, *par Pierre Desproges*
P376. La Prière de l'absent, *par Tahar Ben Jelloun*
P377. La Plus Haute des solitudes, *par Tahar Ben Jelloun*
P378. Scarlett, si possible, *par Katherine Pancol*
P379. Journal, *par Jean-René Huguenin*
P380. Le Polygone étoilé, *par Kateb Yacine*
P381. La Chasse au lézard, *par William Boyd*
P382. Texas (tome 1), *par James A. Michener*

P383. Texas (tome 2), *par James A. Michener*
P384. Vivons heureux en attendant la mort
par Pierre Desproges
P385. Le Fils de l'ogre, *par Henri Gougaud*
P386. La neige tombait sur les cèdres, *par David Guterson*
P387. Les Seigneurs du thé, *par Hella S. Haasse*
P388. La Fille aux yeux de Botticelli, *par Herbert Lieberman*
P389. Tous les hommes morts, *par Lawrence Block*
P390. La Blonde en béton, *par Michael Connelly*
P391. Palomar, *par Italo Calvino*
P392. Sous le soleil jaguar, *par Italo Calvino*
P393. Félidés, *par Akif Pirinçci*
P394. Trois Heures du matin à New York
par Herbert Lieberman
P395. La Maison près du marais, *par Herbert Lieberman*
P396. Le Médecin de Cordoue, *par Herbert Le Porrier*
P397. La Porte de Brandebourg, *par Anita Brookner*
P398. Hôtel du Lac, *par Anita Brookner*
P399. Replay, *par Ken Grimwood*
P400. Chesapeake, *par James A. Michener*
P401. Manuel de savoir-vivre à l'usage des rustres et des malpolis
par Pierre Desproges
P402. Le Rêve de Lucy
par Pierre Pelot et Yves Coppens (dessins de Liberatore)
P403. Dictionnaire superflu à l'usage de l'élite et des bien nantis
par Pierre Desproges
P404. La Mamelouka, *par Robert Solé*
P405. Province, *par Jacques-Pierre Amette*
P406. L'Arbre de vies, *par Bernard Chambaz*
P407. La Vie privée du désert, *par Michel Chaillou*
P408. Trop sensibles, *par Marie Desplechin*
P409. Kennedy et moi, *par Jean-Paul Dubois*
P410. Le Cinquième Livre, *par François Rabelais*
P411. La Petite Amie imaginaire, *par John Irving*
P412. La Vie des insectes, *par Viktor Pelevine*
P413. La Décennie Mitterrand, 3. Les Défis
par Pierre Favier et Michel Martin-Roland
P414. La Grimace, *par Heinrich Böll*
P415. La Famille de Pascal Duarte
par Camilo José Cela
P416. Cosmicomics, *par Italo Calvino*
P417. Le Chat et la Souris, *par Günter Grass*
P418. Le Turbot, *par Günter Grass*
P419. Les Années de chien, *par Günter Grass*
P420. L'Atelier du peintre, *par Patrick Grainville*
P421. L'Orgie, la Neige, *par Patrick Grainville*
P422. Topkapi, *par Eric Ambler*